आधुनिक काल

भारत 1880 से 1950 तक

पर्यावरण, अर्थव्यवस्था, संस्कृति

अ अक्षर
प्रतियोगी पुस्तकें

आधुनिक काल
भारत 1880 से 1950 तक

पर्यावरण, अर्थव्यवस्था, संस्कृति

सुमित सरकार

अनुवाद
नरेश 'नदीम'

राजकमल प्रकाशन

Modern Times : India 1880s-1950s
Environment, Economy, Culture का अनुवाद

ISBN : 978-93-89598-29-2

मूल्य : ₹350

पहला संस्करण : 2020
दूसरा संस्करण : 2021

प्रकाशक
राजकमल प्रकाशन प्रा.लि.
1-बी, नेताजी सुभाष मार्ग, दरियागंज
नई दिल्ली–110 002
शाखाएँ
अशोक राजपथ, साइंस कॉलेज के सामने, पटना–800 006
पहली मंज़िल, दरबारी बिल्डिंग, महात्मा गांधी मार्ग, प्रयागराज–211 001
36-ए, शेक्सपियर सरणी, कोलकाता–700 017
वेबसाइट : www.rajkamalprakashan.com
ई-मेल : info@rajkamalprakashan.com

मुद्रक
बी.के. ऑफ़सेट
नवीन शाहदरा, दिल्ली–110 032
AADHUNIK KAAL : BHARAT 1880s-1950s
Environment, Economy, Culture
History by Sumit Sarkar
Translated by Naresh 'Nadeem'

शिप्रा
के लिए

क्रम

भूमिका 11

1 **सामराजी संरचनाएँ, नीतियाँ और विचारधाराएँ** 15

राज में सुदृढ़ता का समावेश 16
सामराजी दस्तूर और 1857 के बाद की पुनर्रचना 16
वायसरायों का रवैया : उदारवादी लफ्फाजी अनुदार मजबूरी 19
कर्जन से पहले ब्रिटिश की विदेश नीति 21
सेना और सैन्य नीति 22
अन्त-19वीं सदी में वित्तीय और प्रशासनिक दबाव 24
स्थानीय स्वशासन, कौंसिल सुधार, बाँटो और राज करो 27
ज्ञान और शासन 30
प्राच्यवाद : पुराना और नया 30
साम्प्रदायिकता का कानूनी आधार ? कानून और धार्मिक क्षेत्रों की रचना 37
एक सामराज का सर्वेक्षण : जनगणना और सामाजिक वास्तविकताओं का गठन 45
विजय का वास्तविक चेहरा : शिक्षा, मुद्रण और आरम्भिक लोक-क्षेत्र 51
सामराज के मिशन—ईसाइयत और राजसत्ता 58
पाश्चात्य विज्ञान, उपनिवेशी व्यवहार 66
नस्लवादी और लिंगवादी : सामराज के चेहरे 71
रियासतें 76
सन्दर्भ सूची 81

2 **जंगल और पेड़ : पर्यावरण और अर्थव्यवस्था** 86

पर्यावरणीय इतिहास : मूल और बुनियादी मुद्दे 88
नियमन और संरक्षण अधिग्रहण के रूप में : अन्त-उपनिवेशी भारत में जंगल और 'बंजर' 91

स्थिर वास, सम्पत्ति और व्यवस्था 99
पेड़ों में जंगल के दर्शन : आंचलिक अध्ययन 106
सन्दर्भ सूची 113

3 क्षेत्र-अध्ययन : खेती और खेतिहर इतिहास 116

खेतिहर उत्पादन 116
मालगुजारी, लगान और दखलदारी 120
व्यवसायीकरण और ऋणग्रस्तता 126
खेतिहर ढाँचे, परिवर्तन और निरन्तरताएँ 141
श्रम के रूप 149
अकाल और उनके निदान 160
सन्दर्भ सूची 169

4 व्यापार, उद्योग और सामराज की राजनीतिक अर्थव्यवस्था 175

दोहन और रेलों के बारे में 176
दोहन के निरीक्षक ? 'धन का दोहन' सम्बन्धी विचार और उससे आगे 176
सामराजी भाप : रेलें और उनके दूरगामी परिणाम 186
भारतीय व यूरोपीय वाणिज्य, वित्त और उद्यमशीलता 193
बाजार, नगरस्वामी, शासक और अलग-थलग परिक्षेत्र 193
ध्यान देने योग्य : बैंकिंग और मुद्रा 198
यूरोपीय और भारतीय उद्यमशीलता : क्षेत्रीय अन्तर 205
विऔद्योगिकीकरण और परम्परागत उद्योग 212
एक उलझा हुआ प्रश्न : क्या दस्तकारियों का ह्रास हुआ ? 216
पूँजी और श्रम : बागान, खदानें और कारखाने 223
गैर-ईडनी बाग : चाय, नील, और बागान मजदूर 231
नीचे की मुसीबत : खदानें और खदान मजदूर 235
पुराना लफड़ा : जूट कारखाने और बाजार 239
कहानियों की गढ़त : पश्चिमी भारत और अन्यत्र के सूती कारखाने 248
लोहारों से आगे : लोहा और इस्पात 263
श्रम अनौपचारिक क्षेत्र में 265
उपनिवेशी आर्थिक नीतियाँ 268
जनांकिकी और राष्ट्रीय आय 273
सन्दर्भ सूची 277

5 समाज और संस्कृति **283**

देहात, नगर और नया मध्यवर्ग 283
भारत की तसवीर : देहात और नगर 283
नगरीय ठिकानों की राह : उपनिवेशी नगरों का पुनर्निर्माण 287
क्या खूब मुलाकात हुई! अन्त-19वीं सदी के बाद की नगरीय सामाजिकताएँ 301
हमेशा बढ़ता हुआ, हमेशा नया : मध्यवर्ग 310
भाषा और साहित्य 326
मुद्रण और देसी भाषाओं का विकास 327
साहित्य, उच्च और निम्न : कविता, उपन्यास, कहानियाँ 343
काव्यशास्त्र के अनदेखे पंख : कविता और काव्य-रूप 351
रंगारंग कायनात : गद्य, कथा-साहित्य, कहानियाँ 354
दृश्य और मंचीय कलाएँ 370
मिश्रण और प्रौद्योगिक परिवर्तन : फोटोग्राफी, नाटक, चित्रकला और आरम्भिक सिनेमा 370
कला के यांत्रिक पुनरुत्पादन, 'वास्तविक जीवन' और ध्वनि 372
फोटोग्राफी : ब्रिटिश और भारतीय 378
अभिनय : नाटक और फिल्में 381
संगीत, नृत्य और नृत्य-नाटिका : देवदासियाँ, भातखंडे पलुस्कर 395
मनोरम : चित्रकला और ललित कलाएँ 402
कालीघाट के चित्र 405
भद्र कलाकार, यथार्थवाद और रवि वर्मा 408
बंगाल सम्प्रदाय—और उसके बाद 414
भारतीय सिनेमा का आरम्भ 424
सन्दर्भ सूची 431

भूमिका

मैंने जब मॉडर्न इंडिया (1983) शीर्षक से एक पुस्तक लिखी थी तब से, इन तीन दशकों में दक्षिण एशिया के इतिहास लेखन का संसार काफी-कुछ बदल चुका है। इन गुजरे तीस बरसों ने उस किताब को बुरी तरह पीछे छोड़ दिया है और उसके संशोधन की किसी भी कोशिश की व्यर्थता मुझे अधिकाधिक स्पष्ट हो चुकी है, खासकर इसलिए कि इस काल में मेरे अपने ऐतिहासिक परिप्रेक्ष्य नए और अप्रत्याशित मोड़ ले चुके हैं। समन्वय की प्रस्तुत कृति, जो नए अनुसन्धानों और पुनर्चिन्तन की रौशनी में उसी काल को समेटने की एकदम नई कोशिश है, दो सहयोगी रचनाओं में पहली है। इसमें मैंने मध्य-19वीं से मध्य-20वीं सदी तक की राजनीतिक, भौतिक और सांस्कृतिक प्रक्रियाओं का विहंगावलोकन प्रस्तुत किया है और सामराज की प्रशासनिक संस्थाओं का भी। इसके बाद की कृति में मेरा इरादा उस काल के राजनीतिक विकासक्रमों का काल-अनुसार वृत्तान्त पेश करना है : उपनिवेश विरोधी राष्ट्रवादों, किसान और आदिवासी आन्दोलनों, पूर्वोत्तर भारत के विकासक्रमों और समस्याओं, मजदूर और वामपन्थी संघर्षों, जातिगत संगठनों और दलित विरोधों, स्त्रियों की सक्रियता और दक्षिणपन्थी संगठनों की राजनीति का—अन्दर से भी, बाहर से भी और राष्ट्रवादी मुख्यधारा के खाँचे के विरोध में भी, और साथ-ही-साथ आंचलिक पहचानों और आन्दोलनों के जन्म पर नजर डालते हुए।

प्रस्तुत रचना का आरम्भ सामराजी संस्थाओं और राजनीति के एक अध्ययन से होता है। अधिकांश उत्तर-उपनिवेशी इतिहासों के विपरीत मैं उपनिवेशी राजसत्ता को अन्तर्जात प्रवृत्तियों से लैस कोई अपरिवर्तनीय शिला नहीं मानता। इसकी बजाय मैंने समय के साथ आनेवाले परिवर्तनों, अन्तर्विरोधों और आन्दोलनों पर तथा देश में राजसत्ता के तौर-तरीकों की भिन्नताओं पर ध्यान केंद्रित किया है। फिर भी इस परिप्रेक्ष्य का विकास एक ऐसे खाँचे में हुआ है जो सर्वव्यापी उपनिवेशी प्रभुत्व और शोषण को स्वीकार करता है। यहाँ भी, अधिकांश उत्तर-उपनिवेशी रचनाओं के विपरीत, मैंने पूरब के बारे में पश्चिमी संवादों से सामराजी राजसत्ता के कार्यकलापों का सम्बन्ध जोड़ने की बजाय भारत के अन्दर उसके विशिष्ट उपनिवेशी अनुभवों

को सावधानी से परखा है। इसके कारण विशिष्ट और आनुषंगिक ऐतिहासिक घटनाओं और संयोजनों की सम्भावना बढ़ जाती है।

पर्यावरणीय इतिहास हाल में अनुसन्धान का असाधारण रूप से समृद्ध क्षेत्र बनकर उभरा है और दूसरे अध्याय ने उससे बेपनाह लाभ उठाया है। इसमें मैंने आदिवासी जीवन और किसान की काश्तकारी के ढर्रों पर गहराई से ध्यान दिया है : एक-दूसरे से हमेशा भिन्न जड़ इकाइयों के रूप में नहीं, बल्कि परिवर्तनशील और परस्पर-व्यापी प्रक्रियाओं के रूप में। वैज्ञानिक संवाद, कानून और जंगलों का प्रशासन हमेशा तनावों के और किसानों व आदिवासियों के प्रतिरोध का एक प्रमुख स्रोत रहे, और मैंने उनका थोड़े विस्तार से अध्ययन किया है। मैंने सिंचाई और नदी-नियंत्रण परियोजनाओं पर भी नजर डाली है और भू-उद्योग और भूमि सम्बन्धी अधिकारों से जुड़े उन टकरावों पर भी जिनको इन्होंने बार-बार जन्म दिया है।

तीसरे अध्याय का सम्बन्ध खेती के उन बदलते तौर-तरीकों और खेतिहर सम्बन्धों से है जो उपनिवेशवाद की मालगुजारी की नीतियों के फलस्वरूप सामने आए। मैंने इनके तथा व्यवसायीकरण, ग्रामीण ऋणग्रस्तता और आंचलिक अकाल की प्रक्रियाओं के सम्बन्धों को स्पष्ट किया है। मैंने उभर रहे नए खेतिहर तनावों और टकरावों का खाका खींचते हुए बदल रहे देहात पर गहराई से ध्यान केन्द्रित किया है। जहाँ मैंने राजकीय नीति-विरोधी संघर्षों पर नजर डाली है, वहीं खेतिहर जातियों और वर्गों के बीच आपसी अन्तर्विरोधों और तनावों को भी और वर्चस्व व शोषण के सम्बन्धों को भी करीब से देखा है।

फिर मैं आता हूँ भारत में उदीयमान पूँजीवाद के विशिष्ट रूपों को स्पष्ट करने के लिए व्यापार, वित्त और उद्योग के मुद्दों पर। व्यापक ढर्रे के अन्दर क्षेत्रीय भेदों की पहचान और व्याख्या का प्रयास करते हुए मैंने यूरोप और भारत के उद्यमी समूहों के बदलते सम्बन्धों का विश्लेषण किया है। मैंने औद्योगिकीकरण के सवाल पर और व्यापार के माध्यम से वित्तीय दोहन के सवाल पर भी, भारतीय और सामराजी बहसों का जायजा लिया है : ये उपनिवेशी नीतियों की विकासमान राष्ट्रवादी समालोचनाओं के प्रमुख विषय बन चुके हैं। बागान, खदानों और कारखानों में तथाकथित स्वतंत्र और अस्वतंत्र श्रम के आधुनिक क्षेत्रों का विकास गहरे ध्यान का एक और केन्द्र है। मैंने इस क्षेत्र में श्रम सम्बन्धी टकरावों की कुछ प्रमुख प्रवृत्तियों का संकेत दिया है। हालाँकि यह एक ऐसा विषय है, जिसे प्रस्तुत पुस्तक के बाद आनेवाली रचना में और भी विस्तार से विकसित किया गया है।

अन्तिम अध्याय में अपनी तमाम आन्तरिक विविधता के साथ आधुनिक नगरों का जन्म, अन्त-उपनिवेशी काल में नए सांस्कृतिक और सामाजिक विकासक्रमों के लिए प्रवेशबिन्दु के समान है। मैंने देहली, लखनऊ और अहमदाबाद जैसे नगरों की—जिनका एक उपनिवेश-पूर्व नगरीय अतीत रहा है—तुलना और मुकाबला

कलकत्ता, बम्बई और मद्रास जैसे नए महानगर केन्द्रों के साथ किया है। फिर मैंने नए नगर केन्द्रों के विकास के अलग-अलग रास्तों को दर्शाया है। मैंने उनके कृत्रिम पर्यावरण, सामाजिकताओं, जातिगत संरचनाओं पर तथा उसके सार्वजनिक सांस्कृतिक कार्यकलापों, जैसे कि नाटक, सिनेमा और खेल-कूद, पर दृष्टिपात किया है। यहाँ बड़ी संख्या में ऐसे पुराने रूप हैं, जिनमें नए रुझानों और विद्याओं का विकास हुआ : साहित्य, नृत्य, संगीत, चित्रकला में। कला के विशेष सम्प्रदायों के केस अध्ययन प्रस्तुत किए गए हैं, और कुछ प्रतिनिधि व विशिष्ट व्यक्तियों को दर्शाया गया है। हरेक अध्याय में मैंने इतिहास-लेखन सम्बन्धी प्रासंगिक विकासक्रमों, परिवर्तनों और बहसों को समेटा है। हरेक में अलग-अलग सन्दर्भ-सूचियाँ दी गई हैं, जो आशा है कि अध्यापकों और छात्रों के कार्यों में सहायक होंगी।

मैं बोधिसत्व कर, शीलिमा चौनू और निशा को पुस्तकें जुटाने और टाइप करने के लिए धन्यवाद देना चाहूँगा। मैं सन्दर्भ-सूचीवाले भाग में सहायता देने और दृश्य-सामग्री की पहचान करनेवाले दिग्विजय कुमार सिंह का अत्यन्त आभारी हूँ। मेरे पुराने छात्रों डॉ. जान टामस और डॉ. देवार्पित मंजीत ने ऐसे समय में पुस्तकें पढ़ने में मुझे सहायता पहुँचाई जब मेरी दृष्टि बुरी तरह कमजोर हो चुकी थी। उनका आभार मैं शब्दों में व्यक्त नहीं कर सकता।

प्रिय मित्रों और छात्रों की एक बड़ी संख्या ने मुझे बहाली की राह पर ला खड़ा किया। मैं उन अनगिनत लोगों में से कुछ का ही जिक्र कर सकूँगा : अचिन विनायक, मुकुल मांगलिक, जी. अरुणिमा, शहाना भट्टाचार्य, प्रफुल्ल बिदवई, नीलाद्रि भट्टाचार्य, बसुदेव चटर्जी, पामेला पिफलिपोज, राजीव और तानी भार्गव, कमल और अनुराधा चिनाय, गार्गी और सुमित चक्रवर्ती, चित्रा जोशी, हरिसेन, राधिका चोपड़ा, एजाज़ अहमद, प्रभु महापात्र, सम्बुद्ध सेन, तपन वसु, पी.के. दत्त, तृप्ता वाही, विजय सिंह, रोजा और अतीशी, कुणाल और शुभ्रा चक्रवर्ती, अनिर्वाण बंद्योपाध्याय। मेरा परम सौभाग्य यह रहा कि अजित बनर्जी मेरे डॉक्टर रहे। मैं सुलेख और बेली का आभारी हूँ।

देहली विश्वविद्यालय में मेरा बरसों का अध्यापन-कार्य प्रस्तुत पुस्तक में निहित है। नए कुलपति के हाथों इस प्राचीन संस्था का तेजी से विनाश होता देखकर मुझे दुख होता है, लेकिन उसे बचाने के मकसद से छात्रों, अध्यापकों और शुभचिंतकों की बहादुराना कोशिशें देखकर खुशी भी होती है।

आदित्य और तनिका ने यह पुस्तक मुझसे लिखवाई। उनके और अन्ना के लिए धन्यवाद के शब्द अनुपयुक्त और सतही होंगे। मुझे आशा है कि पुस्तक के कुछ अंश उनको उपयोगी लगेंगे।

नई देहली
मार्च, 2014

—सुमित सरकार

अध्याय–1

सामराजी संरचनाएँ, नीतियाँ और विचारधाराएँ

सामराजी संरचनाओं के ऐतिहासिक अध्ययनों में परिप्रेक्ष्य सम्बन्धी अनेक परिवर्तन आए हैं। विद्वान लोग इस क्षेत्र की ओर आरम्भ–20वीं सदी में खिंचे, क्योंकि इस विषय पर अभिलेखीय सामग्री—सरकारी दस्तावेजों और नौकरशाहों के निजी कागजात—अब अपेक्षाकृत अधिक सुलभ हुई। लेकिन अन्त–1980+ के बाद से ऐसी रचनाएँ अधिकाधिक दुरूह लगने लगीं, क्योंकि उनके सरोकार संकीर्ण ढंग से और कभी–कभी तो सिर्फ प्रशासनिक नीति के ब्यौरों पर केन्द्रित होते गए। खासकर 'नीचे के इतिहासों' के विभिन्न रूपों के फलने–फूलने के कारण उपनिवेशी नौकरशाहों और राजनयिकों और कार्यकलापों पर ध्यान देनेवाली रचनाओं को मात्र 'ऊपर के इतिहास' कहा जाने लगा। और भी हाल में इतिहास लेखन में एक और परिवर्तन आया है। एडवर्ड सईद के और शायद उससे भी अधिक गहराई तक माइकेल फोको के प्रभाव ने 'उपनिवेशी सम्वादों' में और 'शासकीयता' (Governmentality) के—अधीन जनसमूहों के प्रबन्ध के—कार्यों में एक नई रुचि जागी।

प्रस्तुत अध्याय के पहले भाग में मेरा वृत्तान्त 1880+ के आसपास से लेकर 1905 में बंगाल के विभाजन तक सरकारी नीतियों पर केन्द्रित है। उसके बाद आएगा और भी लम्बा, कहीं बहुत अधिक व्यापक दूसरा भाग, जो कालक्रम नहीं, बल्कि विषय के अनुसार व्यवस्थित होगा; इसमें मैं प्राच्यवाद, कानून, जनगणना, शिक्षा, मुद्रण संस्कृति, ईसाई मिशनों और धर्म–परिवर्तन, उपनिवेशी विज्ञानों तथा नस्ल और लिंग सम्बन्धी उपनिवेशी संवादों पर नई रचनाओं की एक मोटा–मोटी रूप–रेखा प्रस्तुत करूँगा। ये सब मिलकर वे अनुसन्धान हैं, जिन्होंने कभी–कभी विवादग्रस्त और समस्याग्रस्त तरीकों से सही, विचारोत्तेजक तरीकों से अन्त–उपनिवेश काल के बारे में हमारी समझ को बदलकर रख दिया है। एक छोटा–सा, निष्कर्षमूलक तीसरा भाग तीन मिसालों के आधार पर भारतीय रजवाड़ों की स्थिति को पेश करेगा।

राज में सुदृढ़ता का समावेश

सामराजी दस्तूर और 1857 के बाद की पुनर्रचना

1877 में अंग्रेजों ने एक शानदार शाही दरबार में जिस 'भारतीय साम्राज्य' का ऐलान किया था, वह एक ऐसा निरंकुश तंत्र था और लम्बे समय तक रहनेवाला था, जिस पर पिता-समान परोपकार की विचारधारा का झीना-सा पर्दा पड़ा हुआ था, और कभी-कभी अन्ततः ट्रस्टीशिप के क्रियान्वयन और स्वशासन के बारे में भारतीय लोगों के प्रशिक्षण के वादों का भी। सामराज का गठन एक लम्बे-चौड़े सोपान जैसा था। उसके शीर्ष पर वायसराय और भारत-सचिव थे, जो टेढ़े-मेढ़े और अधिकतर नाम मात्र के संसदीय नियंत्रण में काम करते थे। 1858 में मलिका ने जब ईस्ट इंडिया कम्पनी की सरकार का अधिग्रहण किया तो वायसराय और भारत-सचिव के इस संयोग की व्यक्तिगत भूमिका बढ़ गई। संचार क्रान्ति के कारण, जिसके सूचक समुद्र में तारों का जाल और स्वेज नहर (1865-69) थे, ये दोनों एक-दूसरे के और भी गहरे सम्पर्क में आए। कम्पनी के मामले में इंग्लैंड में जीवन्त राजनीतिक और आर्थिक बहस के विषय रहे और 1793 से ही (कम्पनी को जारी रहने का अधिकार देनेवाला) चार्टर कानून के नवीनीकरण पर संसद में तूफानी बहसें होती रहीं। इसके विपरीत 1858 के बाद हर साल भारत सम्बन्धी वित्तीय वक्तव्यों तथा देश की नैतिक और भौतिक प्रगति सम्बन्धी रिपोर्टों की प्रस्तुति को रस्म-अदायगी समझा जाने लगा और अक्सर हाउस ऑफ कॉमर्स ऐसे मौकों पर खाली हो जाता था। कम्पनी के डायरेक्टर उसके कृपा-कार्यों के कारण अभी भी प्रभावशाली बने रहे। भारत-सचिव पर अंकुश लगाने के लिए 1858 के कानून ने जो भारत कौंसिल बनाई थी उसे कभी भरपूर महत्त्व मिला ही नहीं। अधिकांश सवालों पर उसकी राय ठुकराई जाती रही और 'फौरी खतों' में या वायसराय के 'गुप्त आदेशों' में उसे अनदेखा किया जाता रहा।

भारत में भी रेलों और तार ने स्थानीय सरकारों को कलकत्ता के और करीब किया, और शासन अत्यन्त केन्द्रीकृत हो गया। मध्य-20वीं सदी के वरिष्ठ नौकरशाह कूपलैंड हमें याद दिलाते हैं कि 1919 से पहले 'संघ के विचार का लेश मात्र भी नहीं' था।[1]

1861 के इंडियन कौंसिल एक्ट ने एक्जीक्यूटिव कौंसिल पर वायसराय की सत्ता को मजबूत किया, जिसके लिए उसने निगमित कार्यकलाप की जगह 'पोर्टफोलियो' या विभाग की व्यवस्था लागू की। अब कौंसिल के सदस्य अलग-अलग विभागों के प्रमुख बना दिए गए और सामूहिक विचार-विमर्श की पुरानी प्रथा

1. कूपलैंड 1944 : 10

छोड़ दी गई। उसी कानून ने केन्द्र और प्रान्तों में जो लेजिस्लेटिव कौंसिलें कायम कीं या जिनको विस्तार दिया उनमें कुछेक गैर-सरकारी भारतीय जरूर शामिल किए गए मगर ये अधिकतर सजावटी होती थीं। 1892 से पहले पूरी तरह नामजद सदस्यों पर आधारित इन कौंसिलों के पास, उस साल किए गए सुधारों से पहले तक, बजटों पर विचार करने या सवाल पेश करने की कोई वैधानिक शक्ति नहीं थी।

सामराजी राजनीतिक ढाँचे अब उपमहाद्वीप में व्यापक केन्द्रीकरण और एकीकरण की एक अभूतपूर्व मुहिम को प्रतिबिम्बित कर रहे थे। यह अन्त-19वीं सदी के प्रशासनिक विकासक्रमों की सबसे उल्लेखनीय विशेषता थी। ऐसे एक विशाल देश का रोजमर्रा का शासन चलाने के लिए भारतीय सहयोगी स्वाभाविक रूप से जरूरी बने रहे। 1857 की बौखलाहट के बाद राजाओं और भूमिपतियों के साथ सामराज के सम्बन्धों को पुख्ता बनाने पर अधिक जोर दिया जाने लगा। खास तौर पर 662 भारतीय राजे—जिनमें से अधिकांश अपने अनेक तौर-तरीकों में भोंडेपन की सीमा तक तानाशाह थे—उपनिवेश-काल के अन्त तक राजसत्ता के सबसे वफादार सहारे बने रहे। कालक्रम में ऐसे निर्भर 'सामन्ती' तत्त्वों के साथ गठबन्धन राज के लिए वास्तव में अधिकाधिक महत्त्वपूर्ण होता गया। मैकाले की वैकल्पिक दृष्टि—एक ऐसे वफादार अंग्रेजी शिक्षा से लैस पढ़े-लिखे तबके की दृष्टि जो (जैसा कि उसने कहा) रंगत में साँवली मगर सोच और रुचियों में गोरी होगी—1870+ और 1880+ तक थोड़ी सी खटास पैदा करने लगी थी, क्योंकि आधुनिक पढ़ा-लिखा तबका उस समय तक उपनिवेशी शासन के विभिन्न पक्षों की अधिकाधिक तीखी आलोचना करने लगा था।

महाविद्रोह 1857 के दमन के बाद आनेवाले दशक बहुत महत्त्वपूर्ण परिवर्तनों के काल रहे। कहा जा सकता है कि भारतीय जीवन के अधिकांश पक्षों में 'आधुनिकता' की एक उपनिवेशी दृष्टि उन्हीं दिनों अपने-आपको व्यक्त करने लगी थी, जो कि उपनिवेश-पूर्व काल से स्पष्ट सम्बन्धविच्छेद का संकेत थी। ऐसे परिवर्तन की प्रगति के बेहतरीन सूचक सम्भवतः रेलवे के आँकड़े हैं : रेल लाइन की लम्बाई अगर 1859 में 432 मील थी तो दस साल बाद भी 5000 मील से ऊपर हो चुकी थी और सदी के आसपास 25,000 मील के पास तक जा पहुँची थी। फिर भी आधुनिकीकरण काफी-कुछ 'परम्पराओं की खोज' के साथ-साथ जारी रहा। 1857 के बाद राजाओं और जमींदारों में भरोसेमन्द सहयोगियों की उपनिवेशी तलाश का दूसरा पहलू ब्रिटिश भारतीय चिन्तन और नीतियों का एक महत्त्वपूर्ण रवैया था जो राजा को भारतीय सामन्ती लिबास में पेश करना चाहता था। ये सोच मुख्यतः मुगलों की विरासत से बहुत ही विकृत ढंग से ली गई थी। लेकिन उसमें पुनराविष्कृत यूरोप मध्यकालवाद का मिश्रण भी शामिल था। सरकारी वास्तुशास्त्र ने यूरोपीय शैली की इमारतों में साज-सज्जा के पूर्वी मोटिफ शामिल करने की कोशिश की। इसके चलते

विक्टोरियाई-गोथिक के साथ हिन्द-सरासेनी का मेल हुआ। 1860 से पहले पश्चिमी लिबास पहननेवाले भारतीय सैनिकों को अब पगड़ी, कमरबन्द और अंगरखा पहनना पड़ा, जिनको उनके मालिक मुगल, राजपूत या सिख समझ रहे थे। 1858 में गवर्नर जनरल को 'वायसराय' नाम की जो नई पदवी मिली, वह मलिका से सीधे सम्बन्ध की सूचक थी, जिसका अब वह एजेन्ट बन गया। इसके कारण वह वफादार भारतीय समूहों की वफादारी की सेवाओं के बदले सम्मान देने का अधिकारी बन गया। 1858 के बाद वायसराय कैनिंग ने पूरे उत्तरी भारत का दौरा करके उन भारतीय अभिजातों को सम्मानों और पदवियों से लैस किया, जिन्होंने महाविद्रोह के दौरान स्वयं को भरोसेमन्द साबित किया था। यह सब मुगल समारोहों की नकल पर हुआ। बादशाहत में प्रजा के प्रतीकात्मक 'समावेश' के पहलेवाले एक तत्त्व को अब समाप्त करके केवल अधीनता के खुले चिह्न लाए गए। यूरोप और भारत दोनों के लोगों के लिए नाइटहुड का गैर-पुश्तैनी तमगा 1861 के बाद से दिया जाने लगा।

एक पेचीदा सोपानिक व्यवस्था में राजाओं को खपाने के प्रयास किए गए। लिबास भी निर्धारित रूपरेखा, और हरेक के लिए निर्धारित कारिन्दों, हथियारों, और तोपों की सलामी की संख्या के आधार पर बहुत अधिक नियंत्रित भेद इस व्यवस्था की खास बात थे। डिजराइली और लिटन की पहल पर जनवरी 1877 में विक्टोरिया को भारत की मलिका घोषित करने के लिए एक विशाल 'शाही दरबार' का आयोजन किया गया और उसकी औपचारिक पदवी का भारतीयकरण करके उसे कैसरे-हिन्द कर दिया गया। यह दरबार देहली में आयोजित किया गया, जो मुगल सत्ता का भूतपूर्व केन्द्र था और 1857 में अंग्रेजों की फौजी फतह का भी दृश्यस्थल बन चुका था। गदर की शूरवीरता का एक सम्प्रदाय तेजी से बढ़ा—ब्रिटिश 'शहादत' का और जो कुछ मुल्की खलनायकी, हिंसा और बलात्कार के रूप में पेश किया गया उस पर अन्ततः सामराजी विजय के जश्न का सम्प्रदाय। देहली में रिज की पहाड़ी, लखनऊ में रेजीडेंसी और 'कानपुर के कत्ले-आम' के ठिकाने की नियमित ब्रिटिश तीर्थयात्राएँ इसी सम्प्रदाय के अंग थीं। विशाल दरबार के समारोह का जिसे बाद के ताजदारों के लिए 1903 और 1911 में भी दोहराया गया, एक कमजोर पहलू भी था, जो कि बुनियादी सामराजी वास्तविकताओं का सम्भवतः और भी बड़ा सूचक था। कारण कि वह बेपनाह खर्चीला तमाशा पश्चिमी भारत में एक भारी अकाल के बीच आयोजित किया गया था। इसके लिए शाही खेमों के लिए जगह बनाने के वास्ते देहली के आसपास के सौ गाँवों से किसानों को बेदखल भी किया गया। एक ब्रिटिश सैनिक अफसर की उर्दू उसे धोखा दे गई—तमगा पाने के लिए इन्तजार में खड़े फौजियों को उसने 'सवार' की जगह 'सुअर' सम्बोधित करके इस अवसर की शान और बढ़ा दी।[1]

1. कोह्न 1983 : 204

वायसरायों का रवैया : उदारवादी लफ्फाजी अनुदार मजबूरी

वायसराय और भारत-सचिव के हाथों में केन्द्रित नई और बेपनाह शक्तियाँ उनके निजी रवैयों और उनकी राजनीतिक सम्बन्धों की एक संक्षिप्त विवेचना को प्रासंगिक बना देती हैं। 1885 तक प्रबुद्ध भारतीयों के बड़े-बड़े समूह वायसरायों के राजनीतिक और दलगत भेदों के बारे में बहुत ही सजग थे। वे सावधानी से सब देख रहे थे और उन्होंने लिटन की निरंकुशता और रिपन की सापेक्ष उदारता में दो टूक अन्तर किया। उन्होंने इन भेदों को ब्रिटिश राजनीति में टोरियों और लिबरलों के टकरावों से जोड़ना भी सीखा। कुछ लोगों को सत्यजीत रे की फिल्म— *चारुलता* में उस मृदु व्यक्ति का अति-विश्वसनीय चित्रण याद होगा, जो ब्रिटेन में लिबरल चुनावी जीत का अपने मित्रों के साथ जमकर जश्न मनाता है। 1915 में 'भारतीय राष्ट्रवादी विकास' का इतिहास लिखते हुए कांग्रेस के नरमपन्थी नेता अंबिकाचरण मजुमदार ने लिटन के काल के 'गहराते हुए बादलों' का मुकाबला रिपन के काल में 'छँट चुके बादलों' से किया था। एक और भी हाल के इतिहासकार ने अपने कहीं बहुत अधिक उन्नत ऐतिहासिक परिष्कार के बावजूद, (मेयो, नार्थब्रुक और लिटन के अन्तर्गत) 1869-80 के 'अनुदार दुस्साहस' का मुकाबला 1880-88 के दौरान रिपन और डफरिन के 'उदार-प्रयोग' से किया है।[1]

लेकिन लफ्फाजी अपनी जगह सचमुच महत्त्वपूर्ण अन्तर 1880+ के आरम्भिक वर्षों में किए गए उस अल्पजीवी प्रयास में निहित था, जो भारतीय सहयोगियों के दायरे को राजाओं और जमींदारों से आगे बढ़ाकर अंग्रेजी शिक्षा से लैस मध्यवर्गीय समूहों को भी समेटने के लिए किया गया। लिटन ने इन समूहों को खारिज कर दिया था कि ये तो वे 'बाबू हैं जिनको हमने मुल्की प्रेस में अर्ध-राजद्रोही लेख लिखने के लिए शिक्षित किया है।' इसके विपरीत रिपन ने 'शिक्षित मुल्कियों को अपने शासन के दुश्मनों की बजाय उसका दोस्त बनाने की घंटा-दर-घंटा बढ़ती... आवश्यकता'[2] पर बात करना पसन्द करते थे। काफी ताम-झाम के साथ रिपन ने जो स्थानीय प्रशासन आरम्भ किया वह बुनियादी तौर पर वित्तीय विकेन्द्रीकरण के एक आवश्यक कदम से सम्बन्धित था। 1883 में इलबर्ट बिल पर भारत में रह रहे यूरोपीय लोगों की प्रतिक्रिया में जो अप्रत्याशित क्रोध देखने को मिला उसने— बावजूद इसके कि इसके कारण मुट्ठी-भर भारतीय अधिकारियों को ही जिला अदालतों में यूरोपवासियों पर मुकदमे चलाने की शक्ति मिलती—इस 'उदारवादी' प्रयोग का फौरन ही खात्मा कर दिया। फिर भी इसने रिपन को, जिसके प्रशासन में

---

1. गोपाल 1965 : 135
2. स्याल 1968 : 149

इस कदम को लागू करने की कोशिश की गई थी, मध्यवर्गीय भारतवासियों की निगाह में शहीद का दर्जा दे दिया जो कि बड़ी सीमा तक औचित्य से वंचित था।

डफरिन (1884-88), लैंसडाउन (1888-94) और एल्गिन (1894-98) के काल में भारत के प्रति टोरी और लिबरल रवैयों के अन्तर अधिकाधिक धुँधलाते गए। डफरिन ने बेचैनी के साथ और बेकार के ढंग से सारे बेहतरीन संसारों को समेटने की कोशिश की। जो उत्तरी बर्मा प्राकृतिक संसाधनों के कारण महत्त्वपूर्ण था उसके अधिग्रहण को लेकर उसने यूरोप के व्यावसायिक दबावों के आगे आत्म-समर्पण कर दिया। अपने बंगाल और अवध के दखलदारी विधेयकों में ऐसे समय में जमींदार-समर्थक संशोधन किए जबकि मध्यवर्गीय इंडियन एसोसिएशन की माँग रैयत (दखलदारों, टेनेंट्स) को कुछ रिआयतें दिए जाने को थी। उसने एलेन आक्टेवियन ह्यूम के साथ भी कुछ प्रेम की पींगें लगाईं, जिन्होंने उससे भारतीय राष्ट्रीय कांग्रेस की स्थापना के लिए सहयोग माँगा था, लेकिन फिर भारत से जाने के ठीक पहले सेंट एंड्रयूज के विदाई भोज में उसने उसी संगठन पर जमकर हमला किया। जैसा कि दादाभाई नौरोजी के अपने निजी पत्र-व्यवहार में दिनशा वाचा ने कहा था, आखिर हुआ यह कि वह किसी को खुश न कर सका। दिसम्बर 1988 में तो वाचा ने यहाँ तक कहा कि वे 'लिटन को तो झेल सकते थे पर डफरिन को नहीं।'[1] भारत के सम्बन्ध में ब्रिटेन के दलगत भेद कितने बेमानी होते जा रहे थे इसका पता टोरी प्रधानमंत्री सैलिसब्री द्वारा नियुक्त लैंसडाउन ने कितनी तेजी से प्रान्तीय परिषदों में निर्वासित तत्त्वों के बारे में डफरिन के निजी आग्रहों को स्वीकार किया, इससे चलता है। दोनों के तर्कों की भाषा लगभग समान थी कि इस चाल से कांग्रेस के गुब्बारे की हवा निकल जाएगी।

ग्लैडस्टोन के अन्तिम प्रशासन द्वारा नियुक्त वायसराय एल्गिन के दौर में भारतीय कपास पर जवाबी आबकारी लगाकर लैंकशियर के सूती कपड़ा कारखानेदारों के गिरोह को रिआयतें दी गईं। वित्तीय आवश्यकताओं ने भारत सरकार को जब आयातित कपड़ों पर एक शुल्क लगाने के लिए मजबूर कर दिया, यह उसके बाद की बात है। फिर भी उस लिबरल 'बुजुर्गवार' ने 1892 में खुद भी अपने भारतीय प्रशंसकों को बुरी तरह निराश किया जब उन्होंने लार्ड क्रास के विधेयक में एक संशोधन का समर्थन करने से इनकार कर दिया; इसका उद्देश्य भारतीय विधायिकाओं में चुनावों का आरम्भ करना था। ऐसा ही उन्होंने 1893 में किया जब उन्होंने भारत सचिव किम्बरली और लैंसडाउन को भारत और इंग्लैंड में भारतीय सिविल सेवा की साथ-साथ परीक्षाएँ कराए जाने के बारे में हाउस ऑफ कामंस के एक प्रस्ताव को नजरअन्दाज करने की इजाजत दी।

दलगत भेदों की इस निरर्थकता का कुछ सम्बन्ध मध्य-1880+ में इंग्लैंड में जारी

1. पटवर्धन 1977 : 137

दिशाभ्रम से भी हो सकता है। जब आयरलैंड में होमरूल के बारे में ग्लैडस्टोन के प्रयासों के कारण लिबरल दो फाड़ हो गए। कुछ भी हो, लिबरल परम्परा हमेशा अस्पष्ट ही रही : उसमें कुलीनों के नेतृत्व के व्हिग प्रशंसक, अधिक लोकतंत्र के रैडिकल पैरोकार, ऐसे लिबरल-साम्राज्यवादी जिनको विदेश नीति के बारे में कंजर्वेटिव लोगों से भिन्न ठहराना मुश्किल था और 'लिटिल-इंग्लैंडर्स' जो सैन्य प्रसार के सच्चे विरोधी थे (हालाँकि मुक्त व्यापार के चलते ब्रिटेन को होनेवाले पर्याप्त भौतिक लाभों के विरोधी वे शायद ही कभी रहे) ये सब शामिल थे। लेकिन राजनीतिक विचारधाराओं से भी अधिक महत्त्वपूर्ण वे परिणाम थे, जो उपनिवेशी स्थिति की समग्र तार्किकता से उपजे। अब हम इन्हीं दीर्घकालिक प्रवृत्तियों पर विचार करेंगे।

कर्जन से पहले ब्रिटिश की विदेश नीति

वैसे तो कर्जन के वायसराय काल (1899-1905) से पहले लिटन के भड़कीले साम्राज्यवाद की कोई वापसी नहीं हुई, मगर उपनिवेशी रवैये कुल मिलाकर, 1860+ की 'उस्तादाना निष्क्रियता' के मुकाबले, काफी अधिक आक्रामक रहे। पर बात की गहराई सामराजी दुश्मनी के सन्दर्भ में आसानी से समझी जा सकती है। जब रूस अफगानिस्तान और फारस की तरफ बढ़ रहा था और फ्रांस हिन्दचीन में नियंत्रण कार्य कर रहा था, विरोध पक्ष में बैठे लिबरलों ने लिटन के अफगानी दुस्साहस की घोर निन्दा की थी। लेकिन आखिरकार रिपन की नीतियाँ भी शायद ही किसी समग्र अलगाव की सूचक थीं। काबुल में एक ब्रिटिश एजेन्ट की नियुक्ति पर भारत सरकार के जोर के कारण अफगानिस्तान के विभाजन की योजना रद्द कर दी गई। लेकिन अब्दुर्रहमान को अमीर बने रहने दिया गया और एक अनुदान के बदले उस अमीर को अपनी विदेश नीति पर लगे नियंत्रण स्वीकार करने पड़े। अंग्रेजों ने पिशिन और शीबी को अपने पास रखा और 1887 में उसे ब्रिटिश बलूचिस्तान बना दिया।

डफरिन के दौर में (मार्च 1885 में) पंजदह की अफगान सरहदी चौकी पर रूसियों के कब्जे ने दोनों सामराजी शक्तियों के बीच तीखा तनाव पैदा कर दिया था। आखिरकार मध्यस्थता के लिए यह मुद्दा डेनमार्क के बादशाह के सामने रखा गया। अफगान सीमा के बारे में जुलाई 1887 में रूस के साथ एक समझौता हुआ। लेकिन 1887 और 1892 के बीच जबकि युद्धप्रिय लॉर्ड रॉबर्ट्स कमांडर-इन-चीफ था, पश्चिमोत्तर सीमा पर आगे बढ़ने की नीति अपनाई गई। अफगान कबीलों के खिलाफ अनेक खर्चीले अभियान, रणनीतिक महत्त्व की रेलों का निर्माण, 1893 में हिन्द-अफगान सीमा का निर्धारण करनेवाले ड्यूरंड समझौते का आरोपण और लिबरलों के धर्मसंकट के बावजूद आखिरकार चितराल को अपने हाथों में बनाए रखना—ये सब इसी नीति के कारण थे।

ब्रिटिश भारत के क्षेत्र का आखिरी बड़ा प्रसार भी डफरिन के प्रशासन की विशेषता था : यह था जनवरी 1886 में ऊपरी (उत्तरी) वर्मा का अधिग्रहण। नवम्बर 1885 में वहाँ ब्रिटिश फौजें भेजने के फैसले की व्याख्या राजनीतिक और व्यावसायिक कारणों के एक संयोग से होती है। जनवरी 1885 में फ्रांसीसी कम्पनी के साथ बर्मा के राजा थीबाऊ द्वारा की गई एक व्यापारिक सन्धि और जुलाई में एक रेल समझौते के सन्दर्भ में अंग्रेजों को डर था कि फ्रांस का प्रभाव हिन्दचीन से छलककर पड़ोस के बर्मा में न पहुँच जाए। रंगून में ब्रिटिश चैम्बर्स ऑफ कॉमर्स बेचैन था कि बर्मा का अधिग्रहण हो, खासकर तब जब थीबाऊ ने अगस्त 1885 में धोखाधड़ी के खिलाफ ब्रिटेन की एक इमारती लकड़ी का व्यापार करनेवाली कम्पनी पर भारी जुर्माना गलाया। रैंडोल्फ चर्चिल ने डफरिन को आश्वस्त किया था कि ब्रिटेन भी 'बड़े व्यावसायिक हित' और खासकर मैनचेस्टर 'अधिग्रहण का गर्मजोशी से समर्थन' करेंगे। ऊपरी बर्मा अपने आप में आकर्षक लग रहा था और दक्षिण-पश्चिम चीन के सम्भावित प्रवेश द्वार के रूप में भी। सैलिसबरी मंत्रिमंडल ने उत्साह से डफरिन का समर्थन किया था; अधिग्रहण को एक औपचारिक रूप दिए जाने के समय अस्तित्व में आनेवाले ग्लैडस्टोन मंत्रिमंडल ने अन्तरात्मा की चुभन का थोड़ा-सा प्रदर्शन किया मगर फिर उस पर हाँ कर दी, हालाँकि 'भारी हिचक के साथ' की। यह अन्तर इस काल में सामराजी मामलों में टोरी और लिबरल दलों के वास्तविक भेद को बखूबी सामने लाता है। जैसा कि सबको पता था, बर्मा के थके-माँदे माँडले दरबार ने लगभग किसी जंग के बिना ही घुटने टेक दिए, लेकिन उस देश में जनता के छापामार प्रतिरोध को कुचलने में पाँच साल लगे और 40,000 फौजी लगाने पड़े। इस बीच इस नई विजय के बाद मिलनेवाली इमारती लकड़ी गर्मियों की राजधानी शिमला में एक भव्य वायसराय भवन बनाने के काम आई।

सेना और सैन्य नीति

इन सभी दुस्साहसों का मतलब था फौज पर पहले से भारी खर्च। इसके अलावा अधिकतर भारतीय राजकोष के बल पर विदेशों में भारतीय फौजी तैनात किए गए: रिपन के विरोध के बावजूद ग्लैडस्टोन द्वारा मिस्र में 1882 में, मेहदी आन्दोलन के खिलाफ सूडान में 1885-86 में और फिर 1896 में, और बाक्सर विद्रोहियों के खिलाफ चीन में 1900 में। पंजदह में जंग का खौफ सेना में 30,000 की बढ़ोत्तरी का कारण बन गया। सैन्य व्यय 1881-82 में भारत सरकार के बजट का 41.9 प्रतिशत और दस साल बाद 45.4 प्रतिशत था। कर्जन के अन्तर्गत 1904-05 में यह बढ़कर 51.9 प्रतिशत तक जा चुका था।

सैन्य नीति वास्तव में उपनिवेशी शासन की वास्तविक प्रकृति के बारे में अनेक

अन्त:दृष्टियाँ प्रदान करती है। उसकी रूपरेखा मुख्यत: 1857 की यादों ने तय की थी। दिसम्बर 1888 में डफरिन ने टिप्पणी की कि अंग्रेजों को 'वे सबक हमेशा याद रखने चाहिए जो तीस साल पहले के भयानक अनुभवों से सीखे गए थे।' दो आयोगों ने, 1859 में और 1879 में, कुछ नए बुनियादी सिद्धान्तों पर जोर दिया जो सेना के निर्माण की नींव होने चाहिए: उसके सदस्यों में एक तिहाई यूरोपवासी होने चाहिए जोकि 1857 से पहले 14 प्रतिशत थे; तोपखाने पर शुद्ध रूप से यूरोपीय एकाधिकार होना चाहिए (1900 से पहले तो भारतीय सिपाहियों को दी जानेवाली राइफलें भी घटिया किस्म की होती थीं।) और उसमें वह चीज होनी चाहिए, जिसे सर जान स्ट्रैची ने कभी 'जलरोधी कमरों की नीति' कहा था ताकि 'नस्ल, धर्म, जाति की किसी भी सामूहिकता के या स्थानीय सहानुभूतियों के कारण भावनाओं की किसी भी खतरनाक एकरूपता को पनपने से रोका जा सके।'[1] बाँटो और राज करो के सिद्धान्त को वास्तव में भारत-सचिव वुड ने 1862 में ही अकथनीय स्पष्टता के साथ सामने रख दिया था : 'मैं चाहता हूँ कि विभिन्न रेजीमेंटों में अलग-अलग और विरोधी भावनाएँ पनपें, ताकि जरूरत पड़े तो बिना किसी संकोच के सिख हिन्दू पर और गोरखा दोनों पर गोली चला सके।' 1879 के सेना आयोग ने इसी बात को दोहराया : 'एक पर्याप्त यूरोपीय बल के शानदार प्रतितुलन के बाद बारी आती है मुल्की के खिलाफ मुल्की के प्रतितुलन की।'[2]

कम्पनी के सेना सम्बन्धी हालिया अनुसन्धानों ने स्पष्ट किया है कि भर्ती की नीतियों और अनिवार्यताओं ने किस तरह जाति और उपजातीयता (एथनिसिटी) के भेदों को पुख्ता किया।[3] 1887 के बाद के दौर ने इसमें कुछ जोड़ा तो 'लड़ाकू जातियों' की एक और भी स्पष्ट विचारधारा को जोड़ा। इसमें माना गया था कि अच्छे फौजी सिर्फ विशेष समुदायों से ही भर्ती किए जा सकते हैं। यह विचार खासकर अन्त-1880+ के बाद, लॉर्ड रॉबर्ट्स के अन्तर्गत, विकसित हुआ और मुख्यत: सिखों और गोरखों की भर्ती को उचित ठहराने के लिए इस्तेमाल हुआ; ये दोनों ही अपेक्षाकृत हाशियाई धार्मिक और उपजातीय समूह थे, जिनके अखिल-भारतीय राष्ट्रवादी आन्दोलनों में शामिल होने की सम्भावना कम ही थी। जाहिर है कि नस्लों की समानता या कमान के भारतीयकरण का सवाल ही नहीं उठता था। तनख्वाहों के जरा से बढ़ने के बाद भी 1895 में एक भारतीय प्राइवेट को प्रतिमाह 9 रुपए मिल रहे थे, जबकि उसका समकक्ष अंग्रेज 29 रुपए और साथ में अनेक भत्ते पा रहा था। काफी आगे चलकर, 1926 में भी, भारतीय सैंडहर्स्ट समिति 50 प्रतिशत भारतीय अधिकारियों के काडर की कल्पना कर रही थी—1952 के लिए।

---

1. स्ट्रैची 1888 : 63
2. सिंह 1963 : 140, 142
3. कोल्फ 1990; अलवी 1995 देखें

अन्त-19वीं सदी में वित्तीय और प्रशासनिक दबाव

विदेशों में दुस्साहस और सेना के प्रसार का लाजिमी मतलब वित्तीय तनाव था। 1873 के बाद, जब विश्व पूँजीवादी अर्थव्यवस्था में गिरावट का एक लम्बा दौर शुरू हुआ, तो सोने के मुकाबले चाँदी के रुपए का तेजी से अवमूल्यन हुआ और इससे भारतीय राजकोष पर दबाव बहुत बढ़ गया। भारतीय खर्चों के एक बड़े भाग का भुगतान स्वर्णमान पर आधारित स्टर्लिंग में करना होता था : जैसे ब्रिटिश भारतीय असैनिकों और सैनिकों की पेंशनों का, लन्दन में भारत-सचिव के प्रतिष्ठान की लागतों का, भारतीय ऋणों पर ब्याज का, तथाकथित 'घरेलू व्यय' में शामिल दूसरी सभी मदों का। फिर भी रुपया, जो 1872 में दो शिलिंग के बराबर था, 1893-94 में एक शिलिंग दो पेंस से ज्यादा शायद ही रहा होगा। सव्यसाची भट्टाचार्य ने 'राज के वित्तीय आधारों' की विस्तार से छानबीन की है और कैम्ब्रिज में आधारित इतिहासकारों ने वित्तीय समस्याओं, प्रशासनिक दबावों और राष्ट्रवादी आन्दोलनों के सम्बन्धों को उजागर करने में महत्त्वपूर्ण योगदान दिया है। अनिल स्याल के शब्दों में, 'स्थानीय विषयों में राज के और भी भारी हस्तक्षेप के द्वारा प्रशासन तंत्र को और भी सख्ती से नीचे धकेला गया।'[1] और भी ठोस ढंग से कहें तो इसका मतलब कराधान के पुराने रूपों को फैलाने और नए रूपों की तलाश करने का प्रयास था—ये ऐसी प्रक्रियाएँ थीं जो अनेक समस्याओं से ग्रस्त थीं, क्योंकि सरकार को अनेक परस्पर विरोधी दबावों को झेलना पड़ा।

मालगुजारी आय का अकेला सबसे बड़ा स्रोत थी। 1857 के बाद इस्तमरारी (स्थायी) बन्दोबस्त को नए क्षेत्रों में लागू करने की काफी बातें की गईं और आशा की गई कि भूस्वामी समूहों को मालगुजारी का एक स्थायी स्तर और लगान की वसूली पर लगभग पूरा नियंत्रण सौंपकर राजसत्ता और ऐसे समूहों के गठजोड़ को पुख्ता बनाया जा सकेगा। अब वह सबकुछ भुला दिया गया। 1890+ के जानलेवा अकालों के बावजूद मालगुजारी की रकम 1881-82 के 19.67 करोड़ रुपए से बढ़कर 1901-02 तक 23 करोड़ रुपए हो गया। जैसा कि हम देखेंगे, यह राष्ट्रवादियों को दुखी करनेवाला एक बड़ा और अन्तहीन विषय था। साथ-ही-साथ भू-कर में किसी भारी वृद्धि को राजनीतिक रूप से खतरनाक और आर्थिक रूप से नादानी समझकर उससे डर भी लग रहा था। क्योंकि अंग्रेज कच्चे कपास, जूट, शक्कर, गेहूँ और दूसरे खेतिहर मालों के निर्यात के लिए फौरी तौर उत्पादन को बढ़ावा देना भी चाहते थे। राज्य की कुल आय में मालगुजारी का भाग वास्तव में धीरे-धीरे कम हो रहा था, उपरोक्त वर्षों के लिए मात्र (नेट) राजस्व क्रमशः 46.80 करोड़ और 60.79 करोड़ रुपए था। उपनिवेशी नीति की पुराने ढर्रे की राष्ट्रवादी समालोचना के

1. गैलगर 1973 : 10 पर स्याल का कथन देखें

जारी रहने के कारण इस सापेक्ष गिरावट का महत्त्व धुँधला गया है। मुगलिया दौर में और आरम्भिक उपनिवेश-काल में काफी निरन्तरता के कारण, राज्य की मालगुजारी की माँग किसानों से जायद (सरप्लस) की वसूली का प्रमुख रूप बनी रही। 19वीं सदी से एक संक्रमण शुरू हुआ, जिसने अन्ततः भू-कर को राज्य की आय का एक महत्त्वहीन भाग बना दिया। कोई आसानी से यह कल्पना भी कर सकता है कि देहात में जन-आन्दोलनों की प्रकृति में एक अहम परिवर्तन लाने में इस दीर्घकालिक ढाँचागत परिवर्तन का भी योगदान रहा होगा। मुगलिया और आरम्भिक उपनिवेश-काल में ग्रामीण विद्रोहों में एक समान ढंग से सरकारी अधिकारियों के खिलाफ जमींदारों के नेतृत्व में स्थानीय समुदाय भाग लेते थे। लेकिन उपनिवेशी दौर के अन्तिम भाग में लगान, कर्जदारी और दखलदारी के दावों को काफी अधिक प्रमुखता प्राप्त हुई जिनमें किसानों या बँटाईदारों के समूह जमींदारों और सूदखोरों के खिलाफ खड़े होते थे।[1]

देश को पाट रहे तैयार ब्रिटिश मालों पर आयात कर लगाने से बजट बनाने में काफी सहायता मिलती और राजनीतिक चेतना से सम्पन्न भारतीय भी प्रसन्न हो उठते। लेकिन लैंकशियर ने बाहर कुछ और मर्जी चलाई। मध्य-1870+ के बाद मैनचेस्टर लाबी ने, जिसकी पुश्तपनाही सैल्सबरी कर रहे थे, कपास पर लगे शुल्कों पर तीखे हमले किए। कहा गया कि ये शुल्क बम्बई के नए कपड़ा उद्योग को संरक्षण दे रहे थे और मुक्त व्यापार के पवित्र सिद्धान्तों की अवहेलना कर रहे थे। अफगान युद्ध के खर्च के बावजूद लिटन ने 1878-79 में ये शुल्क घटा दिए। रिपन ने 1882 में उनको पूरी तरह समाप्त कर दिया था। 1890+ के दौरान जब भारी घाटों के कारण उनको फिर से लगाना अनिवार्य हो गया तो 1894 और 1896 में फिर से लगे आयात शुल्क के साथ-साथ भारतीय कपड़े पर एक बदनाम जवाबी शुल्क लगा दिया गया। 1860+ में जेम्स विल्सन से आरम्भ करके वायसराय की कौंसिल के वित्त सदस्यों ने यूरोपवालों और प्रभावशाली भारतीयों के एक समान विरोध के बावजूद एक आयकर लगाने के विचार को टटोलते आ रहे थे। 1886 में, पंजदह और बर्मा के बाद, डफरिन ने उसे एक व्यवस्थित और स्थायी रूप दे दिया। दो साल बाद बेहद प्रतिगामी नमक कर को, जो कि जनता पर सचमुच एक बोझ था, बहुत अधिक बढ़ा दिया गया।

दक्षिण भारत पर वाशब्रुक के अध्ययन के साथ इलाहाबाद पर बेली के अध्ययन ने मध्य-1880+ के दौरान करों की इस बढ़ोत्तरी और कांग्रेस के मद्रास (1887) और इलाहाबाद (1888) अधिवेशनों को मिले असाधारण समर्थन के सम्बन्धों को स्पष्ट किया है।[2] वाशब्रुक ने प्रान्तीय स्तर पर दीर्घकालिक प्रवृत्तियों के बारे में दिलचस्प आँकड़े भी दिए हैं। मसलन मद्रास में 1880 में कुल आय में मालगुजारी

1. सरकार 1983 : 17-18, 30-36
2. बेली 1975; वाशब्रुक 1976 देखें

भाग 57 प्रतिशत था पर 1920 में केवल 28 प्रतिशत था। इसके विपरीत शराब पर आबकारी 1882-83 के 60 लाख रुपए से बढ़कर 1920 में 5.4 करोड़ रुपए हो चुकी थी। जंगलात के राजस्व में भी बढ़ोत्तरी हुई, जिसका मतलब यह था कि चरागाहों और ईंधन पर निचली जातियों के खाद्य-संग्राहकों, पशु-पालकों, घुमक्कड़ काश्तकारों और गरीब किसानों के सदियों पुराने प्रथासम्मत अधिकारों को सीमित कर दिया गया, जबकि कभी-कभी अधिक समृद्ध ग्रामीण हितों पर भी अंकुश लगाया जाने लगा। मद्रास में 1880+ के दौरान और असम में 1890+ के दौरान प्रान्तीय संगठन व जंगलात कानूनों और चराई सम्बन्धी प्रतिबन्धों का पहले ही विरोध कर चुके थे। जैसा कि हम देखेंगे, कांग्रेस के आरम्भिक अधिवेशनों में यह मुद्दा बार-बार उठा।

आरम्भ-19वीं सदी में गुंटूर जिले के लोक-प्रशासन पर फ्राइकेनबर्ग के अध्ययन ने निचले दर्जे के उन भारतीय अधिकारियों को प्राप्त पर्याप्त स्वतंत्रता और वित्तीय लाभों का एक चित्र उभारा है, जिनका कम्पनी के अपेक्षाकृत ढीलेपन के साथ संगठित प्रशासन में स्थानीय प्रभावशाली भारतीयों से गहरा सम्बन्ध था।[1] 1858 के बाद वित्तीय दबावों ने इस स्वायत्तता को काफी कम कर दिया।[2] पूर्वी बंगाल के दूर-दराज के सिलहट अंचल में हमें इस प्रवृत्ति की एक दिलचस्प पुष्टि दिखाई देती है। इन क्षेत्रों में केन्द्रीकृत नौकरशाहाना प्रशासन ने जब अपने पैर और पसारे तो जमींदारों की—स्वाभाविक नेताओं की—शक्तियों के धीरे-धीरे कम किए जाने का राष्ट्रवादी नेता विपिन चन्द्र पाल ने एक आलोचनात्मक वृत्तान्त प्रस्तुत किया है।[3]

वित्तीय दबावों ने केवल स्थानीय अभिजातों की शिकायतें ही नहीं बढ़ाईं। 1890 में जबकि दब्बू 'याचकवृत्ति' की नरमपन्थी कांग्रेसी राजनीति वह अकेला राष्ट्रवाद नजर आती थी, जो तब मौजूद या सम्भव थी, बम्बई के गवर्नर ने गोपनीयता के साथ वायसराय को लिखा था : 'वन नीति, आबकारी नीति, नमक कर, संशोधित बन्दोबस्तों के जरिये मालगुजारी में वृद्धि, ये सब हमें घृणास्पद बना रहे हैं...हमें अच्छी तरह पता है कि शिक्षित मुल्की क्या चाहते हैं, लेकिन मैं स्वीकार करता हूँ कि मुझे इसका कोई ज्ञान नहीं कि अशिक्षित लोगों की क्या भावना है।'[4] जमीन के नीचे सम्भवतः धधक रही आग की चेतना यहाँ साफ नजर आती है। चालीस साल बाद नमक कर और मालगुजारी, आबकारी शुल्क और जंगलात सम्बन्धी अधिकारों के ठीक इन्हीं मुद्दों को लेकर उपमहाद्वीप-व्यापी आन्दोलन खड़े किए गए।

---

1. फ्राइकेनबर्ग 1965 देखें
2. मद्रास के लिए इस प्रक्रिया का विस्तृत विश्लेषण वाशब्रुक ने किया है; वाशब्रुक 1976 देखें।
3. पाल 1932/1973 : अध्याय-8
4. लैंसडाउन के नाम री का पत्र, 20 फरवरी, 1890; लैंसडाउन प्राइवेट पेपर्स, कामनवेल्थ रिलेशंस, इंडिया ऑफिस कलेक्शन, भारतीय राष्ट्रीय अभिलेखागार।

स्थानीय स्वशासन, कौंसिल सुधार, बाँटो और राज करो

वित्तीय दबाव और प्रशासनिक सख्तियाँ राजनीतिक खतरे पैदा न करें, इसके लिए उनके साथ-साथ और अधिक भारतीय सहयोगियों की तलाश आवश्यक थी। नामांकन, प्रतिनिधित्व और चुनाव की व्यवस्थाएँ—ये सब सामराजी उद्देश्यों के लिए भारतीयों का समर्थन पाने के साधन थीं।[1] स्थानीय स्वशासन के विकास में वित्तीय और राजनीतिक पहलुओं को उम्दा ढंग से एकजुट किया गया। यह प्रक्रिया वास्तव में लिबरल रिपन नहीं, बल्कि कंजर्वेटिव मेयो के काल में आरम्भ हुई। प्रमुख उद्देश्य यह था कि स्थानीय आवश्यकताओं का बोझ नए स्थानीय करों पर डालकर वित्तीय कठिनाइयों का हल निकाला जाए। लेकिन मेयो को यह भी लग रहा था कि 'हमें इस देश के शासन में धीरे-धीरे और अधिक मुल्की तत्त्वों को अपने साथ जोड़ना चाहिए।' यह दूसरा राजनीतिक रुख प्रमुखता के साथ रिपन के मई 1882 के प्रस्ताव में सामने आया जिसने स्थानीय निकायों के लिए चुने गए बहुमत और स्थानीय अध्यक्षों का वादा किया। फिर भी यह एक ऐसा वादा था जिसे अधिकांश प्रान्तीय अफसरशाहों के विरोध के कारण धीरे-धीरे और आधा-अधूरा ही लागू किया गया। रिपन के वित्त सदस्य एवेलिन बेरिंग ने तो यहाँ तक कहा कि 'बंगाली बाबुओं को अपने खुद के विद्यालयों और नालों पर विचार-विमर्श की अनुमति देकर हम ब्रिटिश साम्राज्य की जड़ें नहीं खोदेंगे।' सुपुर्दगी की पूरी प्रक्रिया में वित्तीय पक्ष कितना महत्त्वपूर्ण बना रहा, इसका संकेत बाद की एक मिसाल से मिलता है : 1919-20 में बंगाल में यूनियन बोर्डों की स्थापना के फौरन बाद चौकीदारी कर में 50 प्रतिशत वृद्धि कर दी गई, जिसने मिदनापुर में एक भारी और सफल राष्ट्रवादी प्रतिरोध को जन्म दिया।

अन्त-1880+ के बाद कांग्रेस के विस्तार ने शासकों को संकेत दे दिया कि प्रशासन के ऊपरी स्तरों पर भारतवासियों का सहयोग गम्भीर राष्ट्रवादी प्रतिरोध का अकेला तोड़ था। इसके लिए मुख्यतः कौंसिल सुधारों का सहारा लिया गया, जिनको उसके बाद दीगरे और सावधानी से नाप-तोलकर लागू किया गया। लार्ड क्रास के 1892 के भारतीय कौंसिल कानून ने विधायिकाओं में गैर-सरकारी सदस्यों की संख्या बढ़ाई। मसलन इम्पीरियल कौंसिल के 16 सदस्यों में अब उनकी संख्या 10 हो गई। खुलकर चुनावों की माँग स्वीकार किए बिना अब इसके कारण उपनिवेशी अधिकारियों को सदस्यों की नामजदगी के लिए स्थानीय निकायों, विश्वविद्यालयों, सेनेटों, व्यापार के चैंबरों और जमींदारों के संगठनों से विचार-विमर्श का अधिकार प्राप्त हुआ। कौंसिलरों को बजट पर बहसें करने और सवाल उठाने का अधिकार मिला, हालाँकि संशोधन पेश करने, बजट पर मतदान करने या पूरक की माँग करने के अधिकार नहीं मिले।

1. गैलगर 1973 : 10

इस काल में तथाकथित 'सांविधानिक सुधार' का सम्बन्ध सरकारी नीति की दो अन्य प्रमुख प्रवृत्तियों से था : ये थीं समय-समय पर 'नरमपन्थियों को लामबन्द' करने के प्रयास (ये शब्द गरमपन्थ के उदय के बाद मिंटो ने कहे थे पर ये प्रयास काफी पहले से जारी थे) और बाँटो और राज करो की तकनीकों का और भी कुशल उपयोग। रिपन की भारी उम्मीदों के बावजूद स्थानीय प्रशासन पहले उद्देश्य को पाने में कोई खास कामयाब नहीं हुआ, क्योंकि नगरपालिकाओं और जिला परिषदों को बहुत कम वास्तविक शक्तियाँ और वित्तीय संसाधन दिए गए थे। राष्ट्रवादी इन निकायों में शामिल हुए, कृपा-संरक्षण की सम्भावनाओं का थोड़ा उपयोग किया, पर आमतौर पर नालों के सुधार पर ही अपनी शक्तियाँ लगाने से सामान्यत: इनकार कर दिया। 1892 के सुधार ने सम्भवत: कुछ वर्षों तक कांग्रेस के आन्दोलनों का जोर कम कर दिया, क्योंकि अनेक प्रमुख नेता प्रान्तीय और इम्पीरियल कौंसिलों में जा पहुँचे, जैसे बंगाल में लालमोहन घोष, व्योमेशचन्द्र बनर्जी और सुरेन्द्र नाथ बनर्जी, बम्बई में फिरोजशाह मेहता, गोखले और कुछ समय तक तिलक भी, और इम्पीरियल कौंसिल में मेहता के बाद गोखले। और अधिक कौंसिल सुधारों की माँग को 1894 और 1900 के बीच कांग्रेस के अधिवेशनों के एजेंडा में प्रमुखता प्राप्त नहीं रही। लेकिन यह प्रभाव चार दिन का जलवा था। उसी साल गरमपन्थी राष्ट्रवाद की पहली हलचल सामने आई। 1904 तक कांग्रेस कुल मिलाकर फिर से वैधानिक सुधारों की एक और बड़ी खेप की माँग करने लगी थी।

नीति का अन्तत: सबसे प्रमुख तत्त्व यह बना कि भारतीयों में विभाजन को बढ़ावा दिया जाए : इसका आधार मुख्यत: धार्मिक था पर कभी-कभी भाषा और जाति को भी आधार बनाया गया। राष्ट्रवादी इस बारे में सीधे-सीधे और सचेत ब्रिटिश जिम्मेदारी के तत्त्व को बढ़ा-चढ़ाकर पेश करते थे, पर अक्सर इन दरारों की जड़ें और भी गहरी होती थीं। उपनिवेशवाद के अन्तर्गत उनको जिस हद तक गढ़ा या तीखा बनाया गया, उस सीमा तक उनको उपनिवेशवाद के ज्ञान-प्रसार और शासन के अधिक बुनियादी पक्षों से जोड़ना आवश्यक था—खासकर, जैसा कि जल्द ही हम देखेंगे, कानून और जनगणना से। जो भी हो, सायास सरकारी भड़कावे अपनी जगह, शिक्षा, प्रशासनिक नौकरियों और राजनीतिक मलाई जैसे दुर्लभ संसाधनों पर होनेवाले टकराव उपनिवेशी अल्पविकास की अपनी तार्किकता में ही निहित थे।

फिर भी इस बात से शायद ही इनकार किया जा सके कि उपनिवेशवाद के अन्तिम दशकों में ब्रिटिश अफसरशाही की सुस्पष्ट राजनीतिक मान्यताओं और पहलकदमियों ने इन विभाजनों को तीखा बनाया। स्थानीय समुदायों को अलग-अलग करनेवाली कथित प्राकृतिक और अपारगम्य खाइयों पर जोर देना सामराजी संवादों का प्रमुख रूपक बन गया। 1888 में, यानी उसी साल जब डफरिन ने कांग्रेस

को एक क्षुद्र अल्पमत घोषित किया, सर जान स्ट्रैची ने कैंब्रिज के स्नातक छात्रों को भरोसा दिलाया : 'कोई एक भारत नहीं है, न कभी था...कोई भारतीय राष्ट्र, कोई भारतीय जनगण नहीं जिसकी हम इतनी बातें सुनते हैं...पंजाब, बंगाल, पश्चिमोत्तर प्रान्त और मद्रास के लोग कभी यह महसूस करें कि वे एक ही विशाल भारतीय राष्ट्र के सदस्य हैं, यह असम्भव है।[1] इस उग्रता का सम्बन्ध लगभग निश्चित ही उपनिवेशी शासन की स्थिरता के बारे में बढ़ती बेचैनी से था। सरकारी नीतियाँ पहले से ही एक या दूसरे समुदाय को फायदे पहुँचाकर भारतवासियों के भेदों को और बढ़ाने के लिए तैयार की जा चुकी थीं, और समय के साथ कृपाओं के इस वितरण के ढंग बदलते रहे। मिसाल के लिए विस्थापित मुगलिया हुकूमत के साथ अपने सम्बन्धों, 1857 के महाविद्रोह में अपनी कथित बड़ी भूमिका और ब्रिटिश-विरोधी वहाबी जुझारूपन में अपनी शिरकत के कारण लम्बे समय तक मुसलमानों को हिन्दुओं की अपेक्षा अधिक गहरे शक की नजर से देखा जाता रहा। विलियन डब्ल्यू. हंटर की रचना 'इंडियन मुसलमांस' ने एक महत्त्वपूर्ण परिवर्तन का आरम्भ किया जो मोटे तौर पर मुख्यत: शिक्षित हिन्दू मध्यवर्गीय समूहों में राजनीतिक संगठन के आरम्भ के साथ सामने आया। एक समरस मुस्लिम समुदाय की जो सरकारी रूढ़ धारणा पहले से ही सुस्थापित चली आ रही थी, उसके अन्दर अब मुसलमानों की यह तस्वीर पेश की जाने लगी कि वे खोई हुई शाही शान-शौकत की खतरनाक यादों में डूबे हुए हैं, कि फिलहाल वे 'पिछड़ेपन की दशा' में हैं और इसलिए उन्हें विशेष ब्रिटिश संरक्षण की आवश्यकता है। डफरिन ने 1888 में उनको 'पाँच करोड़ की कौम' कहा जो कथित रूप से धर्म और सामाजिक प्रथाओं के बारे में समरस थी और 'उन दिनों की याद कर रही थी जब देहली के तख्त पर बैठकर वह हिमालय से लेकर कन्याकुमारी तक राज कर रही थी।' ये प्रस्थापनाएँ ब्रिटिश शासन के बाद के वर्षों में राजनीतिक दृष्टि से जितनी उपयोगी थीं उतनी ही बकवास भी थीं। देश के बड़े-बड़े भागों में मुस्लिम वही रहे जो लम्बे समय से चले आ रहे थे : गरीब किसान और दस्तकार जिनका शाही अतीत या विरासत का कोई दिखावा नहीं था।

संयुक्त प्रान्त पर फ्रांसिस रॉबिन्सन और पंजाब पर गेराल्ड बेरियर के अध्ययनों ने दिखाया है कि एक सीमित, सम्पत्ति और शिक्षा पर आधारित मताधिकार द्वारा चुनी गई नगरपालिकाओं के जन्म ने किस तरह फौरन ही दोनों प्रान्तों में हिन्दू-मुस्लिम तनावों को और तीखा बना दिया। 1885 तक सर अल्फ्रेड लायल के अन्तर्गत पंजाब सरकार होशियारपुर, लाहौर और मुलतान जैसे नगरों में धार्मिक समुदायों पर आधारित अलग-अलग प्रतिनिधित्व की व्यवस्था लागू करने लगी थी। जैसा कि बेरियर का सुझाव है, मूल उद्देश्य, हो सकता है, मौजूदा तनावों में नरमी लाना रहा हो, फिर भी अकाट्य तथ्य यही है कि अलग-अलग निर्वाचक मंडलों ने

1. स्ट्रैची 1888 : 29

विभाजक रेखाओं को और पुख्ता बनाया, क्योंकि इसने सम्प्रदायों के नेताओं को सबसे पहले अपने ही समुदाय में अपने अनुयायी पैदा करने के लिए प्रोत्साहित किया, बल्कि मजबूर भी किया। कौंसिल सुधारों के स्तर पर भी मार्च 1893 में लैंसडाउन ने जोर देकर कहा कि प्रतिनिधित्व 'क्षेत्रों या संख्याओं की बजाय प्रकारों और वर्गों के आधार पर' होना चाहिए। अलग निर्वाचक मंडलों की माँगों की मंजूरी अब भविष्य में बहुत दूर की बात नहीं थी।

हिन्दू-मुस्लिम तनावों ने कानून-व्यवस्था की गम्भीर समस्याएँ भी पैदा कीं, जिसका मतलब यह था कि सरकारी नीति कभी अस्पष्टताओं से मुक्त हो ही नहीं सकती थीं। एल्गिन के नाम भारत सचिव हैमिल्टन का 7 मई, 1897 का गोपनीय पत्र इस विषय पर मिसाली उपनिवेशी सोच का सम्भवत: सबसे अच्छा उदाहरण है : 'मुझे पश्चिमोत्तर और पंजाब में हिन्दुओं और मुसलमानों के बढ़ते टकराव की बात सुनकर दुख हुआ। कोई शायद ही जानता हो कि उसे क्या चाहिए : विचारों और कर्मों की एकता राजनीतिक रूप से बहुत घातक होगी; विचारों का भेद और टकराव प्रशासनिक दृष्टि से कष्टदायक है। इन दोनों में बादवाली चीज में कम जोखिम है, हालाँकि टकराव जहाँ पर है वहाँ मौके पर मौजूद लोगों पर यह चिन्ता और जिम्मेदारी का बोझ डालती है।'[1]

ज्ञान और शासन

प्राच्यवाद : पुराना और नया

मध्य से अन्त-1980+ तक एडवर्ड सईद की किताब 'ओरिएंटलिज्म' (1978) ने उपनिवेशों की जनता के बारे में पश्चिमी संवादों सम्बन्धी नए अनुसन्धानों को बढ़ावा दिया। इस नए रास्ते ने उपनिवेशी खाँचों, नीतियों और उनके पीछे निहित उपनिवेशी मान्यताओं की समझ में बड़े बदलाव लाने में सहायता पहुँचाई। उपनिवेशविरोधी इतिहासलेखन की मुख्यधारा की राष्ट्रवादी और वामपन्थी प्रवृत्तियों, दोनों ने सामराज की आर्थिक और धार्मिक प्रभुत्व की निन्दा की मगर उसके सांस्कृतिक आयामों पर काफी अस्पष्टता जारी रही। उपनिवेशी रचनाओं और मान्यताओं में निहित नस्लवाद के अधिक स्पष्ट तत्त्वों की ओर निश्चित ही इशारा किया जाता रहा, लेकिन यूरोपीय विद्वानों की कई पीढ़ियों के प्रयासों ने, जिनका आरम्भ विलियम जोंस और एशियाटिक सोसायटी ऑफ बंगाल (स्थापना : 1784) से हुआ, दक्षिण एशिया के अतीत को जो खोदकर निकाला उसकी अच्छी-खासी ताईद भी की जाती रही। प्रशासनिक फाइलों और रिपोर्टों, सर्वेक्षण और जनगणना

1. एल्गिन के नाम हैमिल्टन का पत्र, 7 मई, 1897; लार्ड एल्गिन प्राइवेट पेपर्स, इंडिया ऑफिस लाइब्रेरी एंड रिकॉर्ड्स, भारतीय राष्ट्रीय अभिलेखागार

के कार्यों, वैज्ञानिक अवलोकनों और अनुसन्धानों के कारण 19वीं और आरम्भ-20वीं सदी के भारत के बारे में उपनिवेशी अभिलेखों का एक बड़ा भंडार जमा हो चुका था। इनका व्यापक और कभी-कभी आलोचनात्मक उपयोग ऐसे पैमाने पर स्रोत सामग्रियाँ पाने के लिए किया गया, जो पहले के समय में एकदम असम्भव था। दूसरी तरफ उपनिवेशी प्रभाव के जाहिरा तौर पर आधुनिकताकारी पक्षों—जिनमें सबसे अधिक उल्लेखनीय अंग्रेजी शिक्षा के कारण पनपनेवाली नई मध्यवर्गीय संस्कृति थी—की समझ में अधिक विविधता रही है। 19वीं सदी में एक तरह के सांस्कृतिक 'जागरण' और 'पुनर्जागरण' के बारे में आम समझ और भी व्यापक रही। आरम्भ-1970+ के दौरान कलकत्ता में केन्द्रित एक इतिहासकार समूह ने 'पुनर्जागरण के मॉडल' की जो अकादमिक समालोचना विकसित की उसने दूसरी बातों के अलावा उपनिवेशवाद के साथ आधुनिकता अपना रहे पढ़े-लिखे वर्ग के सहयोग को उजागर किया। फिर भी उसने यह मान लिया कि बुनियादी समस्या अपर्याप्त या उपनिवेशवाद के कारण विकृत आधुनिकता की थी। स्वयं 'आधुनिकता' पर या 'प्रबोध काल के बाद के बुद्धिवाद' पर कोई हमला नहीं किया गया।

सईद की रचना ने अ-पश्चिम के बारे में पश्चिमी छवियों को लेकर व्यवस्थित पद्धति शास्त्रीय शंका की मनोस्थितियाँ पैदा कीं। अंग्रेजी साहित्य के जो छात्र पश्चिमी साहित्य और पवित्र पाश्चात्य साहित्यालोचना के प्रभुत्व के खिलाफ प्रतिक्रिया कर रहे थे उन्हें ये खास तौर पर आकर्षक लगीं। ऐसे विद्वानों ने अब कथित शाश्वत और सार्वभौम 'मानववादी' मूल्यों के बारे में चली आ रही व्यापक मान्यताओं के उत्स के खिलाफ जाने की कोशिश की। इसी प्रस्थानबिन्दु से फिर हर तरह के उपनिवेशी और पाश्चात्य संवादों की एक वृहत्तर और अधिक सामान्य समालोचना का विकास हुआ। अब इनमें मुख्यत: शक्ति और ज्ञान के उन अटूट सम्बन्धों के कारण जान पड़ गई, जिनको सबसे उल्लेखनीय ढंग से मिशेल फोको ने सामने रखा था। अलावा इसके, इस नए मोड़ का एक और भी व्यापक सन्दर्भ था। जल्द ही एक अकादमिक रूढ़िवाद-विरोध सामने आया, जिसे कभी-कभी ढीले ढंग से 'उत्तर-आधुनिकतावादी' कहा गया; यह पूरी 'आधुनिकता' का एक बेहद आलोचनात्मक रवैया था—जो कभी-कभी उसे एक सिरे से नकार देता था। 'प्रबोध-काल का बुद्धिवाद, जिसे आधुनिकता का आधार माना जाता था, अब अनेक लोगों को खाँटी पाश्चात्य, पुरुषवादी और सांस्कृतिक भेदों की स्वीकृति के लिए प्रतिकूल लगने लगा।

आजकल उपनिवेशी संवाद के विश्लेषण को अक्सर 'उपनिवेशोत्तरता' के ढाँचे में समझने की कोशिश की जाती है, पर उसने भी काफी विवादों को जन्म दिया है। उपनिवेशोत्तरता के विरोध की जड़ें कभी-कभी आधुनिकता के पिछले जयगान से चिपके रहने की शुद्ध रूढ़िवादी इच्छा में भी हो सकती हैं, लेकिन दक्षिण एशिया के ऐतिहासिक अध्ययनों में उपनिवेशोत्तर विद्वानों ने इसके साथ जो अनेक सरलीकरण

ला दिए इनको लेकर अच्छी-खासी और वैध असहजता भी पाई जाती है। फिर भी सईदवादी—और शायद उससे भी बढ़कर फोकोवादी—मोड़ ने काफी मूल्यवाद अनुसन्धानों को जन्म दिया है और यह बात अपने बारे में पहले के उस इतिहासलेखन की कुछ अपूर्णताओं और आरम्भिक सरलीकरणों को दूर करने में सहायक हुई जो कि उपनिवेशोत्तर मोड़ से पहले ही गुजरा है।

सईद से पहले 'प्राच्यवाद' का उपयोग एशिया सम्बन्धी उस आधुनिक यूरोपीय ज्ञान के लिए किया जाता था, जिसने एशियाई भाषाओं के अध्ययन को अपना आधार बनाया, खासकर उन भाषाओं को जिनको संस्कृति तथा प्राचीन यूनानी व लातिनी भाषाओं के सम्बन्धों की विलियम जोंस द्वारा की गई खोज के बाद से शास्त्रीय कहा जाने लगा था। इस शब्द से मुराद उस प्राचीन या शास्त्रीय युग की संस्कृतियों और धर्मों के प्रति एक बहुत ही आदरमय रवैया लगाया जाने लगा, हालाँकि और बाद के काव्य की संस्कृतियों और धर्मों को इससे बहुत-कम आदर दिया जा रहा था। सईद के खाँचों ने प्राच्यवाद शब्द के अर्थ को बहुत ही विस्तार दिया है और यह कभी-कभी तो यूरोपीय प्रभाववाले युग में पूरब के प्रति लगभग सभी प्रस्तुतियों का अर्थ देने लगा। इन विस्तारों ने पश्चिमी साहित्य की रचनाओं, विद्वत्ता और उपनिवेशी प्रलेखन में शक्ति के सम्बन्धों से जुड़े सूत्रों और विन्यासों को सामने लाने में और साथ ही उनमें निहित नृजाति केन्द्रीयता और नस्लवाद के तत्त्वों को भी सामने लाने में सहायता पहुँचाई। इसका अर्थ था कि जिन ग्रन्थों या अभिलेखों को पहले कमोबेश 'वस्तुनिष्ठ' समझा जाता था, उन पर व्यवस्थित ढंग से सवाल उठाए जाने लगे। ऐसी बेनकाबी का महत्त्व असंदिग्ध है : न सिर्फ उपनिवेश काल बल्कि उससे पहले के अतीत के बारे में भी हमारे स्रोत और विश्लेषण के खाँचों का काफी बड़ा भाग उपनिवेशी सत्ता और ज्ञान के ऐन इसी काल में यूरोप के विद्वानों और प्रशासकों के हाथों और उनके तौर-तरीकों का प्रशिक्षण पानेवाले भारतवासियों द्वारा रचे गए। आगे के पृष्ठों में हमें ऐसे अनेक प्राच्यवादी अवयवों का सामना करना और उनसे आगे जाना होगा। सिर्फ सबसे स्पष्ट उदाहरण को लें: प्राच्यवादी विद्वत्ता ने उस बेहद प्रभावशाली रूढ़ धारणा के निर्माण में निर्णायक योगदान दिया जिसमें 'हिन्दू' उपलब्धियों के प्राचीनकाल के बाद मध्यकालीन 'मुस्लिम' पतन का काल आता है और फिर सम्भवत: उपनिवेशवाद के सौजन्य से 'जागरण' या 'पुनर्जागरण' का काल आता है। इसके फलस्वरूप हिन्दू, मुस्लिम और ब्रिटिश काव्यों में भारतीय इतिहास के तिहरे काल विभाजन ने अक्सर घातक अकादमिक और राजनीतिक परिणामों को जन्म दिया। अकादमिक दृष्टि से इस विभाजन को उचित नहीं ठहराया जा सकता। राजनीतिक दृष्टि से उसने हिन्दू इतिहासों और मुस्लिम इतिहासों में अन्तर किया और इस तरह साम्प्रदायिक रूढ़ियों को बढ़ावा दिया।

तो भी सईद के हाथों प्राच्यवाद के प्रवर्ग के विस्तार ने भी अहम समस्याओं को जन्म दिया। यह शब्द अब अहम भेदों का चिन्ताजनक तरीकों से सरलीकरण कर सकता और समरस बना सकता है। इसमें खतरा यह है कि पश्चिम और अ-पश्चिम के उस अतिसरल द्विभाजन को उलटकर उसे नए रूप में पेश करें, जिसमें निहित रूप से इन दोनों को एकरस और अपरिवर्तशील मान लिया जाता है, जबकि सईद ने सही तौर पर ठीक इसी को नष्ट करने का कदम उठाया था। आजकल विलियम जोंस, जेम्स मिल और टॉमस बैबिंगटन मैकाले को कभी-कभी एक साथ प्राच्यवादी कहकर उनकी निन्दा की जाती है, हालाँकि मिल की रचना '*हिस्टरी ऑफ ब्रिटिश इंडिया*' ने जोंस छाप प्राचीनवाद की बेहद तीखी आलोचना की जबकि 1835 के शिक्षा-सम्बन्धी विवरण में समस्त भारतीय ज्ञान-विज्ञान और साहित्य की कीमत को मैकाले ने जिस तरह कूड़ा-करकट ठहराया वह बेहद बदनाम रहा और विलियम जोंस के विचारों के बहुत ही विपरीत था। इन भेदों की चर्चा करने का मतलब यह सुझाना नहीं है कि एक और ब्रिटिश प्राच्यवाद और भारतविद् अध्ययन और दूसरी ओर उपनिवेशी परियोजना के सम्बन्ध काफी स्पष्ट नहीं हैं, इसका अर्थ बस यह सुझाना है कि एक अकेली राजनीतिक दलील तक पहुँचने के लिए भेदों को मिटाया और पेचीदगियों को किनारे भी किया जा सकता है। एक अन्य व सम्बन्धित उदाहरण लें : अन्त-18वीं सदी के बंगाल में कम्पनी के अधिकारी उन धार्मिक जमा-वैधानिक परम्पराओं को और राजस्व की दस्तावेजों को जानना चाहते थे जो संस्कृत और फारसी में लिखी गई थीं—यहाँ जिक्र बस सबसे स्पष्ट अनुबन्धन का किया गया है। लेकिन 19वीं और आरम्भ-20वीं सदी में भारतविद्या (इंडोलॉजी) सबसे अधिक जर्मन विश्वविद्यालयों में पनपी, यानी की यूरोप के उस भाग में जिसका लम्बे समय तक कोई उपनिवेश लगभग था ही नहीं। इस तरह 'पश्चिमी' और 'यूरोपीय' शब्द उन भेदों से लदे हुए नहीं हैं, जो कि उन पर नस्लवाद का आरोप लगाने के लिए आवश्यक हैं, तब भी जबकि 16वीं सदी से ही पश्चिमी प्रसार के साथ नस्लवाद का असंदिग्ध सम्बन्ध रहा।

नृजातीय दम्भ अच्छा-खासा संस्कृति-पाटी रहा है, लेकिन आधुनिक युग में गुणात्मक रूप से नई कोई चीज है तो दुनिया के एक भाग में प्रभुत्वशाली समूहों की पैदा हुई यह शक्ति है कि दूसरों पर अपने मूल्यों और अपनी मान्यताओं को लाद सकते हैं और विश्वव्यापी स्तर पर उन्हें चेतना के अंग भी बना सकते हैं। फिर भी विलियम जोंस ने जिस 'हिन्द-यूरोपीय या 'आर्य' नस्ली मिथक का आरम्भ किया उससे ब्रिटिश अधिराजों और उनकी कम-से-कम कुछ प्रजा के बीच सम्बन्धों की भावना का संकेत दिया। इस रूप में उस आरम्भिक काल का प्राच्यवाद यूरोपीय नस्लवाद के बादवाले, और भी हमलावर रूपों से पूरी तरह मेल नहीं खाता। यह मैकाले-मिल की (और मिशनरियों की भी) सांस्कृतिक केन्द्रीयता पर नस्लवाद के

और जैविक नस्लवाद के बादवाले रूपों के बीच अन्तर करने में सहायक हो सकता है; इनमें पहलेवाला नस्लवाद पश्चिमी मूल्यों के किसी न किसी समूह की श्रेष्ठता को मानकर चलता था। मैकाले और मिल के विचारों की कल्पना थी कि ईसाइयत के स्वीकार, पश्चिमी शिक्षा और आधुनिकताकारी सुधारों के कारण अश्वेत जनगणों के बीच गोरों के कथित रूप से श्रेष्ठतर मूल्यों का धीरे-धीरे प्रचार-प्रसार होगा, जिससे नस्लों के सांस्कृतिक भेद अन्ततः मिट जाएँगे। ये परिप्रेक्ष्य यूरोपीय साम्राज्यवाद की चढ़ती जवानी के दिनों के कुछ अधिक ही बेशर्म जैविक नस्लवाद से एकदम उलट थे। दूसरी किस्म के नस्लवाद को डार्विन की मनमानी व्याख्या से बल पहुँचाया जाने लगा जिसे फिर 'कमतर नस्लों' की शाश्वत निकृष्टता की एक जबरदस्त मान्यता को जन्म देने के काम लाया गया। नस्लवाद के इस रूप की दिलचस्पी न तो 'आधुनिक' संस्थाओं और मूल्यों को और न ही 'प्रबोधकालीन बुद्धिवाद' को लादने में थी, बल्कि भारतीय समाज में जो कुछ 'परम्परागत' समझा जाता था उसे बल पहुँचाने में थी। मैं पहले ही संकेत दे चुका हूँ कि परवर्ती उपनिवेश काल में इस दूसरी किस्म के रवैयों को ही कुल मिलाकर प्रधानता प्राप्त रही। मिसाल के लिए उन्होंने अपने-आपको व्यापक स्तर पर 'परम्पराओं की खोज' में व्यक्त किया जिस पर इस अध्याय के आरम्भ में विचार किया जा चुका है।

उपनिवेशी संवाद के विश्लेषण को वैश्विक इतिहासों और मालिक देशों के आन्तरिक विकासक्रमों, दोनों के घनिष्ठ सम्बन्ध में देखने की आवश्यकता है। अ-पश्चिम के बारे में अनेक रूढ़ छवियों का घनिष्ठ सम्बन्ध वास्तव में निम्न पश्चिमी समूहों सम्बन्धी मान्यताओं से है—जैसे ब्रिटेन की स्त्रियों, उपजातीय अल्पसंख्यकों (जैसे आयरिश आव्रजकों), लड़ाकू मजदूरों और 'अपात्र' व अपराधी बन चुके गरीबों सम्बन्धी मान्यताओं से। वर्चस्व सम्बन्धी इन संवादों के परिवर्तन भी आपस में जुड़े हुए थे। हालिया अनुसन्धान उन युगों से सम्बन्ध दिखाते हैं जब स्थापित व्यवस्था गैर-नस्ली, अन्तर्राष्ट्रीय राजनीति के प्रति मूलगामी एकजुटताओं से खासकर खतरे महसूस करती थी। फ्रांसीसी क्रान्ति की पैदा की हुई बौखलाहट ने—जिसके मूलगामी जैकोबिन चरण ने अन्तर्राष्ट्रीय क्रान्ति के उपदेश दिए और हैती में गुलामों को आजाद कर दिया—इंगलैंड में ईसाइयत के और भी आक्रामक रूपों और कंजर्वेटिव राष्ट्रवाद को जन्म दिया। उसने प्रबोधकाल की विश्वमुखी मनिस्थितियों को समाप्त कर दिया। यह शायद ही कोई संयोग की बात थी कि 1848 की असफल यूरोपीय क्रान्तियों के बाद—'जनगणों के वसन्त काल और नस्लवाद के जन्मकाल' के बाद—यूरोप में जैविक राष्ट्रवाद का तेजी से प्रसार हुआ। लन्दन से जारी 'एथनोलाजिकल जर्नल' ने अपना पहला (जून 1848 का) अंक 'विज्ञान के नाम पर' अपनी इस दोटूक घोषणाओं के साथ निकाला कि 'इनसानों की स्वाभाविक समानता' की बात, जो कि अव्यवस्था के लिए इस कदर जिम्मेदार थी, 'झूठी' थी।

फिर 1866 में जबकि 1857 के महाविद्रोह की यादें अभी ताजा थीं, जमैका में भूतपूर्व गुलामों ने विद्रोह किया और संसद के लोकतंत्रीकरण की माँग करते हुए लन्दन के हाइड पार्क में जुझारू प्रदर्शन हुए—नृशास्त्री राबर्ट नाक्स ने 'नस्ली समानता के झूठे दिनसपने' पर ईमान लानेवाले जान स्टुअर्ट मिल को जमकर गालियाँ सुनाईं।[1]

सईदवादी समालोचनाओं को लेकर बहुतों को समस्याओं के एक और समूह ने परेशान किया है; यह उनका अतिवादी संस्कृतिवाद है, यानी कि उपनिवेशी प्रभुत्व की भौतिक प्रक्रियाओं का अमूर्तीकरण है। शुद्ध असम्बद्धता के इस अवलम्ब ने कभी-कभी उपनिवेश-पूर्व और उपनिवेशी कालों के बीच पूर्ण असम्बद्धता की अतिशयोक्ति से भरी धारणाओं को भी जन्म दिया; इनमें पहले के बारे में थोड़ा-सा खतरा उसे रोमानी रंग दिए जाने का है कि वह तो ऐसा काल था जो आन्तरिक तनावों और प्रभुत्व के ढाँचों से लगभग मुक्त था। मिसाल के लिए रोनल्ड इंडेन की रचना 'इमैजिनिंग इंडिया' (1990) का कोई भी पाठक हो सकता है। यह महसूस करे कि भारतीय इतिहास में जाति-प्रथा एक उपनिवेशी असम्बद्ध धारणा से अधिक शायद ही कुछ रही हो। ऐसे किसी भी रुख में एक अहम दुरुस्तगी सी.ए. बेली और उनसे जुड़े विद्वानों की रचनाओं ने पैदा की है। इन रचनाओं ने उपनिवेशी संवाद के विश्लेषण के बारे में कुछेक अन्त:दृष्टियों के साथ-साथ उन सामाजिक-आर्थिक और राजनीतिक प्रक्रियाओं पर गहरा ध्यान दिया है, जो संकीर्ण असम्बद्ध चिन्तन से आगे जाती हैं।

जिन चीजों को भारतीय समाज में व्यापक स्तर पर 'परम्परागत' माना जाता है उनका काफी भाग यही लगता है कि उपनिवेश काल में अस्तित्व में आया। लेकिन 'गठन' या 'आविष्कार' की प्रक्रियाएँ उपनिवेशों के एक असहाय, निष्क्रिय और समरस जनसमूह पर विजातीय उपनिवेशी-पश्चिमी प्रवर्गों के मात्र आरोपण से कहीं अधिक पेचीदा थीं। पर्यावरण के इतिहास के फल-फूल रहे शास्त्र ने इस बारे में नई और महत्त्वपूर्ण अन्त:दृष्टियाँ प्रदान की हैं। जैसा कि अगला अध्याय और भी विस्तार से दिखाएगा, उपनिवेशी दमन-शमन, और भी अधिक राजस्व और निर्यात की वस्तुओं सम्बन्धी दबाव और थोड़ा आगे चलकर जनसंख्या की वृद्धि ने मिलकर बड़े पैमाने पर जंगलों का विनाश किया। अक्सर घुमन्तू खाद्य-संग्राहकों और पशु-पालकों की कीमत पर स्थायी वासवाली किसानी का प्रसार हुआ जिसने भारत की इस छवि को पुष्ट किया और कुछ क्षेत्रों में उसे जन्म भी दिया, कि भारत एक बड़ी सीमा तक अपरिवर्तनशील गाँवों का देश है। इसी के साथ और इसी से जुड़कर पक्के तौर पर सोपानबद्ध जातियों के उस 'शास्त्रीय' ब्राह्मणवादी मॉडल का भी प्रसार हुआ जो कि अधिक समृद्ध खेतिहर इलाकों में सदियों से अपनी जड़ें जमाए बैठा था—

1. गुहा 1999 : 12; दाब 1995 : 179 पर सूसन बेली का कथन

फिर भी वह सार्वभौम नहीं था। उच्चजातीय हिन्दू और उच्चवर्गीय इस्लामी मानदंडों, दोनों से सम्बन्धित ज्ञान उपनिवेशी काल में 'प्राच्यवादी' अनुसन्धानों, देसी भाषाओं में अनुवादों और संचार-संवाद के बहुत अधिक सुधरे हुए तंत्रों के कारण विकसित हुआ, सबसे बढ़कर मुद्रण-संस्कृति और रेलों के आरम्भ के कारण। जैसा कि हम जल्द ही देखेंगे, 'पारम्परिक' आभिजातों का प्रभाव उपनिवेशी विधान, जनगणना और 'आधुनिक' शिक्षा की विशिष्टताओं के कारण भी पुष्ट हुआ।

उपनिवेशकालीन भारत पर सईद के विचारों के आरम्भिक प्रयोगों ने शक्ति व ज्ञान के एकतरफा प्रवाह का, पश्चिम के हाथों भारतवासियों के लगभग मुकम्मल तौर पर सभ्य बनने की बात सामने रखी। इस तरह वह मान लिया गया कि उपनिवेशीकृत मध्यवर्गीय शिक्षित भारतीय, जिस चीज को एक प्रभावशाली इतिहासकार ने एक 'गौण संवाद' (डेरिवेटिव डिस्कोर्स) का नाम दिया है उससे अधिक किसी और काम के लिए असमर्थ बना दिया गया था।[1] हमारे सामने अभी ऐसी कई मिसालें आएँगी जिनमें उपनिवेशी ज्ञान-विज्ञान का प्रसार और प्रभाव सीमित रहे और उसकी वहीं एक भूमिका रही जहाँ वह—मानचित्रों, सर्वेक्षणों, और जाहिरा तौर पर सटीक सांख्यिकीय 'तथ्यों' के द्वारा—सम्पूर्ण सामराजी-नौकरशाहाना नियंत्रण की सुखद भ्रान्तियों को जन्म देने के लिए आवश्यक थी। ऐसा लगता है कि 'गौण संवाद' के इस विचार को बहुत ही जल्द सईदवादी रचनाओं का सबसे कमजोर पक्ष मान लिया गया, क्योंकि जल्द ही उसे त्याग दिया गया या कुछ नहीं तो उसमें महत्त्वपूर्ण संशोधन किए गए।[2] जाहिर है कि मुल्की सामग्रियाँ—'भौतिक' और 'सांस्कृतिक' या 'असम्बद्ध वैचारिक' सामग्रियाँ—उन अधिक जटिल ऐतिहासिक वृत्तान्तों के लिए आवश्यक हैं जो हाल के अनुसन्धानों से उपजे हैं, जिनमें यह मान लिया गया है कि आरम्भिक प्राच्यवादी विद्वत्ता देसी पढ़े-लिखों पर और अनुवादों पर बहुत अधिक निर्भर थी। सी.ए. बेली ने उपनिवेशी ज्ञान-विज्ञान का 'नीचे से' एक प्रभावशाली अध्ययन प्रस्तुत किया और उसे पहले से कार्यरत उपनिवेश-पूर्व सूचना-तंत्रों से जोड़ा : पंडित और उलेमा 19वीं सदी में काफी आगे तक उपनिवेशी अदालतों के लिए अनिवार्य बने रहे; परवर्ती उपनिवेश काल की जनगणनाओं और सूचनाओं के सुव्यवस्थित संग्रह के दूसरे रूपों के लिए जाहिर है कि भारतीय सहयोगियों और मातहतों की एक बड़ी तादाद दरकार थी। ऐसे गठजोड़ों में जो शक्ति-सम्बन्ध निहित होते हैं उन्हें यकीनन नहीं भूला जाना चाहिए और बेहतरीन बात यही लगती है कि 'आपसी संवाद' के विचार से ही बचा जाए जो सूचनाएँ देने और पानेवालों के सम्बन्ध में समानता का संकेत देता है।[3] फिर भी अक्सर कुछ हद

1. चटर्जी 1986
2. चटर्जी 1993
3. इरिश्चक 1995

तक स्वायत्तता निश्चित ही सम्भव थी। भारतीय अभिजातों के बहरहाल अपने विचार थे और अपनी परियोजनाएँ थीं; मसलन पंडित अपने विदेशी मालिकान को उकसाते थे कि वे ब्राह्मणों के वर्चस्व को बढ़ावा देनेवाले ग्रन्थों को पढ़ें। भारतवासी भी अपने ही ढंग के सांस्कृतिक अर्थों के चश्मे से पाश्चात्य ग्रन्थों को पढ़ा करते थे।

फिर सिर्फ मुल्की सामग्रियों की बात ही क्या कि 'उपनिवेशी ज्ञान-शक्ति' के किसी व्यापक अध्ययन का एक अहम भाग अनेक और अक्सर काफी विविधता से भरे और परस्पर विरोधी अधिग्रहण भी होते हैं। अगर उपनिवेशी और खासकर परवर्ती उपनिवेशकालीन मान्यताओं और व्यवहारों का जोर सामान्यत: निर्भर अभिजातों के साथ गठबन्धन कायम करने पर होता है तो भी ठीक ऐसे ही गठबन्धनों की मजबूती अक्सर जवाबी प्रवृत्तियों को जन्म देती थी। आगे विधान, जनगणना, शिक्षा, विज्ञान और मिशनरी गतिविधियों पर जो सामग्री आएगी उसमें ऐसी विविधताओं के कार्यकलाप दिखाने का बार-बार अवसर मिलेगा। हम देखेंगे कि सामान्य ढर्रा वह है जो परवर्ती उपनिवेश काल के इस इतिहास में अनेक अलग-अलग क्षेत्रों में बार-बार सामने आएगा, शक्ति की संरचनाओं की पुख्तगी और कभी-कभी उसे दी जानेवाली चुनौती और उसमें तोड़-फोड़।

साम्प्रदायिकता का कानूनी आधार? कानून और धार्मिक क्षेत्रों की रचना

आधुनिक दक्षिण एशिया सम्बन्धी हाल के इतिहास लेखन में उपनिवेशी कानूनों को एकाएक विचारोत्तेजक प्रधानता मिली है। पहले कानूनी इतिहास को थोड़ा खुश्क और मामूली विषय माना जाता था—उन प्रशासनिक विकासों और उत्तरोत्तर संहिताओं का वृत्तान्त जिनमें मुख्यत: वकीलों की ही दिलचस्पी होती थी। लेकिन कानूनी इतिहास का एक अधिक विस्तृत रूप कानून का इतिहास है, जिसे आज दो महत्त्वपूर्ण क्षेत्रों में प्रवेश का एक महत्त्वपूर्ण बिन्दु माना जाता है। यह पूरे उपनिवेश काल में राजसत्ता की विचारधारा और व्यवहारों में निरन्तरता और परिवर्तन के बुनियादी सवालों पर रोशनी डाल सकता है। अलावा इसके, धर्म, जाति, लिंग और नस्ल सम्बन्धी बढ़ती दरारों के सहारे अलग-अलग पहचानों को पुख्ता बनाने में कानून ने अक्सर एक अहम भूमिका निभाई।

औपचारिक दृष्टि से सूबा बंगाल में कम्पनी की सत्ता मुगलों द्वारा 1765 में दीवानी के सौंपे जाने पर आधारित थी। कम्पनी के आरम्भिक प्रशासन को लाजिमी तौर पर अपने आपको फौजदारी (या निजामत) और दीवानी के भेद की मुगल परम्परा से जोड़ना पड़ा : मोटे तौर पर व्यवस्था की रक्षा और अपराधों पर न्याय, जोकि राजस्व की वसूली और नागरिक न्याय से भिन्न था। सद्र निजामत और सद्र दीवानी अदालतें तब तक अलग-अलग रहीं जब तक कि मलिका के शासन

सँभालने के बाद उसका उच्च न्यायालयों में विलय नहीं कर दिया गया। उस समय तक एक अलग उच्चतम न्यायालय भी था जो भारत में रह रहे यूरोपीय लोगों पर अंग्रेजी विधान लागू करता था।

दमन-शमन की प्रक्रियाओं से गहराई से जुड़े फौजदारी कानून को उस क्षेत्र पर लागू किया गया जहाँ आधुनिकता और केन्द्रीकरण पर जोर सबसे अधिक स्पष्ट था। आरम्भ-उपनिवेशी फौजदारी कानून पर राधिका सिंघा के अध्ययन ने दिखाया है कि राजसत्ता ने किस-किस ढंग से वैध हिंसा और दंड देने की शक्ति पर एक नई इजारेदारी कायम करने की कोशिश की। इस संकेन्द्रण ने अनेक विविधतापूर्ण सोपानबद्ध सामाजिक संस्थाओं के बीच कानूनी अधिकारों के उस आंशिक बिखराव को विस्थापित करने की कोशिश की जो उपनिवेश-काल के पहले से चला आ रहा था। अविभाज्य प्रभुसत्ता के एक आधुनिक विचार को लागू करने के बारे में कम्पनी के प्रयास के लिए इस नई वैधानिकता की एक नाजुक अहमियत थी। आरम्भिक इस्लामी फौजदारी कानून अपराध के शिकार व्यक्ति के सम्बन्धियों को अपराधी से हरजाना वसूल करने या बदला लेने का अधिकार देता था : दंड के इस तरह के ढर्रे, जो सामान्यत: मुगल फौजदारी इनसाफ को संचालित करते थे, उपनिवेश काल में धीरे-धीरे समाप्त कर दिए गए। फौजदारी कानून, जिसे मैकाले के 1837 की दंड संहिता (ताजीरात) के मसौदे ने सुधारा और व्यवस्थित रूप दिया, और जिसे आरम्भ-1860+ में अन्तिम रूप दिया गया, 'क्षेत्र-आधारित' था : यह ब्रिटिश भारत के भूभाग में रहनेवाले हर शख्स पर एक समान लागू होता था और धार्मिक समुदाय या जाति के आधार पर कोई भेद नहीं किया जाता था। सिंघा का तर्क है कि कानूनी समानता की, सामाजिक स्थिति और सामुदायिक सम्बद्धता के भेदों से परे 'अमूर्त और सार्वभौम' प्रजा की यह धारणा उपनिवेशी दशाओं में बुनियादी तौर पर शासन के उस ढाँचे का एक गौण उत्पाद था, जिसे वे 'कानून की निरंकुशता' कहती हैं। यह पश्चिम के उदारवादी सिद्धान्तों के किसी कृपाकारी व्यवहार का नतीजा नहीं था और न ही, कम-से-कम आरम्भकाल में, नीचे से पड़नेवाले सायास दबावों का परिणाम था। योर्ग फिश ने भी इस पुरानी मान्यता पर सवाल उठाया था कि कार्नवालिस के समय से ही विशेष कानूनों में जो सुधार हुए उनकी स्पष्ट विशेषता एक उच्चतर स्तर की मानवता थी। दंड के एक रूप में अंग-भंग बड़ी हद तक समाप्त हो गया। लेकिन मामूली-मामूली, सम्पत्ति से जुड़े अपराधों पर भी मृत्युदंड देने की 18वीं सदी की ब्रिटिश परम्परा—अंगों को सुरक्षित रखने और जीवन को सस्ता बनाने की परम्परा—पूरे भारत में लागू कर दी गई और अनेक भारतवासियों को ऐन मुमकिन है कि यह कहीं बहुत अधिक बर्बर महसूस हुई हो। सिंघा ने इस सिद्धान्तत: आधुनिक और समरसता लानेवाले अभियान की अनेक सीमाओं को भी दर्शाया है। सामाजिक सत्ता और प्रतिष्ठा के पहले से चले आ रहे ढर्रों से विदेशी शासन का

तालमेल बिठाने की आवश्यकता इन सीमाओं का कारण थी। मिसाल के लिए 1795 में बनारस के ब्राह्मणों को मानवहत्या के लिए मृत्युदंड से मुक्त कर दिया गया तथा 'श्रेणी और प्रतिष्ठा को...पत्नी पर पति की सत्ता और नौकर पर मालिक की सत्ता' को अनेक रियायतें दी गईं।[1] नस्ली विशेषाधिकार कानूनी समानता में दूसरी बाधा था। जैसा कि हमने देखा, यह बात 1880+ के दौरान बेहद भोंडे ढंग से सामने आई जब भारत में रह रहे यूरोपवासियों ने पागलों की तरह इलबर्ट विधेयक का विरोध किया जिसने यूरोपवालों के खिलाफ मुकदमों की सुनवाई का अधिकार भारतीय मजिस्ट्रेटों को दिया था।

आधुनिकता के प्रयास दीवानी इनसाफ के उस भाग में भी देखे गए जिसका सम्बन्ध भू-सम्पत्ति या व्यापारिक सम्पत्ति के समझौतों और वाणिज्य के सवालों से था। इस क्षेत्र में अबाध निजी सम्पत्ति के पूँजीवादी मानदंडों की और मन्दी की 'स्वतंत्रता' और 'समानता' की दिशा में कुछ विकासक्रम सामने आए। बंगाल के जमींदारों के साथ इस्तमरारी (स्थायी) बन्दोबस्त के पीछे एक आशा यह भी निहित थी कि 'निजी सम्पत्ति का जादुई स्पर्श' एक 'उत्पादक सिद्धान्त' को सक्रिय बनाएगा : अगर जमींदारों को भू-सम्पत्ति के अबाध अधिकार दे दिए जाएँ तो उन्हें कृषि के सुधार के लिए निवेश करने का प्रोत्साहन मिलेगा। लेकिन मालगुजारी के उपनिवेशी बन्दोबस्तों में बदलती सैद्धान्तिक मान्यताओं, राजसत्ता की वित्तीय आवश्यकताओं और स्थानीय दशाओं के दबावों के कारण विभिन्न क्षेत्रों और विभिन्न कालों के बीच भारी अन्तर सामने आएँ। लगभग हर जगह हमें विरासत में मिलनेवाली और बेरोक बेची जा सकनेवाली सम्पत्ति के अधिकारों के एक सुनिश्चित स्थान की तलाश नजर आती है। राजकीय नियमों ने कभी-कभी व्यावसायिक जीवन को अधिक आधुनिक पूँजीवादी रूपों की दिशा में प्रेरित किया। मुख्यत: 1850 और 1862 के बीच कम्पनी कानूनों की एक शृंखला के जरिए जिसने ज्वाइंट-स्टॉक उद्यमों के शेयरधारकों के लिए सीमित दायित्व को सुनिश्चित किया। लेकिन इस बारे में भी, जैसा कि डेविड वाशब्रुक ने दिखाया है, भारतवालों के बीच शक्ति के ढाँचों ने महत्त्वपूर्ण सीमाएँ लगाईं। वाशब्रुक ने अनेक क्षेत्रों में अलग-अलग जातियों की जमीनों पर मालगुजारी या लगान की अलग-अलग दरों के जारी रहने की ओर ध्यान खींचा है।[2] मसलन (1923 की रायबरेली डिस्ट्रिक्ट गजेटियर पर बस एक नजर स्पष्ट कर देती है कि जो ब्राह्मण और राजपूत दखलदार (टैनेंट) थे (और भूस्वामी न थे) वे अपने अहीर (यादव) या कुर्मी पड़ोसियों की अपेक्षा प्राय: काफी कम दर से लगान देते थे। सबसे बड़ी बात यह है कि अनेक अनसुलझे अन्तर्विरोध भी थे : मंडी में व्यक्ति की स्वतंत्रताओं को बढ़ावा देनेवाले और क्षेत्रीय

1. सिंघा 1998 : पन्द्रह और आगे व फिश 1983 देखें।
2. वाशब्रुक 1981

सिद्धान्तों पर आधारित 'सार्वजनिक' विधान तथा हिन्दुओं और मुसलमानों के अपने-अपने धार्मिक और सामुदायिक दायित्वों को लागू करनेवाले 'वैयक्तिक', 'निजी' या 'पारिवारिक' विधान के समानान्तर क्षेत्र के उपनिवेशी प्रतिधारण और विकास के बीच का अन्तर्विरोध। एक जानी-पहचानी मिसाल लें तो आज भी भारत के आयकर के प्रपत्रों में व्यक्ति करदाता और 'अविभाजित हिन्दू संयुक्त परिवार' रूपी करदाता के बीच अन्तर किया जाता है।

यह एक नाजुक द्वैत्व रहा है जो उपनिवेशी कानूनों के पूरे विकास में निहित है और उपनिवेशोत्तर काल में भी कुछ हद तक जारी है। इसके बेहद महत्त्वपूर्ण सामाजिक परिणाम हुए हैं। इसका उद्‌गम वारेन हेस्टिंग्ज के 1812 के फैसले से हुआ, यानी कि कम्पनी ने जब 'दीवान के तौर पर खड़े रहने' का फैसला किया था उसके कुछ ही समय बाद हुआ, और बाद में अनेक बार इसे दोहराया गया।

फैसला यह हुआ था कि 'विरासत, विवाह, जाति और अन्य धार्मिक तौर-तरीकों और संस्थाओं' से सम्बन्धित विषयों का संचालन हिन्दुओं के लिए 'उनके शास्त्र के अनुसार' और मुसलमानों के सिलसिले में 'शरीयत' के आधार पर किया जाए। कम्पनी बेशक यह सोच रही थी कि वह तो मुगलों की मिसाल पर चल रही है; प्रशासन की दीवानी शाख में हिन्दू और इस्लामी विधानों से जुड़े विवादों में ब्राह्मण पंडितों और मुस्लिम काजियों से सलाह-मशविरा लेने का आम कायदा था। इसके अलावा जे.डी.एम. डेरेट का सुझाव है कि अन्त-18वीं सदी में अंग्रेजों को यह विभाजन एकदम स्वाभाविक लगा होगा। उनके अपने भी मुल्क में 'लौकिक अदालतों' और 'ईसाई अदालतों' का अन्तर अभी भी जारी था। ईसाई अदालतों को पादरी लोग संचालित करते थे और विवाह, वसीयत और धार्मिक अनुशासन सम्बन्धी विवाद वे ही निपटाते थे। मुगल और अंग्रेज दोनों के तौर-तरीकों से पैदा होनेवाली नजीरों के आधार पर पंडितों और उलमा ने कम्पनी की अदालतों में एक बुनियादी भूमिका निभाई और सामुदायिक विषयों से सम्बन्धित विवाद निबटाते रहे। लेकिन कम्पनी के अधिकारी धीरे-धीरे प्रयासों और धर्मग्रन्थों की व्याख्या में उनके पक्षपात या भ्रष्टाचार को लेकर शंकित हो उठे। यह एहसास तुरन्त ही सामुदायिक विद्याओं को सूत्रबद्ध किए जाने की प्रमुख प्रेरणा बन गया ताकि भारतीय विधि विशेषज्ञों की परस्पर विरोधी व्याख्याओं से उनको स्वतंत्र बनाया जा सके। आरम्भिक ब्रिटिश प्राच्यवादियों, जैसे कि हैलहेड, कोलब्रुक और मैकनाटेन ने उत्तरोत्तर हिन्दू विधिशास्त्र के डाइजेस्ट प्रकाशित किए। 1864 में अदालतों की नौकरी से औपचारिक ढंग से उनके सहयोगियों को बाहर कर दिया गया—अदालतों में कार्यरत पंडितों और मौलवियों को जो प्रथा और धर्मग्रन्थ के पेचीदा सवालों पर न्यायाधीशों को सलाह दिया करते थे। यह मान लिया गया कि अदालतों और आधुनिक वकीलों के पास मुल्की विधि-ग्रन्थों का इतना ज्ञान तो था ही कि परम्परागत विशेषज्ञों की मध्यस्थता अनावश्यक हो जाए।

विधिशास्त्र के इतिहासकारों ने बतलाया है कि इस विकासक्रम के फलस्वरूप 'आंग्ल-हिन्दू' और 'आंग्ल-मुस्लिम' विधानों का जो संकलन पैदा हुआ वह अनेक विषयों पर अधिक रूढ़िवादी, बेलोच, उच्च जातियों के और अभिजात मुसलमानों के पक्ष में था और पुरुष-प्रधानता की मान्यताओं के पक्ष में भी—उपनिवेश-पूर्व कानूनी तौर-तरीके जितने रहे होंगे सम्भवतः उनसे अधिक। देसी परम्पराओं के साथ निरन्तरता का उपनिवेशी दावा वास्तव में महत्त्वपूर्ण परिवर्तनों से जुड़ा हुआ था। इससे वह ढर्रा पैदा हुआ था जिसने कानूनों का केन्द्रीकरण किया। हालाँकि ये कानून साम्प्रदायिक आधारों पर फिर भी अलग-अलग बँटे रहे। समरसता लानेवाली प्रवृत्तियों के साथ-साथ हिन्दू और मुस्लिम कानूनों के मुकम्मल अलगाव पर भारी जोर भी दिया जा रहा था। मुगलिया दौर में पंडितों और शरियत के विशेषज्ञों की मदद से दीवानी इंसाफ का प्रशासन शाही सत्ता के बड़े केन्द्रों तक ही सीमित था। अभावों के एक व्यवस्थित ढाँचे के न होने का मतलब यह था कि विवादों का एक बहुत ही बड़ा भाग बेपनाह सीमा तक भिन्न-भिन्न स्थानीय प्रथाओं के अनुसार स्थानीय, गाँव या कस्बे के स्तर पर सुलझाया जाता होगा। दूर-दराज के इलाकों से 20वीं सदी तक की प्रशासनिक रिपोर्टें भी अक्सर यह बात स्पष्ट कर देती है कि धर्म शास्त्रों या शरीयत की जानकारी या प्रासंगिकता लगभग थी ही नहीं। न ही हिन्दू और मुस्लिम के अन्तर कोई खास स्पष्ट थे। अधिक प्रासंगिक पहचानें स्थान, जाति या पन्थ के आधार पर बनती रही होंगी। उपनिवेशी दीवानी कानून, जिसने अपील की अदालतों का एक सोपानबद्ध और यकरस ढाँचा पैदा किया और स्थानीय प्रथाओं पर 'शास्त्रीय' ग्रन्थों को प्राथमिकता देने लगा। इस तरह उससे रूढ़िवादी ब्राह्मणों और मुस्लिम काजियों के प्रभाव और उनके तौर-तरीकों में महत्त्वपूर्ण विस्तार हुआ। अलावा इसके, यह बात भी दर्ज की जा सकती है कि कानून सम्बन्धी परिवर्तनों ने जनता के लिए आवश्यक बना दिया कि रोजमर्रा के अनेकानेक विवादों में पक्के तौर पर स्वयं को हिन्दू और मुसलमान घोषित करना अधिकाधिक अनिवार्य बना दिया। इस तरह धार्मिक भेदों को पुख्ता बनाने में कानून का प्रभाव सम्भवतः जनगणनाओं के प्रभाव से भी अधिक बड़ा था—ये बहरहाल दस-दस साल पर आनेवाला मामला था। उपनिवेशी सामुदायिक और पारिवारिक विधान के सूत्रबद्ध और साम्प्रदायिक ढंग से विभाजित ढाँचों ने धार्मिक व सामाजिक सुधार के बारे में देसी मध्यवर्ग के प्रयासों की सीमा भी तय की : आधुनिक भारत के पहले सुधारक राममोहन राय के समय से ही। हर सुधारक ने अपने प्रयास अपने ही सम्प्रदाय तक सीमित रखे। अगर सती-प्रथा पर प्रतिबन्ध या विधवा-विवाह की अनुमति जैसे परिवर्तनों को कानूनी रूप देना था तो उनके लिए धर्मग्रन्थों से समर्थन जुटाना आवश्यक हो गया। सुधार के सवालों सम्बन्धी विवादों से पैदा होनेवाले लोक-क्षेत्र इस तरह विभाजित हिन्दू और मुस्लिम जगत के फेर में गिरफ्तार रहे।

इस बात के ढेरों उदाहरण हैं कि ब्रिटिश भारत की दीवानी अदालतों ने ब्राह्मणवादी ग्रन्थों का व्यवहार करके स्थानीय परम्पराओं में फेर-बदल किया और इस तरह अक्सर जाति-प्रथा और पुरुष की प्रधानता को मजबूत किया, उन्हें एक कानूनी आधार दिया। मसलन 1864 में बम्बई उच्च न्यायालय ने एक स्थानीय प्रथा को रद्द कर दिया, जिसके आधार पर एक परित्यक्त स्त्री फिर से विवाह कर सकती थी; न्यायालय का आधार यह था कि 'ऐसी कोई जातिगत प्रथा—अगर साबित कर भी दिया जाए कि वह वजूद में है तो भी—अवैध होगी, क्योंकि वह पूरी तरह हिन्दू विधान की भावना के विपरीत होगी।'[1] इसी तरह अन्तर्जातीय विवाहों पर प्रतिबन्ध और भी कठोर बना दिए गए।

जातियों के सोपान और अनुशासन को उपनिवेशवाद से मिलनेवाले बल का एक और रूप भी था। दीवानी कानून की अदालतों ने जातियों को कुछ सीमा तक 'स्वशासित' संस्थाओं के रूप में स्वीकार किया, जिनको अपने नियम बनाने और चलाने की शक्ति प्राप्त थी। इसलिए दुराग्रही सदस्यों के सामाजिक बहिष्कार (उत्तर भारत की भाषा में नाई-धोबी-बन्द) को सुनवाई के अयोग्य माना गया। फिर भी अदालतें कभी-कभी हस्तक्षेप भी करती थीं, जिसमें ऊँची जातियों के विशेषाधिकार की रक्षा के प्रति एक पूर्वाग्रह भी हुआ करता था। बम्बई में 1883 में चितपावन ब्राह्मणों के विशेषाधिकार को बनाए रखकर मन्दिरों में निचली जातियों के अप्रवेश को उचित ठहराया गया; 1908 में इसे प्रिवीकौंसिल ने उचित ठहराया और शानार (नादार) जाति के इस दावे को खारिज कर दिया कि उनकी स्त्रियों को अँगिया पहनने का अधिकार है, और नागपुर में 1924 में तब यही हुआ जब महारों को एक गाँव के मन्दिर के दालान में घुसने पर सजा सुनाई गई। बहुत आगे चलकर, 1945 तक में, मद्रास की एक अदालत ने निम्न एझवा जाति के लोगों को, जिन्होंने दबंग नायर जाति के मन्दिर से जुड़े तालाब में स्नान किया था, 'शुद्धीकरण' के आवश्यक अनुष्ठान की लागत अदा करने का आदेश दिया। उस समय तक भारतीय अदालतों के न्यायाधीश और वकील अधिकतर भारतीय और प्रमुखतः ऊँची जातियों के होते थे।[2]

लेकिन प्राच्यवादी विद्वत्ता और सम्बन्धित अदालती कार्यों, दोनों में महत्त्वपूर्ण क्षेत्रीय भेदों के सवाल को भी जेहन में रखना होगा। उपनिवेशी कानूनों के प्रशंसकों और आलोचकों में एक समान प्रचलित मानक प्रतिमान राज्य द्वारा संस्कृत ग्रन्थों के महिमामंडन पर और उसके फलस्वरूप ब्राह्मण रूढ़िवाद से उसके गठजोड़ पर जोर देता था। यह सम्भवतः बंगाल की स्थिति को आवश्यकता से कुछ अधिक सामान्य मान लिया गया। इसके विपरीत दक्षिण में कम्पनी के अधिकारियों के कामों ने और फ्रांसिस एलिस व राबर्ट काल्डवेल जैसे मिशनरियों के कामों ने 'द्रविड़' और

1. कोवेल 1870 : 167, 169
2. किकनी 1912; गैलेंटर 1968

खासकर तमिल विशिष्टता के विचारों को गढ़ने में सहायता पहुँचाई। कालक्रम में शक्तिशाली ब्राह्मण-विरोधी आन्दोलनों ने इन दावों को हथिया लिया।[1] पंजाब की स्थिति को भी उजागर किया गया है जहाँ ग्रन्थेतर ग्रामीण या 'कबीलाई' प्रथाओं पर महत्त्वपूर्ण सीमा तक भिन्न ढंग से जोर दिया गया।[2] इन क्षेत्रों में उपनिवेशी अधिकारियों ने ग्रामीणों से बातचीत करके रीति-रिवाजों को बल पहुँचाने की कोशिश की। लेकिन ऐसा 'नृजातीय संवाद' भी शक्ति से संचालित था। भट्टाचार्य का विश्लेषण उपनिवेशी मालिकों और मुल्की सूचनादाताओं के असमान द्वैत्व के निर्माण को स्पष्ट करता है। ये सूचनादाता गाँवों के उन सम्पत्तिधारकों में से होते थे जो सम्पत्तिहीनों, स्त्रियों और निचली जातियों के अधिकारियों के खिलाफ बोलते थे।[3]

फिर भी रूढ़िवाद का बलवर्धन हमेशा या पूरी तरह उपनिवेशी कानूनों का परिणाम नहीं होता था, खासकर उनके गैर-इरादी नतीजों की दृष्टि से। किए गए मकसद अक्सर पूरे न किए गए तो वादे सबसे घातक साबित होते थे, क्योंकि वे इच्छाएँ तो जगा देते थे मगर उनको पूरा नहीं करते थे। विधिशास्त्र के उपनिवेशी संवाद के सिलसिले में व्यवहार में यही हुआ। समान और निष्पक्ष न्याय की भाषा में लपेटकर उसने कानून के शासन तथा गोरों और कालों, स्त्रियों और पुरुषों, अमीरों और गरीबों, ऊँची और नीची जातियों के बयानों को समान महत्त्व देने का वादा किया। लेकिन व्यवहार में वह नस्ल, जाति, वर्ग और लिंग से जुड़ी असमानताओं से लदा हुआ रहा। उपनिवेशी कानूनों के अन्तर्विरोधी निहितार्थ इस पूरे इतिहास में हमारे साथ रहेंगे : यहाँ बस थोड़ी-सी मिसालों का जिक्र सम्भव है।

ब्रिटिश भारत की न्याय-व्यवस्था के साथ कानून के एक तेजी से फैल रहे और तह-दर-तह पेशे का विकास हुआ, जो शिक्षित मध्यवर्ग के अधिकांश दूसरे भागों के मुकाबले कुल मिलाकर राजसत्ता से अधिक स्वतंत्र था। अन्त-19वीं सदी से ही इसने बड़ी संख्या में राष्ट्रवादी नेता और कार्यकर्ता पैदा किए। कानून के शासन, कानूनी समानता और नागरिक अधिकारों की पहले अज्ञात उदारवादी भाषा में अदालतों में नस्लवादी दुर्व्यवहारों और सरकारी दमन का खुलेआम विरोध किया गया। यह उपनिवेशवाद विरोधी संघर्षों का एक आरम्भिक और महत्त्वपूर्ण आयाम था।

सफल वकीलों के लिए अदालतें काफी लाभदायक रहीं, पर वे विजातीय, वक्त-तलब और खर्चीली भी थीं। उन्होंने सम्पत्ति के निरपेक्ष और मुक्त रूप से हस्तान्तरणीय अधिकारों के सिद्धान्त को बढ़ावा दिया। इस तरह वे लाखों गरीबों और बेसहारा लोगों के लिए एक दुःस्वप्न बनकर रह गईं। फिर भी बड़े-बड़े जजसमूह अदालतों के और सार्वजनिक रूप से चलनेवाली कानूनी कार्रवाइयों के

1. ट्राउटमान 2009
2. भट्टाचार्य 1996
3. उपरोक्त

नए और नाटकीय तामझाम को देख और सुन रहे थे। सस्ती मुद्रण संस्कृति, समाचारपत्रों, परचों ने और मशहूर या कमीनेपन से भरे मुकद्दमों को लेकर लिखे गए नाटकों ने आम पाठकों के बड़े-बड़े समूहों तक कानूनी सवालों की रिपोर्टें पहुँचाईं। इसके कारण सार्वजनिक सरोकार के विषयों पर केन्द्रित खुले विचार-विमर्श और बहसों के एक भारतीय लोक-क्षेत्र के उदय की प्रेरणा मिली।[1] साक्षरता और वर्ग के बन्धनों से बुरी तरह सीमित इस अंशतः स्वायत्त लोक-क्षेत्र में कालक्रम में विस्तार की एक प्रवृत्ति भी मौजूद थी। हो सकता है यह उस पश्चिमी यूरोपीय बाह्य रूप से एकदम भिन्न न रहा हो, जिसका हेबरमास ने विश्लेषण किया है।[2] आगे चलकर 20वीं सदी में लोकसम्मत राष्ट्रवादी आन्दोलनों के दौर में प्रसिद्ध राष्ट्रवादियों पर चले सार्वजनिक मुकदमों ने राजनीतिक चेतना बढ़ाई—तिलक और गांधी के मुकदमे इसके नाटकीय उदाहरण थे।

मैं इस भाग का समापन दो खास मिसालों से करना चाहूँगा और ये दोनों 19वीं सदी के बंगाल की हैं। अदालती कार्रवाइयों में नौटंकी और तमाशा के तत्त्वों ने फौरन देशी नाटककारों और प्रहसन लेखकों का ध्यान खींचा जिनकी रचनाएँ मध्य-19वीं सदी के आस-पास से बढ़ने लगीं। 1873 के एक कुकर्म ने, जिससे कलकत्ता के पास के एक प्रमुख तीर्थस्थल का मुख्य पुरोहित जुड़ा हुआ था, जिसने फौरन नाटकों की एक झड़ी लगा दी और उनके कारण बंगाल की अब तक संघर्ष कर रही सार्वजनिक नाट्य-कला एकाएक लाभदायक बन गई—यह अब उच्च वर्गों के संरक्षण पर नहीं, बल्कि टिकटों की बिक्री पर चलने लगी। कानूनी कार्रवाइयों और उन पर आधारित नाटकों, दोनों में जिस विषय ने जनता की दिलचस्पी जगाई, यह थी कि कानून ने किस तरह उस शक्तिशाली महन्त को किसी भी आम अपराधी जैसा व्यवहार करते हुए उस पर मुकदमा चलाया, उसे सजा दी और कैद में डाला। एक बिलकुल भिन्न सामाजिक सतह पर, मगर इत्तेफाक से उसी साल, मध्य बंगाल के फरीदपुर जिले में अछूत चांडालों के एक समूह ने (जिनको आगे चलकर नामशूद्र जैसा एक और अधिक सम्मानजनक जाति नाम मिला) जमींदार और ऊँची जातियों के दमन के खिलाफ एक संघर्ष का आरम्भ किया। उनकी एक शिकायत यह भी थी कि ऊँची जातियों के सजायाफ़्ता मुजरिमों के विपरीत उनसे गिरफ्तार होने पर जेल के पाखाने साफ कराए जाते थे। उनका तर्क था कि यह बात 'सभी जातियों से बराबरी के व्यवहार' के बारे में सरकार के दावे के खिलाफ थी।[3]

---

1. सरकार 2001 देखें
2. हेबरमास 1989
3. सरकार 2001 और बंगाल सरकार, ज्यूडिशियल प्रोसीडिंग्स, मार्च 1873, टिप्पणी 179 देखें

एक सामराज का सर्वेक्षण : जनगणना और सामाजिक वास्तविकताओं का गठन

उपनिवेशी शासन का इतिहास 'शक्ति' और 'ज्ञान' के उन सम्बन्धों का एक लगभग हूबहू दृष्टान्त मालूम होता है जिनको फोको के विश्लेषण ने उजागर किया। काफी पहले, 1769 में ही, मालगुजारी की वसूली पर नजर रखने के लिए कम्पनी के गवर्नर वेरेलस्ट द्वारा नियुक्त 15 'सुपरवाइजरों' को न सिर्फ लगान की फेहरिस्तों बल्कि स्थानीय इतिहास, तौर-तरीकों, प्रथाओं के तथा खेती और दस्तकारी की पैदावारों के बारे में भी जानकारियाँ जमा करने की हिदायत दी गई थी।[1] ब्रिटिश राजनीतिक और आर्थिक नियंत्रण के प्रसार का हर-हर कदम प्रशासनिक ज्ञान के परस्पर सम्बन्धित संग्रह से जुड़ा हुआ था। अनुभवाश्रित अवलोकन के जाहिर उपयोग के लिए प्राचीन ग्रन्थों पर भारतविद्या के ध्यान से भिन्न, इस ज्ञान का समापन 1871 के बाद से दस-साला जनगणनाओं की रिपोर्टों पर हुआ, और अन्त-19वीं व आरम्भ-20वीं सदियों में जिला गजेटियरों, सर्वेक्षणों और बन्दोबस्तों की रिपोर्टों पर तथा ब्रिटिश भारत के विभिन्न प्रान्तों में 'कबीलों और जातियों' सम्बन्धी संकलनों पर हुआ। इस तरह एक बेपनाह बड़ा अभिलेख-संग्रह पैदा हुआ, जो उपनिवेश-पूर्व काल के किसी भी समकक्ष प्रयास से कहीं बहुत अधिक व्यापक और विस्तृत थी। उसके बाद ही मुगलों की बारी आती है जो पहले की सल्तनतों में सबसे अधिक नौकरशाहाना थे। इसमें शक नहीं कि उपनिवेशोत्तर राज्यों ने इससे भी अधिक प्रभावशाली आँकड़ों का संग्रह किया है, पर उनमें से अधिकांश तक पहुँचना असम्भव या कठिन है।

उपनिवेशी प्रशासनिक अभिलेख आधुनिक भारत के इतिहासकारों के लिए सूचनाओं का अकेला सबसे महत्त्वपूर्ण स्रोत है : सच यह है कि ऐसे विद्वानों में 'आधुनिकता' की पहचान अधिकतर इसी के कारण आई और इसी के कारण सीमाबंद भी रही। लेकिन इन अनिवार्य स्रोतों पर नजर डालने के ढंग में हाल के वर्षों में अहम तब्दीलियाँ आई हैं और इतिहास लेखन में इस परिवर्तन का सबसे अच्छा उदाहरण जनगणना है। अक्सर-बेशतर पहले भी जनगणनाओं के आँकड़ों के पूर्वाग्रह और उनकी विश्वसनीयता की सीमा की जाँचें की गई हैं और उनकी सूचनाओं को खराद पर कसकर कालक्रम में उपनिवेशी नीतियों और रवैयों की तब्दीलियों का मूल्यांकन किया जाता रहा है। जिसके लिए वर्गीकरण में प्रयुक्त बदलती श्रेणियों पर दृष्टि डाली गई है।[2] अन्त-1970+ और आरम्भ-1980+ में केनेथ जोंस और बरनार्ड कोहन की रचनाओं के बाद और फिर सईदवादी मोड़ से प्रेरित होकर

1. कोहन 1987 : 231
2. अगले अध्याय में डेनियल व एलिस थार्नर द्वारा 1962 में किए गए ऐसे एक प्रयास की दिलचस्प मिसाल को दिखाने का अवसर मिलेगा।

इतिहासकार शक्ति के उन आयामों और शक्ति से जुड़ी उन मान्यताओं के प्रति बहुत अधिक सजग हो उठे, जो उपनिवेशी प्रशासन के ज्ञान-तंत्र में जाहिरा तौर पर बेहद वस्तुनिष्ठ, सांख्यिकीय और वैज्ञानिक तंत्रों तक में भी दबी-छिपी पड़ी थीं। इससे भी कहीं बहुत अधिक महत्त्वपूर्ण बात यह है कि ऐसा ज्ञान वास्तव में किस तरह सामाजिक वास्तविकताओं का गठन कर रहा था, इस पर एक नया जोर दिया जाने लगा। कारण कि गणना की कोई भी पद्धति गिनी जानेवाली इकाइयों को समरस समझती है और इसलिए ऐसी इकाइयों को पक्की और निश्चित सीमाओं में बाँधनेवाला वर्गीकरण अनिवार्य हो जाता है। मसलन जनगणना के अधिकारी अगर 'हिन्दुओं' और 'मुसलमानों' की संख्या जानना चाहें तो इन दो के बीच की सीमा-रेखाएँ स्पष्ट होनी चाहिए : जनगणना का कोई पात्र यह दावा नहीं कर सकता कि वह थोड़ा-थोड़ा दोनों के अनुष्ठानों और विश्वासों को मानती/मानता है। ऐसी गणना प्रतियोगिता, प्रतिद्वन्द्विता और टकराव को भी जन्म दे सकती है, क्योंकि आबादी में शामिल विभिन्न समुदायों के अपने-अपने हिस्सों—उनके लिए शिक्षा, नौकरियों और राजनीतिक प्रभाव की सुलभता—में असन्तुलन की एक नई चेतना उनमें पैदा हो सकती है। इस तरह वर्गीकरण की श्रेणियों का आधिकारिक चयन अहम हो उठता है। ब्रिटेन और उपनिवेशों में जनगणना के तरीकों में महत्त्वपूर्ण अन्तर भी थे। 19वीं सदी के ब्रिटेन में धार्मिक भेद और टकराव किसी भी तरह महत्त्वहीन नहीं थे, पर ब्रिटिश जनगणनाओं में वे शायद ही कभी नजर आते थे, जो कि भू-भागों में निवास और व्यवसाय पर केन्द्रित होती थीं। इसके ठीक विपरीत, भारतीय जनगणनाओं की इमारत की ईंटें धर्म और जातियाँ थीं।

उपनिवेशी जनगणना की विशिष्टताओं को अर्जुन अप्पादुराई ने स्पष्ट किया है।[1] मालगुजारी के लिए मुगलों ने जमीनों की पैमाइश तो की पर सरों की गिनती में उनकी कोई दिलचस्पी नहीं थी। इसलिए उपनिवेश-पूर्व जनसंख्याओं के अनुमान अनिश्चित हैं। पहले की हुकूमतों ने सामूहिक पहचानों को मान्यता तो दी पर हरेक की गणना की शायद ही कोशिश की। आधुनिक पाश्चात्य जगत की जनगणनाओं ने सामान्यत: नागरिक या व्यक्ति को बुनियादी इकाई माना और उनको मुख्यत: निवास-स्थान (ब्रिटेन में बरो या काउंटी) लिंग, आयु और व्यवसाय-वर्ग के आधार पर वर्गीकृत किया। अप्पादुराई का तर्क है कि बुनियादी उपनिवेशी भेद धर्म और जाति के आधार पर 'अथाह सामूहिक भेद' की मान्यता में निहित था। इसके कारण अन्त-उपनिवेश काल में और अक्सर-बेशतर उपनिवेशोत्तर काल में भी वह जमीन तैयार हुई कि 'सामूहिक भेद राजनीति का केन्द्रीय सिद्धान्त' बन गया। यह एक अहम पहलू है, पर ऐसा कि इसे और आगे ले जाना आवश्यक है : लगता है कि इस उपनिवेशी भेद पर अप्पादुराई की व्याख्या एक जगह ठहर जाती है और विदेशप्रेमी प्राच्यवादी दृष्टि से जुड़े हवालों

1. अप्पादुराई 1993

तक ही सीमित रहती है। वास्तव में इससे भी अधिक 'भौतिक' सरोकार और भेद भी प्रासंगिक रहे होंगे। ब्रिटेन की पूँजीवादी राजसत्ता के लिए 18वीं सदी की विद्रोही जनसंस्कृतियों को तथा साझी प्रथाओं के आधार पर बने गरीब किसानों और दस्तकारों के समुदायों को तोड़ना आवश्यक था।[1] इसके लिए मजदूरों की उदीयमान सामुदायिक एकजुटताओं का सामना करना भी आवश्यक था। पूँजीवादी व्यक्तिवाद के तथा भेदरहित अमूर्त नागरिक सम्बन्धी विचार इन दोनों सन्दर्भों में सहायक रहे। इस बीच तीव्र पूँजीवादी विकास के दबावों तथा लोकतांत्रिक और मजदूर राजनीति के नए रूपों का उदय 'परम्परागत' एकजुटता को छिन्न-भिन्न कर रहे थे। जैसा कि बाद के अध्याय दिखाने का प्रयास करेंगे, उपनिवेशी विकास के ढर्रों में महत्त्वपूर्ण भिन्नताएँ थीं। यहाँ भी प्रतिरोध की अनेक पुरानी और नई एकजुटताओं को भी दबाने की कोशिशें की गईं : 'ठग', अपराधी बने कबीलों,[2] घुमक्कड़ समूहों, विद्रोही आदिवासियों और किसानों को, और अन्ततः उपनिवेशवाद विरोधी जन-आन्दोलनों को। लेकिन नन्हे से विदेशी अभिजात वर्ग को कमोबेश विशेषाधिकार-सम्पन्न देसी तबकों के साथ परिवर्तनशील गठबन्धनों की हमेशा ही जरूरत पड़ती रहती थी। ये तब सबसे अधिक उपयोगी होते थे जब वे 'परम्परा' और 'समुदाय' के आधारों का सहारा लेते थे, चाहे वे सचमुच पुराने हों या नए गढ़े हुए हों। भारत की भक्ति और समान नागरिकता के विचारों को अपना आधार बनानेवाले उपनिवेशवाद विरोधी राष्ट्रवादी आन्दोलनों के साथ उपनिवेशवादियों की यह आवश्यकता भी बढ़ी कि वे तरह-तरह की वैकल्पिक सामुदायिक पहचानों को एक-दूसरे से भिड़ाएँ : धर्म, जाति, उपजातीयता, भाव, क्षेत्र और वर्ग की पहचानों को।

ब्रिटिश अधिकारी इस बारे में अक्सर काफी सचेत रहते थे कि आँकड़ों और वर्गीकरण के माध्यम से उनकी अनुभवाश्रित ज्ञान की तलाश बुनियादतन राजनीति और जमीनी वास्तविकताओं को इतना प्रतिबिम्बित नहीं करती थी कि अदम्य मानव-सामग्री पर व्यवस्था बनानेवाले उपायों को आरोपित करके वे उनको नया रूप दे सकें। एच.एच. रिजली की रचना 'ट्राइब्स एंड कास्ट्स इन बंगाल' ने ऐलान किया कि जनता की प्रथाओं का एक नृजातीय-सर्वेक्षण और रिकॉर्ड 'अच्छे प्रशासन का उतना ही आवश्यक तत्त्व है जितना कि—जमीनों का एक बन्दोबस्ती सर्वेक्षण और उसके दखलदारों के अधिकारों का रिकॉर्ड है।'[3] जनगणना के आँकड़ों को व्यवस्थित करने के लिए धर्म और जाति बुनियादी इकाइयाँ होनी चाहिए, इससे सभी अधिकारी सहमत भी नहीं थे। जातिगत भेदों का नाजुक निर्धारक तत्त्व क्या माना जाए, इसे लेकर तो और भी अधिक विवाद थे। रिजली ने घोर जैविक नक्सलवाद

1. थाम्पसन 1991
2. राधाकृष्ण 2001 देखें
3. रिजली 1891 : सात

के आधार पर अपना तर्क खड़ा किया। उसने जातिप्रथा को आर्य-अनार्य नस्ली भेद पर आधारित बनाया और दावा किया कि सरों और नाकों के शारीरिक मापों (मानवमिति) से इसे साबित किया जा सकता है। इसी से उनका वह मशहूर सूत्र पैदा हुआ, जिसे 1901 की अखिल भारतीय जनगणना पर उनकी रिपोर्ट में शामिल किया गया : यह कि 'किसी विशेष समूह के सदस्यों की स्थिति उनकी नाकों की मध्य सापेक्ष चौड़ाई के विलोमानुपात में बदलती है।'[1]

अधिकारियों के कुछ वैकल्पिक दृष्टिकोण भी थे। जे.सी. नेस्फील्ड ने ऐसे ढेरों आँकड़े पेश किए जो ऊँची और निचली जातियों के बीच शारीरिक समानताएँ दर्शाते थे। उन्होंने नस्ल की जगह व्यवसाय के महत्त्व पर जोर दिया। लेकिन रिजली ने अपने बेहद संदिग्ध रुख को मनवा ही लिया; उन्होंने साथी अधिकारियों को उस 'राजनीतिक महत्त्व' की याद दिलाई जो 'इस प्रदर्शन से जुड़ा हो सकता है कि कोई खास आबादी समरस उपजातीय तत्त्वों से या तो बनी है या नहीं बनी है।'[2] रहा सवाल जनगणना की श्रेणियों और वास्तविकता के अन्तर का, तो बंगाल की जनगणना के कमिश्नर जी.ए. गेट ने 1901 में यह दिलचस्प बात स्वीकार की कि 'जाति का क्या अर्थ है, उसके बारे में अधिक अज्ञानी वर्गों की समझ कम ही है... ।' दस साल बाद, अबकी बार पूरे देश की जनगणना के प्रमुख के रूप में, इसी अधिकारी का सामना बम्बई की जनगणना के सुपरिंटेंडेंट के इस सुझाव से हुआ कि उनको गुजरात के ऐसे कुछ समुदायों के वर्गीकरण की अनुमति दी जाए जो पक्के तौर पर खुद को या तो हिन्दू या मुसलमान घोषित करने से इनकार कर रहे थे। सुपरिंटेंडेंट का कहना था कि उनको 'हिन्दू-मुहम्मडन' शब्द पसन्द था। गेट का नाराजगी भरा जवाब यह था कि उस अधिकारी को 'सम्बन्धित व्यक्तियों को यथासम्भव बेहतरीन ढंग से एक या दूसरे धर्म' के अन्तर्गत रखना ही होगा।[3]

1891 और 1911 के बीच जनगणना की सरगर्मियों की तीन मिसालें सामाजिक वास्तविकताओं को ढालने में आधिकारिक वर्गीकरण और गणना की भूमिका का, और ऐसे प्रभाव की सीमाओं का भी, खास तौर पर स्पष्ट प्रमाण प्रस्तुत करती हैं। 1891 में, हिन्दुओं के मुकाबले मुसलमानों की अधिक तेज वृद्धि दर का संकेत देनेवाले कुछ आँकड़ों के आधार पर सी.जे. मैकडोनेल्ड ने यह सनसनीखेज भविष्यवाणी की कि 'अगर यह दर जारी रही तो साढ़े छह दहाइयों में मुहम्मद का धर्म स्वयं बंगाल में सार्वभौम होगा।' लेकिन उनकी अपनी रिपोर्ट ने यह माना कि हिन्दुओं की सापेक्ष कमी का आंशिक कारण विकृत परिभाषाएँ थीं : 1881 में 'जीववादी धर्मों' के अनेक अनुयायियों (अर्थात् आदिवासियों) को हिन्दू की श्रेणी

1. सेंसस (इंडिया) 1901 : 498
2. रिजली 1891 : बीस
3. सेंसस (बंगाल), 1901 : 347, सेंसस (इंडिया), 1911 : 118

में रख लिया गया था।[1] बाद के एक अध्ययन से पता चलेगा कि कुछ साल बाद यही भविष्यवाणी किस तरह हिन्दुओं के एक 'मृतप्राय नस्ल' होने से सम्बन्धित बेहद भावनात्मक तर्कों का प्रमुख आधार बन गई : यह 1909 में यू.एन. मुखर्जी की एक बहुत ही प्रभावशाली रचना का शीर्षक था। लेकिन समय में एक दहाई से अधिक का अन्तर यह याद दिलाता है कि जो चीज हिन्दू साम्प्रदायिकता का मानक रूपक बन गई, और आज भी है, जनगणना को उसके विकास का मात्र आंशिक कारण ही ठहराया जा सकता है। जनगणनाओं के सुविधाजनक ढंग से इस्तेमाल किए गए आँकड़ों से अधिक बढ़ती साम्प्रदायिक लहर का नतीजा था।

1901 में जनगणना के वर्गीकरण के हाथों सामाजिक वास्तविकताओं के गठन का रिजली ने एक शास्त्रीय उदाहरण प्रस्तुत किया। उन्होंने आदेश जारी किया कि जिन जातियों को पहले दर्ज किया गया था (मिसाल के लिए उनकी 'ट्राइब्स एंड कास्ट्स' की 1891वाली जिल्द में), उन्हें वर्णमाला के क्रम में नए ढंग से प्रस्तुत किया जाए : 'सामाजिक प्रमुखता के आधार पर वर्गीकरण, जिसे कि आज के दिन मुल्की जनमत मान्यता देता है।' इसके कारण जातियों के अनेक प्रवक्ताओं और संगठनों की तरफ से सापेक्ष श्रेणीक्रम और वर्ण-स्थिति के बारे में दावों और जवाबी दावों की बाढ़-सी आ गई। इसके कारण ऊर्ध्वमुखी गतिशीलता के प्रयासों और ऊँची जातियों की रूढ़िवादी प्रतिक्रियाओं को भारी बल प्राप्त हुआ। 'जातिगत संगठन' और जातियों के टकरावों में 1901 की जनगणना के फलस्वरूप अभूतपूर्व पैमाने पर बढ़ोत्तरी हुई।

1911 की जनगणना की तैयारी के क्रम में कमिश्नर गेट ने (जुलाई 1910 में) एक गश्ती पत्र जारी करके 'हिन्दू' की एक अधिक सीमित परिभाषा सुझाई कि जो लोग ब्राह्मण पुरोहितों तक और ऊँची जातियों के हिन्दू देवी-देवताओं और मन्दिरों तक पहुँचाने में असमर्थ थे और जिनको ऊँची जातिवाले लोग स्पर्श करने या जिनसे पानी लेने से इनकारी थे वे इस श्रेणी में न रखे जाएँ। भारतीय प्रेस ने, जिस पर बहुत भारी सीमा तक ऊँची जातियों के हिन्दुओं का वर्चस्व था, इसकी घोर निन्दा की। उनको डर था कि अगर यह आदेश लागू हुआ तो मुसलमानों के सापेक्ष हिन्दुओं का आँकड़ा काफी कम हो जाएगा और इससे उनकी रोजगार और चुनाव सम्बन्धी सम्भावनाओं पर असर पड़ेगा। उनका डर यह भी था कि इससे अधीन जातियों के आन्दोलनों को बढ़ावा मिलेगा। यह गश्ती पत्र जल्द ही वापस ले लिया गया। लेकिन इस विवाद ने एक लम्बी बहस हिन्दू की सही परिभाषा को लेकर शुरू कर दी। इसकी मद्धिम प्रतिध्वनियाँ विनायक दामोदर सावरकर की रचना 'हिन्दुत्व/हू इज ए हिन्दू?' (1923) में सुनी जा सकती हैं जो समकालीन हिन्दुत्व आन्दोलन का एक आधार-ग्रन्थ है।

---

1. सेंसस (बंगाल), 1891

फिर भी एक तरफ जनगणनाओं के वर्गीकरण व गिनती के तथा दूसरी ओर जातिगत आन्दोलनों और तनावों के बीच कारण-कार्य सम्बन्ध पर कोई जाति-निर्धारणवादी दृष्टि अपनाना उचित नहीं होगा। जातिप्रथा सम्बन्धी शोधों ने उन वैचारिक और सांगठनिक तत्त्वों को अधिकाधिक उजागर किया है, जो अक्सर 1901 के नएपन से पहले के हैं, बल्कि स्वयं जनगणना के आरम्भ से पहले के हैं।[1] अक्सर यह बात याद नहीं रखी जाती कि क्षेत्रीय स्तर पर निर्धारित सामाजिक प्रमुखता के अनुसार रिजली का जातियों के वर्गीकरण का सिद्धान्त सिर्फ एक बार आजमाया गया 1901 में। 1911 में गेट ने उसे त्याग दिया और वर्णमाला के सीधे-सादे क्रम पर उतर आए, क्योंकि स्थिति को लेकर होनेवाले दबावों और जवाबी दावों से अधिकारी घबरा उठे : बंगाल में जनगणना के कमिश्नर ओ' मेली ने 'डेढ़ मन' अर्जियों के आने की शिकायत की।[2] जातिगत तनावों में न तो तब कोई कमी देखने को मिली और न तब देखी गई जबकि उपनिवेशोत्तर काल की जनगणनाओं की प्रश्नावलियों में स्वयं जाति को गायब कर दिया गया। ऊँची जातियों के हिन्दुओं के सामाजिक एकीकरण के सन्दर्भ भी मात्र एक और वह भी जल्द ही छोड़ दी गई आधिकारिक पहल से कहीं बहुत अधिक व्यापक हैं। जैसा कि हम देखेंगे, निचली जातियों के दबावों से उसकी बेहतर व्याख्या हो सकती है।

जनगणनाओं के अधिक सार्थक निहितार्थ शायद दूसरी ही दिशाओं में थे। जनगणनाओं के ब्योरे बार-बार उपनिवेशी शक्ति-ज्ञान और भारतीय सामाजिक स्वरूपों के इस सिलसिले में प्रधान रूप से ब्राह्मणवादी या उच्च जातीय स्वरूपों के, सम्बन्धों के महत्त्व का संकेत देते हैं। कबीलों और जातियों के बारे में अपने 1891वाले ग्रन्थ के लिए रिजली ने 190 स्थानीय सूचना-संग्राहक नियुक्त किए और उनको निर्देश दिया कि वे 'अपनी सूचनाएँ पाने के लिए पुरोहितों, शादी-ब्याह के बिचौलियों, जन्मपत्री बनानेवालों, जाति-पंचायतों के प्रधानों और इसी तरह के लोगों के पास जाएँ': इनमें अन्तिम को छोड़ बाकी सभी पूरी तरह ऊँची जातियों के लोग थे।[3] बंगाल की जनगणना के प्रमुख के रूप में गेट ने 1901 में रिजली के आदेश में एक महत्त्वपूर्ण टिप्पणी यह जोड़ी कि हर क्षेत्र में जातियों का वर्गीकरण ऐसी प्रमुखता के आधार पर किया जाए जिसे कि 'मुल्की जनमत' स्वीकार करता है। उन्होंने कहा कि 'यह फैसला प्रबुद्ध जनमत का होना चाहिए, न कि सामान्यतः जनमत का' क्योंकि एक हिन्दू को अक्सर 'अपनी छोड़ किसी और जाति के बारे में कम ही' इल्म होता है, और वह व्यवसाय जमा सामाजिक स्थिति के अस्पष्ट सूचकों के रूप में दूसरों के लिए बनिया या मल्ल जैसे शब्दों का प्रयोग करके

1. देशपांडे 2007
2. सेंसस (बंगाल), 1911
3. रिजली 1891 : तेरह

सन्तोष कर लेता है।[1] 'प्रबुद्ध' जनमत का लाजिमी मतलब भारी शिक्षाप्रद हिन्दुओं का, अर्थात् बहुत बड़ी सीमा तक ऊँची जातिवालों का विचार था। इसलिए ताज्जुब नहीं कि 1901 और 1911 दोनों ही जनगणनाओं की रिपोर्टों से संकेत मिलता है कि ऊँची स्थिति के दावों का बहुत बड़ा भाग रद्द कर दिया गया था। हमें वैकल्पिक सम्भावनाओं और अधिग्रहणों के महत्त्व को भी नहीं भूलना चाहिए। धार्मिक और जातिगत भेदों पर जनगणनाओं से स्पष्ट है कि बाँटो और राज करो की सम्भावना को सामने रखकर जोर दिया। यह याद करना भी अप्रासंगिक नहीं होगा कि 1901 की जनगणना का संचालन करने के बाद जल्द ही रिजली को कर्जन के प्रशासन में गृह-सदस्य बना दिया गया। इस पद पर रहकर उन्होंने 1905 में बंगाल के विभाजन में काफी उल्लेखनीय भूमिका निभाई।

विजय का वास्तविक चेहरा : शिक्षा, मुद्रण और आरम्भिक लोक-क्षेत्र

कानून और जनगणना के विपरीत उपनिवेशी शिक्षा को आधुनिक भारतीय इतिहास के अधिक परम्परागत वृत्तान्तों में और हाल के उत्तर-उपनिवेशी अध्ययनों में भी एक महत्त्वपूर्ण स्थान प्राप्त रहा है। फिर भी मूल्य-विवेक में तीखे अन्तर रहे हैं। जिस चीज को अलग-अलग ढंग से पश्चिमी या अंग्रेजी या आधुनिक शिक्षा कहा गया है उसे या तो सांस्कृतिक 'जागरण' का, शायद एक 'पुनर्जागरण' तक का भी, वाहक कहा गया है या फिर उसे उपनिवेशी वर्चस्व का साधन और 'विजय का मुखौटा' कहकर उसकी भर्त्सना की गई है।[2] ये दोनों रूढ़ियाँ महत्त्वपूर्ण भेदों का अतिसरलीकरण करती या उन्हें अनदेखा करती हैं। खैर दोनों ही रूपों में, प्रशंसा या निन्दा के साथ उपनिवेशी शिक्षा पर ध्यान केन्द्रित करते समय उपनिवेशी काल के एक महत्त्वपूर्ण और दूरगामी प्रवर्तन (इनोवेशन) को हैरानी है कि अनदेखा किया गया है—पांडुलिपि से मुद्रण की दिशा में होनेवाले संक्रमण को और उसके अनेकानेक निहितार्थों को।

बेहतर होगा कि कुछ भेदों से बात शुरू की जाए। जो रचनाएँ अंग्रेजी शिक्षा की आलोचक नहीं हैं, वे अक्सर यह बात स्पष्ट नहीं करतीं कि उनकी आलोचना का केन्द्रीय लक्ष्य भारतीय पाठ्यचर्याओं में अंग्रेजी साहित्य-ग्रन्थों को मिलनेवाला महत्त्व है, या शिक्षा के उच्चतर स्तरों पर माध्यम के रूप में अंग्रेजी का आरोपण है, या सामान्यत: वे ढाँचे और वे मूल्य हैं जिनको उपनिवेशी शिक्षा सामान्यत: बढ़ावा देना चाहती थी। संख्या को देखें तो एक बहुत छोटा-सा और बहुत धीरे-धीरे बढ़ रहा अल्पमत था जो यह नई शिक्षा पा रहा था। यह शिक्षा भी अंग्रेजी के जरिए नहीं

1. सेंसस (बंगाल), 1901
2. विश्वनाथन 1989

पाई गई, बल्कि इसे देसी भाषाओं के जरिए सम्प्रेषित किया गया। अधिकांश दृष्टान्तों में अंग्रेजी लगभग अन्तिम चरण में जाकर, सिर्फ हाई स्कूल की शिक्षा का या कॉलेजों की शिक्षा का माध्यम बनी। 19वीं और आरम्भ-20वीं सदी में उपनिवेशी शिक्षितजन ने जो संस्कृति पैदा की उसके बारे में उल्लेखनीय तथ्य यह है कि बड़ी सीमा तक देश की अपनी भाषाएँ ही इसका माध्यम बनीं। वास्तव में अधिकांश दृष्टान्तों में इन भाषाओं ने उपनिवेश-काल में ही आधुनिक रूप ग्रहण किया और गद्य-साहित्य का विकास किया। अंग्रेजी शिक्षा पानेवालों में सबसे सफल लोगों तक ने अपनी ही विशेष भाषा को रचनात्मक अभिव्यक्ति के माध्यम के रूप में चुना। इसके विपरीत आज जिस साहित्य को भारत का अंग्रेजी साहित्य कहा जाता है उसने, देसी रचनाओं के महत्त्व को लगभग पूरी तरह ग्रहण लगाते हुए, पूरी तरह उपनिवेशोत्तर काल में ही साहित्यिक महत्त्व प्राप्त किया।

उपनिवेशी शिक्षा नीति को 1835 में मैकाले के शिक्षा सम्बन्धी प्रस्ताव से गड्डमड्ड नहीं किया जाना चाहिए, हालाँकि अक्सर यही किया जाता है। उस प्रस्ताव ने कथित खोखलेपन के आधार पर भारतीय संस्कृति की निन्दा की और सुझाव दिया कि शिक्षा के उच्चतर स्तरों पर केवल पश्चिमी ग्रन्थ पढ़ाए जाने चाहिए, मुख्यतः अंग्रेजी भाषा के माध्यम से। वास्तव में देश-काल में इसके अनेक रूप हैं। अंग्रेजी भाषा को कम्पनी के अधिकारियों के बीच एक तीखे विवाद के बाद ही माध्यम स्वीकार किया गया, जिन्होंने अपने बीच मौजूद (शब्द के अधिक संकीर्ण अर्थ में) प्राच्यवादियों के विरोध की काट करने के लिए भारी संघर्ष करना पड़ा। ये प्राच्यवादी यह चाहते थे कि 1813 के चार्टर कानून ने जो एक लाख रुपए की रकम, शिक्षा के लिए तय की थी, जो कि कुछ खास बड़ी नहीं थी, वह केवल संस्कृत और फारसी-अरबी की संस्थाओं पर खर्च की जाए। उस विवाद में भारतवासियों की ओर से सबसे महत्त्वपूर्ण हस्तक्षेप 1823 में राममोहन राय ने किया था; इसमें साफ तौर पर वैज्ञानिक शिक्षा पर जोर के साथ अंग्रेजी माध्यम के संयोग की बात कही गई थी और इसके तरीके 'उदारवादी' साहित्यिक प्रशिक्षण के लिए मैकाले की वरीयता से काफी भिन्न थे। देसी माध्यमों के विकास के कुछ पैरोकार भी थे। इसके सबसे प्रमुख उदाहरणों में शामिल थे अन्त-1830+ के बंगाल में विलियम एडम जो देसी शिक्षा पर एक मशहूर रिपोर्ट के लेखक थे; 1857 से पहले देहली में कम्पनी से धन पानेवाला देहली कॉलेज जिसने उर्दू को माध्यम बनाया और पश्चिमी विज्ञान-ग्रन्थों के देसी अनुवादों को बढ़ावा दिया; 1850+ के दौरान पश्चिमोत्तर प्रान्त में उर्दू और हिन्दी में देसी प्राथमिक शिक्षा को बढ़ावा देने के बारे में लेफ्टिनेंट गवर्नर टामसन के प्रयास; और बंगाली माध्यम में जनता की शिक्षा के बारे में ईश्वरचन्द्र विद्यासागर की मुहिम और उसी दशक में उनके द्वारा कुछ बालिका विद्यालयों की स्थापना को बंगाल के कुछ अधिकारियों द्वारा दी गई आरम्भिक सहायता।

राज्य का धन अंग्रेजी में उच्च शिक्षा पर क्यों खर्च किया गया और दूसरे विकल्पों को कमोबेश बन्द क्यों कर दिया गया, इसके मुख्य कारण का विचारधारा से बहुत कम लेना-देना था और प्रशासनिक मितव्ययिता के सरोकारों से बहुत-कुछ लेना-देना था। प्रसारमान उपनिवेशी नौकरशाही को, और ब्रिटिश व्यापारिक कर्मों को भी, निचले दर्जे के और कम वेतन पर भारतीय कर्मचारी चाहिए थे, जिन्हें अंग्रेजी का थोड़ा-बहुत ज्ञान हो। उस आवश्यकता को पूरा करने का सबसे सस्ता साधन यह था कि अंग्रेजी माध्यमवाले सरकारी महाविद्यालयों और हाईस्कूलों की एक छोटी-सी संख्या पर ही पैसा खर्च किया जाए, और जोर विज्ञान की बजाय साहित्य पर दिया जाए। इसके अलावा 'रिसाव' के प्रभाव पर भी भरोसा किया जा रहा था, जिसे ठोस रूप 1854 में चार्ल्स वुड के शिक्षा सम्बन्धी विवरण ने दिया। वुड की वरीयता शिक्षा के निचले स्तरों पर निजी भारतीय निवेश के प्रति थी और यह थी कि शिक्षित मध्यवर्गीय भारतवासियों द्वारा और ईसाई मिशनरियों द्वारा स्थापित निजी स्कूलों और कॉलेजों को सीमित सहायता-अनुदान दिया जाए। राज्य के तत्त्वावधान में लोकव्यापी प्राथमिक शिक्षा कहीं बहुत अधिक महँगी साबित होती : इसका आरम्भ 1870 में किया गया था, यानी कि ब्रिटेन के पुरुष मजदूर वर्ग के एक बड़े भाग को मताधिकार देते हुए 1867 में जो 'अँधेरे में छलाँग' लगाई गई थी, उसके कुछ ही समय बाद। इसे मुख्यतः निरंकुश ढंग से शासित एक उपनिवेश में अपनाना कभी आवश्यक या उचित नहीं समझा गया।

ब्रिटेन के प्रमुख विद्यालयों में अंग्रेजी साहित्य के विभाग 19वीं सदी में बहुत आगे चलकर खोजे गए; अधिकांश दृष्टान्तों में उपनिवेशी भारत में ऐसे विभागों की स्थापना के बाद। ब्रिटेन में उनके आरम्भ के पीछे वर्चस्ववाद की प्रेरणा के कुछ साक्ष्य भी मौजूद हैं, खासकर आरम्भ-20वीं सदी में मजदूरों के जुझारूपन के सन्दर्भ में। हाईस्कूल शिक्षा पर 1921 की एक रिपोर्ट के शब्दों में अंग्रेजी साहित्य 'कवि के मन और नौजवान उजरती मजदूर के मन' के बीच की खाई को पाटने में मददगार हो सकता था और 'कौम में बहुत अधिक वांछित आत्मिक एकता ला सकता था'। उपनिवेशी भारत के विश्वविद्यालयों की पाठ्यचर्या के जो थोड़े से विस्तृत अध्ययन किए गए हैं, वे ऐसी स्पष्टता जैसी किसी चीज के साथ राजनीतिक प्रेरणाओं को साबित नहीं करते : मसलन 1893 में इलाहाबाद विश्वविद्यालय में एम.ए. के एक प्रश्नपत्र में पाँच में से तीन प्रश्न जान स्टुअर्ट मिल की रचना 'लिबर्टी' पर आधारित थे 'जो शायद ही इस बात का सूचक हो कि विश्वविद्यालय सामराजी विचार-नियंत्रण के साधन का काम कर रहा था।'[1] फिर भी पश्चिम के उदारवादी सांस्कृतिक मूल्यों में भारी विश्वास के व्यापकतर अर्थ में सांस्कृतिक उत्क्रमण की उपनिवेशी इच्छा की मौजूदगी का एक वैध सन्देह तो किया ही जा सकता था। लेकिन दो

1. हैरीसन 1996 : 165, 177-78; मैकडोनल्ड 1966 : 453-70

महत्त्वपूर्ण सावधानियाँ बरतना आवश्यक है। यह बात सब जानते हैं कि रंग में काले मगर रुचियों और मूल्यों में गोरे मुल्की लोग पैदा करने का मैकाले का सपना कुछ ही पीढ़ियों में उलटी मार करने लगा जब अंग्रेजी शिक्षा-प्राप्त भारतीयों ने राष्ट्रवादी प्रतिरोध को जन्म दिया : यहाँ तक कि अंग्रेजी रंग-ढंगवाला 'बाबू' (किप्लिंग के 'बन्दर लोग') कुछ अधिक ही बेशर्म नस्लवादी और सामराजी रचनाओं में मखौल और गालियों का प्रामाणिक पात्र बनकर रह गया। बुनियादी बात यही है कि उपनिवेश काल में शिक्षा पर कंजूसों की तरह ही कोई रकम खर्च की जाती रही। इसलिए मैकाले के ऐलानों के बावजूद, सांस्कृतिक उत्क्रमण कोई प्राथमिकता का विषय नहीं रहा। अंग्रेजी शिक्षा की मुक्तिदायी या सभ्यकारी भूमिका को कुछ ज्यादा उछालना सहज विश्वास पर कुछ ज्यादा ही जोर देना होगा। प्रशंसा और समालोचना दोनों ने उसके प्रभाव की बहुत अधिक अतिशयोक्ति की है। 1864 और 1885 के बीच पूरे भारत में बी.ए. की डिग्री पानेवालों का महायोग 5108 था, जबकि 1881 की जनगणना के अनुसार भारत की जनसंख्या 25 करोड़ से ऊपर थी। 'भारत में शिक्षा पर सार्वजनिक व्यय 19वीं सदी में राष्ट्रीय आय का तुच्छ 0.2 प्रतिशत था और 20वीं सदी में कभी 0.5 प्रतिशत से कुछ खास ऊपर नहीं गया।' इसलिए ताज्जुब नहीं कि उस दौर में देश में साक्षरता की दर 1890+ के दौरान मात्र 6 प्रतिशत रही और 1941 तक में 15 प्रतिशत से अधिक नहीं रही।[1] ऐसी कंजूसी के बीच वर्चस्व की व्यापक मुहिम की कल्पना इतिहास की बहुत अधिक अभिजातवादी समझ ही कर सकती है।

माध्यम रूप में अंग्रेजी पर और ब्रिटिश साहित्य पर होनेवाली बहस ने उपनिवेशवाद के तहत शिक्षा में कुछ अधिक महत्त्वपूर्ण और ढाँचागत परिवर्तनों को धुँधला दिया है। एक तो ऊर्ध्वमुखी गतिशीलता के साधन के रूप में औपचारिक शिक्षा का महत्त्व बहुत अधिक बढ़ा। ऐसा सबके साथ तो नहीं पर उन लोगों के सिलसिले में तो था ही जिनके पास थोड़े-बहुत आर्थिक संसाधन थे। पाक्स ब्रिटानिका के तहत सैन्य दुस्साहसों के सहारे छोटा-सा एक रजवाड़ा या लार्डशिप पा लेना सम्भव नहीं रहा : ये उपनिवेश-पूर्व काल में ऊर्ध्वमुखी गतिशीलता के माध्यम थे, जिसके लिए शिक्षा की, बल्कि साक्षरता तक की भी, कोई खास अहमियत नहीं थी। अंग्रेजों ने सेना और नौकरशाही के ऊँचे स्तरों को अपना इजारा बना लिया। कुछ खास क्षेत्रों में, खासकर बंगाल में कारोबार के सहारे ऊपर उठने में सफलता पाना बहुत मुश्किल हो गया, जिसका कारण वह चीज थी, जिसे व्यापार वित्त और उद्योग के ऊपरी स्तरों पर यूरोप की सामूहिक इजारेदारी कहा गया है। अब जो चीजें बचीं या जो स्पष्ट आधुनिक रूपों में सामने आईं वे 'प्रतिष्ठित' व्यवसाय थीं : वकालत, अध्यापन, चिकित्सा और पत्रकारिता जिन सबके लिए आधुनिक शिक्षा की आवश्यकता थी। इसके

1. गैलगर 1973 : 18 पर स्याल का कथन; कुमार 1983 : 935-37

अलावा प्रशासन और विदेशी व्यापारिक फर्मों में कुछ मध्यस्तरीय या निम्नस्तरीय नौकरियाँ भी थीं। 1856 के आस-पास से भारतीय सिविल सेवा से आरम्भ करके केवल संरक्षण के द्वारा भरती की बजाय—जो कि पहले ब्रिटेन में और आरम्भ-उपनिवेशकालीन भारत में भी भरती का प्रामाणिक ढंग था—प्रतियोगी परीक्षाओं को महत्त्व दिया जाने लगा : प्रसंगवश यह एक और मिसाल है कि अंग्रेजों ने जो काम अपने मुल्क में बाद में किया उसे अपने उपनिवेश में पहले आजमाया। इसका तात्कालिक परिणाम 1857-59 में कलकत्ता, मद्रास और बम्बई में विश्वविद्यालयों की स्थापना था, जो लम्बे अरसे तक शुद्धतः परीक्षा लेनेवाले केन्द्र बने रहे। और संरक्षण के सम्बन्धों से नहीं, बल्कि अकादमिक योग्यता की जाँच के द्वारा भर्तियाँ करना आवश्यक था तो परीक्षाओं के एक सुनिश्चित और एकरस क्रम से संचालित एक शैक्षिक सोपान का होना आवश्यक था।

यही सुस्पष्ट शैक्षिक सोपान था जो 19वीं सदी में काफी आगे तक भी साफ तौर पर बेवजूद रहा। उपनिवेश-पूर्व शिक्षा का एक स्पष्ट खंडित चरित्र था और विभिन्न प्रकार की संस्थाओं के बीच शायद ही कोई सूत्र या सम्बन्ध था। एडम ने 1835 में बंगाल में प्रारम्भिक ग्रामीण पाठशालाओं की एक आश्चर्यजनक सीमा तक बड़ी संख्या देखी, जिनमें छात्रों में और कहीं-कहीं तो अध्यापकों तक में निचली जातियों का भाग अच्छा-खासा था। जो शिक्षा इन पाठशालाओं में दी जाती थी, (जहाँ भोजन का अवकाश भी होता था, फसल कटने के समय छुट्टियाँ भी होती थीं और इसलिए जो अपनी उत्तराधिकारी संस्थाओं के मुकाबले दक्षिण एशियाई परिस्थितियों के अधिक अनुकूल थीं) वह अधिक खुशहाल किसानों, व्यापारियों और जमींदारी के छोटे कारिन्दों की फौरी जरूरतों के लिए खासी उपयोगी थी। यह लिखाई, हिसाब-किताब और थोड़ी-सी मालगुजारी और व्यापार की खातेदारी तक सीमित थी। पठन-पाठन का महत्त्व कम था क्योंकि मुद्रण के आरम्भ से पहले पाठ्य-पुस्तकों की पांडुलिपियाँ दुर्लभ होती थीं और महँगी भी होती थीं। छात्रों के पास अपनी किताबें नहीं होती थीं और जो कुछ अध्यापक बोले उसे लिखना और रटना पड़ता था। फिर भी व्यापक ग्रामीण शिक्षा के एक उपनिवेश-पूर्व जगत को रोमानी रंग देना गलत होगा, क्योंकि संस्कृत, फारसी और अरबी में उच्च शिक्षा की संस्थाओं से ग्रामीण विद्यालयों का सम्बन्ध नहीं के बराबर होता था। तोल, चतुष्पठी और मदरसे ब्राह्मणों के और दूसरे, अधिकतर पुश्तैनी, शिक्षाप्राप्त समूहों के इजारे हुआ करते थे। उच्च शिक्षा की व्यवस्थाएँ बन्द चरित्रवाली ही रहीं और आर्थिक या सामाजिक प्रतिकूलता की पहले से मौजूद बाधाओं को अंग्रेजी माध्यम ने और बढ़ावा दिया। लेकिन नई सैद्धान्तिक एकता ने, जिसने पुश्तैनी प्रतिष्ठा को कोई भाव नहीं दिया और एकसमान शैक्षिक सोपान का वादा किया, अभी तक के निरक्षर समूहों में नई और महत्त्वपूर्ण इच्छाएँ जगाईं। उसने अधीन जातियों और मध्यवर्गीय

स्त्रियों की छोटी-सी मगर बढ़ती संख्या के लिए कुछ रास्ते खोले। यहाँ इस बात पर जोर देना आवश्यक है कि उपनिवेश-पूर्व शिक्षा ने लड़कियों को लगभग पूरी तरह बाहर रखा था, प्रारम्भिक स्तरों पर भी। इसका कारण एक बहुत ही जोरदार निषेध था जो पढ़ सकनेवाली—और इससे भी खतरनाक बात यह कि लिख सकनेवाली—लड़कियों को अनैतिकता से जोड़ता था : फिर तो तय जानिए कि वह अपने आशिकों को खत लिख-लिखकर विवाहेतर सम्बन्ध बनाएगी।

कई हजार साल लम्बी ग्रन्थ-आधारित साक्षरता के बावजूद ब्राह्मणवादी संस्कृति का एक असाधारण सीमा तक मौखिक झुकाव कायम रहा, यहाँ तक कि वह अपने अधिकांश धर्मग्रन्थों तक को लिखने से इनकार करता रहा। मौखिकता हमेशा अधिक स्वतंत्रता का क्षेत्र नहीं था, जैसा कि अक्सर मान लिया जाता है। वास्तव में इसका सम्बन्ध वैयक्तिक सही, कहीं बहुत अधिक कठोर सोपानों से था जो अक्सर शक्ति-ज्ञान के धर्मसम्मत रूपों की तरफ झुका हुआ रहा। ग्रामीण विद्यालयों में और उच्च धार्मिक शिक्षा के केन्द्रों में भी, गुरु-शिष्य सम्बन्धों के इस्लामी और हिन्दू दोनों प्रकार के सांस्कृतिक सम्प्रेषण के पूरे परिदृश्य में एक जैसे रूप प्रचलित रहे : मसलन सूफी सिलसिलों में मुर्शिद और मुरीद या भारतीय शास्त्रीय संगीत में उस्ताद और शार्गिद के सम्बन्ध।

भारतीय इतिहास तक सीमित मगर अधिक व्यापक स्तर पर लागू हो सकनेवाले एक आलेख में फ्रांसिस रॉबिन्सन ने तर्क दिया है कि भारत में उपनिवेश-काल तक मुद्रण संस्कृति का विकास क्यों नहीं हो सकता, इसकी व्याख्या धार्मिक ज्ञान के इसी परस्पर सम्बन्धित ग्रन्थ-आधारित जमा मौखिक सम्प्रेषण से की जा सकती है।[1] दूसरी जगहों की तरह यहाँ भी मुद्रण का सम्बन्ध बहुत ही जल्द क्षेत्रीय भाषाओं की रचनाओं या ग्रन्थों से जुड़ गया। देसी गद्य के विकास से इसका खास सम्बन्ध रहा। यांत्रिक पुनरुत्पादन, जो ग्रन्थों को बेपनाह सस्ता बना देता है, मुनाफे के लिए बाजारों के एक सार्थक विस्तार का तकाजा करता है और इसलिए शास्त्रीय से अलग लोक भाषाओं को महत्त्व देता है। प्रतियों की बहुलता के साथ रट्टा मारने की आवश्यकता कम हो जाती है जिससे गद्य-रूपों को और भी बढ़ावा मिलता है। शैक्षिक परिवर्तनों के साथ मुद्रण के सम्बन्धों को भी याद रखना आवश्यक है : मसलन विद्यालयों की पाठ्य-पुस्तकें मुद्रण और प्रकाशक की संस्थाओं के लिए एक प्रमुख बाजार बन गईं, जिससे छोटे पैमाने के मगर बहुत सारे पूँजीवादी उद्यम पैदा हुए। एक मुद्रणशाला खोलकर और विद्यालयों के प्राइमर लिखकर ही ईश्वरचन्द्र विद्यासागर ने वित्तीय स्वतंत्रता अर्जित की—उनकी तरह के बहुत गरीब ग्रामीण ब्राह्मण परिवारों में जन्मे लोगों के लिए यह एक खासी दुर्लभ बात थी।

शुद्ध परिणाम की दृष्टि से देखें तो मुद्रण का प्रभाव उस अंग्रेजी शिक्षा के प्रभाव

1. क्रुक 1996 में फ्रांसिस रॉबिन्सन का लेख

से कहीं बहुत अधिक व्यापक और महत्त्वपूर्ण था, जिसके बारे में बहुत-कुछ लिखा गया है। एक ऐसे क्षेत्र की मिसाल लें जहाँ इन दोनों का विकास प्रेसिडेंसियों की अपेक्षा थोड़ा देर से ही हुआ तो आज के उत्तरप्रदेश में (जो तब पश्चिोत्तर प्रान्त और अवध कहलाता था) 1864 और 1885 के बीच सिर्फ 272 लोगों ने बी.ए. की परीक्षा उत्तीर्ण की। लेकिन वहाँ 1871 में ही 33 अखबार थे, जिनमें से अधिकांश उर्दू के थे। उस साल उस सूबे में 317 पुस्तकें छपीं जिनकी प्रतियों की कुल संख्या 4,40,000 से अधिक थी।[1]

जैसा कि बहुत से दूसरे उपनिवेशी विकासक्रमों के साथ हुआ, साथ-साथ लें तो शिक्षा और मुद्रण के अत्यन्त अन्तर्विरोधी निहितार्थ रहे। अंग्रेजी के माध्यम से उच्च शिक्षा स्पष्ट रूप से परायापन पैदा करती थी। लेकिन उससे पश्चिमी मूल के राजनीतिक आदर्शों तक पहुँच भी आसान बनी, जिनका जल्द ही उपनिवेशी प्रभुत्व के खिलाफ कारगर इस्तेमाल किया जाने लगा। उत्तर भारत के कुछ भागों में इसके आरम्भिक लाभार्थी निश्चित ही ऊँची जातियों के हिन्दू और साथ में अशराफ मुस्लिम रहे। अनिल स्याल ने कुछ प्रासंगिक आधिकारिक आँकड़े दिए हैं : बंगाल प्रेसीडेंसी में 1881 में कुल जनसंख्या में तीन भद्रलोक जातियों, अर्थात् ब्राह्मणों, वैद्यों और कायस्थों का भाग 9.41 प्रतिशत था मगर 1883-84 में कॉलेज के छात्रों में वे लोग 84.7 प्रतिशत थे। यह विषमता मद्रास में और भी भयानक थी : 1881 में उस प्रेसीडेंसी में कुल हिन्दुओं में ब्राह्मण 3.9 प्रतिशत थे मगर 1883-84 में कॉलेजों के छात्रों में वे 74.6 प्रतिशत थे। मुद्रण और उसके साथ आनेवाले देसीकरण का कभी किसी दोटूक स्पष्टता के साथ मुक्तिदायी या लोकतांत्रिक परिणाम नहीं रहा। उनके फौरी परिणामों में रूढ़िवादी या पोंगापन्थी ब्राह्मण और घोर इस्लामी ग्रन्थों की पहुँच में एक भारी वृद्धि भी शामिल थी और कुछ अधिक प्रामाणिक एकमात्र अर्थों का निश्चय करने की एक प्रवृत्ति भी शामिल रही। पन्थगत प्रकाशनों के फैलाव ने अक्सर टकराव की प्रेरणाएँ पैदा कीं। इस टकराव का सबसे स्पष्ट उदाहरण उर्दू-नागरी विवाद में 'एक भाषा, दो लिपियाँ वाली स्थिति थी, जो उत्तर भारत में समसामयिक साम्प्रदायिकता के उदय का केन्द्रीय तत्त्व रही : स्पष्ट रूप से इस विवाद का सम्बन्ध लिखित शब्द के महत्त्व में एकाएक हुई भारी वृद्धि से था और भी सामान्य स्तर पर देखें तो साक्षरता के निम्न स्तरों से मुद्रण के उपनिवेशकालीन सम्बन्ध ने स्पष्ट रूप से साक्षर-निरक्षर विभाजन को और तीखा बनाया, जिसने एक छोर पर सामाजिक और सांस्कृतिक दम्भ को और दूसरे छोर पर वंचित होने की और रोष की भावनाओं को जन्म दिया।

सिद्धान्ततः जाति और लिंग के भेदों से परे, सभी के लिए उपलब्ध नई शिक्षा और मुद्रण का अर्थ फिर भी कुछ सीमित मगर मूलगामी सीमा तक नए अवसरों का

1. लेलीवेल्ड 1978 : 82

जन्म था। पुस्तकों की सस्ताई और उनकी संख्या में वृद्धि ने और साथ में पुस्तकों को लाने, ले जाने की सुविधा में वृद्धि ने, उन विषयों और विद्याओं की संख्या बढ़ा दी जिनमें कुछ लिखा और पढ़ा जा सकता था। उसने न सिर्फ पढ़ने, बल्कि लिखनेवालों के लिए भी नई सम्भावनाएँ पैदा कीं : स्त्रियों, निचली जातियों और सामान्यतः अभावग्रस्त लोगों की छोटी-सी मगर बढ़ती संख्या के लिए भी।[1] ये वे नए अवसर थे जिनका प्रभुत्वशाली समूहों ने अक्सर जमकर, और अधिकतर अच्छे-खासे ब्रिटिश समर्थन के बल पर, विरोध किया : अजीब बात यह है कि उपनिवेशी शासन की आधुनिकताकारी छवि लगातार चली आ रही है, मगर वास्तव में यह बहुत ही संदिग्ध है। मिसाल के लिए 19वीं सदी की महाराष्ट्र सम्बन्धी रचनाओं ने दिखाया है कि सरकारी प्राथमिक विद्यालयों से दलित बच्चों को बाहर रखने के लिए स्थानीय अंग्रेज अधिकारियों ने किस तरह ऊँची जातियों के विद्यालय अधिकारियों से साँठ-गाँठ की। काफी विरोध के बाद ही उन्होंने उनको स्कूल के बरामदे में, धूप और बारिश की मार सहते हुए तथा अध्यापकों और दूसरे छात्रों से काफी दूर, बैठने की इजाजत दी।[2] फिर भी जिन सार्वजनिक और लिखित प्रतिरोधों को इस अलगाव ने जन्म दिया उससे इसकी पुष्टि होती है कि जिस चीज को हेबरमास ने आधुनिक लोक-क्षेत्र का नाम दिया है उसे कुछ सीमित रूपों में, उपनिवेशकालीन दशाओं तक में भी, वजूद में लाने में मुद्रण किस तरह सहायता पहुँचा रहा था। यह धर्म, लिंग, जाति, साहित्य के रूपों और अन्ततः राष्ट्रवादी और दूसरे अनेक प्रकारों की राजनीति से जुड़े तरह-तरह के सार्वजनिक प्रश्नों पर खुले विचार-विमर्श और बहस का क्षेत्र था। हाल के बरसों में यह चीज सामाजिक व सांस्कृतिक इतिहास में काफी-कुछ अनुसन्धानों का केन्द्रीय आधार बन गई है और हमारे बाद के अध्यायों में बार-बार आती है।

सामराज के मिशन—ईसाइयत और राजसत्ता

शिक्षा को जिस सीमा तक उपनिवेशी राजसत्ता ने सीधे-सीधे प्रोत्साहित किया उस सीमा तक वह सरकारी धन से चलनेवाली संस्थाओं में लाजिमी तौर पर धर्म से इतर रही क्योंकि प्रजा का एक बहुत छोटा-सा भाग ही शासकों के धर्म को मानता था। कानून और जनगणना के ढाँचों की तरह उसने भी कुल मिलाकर हिन्दू व इस्लामी सामाजिक-धार्मिक सोपानों को बल पहुँचाया और या तो आधुनिकता या ईसाइयत के प्रसार के लिए उनको नष्ट-भ्रष्ट नहीं किया। लेकिन फिर ब्रिटिश शासन में ईसाई मिशनरियों की गतिविधियों और धर्म-परिवर्तनों के बारे में क्या कहा जाए?

1. तमिलनाडु में इस विकासक्रम के विस्तृत विवरण के लिए वेंकटचलपति, 2011 देखें।
2. कांस्टेबिल 2000 : 383-422

दक्षिण एशियाई इतिहास के 'वास्को-डि गामा युग' के एक व्यापक रूप से पढ़े जानेवाले सामान्य सर्वेक्षण में के.एम. पणिक्कर ने 1959 में ईसाई धर्मांतरण को 'मानसिक व आध्यात्मिक विजय की...राजनीतिक सत्ता की...पूरक' एक मुहिम करार दिया था।[1] यह बात एक खासी प्रचलित आम समझ को प्रतिबिम्बित करती है और एक उग्र ईसाई-विरोधी मुहिम को बल पहुँचाने के लिए हाल के बरसों में हिन्दू श्रेष्ठतावादी समूहों ने इसे हथिया लिया है। ऐसे परिप्रेक्ष्य अक्सर इस विचार को प्रचारित करते हैं कि ईसाइयत एक विदेशी और अपनी संस्कृति से विमुख करनेवाला धर्म है। यह एक बेहूदा आरोप है क्योंकि उपमहाद्वीप के कुछ भागों में यह धर्म लगभग दो हजार साल से वजूद में रहा है—यह वास्तव में इस्लाम से और अनेक जीवन्त हिन्दू परम्पराओं से अधिक पुराना है। ईसाई धर्म भारत में पश्चिम के अधिकांश भागों से भी पहले आया। फिर भी आधुनिक भारतीय इतिहास के एक सर्वेक्षण के लिए इससे कहीं बहुत अधिक अहम बात यह है कि हाल के अनुसन्धानों के एक खासे बड़े और बढ़ रहे भाग ने उपनिवेश-काल में मिशनरी-राज्य सम्बन्धों के प्रश्न को बेपनाह उलझाया है। अब यह दावा करना सम्भव नहीं रहा कि यह सम्बन्ध हमेशा सहजीवी रहा है और दोनों एक-दूसरे को बल पहुँचाते रहे हैं।

उपनिवेशी विजय और कैथलिक ईसाइयत के एक हमलावर रूप के सम्बन्ध पुर्तगाली शासनवाले गोवा में निश्चित ही घनिष्ठ रहे हैं। लेकिन बाद के उपनिवेशी इतिहास संकेत देते हैं कि पूरे उपमहाद्वीप को लें तो यह घनिष्ठता नियम नहीं, बल्कि अपवाद रही है। गोवा में 1560 से 1812 तक धार्मिक न्यायालय काम करता रहा है, हालाँकि उसका निशाना हर जगह की तरह वहाँ भी मुख्यतः प्रोटेस्टेंट रुझानवाले ईसाई 'धर्मद्रोहियों' के खिलाफ था, न कि गैर-ईसाई धर्मों के खिलाफ। इन धर्मों में भी यातना के शिकार अधिकतर हिन्दू नहीं, मुस्लिम हुए, क्योंकि मुस्लिम 'मूरों' और कैथलिक पुर्तगालियों के बीच धार्मिक जमा व्यापारिक शत्रुता काफी पुरानी रही है—15वीं सदी में अफ्रीका के पश्चिमी तट पर आरम्भिक पुर्तगाली प्रसार के पीछे यही कार्यरत थी। लेकिन 16वीं से आरम्भ-18वीं सदी तक दक्षिण के दूसरे भागों में ईसाइयत के अच्छे-खासे प्रसार का ईसाई राजनीतिक सत्ता के साथ कुछ खास सम्बन्ध था भी नहीं। जेसुइट मिशनरियों को चूँकि संरक्षण की छत्रछाया के बिना काम करना पड़ रहा था, इसलिए वे इस बारे में व्यापक बहस में उलझे रहे कि हिन्दू और मुस्लिम संस्कृतियों से बेहतरीन ढंग से कैसे सम्पर्क किया जाए। आरम्भ-17वीं सदी में हिन्दू-शासित मदुरै में सक्रिय, बहुत अधिक शिक्षित और उच्चवर्गीय इतालवी राबर्टो नोबिली ने 'एकोमोदेशियो' की एक तकनीक शुरू की, जिसने ब्राह्मणवादी विचारों, मानदंडों और प्रथाओं से तालमेल बिठाने की कोशिश की—यहाँ तक कि उसने संन्यासी की तरह जीने, अस्पृश्यता के निषेधों को मानने और निचली जातियों

1. पणिक्कर 1959 : 314

से धर्मांतरित लोगों को चर्च में अलग बिठाने की पैरवी की। 'धार्मिक' (बहुदेववाद और मूर्तिपूजा, जिसे नोबिली ने निश्चित ही अस्वीकार किया) और 'सामाजिक' के बीच ऐसा निहित अलगाव उसके बिरोधी गोंजलो फर्नांडीज को स्वीकार्य नहीं था, जो अपेक्षाकृत मामूली वंश का एक पुर्तगाली था। फर्नांडीज को धर्मांतरण की एक अधिक आक्रामक मुहिम पसन्द थी, जो ऊँची जातियों के दमन के शिकार लोगों को अपनी ओर खींचे। दिलचस्प बात यह है कि वेटिकन ने नोबिली के, सामाजिक रूप से रूढ़िवादी सही, अपेक्षाकृत सहिष्णु और मिलनसार दृष्टिकोण का अनुमोदन किया। यह चयन दो मिशनरी संगठनों की शत्रुता से निर्धारित हुआ—पुर्तगाल के राज्य द्वारा नियंत्रित पादरोआदो और वेटिकन प्रोपगेंडा फाइड की शत्रुता से। ईसाई मिशन कभी भी एक समरस संगठन रहे ही नहीं, एक ही पन्थ के अन्दर भी नहीं। ऐसे तनावों और असहमतियों में आगे चलकर बार-बार उठने की प्रवृत्ति मौजूद थी।[1]

उपनिवेशी राजसत्ता के साथ मिशनरियों के सम्बन्ध अनेक प्रकार के थे और देश-काल में बदलते रहे। वे कुल मिलाकर एक-दूसरे के कुछ खास समर्थक भी नहीं थे; वास्तव में वे कभी-कभी तो टकराते भी थे। ब्रिटिश भारत में एक लम्बे समय तक कैथलिक लोगों को राज्य से संरक्षण मिलने का सवाल भी नहीं। 1829 में पारित कैथलिक मुक्ति अधिनियम तक वे अनेक निर्योग्यताओं के शिकार रहे। अन्त-18वीं सदी के दशकों में, जब कम्पनी ने भारत के कुछ भागों पर अपना नियंत्रण स्थापित किया, ब्रिटेन के उच्च वर्गों में ईसाई धार्मिकता का तेजी से ह्रास हुआ। वे उन दिनों प्रबोध काल के विचारों से काफी प्रभावित थे जो चर्चों को चुनौती देते थे। क्रान्तिकारी विचारों की प्रतिक्रिया में फ्रांसीसी क्रान्ति के बाद जब यूरोप में धार्मिक पुनरुत्थान हुए तो यह स्थिति तेजी से बदली। फिर भी उपनिवेशी अधिकारियों की एक बड़ी संख्या धर्मान्तरण को अनावश्यक उत्तेजना समझकर उससे डरती थी। केरी, मार्शमैन और वार्ड के बाप्तिस्त मिशनरी दल को कम्पनी द्वारा शासित कलकत्ता में अपना मिशन खोलने तक की इजाजत नहीं दी गई और उनको अपना मुख्यालय डेनिश नियंत्रणवाले श्रीरामपुर में बनाना पड़ा। इसके अलावा उपनिवेशी अधिकारियों में वर्गीय शंका या नकचढ़ेपन का एक जोरदार तत्त्व भी था, जिसने मिशनरियों के साथ सामाजिक सम्बन्धों की सम्भावना समाप्त कर दी। अनेक मिशनरी और खासकर बाप्तिस्त जैसे विचलनकारी समूहों से सम्बन्धित मिशनरी ब्रिटेन के निम्न-मध्यवर्गीय या दस्तकार पृष्ठभूमियों से आए हुए थे। ऊँचे दर्जे के उपनिवेशी नौकरशाह, जो अक्सर धन कुबेरों की पृष्ठभूमिवाले होते थे, उनकी संगत से बचते रहे।

मिशनरियों को ब्रिटिश भारत में बसने की इजाजत, एक लाइसेंस व्यवस्था के तहत, 1813 में ही जाकर मिली और ऐसा नियंत्रित प्रवेश 1833 तक कायम रहा। ऐसे प्रतिबन्धों के उठने के बाद राज्य और मिशनरियों के सम्पर्क और घनिष्ठता का

1. जुपानोव 1999

एक संक्षिप्त दौर अवश्य आया, खासकर मध्य-19वीं सदी में उत्तर भारत में ब्रिटिश प्रसार के दौरान सीमावर्ती क्षेत्रों में। ब्रिटेन के सुस्थापित चर्च से जुड़े एंग्लिकन मिशनरियों में विश्वविद्यालयों में शिक्षा पा चुके 'भद्र' रंगरूटों के और भी बड़े समूह शामिल थे।

जिस चीज को प्रशासकों और सेना के अधिकारियों का 'पंजाब सम्प्रदाय' कहा गया, अक्सर उसकी विशेषता इवैंजेलिकल धार्मिकता थी और एक हमलावर, पहलवानी तर्ज की ईसाइयत होती थी।

1857 के महाविद्रोह ने उपनिवेशी अधिकारियों में खौफ की लहर दौड़ा दी। उसके कारणों का विश्लेषण करते हुए अनेक लोगों ने यही सोचा कि मिशनरियों ने जो घोर धार्मिक उत्साह दिखाया था उससे इसका काफी-कुछ सम्बन्ध था। भारतवालों की समझ में भी राज्य उनके धर्म-परिवर्तन के अभियान से काफी गहरे जुड़ गया था। अधिकारियों ने भविष्य में राज्य और मिशनरियों के बीच स्पष्ट दूरी बनाए रखने की सलाह दी। मलिका की घोषणा ने सख्त धार्मिक तटस्थता का वादा किया जिस पर ऐसे ही दूसरे संकल्पों मसलन नस्लभेद से परे रहकर कानून के आगे हरेक की समानता के संकल्प के मुकाबले कहीं बहुत अधिक ईमानदारी से अमल किया गया। वास्तव में यह तर्क भी दिया जा सकता है कि उपनिवेशी राजसत्ता का समर्थन और संरक्षण ईसाइयों के मुकाबले गैर-ईसाई—मसलन हिन्दू ब्राह्मणवादी—धार्मिक प्रतिष्ठानों को अधिक सुसंगत ढंग से मिले। हिन्दू और मुस्लिम सामुदायिक या पारिवारिक विधानों के बारे में राजसत्ता की समर्थन और सहिष्णुता की नीति को हम पहले ही देख चुके हैं। 1840+ तक कम्पनी जगन्नाथ मन्दिर और बहुत से दूसरे मन्दिरों की तरफ से तीर्थयात्रा कर वसूल कर रही थी, जबकि मिशनरी इस पूरे दौर में मूर्तिपूजा से सीधी साँठ-गाँठ कहकर इसको जिन्दा करते रहे। ब्रिटिश अधिकारी कम्पनी की रेजीमेंटों में हिन्दू त्यौहारों में शामिल होते रहे। 1857 से पहले बंगाल की सेना में, जोकि बड़ी हद तक ऊँची जातियों पर आधारित थी, पंडितों और मौलवियों के लिए रेजीमेंट के पद बनाए गए और कभी-कभी ईसाई धर्म अपनाने पर फौजियों को बरखास्त भी कर दिया जाता था : 25वीं रेजीमेंट के एक सिपाही के साथ 1819 में यही हुआ था।[1] सेना में ब्राह्मणवादी हिन्दू तौर-तरीके मलिका के अन्तर्गत काफी कम स्पष्ट लगने लगे, क्योंकि भरती दूसरे समूहों से की जाने लगी। लेकिन नीतियों में कोई बुनियादी परिवर्तन नहीं आया : मसलन कुछ ऐसी सांस्कृतिक पहचानों को आज हम खासुल-खास सिख समझते हैं, पर वे लगता है ब्रिटिश भारत की सेना की प्रथाओं से विकसित हुए।[2] 1870+ तक सरकारी हलकों में इस्लाम को लेकर आम शंका पाई जाती थी, खासकर 1857 और वहाबी साजिशों के बाद मुसलमानों से

1. अलवी 1995 : 85
2. लगता है कि सबसे उल्लेखनीय चीज पगड़ी थी; कोह्न 1996 : 106-62 देखें।

मेलजोल बिठाने की मुहिम कुछ साल बाद जाकर ही शुरू हुई। इस नई प्रक्रिया के दिलचस्प पहलू भी सामने आए : अलीगढ़ मुहम्मडन एंग्लोक्रोरिएंटल कॉलेज के अंग्रेज अध्यापक इस्लामी अनुष्ठानों में छात्रों के मौजूद रहने पर जोर देते थे और 'ऐसी दृढ़ता के साथ जो उनसे पहले के दीनदार मुसलमानों में नजर नहीं आती थी।'[1]

जिस तरह उपनिवेशी राजसत्ता के साथ मिशनरियों के सम्बन्ध बदलते रहे उसी तरह ईसाई मिशनों और समुदायों को भी यकरस नहीं माना जा सकता। नोबिली-फर्नांडीज विवाद की याद दिलानेवाले महत्त्वपूर्ण मतभेद 19वीं सदी में भी जारी रहे। कुछ मिशनरियों ने नगरों के पढ़े-लिखे अभिजातों को साथ लाने की कोशिश की, मसलन बंगाल में अलेक्जेंडर डफ ने। दूसरे, कुल मिलाकर अधिक कामयाबी के साथ, मुख्यत: देहातों में काम करते रहे : किसानों, अधीन जातियों और आदिवासियों के बीच। एक और बहस, जिसको अन्त-19वीं सदी के मिशनरी सम्मेलनों के बारे में एंटनी कोपले के एक अध्ययन ने स्पष्ट किया है, काम के तरीकों को लेकर 'शिक्षा' बनाम 'घुमक्कड़ी' के सवाल पर चली : यह कि क्या मिशनरियों को उच्चस्तरीय अभिजात शिक्षा पर ध्यान केन्द्रित करना चाहिए या मुख्यत: सार्वजनिक उपदेशों और धर्म-परिवर्तन के लिए व्यापक छात्राओं से काम चलाना चाहिए।

अलावा इसके मिशनों को भारत के पूरे ईसाई समुदाय का पर्याय नहीं समझना चाहिए। वास्तव में बड़े-बड़े भारतीय समूहों का सफल धर्मान्तरण ईसाइयों में भी नस्ली तनाव के तत्त्वों को जन्म दे सकता था। अत्यन्त शिक्षित भूतपूर्व देरोजियोंवादी कृष्णमोहन बनर्जी—डफ के सबसे अधिक मशहूर नौ-ईसाई जो एक पादरी बन गए—मिशनों के अन्दर 'मुल्की' लोगों की स्थिति और वेतनों को लेकर अपने ही मार्गदर्शक से तीखे मतभेद पाल बैठे। महाराष्ट्र में पंडिता रमाबाई ने, महाराष्ट्रीय स्त्री के उल्लेखनीय आद्यनारीवादी ने, धर्मशास्त्रों के सिद्धान्तों पर अपनी ही वैयक्तिक व्याख्याएँ सामने रखीं, जो उनके मिशन की शिक्षाओं से बहुत अधिक भिन्न थीं। यूरोपीय मिशनरी परेशान हो उठे कि समानता की निहित माँगें, मसलन कृष्णमोहन की माँगें, 'मुल्की पादरीगीरी को लगभग यूरोपीय पादरीगिरी जितनी ही खर्चीली' बना सकती थीं। कृष्णमोहन का सुझाव था कि यूरोपवालों को कम खर्च पर जीना सिखाकर मिशन के खर्च कम किए जा सकते थे। यूरोपीय मिशनरी इसे एक 'काफिर लोकतांत्रिक भावना' का संकेत समझते थे। कृष्णमोहन आगे चलकर आरम्भिक राष्ट्रवादी इंडियन एसोसिएशन की एक अहम हस्ती बनकर उभरे।[2]

ईसाई मिशनों के बारे में अहम बात यह है कि जिन बहुत थोड़े से लोगों को वे ईसाई बना सके, उनसे काफी आगे तक उनका प्रभाव फैला। अक्सर अधिकतर अकल्पित परिणामों का एक व्यापक दायरा इस प्रभाव में शामिल रहा। मिशन स्कूल

1. लेलीवेल्ड 1978 : 276
2. कोपली 1997 : 218-28

और कॉलेज भारतीय अभिजातों के एक सार्थक और बढ़ रहे भाग को उम्दा किस्म की शिक्षा प्रदान करने लगे, पर उनमें बहुत कम लोग ईसाई बने। मिशन अस्पताल भारतवालों की जरूरतें पूरी करने लगे; उनमें से अधिकांश ने धर्म नहीं बदला। साथ-ही-साथ मिशनों ने स्थानीय जनता के ऐसे बड़े-बड़े भागों के लिए नए अवसर पैदा किए, जो लगभग पूरी तरह औपचारिक शिक्षा के दायरे से बाहर थे : स्त्रियों, निचली जातियों, दलितों और आदिवासियों के लिए। मिशन स्कूलों, स्वास्थ्य केन्द्रों और जनसेवा के साथ अकाल-राहत के आरम्भिक कार्यकलापों ने दबे-कुचले लोगों की खासी बड़ी संख्या को धर्म-परिवर्तन के लिए सचमुच प्रेरित किया। दक्षिण में अन्त-19वीं सदी में ईसाई धर्मान्तरण में जो तेजी आई—जिसे मिशन के इतिहासों में जन आन्दोलनों का युग कहा गया है—भारी अकालों की एक श्रृंखला से जुड़ा हुआ था और इस चीज ने 'चावलखोर ईसाई' जैसे एक अपमानजनक शब्द को जन्म दिया।[1] खुद मिशनरियों ने इस बात की भर्त्सना की कि अकाल के मारे बहुत से गरीब लोग भोजन पाने के लिए धर्म बदल रहे थे। लेकिन उनके अकाल-राहत कार्यों के लाभार्थियों की वास्तविक संख्या धर्म बदलनेवालों से अधिक थी। दूसरा बड़ा योगदान उनके उत्साह से मुद्रण और देसी भाषाओं को मिलनेवाला प्रोत्साहन था। साधारण जनता के लिए सत्ता और आसानी से उपलब्ध होने के कारण बड़े पैमाने पर धर्म-परिवर्तन के कामों में ये चीजें मिशनों के लिए अनिवार्य साधन बन गईं। इरादी हो या गैर-इरादी, इसके व्यापक परिणाम सामने आए। 1800 के आस-पास केरी और उनके साथियों द्वारा स्थापित श्रीरामपुर बाप्तिस्त मिशन प्रेस ने आरम्भिक बंगाली अखबारों में से एक का, यानी कि 'समाचार दर्पण' का, प्रकाशन आरम्भ किया और जल्द ही वह दूसरे धर्मों के पवित्र ग्रन्थों समेत गैर-ईसाई सामग्री भी छापने लगा। मिशनरी विद्वानों ने आधुनिक तमिल संस्कृति और पहचान को बढ़ावा दिया; इनमें राबर्ट काल्डवेल (एक कंपरेटिव ग्रामर ऑफ द द्राविड़ियन लैंग्वेजेज, 1856 के लेखक) सबसे मशहूर छात्र थे।

गरीबों के बीच सक्रिय अधिकांश मिशनरी मुख्यतः धर्म-परिवर्तन की इच्छा से ही प्रेरित रहे होंगे। वे शायद सिद्धान्त के स्तर पर किसान-समर्थक या सामाजिक दृष्टि से मूलगामी शायद नहीं रहे होंगे। लेकिन उनकी मौजूदगी असहाय लोगों के लिए फिर भी एक सहारा रही होगी : पांडिचेरी में आधारित Societes des Missions Etrangeres के फ्रांसीसी कैथलिक मिशनरियों ने 1874-75 में जमींदारों द्वारा पीटे गए खेत-मजदूरों को अल्लछी में एक मुकदमा चलाने में मदद पहुँचाई।[2] राज्य के

1. पुराने जेसुइट मदुरै मिशन से जुड़े कैथलिक लोगों की संख्या 1880 में 1,69,000 और 1901 में 2,60,000 थी। मद्रास प्रेसीडेंसी में 1851 में प्रोटेस्टेंट लगभग 75,000 थे जो 1891 तक बढ़कर 3,00,000 हो चुके थे। ओडी 1997 : 97 पर हेनरीट बुग्गी का कथन देखें।
2. वही, 105

सामने मिशनरियों की पैरवी से कभी-कभी दखलदारों के पक्ष में कानूनी सुधार भी परवान चढ़े : मुख्य रूप से 1859 में बंगाल दखलदारी कानून (टेनेंसी एक्ट) और 1911 में आदिवासियों के भूमि सम्बन्धी अधिकारों की सुरक्षा के लिए छोटा नागपुर में बने कानून के सिलसिले में।

जाति-प्रथा के प्रति ईसाई रवैयों में व्यवहार में काफी भिन्नताएँ थीं। नौ-ईसाई भी अक्सर जातिगत भेदभाव से काम लेते थे। दूसरी ओर दक्षिण भारत में आरम्भ-20वीं सदी के ब्राह्मण-विरोधी आन्दोलनों के एक अध्ययन ने अधीन समूहों पर चर्च के अनुष्ठानों के कल्पनाशील प्रस्ताव पर जोर दिया है। धर्मसभा में जाति-भेद का खयाल किए बिना सामूहिक स्तर पर कम्यूनियन ब्रेड सब में बाँटा जाता था और यह बुनियादी अनुष्ठान ने इन लोगों को आन्दोलित किया 'जो सदियों से...गन्दे और अछूत समझे जाते रहे हैं।'[1] दबे-कुचले लोगों की तरफ से मिशनरियों का हस्तक्षेप जरूरी नहीं कि भारत के सिर्फ दबंग समूहों के खिलाफ रहा हो। इसका एक उल्लेखनीय उदाहरण बंगाल में 1850+ के दौरान विदेशी मिशनरियों की भूमिका है जब रेवेरेंड जेम्स लांग के नेतृत्व में उनमें से अधिकांश ने नील विद्रोह के दौरान और उसके बाद यूरोप के निलहे साहबों के खिलाफ एक सार्वजनिक रुख अपनाया। जेम्स लांग तो जेल भी गए, जब उन्होंने दीनबन्धु मित्र के नाटक 'नीलदर्पण' के अंग्रेजी अनुवाद के प्रकाशन की जिम्मेदारी कुबूल की जिसने निलहों की ज्यादतियों को बेनकाब किया था। किसानों ने लोकगीतों में उनकी भूमिका का गुणगान भी किया।

उपदेश का मिशनरी ढंग 'काफिरों' और उनके 'बहुविवाही' और 'मूर्तिपूजक' तौर-तरीकों की निन्दा के लिए अक्सर काफी सुइयाँ चुभोनेवाला होता था। पूर्वोत्तर क्षेत्र के आदिवासी नौ-ईसाइयों में अमरीकी बाप्तिस्तों ने समुदायों के परम्परागत रीति-रिवाजों और त्यौहारों के छोड़े जाने पर जोर दिया। धर्मों के अन्दर शत्रुता को बढ़ाने, बल्कि कभी-कभी पैदा करने के लिए भी मिशनरियों को दोषी ठहराया गया है।[2] लेकिन 19वीं सदी में ईसाइयों के खिलाफ हिन्दू और मुस्लिम शास्त्रार्थ भी अक्सर उतने ही काँटेदार होते थे। मसलन स्वामी दयानन्द ने ईसा मसीह को एक वीरान और गरीब मुल्क में रहनेवाले बढ़ई का बेटा कहकर उनको रद्द कर दिया : 'यही कारण है कि वह रोजाना रोटी के लिए प्रार्थना करता है।'[3] दूसरी ओर आपसी आलोचनाओं ने अक्सर एक धर्म के समर्थकों को दूसरे धर्मों के बारे में कुछ और जानने पर आमादा किया। मौखिक और लिखित दोनों रूपों में सार्वजनिक बहसों की एक बहुत ही जीवन्त परम्परा 19वीं सदी में विभिन्न इस्लामी समूहों के प्रवक्ताओं, हिन्दू सुधारकों (ब्रह्मसमाजियों या आर्यसमाजियों), रूढ़िवादी हिन्दू सनातनियों और ईसाई मिशनरियों

1. गीता और राजादुराई 1998 : 84
2. बेली 1989 और 1995
3. जोंस 1992 : 63-64 में उद्धृत

के बीच विकसित हुई। यह चाहे जितनी ही तल्ख रही हो, इसने धर्मशास्त्र, विश्वासों और तौर-तरीकों के सवालों पर गम्भीर और महत्त्वपूर्ण विचार-विमर्श की सम्भावना पैदा की। आरम्भ-20वीं सदी से, बड़े पैमाने पर साम्प्रदायिक पहचान की राजनीति के उदय के साथ, ऐसी धार्मिक बहसों में उल्लेखनीय कमी आई।

अन्तःक्रिया की मिसालों के साथ-साथ ऐसी सामुदायिक पहचानों में सख्ती आई जिनमें पहले परस्पर-व्याप्ति पाई जाती थी या जो एक-दूसरे को काटती थीं। साथ ही, समुदायों की सीमाबन्दी में कठोरता ने कभी-कभी वैयक्तिक अधिकारों की पुष्टि भी की : यह आधुनिकता का वह आयाम था, जिसे उपनिवेशी ढाँचों और नीतियों ने अन्यथा सक्रियता से हतोत्साहित किया। बाद के अनेक अध्यायों में एक विषय प्रमुखता से सामने आएगा; उसे यहाँ संक्षेप में धर्म-परिवर्तनों के उस सवाल के माध्यम से सामने रखा जा सकता है, जिसकी पड़ताल गौरी विश्वनाथन ने सामने रखी है।[1] जो थोड़े-से उपनिवेशी कानून धर्म-परिवर्तनों को बढ़ावा देते लगते हैं उनमें से एक के कारण पैदा होनेवाले कानूनी विवादों का विश्लेषण उन्होंने किया है : यह था 1850 का लेक्स लोकाई जिसने नौ-ईसाइयों को अधिकार दिया कि धर्म बदलने के बाद भी वे अपनी विरासत पाने के दावे कर सकते थे। उनका अध्ययन दिखाता है कि विरासत के अधिकारों का यह संरक्षण वास्तव में एक धार्मिक/सामाजिक भेद पर आधारित था, जिसके कारण नौ-ईसाइयों को अभी भी अंशतः अपने त्यागे हुए धर्म से बँधा माना जाता था। इस तरह उनकी नई धार्मिक पहचान को पूरी तरह स्वीकार नहीं किया गया। वे यह भी दिखाती हैं कि धर्म बदलने के बाद भी स्त्रियाँ कानूनी तौर पर हिन्दू जाति-प्रथा और पुरुष-प्रधानता के अनेक नियमों से बँधी हुई थीं। 1876 में एक हुची नाम की नौ-ईसाई महिला को अदालत ने उसके हिन्दू पति के पास भेज दिया, जिससे उसका विवाह धर्म-परिवर्तन से पहले हुआ था। ऐसा उसके घोर, अदालत में बार-बार व्यक्त किए गए विरोध के बावजूद किया गया और तब किया गया जब उसके पति ने न्यायाधीश के सामने खुलकर कह दिया था कि अपनी भ्रष्ट पत्नी के साथ वह एक वेश्या से अच्छा व्यवहार नहीं करेगा, कि वह उसके साथ सोएगा मगर कभी उसके हाथ का खाना नहीं खाएगा।[2]

धर्म-परिवर्तन से कभी-कभी नए रास्ते भी खुल जाते थे क्योंकि वह लाजिमी तौर पर एक स्थिर पहचान और एक अनुशासन से दूसरे की तरफ जाना नहीं होता था। धर्म परिवर्तन के बाद भी पंडिता रमाबाई ने एक बेचैन, खोजी और तर्कशील भावना को बनाए रखा और विकसित किया। इससे उन मिशनरी सिस्टर्स को भारी परेशानी हुई, जिन्होंने 1883 में इंग्लैंड में उनका धर्म-परिवर्तन कराया था। उन्होंने ईसाई त्रयी (ट्रिनिटी) में शंका व्यक्त की, अपने मार्गदर्शकों के नस्लवादी दम्भ पर

1. विश्वनाथन 1998
2. वही

उन्हें क्रोध था और वे वैयक्तिक विश्वास व चयन की स्वतंत्रता पर जोर देती रहीं : 'मेरी एक अपनी अन्तरात्मा है, अपना मन और अपना विवेक है...काफी प्रयास के बाद मैंने अपने-आपको भारतीय पुरोहित-वर्ग के जुए से आजाद कराया है, और इसलिए मैं अब सर्वोच्च सत्ता के प्रामाणिक आदेश के रूप में पादरियों की कही हुई हर बात को मानकर अपने आपको वैसे ही एक जुए के नीचे लाने के लिए तैयार नहीं हूँ...।'[1]

पाश्चात्य विज्ञान, उपनिवेशी व्यवहार

उपनिवेशी आधुनिकता की समालोचना को इतिहासकारों ने आगे बढ़कर पाश्चात्य विज्ञान की प्रकृति और प्रभावों को भी उसमें समेट लिया है। इसके कारण विज्ञान का इतिहास पहली बार आधुनिक भारतीय इतिहास की मुख्यधारा के वृत्तान्तों का अंग बना है। आधुनिक यूरोपीय के प्रौद्योगिक और वैज्ञानिक ज्ञान के एक सौम्य और धीमे विसरण के पहलेवाले विवरणों की जगह अब एक बड़ी सीमा तक ऐसे विज्ञान की छवि ने ले ली है, जो एक उपनिवेशी ढाँचे में कराह रहा है, उसके कार्यक्षेत्र और कार्यकलापों का निर्धारण और सीमा का निश्चय उपनिवेशी प्रभुत्व के तकाजों से होता रहा है और जिसकी रग-रग में नस्लवादी भेदभाव समाया हुआ है। मिसाल के लिए डेविड आर्नल्ड जोर देकर करते हैं कि 'ब्रिटिशशासित भारत की प्रौद्योगिकी और विज्ञान की रूपरेखा तय करने में निवेध का उतना ही महत्त्व था, जितना विसरण का था।'[2]

पश्चिमी विज्ञान और प्रौद्योगिकी के एक सीमित विसरण (डिफ्यूजन) के साथ-साथ उसके प्रसार में गम्भीर खामियाँ भी थीं।[3] रहा वैज्ञानिक अनुसन्धान और उसके संस्थायन (इंस्टीट्यूशनलाइजेशन) का सवाल तो बताया गया है कि उपनिवेशी राजसत्ता की भागीदारी 'सनक-भरी इश्कबाजी' से अधिक शायद ही कुछ रही हो।[4] आरम्भ-काल की अधिकांश उल्लेखनीय उपलब्धियाँ निजी या स्वायत्त पहल की देन थीं : मसलन 1830+ के दौरान कलकत्ता की टकसाल का आधिकारिक रूप से प्रबन्ध सँभाल रहे जेम्स प्रिंसेप ने प्राचीन भारत के अध्ययन की पद्धतियों को ही बदल डाला। पहले केवल साहित्यिक स्रोतों पर ही ध्यान जिस तरह केन्द्रित किया जाता था, उसकी जगह वे पुरातत्त्व, शिलालेखों और मुद्राओं के अध्ययन की तरफ बढ़ चले। एक फौजी इंजीनियर और एक सर्जन ने शिवालिक क्षेत्र में जीवाश्मों के

1. विश्वनाथन 1998 : 126; चक्रवर्ती 1998 : अध्याय 6; कोसंबी 2000 : प्रस्तावना; कोसंबी 2007 : प्रस्तावना भी देखें।
2. आर्नल्ड 2000 : 92; कुमार 1982 : 63-82 भी देखें।
3. आगे पर्यावरण और अर्थव्यवस्थाओं वाले अध्याय में इस विषय की विवेचना की गई है।
4. आर्नल्ड 2000 : 25

समूह भंडारों का पता लगाया। ये लोग हालाँकि सरकार के अधिकारी थे, पर उनके बौद्धिक उद्यम उनके सरकारी काम-काज के दायरे से बाहर की चीज थे। जिन चार प्रमुख क्षेत्रों में राज्य की व्यवस्थित पहल सामने आई—मानचित्रों और सर्वेक्षणों, वनस्पतिशास्त्र, भूगर्भशास्त्र और आयुर्विज्ञान में—उन सबका सम्बन्ध अंग्रेजों के आर्थिक या राजनीतिक-सैन्य हितों से था। राजसत्ता उन विज्ञानों की उपेक्षा करती रही जिनका तात्कालिक व्यावहारिक उपयोग कम था—मुख्य रूप से गणित, भौतिकी और रसायनशास्त्र को। दिलचस्प बात यह है कि भारतवासियों ने इन क्षेत्रों का विकास 19वीं सदी के अन्त के आसपास और बीसवीं सदी में किया।[1]

स्पष्ट था कि आधुनिक आयुर्विज्ञान उन ब्रिटिश व्यापारियों, अधिकारियों और सैनिकों की जीवनरक्षा के लिए ही आवश्यक था जो अब एक अपरिचित जलवायु में और आए दिन की जंगों के बीच रह रहे थे। जो चीज आगे चलकर इंडियन मेडिकल सर्विस कहलाई उसका आरम्भ वास्तव में बंगाल में 1760+ के दौरान हुआ था। (यह शुद्ध उपनिवेशी सेवा थी, जिसकी मालिक देश या भारत में कोई नजीर नहीं दिखाई देती।) इसमें 1853 से परीक्षाओं के द्वारा भरती की जाने लगी, पर इसकी संरचना आरम्भ-20वीं सदी तक अधिकांशत: यूरोपीय ही बनी रही। फिर भी निचले पदों पर 'मुल्की' सहायकों की आवश्यकता के कारण काफी पहले ही मेडिकल कॉलेज स्थापित किए जाने लगे थे, जिसका आरम्भ 1835 में कलकत्ता से हुआ। देसी चिकित्सा प्रणालियों में आरम्भ में थोड़ी ही दिलचस्पी ली जा रही थी, लेकिन रोगों और महामारियों के निदान के लिए वातावरण सम्बन्धी एक नई समष्टि के विकास और उसके लम्बे प्रभुत्व ने उसे अधिकतर समाप्त कर दिया।[2] आयुर्विज्ञान के देसी अनुभव और ज्ञान को अनदेखा किया गया; फिर भी भारतीय जलवायु की कथित विशिष्टताओं को, जो माना जा रहा था कि अस्वास्थ्यकर सड़ाँधें पैदा करती है, पूरा-पूरा, बल्कि जरूरत से अधिक महत्त्व दिया जा रहा था। फलस्वरूप एक बहुत ही शुद्ध स्थानीय व्यवस्था का विचार पैदा हुआ जिसे उष्ण कटिबन्धी आयुर्विज्ञान कहा गया जो सिर्फ भारत पर लागू होता था। इसके चलते ब्रिटिश भारत में रोगों के नर्म सिद्धान्त को काफी देरी से स्वीकार किया गया : मिसाल के लिए कलकत्ता में पानी की एक टंकी में कोच ने कालरा बैसिल्स की जो पहचान की उसे चिकित्सा-प्रतिष्ठान ने कुछ वर्षों तक स्वीकार ही नहीं किया। मलेरिया की व्याख्या जलवायु की विशिष्टताओं के सहारे की गई। इसी तरह अनेक भारतीय लोगों की (और खास तौर पर 'बर्दबान जूड़ी' के आगे असहाय बंगालियों की) कथित रूप से दुर्बल काया की व्याख्या जलवायु की विशेषताओं के सहारे की गई। एक खास किस्म के मच्छर और मलेरिया के सम्बन्ध की जो महत्त्वपूर्ण खोज 1899 में रोनल्ड रास ने की उसे कम ही प्रोत्साहन या मान्यता

1. चक्रवर्ती 2004; फालके 2013
2. अलवी 2007; शिवराम कृष्णन 2006 देखें।

दी गई। इस बीच राज्य ने भारत में लोक-स्वास्थ्य में बहुत कम निवेश किया। अधिकांश लोग आधुनिक हस्पताल को गरीबों की ओर से लापरवाह और सबके लिए गन्दगी से भरा, मौत का ठिकाना मानकर उससे डरते रहे।

वनस्पति विज्ञान में उपनिवेशी निवेश ने, जिसका साकार रूप बहुत पहले 1876 में ही कलकत्ता के पास शिवपुर वनस्पति उद्यान की स्थापना था, आगे चलकर संयुक्त प्रान्त में सहारनपुर में और दूसरे स्थानों पर अनुसन्धान केन्द्रों की स्थापना की। इसका सम्बन्ध निर्यात-योग्य खेतिहर उपज सम्बन्धी रुचि से था। इसी तरह 1851 में भारतीय भूगर्भ सर्वेक्षण की स्थापना हुई, जिसका सम्बन्ध खनिज संसाधनों की और सबसे बढ़कर रेलों के लिए आवश्यक कोयले की बढ़ती आवश्यकता से था। रेलों के लिए सख्त लकड़ी की माँग 1864 में वन विभाग की स्थापना का प्रमुख कारण थी जो अन्ततः ब्रिटिश भारत के लगभग 20 प्रतिशत भूभाग को नियंत्रित या संचालित करने लगा।[1] जो वन विभाग, उपमहाद्वीप में उस समय तक भूमि का अकेला सबसे बड़ा प्रबन्धक था, उसके प्रशासन और राज्य की नीतियों के बारे में उसकी व्याख्या के अनेकानेक पर्यावरणीय, आर्थिक, सामाजिक-सांस्कृतिक और राजनीतिक निहितार्थ थे जो बाद के अध्यायों में हमारे ध्यान के केन्द्र होंगे।

लेकिन यह भी सम्भव है कि उपनिवेशवाद की वैज्ञानिक नीतियों और भौतिक, व्यावहारिक या वैचारिक निर्धारकों के आपसी सम्बन्ध को, जो खासकर उपनिवेशी ज्ञान-शक्ति के हित में थे, अति-सरल बनाकर पेश किया जाए। उपनिवेशी भूगोल पर मैथ्यू एडनी का अध्ययन दिखाता है कि मानचित्र बनाने की तकनीकों का विकास और भौतिक स्थल के सर्वेक्षण एक विशाल उपमहाद्वीप के असरदार नियंत्रण और शोषण के लिए आवश्यक थे। 1770+ और 1780+ के दौरान बंगाल के बारे में रेनेल के नक्शों और फिर भारत के नक्शों के बाद मानचित्रण का प्रयास दो चरणों से गुजरा। पैदल तय की गई दूरियों के भौतिक मापन के आधार पर मार्गों के सर्वेक्षण दिशासूचक यंत्रों के वाचन के साथ-साथ किए गए। आरम्भ-19वीं सदी से ही इन बातों ने कुछ अधिक अमूर्त, वैज्ञानिक, त्रिकोणमितिक सर्वेक्षणों के लिए स्थान बनाया। पहले शरीर से जो दूरियाँ तय की जाती थीं उनकी जरूरत अब पहाड़ियों की चोटियों से या मीनारों से नापे जानेवाले कोणों और एक आधार रेखा के मापन के कारण समाप्त हो गई, जिसके बाद कल्पित त्रिभुजों की एक लगातार बढ़ती शृंखला के दूसरे छोरों की गणना की जाने लगी। त्रिभुज-मापन का सम्बन्ध स्पष्ट रूप से समग्र नियंत्रण की उस कारगारी दृष्टि से था जिसकी कल्पना 19वीं सदी में बेंथम ने की थी और जिसे फोको अनुशासित नियंत्रण का एक आदर्श साधन बतलाते हैं : हमारी मिसाल में ऊँचे शिखरों पर बैठा ब्रिटिश सर्वेक्षक ऊपर से स्थलों की एक प्रभुत्वकारी और नियंत्रणकारी दृष्टि प्रस्तुत कर रहा था। लेकिन एडनी यह

1. गुहा 1989; रंगराजन 1996 देखें।

भी दिखाते हैं कि 'मुकम्मल कारगारी सर्वेक्षण कराने की इच्छा और क्षमता के बीच' अक्सर दरारें भी रह जाती थीं और टकराव भी पैदा होते थे; आधुनिकतावादी दृष्टि 'कभी इतनी सम्पूर्ण...इतनी कारगर हो ही नहीं सकी।' इन बेहद खर्चीले त्रिकोण-मापनों के लिए कोष अक्सर अपर्याप्त होते थे। स्थानीय सूचनादाताओं के साथ अक्सर तालमेल बिठाने और समझौते करने पड़ते थे। अखिल-भारतीय त्रिकोणमितिक महासर्वेक्षण (1818-43) ऐसे विस्तृत आँकड़े जमा करने में, जो फौजी मुहिमों और मालगुजारी के सर्वेक्षणों और बन्दोबस्तों के लिए आवश्यक थे, वास्तव में पहले के जमीनी सर्वेक्षणों से कम उपयोगी साबित हुआ। इसलिए एडनी का तर्क है कि त्रिकोणमिति को अपनाने की मजबूरी व्यावहारिक से अधिक वैचारिक थी। सबसे बढ़कर इसका सम्बन्ध अंग्रेजों की आत्मछवियों से था जो अभिजात शासकों के रूप में उनके आत्मविश्वास को पुष्ट करें और उन्हें मुकम्मल निगरानी और नियंत्रणवाली स्थिति में ला सकें। कम-से-कम आरम्भ-19वीं सदी में एक ओर भारतवासियों के बारे में उपनिवेशी मान्यताओं का मार्गदर्शन करनेवाली नियंत्रण-पद्धतियों और दूसरी ओर उनके अपने देश के मजदूरों और स्त्रियों के प्रति पुरुष शासनवर्ग के रवैयों के बीच हो सकता है, कोई खास अन्तर रहा भी न हो। इस तमाम यह और वह के बावजूद एडनी यह मानकर चलते हैं कि उपनिवेशी-पश्चिमी वैज्ञानिक ज्ञान के आरोपित किए जाने से मानचित्र बनाने के तरीकों में एक खासा स्पष्ट 'आधुनिकताकारी' व्यवधान पैदा हुआ। उनके दृष्टिकोण पर कपिल राज ने सवाल उठाए हैं, जो मालिक देश और उपनिवेश के आपस में जुड़े विकासक्रमों की परस्पर-व्याप्ति के कारण पैदा मेल-मिश्रण के तत्त्वों का तर्क देते हैं। राज कहते हैं कि 1760+ में जब रेनेल ने अपना बंगाल का बड़े पैमानेवाला मानचित्र तैयार किया तब तक ब्रिटिश आइसिल्स का कोई एकसमान या विस्तृत मानचित्र था ही नहीं; इस तरह ऐसा कोई तैयारशुदा पश्चिमी मॉडल था ही नहीं जिसे ऊपर से लादा जा सके। वे जिस चीज को 'असममितीय पारस्परिकता' का नाम देते हैं उसके ढर्रों के अन्दर देसी सूचनादक्षताओं की, बल्कि पद्धतियों तक की भूमिका पर भी जोर देते हैं।[1]

इस बात के अनेकों उदाहरण हैं कि अन्त-19वीं और आरम्भ-20वीं सदी के आसपास सामराजी शासन के लिए विज्ञान का महत्त्व बढ़ा। एक अधिक केन्द्रीकृत नौकरशाहाना प्रशासन पर गहराते जोर के कारण अधिक वैज्ञानिक कार्यपद्धतियों का आयात करने और एक उल्लेखनीय दृष्टान्त में उनको गढ़ने तक के प्रयास किए गए। एक अध्ययन तो ऐसी अनेक नई पद्धतियों का विकास भी दिखाता है जो एक नहीं बहुत अधिक वैयक्तिक निगरानी के लिए थीं जिसे ठीक इसीलिए आवश्यक समझा गया कि उपनिवेश काल के अन्तिम भाग में प्रवास के कारण देश-काल में लोगों

1. एडनी 1997 : तेरह, 25 और आगे : मार्कोवित्ज, पुष्पादास और सुब्रह्मण्यम 2003 : 23-54 में कपिल राज का लेख देखें।

की आवाजाही बढ़ गई थी। इसके कारण नियंत्रण की समाप्ति की सम्भावना से डर पैदा हो गए : मिसाल के लिए रेलों ने लोगों की आवाजाही में व्यापक क्रान्ति पैदा कर दी थी। इसके कारण नगरों, खदानों, बागान और विदेशों की तरफ श्रमिकों का जाना काफी बढ़ गया। अधिकाधिक बढ़ती प्रशासनिक स्थितियों में निजी पहचान की जाँच की आवश्यकता पड़ने लगी। बड़े नगरों में 1870+ में जन्म और मृत्यु का पंजीकरण आरम्भ किया गया, खासकर शिक्षा और प्रशासन के अधिक ढाँचाबद्ध ढर्रे अक्सर आयु-प्रमाण पत्र की माँग करते थे। 1860+ के दौरान गिरमिटिया मजदूरों की और 1875 में सजायाफ्ता कैदियों की फोटोग्राफी का आरम्भ किया गया। सबसे उल्लेखनीय बात यह है कि 1890+ के दौरान बंगाल पुलिस ने अपराधों का पता लगाने और सुबूत जुटाने के लिए उँगलियों की छाप लेने का तरीका ईजाद किया। उसने इसका प्रयोग पहली बार 1898 में, जलपाईगुड़ी के एक चाय-बागान मालिक की हत्या में अपराध साबित करने के लिए किया।[1] इस बीच 1890+ और 1900+ के दौरान महामारियों और अकालों की लहर ने लोक-स्वास्थ्य के मामलों में उपनिवेशी राजसत्ता को और सक्रिय होने के लिए उकसाया—अक्सर दमनकारी ढंग से और वह भी बिना सोचे-विचारे। खासकर प्लेग सम्बन्धी बौखलाहट उस सीरम के फौरी इस्तेमाल का कारण बनी, जिसे अभी-अभी हैफकाइन ने ईजाद किया था। इसके साथ रोगियों को दूसरों से अलग कर देने के निर्मम उपाय किए जाने लगे, जिसके कारण भारतवासियों में बेपनाह गुस्सा पनपा और कभी-कभी हिंसा भी पैदा हुई। यह बात भी भारत में पश्चिमी विज्ञान के वैचारिक गुणों का ऐलान करने से कर्जन को रोक नहीं सकी—यूँ भी कभी यह नहीं समझा गया कि उसे किसी काम से रोकना आसान था। 1899 में उसने एक चिकित्सक सम्मेलन में यह ऐलान किया कि भारत को अंग्रेजों ने जो विधिशास्त्र, ईसाइयत और साहित्य के जो 'उपहार' दिए थे, उन पर भले ही सन्देह किया जा सके पर विज्ञान के और खासकर आयुर्विज्ञान के उपहार पर कभी कोई शंका नहीं की जा सकती थी। उसकी घोषणा थी कि यह 'शुद्ध, खंडित न हो सकनेवाले विज्ञान की चट्टान' पर खड़ा है और यह 'अनादार' या 'अधार्मिकता' का सहारा लिए बिना भी पर्दे का बुर्का उठा सकता है और जाति-प्रथा के बन्धनों को तोड़ सकता है। उसका विश्वास था कि आयुर्विज्ञान ब्रिटिश राज का सबसे बड़ा औचित्य है।[2]

सामराज का वैज्ञानिक प्रतिष्ठान घोर नस्लवादी था, भेदभाव और अलगाव का व्यवहार करता था तथा भारत के वैज्ञानिक ज्ञान और पद्धतियों पर नाक-भौंह चढ़ाकर अपमान-भाव का प्रदर्शन करता था। थोड़ा-सा वैज्ञानिक प्रशिक्षण पा चुके भारतवासियों की बढ़ती संख्या के लिए यह बात अधिकाधिक चिढ़ का कारण बनती गई। उनमें

1. सिंघा 2000 : 151-98
2. आर्नल्ड 2000

से कुछ ने जब राज्य की वैज्ञानिक संस्थाओं में नौकरी पाने की कोशिश की तो इस सुस्पष्ट भेदभाव के उदाहरण सामने आने लगे। फिर उनकी असफलता ने शिक्षित भारतीयों के बीच देशभक्ति से भरे रोष को जन्म दिया। एक सुज्ञात उदाहरण प्रमथनाथ बोस का था जो भूगर्भशास्त्र में डिग्री लेकर लन्दन से आए मगर पाया कि भारतीय भूगर्भ सर्वेक्षण में नौकरी पाना कठिन है क्योंकि उसके सुपरिंटेंडेंट को शक था कि 'एक बंगाली के रूप में वह...कहीं शरीर से हमारे काम के लिए अयोग्य तो नहीं है।' 1903 में जब उनसे दस साल कनिष्ठ एक अंग्रेज उन्हें लाँघकर डायरेक्टर बन गया तो बोस ने इस्तीफा दे दिया और टाटा इस्पात संयंत्र, जमशेदपुर के लिए उड़ीसा के क्योंझर जिले में लौह अयस्क की खोज में लग गए। उपनिवेशविरोधी राष्ट्रवाद के युग में पश्चिमी विज्ञान के प्रति शिक्षित भारतवासियों के रवैयों में, जैसा कि हम देखेंगे, पूर्ण अस्वीकार की जगह भारी विविधता का होना तय था।

नस्लवादी और लिंगवादी : सामराज के चेहरे

पिछले भागों में देसी सोपानों के साथ उपनिवेशी शक्ति-ज्ञान के सम्बन्धों और उनकी परस्पर-व्याप्ति पर ध्यान केन्द्रित किया गया है। उपनिवेशी राजसत्ता को रणजीत गुहा ने 'एक निरपेक्ष बाह्यता' नाम दिया है, जो कि 'वर्चस्व के बिना प्रभुत्व' का व्यवहार कर रहा था; यह शासन की एक ऐसी पद्धति थी जो भारतीय मानस में कभी कोई जड़ नहीं जमा सकी या प्रजा के बीच कोई वास्तविक और गोचर स्वीकृति नहीं पा सकी। गुहा का निष्कर्ष महत्त्वपूर्ण है पर उसमें कुछ संशोधन की आवश्यकता है।[1] ब्रिटिश शासन भारतवासियों के लिए ऐसे रूपों में अजनबी था जो उसे शाही प्रभुत्व के पिछले ढर्रों से दो महत्त्वपूर्ण अर्थों में अलग करते हैं। पहला, उसका एक नस्लवादी पक्ष था, जो समय के साथ गहराता गया। यह नस्लवाद लिंगवाद के बारे में अंग्रेजों के विकासवान रूढ़िवादी विचारों को अक्सर बल पहुँचाता था और उससे बल प्राप्त करता था। अलावा इसके, शोषण के जो ढाँचे उनके शासन के लिए बुनियादी महत्त्व रखते थे उनको नियंत्रित करनेवाली सत्ता अन्ततः भारत में नहीं बल्कि मालिक देश के प्रभुत्वशाली समूहों के हाथों में केन्द्रित थी। कालक्रम में उपनिवेशविरोधी राष्ट्रवाद का जनता के बीच जो आकर्षण बढ़ा और उसे जो बल मिला, उसकी व्याख्या के लिए इन आयामों की नाजुक अहमियत है।

1. गुहा 1989 देखें। गुहा के साथ इंसाफ के लिए कहना होगा कि वे देसी परम्पराओं, मसलन 'व्यवस्था' और 'डंडा' की अन्तःक्रियाओं की ओर भी ध्यान खींचते हैं; उपरोक्त 237-38 देखें। नीलाद्रि भट्टाचार्य का यह मददगार तर्क भी देखें कि अन्तर्तम तक व्याप्त सांस्कृतिक-नैतिक सहमतिवाले अर्थ में ग्राम्शीवादी वर्चस्व का उपनिवेशी भारत में विकास तो नहीं हुआ मगर तालमेल और बदलते समायोजनों के जरिए उपनिवेशी शासन को जो 'वैधता' अक्सर मिली उसे भी कम करके नहीं देखा जाना चाहिए। भट्टाचार्य 1992 : 113-49 देखें।

फिर भी कुछ अतिरिक्त बातें आवश्यक हैं और इसके साथ हम भारतीय उपनिवेश में नस्लवाद सम्बन्धी दूसरे अहम तथ्य तक पहुँचते हैं। भारत में यूरोप का राष्ट्रवाद कभी नियंत्रण का वह दर्जा नहीं पा सका जो उसे आबादकार उपनिवेशों में मिला। जमीनी सतह पर यूरोपवाले इतने कम रहे कि मुल्की लोगों का नई दुनिया के ढंग से शारीरिक उन्मूलन करने की बात सोच तक नहीं सकते थे। न ही भारत में नस्लवाद इतने व्यवस्थित ढंग से संस्थापित हुआ जैसे दक्षिण अफ्रीका में अपार्थाइड के कारण हुआ। बेशक रोजमर्रा जीवन में नस्लवादी व्यवहार की और अदालतों में औपचारिक या निहित दोहरे मानदंडों की कोई कमी नहीं थी। यह बात आमतौर पर स्वीकार की जाती है कि 19वीं सदी के उत्तरार्ध में इन बातों में उल्लेखनीय सीमा तक बदतरी आई। अनेक नए ऐतिहासिक तत्त्व इस पुनर्रचित नस्लवाद के घटक थे। 1857 की यादों ने आपसी सम्बन्धों को बिगाड़ा और आमतौर पर भारतवासियों में एक स्थायी चिन्ता और शंका का संचार किया। सम्भोग में सम्भावित शरीकों के तौर पर भारतीय स्त्रियों से बचा भी जाता रहा, खासकर स्वेज नहर खुलने के बाद क्योंकि मेमसाहिबान बड़ी तादाद में भारत में आने लगीं। उस समय एक और भी तीखा 'जैविक' नस्लवाद पनपा जिसमें डार्विन की कुछ व्याख्याओं ने महत्त्वपूर्ण योगदान दिया : पशुओं की प्रजातियों में सर्वोत्तम की जीवनरक्षा के बारे में उनके सिद्धान्त को विस्तार देकर यह अर्थ लगाया जाने लगा कि यूरोपवालों के हाथों उपनिवेश बननेवाले भारतीय एक हीन प्रजाति के सूचक थे।

अन्त-19वीं और आरम्भ-20वीं सदी में इन तमाम बातों ने मिलकर एक हमलावर साम्राज्यवाद को जन्म दिया और यूरोपीय दम्भ को बढ़ाया। अब भारत में अंग्रेज पहले के किसी भी काल की अपेक्षा एक मालिक-नस्ल होने के बारे में अधिक सजग थे, जैसा कि 'मुल्की' समाज के बड़े से बड़े व्यक्ति को काफी कीमत देकर यह बात समझ में आती थी जब वह गलती से रेलगाड़ियों या स्टीमरों के आरक्षित डब्बों में पहुँच जाता था, या फिर उसे भेदभाव का और नौकरी या पेशे में तरक्की करने में बाधाओं का सामना करना पड़ता था। 1878 में मद्रास उच्च-न्यायालय में मुत्तूस्वामी अय्यर की नियुक्ति का (यूरोपीय व्यापारियों के प्रवक्ता) 'मद्रास मेल' ने खुलकर इस आधार पर विरोध किया कि 'मुल्की अधिकारियों को समान परिस्थितियों में उसी दर से वेतन नहीं मिलना चाहिए जो यूरोपवाले पाते हैं।'[1] इससे जो हंगामा बरपा हुआ उसी के कारण मशहूर राष्ट्रवादी समाचार-पत्र 'द हिन्दू' की बुनियाद पड़ी। जैसा कि कोई भी कह सकता था नस्लवाद 'निचले लोगों' के सापेक्ष और भी भोंडा रूप ले लेता था जो कि वर्ग से अति-निर्धारित होता था। आसानी से क्रुद्ध हो जानेवाले यूरोपवासियों की लातों और घूँसों में यह नियमित रूप से व्यक्त होता रहा, जिसके कारण भारतवासियों की बहुत सारी आँतें फटीं। शिकार

1. सुन्दरलिंगम 1974 : 151-52

के दौरान बड़ी तादाद में 'दुर्घटनाएँ' हुईं, क्योंकि साहब जब शिकार पर जाता था तो अपने पंखा कुली को सबक सिखाता था या गलती से किसी मुल्की को मार लाता था। 1880 और 1900 के बीच शिकार की ऐसी 81 दुर्घटनाएँ हुईं, जिसमें भारतवासी शिकार हुए। यूरोपीय प्रभुत्ववाली अदालतें नियमित रूप से ऐसी घटनाओं पर हास्यास्पद सीमा तक हल्की सजाएँ देती रहीं, और समकालीन भारतीय पत्रिकाओं और निजी कागजात पर एक नजर डालने से फौरन यह स्पष्ट हो जाता है कि राष्ट्रवाद के उदय में ऐसी बातों का कितना महत्त्व रहा। 30 अक्तूबर, 1891 को दिनशा वाचा ने दादाभाई नौरोजी से शिकायत की कि 'यूरोपवालों के हाथों मुल्की लोगों की कत्ल की वारदातें रोज-ब-रोज बढ़ रही हैं। सैनिक मुख्य रूप से वहशी अपराधी हैं...(वे) हमेशा किसी न किसी बहाने से छोड़ दिए जाते हैं।'[1] असम के चाय बागान में कुलियों के साथ दुर्व्यवहार 1880+ के दौरान इंडियन एसोसिएशन की कार्रवाई में प्रमुखता से सामने आता रहा। असम में और समन्दर पार वेस्टइंडीज, नेटाल, मारीशस और फिजी में गिरमिटिया मजदूरों का सवाल 1916 में गिरमिटिया प्रणाली के उन्मूलन तक नरम से नरम राष्ट्रवादियों के लिए भी काफी जीवन्त मुद्दा बना रहा। नस्ली भेदभाव और वहशीपन वास्तव में ऐसे विषय थे, जो महरूमी और नाइनसाफी की एक साझी भावना के दायरे में भारतीय समाज के उच्चतम व्यक्तियों को भी वक्ती तौर पर निम्नतम के साथ एक कर सकती थी।

यूरोपीय नस्लवाद का क्लासिक उदाहरण उस इलबर्ट विधेयक पर मचनेवाला तूफान था, जो अपने-आप में, फौजदारी कानून में एक मामूली से संशोधन से ज्यादा की हैसियत नहीं रखता था। फरवरी 1883 में रिपन के प्रशासन ने बस इतना ही प्रस्ताव किया था कि भारतीय मजिस्ट्रेटों की कुछ सीमित श्रेणियों को मुफस्सिल कस्बों में रह रहे यूरोपवासियों के खिलाफ सुनवाई का अधिकार दिया जाना चाहिए। पूरे देश में बस तीन ऐसे भारतीय थे (और संयोगवश तीनों ही बंगाली थे) जो सिविल सेवा में इतना ऊपर उठ चुके थे कि इस नए फौजदारी अधिकार का फौरन इस्तेमाल कर सकते थे।[2] फिर भी इसके खिलाफ गोरों की बगावत इतनी तीखी थी कि रिपन ने घबड़ाकर कदम पीछे हटा लिए। अन्ततः जनवरी 1884 में हुए समझौते में इस नए प्रावधान को तो कायम रखा गया, पर दूध में बेपनाह पानी मिला दिया गया : मुफस्सिल कस्बों में भारतीय मजिस्ट्रेट जिन यूरोपवासियों के खिलाफ मुकदमों की सुनवाई करते उनको ज्यूरी द्वारा मुकदमों की सुनवाई की माँग करने का अधिकार दे दिया गया, जिसमें कम-से-कम आधे सदस्य यूरोपीय होते।

इलबर्ट विधेयक ने जिस बौखलाहट और क्रोध को जन्म दिया उसका स्पष्ट रूप

---

1. पटवर्धन 1977 : 265
2. ये थे रवीन्द्रनाथ ठाकुर के एक बड़े भाई सत्येन्द्र नाथ ठाकुर, आगे चलकर नरमपन्थी कांग्रेसी और आर्थिक इतिहास के विद्वान; और बिहारी लाल गुप्त।

से काफी गहरा सम्बन्ध इस डर से था कि आगे से भारतीय मजदूरों या नौकरों पर हमले करने या ग्रामीणों को अपंग बनाने या मारनेवाली शिकार सम्बन्धी दुर्घटनाएँ करने के बाद बच निकलना उतना आसान नहीं रह जाएगा। इस हंगामे ने उसी प्रकार के नस्लवादी रूढ़ विचारों को अपना आधार बनाया, जिनका जन्म गदर के बादवाले काल में हुआ था, जिनकी तरफ आशीष नन्दी ने ध्यान खींचा है। नन्दी ने नस्लवादी और लिंगवादी सोपानबद्धता के सम्बन्धों को उजागर किया है, जिनके दायरे में यूरोपीय और उपनिवेशवादी के बीच वही सम्बन्ध था, जो पुरुष और स्त्री के बीच होता है—नन्दी ने यह माना है कि यह सोपानबद्धता पश्चिम के आधुनिक उपनिवेशी प्रभुत्व के पूरे इतिहास में कमोबेश अपरिवर्तित रही है। इसे अक्सर अपरिपक्वता या बचकानेपन के आधार पर लगनेवाले कलंक से भी जोड़ा जाता रहा। गोरे पुरुष की नजर में मुल्की व्यक्ति जन्म से ही अपरिपक्व होता था : एक तरफ वह या तो 'बच्चे जैसा' मासूम, शिक्षा के द्वारा सुधारे जाने योग्य और कभी-कभी रोमानी नजरिये से आकर्षक भी होता था या फिर दूसरी तरफ घोर 'बचकाना', सुधारे जाने के अयोग्य, सिर्फ दमन का पात्र होता था।[1] हाल के नारीवादी साहित्य ने ऐसी अन्त:दृष्टियों में काफी वृद्धि की है और उन्हें ऐतिहासिक सन्दर्भ दिया है। खासकर मृणालिनी सिन्हा की रचना ने इलबर्ट विधेयक पर उठे जवाबी तूफान में व्यक्त होनेवाले घोर नस्लवाद की अनेकानेक शाखों की छानबीन की है। वे ब्रिटिशशासित भारत और ब्रिटेन दोनों में उपजातीय, लिंगगत और वर्गीय रूढ़ियों के निर्माण की प्रक्रियाओं के आपसी सम्बन्धों को उजागर करते हैं। जनगणना के भावी कमिश्नर एच.एच. रिजली तब एक कनिष्ठ अधिकारी थे। उनका तर्क था कि भारतीय (और खासकर बंगाली जिनको सेना में और दूसरे संवादों के लिए पहले ही खासुल-खास गैर-फौजी घोषित किया जा चुका था) एक नस्ल के रूप में बहुत ही अधिक स्त्रैण थे : चूँकि वे खिलाड़ी नहीं थे, इसलिए उस चीज को समझ पाने में असमर्थ थे, जिसे उन्होंने बड़े प्यार से 'स्कूली लड़कों की बेसोच भावना' कहा; गलती से मुल्की लोगों के शिकार के पीछे बस इतनी ही तो बात थी। इसी के साथ भारतीय पुरुष को घोर पुरुषवादी दमन का दोषी करार दिया गया। यह उपनिवेशी प्रभुत्व के हित में भारत में लैंगिक न्याय के विषय का शोषण था, जिसके सहारे अंग्रेज पुरुष (और अंग्रेज स्त्रियाँ भी) दूसरों की निगाहों में, और अपनी भी निगाहों में, उत्पीड़ित भारतीय नारीत्व के कृपाकारी संरक्षक की तरह पेश हो सकते थे। 1880 का दशक ब्रिटेन में नवजात नारीवादी सरगर्मियों का काल भी था और इस आन्दोलन की कुछ ऊर्जा को अब बड़े सधे हुए ढंग से उस चीज की तरफ मोड़ा जा सकता था, जिसे कुछ लोगों ने 'मादराना साम्राज्यवाद' कहा है।[2]

ब्रिटिश भारतीय राजनयिकों में जो लोग कुछ अधिक मानवीय या दूरदर्शी थे

1. नन्दी 1983 : 4-16
2. सिन्हा 1995 : अध्याय एक; बर्टन 1994 भी देखें।

उन्होंने कभी-कभी नस्लवाद के भोंडेपन पर रोक लगाने की कोशिश की। रिपन तो दूर, उस सवाल पर कर्जन तक ने अपने हमवतनों के बीच कुछ अलोकप्रियता का जोखिम उठाया जब उसने दो बदनाम मिसालों में ब्रिटिश फौजियों के खिलाफ अनुशासन की कार्रवाई की। एक मामला तो एक बर्मी स्त्री के साथ सामूहिक बलात्कार का था और दूसरा एक भारतीय बावर्ची की हत्या का था, जिसने औरत पटाकर लाने से इनकार कर दिया था। इस दूसरे मामले से जुड़े रेजीमेंट का 1903 के देहली दरबार में धृष्टता के साथ, सूरमाओंवाला स्वागत किया गया। लेकिन जोर दिए जाने योग्य बात यह है कि, ज्यादतियों को जाने दें तो, उपनिवेशी भारत के राजनीतिक और आर्थिक ढाँचों में एक दर्जा नस्लवाद की एक उपयोगी और आवश्यक भूमिका थी। पहली बात तो यह कि उसने वर्ग और लिंग के भेदों से परे जाकर यूरोपीय शासक जाति को एकजुट होने में मदद पहुँचाई। दो मिसालें दी जा सकती हैं। इलबर्ट विधेयक विरोधी आन्दोलन के दौरान भारत में गोरी स्त्रियों ने असाधारण सार्वजनिक सक्रियता का प्रदर्शन किया। इनमें से कुछ ने रिपन और इलबर्ट का समर्थन करनेवाले अल्पमत यूरोपीय लोगों के सामाजिक बहिष्कार के लिए एक लेडीज कमेटी का गठन किया। इसके कुछ ही समय बाद, 1885 में पंजदह युद्ध के हव्वे के दौरान, गैर-अभिजात एंग्लो-इंडियन क्लर्कों और रेल कर्मचारियों का उन स्वयंसेवक दलों में स्वागत किया गया जो सेना की सहायता के लिए गठित किए गए थे, जबकि एक मुल्की स्वयंसेवक दल बनाने के बारे में भारतीय अभिजातों की पेशकश को पक्के तौर पर रद्द कर दिया गया।

भारतीय साम्राज्य ब्रिटेन के 'लड़कों के लिए नौकरियों' का एक महत्त्वपूर्ण स्रोत था। परीक्षाओं के द्वारा भरती का नियम लागू हुआ तो उपनिवेशी राजेगार ने कुछ सीमाओं के अन्दर एक साझे 'ब्रिटिश पुरुषत्व' का विचार पेश करके ब्रिटेन के अन्दर विभिन्न समूहों के आपसी सम्बन्धों को पुष्ट किया।[1] इस बात पर भी जोर दिया जाना चाहिए कि ब्रिटिश दृष्टिकोण से सेना और प्रशासनिक काडर के वरिष्ठ और महत्त्वपूर्ण पदों से, भारतवासियों को, जितना सम्भव हो और जब तक सम्भव हो, बाहर रखने में कुछ भी अतार्किक नहीं था। इसीलिए भारत में आई.सी.एस. की परीक्षाओं के साथ-साथ आयोजन जैसी जाहिरा तौर पर मामूली-सी माँग का पचास साल तक घोर विरोध होता रहा। जुलाई, 1895 में रोजबेरी के नाम एक पत्र में एल्गिन ने तर्क दिया कि 'हम इस तथ्य को बनाए रखकर ही शासन कर सकते हैं कि हम प्रभुत्वशाली नस्ल हैं...हालाँकि सेवाओं में भारतवासियों को प्रोत्साहन दिया जाना चाहिए, लेकिन अगर हमें बाकी रहना है तो एक मकाम ऐसा है जहाँ हमें नियंत्रण अपने हाथ में रखना होगा।'[2]

1. सिन्हा 1995 : 54-60, 95, 131-32
2. रोजबेरी के नाम एल्गिन का पत्र, जुलाई 1895; लार्ड एल्गिन प्राइवेट पेपर्स, इंडिया ऑफिस लाइब्रेरी एंड रिकॉर्ड्स, भारतीय राष्ट्रीय अभिलेखागार

इससे भी अधिक महत्त्वपूर्ण नस्लवाद के आर्थिक पक्ष थे, जिनको खासकर अमिय बागची की रचनाओं ने स्पष्ट किया है। भारत में सम्भावित भारतीय प्रतियोगियों के मुकाबले में यूरोप के कारोबारियों की एकता बनाए रखने में रंग की एक अहम भूमिका रही। यूरोप के विभिन्न चैम्बर्स ऑफ कॉमर्स, व्यावसायिक संगठनों और जूट, चाय व खदान कारोबारियों के संगठनों के कार्यकलाप अक्सर यूरोपीय कारोबारी लोगों के एक 'सामूहिक एकाधिकार' जैसी किसी चीज का पता देते हैं जो भारत के पूर्वी भाग में खास तौर पर अदम्य थी। 'यूरोपीय व्यापारी और कारोबारी आपस में मुनासिब समझौते और तालमेल में भारी विश्वास रखते थे, चाहे वे दूसरों के साथ प्रतियोगिता के गुणों में जितना ही यकीन रखते रहे हों।'[1] कभी-कभी के टकराव के बावजूद और कुछ नौकरशाह व्यापार के प्रति जिस कुलीन वर्गीय घृणा का प्रदर्शन करते थे उसके बावजूद भारत में गोरे कारोबारी और गोरे अधिकारी के बीच हमेशा असंख्य निजी और 'क्लब-जीवन वाले' सम्बन्ध जारी रहे। 1903 में बाराकर में ब्रिटिश खदान-मालिकों के सामने दिए गए एक भाषण में कर्जन ने शासन और व्यापार के इस आपसी महत्त्वपूर्ण सम्बन्ध को प्रशंसनीय स्पष्टता के साथ इस तरह सूत्रवत सामने रखा : 'मेरा काम प्रशासन है, आपका शोषण है, लेकिन ये दोनों एक ही प्रश्न और एक ही कर्तव्य के पहलू हैं।'[2] काफी आगे चलकर, 1944 तक में भारतीय कारखानादारों के एक संगठन ने 'इस देश के शासकों के साथ नस्ली निकटता के उस रहस्यवादी सम्बन्ध से जन्मी खामोश हमदर्दी' की शिकायत की 'जो उनके (यूरोप के कारोबारियों के) लिए, देसी प्रतियोगियों के साथ उनके मुकाबले के दौरान ऐसे अगोचर लाभ दिलाती है, जो कुछ कम कारगर नहीं होते।'[3]

रियासतें

ब्रिटिश-शासित भारत सीधे शासनवाले प्रान्तों पर तथा अलग-अलग आकार की रियासतों की एक बड़ी संख्या पर आधारित था। इनमें हैदराबाद, मैसूर तथा जम्मू-कश्मीर जैसी बड़ी रियासतें भी शामिल थीं और नन्ही-मुन्नी रियासतें भी थीं, जिनको कभी-कभी बड़ी जमींदारियों से अलग ठहराना कठिन होता था। उनकी संख्या के अनुमान भी अलग-अलग थे : मसलन इम्पीरियल गजेटियर ने 1909 में उनकी संख्या 693 बताई जबकि 1929 की एक और आधिकारिक रिपोर्ट ने उस संख्या को घटाकर 562 कर दिया।

अंग्रेजों ने अपने अधिकार-क्षेत्रों का इतना भोंडा राजनीतिक मानचित्र क्यों जारी रखा, जबकि वे इनमें से कई-एक रियासतों को आसानी से खत्म करके उनके

1. बागची 1972 : 170
2. मैकलेन 1977 : 37 में उद्धृत
3. बागची 1972 : 166

इलाकों को अपने प्रत्यक्ष शासन में ला सकते थे? यह अंशतः 1857 के बाद ब्रिटिश नीति में एक परिवर्तन की पैदावार थी। उससे पहले आमतौर पर अधिग्रहण की एक हमलावर नीति अपनाई जा रही थी, लेकिन 1857 के महाविद्रोह ने अधीनस्थ राजाओं के और सामान्यतः उच्च वर्गों के साथ एक गठजोड़ को मजबूत बनाने की नई जरूरत पैदा की। रियासतों के इलाकों का बने रहना अंग्रेजों के मकसद के लिए लाभकारी भी था, क्योंकि अधिकांश रजवाड़ों में क्षुद्र निरंकुशता का राज चल रहा था। ये राजे बड़ी हद तक सर्वोच्च सत्ता के चाकर होते थे और अपनी प्रजा का दमन करते थे।

आइए, इनमें से तीन राज्यों पर हम संक्षेप में दृष्टि डालें।

मैसूर : अन्त-18वीं सदी के दौरान हैदर अली और टीपू सुलतान के दौर में मैसूर ईस्ट इंडिया कम्पनी का सबसे शक्तिशाली शत्रु हुआ करता था और कम्पनी 1799 में जाकर ही मैसूर को हरा सकी। शायद इसी आरम्भिक इतिहास का परिणाम था कि 1831 से चले आ रहे प्रत्यक्ष ब्रिटिश शासन की जगह 1881 में एक भारतीय राजवंश के अन्तर्गत अप्रत्यक्ष शासन की पद्धति अपनाई गई। तो भी अप्रत्यक्ष शासन का अर्थ निश्चित ही कुल मिलाकर ब्रिटेन की सर्वोच्च सत्ता का नियंत्रण था। लेकिन मैसूर एक अर्थ में अपवाद भी था। एक असाधारण क्षमतावाले और दीवान, यानी कि विश्वेश्वरैया के अन्तर्गत राज्य द्वारा प्रायोजित आर्थिक विकास की नीति को बढ़ावा दिया गया। इसे कभी-कभी बाद के राज्य द्वारा प्रायोजित उस आर्थिक विकास का अंशतः पहला रूप कहा गया है जो नेहरू-युग में स्वतंत्र भारत की नीति बना। विश्वेश्वरैया की नीति विकास के लिए तीन क्षेत्रों को बढ़ावा देना थी : नीलगिरि में कहवा और चाय के बागान को, बेंगलुरू जैसे केन्द्रों में सूती कपड़ा उद्योग को और कोलार में सोने की खदानों को। लेकिन कपड़ा-क्षेत्र को जाने दें तो विकास के इन क्षेत्रों में स्वामित्व अधिकतर अंग्रेजों का था और ये क्षेत्र इस सिलसिले में स्वतंत्रता के बाद की नेहरूवादी नीति से भिन्न थे। विश्वेश्वरैया के अन्तर्गत मैसूर सामान्यतः ब्रिटेन के समग्र राजनीतिक नियंत्रण को स्वीकार करता रहा; इसलिए सर्वोच्च सत्ता के साथ कोई खुला टकराव नहीं हुआ। इसमें सम्भवतः इस तथ्य से सहायता मिली कि बेंगलुरू में और उसके आसपास, छोटे पैमाने के कुछ श्रमिक असन्तोष को छोड़, राष्ट्रवादी या आम जुझारूपन कुल मिलाकर कम ही था। आगे चलकर कांग्रेस का लोक-राजनीति दबदबा कायम हुआ और इसके कारण किसी खास उथल-पुथल के बिना स्वतंत्रता की ओर संक्रमण करने में सहायता मिली। लेकिन ब्राह्मणों की शक्ति के खिलाफ गैर-ब्राह्मण राजनीति का जोरदार विकास हुआ, खासकर लिंगायत और वोक्कालिंगा लोगों के बीच।

जम्मू-कश्मीर : आदिवासी वृत्तान्तों में तथा मुगल व ब्रिटिश स्रोतों में एक समान एक द्वैत्व जारी रहा है : कश्मीर की सुन्दरता के मुग्ध वर्णन के साथ-

साथ वहाँ की जनता की बदहाली और शोषण के बारे में गहरी खामोशी भी जारी रही है।[1]

रणजीत सिंह के काल में पंजाब की सिख रियासत के विघटन के बाद अंग्रेजों ने उस रियासत के विभिन्न भागों को, जो जम्मू के डोगरा शासक गुलाब सिंह के अन्तर्गत कर दिया और 1846 में उससे कश्मीर की वादी को भी जोड़ दिया गया। सामान्यतः मुल्की राजाओं की तरह गुलाब सिंह और उसके उत्तराधिकारियों ने भी अंग्रेजों की चाकरी के साथ-साथ अपनी प्रजा के दमन का रवैया अपनाया।

जम्मू-कश्मीर इस अर्थ में अलग था कि मुस्लिम प्रजा के बेपनाह बहुमत पर एक हिन्दू राजा का शासन था। यहाँ स्थिति हैदराबाद की स्थिति की ठीक उलटी थी, जहाँ निजामों का मुस्लिम राजवंश हिन्दू किसान-समूह पर राज कर रहा था। इन दोनों स्थितियों के साम्प्रदायिक निहितार्थों के बावजूद खुले साम्प्रदायिक टकराव दोनों जगहों पर अपेक्षाकृत दुर्लभ ही थे, हालाँकि वे पूरी तरह गायब तो नहीं ही थे। कश्मीर के सिलसिले में भारतीय राष्ट्रवादी वृत्तान्तों में इसकी व्याख्या, शायद थोड़ी-सी अतिशयोक्ति के साथ, क्षेत्रीय पहचान की एक अनोखी भावना या 'कश्मीरियत' की पैदावार के रूप में की गई है। ऐसे वृत्तान्त कभी-कभी डोगरा शासन में तनाव, टकराव और दमन के तत्त्वों को कम करके पेश करते हैं। इसके विपरीत हैदराबाद में दमनकारी निजाम और उसके जमींदार सहयोगियों के शासन के खिलाफ बगावत का नेतृत्व वामपन्थी समूहों ने किया, खासकर कम्युनिस्टों ने, जिन्होंने अन्त-1940+ और आरम्भ-1950+ के दौरान पूरी तरह धर्मनिरपेक्ष तर्जों पर तेलंगाना के किसान विद्रोह का नेतृत्व किया।

गुलाब सिंह और उनके उत्तराधिकारी मुख्य रूप से कश्मीरी हिन्दू पंडितों के एक पढ़े-लिखे अल्पमत से गठजोड़ करके शासन चलाते रहे। उनका शासन सामान्यतः दमनकारी तो था ही, पर अधिकांश किसानों व दस्तकारों के लिए खास तौर पर दमनकारी था, जो कि अधिकतर मुसलमान थे। किसानों से भारी लगान वसूल किए जाते रहे और कभी-कभी जबरन बेगार भी लिया जाता रहा, जबकि कश्मीर की सबसे मशहूर पैदावार यानी कि ऊनी शालों के दाम महाराज द्वारा मनमाने ढंग से तय किए जाते रहे। मिसाल के लिए 1846 में सामूहिक प्रतिरोध के तौर पर बड़ी तादाद में शालों के बुनकर कश्मीर छोड़कर चले गए। 1877 में भी किसानों के दमन का कश्मीर वादी में एक भयानक अकाल में भी योगदान रहा।

फिर भी कश्मीरियत की परम्परा पूरी तरह एक कहानी भले ही न हो, मध्यकालीन कश्मीरी शायरी में उसकी एक लम्बी साहित्यिक विरासत रही है, खासकर शायरा लालदीद और नूरुद्दीन की शायरी में। उनके अशआर में अल्लाह और शिव की

1. गुलाब सिंह से लेकर भारत की स्वाधीनता तक की सदी के दौरान के कश्मीर के बारे में जुत्शी 2003 और राय 2004 हाल की कुछ बेहतरीन रचनाएँ हैं।

उपासना का संयोग हुआ, और अस्थिर धार्मिक सीमाबन्दी की एक भावना उनकी विशेषता थी। इस परम्परा के थोड़ा विरोध में जाकर डोगरा शासकों ने कभी-कभी मिथकी राजपूत वंशावली के दावे करके अपनी थोड़ी-बहुत अनिश्चित वैधता को बल पहुँचाने की कोशिश की। इसके साथ-साथ हिन्दू अनुष्ठानों पर, हिन्दू मन्दिरों को संरक्षण दिए जाने पर और उपमहाद्वीप के पवित्र तीर्थस्थलों की यात्रा को प्रोत्साहन देने पर अधिकाधिक जोर दिया जा रहा था। आरम्भ-19वीं सदी तक ऐसी नीतियाँ कभी-कभी हिन्दू देवालयों और मस्जिदों को लेकर हिन्दू-मुस्लिम टकरावों को भी जन्म देने लगी थीं। पवित्र स्थलों पर ऐसे परस्पर विरोधी दावों के फलस्वरूप 1931 में एक भारी फसाद भी हुआ।

डोगरा उत्पीड़न और राजवंश की भारी अलोकप्रियता ने साम्प्रदायिक टकराव और सामूहिक हिन्दू-मुस्लिम जन-प्रतिरोध दोनों की सम्भावना पैदा की। 1930+ और 1940+ के दौरान शेख अब्दुल्लाह और उनकी नेशनल कान्फ्रेंस पार्टी के नेतृत्व में लोकतांत्रिक अधिकारों के लिए एक संयुक्त आन्दोलन का विकास हुआ। उसने सामान्यतः भारत में ब्रिटिश विरोधी आन्दोलनों का समर्थन किया, क्योंकि दूसरे भारतीय रजवाड़ों की तरह वहाँ भी अंग्रेज प्रजा के खिलाफ सामन्ती शासकों की पुश्तपनाही कर रहे थे। प्रतिरोध आन्दोलनों ने और खासकर शेख अब्दुल्लाह के नेतृत्ववाले आन्दोलनों ने, भारतीय राष्ट्रवाद के प्रति एक आम हमदर्दी और हिन्दू-मुस्लिम एकता का समन्वय भारत की किसी भी भावी व्यवस्था में कश्मीर की स्वायत्तता की इच्छा के साथ किया। यही परिवेश था, जिसमें, 1947 में स्वतंत्रता के कुछ ही समय बाद, नए कश्मीर राज्य ने भारतीय संघ में शामिल होने का निश्चय किया लेकिन पर्याप्त स्वायत्तता की शर्त पर किया। कालक्रम में इस इच्छित स्वायत्तता का काफी ह्रास हुआ है, जिसके कारण बढ़ती संख्या में कश्मीरियों की भारत से तीखी अजनबीयत पैदा हुई है।

मणिपुर : बर्मा और चीन के पास मणिपुर की रणनीतिक स्थिति के ब्रिटिश नीतियों के लिए परस्पर विरोधी निहितार्थ रहे। अंग्रेज पहाड़ियों से घिरी इस उपजाऊ वादी पर नियंत्रण पाना चाहते थे, लेकिन उसे पूरी तरह शामिल करने की बजाय सामान्यतः मणिपुर को तटस्थ राज्य बनाए रखना बेहतर समझा। इस तरह ब्रिटिश भारत के साथ मणिपुर का कभी एकीकरण नहीं हुआ।

आरम्भ-19वीं सदी तक बर्मा मणिपुर पर एक अस्पष्ट से अधिकार का दावा करता रहा। लेकिन पहले आंग्ल-बर्मी युद्ध के बाद 1826 में अंग्रेजों और बर्मा दोनों ने मणिपुर की स्वतंत्रता को मान्यता दी। मणिपुर के आसपास के उन पहाड़ी क्षेत्र के विपरीत जिनमें नागा, मिजो और कूफी जैसे आदिवासी समूह रहते थे, इस उपजाऊ भूमि की पहले से ही एक छोटी-सी स्वतंत्र रियासत होने की लम्बी परम्परा चली आ रही थी।

1885 में अंग्रेजों ने बर्मा को हराकर उस पर कब्जा किया और उसे ब्रिटिश भारत का भाग बना लिया। फिर भी अंग्रेजों के लिए सुविधा की बात यही थी कि वे मणिपुर को अपने साम्राज्य में न मिलाएँ, बल्कि उसे एक तटस्थ सरहदी राज्य बनाए रखें, क्योंकि 1880+ तक ही पड़ोस के हिन्दचीन में फ्रांस की पैठ की सम्भावना पैदा हो गई थी। इसलिए मणिपुर पर ब्रिटिश नियंत्रण एक राजनीतिक एजेन्ट के जरिए कायम रहा, जिससे वह औपचारिक रूप से एक रजवाड़ा बन ही नहीं सका। दूसरे मुल्की शासकों की तरह मणिपुर के महाराजा को भी वहाँ की जनता पर निरंकुश शासन की इजाजत रही। इस स्थिति के फलस्वरूप जो रोष पैदा हुआ उसके चलते 1891 में कुछ ब्रिटिश भारतीय सैनिक कत्ल कर दिए गए और एक व्यापक जनविद्रोह फूटा। उसी साल मणिपुर का अधिग्रहण कर लिया गया।

राजवंश के खिलाफ और अंग्रेजों के राजनीतिक व सैन्य नियंत्रणों और परिवर्तनों के खिलाफ उभरे जन-असन्तोष के काफी बड़े भाग में स्त्री उत्पादकों और व्यापारियों की एक अहम भूमिका रही। मणिपुर के समाज में स्त्रियों की स्वतंत्र स्थिति की एक परम्परा रही है, जो भारत के अधिकांश भागों में स्त्रियों की स्थिति से काफी भिन्न थी। खासकर व्यापार में उन्हें अत्यधिक प्रधानता प्राप्त रही है और बड़ा चावल बाजार वह स्थान था जहाँ बड़ी संख्या में जमा होकर स्त्रियाँ जानकारियों का आदान-प्रदान करती थीं। इस तरह वह राजनीतिक और सामाजिक जमावड़ों का केन्द्र बन गया। मणिपुर में स्त्रियों के जुझारूपन की परम्परा 1904 और 1939 के दो नूपिलानों अर्थात् 'स्त्री-युद्धों' के रूप में चरम पर पहुँची। चावल के व्यापार में मारवाड़ियों की घुसपैठ से तथा दूसरे विश्वयुद्ध के दौरान उपनिवेशों द्वारा चावल बाजार को हथियाए जाने से और साथ में ब्रिटिश संरक्षण में कार्यरत महाराजा के निरंकुश व्यवहार से, इन युद्धों का जन्म हुआ।

1940+ तक आर्थिक तनावों से लोकतांत्रिक सुधारों के एक आन्दोलन को बल मिलने लगा। अंशतः इसका नेतृत्व इरावत सिंह ने किया जिनके कांग्रेस और भारत की कम्युनिस्ट पार्टी दोनों के साथ सम्बन्ध बन चुके थे। लोकतांत्रिक सुधारों सम्बन्धी दबाव अन्त-1940+ तक एक उल्लेखनीय विकासक्रम में अपने चरम पर पहुँचे। 1947 और 1949 के दौरान मणिपुर एक संक्षिप्त काल के लिए एक लोकतांत्रिक संविधान बना चुका था जो लोकतांत्रिक मताधिकार से चुनी गई एक असेम्बली पर आधारित था। आज यह बात शायद ही कभी याद की जाती है कि यह संविधान उपमहाद्वीप के बाकी हिस्सों में लोकतंत्र की स्थापना के कई साल पहले सामने आया। लेकिन थोड़े समय के लिए मणिपुर ने जिस लोकतांत्रिक स्वायत्तता का उपभोग किया, उसे स्वतंत्र भारत के साथ उसका चिराग एकीकरण ने जल्द ही बुझा दिया।

सन्दर्भ सूची

Alavi, Seema, *The Sepoys and the Company: Tradition and Transition in Northern India 1770-1830* (Delhi: Oxford University Press, 1995)

—, *Islam and Healing: Loss and Recovery of an Indo-Muslim Medical Tradition 1600-1900* (Ranikhet: Permanent Black, 2007)

Appadurai, Arjun, 'Number in the Colonial Imagination', in Carol Breckenridge and Peter van der Veer, eds, *Orientalism and the Postcolonial Predicament* (Philadelphia: Pennsylvania University Press, 1993)

Arnold, David, *Science, Technology and Medicine in Colonial India* (Cambridge: Cambridge University Press, 2000)

Bagchi, Amiya, *Private Investment in India 1900-1939* (Cambridge: Cambridge University Press, 1972)

Barua, Sanjib, *Durable Disorder: Understanding the Politics of Northeast India* (Oxford: Oxford University Press, 2005)

Bayly, CA., *The Local Roots of Indian Politics: Allahabad 1880-1920* (Oxford: Clarendon Press, 1975)

Bayly, Susan, *Saints, Goddesses and Kings: Muslims and Christians in South Indian Society, 1700-1900* (Cambridge: Cambridge University Press, 1989)

—, 'Caste and Race in the Colonial Ethnography of India', in Peter Robb, ed., *The Concept of Race in South Asia* (Delhi: Oxford University Press, 1995)

Bhattacharya, Neeladri, 'Remaking Custom: The Discourse and Practice of Colonial Codification', in R. Champakalakshmi and S. Gopal, eds, *Tradition, Dissent and Ideology* (New Delhi: Oxford University Press, 1996), pp. 20-51

—, 'Colonial State and Agrarian Society', in Burton Stein, ed., *The Making of Agrarian Policy in British India* (Delhi: Oxford University Press, 1992)

Breckenridge, Carol and Peter van der Veer, eds, *Orientalism and the Postcolonial Predicament* (Philadelphia: Pennsylvania University Press, 1993)

Burton, Antoinette, *Burdens of History: British Feminists, Indian Women, and Imperial Culture,* 1865-1915 (Chapel Hill: University of North Carolina Press, 1994)

Census (Bengal), 1891 (Calcutta: Bengal Secretariat Press, 1893)

Census (Bengal), 1901 (Calcutta: Bengal Secretariat Press, 1903)

Census (India), 1911 (Calcutta: Bengal Secretariat Press, 1912)

Chakrabarti, Pratik, *Western Science in Modern India: Metropolitan Methods, Colonial Practices* (Delhi: Permanent Black, 2004)

Chakravarti, Uma, *Rewriting History: The Life and Times of Pandita Ramabai* (New Delhi: Kali for Women, 1998)

Champakalakshmi, R, and So Gopal, eds, *Tradition, Dissent and Ideology* (New Delhi: Oxford University Press, 1996)

Chatterjee, Partha, *Nationalist Thought and the Colonial World: A Derivative Discourse* (London: Zed Books, 1986)

—, *The Nation and Its Fragments: Colonial and Postcolonial Histories* (Princeton, NJ: Princeton University Press, 1993)

Cohn, Bernard So, 'Representing Authority in Victorian India', in E.J. Hobsbawm and Terence Ranger, eds, *The Invention of Tradition* (Cambridge: Cambridge University Press, 1983)

—, *An Anthropologist among the Historians and Other Essays* (Delhi: Oxford University Press, 1987)

—, *Colonialism and Its Forms of Knowledge: The British in India* (Princeton, NJ: Princeton University Press, 1996)

Constable, Philip, 'Sitting on the School Verandah: Ideology and Practice of "Untouchable" Educational Protest in Late 19th Century Western India', *Indian Economic and Social History Review,* 37 (IV), 2000

Copley, Antony, *Religions in Conflict: Ideology, Cultural Contact and Conversion in Late Colonial India* (Delhi: Oxford University Press, 1997)

Coupland, Reginald, *The Constitutional Problem in India, Parts I-III* (Oxford: Oxford University Press, 1944)

Cowell, Herbert, *The Hindu Law: Being a Treatise on the Law Administered Exclusively to Hindus by the British Courts in India* (Calcutta: Thacker, Spink, 1870)

Crook, Nigel, ed., *The Transmission of Knowledge in South Asia: Essays on Education, Religion, History, and Politics* (New Delhi: Oxford University Press, 1996)

Dena, Lal, *British Policy towards Manipur* 1162-1941 (Imphal: Nongeen Publications, 2008)

Deshpande, Prachi, *Creative Pasts: Historical Memory and Identity in Western India, 1100-1960* (Delhi: Permanent Black, 2007)

Edney, Matthew, *Mapping an Empire: The Geographical Construction of British India,* 1165-1843 (Chicago: University of Chicago Press, 1997)

Fisch, Jorg, *Cheap Lives and Dear Limbs: The British Transformation of the Bengal Criminal Law,* 1169-1811 (Wiesbaden: F. Steiner, 1983)

Frykenberg, R.E., *Guntur District,* 1788-1848: *A History of Local Influence and Central Authority in South India* (Oxford: Clarendon Press, 1965) Galanter, Marc, 'Changing Legal Conceptions of Caste', in M. Singer and B.S. Cohn, eds, *Structure and Change in Indian Society* (Chicago: Aldine, 1968)

Gallagher, J., *et al., Locality, Province and Nation: Essays on Indian Politics, 1870 to 1940* (Cambridge: Cambridge University Press, 1973)

Geetha, Y., and S.Y. Rajadurai, *Towards a Non-Brahmin Millennium: From Jyothee Thass to Periyar* (Calcutta: Samya, 1998)

Gopal, S., *British Policy in India 1858-1905* (Cambridge: Cambridge University Press, 1965)

Guha, Ramachandra, *The Unquiet Woods: Ecological Change and Peasant Resistance in the Himalaya* (Delhi: Oxford University Press, 1989; new edn rpnt Ranikhet: Permanent Black, 2009)

Guha, Ranajit, 'Dominance without Hegemony and its Historiography', in Ranajit Guha, ed., *Subaltern Studies VI: Writings on South Asian History and Society* (Delhi: Oxford University Press, 1989)

Guha, Sumit, *Environment and Ethnicity in India 1200-1991* (Cambridge: Cambridge University Press, 1995)

Habermas, Jurgen, *The Structural Transformation of the Public Sphere: An Inquiry into a Category of Bourgeois Society* (Cambridge: Polity, 1989)

Harrison, J.B., 'English as a University Subject in India and England: Calcutta, Allahabad, Benaras, London, Cambridge, and Oxford', in Nigel Crook, ed., *The Transmission of Knowledge in South Asia: Essays on Education, Religion, History and Politics* (New Delhi: Oxford University Press, 1996)

Hettne, Bjorn, *The Political Economy of Indirect Rule: Mysore 1881-1947* (London: Curzon Press, 1978)

Inden, Ronald B., *Imagining India* (Oxford: Blackwell, 1990)

Irschick, E.F., *Dialogue and History: Constructing South India, 1795-1895* (Berkeley: University of Berkeley Press, 1995)

Jones, Kenneth, ed., *Religious Controversy in British India: Dialogues in South Asian Languages* (New York: State University of New York Press, 1992)

Kikani, L.T., *Caste in Courts: Or, Rights and Powers of Castes in Social and Religious Matters as Recognized by Indian Courts* (Rajkut: Printed at the Ganatra Printing Works, 1912)

Kolff, D.H.A., *Naukar, Rajput and Sepoy: The Ethnohistory of the Military Labour Market in Hindustan, 1450-1850* (Cambridge: Cambridge University Press, 1990)

Kumar, Deepak, 'Racial Discrimination and Science in Nineteenth-Century India', *Indian Economic and Social History Review,* XIX (I), 1982

Kumar, Dharma, 'The Fiscal System', in Dharma Kumar, ed., *The Cambridge Economic History of India, Volume* 2 *c.1150-c.1910* (Cambridge: Cambridge University Press, 1983)

Kosambi, Meera, *Ideals, Images, and Real Lives: Women in Literature and History* (Mumbai: Orient Longman, 2000)

—, *Crossing Thresholds: Feminist Essays in Social History* (Ranikhet: Permanent Black, 2007)

Lelyveld, David, *Aligarh's First Generation: Muslim Solidarity in British India* (Princeton: Princeton University Press, 1978)

Markovits, Claude, Jacques Pouchepadass, and Sanjay Subrahmanyam, eds, *Society and Circulation: Mobile People and Itinerant Cultures in South Asia, 1150-1950* (Delhi: Permanent Black, 2003)

McDonald, Ellen, English Education and Social Reform in Late 19th Century Bombay *Journal of Asian Studies,* XXV (3), 1966

McLane, J.R., *Indian Nationalism and the Early Congress* (Princeton: Princeton University Press, 1977)

Nandy, Ashis, *The Intimate Enemy: Loss and Recovery of Self Under Colonialism* (Delhi: Oxford University Press, 1983)

Oddie, G.A., ed., *Religious Conversion Movements in South Asia: Continuities and Change* (Richmond, Surrey: Curzon Press, 1997)

Pal, Bipinchandra, *Memoirs of My Life and Times* (Calcutta: Yugayatri Prakashak, 1932, rpnt 1973)

Panikkar, K.M., *Asia and western Dominance: A Survey of Vasco da Gama Epoch of Asian History,* 1498-1945 (1953; London: ge Alien & Unwin ltd., 1959)

Patwardhan, R.P., ed., *Dadabhai Naoroji Correspondence,* vol. (New Delhi: Allied Publishers, 1977)

Parratt, Saroj Arambam, and John Parratt, 'The Second Women's War and the Emergence of Democratic Government in Manipur', in Sumit Sarkar and Tanika Sarkar, eds, *Women and Social Reform in India: A Reader* (Delhi: Permanent Black, 2008)

Phalkey, Jahnavi, *Atomic State: Big Science in Twentieth-Century India* (Ranikhet: Permanent Black, 2013)

Radhakrishna, Meena, *Dishonoured by History: 'Criminal Tribes' and British Colonial Policy* (Hyderabad, A.P: Orient Longman, 2001)

Rai, Mridu, *Hindu Rulers, Muslim Subjects: Islam, Rights and the History of Kashmir* (Delhi: Permanent Black, 2004)

Raj, Kapil, 'Circulation and the Emergence of Modern Mapping: Great Britain and Early Colonial India, 1764-1820', in Claude Markovits, Jacques Pouchepadass, and Sanjay Subrahmanyam, eds, *Society and / Circulation: Mobile People and Itinerant Cultures in South Asia, 1150-1950* (Delhi: Permanent Black, 2003)

Ramusack, Barbara, *The Indian Princes and their States* (Cambridge: Cambridge University Press, 2004)

Rangarajan, Mahesh, *Fencing the Forest: Conservation and Ecological Change in India's Central Provinces, 1860-1914* (Delhi: Oxford University Press, 1996)

Risley, H.H., *Tribes and Castes of Bengal: Ethnographic Glossary* (Calcutta: Bengal Secretariat Press, 1891)

Robb, Peter, *The Concept of Race in South Asia* (Delhi: Oxford University Press, 1995)

Said, Edward, *Orientalism* (New York: Vintage Books, 1978) Sarkar, Sumit, *Modern India:* 1885-1941 (Delhi: Macmillan, 1983)

Sarkar, Tanika, *Hindu Wife, Hindu Nation: Community, Religion and Cultural Nationalism* (Delhi: Permanent Black, 2001)

Savarkar, VD., *Hindutva / Who is a Hindu?* (Ahmedabad: Loksanghara, 1923)

Seal, Anil, *The Emergence of Indian Nationalism: Competition and Collaboration in the Later Nineteenth Century* (Cambridge: Cambridge University Press, 1968)

Singh, Hiralal, *Problems and Policies of the British in India:* 1885-1898, Asia Historical Series No. 1 (London: Asia Publishing House, 1963)

Singha, Radhika, *A Despotism of Law: Crime and Justice in Early Colonial India* (New Delhi: Oxford University Press, 1998)

—, 'Settle, Mobilize, Verify: Identification Practices in Colonial India', *Studies in History,* 16 (2), 2000

Sinha, Mrinalini, *Colonial Masculinity: The 'Manly' Englishman and the 'Effeminate' Bengalis in the Late 19th Century* (Manchester: Manchester University Press, 1995)

Sivaramakrishnan, Kavita, *Old Potions, New Bottles: Recasting Indigenous Medicine in Colonial Punjab 1850-1940* (New Delhi: Orient Blackswan, 2006)

Stein, Burton, ed., *The Making of Agrarian Policy in British India* (Delhi: Oxford University Press, 1992)

Strachey, Sir John, *India* (London: Kegan Paul, Trench & Co., 1888)

Suntharalingam, R., *Politics and Nationalist Awakening in South India,* 1852-91 (Tucson, Arizona: University of Arizona Press, 1974)

Thompson, E.P., *Customs in Common: Studies in Traditional Popular Culture* (New York: New Press, 1991)

Thorner, Daniel, and Alice Thorner, *Land and Labour in India* (Bombay: Asia Publishing House, 1962)

Trautmann, Thomas R., *The Madras School of Orientalism: Producing Knowledge in Colonial South India* (New Delhi: Oxford University Press, 2009)

Venkatachalapathy, A.R., *The Province of the Book: Scholars, Scribes, and Scribblers in Colonial Tamilnadu* (Ranikhet: Permanent Black, 2011)

Viswanathan, Gauri, *Masks of Conquest: Literary Studies and British Rule in India* (New York: Columbia University Press, 1989)

—, *Outside the Fold: Conversion, Modernity, and Belief* (Delhi: Oxford University Press, 1998)

Washbrook, David, *The Emergence of Provincial Politics: The Madras Presidency 1870-1920* (Cambridge: Cambridge University Press, 1976)

—, 'Law, State and Agrarian Society in Colonial India', *Modern Asian Studies,* 15 (3), 1981

Zupanov, Ines G., *Jesuit Experiments and Brahmanical Knowledge in Seventeenth-Century India* (New York: Oxford University Press, 1999)

Zutshi, Chitralekha, *Languages of Belonging: Islam, Regional Identity and the Making of Kashmir* (Delhi: Permanent Black, 2003)

अध्याय–2

जंगल और पेड़ : पर्यावरण और अर्थव्यवस्था

1870+ के आसपास से ब्रिटिश भारत बार–बार अकालों का सामना करने लगा। ब्रिटेन या पश्चिम की समृद्धि और भारत की बराबर जारी, सम्भवत: बदतर हो रही निर्धनता का स्पष्ट अन्तर और भी स्पष्ट होकर सामने आने लगा। भारत के बुद्धिजीवियों का एक खासा बड़ा भाग अब ब्रिटिश शासन के आर्थिक परिणामों की जोरदार आलोचना करने लगा।[1] यह एक ऐसा संवाद था, जो आपस में सम्बन्धित अनेक धारणाओं और विषयों पर आधारित था, जिनकी हम जल्द ही चर्चा करेंगे : एक बनावटी ढंग से जारी रखे गए और हानिकारक निर्यात–आधिक्य के जरिये 'धन का दोहन'; 'विऔद्योगिकीकरण' के कारण देसी दस्तकारियों का कथित विनाश; मालगुजारी के भारी बोझ जिन्होंने और साथ में जब्री व्यवसायीकरण ने देहात को पिछड़ा और गरीब बनाकर रखा; और टैरिफ की पक्षपातपूर्ण नीतियाँ व साथ में ऐसे कदम जिनके कारण विदेशी पूँजी के वर्चस्व को बढ़ावा मिलने लगा जिसके चलते देश में पूँजीवादी औद्योगिक विनाश की सम्भावनाएँ बुरी तरह सीमित होकर रह गईं। अखबारों, परचों, भाषणों और देशभक्ति से भरे साहित्य के जरिये अन्तहीन ढंग से प्रचारित होनेवाले ये विचार—जिनके प्रमुख प्रवक्ता दादाभाई नौरोजी और रोमेशचन्द्र दत्त थे—नरमपन्थी, गरमपन्थी, गांधीवादी या वामपन्थी, राष्ट्रवादी, मार्क्सवादी, सभी उपनिवेशविरोधी राष्ट्रवादी विचारधाराओं के लिए कमोबेश प्रामाणिक आधार बने रहे। उन्हीं ने 'भारत में इंग्लैंड के कार्य' के अनेक खंडनों को जन्म दिया। इन सबके कारण एक असाधारण काल तक जारी अकादमिक बहस का जन्म हुआ, जो

1. ईस्ट इंडियन एसोसिएशन में दिए गए व्याख्यानों 'द वांट्स एंड मीन्स ऑफ इंडिया' (1870) और 'पावर्टी ऑफ इंडिया' (1876) के साथ तथा अपनी महाकृति 'पावर्टी एंड अन'ब्रिटिश रूल इन इंडिया' (1901) के साथ दादाभाई नौरोजी इस बौद्धिक परम्परा के शीर्ष पर विराजमान हैं। दो जिल्दों में अग्रगामी रचना 'इकोनॉमिक हिस्टरी ऑफ इंडिया' (1900, 1902) के लेखक रोमेशचन्द्र दत्त, महादेव गोविन्द रानाडे, जी.वी. जोशी और कुछ भारतप्रेमी अंग्रेज (मुख्य रूप से विलियन डिब्बी) दूसरी प्रमुख हस्तियों में शामिल हैं।

बहुत लम्बे—सम्भवत: सीमा से अधिक लम्बे—समय तक आधुनिक भारत सम्बन्धी अर्थशास्त्रीय-ऐतिहासिक अनुसन्धानों का मूलतत्त्व बनी रही।[1]

उस बहस के कारण उठे अनेक प्रश्न अभी भी प्रासंगिक हैं : खासकर विजयमुखी नवउपनिवेशवाद, नवउदारवादी रूढ़िवाद और संसार के पैमाने पर सम्पत्ति की तेजी से तीखी हो रही विषमताओं के मौजूदा युग में। राष्ट्रवादी आलोचकों ने अपने ही ढंग से मुक्त व्यापार के सिद्धान्त पर आधारित नवशास्त्रीय अर्थशास्त्र के कुछ मताग्रहों की सार्वभौम व्यावहारिकता पर सवाल उठाए, खासकर इस तर्क पर कि मुक्त व्यापार लाजिमी तौर पर समृद्धि लेकर आता है। साथ ही आर्थिक राष्ट्रवाद के विश्लेषण का ढाँचा थोड़ा-बहुत सीमित था, क्योंकि वह उपनिवेशी उत्पीड़न और भारत के कष्टों के बीच एक अति-सरल विरोध की धारणा पर आधारित था, क्योंकि उसने, मिसाल के लिए, भारतीय अभिजातों व उपनिवेशी सत्ता, की साँठ-गाँठ को या स्थानीय मूलवाले अधिकारियों के हाथों निम्नवर्गीय भारतवासियों के दमन को अनदेखा किया।

नए ऐतिहासिक अनुसन्धानों में तीन तरह के ध्यानकेन्द्र सामने आए हैं, जिन्होंने पुराने ढाँचे को पेचीदा बनाया और हमें उससे दूर पहुँचाया है। उपनिवेशी आर्थिक नीतियों और संरचनाओं के आलोचक और समर्थक एक लम्बे अरसे से एक समान ढंग से पूरे उपमहाद्वीप के बारे में बहस करते रहे हैं और उनकी निहित मान्यता एक ही क्षेत्रीय इकाई की रही है। 1950+ से 1960+ के आसपास जब विस्तृत आर्थिक-ऐतिहासिक अनुसन्धानों का आरम्भ हुआ तो आंचलिक व स्थानीय अन्तर लाजिमी तौर पर सामने आने लगे। विऔद्योगिकीकरण के पैमाने में—कभी-कभी उसकी वास्तविकता तक में—या कृषि के व्यवसायीकरण की कथित नकारात्मक या जब्री प्रकृति में, विभिन्न अंचलों, कालों तथा दस्तकारियों और फसलों की विशिष्टताओं से उनके सम्बन्ध के आधार पर, व्यापक अन्तर देखे जाने लगे। दूसरी बात यह है कि राष्ट्रवादी विश्लेषणों में आन्तरिक तनावों व टकरावों को, और देसी शक्ति-सम्बन्धों को, कम करके दिखाने की एक प्रवृत्ति निहित थी ताकि विजातीय प्रभुत्व के कारण पूरे उपनिवेश-जगत के शोषण और उसकी दरिद्रता का तर्क कायम किया जा सके। लेकिन इतिहासलेखन में सबसे अधिक दूरगामी रूपान्तरण यह हुआ है कि 1980+

1. स्वतंत्रता के कुछ समय बाद भी इस पुरानी बहस के शोलों को कम से कम तीन उल्लेखनीय अवसरों पर नए सिरे से हवा दी गई : 1960+ के दौरान विऔद्योगिकीकरण की प्रस्थापना को ध्वस्त करने के लिए मारिस डेविड मारिस के प्रयासों के कारण; धर्मा कुमार (सं), 'द कैम्ब्रिज इकोनॉमिक हिस्टरी ऑफ इंडिया' वाल्यूम 2 : सी. 1750-सी 1970 (कुमार 1983) के कुछ विवादास्पद भागों के कारण, और तीर्थंकर राय की प्रस्थापना (राय 2000) के कारण जो एक ही साथ उत्तेजक और विचारोत्तेजक दोनों थी और जिसका सम्बन्ध उपनिवेश काल में छोटे उद्योगों की जीवनरक्षा-जमा-वृद्धि से था। इस विचार की एक प्रारम्भिक छानबीन राय 1993 में मिलती है।

के आसपास से आरम्भ होकर एक पूरी तरह नए उप-शास्त्र (सब-डिसिप्लिन) का—पर्यावरणीय इतिहास का—जन्म हुआ है। हमें इसी से अपनी बात शुरू करना सबसे अधिक सुविधाजनक लगता है, क्योंकि पाठ्य-पुस्तकों के ऐतिहासिक वृत्तान्तों के संसार में अभी तक उनका प्रवेश शायद ही हुआ हो। अन्त-उपनिवेश काल से सम्बन्धित पर्यावरण अध्ययनों का एक सर्वेक्षण अर्थव्यवस्था से सम्बन्धित बाद के भागों के लिए आवश्यक परिवेश प्रदान कर सकता है, बल्कि वास्तव में उन जन-आन्दोलनों के इतिहास के अनेक पक्षों के लिए भी, जो आगे के अध्यायों के विषय हैं।

पर्यावरणीय इतिहास : मूल और बुनियादी मुद्दे

पर्यावरण के प्रश्नों में इतिहासकारों की रुचि का सम्बन्ध अंशतः आंचलिक और स्थानीय खेतिहर दशाओं सम्बन्धी अनुसन्धानों में गहराई के समावेश से था। पहले शीर्ष स्तर पर किए जानेवाले फैसलों और संस्थाओं (सबसे बढ़कर) मालगुजारी की नीतियों पर अगर ध्यान केन्द्रित किया जाता था तो विद्वान लोग अब उनसे हटकर जिलों और तहसीलों के अभिलेखागारों पर आधारित व्यष्टिस्तरीय अध्ययन की ओर झुकने लगे। फल यह हुआ कि अब उत्पादन के 'अधिक पार्थिव' ब्यौरों को—मिट्टी की दशाओं, जल संसाधनों और स्पष्ट पारिस्थितिकीय आयामोंवाले ऐसे ही दूसरे मुद्दों को—अब और अनदेखा नहीं किया जा सकता था। बागान, समन्दर पार के ब्रिटिश उपनिवेशों तथा खदानों व दूसरे उदीयमान पूँजीवादी उद्योगों की तरफ श्रमिकों के देशान्तरण के लिए सटीक स्रोत-क्षेत्रों सम्बन्धी अनुसन्धानों ने भी महत्त्वपूर्ण पर्यावरणीय चरों (वेरिएबिल्स) का पता दिया है।[1] एक अधिक सामान्य विचारणीय विषय 'हरित' आन्दोलनों के उदय के साथ-साथ पर्यावरण और पारिस्थितिकी के विनाश जैसे मुद्दों के साथ विश्वव्यापी स्तर पर बढ़ता हुआ सरोकार था। लेकिन सम्भवतः सबसे बड़ा कारक जंगलात पर सामुदायिक अधिकारों के सवालों पर—व्यवसायियों और राज्य के हस्तक्षेपों के विरोध में—किसानों और आदिवासियों के अनेक आन्दोलनों का उदय था, जिन्होंने उपनिवेशी वन-नीतियों में ऐतिहासिक रुचि जगाई और जन-प्रतिरोधों को जन्म दिया। आगे चलकर जल के उपयोग और बड़े बाँधों की राजनीति भी इसके दायरे में आ गई। 1970+ के आसपास से एक नई किस्म की सामाजिक सक्रियता सुस्थापित राजनीतिक दलों की बजाय विकेन्द्रीकृत गैर-सरकारी समूहों की स्थापना में व्यक्त होने लगी। ये समूह स्थानीय, तृणमूल स्तर पर काम कर रहे थे और उन्होंने ऐसे आन्दोलनों में दिलचस्पी को, बल्कि कभी-कभी जन-उत्साह को भी, जन्म दिया—चिपको और

1. जोर में आनेवाले इस परिवर्तन के दो आरम्भिक सूचकों के बारे में चक्रवर्ती 1978 : 249-327 और भट्टाचार्य 1985 देखें।

नर्मदा बचाओ आन्दोलन पढ़े-लिखे लोगों और अकादमिकों के लिए इसके सबसे स्पष्ट थल चिह्न हैं। चिपको भारत में पर्यावरणीय इतिहास के एक अद्भुत, रामचन्द्र गुहा की आरम्भिक रचना का प्रेरक तत्त्व और विषय, दोनों था।[1]

इस पर्यावरणमुखी मोड़ से पहले खेती के इतिहासकारों ने अपने दूसरे विरोधों के बावजूद, यह मान रखा था कि ग्रामीण भारत का मतलब प्रधान रूप से स्थावर खेती में लगे किसान ग्रामवासियों की एक बड़ी संख्या है। पर्यावरणों से खुद को जोड़ने के दूसरे, अस्थावर ढंगों को 'हाशियाई' क्षेत्रों या स्थितियों के खाने में डाल दिया जाता था। मुगल वृत्तान्तों और मालगुजारी के दस्तावेजों ने और अंग्रेजों की कार्य लेख-सामग्री ने इन मान्यताओं को बल पहुँचाया। बसे-बसाए गाँवों को नियंत्रित करना, मापना और उन पर क़र लगाना अधिक आसान था। इस तरह उन्होंने बाद के इतिहासकारों के लिए भारी संख्या में दस्तावेज पीछे छोड़े हैं। उपनिवेश-पूर्व और उपनिवेशी शासक समूहों ने एक समान ढंग से यह मान रखा था कि 'काश्त-योग्य परती' को (इस उपनिवेशी और उत्तर-उपनिवेशी शब्द की नोक-पलक को सामने लाने की आवश्यकता है) काश्त के दायरे में लाना सभ्यता के प्रसार का पर्याय है।

पर्यावरण के इतिहासों ने शिकारियों, खाद्य-संग्राहकों, पशुपालकों तथा घुमक्कड़ या स्वीडन काश्तकारों के समुदायों पर जोर देकर इसमें ध्यान केन्द्र के परिवर्तन जैसी किसी चीज को जन्म दिया। अब लगता है कि अन्त-उपनिवेश काल तक भी उनकी मौजूदगी काफी महत्त्वपूर्ण थी और हाशियाई तो नहीं ही थी : उस समय तक जब संचार-सम्बन्धी, राजनीतिक व सैन्य, प्रशासनिक और आर्थिक एकीकरण में व्यापक पैमाने पर चुस्ती आई। इस नए ध्यान केन्द्र ने, और उससे जुड़े अनुभवाश्रित अनुसन्धानों ने महत्त्वपूर्ण प्रश्नों को जन्म दिया। इनका सम्बन्ध इस बात से था कि जिन चीजों को सारतः परम्परागत समझा जाता था—जैसे कि आबाद गाँवों में वर्ण और जाति के देशव्यापी सोपानों को और साथ में हाशिये पर उनसे एकदम स्पष्ट रूप से भिन्न 'आदिवासियों' को—क्या उनका गठन उपनिवेशी आधुनिकता ने नहीं किया होगा।

लेकिन इतिहासलेखन में यह नया मोड़ अपनी ही समस्याएँ लेकर आया। घुमक्कड़ी के विपरीत स्थावर जीवनशैलियों का लम्बे समय से गुणगान होता आया है। लेकिन, इसके ठीक विपरीत, पर्यावरण का इतिहास कृषि के विस्तार के द्वारा होनेवाली 'प्रगति' को 'वनविनाश' कहकर उसके वृत्तान्तों को नए सिरे से पढ़ने लगा। इस तरह उसने व्यवहार में स्थावर किसान काश्तकार को अपने सरोकारों से लगभग निकाल ही रखा है। पुराना द्विभाजन इस तरह जारी रहा : एक ओर जंगलों और चरागाहों तथा दूसरी ओर स्थावर कृषि का द्विभाजन। इस द्वैत्व को दूर करने की बजाय पर्यावरण के इतिहास ने इसे उलटकर अपने-आपको सिर्फ पहले तत्त्व

1. गुहा 1989; गाडगिल और गुहा 1992

तक सीमित रखा। लेखों के एक संग्रह ने 'चरागाहों, जंगलों, खेतों और खलिहानों के'—और जोड़ना चाहेंगे : 'नगरों और कारखानों के'—'अध्ययनों के बीच सम्बन्ध स्थापित करके' पर्यावरण के इतिहास और कृषि के इतिहास के बीच की इस दरार को पाटने की आवश्यकता की ओर ध्यान खींचा है। कारण कि मानव के श्रम और इतिहास का कोई भी क्षेत्र प्रकृति के साथ बदलते सम्बन्धों के जरिये भिन्न-भिन्न तरीकों से होनेवाली मध्यस्थता से नहीं बच सकता।[1]

इस द्विभाजन का सम्बन्ध दूसरी आमतौर पर परिकल्पित अतियों से भी रहा है। भारत में और दूसरे अनेक देशों में भी पर्यावरण के इतिहास का काफी बड़ा भाग, जिस चीज को सही तौर पर 'तोरणद्वार का सिद्धान्त' (आर्केडियन प्रिंसिपल) कहा गया है उससे प्रेरित रहा है। इसका मतलब पशुपालन को रोमानी रंग देना और उसे सुन्दर, सुरम्य और सामान्यतः दूसरे क्षेत्रों से अधिक सद्गुणी बनाकर पेश करना है। जैसा कि नीलादि भट्टाचार्य ने कहा है, इस कोण से देखने पर जंगलों की और साझी सम्पत्ति के दूसरे संसाधनों की दुनिया 'ऐसा क्षेत्र लगती है जो तीखी असमानताओं और आन्तरिक तनावों से मुक्त तथा किसानों और नगरवासियों के स्थावर, सोपानबद्ध और टकरावों से भरे जीवन से बचा हुआ और पूरी तरह भिन्न है।'[2] पर्यावरण पर उपनिवेशी नीतियों और रूपान्तरणों के प्रभाव के एक बड़े भाग के महत्त्व और उसकी असंदिग्ध दमनकारी प्रकृति को देखते हुए ऐसी रोमानी दृष्टि ने इतिहास-लेखन में 'उपनिवेश-पूर्व और उपनिवेशकालीन, आधुनिक पाश्चात्य और देसी परम्पराबद्ध के बीच के भेदों को अतिशयोक्ति के साथ पेश करने का' लोभ पैदा किया है।[3]

ऐसे आवश्यक स्पष्टीकरणों के बावजूद इससे भी इनकार मुमकिन नहीं कि अन्त-उपनिवेशकालीन विकासक्रमों की एक शृंखला भारत के पर्यावरणीय इतिहास के लिए महत्त्वपूर्ण रहे। हम अपनी बात दो प्रकार के उपमहाद्वीपीय दबावों पर नजर डालते हुए आरम्भ करेंगे : एक तो ब्रिटिश वन-नीतियों से और दूसरे स्थानीय जनता के बसाव के द्वारा उनको नियंत्रित करने के बारे में उपनिवेशी अधिकारियों के प्रयासों से। उसके बाद हाल के कुछ अध्ययनों पर एक संक्षिप्त दृष्टि डाली जाएगी।

---

1. भट्टाचार्य 1998 : प्रस्तावना
2. रोमानीकरण का दूसरे प्रकार का ढंग—किसानों की 'सामुदायिक चेतना' वाला ढंग—बिना शक 'निम्नवर्गीय प्रसंग' (सबाल्टर्न स्टडीज) परियोजना के आरम्भिक चरण में प्रमुखता से उभरकर सामने आया, पर अब यह नजर नहीं आता। तब किसान समुदाय के नाम की गई गुहारें पर्यावरण के प्रश्नों को लेकर बहुत सजग नहीं थीं। लेकिन रामचन्द्र गुहा के आरम्भिक अध्ययन को दोनों तत्त्वों का समन्वय माना जा सकता है।
3. इन समस्याओं के विश्लेषण और अनुभवाश्रित सामग्री, दोनों रूपों में समृद्ध विश्लेषण के बारे में शिवरामकृष्णन 1999 देखें।

नियमन और संरक्षण अधिग्रहण के रूप में : अन्त-उपनिवेशी भारत में जंगल और 'बंजर'

उपनिवेशी राजसत्ता ने बड़े-बड़े क्षेत्रों पर, जिनको वह 'जंगल' ठहराती थी, अपने नियम लागू किए। इसने अक्सर प्रथा-सम्मत तौर-तरीकों और दावों के एक बहुत बड़े दायरे को समाप्त किया, और यह उपनिवेश की पर्यावरण सम्बन्धी नीतियों का सबसे अधिक नाटकीय और विवादास्पद पहलू था। 1865 और 1878 के जंगलात कानून इस सिलसिले में दो बुनियादी कानूनी पहचान चिह्न थे। पहले कानून ने राजसत्ता को बस यह अधिकार दिया कि वन-संसाधनों पर उसे जितने नियंत्रण की फौरी जरूरत थी, उसे वह कायम कर सके, लेकिन जिस चीज को उसमें अस्पष्ट ढंग से वनों के उपयोगकर्ताओं के 'मौजूदा अधिकार' कहा गया था उसका सम्मान करने की आवश्यकता उसने स्वीकार की थी। लेकिन 1878 के अधिक सटीक और दोटूक कानून ने 'आरक्षित' और 'संरक्षित' वनों की बुनियादी श्रेणियाँ स्थापित कीं। पहली श्रेणी का प्रबन्ध और उसके संसाधन शुद्ध रूप से राज्य के एकाधिकार थे; दूसरी श्रेणी में ग्रामीणों को ईंधन, चराई और दूसरे संसाधनों के उपयोग की सुविधा देकर भी कुछ खास किस्म के पेड़ों को गिराए जाने से संरक्षण दिया गया था—इस तरह प्राचीन काल से चले आ रहे तौर-तरीके राज्य के आदेश से पलक झपकते में वन विभाग द्वारा दिए जानेवाले और नियंत्रित किए जानेवाले विशेषाधिकार बनकर रह गए। राज्य ने दूसरी से पहली श्रेणी में भूमियों के स्थानान्तरण की शक्ति भी अपने पास रखी और बड़े पैमाने पर उसका उपयोग किया। आरक्षित वन का क्षेत्रफल अगर 1878 में 14,000 वर्गमील था तो 1890 तक वह छलाँग लगाकर 56,000 वर्गमील हो गया। स्वतंत्रता से ठीक पहले संरक्षित की बजाय आरक्षित भूमि का क्षेत्रफल 1,00,000 वर्गमील के पास तक जा चुका था। इस तरह वन विभाग ब्रिटिश भारत के कुल क्षेत्रफल के पाँचवें भाग का नियंत्रण करने लगा, यानी कि वह अब उपमहाद्वीप का सबसे बड़ा भूमि-प्रबन्धक था।[1]

ऐसे व्यापक राजकीय नियंत्रण पर—जो मुक्त व्यापार के गुणों सम्बन्धी आम दावों से इस कदर उलटा था—उपनिवेशवाद का औचित्य 'वैज्ञानिक वानिकी' जैसे शब्दों के सहारे पेश किया गया जो कि कहा गया कि लोभी निजी हितों और अज्ञानी किसानों के हाथों जंगलों के विनाश का खात्मा करेगा। भारत के पर्यावरणीय इतिहास ने, जिसका आरम्भ रामचन्द्र गुहा और माधव गाडगिल की रचनाओं से होता है—पर्याप्त औचित्य के साथ, हालाँकि कभी-कभी अतिशयोक्ति के साथ भी—इस सरकारी 'संरक्षणवादी' दलील को यह कहकर अस्वीकार कर दिया कि यह सैनिक और आर्थिक आवश्यकताओं पर एक वैचारिक पर्दे से अधिक शायद ही कोई चीज

1. गाडगिल और गुहा 1992 : अध्याय 4; रंगराजन 1996 : प्रस्तावना

हो। राजकीय नियंत्रण का पहला ब्रिटिश प्रयास 1806 में मलाबार में सामने आया। नेपोलियन के युद्धों के दौरान पश्चिमी घाट की टीक को रायल नेवी के जहाजों के लिए महत्त्वपूर्ण समझा जाने लगा था। ब्रिटिश लक्कड़ संसाधन पहले से ही खत्म होते जा रहे थे, जबकि कांटिनेंटल व्यवस्था ने बाल्टिक की लकड़ी को पाना भी असम्भव बना दिया। लेकिन मलाबार के जंगलों में कंजरवेटर का पद 1823 में समाप्त कर दिया गया और उपनिवेशकालीन वानिकी में सचमुच जो छलाँग लगी उसका स्पष्ट सम्बन्ध 1850+ के बाद रेल लाइनों की आवश्यकता से था। रेलवे के स्लीपरों के लिए, और भाप के इंजनों में पूरी तरह कोयले का इस्तेमाल होने से पहले ईंधन के लिए भी, लकड़ी की बहुत भारी आवश्यकता थी। दूसरे रूपों में नई या बढ़ी हुई माँगें कैंटनमेंटों, पर्वतीय स्थलों और मुद्रण के नए युग में कागज के कारखानेदारों की तरफ से आईं। चूँकि लकड़ी अधिकतर निजी ठेकेदारों के माध्यम से हासिल की जाती थी, इसलिए ऐसे अनियंत्रित व्यावसायिक कटाव का डर बढ़ने लगा जिससे अधिक, और अधिक क्षेत्रों में वनों का विनाश सम्भव था। अखिल भारतीय स्तर पर राजकीय नियंत्रण का आरम्भ तब हुआ जब डायट्रिच ब्रांडिस नामक एक जर्मन विशेषज्ञ के अधीन वन विभाग स्थापित किया गया। इस तरह इस परिवर्तन की व्याख्या अधिक सक्षम और निर्वहनीय तरीकों से वन संसाधनों के दोहन की आवश्यकता के आधार पर की जा सकती है।

लेकिन कुछ पर्यावरणवादी विद्वान और खासकर रिचर्ड ग्रोव यह महसूस करते हैं कि व्याख्या की यह तर्ज आर्थिक निर्धारणवाद की तर्ज है और कुछ-कुछ राष्ट्रवादी अति-सरलता की दोषी है। संरक्षणवादी विचार केवल उपनिवेशवाद के साथ या उसके कारण नहीं पनपे। पश्चिम में उनकी एक लम्बी और स्वायत्त वंशावली रही है जो कुछ यूनानी विचारकों तक पहुँचती है। पुनर्जागरण के काल में और अभी तक अज्ञात देशों और जनगणों की यूरोपीय 'खोजों' के काल में इन्हें दोबारा जिन्दा किया गया। उनको बढ़ावा खासकर सेंट हेलेना और मारीशस जैसे छोटे उष्ण-कटिबन्धीय द्वीपों में आरम्भिक उपनिवेशीकरण के अनुभवों से मिला जहाँ वनों के विनाश के घातक पारिस्थितिक परिणाम इन द्वीपों के छोटे-से भूभागों में जल्द ही स्पष्ट होने लगे। आरम्भिक-उपनिवेशी भारत में शौकिया प्रकृतिवादियों के एक दल ने, जिसमें अक्सर कम्पनी की सेवा में लगे सर्जन शामिल होते थे, 1830+ और 1840+ के दौरान संरक्षण के उपायों के लिए जोर देना आरम्भ किया—मलाबारवाले प्रयास के फिस्स होने के बाद और रेलों के आरम्भ से काफी पहले। उनकी प्रेरणा का प्रमुख स्रोत, हो सकता है, पर्यावरण के ह्रास के प्रति एक हार्दिक सरोकार रहा हो जो लगातार की खेतिहर मन्दी, सूखों और अन्त-1830+ के दौरान उत्तर भारत में आए भारी अकाल से पैदा हुआ था। ग्रोव और दूसरे लोगों का यह सुझाव भी है कि 'राष्ट्रवादी राजनीतिक अर्थशास्त्र' के एक सम्प्रदाय ने, जिसके मूर्त रूप गुहा और

गाडगिल हैं, जंगलों से सम्बन्धित रवैयों और नीतियों के बीच उपनिवेश-पूर्व और उपनिवेशी की जो दरार नजर आती है, उसके तीखेपन को थोड़ा बढ़ा-चढ़ाकर पेश किया है। पूरी तरह नया तत्त्व न तो शोषण और न ही एक सीमा तक संरक्षण था। अतीत में जाते और जंगल की सीमारेखाएँ बराबर बदलती रही हैं, इमारती लकड़ी और दूसरे वन्य उत्पादों का व्यापार भी अज्ञात नहीं था, शासकगण कभी-कभी सैन्य नीति के अंग रूप में जंगलात को काटते तो कभी उनके संरक्षण के लिए पौधे भी लगाते थे। आरम्भ-19वीं सदी में सिन्ध के अमीर अभिजातों के शिकार के लिए सुनियोजित ढंग से जंगल लगाते भी थे। 19वीं सदी के दौरान जो चीज बदली वह सम्भवत: शासक समूहों की दृष्टि नहीं, बल्कि लगातार बढ़ती 'क्रियान्वयन की योग्यता' थी। इसके कारण अन्त-उपनिवेशी और उत्तर-उपनिवेश काल में अनेक क्षेत्रों में, नियंत्रण जमा वैज्ञानिक संरक्षण के अधिक 'बुद्धिसंगत' उपयोग के प्रयासों के साथ-साथ, जंगलात के फैलाव को हमेशा-हमेशा के लिए कम किया जाने लगा।[1]

ग्रोव के भारतीय आँकड़े मुख्य रूप से 1850+ से पहले के हैं। ये आर्थिक निर्धारकों के बीच एक बहुत ही प्रत्यक्ष सम्बन्ध, और खासकर अन्त-उपनिवेश काल में रेलवे की आवश्यकताओं और वन-नीतियों के सम्बन्धों के बारे में गुहा के तर्क का दोटूक ढंग से सामना नहीं करते। लेकिन ग्रोव की रचना जैसी रचनाओं ने सरकार की प्रेरणाओं में अन्तर की ओर और उपनिवेशवाद की सभी पर्यावरण-सम्बन्धी नीतियों में एक अकेली, एकरैखिक शक्ति की मान्यताओं से बचने की आवश्यकता की ओर ध्यान खींचने का लाभकारी काम अवश्य किया। अपने एक शुरुआती आलेख में, अधिकारियों के बीच वर्षों के विचार-विमर्श के परिणामस्वरूप 1878 के कानून का विश्लेषण करते हुए, गुहा ने स्वयं धाराओं की बहुलता की ओर ध्यान खींचा है। समग्र राजकीय नियंत्रण के सबसे अधिक हमलावर पैरोकार बेड़ेन चावेल ने दावा किया है कि उपनिवेश-पूर्व 'प्राच्य-निरंकुश तंत्र' में वह सारी जमीन जो वास्तव में काश्त में नहीं होती थी, राज्य की सम्पत्ति होती थी। इसके विपरीत मद्रास में मालगुजारी के अधिकारियों ने उन अनेक कठिनाइयों पर जोर दिया जो राज्य का एकाधिकार ग्रामीणों के लिए पैदा करेगा। कभी-कभी उन्होंने स्थानीय स्तर पर प्रभावशाली तथ्यों के संकलन तैयार किए। उनमें से एक का तर्क था कि जंगलात पर समुदायों के परम्परागत दावे ग्रामीण सम्पत्ति के सूचक थे, न कि ग्रामीणों को दी गई सुविधाओं के। ब्रांडिस ने एक व्यावहारिक मध्य मार्ग अपनाने की कोशिश की। फिर भी आखिरी मसौदे ने, जिसका मद्रास सरकार ने बरसों तक विरोध किया, बुनियादी तौर पर बेडेन-पावेल के विचारों को ही प्रतिबिम्बित किया।[2] और सामान्य शब्दों में भी कहें तो ब्रिटिश वन-नीतियाँ हमेशा अनेक भिन्न-भिन्न और अक्सर

1. ग्रोव 1993 : 318-51; शिवरामकृष्णन 1999बी : 1-31; गुहा 1999 : 135
2. गुहा 1990 : 65-84

परस्पर विरोधी दबावों के आगे झुकती रहीं। 'वन' कहलानेवाले क्षेत्रों पर नियंत्रण का प्रसार और उसका कठोरपन स्पष्ट रूप से वन विभाग के हित में थे और मुमकिन है कि यह उन लोगों को आकर्षक लगी हो, जो संरक्षण की बात सोच रहे थे। लेकिन मालगुजारी बढ़ाने के लिए स्थावर किसानों की काश्तकारी के विस्तार में भी प्रमुखता से दिलचस्पी ली जा रही थी ताकि निर्यात का वह आधिक्य बना रहे जो उपनिवेशी शासन और शोषण के बुनियादी ढाँचों के लिए अहम था। ऐसे परस्पर विरोधी दबाव विभागों के बीच टकराव पैदा कर सकते थे। एक तीसरा विकल्प भी था : यह कानून-व्यवस्था सम्बन्धी सरोकारों से, कठोरता से वन-सम्बन्धी नियमों को लागू करने पर पैदा होनेवाले जन-असन्तोष और प्रतिरोध को सँभाल-योग्य सीमा में रखने की आवश्यकता से पैदा हुआ।

मूलों और दबावों के बारे में विचारों की विविधता के बावजूद अन्त-उपनिवेशी भारत में वनों के प्रशासन के बारे में इतिहास-लेखन में एक सामान्य सहमति अवश्य है : इस पर कि ग्रामीण जनता के भिन्न-भिन्न भागों के लिए इसके परिणाम बेहद प्रतिकूल रहे। अशिक्षित लोगों में अंग्रेजों की अलोकप्रियता के कारणों में इसे बम्बई के एक गवर्नर ने पहले स्थान पर रखा था। इस बात पर भी सहमति है कि वनों को नए प्रशासन ने वैज्ञानिक तर्ज पर वन-सम्पदा के संरक्षण को वास्तव में कितना आगे बढ़ाया, यह भी संदिग्ध है।

अन्त-उपनिवेशकालीन वन-नीतियों के ठीक इसीलिए दूरगामी परिणाम निकले कि उन्होंने जो प्रतिबन्ध लगाए उनसे केवल, बल्कि मुख्य रूप से भी, वनों में रहनेवाले आदिवासी शिकारी-संग्राहकों के वे अलग-थलग और हाशियाई समूह ही प्रभावित नहीं हुए जो बेहद पिछड़ेपन की और आदिम सरलता की जिन्दगी जी रहे थे। इससे वनों, चरागाहों और स्थावर किसान काश्तकारी के बहुमुखी सम्बन्ध भी छिन्न-भिन्न हो गए। इन श्रेणियों के बीच के कटाव वास्तव में उपनिवेशवाद की भौतिक और असम्बद्ध प्रक्रियाओं की उपज थे।

आइए, हम टकराव के प्रमुख क्षेत्रों को देखें। वन-विभाग की पहली दिलचस्पी विशेष प्रकार के पेड़ों की लकड़ी के शोषण और रख-रखाव में थी—सबसे बढ़कर हिमालय के देवदार की लकड़ी में जो रेलवे के स्लीपर बनाने के लिए सबसे उपयुक्त थी तथा टीक और शाल में (ये मोटे तौर पर 80 अंश देशान्तर के पश्चिम और पूरब में पाई जाती थीं।) विभाग चाहता था कि ये पेड़ अपनी पूरी ऊँचाई तक बढ़ें और कभी-कभी उन्होंने व्यापारिक दृष्टि से लाभदायी इन किस्मों के लगाए जाने को बढ़ावा देने की कोशिश की—जरूरी नहीं कि यह पारिस्थितिकी की दृष्टि से लाभकारी रहा हो। लेकिन देश के अनेक भागों में ग्रामीण घर, औजार बनाने और ईंधन के लिए जंगलों की इन लकड़ियों का खुलकर इस्तेमाल करते आ रहे थे और अक्सर वे जो पेड़ पूरे कद में नहीं होते थे, उनकी पहुँच के अन्दर आनेवाली डालियों को काट

लिया करते थे। लेकिन वन विभाग ने अब इसी को एक अपराध करार दे दिया : काट-छाँट का अपराध। दूसरे, वन-प्रशासन ने सदियों से जनता को प्राप्त चराई की सुविधाओं पर या तो प्रतिबन्ध लगा दिया या उन्हें बुरी तरह सीमित कर दिया और वह भी इस तरह कि बसे-बसाए ग्रामीण और अक्सर किसानों के साथ सहजीवी सम्बन्ध रखनेवाले घुमक्कड़ पशुपालन समुदाय, दोनों पर ही प्रतिकूल प्रभाव पड़े। मसलन उनके मवेशियों को फसल-चक्र के दौरान खास वक्तों पर खेतों में बैठने की इजाजत होती थी और वे काश्तकारों को खाद प्रदान किया करते थे। यहाँ यह बात याद रखनी होगी कि अक्सर-बेश्तर 'जंगल' एक शुद्ध भौगोलिक से अधिक कानूनी श्रेणी हुआ करता था, क्योंकि राज्य अनेक बेकाश्त क्षेत्रों को, जो घने जंगलों से वंचित होते थे, 'बंजर' कहकर इसी श्रेणी में रखता था। जंगल के नाम से दर्ज इन क्षेत्रों पर राज्य के नियंत्रण और साथ में स्थावर कृषि में निजी सम्पत्ति के अधिकारों की और भी स्पष्ट परिभाषाओं के खासुलखास उपनिवेशी संयोग ने देहातों में पुराने, अधिक लोचदार और आपस में जुड़े तौर-तरीकों और जीवनशैलियों को छिन्न-भिन्न कर दिया।

एक तीसरी प्रमुख—और खास तौर पर अलोकप्रिय—प्रवृत्ति को झूम खेती को या घुमक्कड़ काश्तकारी को समाप्त करने के जोरदार प्रयासों ने जन्म दिया। अनेक स्थानीय नामों वाली,[1] और स्पष्ट रूप से बहुत ही व्यापक स्तर पर की जानेवाली यह घुमक्कड़ काश्तकारी सिर्फ खेती के सभ्य तरीकों से अनजान तथाकथित आदिम कबीलों की ही प्रथा नहीं थी। यह अक्सर उन अधिक गरीब किसानों की जीवनरक्षा के लिए महत्त्वपूर्ण होती थी, जो हल-बैल से वंचित होते थे; यह कभी-कभी बड़े बारीक ढंग से मिट्टी की दशाओं के और शिकार व खाद्य-संग्रह के साथ काश्तकारी के मौसमी चक्रों के अनुसार भी ढली हुई होती थी। मिसाल के लिए बस्तर के पहाड़ी मरिया लोग कम दर्जे की मिट्टी में यह काश्त करते थे और हर साल आपस में पेड़ों के लिए भूखंडों को बाँट लिया करते थे। साथ ही उनके वैयक्तिक स्वामित्व में धान के स्थायी खेत भी होते थे। मध्य प्रान्त के बैगा लोगों में शिकार, खाद्य-संग्रह और बेवर का एक खूबी के साथ तय किया हुआ मौसमी चक्र हुआ करता था।[2] इसके अलावा बाबू लोगों की शब्दावली में जंगलात की 'मामूली' या 'गैर-लकड़ी' पैदावारों की अनेक किस्मों पर अनेक एकाधिकारवादी प्रतिबन्ध भी लगे हुए थे। जंगलात की गैर-लकड़ी पैदावारों की कटाई अपेक्षाकृत अहानिकारक होती थी और यह इस अर्थ में झूम से भिन्न होती थी जो अक्सर जंगलों में आग का कारण भी बन जाता था। (वैसे इस बात पर बहस जारी है कि पारिस्थितिकी की दृष्टि से ये आगे क्या पूरी

---

1. उदाहरण के लिए पूर्वी भारत में 'झूम', नर्मदा की ऊपरी वादी में 'बेवाड़', बस्तर में 'पेंडा', आन्ध्र में 'पोडू' और दक्षिण कन्नड़ में 'कुमरी'।
2. सुन्दर 1997; प्रसाद 1998 : 325-48

तरह हानिकारक होती भी थीं!) स्पष्ट है कि संरक्षण नहीं, बल्कि वन-विभाग के मुनाफों में वृद्धि ही ऐसी एक गतिविधि पर भी प्रतिबन्ध लगाने का कारण थी।

कुल मिलाकर देखें तो इन नियमों ने रोजमर्रा के जीवन का सूत्र तोड़ा और उन आमदनियों में कमी की जो पहले ही मामूली थीं। लोग ऐसी 'गौण' पैदावारों से अपने-आपको अनेक तरीकों से जुड़ा हुआ पाते थे और उनका व्यापार अक्सर जाहिरा तौर पर बेहद 'पिछड़े' समुदायों के लिए भी एक बड़ा संसाधन बन जाया करता था। बस्तर के ग्रामवासी अनेक प्रकार के कंद-मूलों, फलों और जड़ी-बूटियों के लिए जंगलों पर निर्भर थे। वे बेलों से रस्सियाँ, पत्तों से कप और प्लेटें, बाँस से बाड़ें और टोकरियाँ और तीर-कमान बनाया करते थे; शाल और महुआ के पेड़ों से तेल और कच्ची शराब निकाला करते थे। गाँवों और शहरों के स्थावर दस्तकार समुदायों के साथ मालों की अदला-बदली के बारे में बैगा लोगों के सुस्थापित तंत्र हुआ करते थे और उनको बैगा लोग दूसरी वस्तुओं के अलावा गहने बनाने के लिए लाख, खिलौनों के लिए लकड़ी और पेड़ों की जड़ों से निकाले गए रंगों की आपूर्ति किया करते थे।[1] उपनिवेशवाद ने अनेक क्षेत्रों में ऐसे पुराने सम्पर्कों को तोड़ दिया और इस तरह 'दूर बसे जंगली कबीलों' की बीसवीं सदीवाली छवि को जन्म दिया जिनको या तो नफरत के साथ देखा जाने या फिर रोमानी रूप दिया जाने लगा।[2]

शिकार का विषय वन-नीति के अन्दर एक दिलचस्प उप-कथानक का सृजन करता है। उपनिवेश-काल से परे यह बेशक बादशाहों और अमीरों का एक बड़ा मनबहलाव होता था और इस विषय पर कुछ मशहूर मुगल चित्रों को भी याद किया जा सकता है। अंग्रेजों ने कुछ किया तो नई इच्छाओं और विचारधाराओं का उतना समावेश नहीं किया जितना पहुँच और कारगरी में इजाफा किया। यूरोपवालों और 'मुल्की' कृपापात्रों, खासकर भारतीय राजाओं के लिए राज्य के जंगल अब एक विशाल शिकारगाह बनकर रह गए।[3] विशेषाधिकार के इन क्षेत्रों से इस बीच जो लोग वंचित किए गए उनमें वे भी शामिल थे, जिनके लिए शिकार जीविका का साधन और या अश्वरक्षा का आवश्यक रूप या जंगली जानवरों से अपनी फसलों को बचाने का उपाय हुआ करता था। लकड़ी के विपरीत जानवरों के सिलसिले में प्रेरक तत्त्व एक भोंडे किस्म का मजा हुआ करता था और ऐसी शाही जीवनशैली

---

1. सुन्दर 1997; प्रसाद 1998 देखें। आज के दिन तक जनता के द्वारा जंगलों के तरह-तरह के उपयोग का सजीव संकेत पेड़ों और उनके उपयोगों के बारे में तीन पृष्ठों की एक सूची से मिलता है, जिसे 1990+ के दौरान नर्मदा घाटी के अंजनवाड़ा गाँव में अमिता बाविस्कर के केस अध्ययन के पीछे दिया गया है। बाविस्कर 1995 : 259-61 देखें।
2. गुहा 1999 : 130 और आगे में सुमित गुहा ने बड़े कारगर ढंग से यह बात सामने रखी है।
3. नन्ही शिकार और उपनिवेशकालीन शिकार की रक्षा-सामग्रियों, प्रतिष्ठा और तामझाम ने भारत में पर्यावरण के इतिहास के अन्दर एक उप-शास्त्र का रूप ले लिया है। रंगराजन 2000-02; रंगराजन 2001; ह्यूज 2013 देखें।

को बनाए रखना होता था जिसमें अधिकतर अहानिकर जंगली जानवरों और परिन्दों के अक्सर गन्दे शिकारों को मर्दाना शौक कहकर उछाला जाता था। जानवरों के भारी शिकार की आवश्यकता और ग्रामीणों की आवश्यकता में तालमेल कभी-कभार ही नजर आता था, जैसे कि जिम कार्बेट और कुमायूँ के नरभक्षी बाघों की मशहूर मिसाल में।[1] जोखिमशुदा प्रजातियों के संरक्षण पर ध्यान कम दिया गया या दिया ही नहीं गया : मसलन चीतों को और कठियावाड़ से बाहर शेरों को मारकर खत्म ही कर दिया गया।[2] भरतपुर के पक्षी विहार में जानेवाले लोग अब भी एक विजय-शिलालेख देख सकते हैं, जिसमें खासकर वायसरायों और भारतीय राजाओं के दौरों में किए गए संहारों की गाथा गाई गई है। इस सिलसिले में भी अक्सर ग्रामीणों को ही कीमत चुकानी पड़ी। अपनी पुरानी शिकारगाहों से भगाए गए और लिंटन के 1877 के हथियार कानून के द्वारा निहत्थे किए गए इन लोगों के श्रम और समय अब बार-बार 'हाँकों' के आयोजन और साहब की खुशी के बन्दोबस्त के लिए इस्तेमाल किए जाने लगे।[3] और अधिक सामान्य स्तर पर भी जंगल कानूनों की दमनकारी प्रकृति को उन अनेकानेक क्षुद्र सेवाओं ने और भी तीखा बनाया, जिनको वन विभाग के अपर्याप्त आमदनीवाले लगुवे-भगुवे उनसे वसूल किया करते थे। इन सबका कुछ भाग बेहद संस्थाबद्ध था, मसलन कुमायूँ और गढ़वाल में जंगलात के हाकिमों के दौरे जो ग्रामवासियों से जबरन मेहनत कराते थे (स्थानीय भाषा में इसे 'उतार' या 'बेगार' या 'कुली प्रथा' कहा जाता था) और 'बरदाइश' के तौर पर उनसे मुफ्त में सामान लिया करते थे।[4]

इसके समग्र प्रभाव को एक बार मानवशास्त्री और आदिवासी कल्याण के कार्यकर्ता वेरियर एल्विन के सामने एक ब्रिटिश वन अधिकारी ने स्वीकार किया था : 'हमारे कानून इस तरह के हैं कि हर ग्रामीण अपने जीवन में रोज एक जंगल कानून तोड़ता है।' वन विभाग की सालाना रिपोर्टें जंगल कानूनों के तोड़े जाने के और ऐसे 'अपराधों' के लिए जुर्मानों की शक्ल में राज्य को होनेवाली आमदनी के आँकड़ों से भरे पड़े हैं। एल्विन ने 1939 में बैगा गीत दर्ज किया था जिसका भाव इस प्रकार से था :

> इस राजा के राज में मारे हमें है भूख
> छीन लिए कुल्हाड़ हमारे, छीने जंगल हमसे...
> गोंड को पीटे है महाराजा
> बैगा और बैगन को दूर भगाए यह जंगल से।[5]

1. रंगराजन 2002 देखें।
2. दिव्यभानुसिंह 2002; दिव्यभानुसिंह 2008
3. रंगराजन 1996, अध्याय 4; रंगराजन 2001 भी देखें।
4. गुहा 1989 : 101-02
5. सुन्दर 1997 : 113 और रंगराजन 1996 : 95 में उद्धृत। एल्विन 1936/1992 भी देखें।

उदीयमान मध्यवर्गीय राष्ट्रवादियों ने कभी-कभी वन सम्बन्धी शिकायतें पेश कीं, भले ही वे ऐसे सामाजिक परिवेश से आए हुए लोग थे, जो आदिवासियों और किसानों के परिवेशों से बहुत अलग था। मार्च 1878 में पूना सार्वजनिक सभा ने प्रस्तावित जंगल कानून के बारे में शिकायत पेश की और 1890+ के दौरान कांग्रेस के अधिवेशनों में कभी-कभी इस विषय पर प्रस्ताव पारित किए गए। लेकिन आरम्भ काल में सबसे तीखी और सबसे ठोस आलोचना 1883 में महाराष्ट्र में आधुनिक मूलगामी, ब्राह्मण-विरोधी और जाति-विरोधी आन्दोलनों के अग्रदूत ज्योतिराव फुले ने पेश की।

> पिछले जमानों में जिन किसानों के पास बहुत मामूली जमीनें थीं और जो उनकी उपज पर गुजारा नहीं कर पाते थे वे पास के जंगल में जाकर पलाश और महुआ जैसे पेड़ों की लकड़ी, फूल और पत्ते बटोरा करते थे। वे इन चीजों को बेचकर अपनी बुनियादी जरूरतों के लिए आवश्यक कमाई कर लिया करते थे...लेकिन अब हमारी आदरणीय सरकार के धूर्त यूरोपीय कर्मचारियों ने अपनी तमाम विदेशी और बहुमुखी वृद्धि का उपयोग करके तमाम पहाड़ों, पहाड़ियों और वादियों को समेटनेवाला एक विशाल वन विभाग स्थापित किया है। इसका समापन यह है कि खाली पड़ी जमीनों और...चरागाहों को भी समेट लिया गया है। अब हमारे गरीब और लाचार किसानों की भेड़-बकरियों के पास जंगल में इतनी जगह भी नहीं कि हवा ही पी सकें।[1]

फिर भी जंगलों और बंजरों पर उपनिवेशकालीन और उपनिवेशोत्तर राजकीय जमा व्यापारिक नियंत्रण की परम्परा से चले आ रहे 'साझे सम्पत्ति संसाधनों' के बारे में अबाध अधिग्रहण की गाथा प्रस्तुत करना कुछ सरलीकरण ही होगा। गांधीवादी राष्ट्रवादियों ने सार्थक ढंग से यह सवाल उठाया और वन सत्याग्रह को सविनय अवज्ञा का अंग बनाया। उसके काफी पहले से ही स्थानीय स्तर के प्रतिरोध कभी-कभी खुले विद्रोह का रूप ले लेते थे। इनमें से अधिकांश ने वह रूप लिया जिसे अधिकारी 'जंगलाती जुर्म' कहा करते थे—गैरकानूनी ढंग से डालियाँ तोड़ना, पेड़ गिराना, अतिक्रमण और सोची-समझी आगजनी। ऐसे प्रतिरोधों ने राज्य को कभी-कभी तालमेल करने, ढील देने और अंशत: पीछे हटने के लिए मजबूर किया। लेकिन अहम बात यह है कि सुलह-समझौते की कोशिशों का रुख अपेक्षाकृत समृद्ध समूहों की ओर था, जिनके पास किसी न किसी प्रकार के, अंग्रेजों से मान्यताप्राप्त मालिकाना अधिकार थे। जैसा कि कहा गया है, रिआयतों और आंशिक सहयोजनों का 'मतलब खेत मजदूरों, गरीब बँटाईदारों, दस्तकारों और घुमक्कड़ चरवाहों के मुकाबले गाँवों के मालिक समुदाय की स्थिति को मजबूत बनाना' था।[2]

1. देशपांडे 2002 : 132 में ज्योतिराव फुले का कथन
2. भट्टाचार्य 1992 : 135

स्थिर वास, सम्पत्ति और व्यवस्था

अंग्रेज जंगलों का नियंत्रण और संरक्षण कुछ अधिक बुद्धिसंगत ढंग से लकड़ी और दूसरी पैदावारों को हासिल करने और शिकार के लुत्फ पाने के लिए भी करना चाहते थे। लेकिन स्थिर काश्तकारी का और पशुपालकों व शिकारी चराखोजियों के घुमक्कड़ समुदायों की कीमत पर स्थावर किसान बस्तियों का प्रसार इसका एक दूसरा, थोड़ा अन्तर्विरोधी और प्रमुख कारण था। ये जीवन की ऐसी शैलियाँ थीं, जिनको उपनिवेशी अधिकारी अक्सर एक-दूसरे से बुरी तरह भिन्न मानने की गलती किया करते थे, पर जिनको अलग-अलग करने में वास्तव में उनकी अपनी नीतियों ने मदद पहुँचाई। स्थावर कृषि से प्रत्यक्ष या अप्रत्यक्ष रूप से जायद (सरप्लस) की वसूली उपनिवेश-पूर्व राजसत्ता के वित्त का आधार हुआ करती थी। अन्त-उपनिवेश काल में काफी आगे चलकर भी मालगुजारी एक प्रमुख स्रोत बनी रही, हालाँकि उसका महत्त्व गिरता गया। अन्त-19वीं सदी में एक ज्यादा नाजुक जरूरत अनाजों और नकदी फसलों में एक निर्यात योग्य आधिक्य को बनाए रखने और बढ़ाने की थी, क्योंकि भारत से सरकारी बचतों, पेंशनों और कारोबारों के मुनाफों को ब्रिटेन भेजने का प्रमुख माध्यम यही था। अलावा इसके, ये कुल मिलाकर ब्रिटेन के पक्ष में व्यापार-सन्तुलन बनाए रखने के लिए अहम थे। बार-बार के अकालों ने भी राज्य के लिए समस्याएँ पैदा कीं और सदी के अन्तिम भाग में ये अकाल और भी निरन्तरता से आने और तबाही लाने लगे। इसका तकाजा था कि खाद्यान्न उत्पाद न बढ़ाया जाए।

हाल के इतिहासकारों ने ब्रिटिश राज के तहत पहले के घुमक्कड़ समूहों के 'स्थिर वास' या 'किसानीकरण' की प्रक्रियाओं पर जोर दिया है। इस विषय ने 'विकिसानीकरण' (डिपेजेंटाइजेशन) की उस प्रक्रिया पर अंशतः सवाल उठाए और उसे विस्थापित किया है, जो कभी कृषि-सम्बन्धी अनेक राष्ट्रवादी और वामपन्थी अध्ययनों के केन्द्र में हुआ करती थी : यानी कि उपनिवेशवादी दबाव के कारण किसानों के भूमिहीन अर्ध-सर्वहारा में कथित रूपान्तरण की प्रक्रिया पर।[1] स्थिरवास का सम्बन्ध 'स्वाभाविकता' के बारे में और भूमि में निजी सम्पत्ति के महत्त्व के बारे में आधुनिक पाश्चात्य विचारों से था कि यह अधिकार पक्के तौर पर निरूपित, स्थायी और सबसे बढ़कर खरीद-बिक्री के योग्य होता है। 1793 में इस्तमरारी जमींदारी बन्दोबस्त के कर्ताओं ने यह मान लिया था कि सिर्फ 'सम्पत्ति का जादुई स्पर्श' ही एक उत्पादक सिद्धान्त को अमल में लाएगा और कृषि की संवृद्धि को बढ़ावा देगा। उस सम्पत्ति के अधिकार का स्थान-निर्धारण विभिन्न क्षेत्रों के बीच

1. किसानों की उपनिवेशी 'रचना' की इस प्रस्तावना के एक प्रभावशाली आरम्भिक वक्तव्य के लिए बेली 1987 : अध्याय 5 देखें।

काफी बहस और भिन्नताओं का विषय बन गया। पर जिस चीज को रणजीत गुहा ने आनन्दमय ढंग से 'सम्पत्ति का शासन' कहा उसकी बुनियादी मान्यता जारी रही। आर्थिक, राजनीतिक और वैचारिक सरोकार अटूट ढंग से आपस में गुँथे हुए थे। सम्पत्ति के एक बेचे जा सकनेवाले अधिकार का स्थान-निर्धारण मालगुजारी के स्थिर-संग्रह के लिए अपरिहार्य समझा गया, क्योंकि उस दशा में मालगुजारी न देनेवाले या अविवेकी मालिकों को अधिक सक्षम समूह बाजार की शक्तियों के सहारे विस्थापित कर सकते थे। स्थावर जीवनशैलियों का गुणगान उनको काफी अधिक सुव्यवस्थित और सँभाल योग्य कहकर किया गया। इसी तरह वह शक्तिशाली प्रवृत्ति पैदा हुई जिसमें नियमित काश्तकारी के लिए स्थिर वास से इनकार करनेवालों को आवारा, बल्कि अपराधी कहा जाने लगा। अन्त-उपनिवेश काल में 'अपराधी कबीला' जैसी बेहद बदनाम, अजीब-गरीब, बर्बर धारणा को अब आबादी की अनेक श्रेणियों पर लागू किया जाने लगा।

जोतवाली खेती के सुधार और विस्तार में अन्त-उपनिवेशकालीन रुचि सबसे गोचर ढंग से सिंचाई—और भी सटीक कहें तो नहरी सिंचाई की—परियोजनाओं के रूप में सामने आई। इसके विपरीत बेहतर बीजों या काश्तकारी के बेहतर तरीकों सम्बन्धी प्रयोग लगभग पूरी तरह गायब थे। कर्जन द्वारा 1906 में पूसा कृषि संस्थान की स्थापना की जा चुकी थी।[1] उपनिवेश-पूर्वकाल में सिंचाई की पेशकदमियाँ कोई दुर्लभ वस्तु नहीं थीं। उनमें से कुछ तो काफी बड़ी थीं और राज्य द्वारा प्रायोजित थीं, मसलन कावेरी के डेल्टा में बने बाँध और गंगा-जमुना दोआब की वे नहरें जो फिरोजशाह तुगलक के नाम से जुड़ी थीं। छोटे पैमाने की परियोजनाएँ, जिनमें स्थानीय सामुदायिक प्रबन्ध का एक जोरदार तत्त्व होता था, और भी आम थीं, मसलन दक्षिणी बिहार में या पश्चिमी महाराष्ट्र के सह्याद्रि अंचल में।[2] ऐसा लगता है कि अन्त-18वीं और आरम्भ-19वीं सदी में ये दोनों प्रकार की परियोजनाएँ खराबी की शिकार हुईं या गायब ही हो गईं। कम्पनी ने बस पुराने ढाँचों को ही सुधारने या विस्तार देने की कोशिश की, मसलन कावेरी बराज या बाँध को और जमुना की उस नहर-प्रणाली को जो उत्तर भारत में 1837-38 के अकाल के बाद बनाई गई थी। अंग्रेजों के हाथों बाँधों और नहरों के निर्माण में भारी तेजी 19वीं सदी की आखिरी चौथाई में जाकर ही आई। ये पश्चिमी संयुक्त प्रान्त और सबसे बढ़कर पंजाब पर केन्द्रित थे। आरम्भ-20वीं सदी में पंजाब में नहरी सिंचाई की एक भारी व्यवस्था वजूद में आ चुकी थी जिसके कारण, अंग्रेज जिनको 'बंजर' कहते थे, ऐसे बड़े-बड़े इलाके राज्य द्वारा प्रायोजित खेतिहर बस्तियों के लिए सुलभ हो गए : ये

1. उसी साल कर्जन ने भारतीय कृषि सेवा का आरम्भ किया—भारतीय वन सेवा के आरम्भ के चालीस साल बाद।
2. सेनगुप्ता 1980 : 157-89; हार्डीमैन 1996 : 185-209

नहरी बस्तियाँ कहलाती थीं। गेहूँ के उत्पादन और निर्यात को बढ़ावा देने के लिए इनको मूल्यवान माना जाने लगा था।

ब्रिटिश भारत की राजकीय नीतियों के अधिकांश दूसरे पक्षों के विपरीत सिंचाई सम्बन्धी निवेश को रोमेशचन्द्र दत्त जैसे आरम्भिक राष्ट्रवादी बड़े सकारात्मक ढंग से स्वीकार कर रहे थे। अक्सर उन्होंने इसे रेलों के मुकाबले रखा जो जमानतशुदा समाज की एक व्यवस्था के अन्तर्गत बनाए जा रहे थे और यह व्यवस्था 'धन के दोहन' के रूपों में एक रूप थी और भी हाल के मूल्यांकन इससे काफी अधिक आलोचनात्मक हैं, हालाँकि यह बहस अभी जारी है। राज्य सिंचाई की परियोजनाओं को एक संकीर्ण दृष्टि से, मुख्यत: राजस्व की प्राप्ति के दृष्टिकोण से देख रहा था। नहरी पानी का उपयोग करनेवाले किसानों से ली जानेवाली अदायगियाँ दमनकारी और उनके अधिक गरीब भागों के लिए हिम्मततोड़ भी साबित हो जाती थीं। स्थानीय अधिकारियों की लूट इस बोझ को अक्सर और बढ़ा देती थी। 1907 के आसपास पंजाब की नहरी आबादियों में नौकरशाहों के घोर नियंत्रणों ने एक बड़े प्रतिरोध आन्दोलन को जन्म दिया।

इस क्षेत्र में नवीनतम पीढ़ी के विद्वानों ने नदियों पर बाँध बनाकर सिंचाई की नहरों की जो विशाल प्रणाली बनाई गई थी उसके महत्त्व पर और भी मूलभूत प्रश्न उठाए हैं। ब्रिटिश भारतीय राजसत्ता ने (और उससे भी काफी बड़े पैमाने पर उसके उत्तर-उपनिवेशी उत्तराधिकारी ने) साफ तौर पर इन बड़ी परियोजनाओं को वरीयता दी, जिनमें 20वीं सदी में पन-बिजली और दूसरे बहुउद्देशीय आयाम जोड़ दिए गए। स्थानीय स्तर पर बनने और चलाए जानेवाले छोटे बाँधों, कुओं और तालाबों के विपरीत इनमें केन्द्रीकृत नौकरशाहाना नियंत्रण, राजस्व की वसूली तथा 'आधुनिकता' और 'विकास' के दावों की सम्भावनाएँ अधिक थीं। उत्तर प्रदेश में नहरी सिंचाई पर एलिजाबेथ व्हिटकाम्ब की अग्रगामी रचना[1] के बाद इन बड़ी और पारिस्थितिकी की दृष्टि से संदिग्ध परियोजनाओं से वातावरण पर पड़ सकनेवाले प्रतिकूल प्रभावों ने इतिहासकारों का ध्यान खींचना शुरू कर दिया। व्हिटकाम्ब का सुझाव यह है कि बड़े बाँधों, जलाशयों और विस्तारित नहरों पर आधारित सिंचाई वहीं लाभकारी रही जहाँ वह पर्यावरण की स्थानीय दशाओं के अनुकूल रही। दूसरी जगहों पर, मसलन पश्चिमी संयुक्त प्रान्त के बड़े-बड़े भागों में उत्पादन में जो फौरी और महत्त्वपूर्ण बढ़ोत्तरी हुई और फसलों में जो सुधार आए उनके लाभों को आगे चलकर समस्याओं ने मेट दिया, मसलन प्राकृतिक नालों से जलनिकास को अनदेखा किए जाने के कारण पानी के अत्यधिक जमाव, मिट्टी में खारेपन और मलेरिया के प्रसार जैसी समस्याओं ने। फिर भी नकारात्मक परिणाम—बड़े बाँधों और जलाशयों के कारण भारी संख्या में लोगों के स्वत्वहरण और विस्थापन जैसे परिणाम—अभी

1. व्हिटकाम्ब 1972; व्हिटकाम्ब 1983 और 1995 : 237-59 भी देखें।

हाल में जाकर ध्यान के केन्द्र बने हैं। ऐसा जन-प्रतिरोध के और सबसे बढ़कर नर्मदा बचाओ आन्दोलन के कारण हुआ।[1]

पर्यावरण के इतिहासकार घुमक्कड़-पशुपालक आबादियों की गतियों और जीवनशैलियों में आनेवाले विघ्न पर भी अधिकाधिक ध्यान देने लगे हैं। अन्त-उपनिवेश काल में ढीली-ढाली परिभाषा के तहत आनेवाले जंगलों पर राज्य के नियंत्रण (चाहे राज्य द्वारा निर्मित सिंचाई के कृत्रिम साधनों के कारण हो या बढ़ती आबादी के 'स्वाभाविक' परिणाम के तौर पर हो) स्थावर कृषि के प्रसार और भूमि में सम्पत्ति के अधिकारों के पहले से अधिक स्पष्ट निरूपण के शक्तिशाली संयोग ने इन जीवनशैलियों को छिन्न-भिन्न करके रख दिया। जैसा कि हमने देखा, आरक्षित या संरक्षित वनों से पशुपालकों को या तो पूरी तरह बाहर रखा गया या फिर भारी चराई शुल्क वसूल कर ही जंगलों में जाने की इजाजत दी जाती थी। साथ ही पशुपालकों और किसानों की आपसी निर्भरता के अनेक और सम्भवतः बहुत ही पुराने ढर्रों को भी तोड़ दिया गया। सबसे अधिक नुकसान हुआ तो घुमक्कड़ समूहों और गरीब काश्तकारों का हुआ। कुल्लू-कांगड़ा क्षेत्र में ऋतु-प्रवास के पुराने ढर्रे में चरवाहे और गौपालक जाड़े की शुरुआत में ही ऊँचे पर्वतों से नीचे उतर आते थे। फसल कटने के बाद जोते गए खेतों से होकर उनको आने-जाने की पूरी इजाजत होती थी। इस प्रक्रिया में उनके मवेशी खेतों को खादमय बना देते थे। मगर सम्पत्ति के अधिकारों के और भी पुख्ता होने के बाद आवाजाही के ऐसे अधिकारों पर कानून के दबाव पड़ने लगे। जहाँ गाँव की सामूहिकता की एक भावना मौजूद थी वहाँ भी—खासकर पंजाब में जहाँ उपनिवेशी कानूनों के स्थानीय प्रथाओं पर आधारित होने का दावा किया जाता था—चराई के अधिकार को मालगुजारी देनेवाली खेतिहर जमीन सम्बन्धी अधिकार से नत्थी कर दिया गया। अंग्रेजों के जमीनों के बन्दोबस्त गाँवों को 'शामिलात दह' के नाम से कुछ खुली चरागाहें सौंपा करते थे। लेकिन इन चरागाहों के इस्तेमाल की इजाजत सिर्फ भू-स्वामियों को (ग्राम 'समुदाय' में पुश्तैनी हिस्सेदारों को) ही दी जाती थी : 'घुमक्कड़ पशुपालकों' को और सम्पत्तिहीन लोगों की शामिलात तक कोई पहुँच नहीं होती थी।' वैचारिक स्तर पर इससे घुमक्कड़ और पशुपालक जीवन पर स्थावर खेतिहर जीवन का गुणगान भी जुड़ा हुआ था, जिसे उपनिवेशकालीन और उत्तर-उपनिवेशी आधुनिकता के अन्तर्गत कहीं बहुत अधिक स्पष्ट बना दिया गया, हालाँकि उपनिवेश-काल से पहले भी इस गुणगान की कुछ मिसालें मौजूद रही हैं। ग्रामीण जीवन का रोमानी ढंग से गुणगान

1. लेकिन अन्त-उपनिवेश काल में कुछ नजीरें भी रही हैं। टाटा की एक पनबिजली परियोजना के खिलाफ 1921-22 में महाराष्ट्र में कांग्रेस द्वारा समर्थित मुल्शीपेटा किसान सत्याग्रह के बारे में आगे देखें। इस सत्याग्रह के एक विस्तृत वृत्तान्त का मराठी से अंग्रेजी में अनुवाद हो चुका है : वोरा 2009 में देखें।

करनेवाले माल्कम डार्लिंग जैसे ब्रिटिश प्रशासकों तक ने पशुपालक संस्कृति के मुकाबले कृषक संस्कृति का गुणगान किया।[1]

इससे एक सामान्य निष्कर्ष निकलता है। ब्रिटिश राज ने बहुतों का जीवन तबाह किया पर पूरी तरह मनमानेपन के साथ नहीं। अच्छे-खासे समूहों को लाभ भी मिले और कम-से-कम एक स्तर तक ऊर्ध्व गतिशीलता के नए अवसर मिले। वन विभाग को प्रवेश के बदले अनेक देसी राजाओं को जंगलात के राजस्व में हिस्से भी मिले। सम्पत्ति के बिकने योग्य अधिकारों की पुख्तगी अधिक उद्यमी या भाग्यशाली जमींदारों, धनी किसानों, व्यापारियों और सूदखोरों के हितों और आकांक्षाओं से बखूबी मेल खाती थी। उपनिवेश काल ने पहले से मौजूद अनेक असमानताओं को पुष्ट किया और तीखा बनाया। मिसाल के लिए कांगड़ा के चरवाहे मुखिया ('वारिस') पहले दूसरे चरवाहों के साथ काफी परस्पर निर्भरता का संयोग अपने कुछ विशेषाधिकारों के साथ किया करते थे। अब वे मालिकों के तौर पर और भी व्यापक शक्तियों के दावे करने लगे। साझी सम्पत्ति के परम्परागत संसाधनों—जिनमें से कुछ की विशेषताओं में लगभग पूरी अन्योन्यता और सामंजस्य को शामिल कर लिया गया है—तथा आधुनिक पूँजीवादी विकास से अविभाज्य ढंग से जुड़े टकरावों के बीच किसी अधिक तीखे विभाजन की बात मानकर चलने की कोई जरूरत नहीं है। इसे तो मानकर चलना ही पड़ेगा, भले ही खोई जा चुकी चरागाहों के सपने दुनिया के अधिक भागों में अक्सर जन-आन्दोलनों के स्रोत रहे हैं। समुदायों के दावे कितने समतावादी रहे होंगे, इसका दारोमदार आन्तरिक सोपानों की मौजूदगी या गैर-मौजूदगी पर होता था, जबकि उपमहाद्वीप के अधिकांश समुदाय उपनिवेश काल से काफी पहले से ही कमोबेश सोपानबद्ध रहे हैं। गैर-काश्तशुदा या बंजर जमीनों पर ग्राम समुदायों के अधिकारों का उपयोग कभी-कभी कम साधनवाले लोगों और भूमिहीनों के खिलाफ किया गया। एक जापानी इतिहासकार ने, जिसने तमिलनाडु के असिंचित क्षेत्रों में गाँवों की शामिलात का अध्ययन किया था, यह संकेत देनेवाले आँकड़े पेश किए हैं कि दबंग भूस्वामी किन-किन तरीकों से 'भूमिहीन लोगों, खासकर दलित खेत मजदूरों द्वारा...बंजर जमीनों की काश्त का विरोध करते थे क्योंकि इसके कारण हाथ-पैर जोड़नेवाले मजदूरों की आपूर्ति अपर्याप्त हो सकती थी।'[2] निचली जातियों का थोड़ा-बहुत संवर्धन जिन क्षेत्रों और कालों में हुआ, जैसा कि तमिलनाडु और महाराष्ट्र के कुछ भागों में, काश्त के वास्ते जमीन पाने के लिए

1. माल्कम डार्लिंग (डार्लिंग 1947) ने नहरी बस्तियों में गेहूँ की 'मुसकुराते' खेतों की तुलना 1890+ के दौरान उसी देहात के साथ की है : 'झाड़-झंखाड़ का एक अन्तहीन बंजर जहाँ ऊँट, बैल और बकरी के अनिश्चित पदचिह्नों से परे और घुमक्कड़ चरवाहों के गतिमान निवासों से परे जीवन की शायद ही कोई निशानी रही हो।' भट्टाचार्य 1975 : 68, 75 और आगे देखें।
2. यानागिसवा 2001 : 98-104; चक्रवर्ती-कौल 1992 : 393-436 भी देखें।

वहाँ गाँवों की शामिलात पर दलित लोगों का अतिक्रमण नजर आता है।

आंशिक अवसरों के साथ-साथ प्रतिबन्धों के जिस ढर्रे का जंगल कानूनों, स्थिर वास और निजी सम्पत्ति की कठोर धारणाओं के साथ हुआ, ऐन मुमकिन है कि उसने लैंगिक समीकरणों के पहले से ही बिगड़े हुए रूपों में और भी बदतरी पैदा की। खाद्य-संग्रह के तथा जंगलात की 'मामूली' पैदावारों के संग्रह और उसके विक्रय के साथ जुड़ी अनेक सरगर्मियों के एक व्यापक दायरे में स्त्रियों को प्रमुखता प्राप्त हो सकती थी। इन सरगर्मियों को अपराध घोषित किए जाने के कारण और साथ में निजी स्वामित्व की कानूनी धारणाओं में और सख्ती लाए जाने के कारण—जो कि बहरहाल, पश्चिमी, ब्राह्मणवादी और अभिजात-इस्लामी मान्यताओं पर आधारित थीं—पुरुषों के प्रभुत्व की ओर सामाजिक लोकचार और भी झुका। यहाँ स्वाभाविक रूप से रोमानीकरण के, पूर्व-आधुनिक लैंगिक समानता और सामंजस्य की अतिशयोक्ति के, उनकी कल्पना करने जोखिम स्वाभाविक रूप से मौजूद है। फिर भी अनेक तौर-तरीकों और (ई.पी. थाम्पसन की शब्दावली में) 'साझी प्रथाओं के बढ़े हुए हमले का बोझ एक काफी बड़ी सीमा तक स्त्रियों पर ही पड़ा और भी सटीक कहें तो अध्येता स्त्रियों ने अन्त-उपनिवेश काल में कुछ समूहों में प्रचलित मातृसंतात्मक उत्तराधिकार के तौर-तरीकों में आनेवाली कमजोरी को उजागर किया है, मसलन पूर्वोत्तर भारत के गारो और खासी लोगों में और केरल के नायर और तियर लोगों में। गौरतलब बात यह है कि वामपन्थी शासनवाले पश्चिम बंगाल और केरल तक में उत्तर-उपनिवेश काल में जो भूमि-सुधार हुए वे भी स्त्रियों को, 'उनके' पुरुषों के साथ-साथ भूमि सम्बन्धी अधिकारों का सवाल आने पर, काफी हिचक दिखा रहे थे।[1]

घुमक्कड़ी और चराई के मुकाबले स्थावर कृषि के प्रति अंग्रेजों की वरीयता घुमक्कड़ समूहों के आवारा, बल्कि अपराधी, होने की धारणा को जन्म दिया। निजी सम्पत्ति के अनेक क्षेत्रों में खाद्य-संग्रह को अब 'चोरी' या 'डकैती' का नाम दिया जा सकता था; इस तरह जंगलात कानूनों के माध्यम से जंगल सम्बन्धी अपराधों के जन्म के कारण असमानता के लोकाचार के सामान्य निर्माण की प्रक्रिया को बल मिला। इसके अलावा 19वीं सदी के पूर्वार्द्ध में पाक्स ब्रिटानिका की स्थापना के साथ-साथ इस उपमहाद्वीप के अन्दरूनी भागों में सैन्य-श्रम के एक विशाल और आसानी से घटने-बढ़नेवाले बाजार का बड़े पैमाने पर विघटन हुआ। आगे चलकर संचार की क्रान्ति और साथ में नमक के उत्पादन और व्यापार पर राज्य के एकाधिकार ने घुमक्कड़ व्यापारियों के अनेक तंत्रों को छिन्न-भिन्न किया, खासकर बंजारा समुदायों के जो अन्तर्देशीय व्यापार में अनेक सदियों तक हर जगह मौजूद रहे। 19वीं सदी के उत्तरार्ध में ठगी के बारे में फैलनेवाली घबड़ाहट ने इस व्यापक उपनिवेशी

1. इन और सम्बन्धित विषयों पर बीना अग्रवाल का महत्त्वपूर्ण अध्ययन (अग्रवाल 1994) देखें।

धारणा को और प्रखर किया कि जाति-प्रथा की तर्ज पर अपराधियों के घुमन्तू गिरोहों का भी एक पुश्तैनी आधार था। इन प्रवृत्तियों का चरम रूप 1871 का अपराधी कबीला कानून थे, जिसे मुख्यत: पश्चिमोत्तर प्रान्त (संयुक्त प्रान्त) पंजाब और आगे चलकर बंगाल के कुछ भागों में लागू किया गया। 1911 में ऐसा ही एक कानून मद्रास में लागू किया गया। ये सचमुच दानवी कानून थे, जिनके तहत (अपील के किसी अधिकार के बिना, प्रशासन के हुक्म से) पुश्तैनी अपराधी घोषित किए गए समूहों को 'सुधार बस्तियों' में भेजा जा सकता था जहाँ पासों और हाजिरी की एक व्यवस्था के कारण उसकी आवाजाही पर प्रतिबन्ध लग जाते थे। इन पास सम्बन्धी और दूसरे कानूनों के हनन पर जुर्मानों, कोड़ों तथा पहली बार छह माह और दूसरी बार एक साल की कैद-बामशक्कत की सजा दी जा सकती थी। कुछ मिसालों में निगरानी के साथ आगे चलकर 'सुधार और रोजगार' की योजनाएँ जोड़ने की कोशिश की गई। इन परियोजनाओं में ईसाई मिशनों और खासकर साल्वेशन आर्मी ने सहायता पहुँचाई।

इस बारे में ब्रिटिश राज खुलेआम दमनकारी था। अपराधी कबीला नीति के विद्वानों ने इसे बड़े शौक से एक अद्वितीय और मूलत: उपनिवेशी विकासक्रम ठहराया है। लेकिन 1860-75 के आसपास मध्य-विक्टोरियाई इंग्लैंड ठीक इसी तरह 'सम्मानित' और श्रम करनेवाले गरीबों से भिन्न, अपने ही कुछ समूहों को 'आदी मुजरिम' ठहराने की कोशिश कर रहा था। अलावा इसके, उपनिवेशी शासन अक्सर देसी सहयोग और प्रभुत्व के ढाँचों के जरिये से काम करता था। अपराधी कबीला नीति का एक प्रमुख पक्ष लगता है। विदेशी व भारतीय, दोनों प्रकार के सम्पत्तिधारियों के लाभ के लिए अर्ध-चाकर श्रमिकों के दल तैयार करता था। मिसाल के लिए संयुक्त प्रान्त का एक जमींदार पर पहले यह शक था कि वह अपराधी कार्यों के लिए बावरियों के एक गिरोह को पनाह दिया करता था, लेकिन इन लोगों को जब एक बस्ती से बाँध दिया गया तो वह उन्हीं को एक नहर खोदने और अपनी जागीर में परती जमीनों पर हल चलाने के काम पर लगाने लगा। फिर उसने इन जमीनों में बेहतरी के बाद उनको बेहतर-हाल दखलदारों को बढ़ी लगान पर देना शुरू कर दिया और बावरियों के पास अपने पुराने गैर-कानूनी तौर-तरीकों की ओर पलटने के अलावा कोई चारा नहीं रहा। फायदे उस जमींदार को भी मिले। उस पर शक था कि वह लूट के माल में हिस्सेदारी करता है, और इस तरह पुराना ढर्रा कमोबेश फिर से कायम हो गया। मद्रास में, कोई एक पीढ़ी बाद, नमक पर नवस्थापित उपनिवेशी इजारादारी के कारण उसके व्यापार के पुराने माध्यमों के विनाश और जैसा कि हमने देखा, घुमक्कड़ समूहों के लिए जंगलों में मुफ्त चराई के खात्मे जैसी प्रक्रियाओं के द्वारा ही 'अपराधी कबीलों' का सृजन हुआ। इस तरह से वंचित किए गए लोग अब नियंत्रित श्रम के सुरक्षित भंडार बन गए और अंग्रेजों

के बागान में या भारतीय स्वामित्ववाले कपड़ा कारखानों में इस्तेमाल किए जाने लगे। सुप्रसिद्ध राष्ट्रवादी समाचार-पत्र 'द हिन्दू' (21 अप्रैल, 1916) ने तो 1911 के मद्रास अपराधी कबीला कानून की प्रशंसा में यहाँ तक लिख मारा कि यह 'मवेशी चोरों, चोर-चकारों और मामूली उठाईगीरों...में से...कारखानों के लिए श्रम की आपूर्ति में...भारी और कारगर वृद्धि करता है।'[1]

पेड़ों में जंगल के दर्शन : आंचलिक अध्ययन

अन्त-उपनिवेश काल में पर्यावरण के परिवर्तन पर इस उपमहाद्वीप के परिप्रेक्ष्य आंचलिक अध्ययनों की एक भारी और बढ़ रही संख्या पर आधारित हैं। इनमें से कुछ पर एक हलकी-सी नजर दृष्टिकेन्द्र को स्पष्ट करने में सहायक होगी।

टेहरी और पौड़ी गढ़वाल पर रामचन्द्र गुहा का अध्ययन (इनमें से पहला एक रजवाड़ा था और दूसरा ब्रिटिश-शासित था) चिपको आन्दोलन के लगभग एक दशक बाद प्रकाशित हुआ था; उस आन्दोलन में ग्रामीण स्त्रियों, बच्चों और पुरुषों ने पेड़ों को जंगलों के ठेकेदारों से बचाने के लिए पेड़ों से लिपटना शुरू कर दिया था। इसे अन्तर्राष्ट्रीय प्रसिद्धि मिली। उसने अन्त-उपनिवेशी विकासक्रमों का, 'पारिस्थितिकी की जलविभाजक रेखा' के रूप में, विनाश का एक चित्र सामने रखा। गुहा की समझ में उस क्षेत्र के गाँवों के ढाँचे अच्छे-खासे समतावादी थे। किसानों के एक विशाल बहुमत को दखलदारी के अधिकार प्राप्त थे, उनकी ऊँची जातियोंवाली स्थिति थी, वहाँ एक सीमा तक लैंगिक समानता थी,[2] सुविकसित ग्राम समुदाय थे, कोई बिचौलिया जमींदारी नहीं थी तथा स्थावर कृषि और समुदाय द्वारा जंगलात के साझा इस्तेमाल के बीच सुस्थापित सहजीवी सम्बन्ध था। अंग्रेजों के जंगल-कानूनों ने इन सबको छिन्न-भिन्न कर दिया। वहाँ एक ओर टेहरी का रजवाड़ा था जो कथित रूप से 1200 साल से एक ही वंश के शासन में था और जिसे वहाँ की प्रजा पवित्र बद्रीनाथ मन्दिर का संरक्षक समझती थी; साथ ही पुरुष-प्रधान शासन के तत्त्व उसकी विशेषता थे। दूसरी तरफ साथ लगे पौड़ी क्षेत्र में अंग्रेजों का काफी अधिक कठोर और अवैयक्तिक प्रशासन शुरू हुआ। गुहा को इन दोनों के बीच एक तीखा अन्तर नजर आया। इन दोनों क्षेत्रों में जंगलात कानूनों के एक जैसे प्रतिकूल प्रभाव पड़े। 1865 में अंग्रेजों ने राजा को भारी रकम देकर टेहरी के बहुत

1. निगम 1990 : 131-64; राधाकृष्ण 1989 : 269-95
2. अछूत डोमों का एक अल्पमत अवश्य मौजूद था पर कथित रूप से 'ग्राम समुदाय के एक अभिन्न अंग के रूप में', जबकि सहमति के साथ एक मानवशास्त्री का यह कथन उद्धृत किया गया है कि इस हिमालयी क्षेत्र में स्त्रियाँ 'खेतों में पुरुषों के बराबर काम करती हैं, पालतू पशुओं की देखभाल में उनकी मदद करती हैं और 'निश्चित ही पति और बच्चों का शारीरिक रूप से ध्यान रखती हैं': गुहा 1989 : 20-22; जोर हमारा।

समृद्ध देवदार वनों पर ठेके के अधिकार हासिल कर लिए। लेकिन टेहरी और पौड़ी के प्रतिरोध आन्दोलनों के बीच कुछ समय तक महत्त्वपूर्ण भिन्नता रही। टेहरी में बीच-बीच में, सीमित पैमाने पर अहिंसक प्रतिरोध उठे जिनमें एक परम्परागत दंडक प्रथा का उपयोग करके प्रजा राजा से उत्पीड़क अधिकारियों के खिलाफ कार्रवाई के लिए प्रार्थना करती थी। ब्रिटिश प्रशासनवाले पौड़ी में, जहाँ 1890+ से ही चीड़ के जंगल आरक्षित कर दिए गए और राल-बिरोजा के लिए उनका निर्मम शोषण किया जाने लगा, विद्रोह ने जल्द ही 'टकराव' का रूप ले लिया; नैनीताल कमिश्नरी के जंगलों में 1916 और 1920-21 के दौरान बड़े पैमाने पर 'सायास और संगठित दावानल' का सहारा लिया गया। दिलचस्प बात यह है कि गुहा ने जिस ढर्रे को उभारा है, वह उत्तर-उपनिवेशी चिपको आन्दोलन में भी जारी रहा। शुद्ध गांधीवादी, थोड़े-से आधुनिकता-विरोधी और धर्मप्राण सुन्दरलाल बहुगुणा से जुड़ी लहर टेहरी में मजबूत थी, जबकि चंडीप्रसाद भट्ट जैसे अधिक जुझारू नेताओं को पूरब में स्थित पौड़ी और कुमायूँ क्षेत्र में अधिक समर्थन प्राप्त था।

रामचन्द्र गुहा के अनुसन्धान-क्षेत्र से पश्चिम में स्थित हिमाचल क्षेत्र में चेतन सिंह का अध्ययन एक काफी कम विध्वंस का चित्र प्रस्तुत करता है। यह परिवर्तन के साथ-साथ उपनिवेश-पूर्व/ब्रिटिश/उत्तर-उपनिवेशी विभाजन से परे जाकर निरन्तरताओं पर जोर देता है और केवल वन नीतियों और वन प्रशासन की जगह अधिक व्यापक, अधिक दीर्घकालिक पर्यावरणीय विषयों पर ध्यान केन्द्रित करता है।[1] अन्त-उपनिवेश काल में जंगलों के तीव्र दोहन में देसी राजाओं और अंग्रेजों की मिलीभगत पर गुहा से अधिक सिंह ने जोर दिया है। मसलन आरम्भ 20वीं सदी तक बुशहर, चम्बा और मंडी के छोटे-छोटे राजाओं को आधा या उससे भी अधिक राजस्व अपने जंगलात वन विभाग को ठेके पर उठाकर प्राप्त होता था : उनके लिए जंगलात की आमदनी भूमि पर लगे करों से कहीं बहुत अधिक महत्त्वपूर्ण थी।[2] सिंह का अधिक व्यापक काल-परिप्रेक्ष्य (वे 17वीं और 18वीं सदी के पंजाब के एक प्रमुख इतिहासकार भी हैं) उन प्रवर्गों पर महत्त्वपूर्ण प्रश्न उठाने की क्षमता देता है जो सामान्यत: स्थावर काश्त और जंगलात के बीच के 'मध्यवर्ती अन्तरालों' का निरूपण करने के लिए इस्तेमाल किए जाते थे। अंग्रेजों और उनके उत्तराधिकारियों द्वारा प्रयुक्त शब्द 'बंजर' निश्चित ही गलत है। ये क्षेत्र अनेक प्रकार से कृषक समुदायों के अस्तित्व और पुनरुत्पादन के लिए अनिवार्य रहे हैं। लेकिन हाल का पर्यावरणवादी-लोकरंजक वैकल्पिक शब्दावली 'साझे सम्पत्ति-संसाधन' में, सिंह के अनुसार, आधुनिक-पूर्व सामुदायिक प्रबन्ध और बाद में भूमि के उपयोग के

1. सिंह 1998
2. रामचन्द्र गुहा ने (आर्नल्ड और गुहा 1995 में) टेहरी के बारे में ऐसी ही एक स्थिति का जिक्र किया है पर यह उनके विश्लेषण का केन्द्रीय तत्त्व नहीं है।

पूँजीवादी व्यक्तीकरण के बीच एक थोड़े-बहुत रोमानी और बेहद तीखे विभाजन की धारणा शामिल है। वे 10वीं और 11वीं सदियों में चम्बा राज के भूमिदानों का हवाला देते हैं : इतने अधिक समय पहले ये राजा 'ग्राम समुदाय' का या 'साझी-सम्पत्ति' का कोई भी जिक्र किए बिना 'घास, चराई और चरागाही की जमीनें...परती जमीनें...फलदार पेड़ और जलाशय' व्यक्तियों को दान में दिया करते थे।[1] एक कहीं बहुत अधिक बहुमुखी, हिलते-डुलते और गतिमान इतिहास की बात सोचनी पड़ेगी और एक रसिकता की बजाय यही इतिहास अन्त-उपनिवेशी प्रक्रियाओं के मूल्यांकन में सिंह की समग्र वैश्लेषिक दिशा है। एक बाजारी अर्थव्यवस्था का क्रमिक विकास और उसके साथ निजी सम्पत्ति के विचारों में बढ़ती स्पष्टता, सिंह के अनुसार, पश्चिमी हिमालय क्षेत्र में और शायद दूसरे स्थानों पर भी 'बंजर' या 'साझी जमीनों' के बीच-बीच में और धीरे-धीरे होनेवाले ह्रास की प्रक्रिया में उपनिवेशवाद के कानूनी और प्रशासनिक हस्तक्षेपों और जंगल-कानूनों की अपेक्षा अधिक महत्त्वपूर्ण हैं।

हिमालय में और ऊपर की तरफ, ऋतु-प्रवास के सम्भवतः सदियों पुराने क्षेत्रों में हम अगर जाएँ या दक्षिण-पश्चिम दिशा में पंजाब के लम्बे-चौड़े मैदानों में पहुँचें तो स्थावर कृषि और घुमक्कड़ पशुपालन की आपसी अन्तःक्रियाएँ जंगलों से अधिक महत्त्वपूर्ण नजर आती हैं। ये सम्भावित उपजाऊ इलाके थे पर मामूली और अनिश्चित वर्षा के मारे हुए थे। उपनिवेशी पंजाब पर नीलाद्रि भट्टाचार्य का अध्ययन पशुपालन में निरन्तरता-जमा-परिवर्तन के तरह-तरह के ढर्रों का सम्बन्ध विशिष्ट रूपों से स्थापित करता है। मसलन हथियारबन्द काफिलों के रूप में पठान पाविन्दों की दूर-दूर तक की मौसमी यात्राएँ, सदियों तक हिन्दुस्तान के मैदानों को मध्य एशिया से जोड़ती रहीं, मगर अंग्रेजों ने उनका उपयोग आरम्भ में व्यापार और जासूसी के लिए किया। लेकिन मध्य एशिया व्यापार के महत्त्व में कमी के कारण एक दीर्घकालिक ह्रास भी देखने को मिला। 1870+ और 1920+ के बीच अंग्रेजों के चराई कर तीन गुने हो गए, स्थावर कृषि के प्रसार और सम्पत्ति के अधिक सख्त हो चुके विचारों के कारण चरागाहों की सुलभता कम हुई और 'काबुलीवालों' की सूदखोरी की गतिविधियों पर सख्तियाँ की जाने लगीं। कुल्लू-काँगड़ा के ऋतु-प्रवास को पंजाब की शामिलात और खुली चराही के क्षेत्रों को और नहरी बस्तियों के उदय के साथ पंजाब के मैदानों में पशुपालकों और खेतिहरों के आपसी आदान-प्रदान को, कुल मिलाकर प्रतिकूल ढंग से प्रभावित करनेवाली प्रक्रियाओं का जिक्र किया जा चुका है, लेकिन चेतन सिंह की तरह भट्टाचार्य भी एकरैखिक मॉडल को अस्वीकार करके परिवर्तन के साथ-साथ प्रतिमानों की बहुलता, प्रतिरोध और जीवनरक्षा पर जोर देते हैं। 'मैं विस्थापन और स्वत्वहरण की कोई सीधी-सादी और

1. सिंह 1998 : 93

सुचारू प्रक्रिया नहीं देख रहा,' न ही घुमक्कड़ों का कोई अबाध और यकरस 'किसानीकरण' देख रहा हूँ।[1]

दक्षिण भारतीय इतिहास के पर्यावरण सम्बन्धी आयामों को विद्वानों ने बहुत पहले ही स्वीकार किया था। खासकर तमिलनाडु में एक तरफ 'पानीदार वादियों' और सबसे बढ़कर कावेरी डेल्टा के व साथ में दक्षिण में ताम्रपर्णी वैगई की वादियों और उत्तर में पलार और चय्यूर की वादियों के तथा दूसरी तरफ अधिक सूखे 'मैदानों' के बीच विपरीतियों और बदलते सन्तुलन का दौर सदियों तक जारी रहा। अन्त-19वीं सदी से पहले मैदानों के कुछ भागों में स्थायी काश्त मुश्किलों से भरी हुई रही और अधिकांश लोगों की जीविका इन खेती, पशुपालन, बंजारों जैसे समुदायों के हाथों वस्तुओं के यातायात और काफी हद तक लड़ाई जमा लूट के संयोगों पर निर्भर होती थी। हम देख चुके हैं कि अंग्रेजों ने ऐसे समूहों को निहत्था बनाकर किस तरह 'अपराधी कबीलों' के जन्म में योगदान दिया। इन मैदानों में स्थावर और गहन कृषि कुएँ-तालाब खोदने के लिए मवेशियों के मलमूत्र या जंगलों और बंजरों में जमा किए गए पत्तों से खाद बनाने के लिए और बिना शुल्क लिए मवेशियों के लिए संसाधनों की माँग करती थी। दूसरे शब्दों में, यह पशुपालक समुदायों के साथ सहअस्तित्व पर और जंगलों की आसान सुलभता पर निर्भर थी। जैसा कि सी.जे. शंकर ने अपने अध्ययन में बतलाया है, अन्त-उपनिवेशकालीन विकासक्रम यहाँ भी तीखे अन्तर्विरोधों से भरे साबित हुए। 1860+ के बाद कच्ची कपास और मूँगफली के निर्यात की तेजी ने मैदानों में बेहतर-हाल और ऊपर उठ रहे समूहों के हाथों स्थावर कृषि को बढ़ावा दिया। लेकिन इसके लिए जोत की जमीनों के प्रसार ने चरागाहों में दाँत गड़ाए जबकि अंग्रेज साथ-ही-साथ जंगलों को बाड़ाबन्द कर रहे थे : 'ठीक उसी समय जबकि जंगलों में हल चल रहे थे या उन्हें आरक्षित किया जा रहा था...नकदी फसलों का आरम्भ पत्तों की खाद के स्रोत रूप में, काम करनेवाले पशुओं की चराई के लिए और औजारों के वास्ते लकड़ी पाने के लिए उनके महत्त्व को बढ़ा रहा था।[2] लिहाजा कोई खास ताज्जुब नहीं कि मद्रास वह पहला प्रान्त था जहाँ जंगल कानूनों की मुखर आलोचना हुई, यहाँ तक कि अधिकारियों के बीच 1870+ के दौरान एक तीखी बहस शुरू कराने में भी उसका योगदान रहा। प्रभावित लोग सिर्फ गरीब या भूमिहीन नहीं थे, बल्कि ऊपर की ओर उठ रहे काश्तकार भी थे, जिन्होंने सरकार को, जब उसने 1913 में एक जाँच दल बनाया तो जंगलों की सुलभता बढ़ाने की माँगों से लाद दिया।

कुछ हिमालयी क्षेत्रों के अलावा मध्यभारत के पर्वत, पठार और वादियाँ भी पर्यावरण के प्रति सजग इतिहासों के प्रमुख ध्यानकेन्द्र रहे हैं। यहाँ भारी-भरकम

1. भट्टाचार्य 1995 : 84-85 और आगे
2. बेकर 1984 : 157 और आगे

जंगल हुआ करते थे जो अब जोखिम से दो-चार होने लगे और इस बात ने बेचैन आदिवासियों को बड़े पैमाने पर लामबन्द किया। अंग्रेजों ने मनमाने ढंग से इन क्षेत्रों के निवासियों को 'आदिम' या 'पिछड़ा' कहकर जंगलों पर अपना नियंत्रण स्थापित किया। इस रणनीति का जन्म कभी-कभी शुद्ध चालबाजी से भी हुआ। 1842 में (दक्षिण-पूर्व गुजरात और पश्चिमोत्तर महाराष्ट्र के) दांग क्षेत्र के तीन भील सरदारों को 5000 रुपए से भी कम देकर उनसे लकड़ी के ठेके ले लिए गए। दांग के जंगलों पर फिर धीरे-धीरे नियंत्रण को सख्त बनाया गया, बावजूद इसके कि मूल ठेके में ऐसे किसी प्रतिबन्ध का कोई जिक्र नहीं था। इसके कारण तीन भील विद्रोह हुए—1907, 1911 और 1914 में। अन्तवाला विद्रोह इस अफवाह से जुड़ा हुआ था कि अंग्रेज दूर-दराज एक भारी जंग में फँस गए हैं और इसलिए बगावत का सही वक्त यही था।[1]

भील इतिहास और मानसिकताओं को 'अन्दर से' भेदने का एक रोचक प्रयास अजय स्कारिया ने, उनके अपने वाडिल्चा गोथ यानी कि अतीत सम्बन्धी किस्सों का संग्रह और विश्लेषण करके, किया है। स्कारिया कहते हैं कि ये किस्से एक ओर 'मोगलई' और दूसरी ओर 'मान्दिनी' के विरोध पर केन्द्रित हैं। इनमें 'मोगलई' स्वतंत्रता का दौर या 'छूट' का दौर है जबकि भील लोग 'जंगल के राजा' हुआ करते थे, उसमें जहाँ चाहे जाने और शिकार करने और बिना किसी रोक-टोक के आसपास के मैदानों पर धावे बोलने के लिए आजाद हुआ करते थे। लेकिन 'मान्दिनी' उसकी ठीक उलटी है, जो प्रतिबन्धों से भरा हुआ काल है और जो मोटे तौर पर 'गोरों' के शासन और उनके भारतीय उत्तराधिकारियों के शासन से जुड़ी हुई है। स्कारिया की पद्धति हमें असाधारण विविधताओं और आँखें खोलनेवाले ब्योरे प्रदान करती है। यह खासकर ऐसी कहानियाँ सामने लाती है जो स्पष्ट करती है कि भील किस तरह छल-कपट और श्रेष्ठतर शक्ति-ज्ञान के एक संयोग के चलते खुद को अधीन बना हुआ समझते हैं।[2] इससे भी अधिक पहेलीदार निर्जन के बारे में एक स्पष्ट भील धारणा को सामने लाने के बारे में उनका दावा है। कहते हैं कि इसका जन्म ब्रिटिश

1. हार्डिमैन 1994 : 89-147
2. दो मिसालें देखें : भील राजाओं के सामने तीन ढेरों में से एक को चुनने का विकल्प रखा गया—मिट्टी के, पेड़ों की छालों के और रुपए-पैसे के। उन्होंने आखिरी ढेर को चुना, क्योंकि उनका खयाल था कि दूसरी चीजें तो जंगल में जरूरत से ज्यादा ही मिल जाती हैं। उसके बाद उनसे कहा गया कि अब 'जबकि आपने रुपए-पैसे ले लिए तो फिर जंगल और जमीनें हम लिए लेते हैं।' (यहाँ शायद 1842 के ठेकों का हवाला दिया गया है।) दूसरा : एक राजा ने एक साहब को रात भर ठहरने का ठिकाना दिया। उसने बाहर जाकर तमाम पेड़ों और आसपास के जंगलों को माप डाला और इस तरह भील इन सबसे वंचित हो गए। इसका एक अन्य संस्करण यह है कि एक साहब ने दूरबीन से जंगल को देखा और उसे हड़प लिया। स्कारिया 1999 : 176-78 और आगे देखें।

शान्ति की स्थापना से पहले, उस दौर में हुआ जिसे परम्परागत ढंग से मुगलों और मराठों की सत्ता के बिखराव के कारण पैदा होनेवाली अराजकता का दौर माना जाता है। भील 'जंगलीपन' एक ऐसी धारणा है, जिसे स्कारिया कभी-कभी रोमानी ढंग से पेश करते हैं और उसे लगभग 'आधुनिकता का प्रति-सौन्दर्यशास्त्र' (काउन्टरऐस्थेटिक्स) दिखाने लगते हैं।[1] इसमें समस्या यह है कि यह पुनर्रचना आज जमा की गई कहानियों के आधार पर पीछे की दिशा में लगभग दो सदी लम्बी एक छलाँग पर आधारित है। उसी या पड़ोस के क्षेत्रों का अध्ययन करनेवाले दूसरे विद्वानों, खासकर डेविड हार्डीमैन और सुमित गुहा, ने कालातीत विशिष्टताओं और परिवर्तनों पर अधिक ध्यान दिया है। मिसाल के लिए जंगलों पर राज करने और उनको मनचाहा लूटने के बारे में भीलों का दावा दांग क्षेत्र के उन वर्ली और कोंकनी किसानों के लिए खास तौर पर पीड़ादायी रहा होगा जिनकी कृषि सचमुच अधिक उन्नत और स्थावर थी। ध्यान देने की बात यह है कि ब्रिटिश शासन के खिलाफ भीलों के विद्रोह में ये समूह शामिल नहीं हुए।[2]

और भी पूरब की ओर चलें तो ब्रिटिश मध्य प्रान्त पर महेश रंगराजन के, उसी क्षेत्र के पूर्वी भाग के बैगा लोगों पर अर्चना प्रसाद के और बस्तर पर नन्दिनी सुन्दर के अध्ययन के हवाले हम अनेक अवसरों पर दे चुके हैं। मानव शास्त्रीय क्षेत्रकार्य को और मौखिक स्मृति के उद्गारों को अभिलेखागारी अनुसन्धान के साथ समन्वित करने के सिलसिले में सुन्दर के अध्ययन में स्कारिया के अध्ययन से दुस्साहस का तत्त्व कम है। यह बात समझ में आती है कि उन्होंने विद्रोह के कालों पर ध्यान केन्द्रित किया है, जिन्होंने फलस्वरूप दस्तावेजों के रूप में कहीं बहुत अधिक सामग्री पैदा की है : खासकर 1810 और 1910 के टकरावों पर। (आगे अन्त-उपनिवेश काल के जन-आन्दोलनों के बारे में हमारे सर्वेक्षण में इनका भी जिक्र आएगा।) बैगा लोगों में खाद्य-संग्रह, शिकार और झूम खेती के बीच एक मौसमी लय पाई जाती थी जो उपनिवेशी नीतियों के कारण भंग हो गई; इस लय की छानबीन में प्रसाद ने खास तौर पर सावधानी और जागरूकता का परिचय दिया है। उत्पादन और उत्पादन के सम्बन्धों के इतिहास के साथ पारिस्थितिकी को जोड़ने के बारे में उनका विश्लेषण असाधारण सीमा तक दमदार है। वे हमें आदिवासियों के लैंगिक सम्बन्धों को आदर्श बनाकर पेश करने के खिलाफ आगाह भी करती हैं। खाद्य-संग्रह के सिलसिले तक में पुरुषों ने अधिक कीमती वस्तुओं की बिक्री को अपना इजारा बना लिया, जबकि स्त्रियों के लिए झूम खेती की कुल्हाड़ी छूना तक मना था। रंगराजन का अध्ययन मध्यप्रान्त और गढ़वाल के बीच महत्त्वपूर्ण अन्तर सामने लाता है। मध्यप्रान्त में, जोकि टीक और शाल की पट्टियों का मिलनस्थल

1. स्कारिया 1999 : 23
2. हार्डीमैन 1994 : 140; गुहा 1999 : यथास्थान देखें।

था, अंग्रेजों ने एक फसली उत्पादन को बढ़ावा देने की कम कोशिश की, जिस तरह के उत्पादन को उन्होंने देवदार और चीड़ के बारे में बढ़ावा दिया था, जिससे कि हिमालय क्षेत्र में काफी असन्तोष फैला। लेकिन बहुमुखी उपयोगों को लेकर अनेक टकराव पनपे, और समय के सवाल भी उठे। मसलन होशंगाबाद के ग्रामीण पहियों और जुवों के लिए टीक की लकड़ी का उपयोग करते थे और नए पनपे पेड़ों से टहनियाँ काट लेना उनके लिए अधिक सुविधाजनक होता था। वन-विभाग को रेलवे के स्लीपरों के लिए बड़े-बड़े कुन्दों की जरूरत पड़ती थी। फिर भी आरम्भ-20वीं सदी तक अनेक प्रकार के 'रोजाना के प्रतिरोध' ने अधिकारियों को तालमेल और समझौतों के लिए मजबूर कर दिया। रंगराजन प्रभुत्व में अत्यधिक एकरैखिकता के विचार पर सवाल उठाते हैं। मध्य प्रान्त के अनेक भागों में जमींदारों (मालगुजारों) के निजी जंगलों के बारे में भी पेचीदगी थी जो राज्य और मालगुजारों के बीच, और उसी तरह मालगुजारों और उनके बँटाईदारों के बीच भी, जंगलात सम्बन्धी दावों को लेकर अनेक टकरावों का और समायोजनों का एक समृद्ध स्रोत साबित हुई।

इस्तमरारी (स्थायी) बन्दोबस्तवाले बंगाल में जमींदारों के निजी जंगल सबसे अधिक फैले हुए थे। ये के. शिवरामकृष्णन के अनुभवाश्रित सामग्री से समृद्ध और धारदार सैद्धान्तिक विश्लेषण का एक महत्त्वपूर्ण तत्त्व हैं।[1] वन का प्रमुख ध्यानकेन्द्र बंगाल-बिहार सीमा का पहाड़ी इलाका है, 'एक ऐसा पैबन्दनुमा, जंगल और सवन्ना (घास के मैदान) का संक्रमण-क्षेत्र, जो थोड़े-बहुत, पूर्वोक्ति से परे एक मौसमी क्रम में जंगल का और फिर खेतों का रूप अपना लेता है।'[2] यहाँ उपनिवेशकालीन वानिकी के प्रामाणिक द्विभाजन खास तौर पर अनुपयुक्त हैं, और पर्यावरणीय इतिहास के सृजन के उस काफी भाग में मौजूद द्विभाजन भी, जो कि प्रकृति और संस्कृति के विभाजन की तरफ झुका हुआ है। शिवरामकृष्णन सावधानी के साथ विस्तार से उस अरैखिक उतार-चढ़ाव को दर्शाते हैं, जिनके माध्यम से 'अमान' (तटबन्धों वाली, चावल की खेती की निचली भूमि), 'दाहो' (बिना तटबन्धोंवाली और कभी-कभार जोती जानेवाली ऊँची भूमि) और शाल के जंगल धीरे-धीरे 'खेतों और जंगलों के और भी स्पष्ट ढंग से तय किए गए टुकड़ों' के रूप में ढल गए।[3] जमींदारों के जंगल पेचीदगी के एक और स्रोत थे। कुछ ब्रिटिश अधिकारियों ने वन-संरक्षण के हित में कभी-कभी, मसलन 1909-14 के दौरान, उनको नियम-कायदों में बाँधने की कोशिश की। इस प्रयासों को बार-बार रोका तो उन अधिकारियों

1. शिवरामकृष्णन 1999 ए; शिवरामकृष्णन 1998 : 237-64 और शिवरामकृष्णन 1999 बी : 1-34 भी देखें। बंगाल में पर्यावरण के इतिहास पर अध्ययन अपेक्षाकृत कम हैं, और असम व पूर्वोत्तर भारत के लिए तो और भी कम हैं। समादार 1998 भी देखें।
2. शिवरामकृष्णन 1998
3. शिवरामकृष्णन 1999 ए

के अस्थायी गठबन्धनों ने जिनके कुछ और इरादे थे, उन प्रभावी रैयतों ने जो डर रहे थे कि वन विभाग का दखल बढ़ जाएगा, और उन जमींदारों ने जो आमदनी के एक भारी स्रोत को बचाकर रखना चाहते थे। शिवरामकृष्णन का तर्क है कि उपनिवेशवाद के तहत सम्पत्ति का सिद्धान्त 'विषमता से भरे राज्य के और विभेदीकरण से भरे समाज के तत्त्वों को आर-पार भेदनेवाले गठबन्धनों के जरिये ही' लागू किया जा सकता था।[1] पर्यावरण के ऐसे अध्ययन भी उन समरस द्विभाजनों की समालोचना में योगदान देते हैं, जिनका उपयोग उपनिवेशी संवादों के कुछ विश्लेषणों ने किया है। रचना मॉडर्न फारेस्ट्स (खास तौर पर 'व्यावहारिक परिणामों के साथ नीतिगत अभिप्रायों को गड्डमड्ड न करने की आवश्यकता पर जोर देती है और 'सार्वभौम पाश्चात्य आधुनिकता और उसके देसी प्रतिरूप (अदर) के बीच अक्सर पैदा की जानेवाली सीधी-सी खाई पर प्रश्न उठाने' के प्रयास करती है।[2]

सन्दर्भ सूची

Agarwal, Bina, *A Field of Ones Own: Gender and Land Rights in South Asia* (Cambridge: Cambridge University Press, 1994)

Arnold, David, and Ramachandra Guha, eds, *Nature, Culture, Imperialism: Essays on the Environmental History of South Asia* (Delhi: Oxford University Press, 1995)

Baker, Christopher J., *An Indian Rural Economy, 1880-1955: The Tamilnadu Countryside* (Delhi: Oxford University Press, 1984)

Baviskar, Amita, *In the Belly of the River: Tribal Conflict over Development in the Narmada Valley* (Delhi: Oxford University Press, 1995)

Bayly, CA., *Indian Society and the Making of the British Empire* (Cambridge: Cambridge University Press, 1987)

Bhattacharya, Neeladri, 'Colonial State and Agrarian Society', in Burton Stein, ed., *The Making of Agrarian Policy in British India 1790-1900* (Delhi: Oxford University Press, 1992)

—, 'Pastoralists in a Colonial World', in David Arnold and Ramachandra Guha, eds, *Nature, Culture and Imperialism: Essays on the Environmental History of South Asia* (Delhi: Oxford University Press, 1995)

—, ed., *Forests, Fields and Pastures,* Special Issue, *Studies in History,* 14 (2), 1998

Bhattacharya, Sabyasachi, ed., *Essays in Agrarian History: India, 1860-1940, Studies in History,* NS (3), Special Number, 1985

Chakrabarti, Lalita, 'Emergence of a Labour Force in a Dual Economy', *Indian Economic and Social History Review,* 15 (3), 1978

Chakravarty-Kaul, Minoti, 'The Commons, Community and the Courts of Colonial Punjab', *Indian Economic and Social History Review,* 29 (4), 1992

1. शिवरामकृष्णन 1998 : 244
2. शिवरामकृष्णन 1999 ए : 147, 243 और आगे।

Darling, Malcolm, *The Punjab Peasant in Prosperity and Debt* (1925; rpnt London: Oxford University Press, 1947)

Deshpande, G.P., ed., *Selected Writings of Jotirao Phule* (New Delhi: Left Word, 2002)

Divyabhanusinh, *The End of a Trail: The Cheetah in India,* 2nd edn (New Delhi : Oxford University Press, 2002)

—, *The Lions of India* (Ranikhet: Permanent Black, 2008)

Dutt, R.C, *Economic History of India,* 2 vols (London: Kegan Paul, 1900, 1902)

Elwin, Verrier, *Leaves from the Jungle: Life in a Gond Village,* 2nd edn (1936; rpnt Delhi: Oxford University Press, 1992)

Gadgil, Madhav, and Ramachandra Guha, *This Fissured Land: An Ecological History of India* (Delhi: Oxford University Press, 1992)

Grove, Richard, 'Conserving Eden: The (European) East India Companies and their Environmental Policies on St. Helena, Mauritius, and in Western India, 1660 to 1854', *Comparative Studies in Society and History,* 35, 1993

Guha, Ramachandra, *The Unquiet Woods: Ecological Change and Peasant Resistance in the Himalayas* (Delhi: Oxford University Press, 1989; new edn Ranikhet: Permanent Black, 2009)

—, 'An Early Environmental Debate: The Making of the 1878 Forest Act', *Indian Economic and Social History Review,* 27 (1), 1990

Guha, Sumit, *Environment and Ethnicity in India 1200-1991* (Cambridge: Cambridge University Press, 1999)

Hardiman, David, *Power in the Forests: The Dangs 1820-1940,* in David Arnold and David Hardiman, eds, *Subaltern Studies VIII* (Delhi: Oxford University Press, 1994)

—, 'Small Dam Systems of the Sahyadris', in David Arnold and Ramachandra Guha, eds, *Nature, Culture, Imperialism: Essays on the Environmental History of South Asia* (Delhi: Oxford University Press, 1995)

Hughes, Julie, *Animal Kingdoms: Hunting, the Environment, and Power in the Indian Princely States* (Delhi: Permanent Black, 2013)

Kumar, Dharma, ed., *The Cambridge Economic History of India, Volume 2, c.1750-c.1970* (Cambridge: Cambridge University Press, 1983) Naoroji, Dadabhai, *Poverty and UnBritish Rule in India* (London: S. Sonnens-chein, 1901)

Nigam, Sanjay, 'Disciplining and Policing the "Criminals by Birth": The Making of a Colonial Stereotype—the Criminal Tribes and Castes of North India', *Indian Economic and Social History Review,* 27 (2-3), 1990

Phule, Jyotirao, *Shetkaryacha Asud / Cultivators Whipcord* (April-June 1883), in G.P. Deshpande, ed., *Selected Writings of Jotirao Phule* (New Delhi: Left Word, 2002)

Prasad, Archana, The Baiga: Survival Strategies and Local Economy in the Central Provinces', *Studies in History: Forests, Fields and Pastures,* 14 (2), 1998

Radhakrishna, Meena, 'The Criminal Tribes Act in Madras Presidency: Implications for Itinerant Trading Communities', *Indian Economic and Social History Review,* 26 (3), 1989

Rangarajan, Mahesh, *Fencing the Forest: Conservation and Ecological Change in India's Central Provinces, 1860-1914* (Delhi: Oxford University Press, 1996)

—, ed., *The Oxford Anthology of Indian Wildlife,* 2 vols (New Delhi: Oxford University Press, 2000-2)

—, *India's Wildlife History: An Introduction* (Delhi: Permanent Black, 2001)

—, 'Five Naturalists', in Arvind K. Mehrotra, ed., *An Illustrated History of Indian Literature in English* (Delhi: Permanent Black, 2002)

Roy, Tirthankar, *Artisans and Industrialization: Indian Weaving in the Twentieth Century* (New Delhi: Oxford University Press, 1993)

—, *The Economic History of India* 1857-1947 (Delhi: Oxford University Press, 2000)

Samaddar, Ranabir, *Memory, Identity, Power: Politics in the Jungle Mahals—West Bengal 1890-1950* (New Delhi: Orient Longman, 1998) Sengupta, Nirmal, 'The Indigenous Irrigation Organisation in South Bihar', *Indian Economic and Social History Review,* 17 (II), 1980

Singh, Chetan, *Natural Premises: Ecology and Peasant Life in the Western Himalayas 1800-1950* (Delhi: Oxford University Press, 1998)

Sivaramakrishnan, K., 'Conservation and Production in Private Forests: Bengal, 1864-1914', *Studies in History,* 14 (2),1998

—, *Modern Forests: Statemaking and Environmental Change in Colonial Eastern India* (New Delhi: Oxford University Press, 1999a)

—, 'Transition Zones; Changing Landscapes and Local Authority in South-West Bengal, 1880s-1920s', *Indian Economic and Social History Review,* 36 (1), 1999b

Skaria, Ajay, *Hybrid Histories: Forests, Frontiers and Wildness in Western India* (Delhi: Oxford University Press, 1999)

Sundar, Nandini, *Subalterns and Sovereigns: An Anthropological History of Bastar;* 1854-1996 (Delhi: Oxford University Press, 1997)

Vora, Rajendra, *The Worlds First Anti-Dam Moveme t: The Mulshi Satyagraha 1920-1924* (Ranikhet: Permanent Black, 2009)

Whitcombe, Elizabeth, *Agrarian Conditions in Northern India: The United Provinces Under British Rule, 1860-1900* (Berkeley: University of California Press, 1972)

—, 'Irrigation', in Dharma Kumar, ed., *The Cambridge Economic History of India, Volume* 2: *c.1750-c.1970* (Cambridge: Cambridge University Press, 1983)

—, 'The Environmental Costs of Irrigation in British India: Waterlogging, Salinity and Malaria', in David Arnold and Ramachandra Guha, eds, *Nature, Culture, Imperialism: Essays on the Environmental History of South Asia* (Delhi: Oxford University Press, 1995)

Yanagisawa, Haruka, 'The Decline of Village Common Land in the Context of the Changing Internal Structure of Village Society: Unirrigated Land of Tamilnadu since the 1850s', paper presented at a Jawaharlal Nehru University Seminar, December 2001

अध्याय–3

क्षेत्र-अध्ययन : खेती और खेतिहर इतिहास

इतिहास-लेखन में पर्यावरणमुखी झुकाव के कारण जंगलों और चरागाहों को मिलनेवाली प्रमुखता के बावजूद अन्त-उपनिवेशकालीन भारत में किसान काश्तकारों और खेत मजदूरों के महत्त्व पर, बल्कि उनकी बढ़ती केन्द्रीयता पर कोई गम्भीर प्रश्न नहीं उठाया जा सकता। जनगणना के आँकड़ों ने, जो अपने ब्यौरों में अक्सर विवादास्पद रहे मगर परिमाण का एहसास कराने के लिए उपयोगी रहे, 1901 में 69.4 प्रतिशत श्रमबल को 'काश्तकार' और 'खेत मजदूर' करार दिया; 1951 तक यह संख्या बढ़कर 73.3 प्रतिशत हो चुकी थी। इस तरह पूरे उपनिवेश काल में आर्थिक रूप से सक्रिय जनसंख्या का लगभग 70 प्रतिशत भाग प्राथमिक क्षेत्र में लगा हुआ था और उसका उत्पादन बड़ी हद तक राष्ट्रीय आय की प्रवृत्तियों का निर्धारण कर रहा था। इसलिए हम अपनी बात खेतिहर उत्पादन से शुरू करेंगे और फिर हम मालगुजारी, लगान और दखलदारी (टेनेंसी) पर, उसके बाद व्यवसायीकरण और ऋणग्रस्तता पर और अन्त में खेतिहर ढाँचों, श्रम के रूपों और अकाल की दशाओं पर आएँगे।

खेतिहर उत्पादन

खेतिहर उत्पादन के अनुमान लगाने के लिए अखिल-भारतीय आँकड़ा-भंडार 1890+ में जाकर ही सामने आए। जब राज्य आए दिन के अकालों के कारण आँकड़ों में दिलचस्पी लेने लगा। उपनिवेशी शासन के उससे पहले की दहाइयों के बारे में पर्यावरण के इतिहास और अनेक आंचलिक खेतिहर अध्ययन अक्सर जंगलों और काश्तयोग्य बंजरों की कीमत पर बुवाई के क्षेत्र में एक अहम वृद्धि की छाप छोड़ते हैं। इसकी मिसालों में बंगाल शामिल है, जब उसकी जनता 1770 के तबाहकुन अकाल से उबरी और सैलाबी मैदानों, दलदलों और गंगा-ब्रह्मपुत्र, डेल्टा के जंगलों में दूर तक, काश्त का प्रसार हुआ, और पंजाब के कुछ भागों में, पश्चिमी संयुक्त

प्रान्त और मद्रास में भी जहाँ मध्य-19वीं सदी में ही अंग्रेज नहरी सिंचाई को बढ़ावा देने लगे थे। उन दिनों कभी-कभी अल्पकालिक सही, भारी खेतिहर उत्पादनवाले कालों और क्षेत्रों का निर्यात से सीधा सम्बन्ध रहा : 1860+ के दौरान महाराष्ट्र-दकन से कपास के, 1860+ से लेकर 1890+ तक नर्मदा वादी से गेहूँ के, और 1870+ से लेकर 1920+ तक पूर्वी बंगाल से जूट के निर्यातों से। साथ ही, जहाँ भी परिमाणीकरण सम्भव था, उसने कुल मिलाकर एक बहुत अधिक हताशाजनक चित्र सामने रखा : क्षेत्रफल, सकल और प्रतिव्यक्ति उत्पाद और प्रति-एकड़ उपज की दृष्टि से प्रगतिरोध और आंशिक ह्रास का चित्र। पर इन आँकड़ों को लेकर बहसें भी काफी हुई हैं।

इस बारे में प्रामाणिक अध्ययन जार्ज ब्लाइन का ही है। 'एस्टीमेट्स ऑफ एरिया एंड यील्ड ऑफ प्रिंसिपल क्राप्स' में उनके श्रमसाध्य अखिल-भारतीय विश्लेषण ने 1891-1946 के दौरान सभी फसलों की उपज में मात्र 0.37 की वार्षिक वृद्धि का संकेत दिया : अखाद्य फसलों में +1.31 की वृद्धि हुई पर खाद्यान्न +0.11 वृद्धि के लाभ पीछे छूट गए। इसका सम्बन्ध क्षेत्रफल में 0.40 की बहुत ही मामूली सालाना वृद्धि से था, जिससे संकेत मिलता है कि काश्त-योग्य बंजर का अधिकांश भाग 1890 के दौरान ही जोत में आ चुका था। इससे भी अधिक महत्त्वपूर्ण आँकड़े प्रति-एकड़ उपज के हैं : वार्षिक वृद्धि की दर नगण्य, महज 0.01 थी जिसमें अखाद्य फसलों की वृद्धि दर +0.67 थी, नगर खाद्यान्नों की वास्तव में -0.18 थी। खाद्यान्नों के मुकाबले में व्यावसायिक अखाद्य फसलों की वृद्धि-दर काफी अधिक रही। खाद्यान्नों की श्रेणी में भी गेहूँ और चावल के बीच एक भारी अन्तर रहा : पंजाब और दूसरी जगहों से गेहूँ के भारी निर्यात (+0.84) हुए जबकि बंगाल और दूसरे भारतीय प्रान्तों से तो नहीं मगर बर्मा से चावल का निर्यात (-0.09) हुआ। गरीब लोगों के अनाजों की पैदावार में स्पष्ट ठहराव आया। रागी में 0.37 की गिरावट आई। जो भी प्रसार हुआ, वह अक्सर समग्र वृद्धि के रूप में नहीं बल्कि खाद्यान्नों की कीमत पर व्यावसायिक फसलों के क्षेत्रफल की वृद्धि के कारण हुआ। दूसरे महत्त्वपूर्ण और साफ तौर पर सम्बन्धित अन्तर प्रान्तों के बीच देखे गए : वृहत्तर बंगाल में सभी फसलों की उपज की वृद्धि दर-0.45 रही, जबकि यह दर वृहत्तर पंजाब के +1.57 थी। प्रति व्यक्ति खाद्यान्न के उत्पादन में बंगाल में विनाशकारी कमी आई जहाँ कि 1921-1941 के दौरान जनसंख्या प्रतिवर्ष लगभग 1 प्रतिशत की दर से बढ़ रही थी, जबकि खाद्यान्न उत्पादन में सालाना 0.7 प्रतिशत की कमी आई।[1]

क्लाइव डेवी और एलन हेस्टन ने ब्लाइन के निराशाजनक परिणामों पर सवाल उठाने की कोशिश की क्योंकि उपलब्ध आँकड़े बड़ी समस्याओं के पते नहीं देते।

1. ब्लाइन 1966 : परिशिष्ट, तालिका 5 अ; राय 2000 : 56-58 पर उद्धृत।

ब्लाइन के उपज सम्बन्धी आँकड़े अप्रत्यक्ष ढंग से प्राप्त किए गए थे : एक 'सामान्य' मौसम में फसल–कटाई के कभी–कभार के नमूनों से प्राप्त अनुमानों के आधार पर हर फसल की 'मानक उपज' को काश्त के क्षेत्रफल से (जिसकी रिपोर्टें हर साल ग्राम स्तर के अधिकारी दिया करते थे) गुणा करके। इस मानक उपज में भी हर साल 'दशा के तत्त्व' के आधार पर भी बदलाव किया जाता था, जिसका दारोमदार किसी विशेष वर्ष में कथित रूप से अच्छी या बुरी फसल पर होता था। आँकड़े जमा करने की जिम्मेदारी मुख्य रूप से गाँवों के पटवारियों और चौकीदारों की होती थी जो इस्तमरारी बन्दोबस्तवाले क्षेत्रों में जमीनी सतह पर थोड़ी मामूली ही होती थी और कहीं भी पूरी तरह विश्वसनीय नहीं होती थी। और भी सटीक कहें तो ब्लाइन के आलोचक व्यवस्था में प्रशासन के हाथों आए एक अधोमुखी झुकाव के संकेत देते हैं, क्योंकि स्थानीय अधिकारी प्रभावशाली जमींदारों को खुश करने और उन्हें मालगुजारी में छूटें दिलवाने के लिए उपज को कम दिखाया करते थे। लेकिन अति–आकलन की दिशा में एक जवाबी प्रवृत्ति भी हो सकता है कार्यरत रही हो, क्योंकि इससे ऊपर के सरकारी अफसरान खुश हो सकते थे। कुल मिलाकर ऐसा लगता है कि ब्लाइन ने जिन बुनियादी प्रवृत्तियों की पहचान की थी, उसकी विश्वसनीय ढंग से काट नहीं की जा सकी है, जबकि पंजाब की प्रवृत्तियों का एक विस्तृत सांख्यिकीय अध्ययन, जोकि एक अन्य आधिकारिक श्रृंखला पर आधारित है, यह संकेत देता है कि उस क्षेत्र में भी वृद्धि की अतिशयोक्ति की गई है।[1]

एकदम बुनियादी और दीर्घकालिक स्तर पर पूरे उपमहाद्वीप में फसलों का वितरण साफ तौर पर औसत वार्षिक वर्षा के ढर्रों से निर्धारित हुआ और 80^0 पूर्वी देशान्तर मोटे तौर पर गेहूँ और चावल के क्षेत्रों की सीमारेखा था। इसके ऊपर जमीन की किस्म के आंचलिक और स्थानीय परिवर्तनों को तथा मिट्टी को और जल की उपलब्धता को भी ध्यान में रखा जाना चाहिए। खास तौर पर पानी की उपलब्धता सिंचित और असिंचित भूमियों के बीच उस अन्तर का आधार बन गई जिसे उपनिवेशी अधिकारियों और बाद के विद्वानों ने भी अक्सर बुनियादी अन्तर कहा है, जो दक्षिण में सबसे अधिक स्पष्ट था। पहले की पहचान (नहरों, कुओं या तालाबों के द्वारा) कारगर सिंचाई के लिए पानी की पर्याप्त और विश्वसनीय आपूर्ति के आधार पर और कुछ क्षेत्रों में शुद्ध रूप से वर्षा की बहुलता के आधार पर भी की जाती है। इसके विपरीत असिंचित क्षेत्र (प्राय: अन्दरूनी इलाकों में और बड़ी नदियों से दूर स्थित थे) लाजिमी तौर पर अनिश्चित और अपर्याप्त बारिश पर निर्भर थे। इस अन्तर का एक दीर्घकालिक महत्त्व है जो खेतिहर या आर्थिक इतिहास की एक संकीर्ण समझ से काफी आगे जाता है। महत्त्वपूर्ण सिंचित क्षेत्र, जैसे कि गंगा की

1. इस्लाम 1988 : 319–332; ब्लाइन से सम्बन्धित पूरी बहस के एक सर्वेक्षण के बारे में गुहा 1992 : प्रस्तावना देखें।

वादी और दक्षिण के डेल्टा क्षेत्र (जिनमें तंजावुर का क्षेत्र मशहूर रहा है) अनेक सदियों से स्थिर और स्थावर कृषिवाले क्षेत्र रहे हैं। अधीनस्थ समूहों द्वारा पैदा किए जानेवाले जायद को हड़पनेवाले, जाति-वर्ग के सुविकसित सोपान भी इसी कृषि पर आधारित थे। ये ब्राह्मणवादी जाति-प्रथा के क्लासिक केन्द्र रहे हैं, जहाँ अधिकतर ऊँची जातियों से जुड़े जमींदारों, दरमियानी या पिछड़ी जातियों के किसानों और दलित खेत मजदूरों का एक मोटे तौर पर तीन स्तरोंवाला ढाँचा वजूद में रहा है। इनसे परे प्रायद्वीप की नोक तक उपमहाद्वीप के अधिक खुश्क इलाकों से लेकर राजस्थान, सिंध और पंजाब तक जीवन कहीं बहुत अधिक प्रवासमुखी और गतिमान दिखाई देता है, जहाँ गहन से अधिक विस्तारित काश्त, झूम खेती, पशुपालक और खाद्य-संग्राहक-शिकारी समुदायों के लगातार परिवर्तनशील ढर्रे नजर आते हैं। यही बंजारों जैसे चलायमान व्यापारिक समुदायों का क्षेत्र भी रहा है, और यहाँ वास्तविक या सम्भावित सैनिकों या लुटेरोंवाले एक संवेदनशील सैन्य-श्रम का भी बाजार रहा है। भूमि में सम्पत्ति के स्थायी और विक्रय-योग्य अधिकारों की एक निहित मान्यता के आधार पर ब्रिटिश शासन ने सिंचित-क्षेत्रों में पहले से ही सोपानबद्ध चले आ रहे समाजों को और बल पहुँचाया, और शमन और स्थिर वास की नीतियों के सहारे उन्होंने ऐसे ही प्रतिमानों को अन्दरूनी क्षेत्रों में भी बढ़ावा दिया। इसलिए असिंचित क्षेत्रों में परिवर्तन बहुत अधिक स्पष्ट रहे होंगे। इन असिंचित क्षेत्रों के कुछ भाग, और खासकर पंजाब, सिंचाई की भारी व्यवस्था के बाद खेतिहर सभ्यता के पुराने केन्द्रों से अधिक गतिमान बन बैठे। अब इन पर जनसंख्या के अधिकाधिक दबाव पड़ने लगे, जबकि उपजाऊ जमीनें कम पड़ने लगीं।[1]

यहाँ तक आकर स्थावर कृषि के विस्तार के कुछ सम्भावित सहसम्बन्ध ऐसे सामाजिक विकासक्रमों की एक शृंखला के साथ जोड़ने की इच्छा पैदा होती है, जो अगले अध्याय में हमारे विचार के विषय होंगे : खास तौर पर जाति-प्रथा के ढाँचों और पुरुष-प्रधानता के आदर्शों में आनेवाली सख्ती से। अन्त-19वीं और आरम्भ-20वीं सदियों में संस्कृतिकरण के जो अब्राह्मण आन्दोलन अधिकाधिक स्पष्ट हुए, उनमें से भी अनेक ने प्रतिरोध के तत्त्वों के साथ कम या अधिक सीमा तक सोपान को अन्ततः मजबूत बनाया, क्योंकि विरोध करनेवाली जातियों की कोशिश जाति-प्रथा को तोड़ने की नहीं, बल्कि उसके अन्दर ऊपर उठने की थी। ऐसे आन्दोलनों ने साथ-ही-साथ ऊँची जातियों के उन तौर-तरीकों को सामाजिक सोपान में नीचे तक पहुँचाया, जो स्त्रियों के लिए और अधिक पर्दादारी की और विधवा-विवाह पर प्रतिबन्ध की माँग करते थे।

दूसरे प्रमुख तथा और भी अधिक आर्थिक परिवर्तन का सम्बन्ध 19वीं सदी की तीसरी चौथाई के बाद संचार के साधनों में लगी छलाँग और उसके साथ जुड़े कृषि

1. लडेन 1994 : प्रस्तावना में इस नुक्ते पर जोर दिया गया है।

के व्यवसायीकरण से था। उपमहाद्वीप में एकीकरण के गुणात्मक रूप से अधिक ऊँचे स्तर ने, और खास तौर पर खेतिहर पैदावार के लिए एक थोक एकीकृत बाजार के विकास ने, उपज में अधिक भारी विविधता और सापेक्ष आत्मनिर्भरता की कीमत पर आंचलिक विशेषीकरण को और बढ़ाया। एक खास मिसाल लें तो कपास पहले बंगाल जैसे क्षेत्रों में भी उगाया जाता था। लेकिन फिर वह सबसे अनुकूल मिट्टी और जलवायुवाले क्षेत्रों में केन्द्रित हो गया, खासकर अन्दरूनी महाराष्ट्र के उत्तरी भागों में। व्यवसायीकरण ने खेतिहर मालों की एक बड़ी संख्या में वृद्धि को निश्चित ही बढ़ावा दिया—गेहूँ, गन्ना, कपास, जूट, मूँगफली, तिलहनों और तम्बाकू की उपज में, और साथ में चाय और कहवा जैसी बागानी पैदावारों की उपज में फिर भी, जैसा कि हम देखेंगे, इसके परिणाम अच्छी-खासी अस्पष्टता से मुक्त नहीं थे।

फिर भी उपनिवेश काल के अन्तिम दशकों में एक उल्लेखनीय, लगभग पूरा प्रगतिरोध एक बुनियादी, समष्टिगत आर्थिक तथ्य रहा है। एक प्रासंगिक तत्त्व राज्य का खासा नगण्य पूँजी निवेश रहा होगा, बस सिंचाई को छोड़कर। सिंचित भूमि का भाग खासा बढ़ा; 1885-86 और 1938-39 के बीच यह काश्तयोग्य क्षेत्र के 12.4 से बढ़कर महज 22.1 प्रतिशत तक पहुँचा। अधिकतर पंजाब, पश्चिमी संयुक्त प्रान्त और मद्रास में। सरकार की बनाई हुई नहरों से सिंचित क्षेत्रफल चार गुणा तक हो गया। फिर भी इनमें से अनेक परियोजनाओं के लाभ विवाद के विषय रहे हैं। खेती के उपकरण और दूसरे प्रौद्योगिक साधनों में बहुत कम परिवर्तन आए, हालाँकि आरम्भ-20वीं सदी से, देरी से सही, सरकार द्वारा कुछ कृषि-अनुसन्धान केन्द्र स्थापित करने के प्रयास किए गए, जिनमें सबसे उल्लेखनीय 1906 में पूसा में स्थापित केन्द्र था। लेकिन विकास की राह में सबसे बुनियादी बाधाएँ सम्भवतः कृषि-सम्बन्धों के ढाँचों में और व्यवसायीकरण के विशिष्ट रूपों में निहित थीं। अब हम इन्हीं पर ध्यान देंगे।

मालगुजारी, लगान और दखलदारी

भारत के खेतिहर इतिहास सम्बन्धी अनुसन्धान मालगुजारी की नीतियों के अध्ययन से शुरू हुए; ऊपरी स्तर के सरकारी ऐलानों और अभिलेखों की आसानी उपलब्धता से इस चयन की व्याख्या होती है। इसलिए आरम्भिक वृत्तान्त कम्पनी के शासन की कुछ आरम्भिक पीढ़ियों के दौरान किए गए जमींदारी, रैयतवारी और महलवारी बन्दोबस्तों के जाहिरा विरोधों पर केन्द्रित रहे। ये बन्दोबस्त क्रमशः बंगाल, मद्रास और बम्बई प्रेसिडेंसियों में और आगे चलकर जिसे संयुक्त प्रान्त कहा गया, उसमें किए गए थे। इन भेदों का सम्बन्ध तीन प्रश्नों से था : (1) राज्य को सीधे लगान कौन देता था (जमींदार, किसान—या उनमें अपेक्षाकृत जो अधिक खुशहाल थे

वे—या फिर ग्राम 'समुदाय'); (2) इसकी रकम कैसे तय की जाती थी (पुराने आकलन के आधार पर, सकल खेतिहर पैदावार के भाग रूप में, या मात्र उत्पाद के रिकॉर्डोवादी मानदंड पर), (3) और इसे कितने समय के लिए तय किया जाता था (1793 के बन्दोबस्त के आधार पर बंगाल में स्थायी रूप से और अन्यत्र उस आधार पर जो अन्ततः तीस वर्षीय आधार बन गया)। जिस चीज ने बहुत अधिक ध्यान खींचा वह ब्रिटिश नीति में एक जाहिरा नाटकीय परिवर्तन था जो 18वीं सदी के खात्मे के बाद से लेकर 19वीं सदी में प्रवेश के समय और जमींदारी से रैयतवारी की दिशा में आया। इस विषय पर प्रमुख अध्ययन रणजीत गुहा और एरिक स्टोक्स के हैं, जिन्होंने इसकी व्याख्या उस पश्चिम की बदलती विचारधाराओं और बौद्धिक धाराओं के आधार पर करने के प्रयास किए हैं, जो खुद भी नाटकीय रूपान्तरण के एक दौर से गुजर रहा था। दूसरों ने आंचलिक या स्थानीय परिस्थितियों के ईंट-रोड़ों को कम्पनी की नीतियों के अधिक महत्त्वपूर्ण और व्यावहारिक निर्धारक मानकर उन्हीं पर ध्यान देना पसन्द किया है। ऐसे अध्ययनों ने नाटकीय परिवर्तन की बजाय उपनिवेश-पूर्व ग्रामीण संरचनाओं के साथ उनकी निरन्तरता पर जोर दिया : मसलन मालगुजारी के बड़े-बड़े संग्राहकों को बंगाल के परिदृश्य में पहले से ही प्रमुखता प्राप्त थी, जबकि मद्रास के अधिकांश भाग में वे कम महत्त्वपूर्ण थे।

अनुसन्धानों की दिशा जब नीचे आंचलिक और स्थानीय दस्तावेजों की ओर मुड़ी तब निरन्तरता सम्बन्धी तर्कों को और बल मिला जबकि मालगुजारी की तीन व्यवस्थाओं के विरोध कम महत्त्वपूर्ण दिखाई देने लगे। सम्पत्ति के स्थायी और विक्रय योग्य अधिकारों की तलाश इनका एक साझा तत्त्व थी। पहले की शासन व्यवस्थाओं में शारीरिक बल प्रयोग का कभी-कभी सहारा लिया जाता था, जबकि अंग्रेजों ने हर जगह बकाया रकमों के लिए फौरी बिक्री के जरिए मालगुजारी की सुरक्षा सुनिश्चित करने की कोशिश की। मालगुजारी की विभिन्न व्यवस्थाओं के बीच एक-दूसरा परिवर्तन न सिर्फ काश्तशुदा क्षेत्र के आधार पर बल्कि पूरी सम्पत्ति से मालगुजारी की वसूली था। जमीनी सतह की वास्तविकताओं के आधार पर और समय के आर-पार देखने पर जमींदारी और रैयतवारी अंचलों का अन्तर दूसरे तरीकों से भी कम तीखा दिखाई देता है। मिसाल के लिए बंगाल में बिचौलिया विरोधी रुझान व्यवहार में पश्चिम और दक्षिण में अर्ध-भूस्वामी हस्तियों, मसलन करमुक्त इनामी जमीनों के धारकों के साथ तरह-तरह के तालमेल के साथ जारी रहा। इससे भी अहम बात यह है कि व्यवहार में रैयत अक्सर-बेशतर कोई वास्तविक काश्तकार या किसान नहीं होता था और 'रैयतवारी भूस्वामित्व' की संवृत्ति जल्द ही लगभग सर्वव्यापी बन गई। बहुत पहले, दिसम्बर, 1820 में ही, रैयतवारी बन्दोबस्त को अन्तिम रूप देने की प्रक्रिया में ही मद्रास रेवेन्यू बोर्ड ने स्पष्ट कर दिया था कि 'यह इरादा कभी रहा ही नहीं कि रैयतवार बन्दोबस्त भूस्वामियों या मीरासीदारों से

नीचे तक जाए...फिर भी ऐसा लगता है कि कुछ मिसालों में यह गलती वास्तव में की गई है और लगता है यह मान लिया गया है कि रैयतवारी बन्दोबस्त में संग्राहक को वास्तविक काश्तकारों के साथ रहना होगा... ।'[1]

भूस्वामित्व का विकास इसलिए भी हुआ कि मालगुजारी अदा करनेवाला रैयत अपनी जमीन का एक भाग या पूरी जमीन नीचे के दखलदारों को लगान पर दे दे, इसमें कभी कोई कानूनी बाधा रही ही नहीं। इस बीच बंगाल प्रेसीडेंसी के जमींदारी बन्दोबस्त सम्बन्धी अनुसन्धानों की प्रगति के कारण एक विरोधी प्रवृत्ति नजर आने लगी। रजत रे और रत्नलेखा रे ने अपनी 'जोतदार प्रस्थापना' के जरिए निरन्तरता के तत्त्वों पर जोर दिया है। उनका तर्क है कि जमींदारी बन्दोबस्त से पहले और बाद में भी जमींदार बुनियादी तौर पर खेतिहर उत्पादन के कर्ता-धर्ता न होकर मालगुजारी के संग्राहक थे। उनसे नीचे और व्यवहार में कहीं अधिक महत्त्वपूर्ण स्तर जोतदारों का था जो 18वीं सदी में ही साफ नजर आने लगा था : 'प्रभुत्वशाली भूस्वामी ग्रामीणों के समूह जो वास्तव में जमीन पर काबिज थे और गरीब ग्रामीणों के श्रम को नियंत्रित किया करते थे।' 1793 के बाद थोड़े समय के लिए जमींदारों की शक्ति जरूर बढ़ी, खासकर लगान की गैर-अदायगी की सूरत में रैयत की जमीन ले लेने की नई शक्तियों के कारण। अंग्रेजों ने 1799 और 1812 में बनाए गए नियम-कायदों के जरिए जमींदारों को ऐसी शक्तियों से लैस किया, क्योंकि मालगुजारी की सुरक्षा को लेकर वे शुरू-शुरू में घबड़ाए हुए थे। इसमें भी शायद ही कोई शक हो कि इस्तमरारी बन्दोबस्तवाले क्षेत्रों में एक सामाजिक समूह के रूप में जमींदार पूरे उपनिवेश काल में लाभ उठाते रहे जिसका कारण सुनिश्चित मालगुजारी और परिवर्तनशील लगानों के बीच का अन्तर था। लेकिन जागीरों के भारी विखंडन को और बिचौलिया पट्टों की बढ़ती संख्या का (जो कि बंगाल में हिन्दू भद्रलोक के प्रमुख आर्थिक आधार थे) मतलब यह था कि अलग-अलग देखें तो सभी जमींदार हमेशा खुशहाल भी नहीं रहे। 1850+ के बाद से अंग्रेज बँटाईदारों की सुरक्षा के कुछ प्रावधान करने लगे थे और इससे भी व्यवहार में, बिचौलिया पट्टेदारों के अधिकारों में कमी के कारण, जमींदारी और रैयतवारी बन्दोबस्तों का अन्तर कम हुआ।[2]

खेतिहर इतिहास में एक बहुत महत्त्वपूर्ण परिवर्तन भी अन्त-उपनिवेश काल की एक विशेषता था; राष्ट्रवादी रचनाओं में मालगुजारी बढ़ाने के लिए अंग्रेजों के

---

1. मद्रास बोर्ड ऑफ रेवेन्यू, 4 दिसम्बर, 1820, यनागिसावा 1996 : 196 पर उद्धृत। 'कनियात्वी' जैसे शब्दों के साथ 'मीरासीदार' से अभिप्राय दबंग जातियों के संयुक्त भूमिधारक थे, जिनको खासकर तंजापुर के सिंचित क्षेत्रों में प्रमुखता प्राप्त थी। उत्तर भारत के कुछ भागों में जो तथाकथित 'ग्राम समुदाय' थे, जिनके साथ महलवारी बन्दोबस्त किया गया था, उनके दक्षिणी और पश्चिमी भारत में ये उनके समकक्ष थे। इस तरह रैयतवारी और महलवारी का अन्तर हमेशा खासा मामूली ही रहा।
2. रे और रे 1992 : अध्याय 7 देखें।

प्रयासों पर जो लगातार जोर दिया और रेखांकित किया गया उसके कारण यह परिवर्तन थोड़ा धुँधला गया। यह आरोप, जिसे मिसाल के लिए रोमेशचन्द्र दत्त ने लगाया, उपनिवेशी शासन के आरम्भिक दशकों और खासकर कम्पनी के शासन-काल के लिए वैध था। उपनिवेश-पूर्व काल और ख़ासकर मुगल काल की तरह राज्य मध्य-19वीं सदी के आसपास तक देहातों की जायद उपज का प्रमुख शोषक रहा। यहाँ तक कि इस्तमरारी बन्दोबस्त भी, कम्पनी के अधिकारियों को मिले दस्तावेजों में मौजूद सबसे अधिक आकलन की अपेक्षा, काफी ऊँची दर से किया गया, जबकि रैयतवारी के शुरुआती वृत्तान्त अति-आकलन के साक्ष्यों से भरे पड़े हैं। लेकिन 1850+ के आसपास सकल खेतिहर उत्पाद में से राज्य की माँग कुछ कारणों से संयुक्त प्रभाव से कम होने लगी थी। 1857 की बौखलाहट ने भूस्वामी समूहों और सामान्य ढंग से कहें तो गाँवों के ऊपरी स्तर के लोगों के साथ तालमेल को एक राजनीतिक अनिवार्यता बना दिया। इस बात पर फिर से जोर देना आवश्यक है कि उपनिवेशी राजसत्ता की नीति शायद ही कभी यकरस रही होगी; वह परस्पर विरोधी दबावों के आगे हमेशा झुकती रही। मिसाल के लिए खेतिहर मालों के निर्यात को प्रोत्साहन देने की आवश्यकता के साथ राज्य के खर्च चलाने के लिए मालगुजारी बढ़ाने की इच्छा हमेशा टकराती रही। साथ-ही-साथ, मालगुजारी घटाने के कारण ग्रामीणों की क्रयशक्ति के बढ़ने पर ब्रिटिश तैयार मालों के लिए बाजार बढ़ सकता था।

1857 के फौरन बाद इस्तमरारी बन्दोबस्त के प्रसार के कदम उठाए गए, क्योंकि ऐसा लगता था कि बंगाल इसी के चलते वफादार बना रहा। लेकिन ये कदम नाकाम साबित हुए और मालगुजारी में बढ़ोत्तरी 1920+ तक भी कभी-कभी किसानों के प्रतिरोध और राष्ट्रवादी आलोचना को जन्म देती रही। लेकिन मालगुजारी कुल मिलाकर बराबर खेतिहर मूल्यों से नीचे रही।[1] भारत सरकार की सकल कर प्राप्तियों में मालगुजारी का भाग 1880 के 43 से घटकर 1920 तक 23 प्रतिशत रह गया था। मद्रास प्रेसीडेंसी में 1860 और 1920 के बीच अनाजों के दाम 120 से 180 प्रतिशत तक बढ़े, लेकिन प्रति एकड़ औसत आकलन 1.7 से महज 2.1 रुपए तक पहुँचा। राज्य के भाग में यह कमी इस्तमरारी बन्दोबस्तवाले क्षेत्रों में सबसे स्पष्ट रही जहाँ मालगुजारी शुरू-शुरू में वह चाहे जितनी अधिक रही हो, स्थिर रही, जबकि कीमतों और लगानों में इजाफे हुए। लेकिन यह प्रवृत्ति हर जगह अधिकाधिक स्पष्ट होती गई। इससे जमींदारों को फायदे हुए, और रैयत के ऊपरी स्तरों को भी जो अब छोटे जमींदार बन सकते थे। इन स्तरों और नीचे के ग्रामीण तत्त्वों के बीच के

1. 1860+ के बाद से लेकर विश्वव्यापी मन्दी तक खेतिहर कीमतों का सामान्य ऊर्ध्वमुखी चढ़ाव भी यहाँ प्रासंगिक था। यह एक महत्त्वपूर्ण दीर्घकालिक प्रवृत्ति थी, जिसकी विवेचना अगले भाग में की जाएगी।

अन्तर्विरोध भी साथ-साथ तीखे होते गए। खेतिहर जायद के प्रमुख शोषक के रूप में पहली श्रेणीवालों ने अब राज्य की जगह ले ली।

इसका एक बहुत अहम नतीजा निकला। मुगल और कम्पनी शासन में एक समान और 1857 के विद्रोह तक किसान विद्रोह मुख्य रूप से राज्य के अधिकारियों के खिलाफ हुआ करते थे। अक्सर उसका नेतृत्व स्थानीय जमींदार या सरकार किया करते थे, जिनके साथ ऊपरी स्तरों की रैयत का सम्बन्ध गोत्र या जाति का, और पुरुष-प्रधान परम्पराओं का भी, हुआ करता था। जायद के भाग में होनेवाले परिवर्तन के साथ व्यवसायीकरण के कठोर तर्क और भरी-पूरी बाजारी अर्थव्यवस्था के कारण ऐसे ढर्रे भी अब छिन्न-भिन्न होने लगे। जब जमीनों के मालिक महज जमींदार बनकर रह गए तो (मिसाल के लिए) अवध के किसान, जिन्होंने 1857 में अपने ताल्लुकदारों का वफादारी से साथ दिया था, अब उन्हीं को अपना खास दुश्मन समझने लगे। आगे चलकर हम देखेंगे कि इस विकासक्रम ने मध्यवर्गीय राष्ट्रवादियों को अक्सर काफी उलझन में डाला। उनमें से अनेक के सम्बन्ध लगानजीवियों से थे, जिसके कारण देहात की शक्ति-संरचना में उनके भी हित हुआ करते थे। इसके अलावा राष्ट्रवाद विदेशी शासन के खिलाफ सभी भारतवासियों की एकता बनाए रखने की इच्छा से प्रेरित था और इसलिए वर्गीय मुद्दों से तथा फूट डाल सकनेवाले दूसरे सामाजिक अन्तर्विरोधों से कतराने या उनको दबाने की प्रवृत्ति भी कार्यरत थी। इसलिए प्रामाणिक राष्ट्रवादी आर्थिक चिन्तन में लगान की वसूली से कहीं बहुत अधिक प्रमुखता मालगुजारी की वसूली को प्राप्त रही।

लगान और पट्टे की सुरक्षा को लेकर जमींदारों और ऊपरी स्तरोंवाले किसानों के तीखे होते तनावों ने अंग्रेजों को प्रेरित किया कि जमींदारों को अभी भी दी जा रही सुरक्षा और दखलदारों के कुछ भागों की सुरक्षा के बीच एक सन्तुलन स्थापित करें। बंगाल में 1859 और 1885 के पट्टादारी कानूनों ने रैयत पट्टाधारकों की एक कानूनी श्रेणी को जन्म दिया। जो पट्टेदार 12 साल तक पट्टे की निरन्तरता दिखा सकते थे अब उन्हें बेदखल नहीं किया जा सकता था और उनकी जमीनों के लगान की बढ़ोत्तरी पर भी एक हद कायम कर दी गई। लेकिन व्यवहार में जमींदार ऐसे अधिकांश प्रतिबन्धों को धता बताने की रणनीतियाँ बनाने में सफल रहे। मसलन संयुक्त प्रान्त के अवधवाले भाग में 1886 के, मोटे तौर पर इससे मिलते-जुलते लगान कानून को बेगार, तरह-तरह के असवाब (गैर-कानूनी महसूल) और बेदखली की धमकियों के बीच पट्टों के नवीनीकरण के बदले नजराना वसूल करके धता बताई गई : उस क्षेत्र में बाबा रामचन्द्र के नेतृत्व में 1920-21 के भारी किसान आन्दोलन के केन्द्रीय मुद्दे यही थे।

पट्टेदारी कानून की दूसरी प्रमुख सीमा यह थी कि दखलदारी के कानूनी अधिकार और वास्तविक काश्त के बीच सम्बन्ध सुनिश्चित करने की कोशिश कभी

की ही नहीं गई। रैयतवारी क्षेत्रों की तरह यहाँ भी दखलदारों से नीचे के स्तर पर अधीन और असुरक्षित बँटाईदारों का जल्द ही जन्म हुआ जबकि बिक्री के द्वारा दखलदारी के अधिकार उन लोगों को सौंपे जा सकते थे, जिनका न तो खेतिहर उत्पादन से कोई सम्बन्ध था न गाँव में वास था। दूसरा प्रमुख विकासक्रम, जो 20वीं सदी के आरम्भिक वर्षों में अधिकाधिक प्रमुखता प्राप्त करता गया, देश के बड़े-बड़े भागों में बँटाईदारी की संवृत्ति का बढ़ता केन्द्रीय महत्त्व था, जो जमींदार या बेहतर-हाल रैयत अपनी जमीनों का एक भाग बँटाई पर उठा रहे थे, इस बारे में आश्वस्त नहीं थे कि भावी पट्टेदारी कानूनों में बँटाईदारों को सुरक्षा के दायरे में लाया जाएगा कि नहीं। इसलिए वे अक्सर बँटाईदारों के साथ (बंगाली शब्दों का प्रयोग करें तो बरगादारों या भागचासियों के साथ, दूसरे क्षेत्रों में भी जिनके समकक्ष नाम मौजूद थे) करार करने को वरीयता देते थे, जिसके तहत भारी कर्जदार या दूसरे कारणों से भी नीचे गिर रहे किसानों को जोतने-बोने की इजाजत तो दी जाती रही, मगर वे पहले नकद जितनी रकमें देते थे, उनके मुकाबले फसलों का कहीं बहुत अधिक भाग लगान के तौर पर देना पड़ रहा था। इससे भी अहम बात यह थी कि बँटाईदारी लगानजीवियों के फायदे में थी और बढ़ती खेतिहर कीमतों के दौर में बँटाईदारों पर प्रतिकूल प्रभाव पड़ा, जैसा कि 20वीं सदी की आरम्भिक दहाइयों में हुआ। इस तरह यह तीखे वर्गीय तनावों का अखाड़ा बन गया। मिसाल के लिए पूर्वी बंगाल के जिलों में पहले के दखलदारों ने 1885 के बंगाल पट्टेदारी कानून की धारा 40 का लाभ उठाने की कोशिश की, जिसके तहत कुछ विशेष परिस्थितियों और कालों में फसली लगान को नकदी लगान में बदला जा सकता था। राजनीतिक रूप से प्रभावशाली भूस्वामी भद्रलोक समूहों ने ऐसे प्रयासों का तीखा विरोध किया और 1928 में यह धारा समाप्त कर दी गई।

आर्थिक रूपों के बीच अक्सर जिस क्रम की कल्पना की गई है—गहराते व्यवसायीकरण और पूँजीवादी दिशा में गति के कारण श्रम से उपज से नकदी रूपी लगान के क्रम की—वह उपनिवेशी भारत में अक्सर उलटता रहा। पूर्वी बंगाल की जूट पट्टी, बिहार में गंगा से दक्षिण और छोटा नागपुर से उत्तर के जिले तथा पंजाब में सिंचाई से नई-नई लाभान्वित हो रही जमीनों तक बहुत अधिक अलग-अलग अंचलों के व्यष्टिस्तरीय अध्ययन इस उलटे हुए सहसम्बन्ध के संकेत देते हैं।[1]

1. मसलन 'सिंचाई के विस्तार, अधिक मूल्यवान फसलों के उत्पादन में वृद्धि और एक दीर्घकालिक मूल्यवृद्धि के साथ नकद लगानों से बँटाई की दिशा में एक परिवर्तन आया।' नकद लगान पंजाब के खुश्क और अधिक निर्धन दक्षिण-पूर्व भागों में अधिक प्रचलित थे, न कि उपजाऊ, नदियों या नहरों द्वारा सिंचित अधिक समृद्ध मध्यवर्ती जिलों में : नारायण 1965 देखें। इसी काल में बंगाल के कुछ भागों और दक्षिण बिहार में ऐसी ही प्रवृत्तियों के बारे में नकाजतो 1994 : अध्याय 6-7 और प्रकाश 1990 : 111 और आगे देखें।

कोई यह सुझाव भी पेश कर सकता है कि एक लम्बे काल के दौरान खेतिहर संघर्षों का केन्द्र 'नीचे की ओर' चला गया : मालगुजारी से शुरू करके लगान और पट्टों की सुरक्षा और फिर बँटाईदारी (और साथ में खेतिहर मजदूरी) के रूपों और उसकी दशाओं जैसे मुद्दों की तरफ। लेकिन 1930+ के दौरान वामपंथी नेतृत्ववाली किसान सभाओं को भी, जिन्होंने जमींदारों के खिलाफ दखली काश्तकारों के आन्दोलनों को भी बरगादारों के शोषण के प्रति संवेदनशील बनने में कुछ समय लग गया।

मालगुजारी, लगान और दखलदारी के सवाल पर हमारी संक्षिप्त रूपरेखा अनेक दूसरे विषयों की तरफ इशारा करती है, खासकर खेतिहर संस्तरण के सवालों की तरफ : कालक्रम में इसमें कितना परिवर्तन आया और ग्रामीण उत्पादन के सम्बन्धों ने कुल मिलाकर खेती में आए ठहराव में किन-किन तरीकों से योगदान दिया? मिसाल के लिए जमींदारों की हिमायत को जारी रखते हुए अन्त-उपनिवेश काल में किसानों के ऊपरी स्तरों को पट्टे और लगान सम्बन्धी सुरक्षा देकर सन्तुलन बिठाने की जो कोशिश की गई, उसने एक पूँजीवादी दिशा में खेती में किसी उछाल के दृष्टिकोण से अनजाने में ही दोनों लोकों में बदतरी पैदा की होगी। उसने जमींदारों में उद्यमशीलता की सम्भावनाओं को भी बधिया किया होगा; यह उद्यमशीलता बड़े पैमाने पर किसानों को बेदखल करके खड़ी की गई बड़ी-बड़ी जागीरों पर उद्यमियों के नियंत्रण पर आधारित होती जबकि वह स्थिति फिर भी कायम रहती जिसमें रैयत के लिए एक आद्य-पूँजीवादी कृषक न बनकर क्षुद्र लगानजीवी बनना अधिक सार्थक होता। 'ऊपर से' और 'नीचे से' भी होनेवाले पूँजीवादी विकास के रास्ते गड्ढों से भरे पड़े रहे। काश्तकारी के जोखिम खासकर जमींदारी के क्षेत्रों में बिचौलियों की फैलती श्रृंखला के जरिए नीचे की ओर हस्तान्तरित होते रहे : अक्सर इसका बोझ बँटाईदारों या गरीब किसानों पर पड़ता रहा, जिनके संसाधन जाहिर है कि सार्थक उत्पादक निवेश के लिए एकदम अपर्याप्त थे।[1] लेकिन इन मुद्दों की और भी भरपूर विवेचना के लिए आवश्यक है कि हम पहले तो अन्त-उपनिवेशकालीन व्यवसायीकरण के प्रभाव पर और फिर उससे गहरे जुड़े ग्रामीण ऋणग्रस्तता के विषय पर गहराई से निगाह डालें।

व्यवसायीकरण और ऋणग्रस्तता

उपनिवेश काल से पहले ग्रामीण आत्मनिर्भरता के स्वर्ण युग की कहानी कब की हवा हो चुकी। मुगल शासक मुख्य रूप से नकदी के रूप में भारी भू-कर वसूल

1. मिसाल के लिए चटर्जी 1982 : 113-224 देखें। इस तरह के अध्ययनों ने यूरोप में सामन्तवाद से पूँजीवाद की दिशा में हुए संक्रमण पर उस समय की मार्क्सवादी बहसों और खासकर तकाहशी के योगदान से लिए गए शब्दों का उपयोग किया।

किया करते थे, जिसके कारण किसानों और बाजार के बीच सम्बन्ध आवश्यक हो गए : यूरोपीय व्यापारी 17वीं सदी तक में नील जैसे थोड़े से ही खेतिहर माल खरीदा करते थे। लेकिन उपमहाद्वीप के निर्यातों में बड़ा भाग तैयार मालों का, खासकर सूती और रेशमी कपड़ों का हुआ करता था। इन तमाम बातों के बावजूद इसमें भी शक नहीं कि, सबसे बढ़कर विदेशी व्यापार के जरिए, खेती के व्यवसायीकरण के स्तर और उसकी तीव्रता में 19वीं सदी के उत्तरार्ध में एक गुणात्मक अन्तर आया। 1860 और 1925 के बीच दामों के तीन गुणा होने के साथ-साथ भारतीय निर्यातों के मूल्य में लगभग 600 प्रतिशत की वृद्धि हुई, और इन निर्यातों का 70-80 प्रतिशत भाग गैर-कारखाना वस्तुओं, खासकर खेतिहर उत्पादों का होता था। इसमें मालों की संरचना में अनेक परिवर्तन आए। नील और अफीम के निर्यात में आई कमी की काफी अधिक भरपाई कच्ची कपास और कच्चा जूट, गेहूँ, गन्ने की शक्कर, तिलहनों की और बागान की नई पैदावार यानी चाय के निर्यातों की तीव्र वृद्धि के कारण हो गई। निर्यातों की इस छलाँग में योगदान देनेवाले कारकों में अंग्रेजों के शान्तिकामी उपाय भी शामिल थे : अन्त-18वीं और आरम्भ-19वीं सदी की 'अराजकता' की भारी अतिशयोक्ति की गई है पर कुछ क्षेत्रों में यह कोई किस्सा भी नहीं था। 1835 की ट्रेवेल्यान रिपोर्ट के बाद आन्तरिक व्यापार सम्बन्धी शुल्क खत्म कर दिए गए; भू-कर में धीरे-धीरे कमी आई और सबसे बढ़कर यह कि संचार में एक क्रान्ति आई : यानी कि सड़कों में सुधार, रेलों का निर्माण, जहाजरानी में भाप का उपयोग और 1869 में स्वेज नजर का निर्माण। इन सबके कारण चाल में भारी वृद्धि हुई और मालों के थोक यातायात की लागतें कम हुईं। रेलें सबसे नाटकीय नया तत्त्व थीं : 1860 में केवल 850 मील, 1890 में 16,000, 1920 में 35,000 और 1946 तक 40,000 मील। रेलों द्वारा मालों की ढुलाई 1871 में 36 लाख टन थी जो 1945-46 तक बढ़कर 1436 लाख टन हो गई। मुख्य रेलमार्गों के जुड़ाव भी महत्त्वपूर्ण थे। रूसी प्रसारवाद के भय के कारण पश्चिमोत्तर क्षेत्र में महत्त्वपूर्ण लाइनों का जो जाल बिछा उसके अलावा अधिकांश लाइनों ने प्रमुख बन्दरगाही नगरों को खेतिहर उत्पाद के महत्त्वपूर्ण अंचलों से जोड़ा।[1]

फिर भी अन्त-उपनिवेशकालीन व्यवसायीकरण के किसी भी इतिहास को एक केन्द्रीय विरोधाभास का सामना करना ही होगा। निर्यात में ये छलाँगें विनाशकारी अकालों के साथ-साथ आईं, मुख्य रूप से पश्चिमी भारत में 1870+ के दौरान और दक्षिण के अन्दरूनी इलाकों में अन्त-1890+ के दौरान। परम्परागत अर्थशास्त्रीय सिद्धान्त के विपरीत 'निर्यातमुखी संवृद्धि' को बढ़ावा देना तो दूर, बाजारों का प्रसार कुल मिलाकर खेतिहर उत्पादन में जड़ता के साथ-साथ हुआ। कुछ लोगों ने इस असामान्यता की व्याख्या अत्यधिक जनसंख्या-वृद्धि जैसे तत्त्वों के आधार पर करने

1. मैंने ये आँकड़े टामलिंसन, 1998 : 51-63; और राय 2000 : 60-69 से लिए हैं।

की कोशिश की है, जबकि 1921 के बाद के ऊर्ध्वमुखी जनांकीय परिवर्तन से पहले यह शायद ही स्पष्ट रही होगी। प्राकृतिक संसाधनों के अपर्याप्त भंडारों को या आर्थिक संवृद्धि की सामाजिक-सांस्कृतिक बाधाओं (जाति-प्रथा या भारत का कथित परलोक-प्रेम) को भी इसके कारक बताया गया है। बहुत से दूसरे लोगों की और सबसे बढ़कर उपनिवेशवाद के राष्ट्रवादी और वामपन्थी आलोचकों की नजर में यह विरोधाभास 'जब्री' व्यवसायीकरण था।

जैसा कि अभी भी कहा जा सकता है, आरम्भिक राष्ट्रवादी वृत्तान्तों में जब्री व्यवसायीकरण की व्याख्या मुख्यतः मालगुजारी की भारी माँग के आधार पर की गई, जिसने किसानों को भूखों रहकर भी अपनी उपज बेचने के लिए मजबूर किया। जिसे अक्सर, दरिद्रीकरण की एकरैखिक और निरपेक्ष प्रक्रिया के रूप में पेश किया गया है, उसकी जिम्मेदारी फिर तो सीधे-सीधे उपनिवेशी राजसत्ता के स्तर पर डाली जा सकती है, जबकि देसी शोषक समूहों (जमींदारों, सूदखोरों, व्यापारियों) के योगदान को दबाया गया है। इस सरलता से भरे सिद्धान्त के साथ जाहिर है कि अनेक समस्याएँ हैं। उपनिवेशवाद से पहले भी मालगुजारी की माँगें बेहद भारी होती थीं और कम्पनी के आरम्भिक शासन ने पुरानी परम्पराओं को ही, सम्भवतः थोड़ी तीव्रता के साथ, जारी रखा। आरम्भ-19वीं सदी में लूटखसोट जैसे आकलन भी लगता है अक्सर व्यवसायीकरण पर रोक लगाते रहे। लेकिन ग्रामीण समाज के सभी भागों पर प्रतिकूल प्रभाव नहीं पड़े : उपनिवेशवाद द्वारा शुरू की गई या तीव्र बनाई गई प्रक्रियाओं से कुछ भागों को भारी लाभ प्राप्त हुए।

लेकिन 1980+ के दौरान मार्क्सवाद से प्रभावित भारतीय अर्थशास्त्रियों के एक समूह ने जब्री व्यवसायीकरण का एक कहीं बहुत अधिक परिष्कृत मॉडल विकसित किया है; इनका नेतृत्व के.एन. राज, कृष्णा भारद्वाज और अमित भादुड़ी कर रहे थे। उन्होंने (आज और भी प्रचलित) उस नवशास्त्रीय प्रवृत्ति पर सवाल उठाए जो विशिष्ट ऐतिहासिक परिस्थितियों से तथाकथित मुक्त बाजार का सम्बन्ध काट देती है और यह मानकर चलती है कि परिभाषा से ही समस्त विनिमय पूरी तरह स्वैच्छिक होता है, बराबरी के स्तर के व्यक्तियों के बीच होता है और वे किसी लेन-देन में वहीं तक शामिल होते हैं जहाँ तक वह सभी भागीदारों के लिए लाभदायक हो। लेकिन भादुड़ी का कथन है कि एक गरीब बँटाईदार को हो सकता है फसल कटने से पहले की मन्दी के दौरान काम चलाने के लिए अपने जमींदार से नियमित रूप से उपभोग ऋण लेना पड़े—जमींदार इस दशा में सूदखोर की भूमिका भी निभाता है। जमींदार इसके बदले में पहले से तय दाम पर फसल का एक भाग वसूल कर लेता है या अनुचित सीमा तक कम मजदूरी पर काम कराता है; ऐसी किसी स्थिति में जमींदार हो सकता है बँटाईदारी की कम अनुकूल शर्तें भी लादे। इन मजबूरियों के तहत, जो कि उपनिवेशी और उत्तर-उपनिवेशी भारत में और बहुत से दूसरे

अल्पविकसित समाजों में भी काफी आम रहे हैं, ऋण, उपज, श्रम और भूमि के बाजारी सम्बन्ध हो सकता है आपस में गुँथ जाएँ और इस तरह एकाकी सम्बन्ध निर्भरताएँ और असमानताएँ दूसरे सम्बन्ध की इन्हीं विशेषताओं को बल पहुँचाएँ। उस दशा में बढ़ता मालकरण उत्पादक के जायद में किसी भी वृद्धि से एकदम असम्बद्ध होगा।[1]

यह विश्लेषण की एक समृद्ध धारा साबित हुई है जो केवल उपनिवेशी राजसत्ता की विशिष्ट नीतियों पर ध्यान देने की पुरानी राष्ट्रवादी प्रवृत्ति से बड़ी हद तक मुक्त है, और इसकी बजाय विश्व-बाजार के उतार-चढ़ावों पर, आयात-निर्यात की बड़ी विदेशी फर्मों और बैंकों पर तथा सौदागरों, सूदखोरों, जमींदारों, धनी किसानों जैसे देसी समूहों पर छोटे खेतिहर उत्पादकों की निर्भरता को उजागर करती है। यहाँ यह बात भी कह दी जाए कि शब्द 'जब्री' को एकदम शाब्दिक अर्थ में लेने की जरूरत भी नहीं है और न ही इसका लाजिमी मतलब यह है कि व्यावसायिक कृषि किसान के लिए हमेशा नुकसानदेह ही होती थी।[2] असल बात बल्कि यह है कि निर्भरता और असमानता के सम्बन्धों का पुररुत्पादन होता रहा और तेजी से फैलते बाजारों के बावजूद (सभी न सही) अनेक अंचलों में खेतिहर उत्पादन जड़ता का शिकार रहा। मध्य-1950+ के दौरान डेनियल थॉर्नर ने 'अन्तर्निर्मित मन्दीजनक' (बिल्ट-इन-डिप्रेसर) की शब्दावली का प्रयोग उन 'कानूनी, आर्थिक और सामाजिक सम्बन्धों के तंत्र' के लिए किया जिनके कारण अधिक अधिकार-सम्पन्न लोगों के लिए 'अपनी जमीन की खुद देखभाल करने की बजाय उनको लगान पर उठाना' अधिक लाभदायक हो गया था।[3] फिर भी इस बात पर जोर देना होगा कि आंचलिक और स्थानीय सामग्रियों पर आधारित विस्तृत अनुसन्धानों की प्रगति ने—जो अन्त-1980+ और आरम्भ-1990+ के दौरान तो बहुत प्रभावशाली रही पर फिर बाद में थोड़ी ह्रासमुखी हो गई—जब्री व्यवसायीकरण के पैमाने में, किस हद तक 'मन्दीजनक' कुल मिलाकर दरिद्रीकरण का और/या जड़ता का कारण हो सकता है इसमें और वह थोड़ी-बहुत संवृद्धि और सापेक्ष समृद्धि के कितना अनुकूल हो सकता है, इसमें महत्त्वपूर्ण भेदों को उजागर किया है। जो अन्तर खास तौर पर ध्यान दिए जाने की

---

1. भादुड़ी 1999 : 74–85 देखें। (यह लेख पहले-पहल 1986 में प्रकाशित हुआ था। भारद्वाज 1985 और राज 1985 : प्रस्तावना भी देखें।)
2. मिसाल के लिए धर्म नारायण ने फसलों के सापेक्ष मूल्यों और काश्त के क्षेत्रफल के परिवर्तनों के बीच, सांख्यिकी के सहारे, एक घनात्मक सहसम्बन्ध स्थापित किया जो लाभ-वृद्धि के 'सामान्य' व्यवहार का संकेत देता था। (नारायण 1965 देखें) लेकिन इस तरह के मोटा-मोटी आँकड़े यकीनन यह साबित नहीं करते कि सभी, यहाँ तक कि अधिकांश किसानों का व्यवहार ऐसा ही था, कारण कि हो सकता है बड़े उत्पादकों के कारण पलड़ा उस तरफ झुकता रहा हो।
3. थार्नर 1976 : 16, (इसमें 1950+ का एक व्याख्यान भी शामिल है); पटनायक 2001 : 17–57 द्वारा उद्धृत। 1985 में पटनायक ने ही पहला थार्नर स्मृति व्याख्यान दिया था।

माँग करते हैं, उनका सम्बन्ध काल, फसलों, अंचलों और सामाजिक संस्तरों से है।

अन्त-उपनिवेश काल में व्यवसायीकरण अनेक चरणों से गुजरा। 1860+ के दौरान पश्चिमी भारत से लैंकशियर के कारखानों को कच्ची कपास के निर्यातों में पहले एक नाटकीय उछाल आया जबकि अमरीका के गृहयुद्ध (1861-65) ने अलग हो चुके दक्षिणी राज्यों से कपास की आपूर्ति को बन्द कर दिया। इसके बाद एक उतनी ही तीखी गिरावट आई। फिर 1870+ के साथ खेतिहर निर्यातों की संवृद्धि का एक लम्बा दौर आया जो आरम्भ-1880+ के जरा से धक्के के बावजूद मध्य-1920+ तक जारी रहा। भारत की कच्ची कपास ने यूरोप की मुख्य भूमि ने अपना बाजार बनाया और फिर 1900 के बाद यह देश जापान के उदीयमान वस्त्र उद्योग के लिए आपूर्ति का प्रमुख स्रोत बन गया। स्वेज नहर ने भारतीय कपास और तिलहनों के थोक यातायात को अधिक सस्ता और अधिक व्यावहारिक बना दिया जबकि अब दुनिया का काफी अनाज व्यापार जूट के थैलों में होने लगा, जिससे बंगाल के पटसन कारखानादारों को एक बेपनाह बड़ा बाजार दिया। खासकर 1870+ और 1880+ के दौरान विनियम दर भी भारतीय निर्यातों के पक्ष में थी। ब्रिटेन, यूरोप और अमरीका की स्वर्ण-आधारित मुद्राओं के मुकाबले चाँदी का रुपया तब गिर रहा था, जिससे भारतीय निर्यातों के दाम बहुत ही प्रतियोगी हो गए।

इस तरह ये वे दशक थे जब व्यवसायीकरण से सम्भवत: कुछ लोगों को निश्चित ही लाभ हुआ और अनेक इतिहासकार समझते हैं कि यह दक्षिण के आर्द्र डेल्टा क्षेत्रों, गुजरात, महाराष्ट्र और संयुक्त प्रान्त के कुछ भागों, पंजाब की नहरी बस्तियों तथा मध्य और पूर्वी बंगाल के जूट-उत्पादक जिलों में धनी किसान समूहों की वृद्धि का सूचक है।[1] लाभों का काफी भाग सम्भवत: आयात-निर्यात, जहाजरानी, बैंकिंग और बीमा की विदेशी फर्मों को मिला।

इस पूरे दौर में भारतीय उत्पादक विश्व-बाजार के उतार-चढ़ावों पर निर्भर रहे जिन पर उनका कोई नियंत्रण नहीं था या कम ही था, बल्कि जिनका उन्हें ज्ञान तक नहीं था। निर्यात और दामों में चढ़ाव के उन दशकों में भी लाभों का वितरण कितना असमान रहा—इसका पता तब चलता है जब हम याद करते हैं कि 19वीं सदी की आखिरी चौथाई में विनाशकारी अकालों की एक श्रृंखला भी आई, अधिकतर 'शुष्क' क्षेत्रों में। अधिक दाम दिलानेवाले, निर्यात योग्य फसलों (जैसे कि ज्वार-बाजरा आदि की जगह गेहूँ, कपास, गन्ना या तम्बाकू) की काश्त के बढ़ने से हर जगह नुकसान गरीबों का ही हुआ।

मध्य-1920+ के बाद प्राथमिक उत्पादों का विश्व व्यापार जड़ होने और फिर

1. आगे के अध्यायों में हम देखेंगे कि ऐसी ऊर्ध्वमुखी ग्रामीण गतिशीलता के सम्भवत: तमिलनाडु और महाराष्ट्र में मझोली और निचली जातियों के दावों और पूर्वी बंगाल में मुस्लिम पहचान की राजनीति जैसे विकासक्रमों से रोचक सह-सम्बन्ध थे।

गिरने लगा, जो आरम्भ 1930+ की विनाशकारी मन्दी का कारण बना। भारत में 1929 और 1931 के बाद खेतिहर उत्पादों के दाम 44 प्रतिशत गिरे, यानी कि औसतन 1920+ के अधिकांश भाग की अपेक्षा वे आधे रह गए। बहुतों को लगता है कि (बढ़ते दामों के पिछले काल से लाभान्वित होनेवाले बेहतर-हाल संस्तरों समेत) किसानों के बड़े-बड़े भाग इसके कारण बदहाल हुए जो कि 1930-31 के दौरान गांधी के सविनय अवज्ञा आन्दोलन को ग्रामीण जनता से मिले भारी समर्थन का एक कारण था। इस संकट को और बदतर इस बात ने बनाया कि 1920+ के दौरान जनसंख्या में एक स्पष्ट वृद्धि भी हुई जबकि—बुनियादी ढाँचे में हुए बहुत ही कम पूँजी-निवेश के चलते—काश्त के लिए नई जमीनों की उपलब्धता अधिकाधिक कम होती गई। बहाली की गति धीमी रही और खेतिहर दामों में तो यह 1939 के बाद ही आई जब युद्धकालीन मुद्रास्फीति ने 1930+ की मन्दी की जगह ले ली। इससे हो सकता है पंजाब जैसे कुछ क्षेत्रों को लाभ मिला हो। इसके अँधेरे पक्ष का दर्शन बंगाल में हुआ, जहाँ 1943 में ब्रिटिश शासन ने अपने अन्त के काफी करीब पहुँचकर एक अकाल को जन्म दिया, जिसका पैमाना 1770 के अकाल जैसा ही था जोकि उस शासन के आरम्भ-काल का प्रतीक था।

नई व्यावसायिक फसलों में चाय की एक अलग ही श्रेणी थी, जो (दक्षिण भारत के पहाड़ी क्षेत्रों में उगाए जानेवाले कहवे की एक किस्म को छोड़ दें तो) पूरी तरह बागान की उपज थी। देश के दूर-दराज के इलाकों से अर्ध दास गिरमिटियों के रूप में प्रवासी श्रमिक चाय बागान में काम करने के लिए लाए गए जो असम और उत्तरी बंगाल में हिमालय की तराई में दूर तक खाली पड़ी जमीनों पर बने।[1] एक विशेष दृष्टान्त अफीम का भी था : यह मुख्यत: मध्य बिहार में उगाया जाता था और सीधे राजकीय नियंत्रण में उगाया जाता था जो समय-समय पर काश्त के क्षेत्रफल और दामों को संचालित करता था। पहले ईस्ट इंडिया कम्पनी और फिर ब्रिटिश निजी व्यापारियों के द्वारा चीन के साथ चाय और अफीम का जो बदनाम सम्बन्ध स्थापित हुआ उसके सन्दर्भ में मध्य-19वीं सदी के कुछ दशकों के दौरान बहुत अहम बात यह थी कि 1860-61 के आसपास चरम पर पहुँचकर यह व्यापार तेजी से गिरा। 1860-61 में समग्र निर्यात मूल्य का 30 प्रतिशत से अधिक भाग अफीम की बिक्री से हासिल हुआ।

व्यवसायीकरण के 'जब्री' पहलू नील के सिलसिले में सबसे अधिक स्पष्ट रहे। मुगलों के आगरा और गुजरात सूबों में स्थित पुराने केन्द्रों से यूरोपवालों द्वारा नील की खरीदारी, वेस्टइंडीज और अमरीका के दक्षिणी भागों में दासों पर टिके बागान के उदय के साथ, 18वीं सदी में कम हो चली थी। फिर ये बागान पहले तो गन्ने और फिर कपास की काश्त करने लगे, 1790 के दौरान सान दोमिंगों (हायती)

1. इसका इतिहास गिरमिटिया प्रवास का एक अंग है और इस पर आगे विचार किया जाएगा।

में दासों की सफल क्रान्ति हुई और दास-प्रथा का उन्मूलन हुआ; इनके बाद इस खरीदारी की भारी बहाली हुई। फिर भी नील का मामला हमेशा ही उतार-चढ़ाव से भरा और अनिश्चित रहा और 19वीं सदी के आरम्भिक और मध्यवर्ती दशकों में मध्य बंगाल में जिन यूरोपीय निलहों ने बड़े पैमाने पर नील की खेती शुरू की उन्हें कम्पनी 1833 तक जमीन खरीदने की इजाजत भी नहीं दे रही थी। इसलिए उन्होंने किया यह कि अन्यथा भारतीय जमींदारों पर आश्रित किसानों को बल प्रयोग के अनेक प्रकार के भोंडे तरीकों के सहारे आतंकित किया कि वे उन निलहों से पेशगी रकमें लें और फिर उनको वह फसल उगाने के लिए मजबूर करने लगे जो कि किसानों की राय में अक्सर घाटा करानेवाली फसल होती थी। 1859-60 के दौरान किसानों के प्रतिरोध (कथित नीली बगावत) को भारतीय जमींदारों और मध्य वर्ग से अच्छी-खासी हमदर्दी और मिशनरी लोगों की मदद मिली। किसानों की बदहाली को लेकर कुछ उपनिवेशी अधिकारी भी थोड़े-बहुत दुखी थे। 1860 के बाद नील की खेती अधिकतर बंगाल से हटकर उत्तरी बिहार के कुछ जिलों, मसलन चम्पारण, में की जाने लगी। वहाँ एक पीढ़ी तक निलहे जमींदारों के साथ आपसी लाभ का तालमेल बिठाने में कामयाब रहे। उन्हें भूमि सम्बन्धी अधिकारों के स्थानीय सोपान में जगह मिली, क्योंकि वे जमींदारों से लगान दिलानेवाले 'ठेके' लेने लगे, उन्होंने नियमित भुगतानों के जरिए इन जमींदारों को खुश रखा और उन शिकमी पट्टेदारों से नील की 'जेरट' काश्त कराने लगे जिन पर उनका सीधा नियंत्रण था। यह रैयती की पहलेवाली बंगाली व्यवस्था से अलग था, जिसमें उन किसानों को जबरन पेशगी रकमें थमाई जाती थीं, जिन पर नील के जब्री समझौते के अलावा निलहों को कोई कानूनी अधिकार प्राप्त न था। लेकिन 1897 में जर्मनों ने जब और भी सस्ती व और भी कारगर एनिलीन का रंग प्रयोगशाला में तैयार कर लिया तो बाजार तेजी से गिरा और नील का चलन खत्म ही हो गया। (वैसे थोड़े से समय के लिए माँग बढ़ी जब युद्ध के कारण मुख्य भूमि यूरोप से आपूर्ति में बाधा आने लगी।) नील की कीमतों में गिरावट और अनाज के दामों में चढ़ाव का विरोध किसानों को—खासकर उनमें से उन किसानों को जिनके पास अधिक बड़े बाजारों के वास्ते उत्पादन करने के लिए संसाधन थे—अधिकाधिक बेचैन करने लगा और भारत की धरती पर गांधी के पहले हस्तक्षेप, 1917 में चम्पारण के सत्याग्रह—के लिए अधिक दीर्घकालिक आधार इसी से तैयार हुआ।[1]

सामान्य शब्दों में कहें तो ज्यादातर फसलों का व्यवसायीकरण शब्दश: बलप्रयोग पर नहीं, बल्कि पेशगी रकमों के जरिए फसलों को कटाई से पहले ही गिरवी रख लेने पर आधारित था। दूसरे शब्दों में अहम तत्त्व किसानों की कर्ज की आवश्यकता था और यह बात भादुड़ी के मॉडल से काफी मेल खाती है। सदी के मध्य की नील

1. चौधुरी 1967 : 237-336; पुष्पादास 1999 : अध्याय 1-5 देखें।

अपनी जगह, ये कर्ज अधिकतर 'स्वेच्छा' से लिए जाते थे, लेकिन वातावरण की दशाओं, खेतिहर उत्पादन की प्रक्रियाओं तथा निर्भरता और शक्ति के पहले से चले आ रहे ढाँचों की विशिष्टताएँ इनका काफी अधिक निर्धारित करती थीं। जब्र की सीमा तथा उत्पादकता सम्बन्धी लाभों की मौजूदगी या गैर-मौजूदगी के सिलसिले में अन्तर यहीं से आरम्भ हो जाते थे : ये ऐसे विषय हैं जो अनाज और अंचलों सम्बन्धी अध्ययनों के एक समृद्ध साहित्य से बखूबी सामने आते हैं।

मिसाल के लिए पटसन नील से काफी अधिक आकर्षक साबित हुआ, क्योंकि उसकी बुवाई का मौसम जल्द शुरू हो जाता था और इसका मतलब यह था कि उसकी काश्त के लिए किसानों को ऋण साल के सबसे अधिक बैठकीवाले हिस्से में मिल जाते थे। चम्पारण तक में नील का क्षेत्रफल कभी काश्त के कुल क्षेत्र के 6-7 प्रतिशत से अधिक नहीं रहा, और अफीम के पोस्ते की खेती जिस जिले में सबसे अधिक होती थी, यानी कि शाहाबाद में, वहाँ भी उसका क्षेत्रफल कुल 3 प्रतिशत था। लेकिन 1901-02 में रंगपुर में जूट की खेती 30 प्रतिशत और टिपरा में 27 प्रतिशत हिस्से में हो रही थी। टिपरा जैसे जिले मध्य और पूर्वी बंगाल के उपजाऊ या सक्रिय डेल्टा क्षेत्र में आते थे : पर्याप्त वर्षावाली जमीनें जिनकी ओर नदी प्रणाली भी बढ़ रही थी, यानी कि प्रान्त के पश्चिमी भाग के मृतप्राय डेल्टा से दूर। लेकिन अनुसन्धान यह संकेत भी देते हैं कि कच्चे पटसन के बड़े खरीददार मुख्य रूप से ब्रिटिश मिल्कियतवाले कलकत्ता के जूट कारखाने थे और वे निर्यात की विदेशी फर्में थीं जो मुल्की बिचौलिया व्यापारियों के एक पेचीदा सोपान के जरिए अपना काम करती थीं; किसानों को पेशगी इन्हीं के जरिए दी जाती थी। फायदे का बड़ा भाग वे ही हड़प रहे थे। आखिरी बात यह कि विश्व बाजार के उतार-चढ़ावों और सबसे बढ़कर अन्त-1920+ व आरम्भ-1930+ की मन्दी ने इस सोपान में सबसे नीचे स्थित छोटे उत्पादकों को पूरी तरह तबाह करके रख दिया। 1943 के अकाल से पूर्वी बंगाल खास तौर पर बुरी तरह प्रभावित हुआ।[1]

पूर्वी संयुक्त प्रान्त के गोरखपुर अंचल में गन्ने पर शाहिद अमीन का अध्ययन छोटे किसानों के उत्पादन की अन्दरूनी पेचीदगियों पर ध्यान देने के सिलसिले में अग्रगामी साबित हुआ। उसने समय-क्रम के एतबार से खेती के तौर-तरीकों की समग्रता में गन्ने की काश्त को प्रस्थापित करने का प्रयास किया और दिखाया है कि किसान आमतौर पर सिर्फ गन्ना नहीं बोता था। उसने खेतिहर उत्पादन की लयों और जायद के अधिग्रहण के बीच संगति के अभाव की ओर ध्यान खींचा जिसने सौदागरों के और अन्ततः शक्कर मिल मालिकों के वर्चस्व के लिए प्रवेशबिन्दु खोले। (मार्क्स के एक कम ज्ञात उद्धरण के सहारे) अमीन ने बतलाया कि सामान्यतः कृषि की विशेषता एक लम्बा कार्यकाल होता है और उससे भी लम्बा उत्पादन का

1. चौधुरी 1967 : 247-254; मुखर्जी 1982 देखें।

काल होता है, जबकि फसल बोई जा चुकी होती है मगर कटाई के लिए तैयार नहीं होती। बैठकी के महीनों को पार करने के लिए किसानों को ऋणों की या आय के दूसरे स्रोतों की आवश्यकता होती है। गन्ने के लिए यह बात खास तौर पर सही है, क्योंकि कुछ किस्मों की कटाई का समय दूसरी फसलों की बुवाई के समय से टकराता है। इसलिए किसानों को अक्सर उसे बहुत जल्द मँडरानेवाले व्यापारियों के साथ, बाजार-भाव से कम पर भी, बेचना पड़ता था ताकि दूसरी फसलों के लिए खेत को तैयार किया जा सके। हालात इस कारण से और भी बदतर हो जाते थे कि मालगुजारी की ज्यादातर वसूली मुख्य फसल (खरीफ) के समय के आस-पास की जाती थी जब नई आपूर्ति के कारण दाम गिरे हुए होते थे। गोरखपुर में काश्तकारों और राज्य के बीच जमींदार, बिचौलिए मौजूद थे और ये जमींदार ध्यान न देकर, जब उनको मालगुजारी देनी होती थी, उसके कोई एक माह पहले, अपने लगान तलब करते थे—यानी ऐसे समय जब किसान अपने पिछले साल के भंडार समाप्त कर चुके होते थे। समय के ऐसे तमाम बेजोड़पनों ने ऋणों पर किसान की निर्भरता बढ़ाई और इसके कारण भी इस क्षेत्र की अन्यथा सबसे लाभदायक उपज, यानी गन्ने को गिरवी रखना पड़ता था। अमीन ने इससे आगे बढ़कर तर्क दिया है कि संयुक्त प्रान्त में 1930+ तक बड़े मुल्की पूँजीपतियों के जो शक्कर कारखाने बन चुके थे, उन्होंने नए तंत्रों को जन्म नहीं दिया, बल्कि शोषण के पहले से मौजूद अर्धसामन्ती ढाँचों के जरिए ही किसानों से गन्ना लेते रहे। गन्ना-उत्पादक किसानों पर कारखानों का प्रभुत्व 'जमींदारों, सूदखोरों और अधिक धनी किसानों के आगे गन्ना-उत्पादकों की पहले से चली आ रही अधीनता पर' टिका हुआ था।[1]

इस बात पर जोर देना आवश्यक है कि व्यवसायीकरण तथा जड़ता और दरिद्रता या वृद्धि के बीच कोई अपरिवर्तनशील या लाजिमी सम्बन्ध नहीं रहा। आमतौर पर लगता है कि वातावरण और खेतिहर ढाँचे की विशिष्टिताएँ बुनियादी चर (वेरिएबिल्स) रही हैं। स्थान का अभाव यहाँ अनेक दृष्टान्तों में से कुछ को ही सामने लाने की इजाजत देता है। डेविड वाशब्रुक और क्रिस्टोफर बेकर ने मद्रास प्रेसीडेंसी के 'शुष्क' अन्दरूनी इलाकों और उस तटीय आन्ध्र क्षेत्र के अन्तर को उजागर किया है जिसे गोदावरी और कृष्णा नदियाँ सींचती थीं और जिसे मध्य 19वीं सदी से नहरें सींचने लगीं। खुश्क इलाकों में मामूली और अनिश्चित वर्षा, घटिया और बेमेल मिट्टी और एक विषम ग्रामीण ढाँचे ने मिलकर 'बड़े लोगों' और 'छोटे लोगों' के तीखे भेदों को पुख्ता बनाया। उपनिवेश-पूर्व काल में गाँव के अभिजात इस इलाके में, जो तब राजनीतिक अनिश्चयवाला इलाका हुआ करता था, सैन्य-सेवा के लिए निर्भर ग्रामीणों के श्रम का उपयोग किया करते थे। ब्रिटिश काल में

1. अमीन 1984, और अमीन के दो लेख भी जो इस तर्क की बुनियादी बातों का एक सुविधाजनक खुलासा पेश करते हैं। अमीन 1982 : 39-87 और अमीन 1994 : 182-206 देखें।

विसैन्यीकरण और आगे चलकर विदेशी बाजारों के प्रसार के साथ अपेक्षाकृत बेहतर साधनोंवाली जमींनों पर सघन काश्तकारी के लिए प्रभुत्व के उन्हीं सम्बन्धों का पुनरुत्पादन हुआ; इन जमीनों पर निश्चित ही उन्हीं अभिजातों का नियंत्रण था। लेकिन व्यवसायीकरण के कारण महत्त्वपूर्ण प्रसार अवश्य हुआ, खासकर मूँगफली और कपास की काश्त के कारण। (कपास की काश्त कोयम्बटूर, मदुरई और सेलम जैसे नगरों में 20वीं सदी में सूती मिलों और हथकरघा कारखानों के महत्त्वपूर्ण उदय का आधार बन गई।) तटीय आन्ध्र के कुछ भागों में ऐसा ही ढर्रा नजर आता है : यहाँ व्यवसायीकरण के कारण (मसलन तम्बाकू की खेती में) कुछ अधिक समृद्धि आई और जिसे वाशब्रुक ने मझोले किसानों का संस्तर कहा है—उसका विकास हुआ। कावेरी का डेल्टा (तंजावुर) एक और तरह के इतिहास का पता देता है। यह परम्परागत रूप से समृद्ध और अन्दरूनी तमिलनाडु के पहाड़ी और मैदानी भागों की अपेक्षा कहीं बहुत अधिक घनी आबादी का इलाका था। इसलिए उसकी भारी खेतिहर जायद पैदा करने की क्षमता ने ऐसा समाज पैदा किया, जो जाति-जमा-वर्ग की तर्जों पर बहुत अधिक विभाजित था। इस समाज में ब्राह्मण या वेल्लाल मीरासीदार या कनियाचीकरन शामिल थे जो बँटाईदारों के और निचली जातियों के अर्ध-चाकर या 'बँधुआ' खेत मजदूरों (पन्नईयाल) के श्रम को हड़प लेते थे। हो सकता है शोषण की आसनी ने ही इस इलाके को कम गतिशील बनाया हो, हालाँकि हम देखेंगे, 19वीं सदी की समाप्ति के आसपास कुछ परिवर्तन होने लगे थे।[1]

पंजाब के और मध्य व पश्चिमी भारत के भी अध्ययन इसी तरह ऐसे भेद सामने लाते हैं जिनकी व्याख्या पर्यावरण और कृषि के विशिष्ट और अक्सर परस्पर-सम्बन्धित ढाँचों के आधार पर की जा सकती है। अन्त-उपनिवेश काल के पंजाब में पशुपालन, पट्टेदारों की काश्तकारी, ऋण और बाजारों के तथा खेत मजदूरों के बारे में नीलाद्रि भट्टाचार्य के महत्त्वपूर्ण लेख ग्रामीण जीवन के इन पक्षों को बार-बार एक-दूसरे से जोड़ते हैं। उनका विश्लेषण मध्यवर्ती जिलों के, जिनकी सिंचाई पाँच नदियों और अंग्रेजों द्वारा निर्मित नहरों से की जाती थी तथा दक्षिण-पूर्व के अर्धशुष्क, लम्बे समय तक अंशत: घुमक्कड़ीवाले क्षेत्रों के बीच पर्यावरण सम्बन्धी बुनियादी विरोध पर आधारित है।[2] नर्मदा घाटी पर टी.सी.ए. राघवन के अध्ययन ने दिखाया है कि खराब जमीनों को जोत-बो रहे किसान किस-किस तरह से अनिश्चित मानसून के कारण कहीं बहुत अधिक कष्ट उठाते थे, जिसके कारण जमींदारों सूदखोरों और व्यापारियों पर उनकी निर्भरता और बढ़ जाती थी : ग्रामीण असमानता में योगदान देनेवाले ये कारक वास्तव में अक्सर एक-दूसरे को बल

1. वाशब्रुक 1976 : अध्याय 3; वाशब्रुक 1978 : 68-82; वाशब्रुक 1993 देखें।
2. भट्टाचार्य 1995 : 49-85; भट्टाचार्य 1983 : 121-70; भट्टाचार्य 1994 : 197-247 और भट्टाचार्य 1985 : 105-52 देखें।

पहुँचाते थे। नर्मदा घाटी में गेहूँ की खेती में वृद्धि का जो सपना 1880+ और 1890+ के दौरान रेलों के निर्माण के बाद देखा जाने लगा था, वह जल्द ही हवा हो गया; इसका आंशिक कारण किसानों पर पड़नेवाला वह भारी बोझ था जो राज्य की पुश्तपनाही पानेवाली और भारी मालगुजारीवाली जमींदारी उन पर लाद रही थी। लेकिन इसी वादी के नीमड़ जिला को, जहाँ रैयतवारी प्रथा प्रचलित थी, वह समृद्धि मिली जो अपेक्षाकृत स्थायी साबित हुई; यह एक अधिक व्यापक आधारवाली, धनी किसानों की खेती पर टिकी हुई थी। (यूँ अब यह समृद्धि एक उत्तर-उपनिवेशी 'विकास' के कारण अब खतरे में है : यह क्षेत्र अब नर्मदा परियोजना के कारण डूब में जानेवाला है।) नागपुर और बरार में कपास की एक महत्त्वपूर्ण पट्टी पैदा हुई; वहाँ भी ग्रामीण समाज अपेक्षाकृत कम विभेदीकृत दिखाई देता है। पर यह बात कही जानी चाहिए कि व्यावसायिक कृषि की इस पट्टी की वृद्धि, जो समुद्रतट से खासी दूरी पर स्थित है, काफी हद तक पास के पठारी इलाकों से और छत्तीसगढ़ से भी आदिवासियों या निचली जातियों के सस्ते मौसमी श्रम की पर्याप्त आपूर्ति पर निर्भर थी : यह एक ऐसा ढर्रा है जो और भी तीव्रता के साथ आज भी जारी है।

क्रिस्पिन बेट्स ने इस अध्याय में सर्वेक्षित अनेक प्रक्रियाओं के आपसी गुँथाव पर जोर दिया है। उपनिवेशी जंगल कानूनों की शुरुआत जंगलों से हुई पर उसने झूम खेती को भी प्रभावित किया : सम्पत्ति के कठोर उपनिवेशी कानूनों के कारण और कर्जों की अदायगी में असफलता के कारण पशुपालकों, खाद्य संग्राहकों और आदिवासियों की जमीनें छिन गईं। इससे जो गतिशीलता उन पर आरोपित हुई उसके कारण मौसमी मजदूर अपेक्षाकृत समृद्ध क्षेत्रों में गेहूँ और कपास की कटाई के समय हर साल आने लगे जिससे व्यावसायिक कृषि की ऊर्ध्व दिशा में गतिशील लाभार्थियों का भला हुआ। इस तरह न सिर्फ विश्व के स्तर पर उपनिवेश बन चुके इस देश में मौजूद सम्बन्धों के हवाले से भी 'विकास' और 'अल्पविकास' एक-दूसरे को बल पहुँचाते रहे।[1]

और भी पश्चिम और दक्षिण में जाएँ तो सुमित गुहा की रचना दिखाती है कि भूमि, श्रम, ऋण और उत्पाद के जिन परस्पर गुँथे हुए और झुकावदार बाजारों ने विकास को अवरुद्ध किया और दरिद्रता को जन्म दिया उनके बारे में भादुड़ी का मॉडल खानदेश के इलाके में भी मध्य-19वीं सदी में नजर आता है। इसका आरम्भ शुरुआत में भारी उपनिवेशी आकलन, कम कीमतों और संचार की कम सुविधा के साथ हुआ। लेकिन व्यवसायीकरण ने जहाँ भी बाधाओं में ढील पैदा करके बाद में संवृद्धि को जन्म दिया। जैसा कि महाराष्ट्र दमन के कुछ भागों में हुआ जहाँ कि नहरी सिंचाई की शुरुआत हो चुकी थी, धनी किसानों का एक समूह पैदा हुआ जो कपास

1. राघवन 1985 : 169-200; बेट्स 1985 : 573-92 देखें। दोनों ही लडेन 1994 में पुनर्मुद्रित हुए हैं।

और गन्ने की खेती से लाभ उठा रहा था। लेकिन नाइल चार्ल्सवर्थ का कुछ अधिक आशावादी अध्ययन तक भी यही दिखाता है कि काफी बाद तक भी मध्य और दक्षिणी दकन के खुश्क इलाके कुल मिलाकर इस समृद्धि में भागीदार नहीं बन सके।[1]

खेतिहर सम्बन्धों और व्यवसायीकरण पर हमारे सर्वेक्षणों में ग्रामीण ऋणग्रस्तता का बार-बार जिक्र आया है, पर यह विषय इतना महत्त्वपूर्ण है कि इस पर और भी गहरी दृष्टि डाली जाए। यह शायद ही कोई नई, विशेष रूप से उपनिवेशी या आधुनिक संवृत्ति रही होगी। 1895 में मद्रास के एक अधिकारी का बयान आया था कि खुश्क क्षेत्रों की छोटी रैयत 'बीज, मवेशी और गुजारे के लिए अनाज आदि उधार लिए बिना काश्त शुरू कर ही नहीं सकती।'[2] इसे देश-काल दोनों में एकसमान काफी विस्तार दिया जा सकता है। लेकिन दो तरीकों से ब्रिटिश राज ने अन्तर अवश्य पैदा किया। सम्पत्ति, अनुबन्ध और कर्जों के गैर-अदायगी के कारण भूमि के हस्तान्तरण सम्बन्धी अधिक कठोर नियमों का मतलब यह था कि कर्जदारी के आर्थिक परिणाम पहले की अपेक्षा कहीं बहुत अधिक गम्भीर रहे होंगे। इसके विनाशकारी परिणाम हुए, खासकर कम आबाद इलाकों में जहाँ शुद्ध निजी स्वामित्व के विचार अभी शायद ही पैदा हुए थे। अलावा इसके अनेक इतिहासकारों ने तीव्रतर माल-उत्पादन और व्यवसायीकरण के साथ 'सूदखोर' से 'सौदागार-साहूकार' की दिशा में एक सम्भावित परिवर्तन की ओर ध्यान खींचा है। सूदखोर का सरोकार मुख्य रूप से ब्याज से होता था और यह होता था कि जो रकम उसने उधार दी है वह अन्ततः वापस आ जाए; सौदागार-साहूकार का कर्जदार दस्तकार या किसान की पैदावार पर नियंत्रण अधिक होता था। सूदखोर का ध्यान बहुत ऊँची दर से ब्याज वसूल करने पर और इसकी अदायगी कराने पर होता था, जिसके लिए वह कभी-कभी (पठान या काबुली साहूकार के आद्य-रूप की तरह) बाहुबलियों का सहारा भी लेता था। सौदागार-साहूकार की दिलचस्पी विनिर्माण में पैदावार की निकासी के पूँजीवादी तरीकों के व्यवहार में और फसल कटने से पहले ही उसे गिरवी रखवाकर किसानों पर अपना प्रभुत्व स्थापित करने में अधिक होती थी। पैदावार की निकासी और रेहनबन्दी के दृश्य पहले भी नजर आते थे पर उपनिवेश-काल में उनमें काफी अधिक तीव्रता आई। इसमें शक नहीं कि यह संक्रमण अधूरा रहा, असमान रहा, और इसके तरह-तरह के संयोग सम्भव थे।[3]

---

1. गुहा 1985 : 210-246; चार्ल्सवर्थ 1988 देखें। ये लेख इन लेखकों की बाद की पुस्तकों के उपयोगी पूर्वदर्शन कराते हैं।
2. वाशब्रुक 1978 : 70-71 पर उद्धृत।
3. आरम्भ-उपनिवेश काल के मद्रास में दस्तकारों के उत्पादन पर और भी कठोर नियंत्रण की तरफ ऐसे संक्रमण के महत्त्वपूर्ण ब्योरे प्रसन्ना पार्थसारथी ने दिए हैं, और इस पर उन्होंने जोर दिया है कि 'बुनकरों और खेतिहर उत्पादकों को काबू में रखने के लिए' भारत के कपड़ा व्यापारियों और मीरासीदारों के साथ कम्पनी का गठजोड़ कायम करने में इस संक्रमण ने किस-किस तरह

ब्रिटिश अधिकारी भारतीय ग्रामीण समाज की अधिकांश बुराइयों को महाजन या साहूकार की लूट-खसोट के सर मढ़ते थे और उसे अक्सर ग्रामीण समाज पर छाई हुई बाहरी शक्ति बनाकर पेश किया जाता था। यह तरकीब उपनिवेशी मालगुजारी के बोझ और जब्री व्यवसायीकरण का वह बोझ दूसरों के सर डाल देती है, जिसका राष्ट्रवादियों ने अपनी समालोचना के मुख्य तत्त्व के रूप में उपयोग किया। यह तरकीब यह संकेत भी देती है कि सामाजिक और धार्मिक अवसरों पर अपनी फिजूलखर्ची के कारण किसान कभी-कभी अपनी तकलीफों के लिए खुद जिम्मेदार होता था। महाराष्ट्र-दकन के पुणे-अहमदनगर अंचल में 1875 में—कर्ज के कागजात को नष्ट करने के मकसद से—मारवाड़ी और गुजराती साहूकारों पर जो हमले हुए उनके सन्दर्भ में दकन काश्तकार राहत कानून ने कर्जदारी के चलते बाहरी लोगों को जमीनों की बिक्री पर रोक लगाने की कोशिश की। आगे चलकर दूसरे अनेक प्रान्तों में भी ऐसे ही कानून बने, जिनमें सबसे मशहूर 1901 का पंजाब भूमि हस्तान्तरण कानून था, जिसने 'गैर-खेतिहर जातियों' को जमीन के हस्तान्तरण पर प्रतिबन्ध लगा दिया। फिर 1904 में कानून के जरिए किसानों में ऋणदायी सहकारी समितियों को प्रोत्साहन दिया गया। लेकिन ऊर्ध्वगामी किसान समूहों और जमीनखोर साहूकारों के हाथों उनके कम कामयाब और कम खुशनसीब साथी ग्रामीणों का दमन कोई भी बात न रोक सकी। लगता है कि इस तरह के कानूनों ने आखिरकार धनी किसानों को लाभ पहुँचाया जो अक्सर सहकारी समितियों में अपना दबदबा बना लेते थे।

सूदखोर के चरित्र को लेकर मध्यवर्गीय राष्ट्रवादी की राय अस्पष्ट थी। उन्होंने कर्जन के पंजाब कानून की आलोचना की क्योंकि उस क्षेत्र में कांग्रेस के सम्बन्ध मुख्यतः नगरों के हिन्दू व्यापारी समूहों से थे। आगे चलकर गांधीवादी राष्ट्रवाद मुख्य क्षेत्रों में छोटे कस्बों और गाँवों के बनिया समूहों का अच्छा-खासा समर्थन पाने में सफल रहा, लेकिन सूदखोर की एक और छवि भी व्यापक रूप से रूढ़ रही है, जो मसलन बंगाली साहित्य में काफी स्पष्ट नजर आती है : गाँठ का पूरा और नगरों में सम्बन्ध रखनेवाला ऐसा नौ-दौलतिया जो सुसंस्कृत, पुराने ढंग के और सबके लिए पिता-समान जमींदार को बेदखल करके 'स्वाभाविक' ग्रामीण सामंजस्य को आकर भंग करता है तथा किसानों और आदिवासी समुदायों से जमकर लगान वसूल करता है।[1] ऐसी छवियों में वैधता के तत्त्व अवश्य हैं पर

→ से मदद पहुँचाई। पार्थसारथी 2001 : 5-6 और यथास्थान देखें। बंगाल की कृषि में ऐसी ही संवृत्ति की तरफ विनय चौधुरी (1907) ने ध्यान खींचा है, जबकि भट्टाचार्य 1994 में इसका एक विस्तृत अध्ययन मिलता है। भट्टाचार्य यह भी दिखाते हैं कि दक्षिण-पूर्व पंजाब के कम विकसित क्षेत्रों में सूदखोरी के अधिक पुराने और अधिक खूनचूस रूप प्रचलित थे; मध्यवर्ती जिलों के मुकाबले यहाँ ब्याज की दरें अधिक थीं।

1. दो स्मरणीय साहित्यिक चित्रणों के बारे में सत्यजीत रे की एक आरम्भिक फिल्म 'जलसाघर' और उड़ीसा के ज्ञानपीठ पुरस्कार विजेता गोपीनाथ मोहंती का उपन्यास 'परजा' देखें।

अच्छा-खासा रोमानीकरण भी है। एक सामंजस्य से भरे ग्रामीण समाज को संचालित करनेवाले जमींदार की छवि किसी न किसी तरह हाल ही में मिटनेवाले अतीत में स्थित रही है जबकि जीते-जागते जमींदार अक्सर लगानखोर और सूदखोर रहे हैं।

ग्रामीण ऋणग्रस्तता का बोझ कितना नाजुक और कितना घातक था? उसकी कुल भारी रकम के बारे में शायद ही कोई शक रहा हो, या इस तथ्य के बारे में भी कि अन्त-19वीं सदी से लेकर मन्दी के बरसों तक वह सम्भवतः बढ़ रहा था। 1929 में प्रान्तीय बैंकिंग जाँच रिपोर्ट ने पाया कि मिसाल के लिए मध्य प्रान्त में सालाना ब्याज की रकम मालगुजारी की ढाई गुनी थी। 20वीं सदी में बंगाल के कृषक समाज पर सुगत बोस की रचना का एक केन्द्रीय तल यह है कि किसान उत्पादकों से जायद की वसूली के माध्यम के रूप में कर्ज-रूपी शोषण जमींदारों के लगान से अधिक महत्त्वपूर्ण हो चुका था।[1] लेकिन कुछ समस्याएँ रह जाती हैं। पंजाब में ऋणग्रस्तता पर नीलाद्रि भट्टाचार्य का लेख विमुच्चय (डिस ऐग्रीगेट) की आवश्यकता पर जोर देता है। कर्ज की कुल रकम के सांख्यिकीय अनुमान एक सीमा से आगे हमें सहायता नहीं देते, क्योंकि लेनदार और देनदार हर हैसियत और हर रूप के थे और लेन-देन का काम बेहद अलग-अलग परिस्थितियों में होता था : 'पेशेवर साहूकारों के अलावा फेरीवाले और दुकानदार, बड़े जमींदार और धनी किसान, गाँव के नगाड़ची, मोची...यहाँ तक कि फकीर और बेवा औरतों को भी कर्ज पर पैसा चलाते देखा जा सकता है।'[2] इसके विपरीत धनी और/या ऊपर उठ रहे लोग गरीबों जितनी ही, बल्कि अक्सर उनसे ज्यादा रकमें कर्ज पर ले सकते थे। 1929 की रिपोर्ट ने पंजाब के धनी मध्यवर्ती जिलों को अधिक गरीब दक्षिण-पूर्वी जिलों से अधिक कर्जदार पाया : मध्यवर्ती जिलों में प्रतिव्यक्ति कर्ज 51 रुपए था, जबकि दक्षिण-पूर्वी जिलों में 31 रुपए था। ऐसे आँकड़े 'द पंजाब पेजेंट इन प्रासपेरिटी एंड डेट' (1925) में माल्कम डार्लिंग के इस आशा-भरे दावे को कुछ आधार प्रदान करते नजर आते हैं कि ऋणग्रस्तता निर्धनता की बजाय समृद्धि की सूचक है।[3] लेकिन डार्लिंग ने कई दूसरी प्रवृत्तियों में एक प्रवृत्ति पर जोर दिया—उस पर जिसमें दरिद्रीकरण पर जोर देनेवाले विरोधी तथा अधिक व्यापक विचार शामिल हो सकता था। यहाँ भी अंचलों और कालों के बीच अन्तर करने की आवश्यकता सामने है। भट्टाचार्य का कथन है कि 1920+ तक पंजाब में बेहतर-हाल गेहूँ-उत्पादकों पर सौदागर-सूदखोर की शक्ति में 'एक आम कमी' आने लगी थी : यह पूर्वी संयुक्त

1. बोस 1994 : प्रस्तावना; बोस 1986 : अध्याय 4
2. भट्टाचार्य 1994 : 198
3. उनकी पुस्तक 'द पंजाब पेजेंट इन प्रास्पेरिटी एंड डेट' (1925) देखें। पहले अध्याय 2 में डार्लिंग 1947 देखें।

प्रान्त में उत्पादन और विपणन पर शक्कर उत्पादकों के निरन्तर चले आ रहे उस एकाधिकारी नियंत्रण से सम्भवतः आंशिक रूप से भिन्न है जिसकी पहचान अमीन ने की है।[1]

'महाजन' का शाब्दिक—अर्थ 'महा जन' (महान व्यक्ति) है और दक्षिण गुजरात के गाँवों के क्षेत्र अध्ययन में जैन ब्रेमन ने पाया कि अपने पाटीदार मालिकों जमा लेनदारों से ली गई पेशगी रकमों के बदले दुबला बँधुआ मजदूर जनम-भर के या कई पीढ़ियों के लिए गुलाम बनकर रह जाते थे और अभी भी वे इन मालिकान को आमतौर पर 'धनियामो' यानी कि धन देनेवाले बतला रहे थे।[2] मालगुजारी या लगान की वसूली से भिन्न, ऋण सम्बन्ध सामान्यतः निर्वाह और/या उत्पादन की आवश्यकताओं से जन्म लेते थे। आपसी निर्भरता या माई-बाप के विचार सरकारी अधिकारियों या जमींदारों के साथ अधीन लोगों के सम्बन्धों में गैर-मौजूद तो कभी नहीं रहे पर यहाँ वे कहीं बहुत अधिक स्पष्ट नजर आते थे। संरक्षण/शोषण के इस मिश्रण में सन्तुलन का बिन्दु ठीक-ठीक कहाँ होना चाहिए, इसका दारोमदार काल या सन्दर्भ पर होता था। प्रेक्षक के जीवन-मूल्यों और उसकी वैचारिक मान्यताओं के आधार पर भी यह अलग-अलग होगा। कभी-कभी दिलचस्प सजातीयताएँ भी देखी जा सकती हैं। मिसाल के लिए गुजरात में 1928 के सत्याग्रह के दौरान एक स्थानीय गांधीवादी समाचार-पृष्ठ की, जो वर्ग को लैंगिक सम्बन्धों से जोड़कर देखता था, निम्नलिखित अपील पर विचार कीजिए : 'सरकार तुम्हारे और साहूकार के बीच फूट डालना चाहती है, पर तुम्हारे लिए तुम्हारा साहूकार ही सब कुछ है... यह वैसे ही है जैसे कोई किसी पतिव्रता स्त्री से अपना पति बदल लेने को कहे। तुम भला साहूकार को कैसे छोड़ सकते हो, जिसने तुम्हारी मुश्किलों में तुम्हारी सहायता की है?'[3]

एक समय था कि ऋणग्रस्तता और जमीन के हाथ से निकलने के कारण होनेवाले विकिसानीकरण (डिपेजेंटाइजेशन) के बीच आम तौर पर एक रैखिक सम्बन्ध मान लिया जाता था। अनुसन्धान की प्रगति ने इस मान्यता को बड़ी हद तक अमान्य बना दिया है। लेनदारों की दिलचस्पी अधिकतर सीधे-सीधे जमीन छीनने और फलस्वरूप सीधे खेती के जोखिम मोल लेने में नहीं, बल्कि दखली काश्तकार का दर्जा गिराकर उसे शिकमी या बँटाईदार बनाने और इस तरह उसका शोषण करने में रही है। ऋणग्रस्तता के प्रश्न इस तरह एक और सामान्य विषय की ओर ले जाते हैं, जिस पर हम अब विचार करेंगे।

---

1. भट्टाचार्य 1994
2. ब्रेमन 1979
3. 'सत्याग्रह पत्रिका', धनगरे 1983 : 103 पर उद्धृत।

खेतिहर ढाँचे, परिवर्तन और निरन्तरताएँ

कृषि के इतिहास की विभिन्न धाराओं को कुछ अधिक समग्रतावादी मॉडलों में एकजुट करने के प्रयासों के लिए ग्रामीण—और सटीक कहें तो किसानों के—संस्तरण के प्रश्नों पर ध्यान केन्द्रित करना आवश्यक हो जाता है, और इस पर भी अन्त-उपनिवेश काल में उसमें किस सीमा तक परिवर्तन आया। आरम्भ-1950+ के दौरान राष्ट्रीय प्रतिदर्शी सर्वेक्षणों द्वारा जमा किए गए आँकड़े भूमि और खेती की अन्य आवश्यक वस्तुओं पर नियंत्रण के एक बेहद झुकावदार ढर्रे का पता देते हैं; और वह भी ऐसा जिसमें जाति के साथ वर्ग की मोटे तौर पर एक संगति थी। 1953-55 में काश्त के कुल क्षेत्रफल का आधे से अधिक भाग लगभग 9 प्रतिशत जोतों के अन्तर्गत आता था। छोटे किसानों की जोतें, जो कुल जोतों की तीन-चौथाई थीं, काश्त के कुल क्षेत्रफल की एक तिहाई से भी कम थीं और ग्रामीण परिवारों का लगभग 20 प्रतिशत भाग खेत मजदूरों का था। प्रतिदर्शी सर्वेक्षण ने ग्रामीण हिन्दू परिवारों में सिर्फ 7 प्रतिशत को मुख्यत: किराए के मजदूरों के बल पर जोतने-बोनेवाले कृषक करार दिया, लेकिन ऊँची जातियों का एक चौथाई भाग इस श्रेणी में आ जाता था। इसके विपरीत अनुसूचित जातियों के 36 प्रतिशत परिवार खेत मजदूर थे, जबकि ऊँची जातियों में खेत मजदूर सिर्फ एक प्रतिशत थे। (अनुसूचित जातियों में सिर्फ 1.5 प्रतिशत परिवार कृषक की श्रेणी में रखे जाने के पात्र थे।) लेकिन बीच के स्तरों पर काफी अधिक संकरपन था, जिससे जो एक आम धारणा थी और अभी भी है उसकी एक बार फिर सांख्यिकीय पुष्टि होती है।[1]

किसी समय एक व्यापक समझ यह थी कि ये असमानताएँ मुख्यत: उपनिवेशवाद की पैदावार थीं, जिसने परम्परा से चले आ रहे आत्मनिर्भर, अपरिवर्तनशील और अपेक्षाकृत समतावादी और सामंजस्य-भरे ग्राम समुदाय को नष्ट कर दिया था। इस मान्यता के निशान कभी-कभी अब भी नजर आते हैं पर गम्भीर अध्येता अब उन्हें स्वीकार नहीं करते। देखने में ठोस लगनेवाला एक तर्क वह था, जिसे 1952 में एस.जे. पटेल ने सामने रखा था। जनगणना के आँकड़ों के आधार पर उन्होंने 1871 और 1951 के बीच भूमिहीन मजदूरों की संख्या में वृद्धि दिखाने की कोशिश की और उसे विऔद्योगिकीकरण, मालगुजारी के दबाव और जब्री व्यवसायीकरण से जोड़ा। अगले भाग में हम देखेंगे कि 1960+ के दौरान इसे भी छोड़ना पड़ा। आरम्भ-1980+ तक इरफान हबीब भी मध्य भारत तक में भूमिहीन मजदूरों की एक अच्छी-खासी आबादी की मौजूदगी पर जोर देने लगे थे। उन्होंने भूमि की अधिकता के साथ इसके सहअस्तित्व की व्याख्या जाति के आधार पर करने की कोशिश की : ऊँची जातियों के हल छूने पर व्यापक निषेध तथा अछूत समूहों को

1. राज 1985 : ग्यारह, उन्नीस

भूस्वामी बनने से रोकनेवाली सामाजिक बाधाओं के आधार पर। हबीब ने 17वीं सदी की कुछ दस्तावेजों का, मसलन औरंगजेब के एक फरमान का, हवाला दिया है जिनमें रेजा रैया (छोटे किसानों) को ऐसे काश्तकार कहा गया है, जो 'अपने निर्वाह के लिए तथा बीज और मवेशियों के लिए पूरी तरह कर्जों पर निर्भर होते थे।'[1] लगता है यह स्थिति अन्त-उपनिवेशकालीन स्थिति से बुनियादी तौर पर भिन्न नहीं थी, हालाँकि उस समय ऐसी निर्भरता का क्षेत्रीय विस्तार कितना था, इसका सटीक अनुमान लगाने का कोई साधन निश्चित ही हमारे पास नहीं है।

1970+ और आरम्भ-1980+ के दौरान 'इकोनॉमिक एंड पोलिटिकल वीकली' के पन्नों में 'उत्पादन की पद्धति' को लेकर जो जोरदार बहस चली वह भी किसानों के संस्तरण और उसके निहितार्थों पर केन्द्रित था। जैसा कि पश्चिम में पूँजीवाद के विकास के बारे में लगभग समकालीन 'संक्रमण सम्बन्धी बहस' में हुआ, वह बहस भी मुख्य रूपों से मार्क्सवादियों के बीच एक संवाद थी जो पूँजीवादी तर्जों पर बाजार के प्रसार और विकास के कारण किसानों के एक तीन-स्तरीय विभाजन सम्बन्धी एक साझी समझदारी से अपनी बात आरम्भ करते थे। इस ढाँचे में 'धनी' किसान वे थे, जो अपनी अधिकांश फसल बाजार में बेचते थे और मजदूरों को किराए पर लेते थे; 'गरीब' किसान वे थे जिनके पास अपने निर्वाह के लिए पर्याप्त भूमि नहीं होती थी और इसलिए जिनको दूसरों के लिए काम करना पड़ता था; जबकि केन्द्र में 'मझोले' किसान थे, जो परिवारवालों के साथ अपने निर्वाह की फसलें उगाते थे। लेनिन ने जिस मार्क्सवादी ढाँचे को वेदवाक्य बना दिया उसमें किसान वर्ग को देर-सवेर विघटित होना ही है जिससे एक ओर छोटे पूँजीपतियों का और दूसरी तरफ भूमिहीन मजदूरों का जन्म होता है। लेकिन उपनिवेशी भारत में और अक्सर-बेशतर दूसरी जगहों पर भी (मसलन 20वीं सदी में भी काफी बाद तक फ्रांस में) यह प्रक्रिया लगभग अन्तहीन सीमा तक खिंचती नजर आई। इसलिए ऐसे प्रवर्ग बनाने की आवश्यकता महसूस की गई जो भारत जैसे ग्रामीण समाजों की विशेषताओं को सामने ला और स्पष्ट कर सकें जहाँ अनेक वर्षों तक चले सघन व्यवसायीकरण ने और कुछ नगरीय-औद्योगिक पूँजीवादी संवृद्धि ने देहात के एक बड़े भाग का अभी तक कोई मूलगामी रूपान्तरण नहीं किया है।

मोटे तौर पर तीन तरह के रवैये सामने आए और हरेक की अनेक छायाएँ थीं। कुछ ने प्रमुख बाधा के रूप में उपनिवेशवाद के आयाम पर जोर दिया (कभी-कभी तो एक सुस्पष्ट उपनिवेशी उत्पादन पद्धति तक का सुझाव भी दिया गया), और उसे 'निर्भरता' के व्यापक-प्रचलित सिद्धान्तों से जोड़ा, जो केन्द्रीय पूँजीवादी जगत की संवृद्धि को अधीनस्थ उपनिवेशी या अर्ध-उपनिवेशी परिधि पर 'अल्पविकास के विकास' से (गुन्नार मिर्डाल के बहुप्रयुक्त वाक्यांश) सीधे-सीधे जोड़ने की कोशिश

1. हबीब 1982 : 221

की। समग्र सामराजी वर्चस्व की स्पष्ट रूप से अहम प्रकृति से इनकार किए बिना भी दूसरों ने यह महसूस किया कि उपनिवेश-जगत के अन्दरूनी वर्गीय सम्बन्धों पर भी और अधिक ध्यान देने की आवश्यकता है। पसन्दीदा सूत्र 'अर्ध-सामन्ती' था जिसे, मिसाल के लिए (कुछ आपसी भेदों के साथ) उत्सा पटनायक और अमित भादुड़ी ने सामने रखा है। इसमें भारतीय देहातों पर उन तत्त्वों के जारी वर्चस्व पर जोर दिया गया, जिनको बुनियादी तौर पर पूँजीवाद-पूर्व कहा गया। जिन संवृत्तियों को हम देख चुके हैं कि वे व्यापक स्तर पर प्रचलित थीं—कर्जदारी, फसलों का रेहन, बँटाईदारी—उनकी व्याख्या इस ढाँचे में यूँ की गई कि ये उत्पादन-प्रक्रिया पर नियंत्रण के द्वारा अतिरिक्त मूल्य के पूर्णरूपेण पूँजीवादी अधिग्रहण के नहीं, बल्कि व्यापारी-साहूकार के 'सौदागरी मुनाफा' की सूचक थीं। यह अर्ध-सामन्ती मॉडल माओ जेदोंग के सैद्धान्तिक रवैयों से करीब थी और यही सबसे अधिक स्वीकृत दृष्टिकोण बन गया। मगर इसका एक विकल्प भी था, जिसमें थोड़ा-बहुत त्रात्स्कीवादी रंग मौजूद था और जिसे मुख्य रूप से जैरस बानाजी ने 1977 में एक प्रभावशाली आलेख में पेश किया था। इसमें अन्त-19वीं सदी में महाराष्ट्र दकन के अनुभवाश्रित ब्यौरों के आधार पर देहातों में एक विशेष प्रकार के पूँजीवाद की बात कही गई थी : ऐसे पूँजीवाद की जो श्रम के 'औपचारिक समावेश' (सब्जंप्शन) के समान था। (इसमें उत्पादन की प्रक्रिया तो पूँजीवादी नियंत्रण में आ चुकी है मगर उसका कोई आन्तरिक रूपान्तरण नहीं हुआ है।) यह समावेश 'वास्तविक समावेश' से भिन्न था। (यह वह समावेश है जिसमें श्रम की प्रक्रिया में प्रौद्योगिकी के कारण क्रान्तिकारी परिवर्तन आ चुका है।) उनकी राय में इन दोनों को सार्थक ढंग से पूँजीवादी माना जा सकता है : इस झुकाव के कारण बानाजी इस सम्भावना को स्वीकार करने के लिए तैयार थे कि उपनिवेशी व्यवसायीकरण के कारण कुछ ग्रामीण समूहों में एक महत्त्वपूर्ण सीमा तक ऊर्ध्वमुखी गतिशीलता सम्भव थी। इसने एक राजनीतिक सन्देश सामने रखा। लेख का अन्त इस माँग के साथ हुआ कि समकालीन किसान आन्दोलनों की धार 'उजरती दासता की व्यवस्था के उन्मूलन' की दिशा में होनी चाहिए, अर्थात् उनका निशाना मुख्य रूप से 'अर्ध-सामन्ती तत्त्व' नहीं होने चाहिए, बल्कि पूँजीवाद होना चाहिए और उनको भूमिहीन समूहों को ओजमय बनाने पर अधिक ध्यान देना चाहिए।[1]

---

1. 'औपचारिक' और 'वास्तविक' अधीनता मार्क्स के एक उद्धरण से लिए गए हैं; जो उन दिनों कम ही ज्ञात था। इस लेख का संकेत है कि कच्ची कपास की चाहत में खानदेश-बरार क्षेत्र में यूरोपीय पूँजी की पैठ बढ़ी तो किसानों का एक अपेक्षाकृत समृद्ध और स्वतंत्र ऊपरी स्तर सामने आया, जबकि कम विकसित क्षेत्रों पर सूदखोरों का वर्चस्व अधिक रहा। बानाजी 1977 : 1375 : 1404 देखें। ई.पी. डब्ल्यू. के जिन प्रमुख लेखों ने उत्पादन पद्धति सम्बन्धी बहस में, योगदान दिया उनको सबसे अधिक सुविधाजनक ढंग से पटनायक 1990 में देखा जा सकता है।

वास्तव में उत्पादन की पद्धति की बहस में नजर आनेवाले सभी रवैयों में कुछ राजनीतिक सन्देश निहित थे। श्रेणीकरण की विभिन्न योजनाएँ कारगर खेतिहर कार्यक्रम सम्बन्धी प्रचलित वामपन्थी चिन्तन की वैकल्पिक धाराओं से आ जुड़ीं। इसकी पृष्ठभूमि में, जो कि एक ही समय में समर्थ था और अपनी ही सीमाओं से बँधा हुआ भी था, ग्रामीण क्रान्ति सम्बन्धी वह व्यापक आशा मौजूद थी, जिसे सबसे बढ़कर चीन और वियतनाम ने जन्म दिया था। 1970+ के बाद ऐसी आशाएँ धूमिल पड़ने लगीं और साथ ही सम्भवत: यह एहसास फैलने लगा कि यह बहस थोड़ा-बहुत पंडिताऊ और आर्थिक निर्धारणवाद की शिकार हो रही है। इसके कारण किसान समाज के संस्तरण से ध्यान अब हटने लगा।

यह परिवर्तन, जिसे टॉमलिंसन ने 'संस्तरणवादियों' से 'लोकरंजकों' की दिशा में होनेवाला परिवर्तन कहा है, दो रूपों में सामने आया।[1] भारत पर एक वैकल्पिक खाँचा लागू करने के प्रयास किए गए, जिसका आरम्भ रूसी नरोदवाद से जुड़ा हुआ था और जिसे खास तौर पर 1920+ के दौरान बागी सोवियत विद्वान चायानोव ने विकसित किया। इसमें अपरिहार्य विघटन के मुक़ाबले निर्वहनीय कृषक स्थायित्व का तर्क दिया गया था। पारिवारिक श्रम का उपयोग करनेवाले किसान जरूरी नहीं कि हमेशा उत्पादकता और मुनाफे सम्बन्धी पूँजीवादी प्रेरणाओं से संचालित होते हों। और यह भी सम्भव है कि धनी किसान कोई स्थिर संस्तर न हो बल्कि किसानों के पारिवारिक चक्रों के अन्दर एक तरह की जैविक या जनांकीय आकस्मिकता हो। एक ऊपर की दिशा में गतिशील परिवार, हो सकता है, और अधिक जमीनें हासिल करे, लेकिन अतिरिक्त जमीनों की स्थिति में (जैसा कि रूस में काफी बड़े भाग में थी) वह फिर अनेक इकाइयों में बँट भी सकता है या फिर यह भी हो सकता है कि वह दोबारा निर्धनता के गड्ढे में जा गिरे, क्योंकि अब उसमें खानेवाले लोग बहुत अधिक हैं। ऐसे चक्रीय ढर्रे हो सकता है धनी, मँझोले और गरीब किसानों में किसान घरों के समग्र वितरण को कमोबेश अपरिवर्तित रहने दे। भूमि की बढ़ती हुई दुर्लभता के साथ 20वीं सदी के भारत पर चायानोव को लागू करने में स्पष्ट है कि भारी समस्याएँ थीं। फिर भी इस खाँचे ने ऐसी कुछ जड़ताओं पर सवाल उठाकर मदद पहुँचाई जो किसानों को ऐसी श्रेणियों में बाँटने के प्रयासों में आ गई थीं, जो थीं तो काफी साफ-सुथरी मगर जिनको जमीनी वास्तविकताओं से जोड़ पाना अक्सर कठिन होता था।[2] इसके अलावा अति-अर्थवाद के खिलाफ व्यापक प्रतिक्रिया हुई

1. टामलिंसन 1998 देखें।
2. बार-बार आनेवाली एक समस्या उन शब्दों के अनुवाद की थी जिनमें आँकड़ों के काफी भाग सार्थक वर्गीय श्रेणियों में जमा किए गए थे। काम-काज के स्तर पर एक भूमिधारी 'किसान' कभी-कभी बँटाईदार भी बन जाता था जबकि शहरी रोजगार से प्राप्त पूरक आय का जरूरतमन्द एक गरीब किसान अपना खेत बँटाई पर उठाकर औपचारिक रूप से एक क्षुद्र लगानजीवी बन जाता था।

और अधिक संस्कृतिमुखी विश्लेषण की ओर एक रुझान पैदा हुआ। इसका आरम्भ बेहतर-हाल, अधिक निर्धन, आदिवासी के भेदों को काट रही, और कभी-कभी अर्ध-जमींदार तत्त्वों को भी शामिल करनेवाली, किसान चेतना के रूपों का अध्ययन करने के बारे में रणजीत गुहा के भारी प्रयास से हुआ।[1]

जैसा कि उपनिवेशी भारत के दूसरे अनेक पक्षों के सिलसिले में हुआ, कृषक संस्तरण के अध्ययनों का निरन्तरता/परिवर्तन की बहस में न उलझ पाना कठिन साबित हुआ। ब्रिटिश भारत में एक विनाशकारी परिवर्तन की प्रारम्भिक मान्यताओं से दूर जाने का एक रवैया आसानी से देखा जा सकता है। उत्पादन की पद्धति सम्बन्धी पूरी बहस बहरहाल पश्चगतियों, बाधाओं और पूँजीवादी विकास के आभासी अवरोधों के इर्द-गिर्द घूमती आ रही थी। किसानों के विभेदीकरण के मॉडल के दोनों सिरों पर अब प्रश्नचिह्न लग चुके हैं। अगर नीचे की तरफ गिर रहे किसान को बेदखल कर दिया गया और घटिया, अधीन पट्टादारवाली या बँटाईदारवाली शर्तों के तहत अधिक रखा गया तो धनी किसानों के स्थिर विकास के सिद्धान्त भी (जिनको मिसाल के लिए महाराष्ट्र दकन के सिलसिले में रवीन्द्र कुमार और मद्रास शुष्क क्षेत्र के कुछ भागों के सिलसिले में डेविड वाशब्रुक ने सामने रखा था) विवादों को जन्म देने लगे। लेकिन इस सवाल पर मतभेद कायम हैं कि निरन्तरता का विरोधी तर्क किस सीमा तक फैलाया जा सकता है, और इस सिलसिले में विस्तृत अंचल या क्षेत्र-आधारित अनुसन्धान की प्रगति ने दिलचस्प तथ्यों के संयोग सामने रखे हैं, जो 'परिवर्तन' और 'निरन्तरता' नाम की श्रेणियों को ही पेचीदा बनाने और उनकी पड़ताल करने में मदद देते हैं।

दो उदाहरण काफी होंगे। बंगाल उन अंचलों में उल्लेखनीय है जहाँ कृषक इतिहास सम्बन्धी अनुसन्धान खास तौर पर गहन और दीर्घकालिक रहे हैं और फलस्वरूप अनुसन्धान की रूपरेखाओं की एक समृद्ध विविधता सामने आई है। यह मान लिया गया था कि स्थायी बन्दोबस्त के कारण होनेवाले बहुत भारी परिवर्तनों ने जमीन में जबरदस्त और हस्तान्तरणीय निजी सम्पत्ति को जन्म दिया और इसलिए फिर उन पुरानी तर्ज के जमींदारों की जागीरें बड़े पैमाने पर बिकीं जो समय पर पाबन्दी से मालगुजारी अदा कर पाने में नाकाम रहे। फलस्वरूप कलकत्ता के नवदौलतियों के हाथों में जमीनें पहुँचने लगीं और इस तरह किसानों का उत्पीड़न बढ़ा। लेकिन फिर विस्तृत अनुसन्धानों ने दिखाया कि जमीनों का बाजार धीरे-धीरे ही विकसित हुआ, और यह कि खरीदार उन इलाकों के लोग थे जो पहले ही जमींदारों के करीब थे। 19वीं सदी के मध्य में बंगाली कारोबारी उद्यमों के पतन तक नगरों से अपेक्षाकृत कम पूँजी ही भूमि-व्यापार में लगी। पहले बड़े पैमाने पर यह मान लिया गया था कि पूँजी की दिशा में यह मोड़ 1793 के फैसले का कारण-जमा-परिणाम दोनों था।

1. गुहा 1983

उसके बाद रजत रे और रत्नलेखा रे की जोतदार प्रस्थापना के माध्यम से निरन्तरता पर और भी बुनियादी जोर दिया जाने लगा। इसने देहातों में शक्ति के एक ऐसे ढाँचे की पैरवी की जो जमींदारों पर कुछ अधिक टिका हुआ नहीं था : इन जमींदारों के अर्ध-स्वामित्व के अधिकार उनके विशेषाधिकारों में 1793 की वृद्धि के बावजूद वास्तव में राजस्व के संग्रह से सम्बन्धित थे, न कि भूमि के प्रबन्ध से। यह ढाँचा जोतदारी के संस्तर पर अधिक टिका हुआ था, यह संस्तर था 'गाँवों के उन प्रभुत्वशाली भूस्वामी समूहों का जिनका जमीन पर कारगर नियंत्रण था और जो गरीब ग्रामवासियों के श्रम को नियंत्रित कर रहे थे'—इसका एक महत्त्वपूर्ण कारण यह था कि ये ही लोग कर्ज देनेवाले भी थे।[1]

लेकिन 1980+ के दौरान पार्थ चटर्जी और सुगत बोस की रचना के कारण बहस में एक महत्त्वपूर्ण पर्यावरणवादी झुकाव आया। इसने यह सुझाव सामने रखा कि ग्रामीण विभेदीकरण उत्तर बंगाल जैसे सरहदी अंचलों में कहीं बहुत अधिक स्पष्ट था, जहाँ दूरवासी जमींदार बड़ी-बड़ी जमीनें जोतवारों को उठा देते थे (जो फिर बँटाईदारों से और कभी-कभी मजदूरों से काम लेते थे।) और यही बात पश्चिमी और मध्य बंगाल के 'मरणासन्न डेल्टा' क्षेत्रों के साथ थी। इसका महत्त्वपूर्ण विपरीत पक्ष यह था कि पूरब की ओर नदी की दिशा के दीर्घकालिक परिवर्तन के कारण अब पूर्वी और दक्षिण-पूर्वी बंगाल के 'सक्रिय डेल्टा क्षेत्र' का जन्म हुआ जो अब एक अपेक्षाकृत और अविभेदीकृत किसान काश्तकारी का अंचल बनकर सामने आया; खासकर 1870+ से लेकर मध्य-1920+ तक जूट के व्यापार में आई लम्बी उछाल के दौरान यहाँ समृद्धि का कुछ दृश्य देखने को मिला।

लेकिन नेरियाकी नकाजतो की रचना ने हाल में इस त्रिपदी मॉडल पर भी कुछ सवाल उठाए हैं। विभेदीकरण के स्तरों में पूर्वी, पश्चिमी और उत्तरी बंगाल के बीच यह त्रिपदी भेद मुख्य रूप से बन्दोबस्त की रिपोर्टों में मौजूद आँकड़ों पर आधारित था। ये अलग-अलग कालों में जमा किए गए थे : पूर्वी जिलों का सर्वेक्षण पहले हुआ और उत्तरी जिलों का सबसे बाद में हुआ; इसलिए विभेदीकरण के स्तरों की विपरीतता बाद की छानबीन का परिणाम हो सकती है। रजिस्ट्री विभाग के आँकड़ों

---

1. जोतदारों की जमीनों के विपरीत जमींदारों की जोतें दूर-दूर तक बिखरी हुई होती थीं जिससे जमीनी सतह पर जमींदारों की प्रभावी शक्ति कम हो जाती थी। कुल मिलाकर जमींदारों ने निश्चित ही कालक्रम में भारी लाभ उठाए क्योंकि मालगुजारी हमेशा के लिए तय कर दी गई थी, जबकि जो लगान वे वसूल करते थे उनमें कभी ऐसा स्थायित्व नहीं लाया गया। मगर अक्सर ऐसी बात कही गई है कि मालगुजारी और लगान के इस अन्तर के फल लगान जीवियों की एक तेजी से बढ़ती तादाद के बीच बँटते रहे क्योंकि जागीरों के उपविभाजन होते रहे तथा मझोली जोतवालों की (जो बंगाल में ऊँची जातियों के हिन्दू भद्रलोक के वास्तविक सामाजिक-आर्थिक आधार थे।) तादाद बेपनाह बढ़ी। इसलिए 19वीं सदी के अन्त और 20वीं सदी के आरम्भ तक लगानजीवियों की एक बड़ी संख्या कोई खास समृद्ध नहीं थी।

में बिक्री और रेहन की दस्तावेजों को लेकर नकाजतो ने पूर्वी बंगाल का एक विस्तृत विश्लेषण किया। ऐसा लगा कि यह अध्ययन सक्रिय डेल्टा क्षेत्र में भी किसानों के विभेदीकरण में कुछ वृद्धि के और वहाँ बँटाईदारी के नए रूपों के प्रसार के भी, अच्छे-खासे प्रमाण सामने रख रहा था। इसके अलावा उनकी रचना उस प्रवृत्ति पर भी सवाल उठाती है जो रे और रे की तथा बोस की रचना में भी कभी-कभी सामने आती है—यानी कि जमींदार और जोतदार के बीच एक सम्भवतः काफी दोटूक विभाजन करने की प्रवृत्ति पर; इनमें अक्सर यह मान लिया जाता था कि जोतदार बीसवीं सदी तक गरीब किसानों, बँटाईदारों और मजदूरों के शोषण का प्रमुख कारण बन चुका था। कोर्ट ऑफ वाड्र्स की फाइलों से (सरकार द्वारा अस्थायी रूप से जागीरों का प्रशासन सँभाले जाने के बाद जमींदारियों के प्रबन्ध की दस्तावेजें इसी कोर्ट से उपलब्ध होती हैं) संकेत मिलता है कि जमींदार अक्सर जोतों के जमींदारी, बिचौलियोंवाले, यहाँ तक रैयतवारी बन्दोबस्तों को भी आपस में मिला लिया करते थे। दूसरे शब्दों में, जमींदार कभी-कभी जोतदार भी बन जाता था, जैसे कि जोतदार जमींदार बन जाता था तथा शोषण के नए और पुराने बर्गादारीवाले रूप बड़े पेचीदा ढंग से आपस में गुँथ जाते थे। नकाजतो के परिष्कृत रूपवाले मार्क्सवाद ने जायद के अधिग्रहण के दोनों रूपों की शोषक प्रकृति पर जोर देना जारी रखा जो धारणा के स्तर पर तो अलग-अलग थे पर आपस में सम्बन्धित भी थे—यानी कि उनकी भाषा में अधिक 'गाढ़े सामन्ती', 'उपनिवेशी जमींदारी' पर और 'अर्धसामन्ती बर्गा' पर। मगर इस जोर को उन्होंने इस मान्यता के साथ भी जोड़ा कि काश्तकारों की एक समान दरिद्रता, हो सकता है, हमेशा इस शोषण का परिणाम शायद न रही हो। 20वीं सदी के आरम्भिक वर्षों में पूर्वी बंगाल के कुछ भागों में अनाज रूपी लगान और नकद लगान को लेकर जो तीखा खेतिहर टकराव पैदा हुआ वह भद्रलोक का 'बीज-लाभ' को हथियाने का एक प्रयास था; जूट की भारी माँग और ऊँची कीमतों के हालात में इस भद्रलोक के कुछ सदस्य इस मुनाफे को बटोरने लगे थे।[1]

निरन्तरता के सिद्धान्त सम्भवतः मद्रास प्रेसीडेंसी सम्बन्धी अध्ययनों में अधिक लम्बे समय तक चले। रैयतवारी बन्दोबस्त का पहला प्रमुख अध्ययन नीलमणि मुखर्जी ने 1962 में किया था; इसने इस प्रथा के जन्म में 'स्थानीय प्रभावों' और 'परम्परागत राजनीतिक प्रक्रियाओं' के महत्त्व को उजागर किया। यह ठीक उलटा था एरिक स्टोक्स की उस व्याख्या के जिन्होंने जमींदारी बन्दोबस्त के त्याग को इंग्लैंड की बौद्धिक मनोस्थितियों में एक किसान-समर्थक, रोमानी-जमा-संरक्षणवादी दिशा में आए परिवर्तन का परिणाम बतलाया था। कुछ साल बाद गुंटूर जिले के आरम्भिक उपनिवेशी प्रशासन पर फ्राइकेनबर्ग की रचना ने निरन्तरता पर इस जोर को यह सुझाव देकर बेपनाह बढ़ाया कि कम्पनी की सत्ता मात्र सतही थी और

1. रे और रे 1992 : 215-37; रे 1979; चटर्जी 1986; नकाजतो 1994 देखें।

वास्तविक शक्ति तो भारतीय अधिकारियों और कुलीनों के स्थानीय तंत्रों के हाथों में थी। रहा, ग्रामीण विभेदीकरण का सवाल तो ब्रिटिश काल में (विकिसानीकरण और ग्रामीण दस्तकारियों के पतन के द्वारा) भूमिहीन मजदूरों के अनुपात में हुई भारी बढ़ोत्तरी की जो मान्यता कभी व्यापक स्तर पर स्वीकार की जाती थी उसे धर्मा कुमार ने कारगर ढंग से ध्वस्त कर रखा था और इस कार्य को उन्होंने वाशब्रुक के इस सुझाव पर सवालिया निशान लगाकर जारी रखा कि असिंचित क्षेत्रों में अमीर और भी अमीर बन रहे थे। रैयतों की जोतों के पट्टा-रजिस्टर कालक्रम में ऊँचे स्तरों पर ऐसे किसी संकेन्द्रण के साक्ष्य देते नजर नहीं आते। 1880 और 1955 के बीच तमिलनाडु के देहातों का आगे जो विशाल अध्ययन सी.जे. बेकर ने प्रस्तुत किया, जो अभी तक किसी एक क्षेत्र का सम्भवत: सबसे दमदार और समावेशी अध्ययन था, उसने पट्टों सम्बन्धी आँकड़ों की विश्वसनीयता पर कुछ सन्देह व्यक्त किए। (अदालतें अक्सर उनको साक्ष्य मानने से इनकार करती थीं, और एक ही परिवार के पास एक से अधिक पट्टे भी हो सकते थे।) लेकिन उन्होंने भी मोटे तौर पर एक निरन्तरता का सुझाव दिया, बल्कि क्षेत्रीय भेदों के स्थायित्व पर बल्कि जोर भी दिया। पर्याप्त जल-संसाधनोंवाले अंचलों (खास तौर पर कावेरी, परियार और ताम्रपर्णी की वादियों) में सबसे अधिक विभेदीकरण देखा गया, जो अप्रत्याशित नहीं था, जबकि सलेभ और अर्कोट के खुश्क अन्दरूनी मैदानों में यह सबसे कम रहा।

संयोग की बात यह है कि इस मोटा-मोटी सहमति में पेचीदगी पैदा करने की एक दिलचस्प कोशिश एक और जापानी इतिहासकार ने की। सिंचित अंचल के एक भाग (कावेरी की वादी में तिरुचिरापल्ली के लालगुड़ी तालुका) में गाँवों के बन्दोबस्ती रजिस्टरों के एक सांख्यिकीय विश्लेषण को आधार बनाकर एच. यनागिसावा ने सुझाव दिया कि जोतों के मालिकों की जातिगत संरचना को भी अगर ध्यान में रखा जाए तो इन आँकड़ों की रूपरेखा जरा-सी भिन्न हो सकती है। बड़ी और छोटी जोतों के बीच एकड़ के आधार पर वितरण की सांख्यिकीय निरन्तरता दो महत्त्वपूर्ण मगर परस्पर विरोधी सामाजिक प्रक्रियाओं का नतीजा रही होगी। ब्राह्मणों की जमीनों के अनुपात में धीरे-धीरे कमी आ रही थी। (1805 में यह अनुपात बहुत ही अधिक, काश्त के क्षेत्र का 38.5 प्रतिशत था, बावजूद इसके कि लालमुड़ी तालुका की आबादी में उनका भाग 10 प्रतिशत से अधिक नहीं था। इसके विपरीत दलित जातियों के जोत-मालिकों का भाग 1865 में सिर्फ 2 प्रतिशत या तो बढ़कर 1895 में 36 और 1925 में 208 प्रतिशत हो गया। हालाँकि उनके अलग-अलग भूखंड तो आमतौर पर छोटे थे, पर फिर भी इस काल के अन्त तक काश्त के कुल क्षेत्र का 5 प्रतिशत भाग उनके ही पास था। गैर-ब्राह्मण मगर अच्छे-खासे समृद्ध परिवारों की जमीनों में महत्त्वपूर्ण वृद्धि हुई। इन परस्पर विरोधी प्रवृत्तियों को यनागिसावा ने तीन प्रक्रियाओं से जोड़ा है : ऊँची जातियों का गाँवों से बाहर जाकर शहरी पेशे अपनाना और

जमीनों को बँटाई पर दे देना, गैर-ब्राह्मण जातियों के ऊपरी हिस्सों की अक्सर व्यापार और फिर भूमि सम्बन्धी निवेश के द्वारा ऊर्ध्वमुखी गतिशीलता; और सबसे नीचे की श्रेणियों तक का थोड़ा-सा उभार जो उनकी राय में एक बड़ी हद तक इन क्षेत्रों से श्रीलंका और दक्षिण-पूर्व एशिया के देशों की तरफ बड़े पैमाने पर श्रमिकों के प्रवास का प्रभाव था। इससे श्रमिकों की सम्भावित आपूर्ति कम हुई होगी, जिससे सौदेबाजी का कुछ आचरण पैदा हुआ होगा, जबकि ऐसा लगता है कि जो लोग बागान मजदूरों के रूप में बाहर गए थे, उनमें भी अनेक प्रवासी जब वापस आए तो कुछ अतिरिक्त संसाधन लेकर आए। इसी से जुड़ा एक विकासक्रम यह था कि खेत मजदूरी के स्वरूप में, स्थायी और कभी-कभी अर्धचाक़र पन्नईयल से अधिक गतिशील दिहाड़ी मजदूरवाली स्थिति की तरफ, धीरे-धीरे एक परिवर्तन आया। यनागिसावा का प्रतिदर्श (सैंपल) काफी सीमित है, पर उनके परिणाम अन्त-उपनिवेश काल में दक्षिण में गैर-ब्राह्मण और दलित आन्दोलनों के सम्भावित भौतिक समकक्षों के बारे में कुछ रोचक कल्पनाओं को जन्म अवश्य देते हैं।[1]

श्रम के रूप

स्वतंत्रता के बाद जनगणना के आँकड़ों और प्रतिदर्शी सर्वेक्षणों ने लगातार यह संकेत दिया कि भूमिहीन व लगभग भूमिहीन खेत मजदूरों का ग्रामीण श्रमबल में भाग पाँचवें से लेकर एक चौथाई तक था। जैसा कि हमने पहले प्रसंगवश कहा है, आज यह बात सुस्थापित है कि ऐसी स्थिति उपनिवेशी संरचनाओं और प्रक्रियाओं के द्वारा कमोबेश नए सिरे से पैदा नहीं हुई। एस.जे. पटेल की रचना, जो पहली निगाह में विश्वसनीय लगती है, 1871 से 1931 तक व्यवसायों के बारे में जनगणनाओं के आँकड़ों की तुलना करती है। पटेल ने खेत-मजदूरों के बारे में एक ऊर्ध्वमुखी वक्र रेखा दिखाने की कोशिश की। लेकिन डेनियल और एलिस थार्नर जैसे विद्वानों ने जनगणनाओं के आँकड़ों का उपयोग करने के जो अधिक सूक्ष्म और आलोचनात्मक ढंग विकसित किए[2] उनके सामने पटेल का प्रयास चारों खाने चित हो गया—और जैसा कि जल्द ही हम देखेंगे, विऔद्योगिकीकरण के कम-से-कम एक और प्रमुख 'प्रमाण' को साथ लेकर चित हुआ। फिर 1965 में दक्षिण भारत में भूमि और जाति-प्रथा पर धर्मा कुमार का बड़ा अध्ययन सामने आया, जिसने खेत मजदूरों और मलाबार के चेरूमान और तमिलनाडु के परइयान जैसे समूहों की हीन जातियोंवाली

1. मुखर्जी 1962; फ्राइकेनबर्ग 1965; कुमार 1975 : 229-261; बेकर 1984; यनागिसावा 1996 : अध्याय 2, 5 और यथास्थान।
2. मसलन डेनियल थार्नर का मुखर शीर्षकवाला लेख 'एग्रीरियन रिवोल्यूशन बाई सेंसस रिडिफिनीशन' देखें जो थार्नर और थार्नर 1962 : 131-50 में पुनर्मुद्रित है।

स्थिति के एक बहुत जोरदार सहसम्बन्ध पर जोर दिया। यह बात अन्त-19वीं सदी के आँकड़ों से सामने आती है और, कुछ अधिक प्रभाववादी सूचनाओं के आधार पर, दक्षिण भारत में ब्रिटिश दखलअन्दाजी के एकदम आरम्भिक दिनों से भी। फिर इस तरह की जातियों को खेतिहर दासों की श्रेणी में रखा गया, जो एक स्थायी, पुश्तैनी आधार पर ऊँची जातियों के मालिकान के खेतों पर काम करने के लिए मजबूर थे। हालाँकि धर्मा कुमार की रचना के कुछ भागों का मार्क्सवाद-विरोधी शास्त्रार्थवाला रुख था, पर फिर भी देश के अग्रणी मार्क्सवादी इतिहासकार इरफान हबीब ने उनकी बुनियादी मान्यता का समर्थन किया जो उपनिवेश-पूर्व काल से उपनिवेश काल में भूमिहीन मजदूरों की बड़ी तादाद की निरन्तरता को लेकर थी। उन्होंने इसे बल्कि भारत के पूँजीवाद-पूर्व ग्रामीण समाज की विशिष्टताओं में एक कहकर इसे महत्त्व भी दिया।[1]

लेकिन एक बहुत मोटा-मोटी ढंग से तैयार किए गए प्रवर्ग के रूप में निरन्तरता यह मानने का कोई पर्याप्त आधार नहीं है कि उपनिवेश-पूर्व काल में या आरम्भिक ब्रिटिश काल में खेत मजदूरी के रूप एक सदी या और भी बाद में देखे गए रूपों जैसे ही थे। वास्तव में जो चीज पहली निगाह में एक खासी अधिक बुनियादी अलगाव लगती है वह सदी के मध्य में अंग्रेजों के द्वारा 'दास-प्रथा के उन्मूलन' के जरिए सामने आई। वैसे यह बात, सुस्पष्ट कारणों से, उस तरह का क्रमभंग नहीं थी, जिस पर उपनिवेश विरोधी विद्वान जोर देना चाहेंगे। ब्रिटिश साम्राज्य के दूसरे भागों में दास-व्यापार और फिर दास-प्रथा पर जो प्रतिबन्ध पहले से जारी थे वे भारत में देर से लागू हुए और 1843 के अधिनियम पाँच ने दासों पर अपने दावों की पुष्टि के लिए मालिकों को अदालतों का उपयोग करने से रोक दिया। इससे भी अधिक निर्णायक परिवर्तन 1860 की भारतीय दंड संहिता (ताजीराते-हिन्द) का वह प्रावधान था, जिसने दास रखने को एक कानूनी अपराध करार दे दिया।

लेकिन और भी करीब से देखें तो फौरन पता चल जाता है कि 'दास-प्रथा' और उसके 'उन्मूलन' दोनों को उद्धरण चिह्नों में रखना होगा और ये कम-से-कम दो बुनियादी ढंग से पेचीदा चीजें हैं। उपनिवेश-पूर्व और आरम्भ-उपनिवेशी भारत में न सिर्फ अनेक प्रकार के 'दास' हुआ करते थे, बल्कि स्वयं इस शब्द का उपयोग भी अस्पष्टताओं से मुक्त नहीं है, जैसा कि प्राचीन रोम के क्लासिक बड़े पैमाने की बागानी दास-प्रथा, वेस्ट इंडीज के यूरोपीय उपनिवेशों और अमरीकी गृहयुद्ध से पहले दक्षिण भाग को छोड़ अधिकांश स्थितियों में देखा गया। बीच की एक श्रेणी 'बँधुआ मजदूर' की थी, जिसे विधि आयोग ने 1841 में मान्यता दी थी, जबकि 1843 और 1860 के कानून यह स्पष्ट नहीं कर सके कि किसे दास कहा जाएगा, जिसे इसी कारण से मुक्त कराना अभिप्राय था। व्यवहार में कामकाजी सम्बन्धों पर

1. कुमार 1965

कम ही असर पड़ा, क्योंकि 'मजदूरों' की अधिकांश व्यवस्थाओं को मुक्त सहमति देनेवाले पक्षों के बीच वैध अनुबन्धों के रूप में पेश किया जा सकता था—जैसा कि हम देखेंगे, सबसे बढ़कर दीर्घकालिक, यहाँ तक कि पुश्तैनी कर्जदार बँधुआगीरों के विभिन्न रूपों को भी। अलावा इसके, उपनिवेशी भारत में (और कहा जा सकता है कि सिर्फ यहीं नहीं) 'श्रम सामान्यत: शायद ही कभी पूरी तरह मुक्त रहा होगा' क्योंकि औपचारिक दास से लेकर कारखाना मजदूर तक सभी रूपों में गैर-आर्थिक मजबूरी के तत्त्व मौजूद हुआ करते थे।[1] यह सही है कि अंग्रेजों ने मध्य-19वीं सदी के आसपास से भारत में दास-श्रम और मुक्त श्रम के बीच एक स्पष्ट कानूनी भेद स्थापित करने के प्रयास किए, और मुक्त श्रम को एक स्वैच्छिक अनुबन्ध के विचार पर आधारित बतलाया, और उन्होंने हर किसी के अपनी श्रमशक्ति बेचने के अबाध अधिकार पर जोर दिया। लेकिन अनेक लोगों का तर्क है कि दास-श्रम की निन्दा और मुक्त उजरती श्रम का गुणगान करते हुए अब जो द्विभाजन कायम हुआ वह एक बड़ी हद तक एक वैचारिक प्रवर्ग था, जिसने लोगों को बाँध देने के बारे में बाजार और धन की आधुनिक शक्ति को स्वाभाविक रूप दिया।[2]

ऐसा लगता है कि आरम्भ-उपनिवेश काल में 'दास' शब्द का उपयोग तीन अपेक्षाकृत अलग-अलग सन्दर्भों में हुआ। पहला, भारत के नगरों में केन्द्रित दरबारों, कुलीनों और समन्दरपारी (अक्सर दासों के) व्यापार से जुड़े यूरोपीय अभिजातों द्वारा दासों का क्रय-विक्रय किया जाता रहा। डचों और आगे चलकर अंग्रेजों ने इस व्यापार को अरबों द्वारा संचालित एक फलते-फूलते व्यापार के रूप में देखा था और इसमें खुद उन्होंने एक लम्बे समय तक उत्साह से भाग लिया था। इस तरह के दास उत्पादन-कार्यों में नहीं लगाए जाते थे और पहले की सदियों में उन्हें कभी-कभी जो राजनीतिक महत्त्व प्राप्त हुआ, वह लगता है अब समाप्त हो चुका था। फिर भी वे अपने मालिकों के लिए सम्मान के तमगे और तरह-तरह के मनोरंजन के स्रोत बने रहे। अन्त-18वीं सदी में कलकत्ता की अंग्रेजी पत्रिकाएँ खुलकर दासों की नीलामी को प्रचारित कर रही थीं और 'फ्रांसीसी भोंपू पर उम्दा नाच सकनेवाले मालों', यहाँ तक कि 'सचमुच श्यामल-वर्णी बहुत ही सुन्दर अफ्रीकी महिलाओं' के भी विज्ञापन दे रही थीं। यही यह दास-प्रथा थी जो ब्रिटेन में धर्म-प्रचारक और उन्मूलनवादी मनोस्थितियों के प्रसार के कारण अधिकाधिक हमले हो रहे थे, और लगता है कि

1. एंडरसन 1973 : 104; सरकार 1985 : 97-98 देखें।
2. यह बात कहनेवाले इतिहासकारों में सबसे प्रमुख ज्ञानप्रकाश रहे हैं, जो कभी-कभी यह संकेत देने के करीब पहुँच जाते हैं कि बँधुआ मजदूरी को निहितार्थ रूप में वैध ठहराकर 'उन्मूलन' ने वास्तव में अनेक ग्रामीण मेहनतकशों की हालत को और बिगाड़ा। 'उपनिवेशवाद के आर्थिक प्रभावों को मुक्तिदायी ठहराकर उचित ठहराने' के बारे में अत्यधिक घबड़ाहट में लगता है उन्होंने चाकरी के उपनिवेश-पूर्व रूपों की आलोचना के बारे में कभी-कभी कुछ ज्यादा ही सावधान कर दिया है। प्रकाश 1992 : 17; प्रकाश 1990 भी देखें।

मध्य-19वीं सदी के बाद यह तेजी से गायब भी हो गई। दास-प्रथा का दूसरा रूप घरेलू सेवाओं से अधिक जुड़ा हुआ था, और यह ग्रामीण और नगरीय, दोनों क्षेत्रों में बड़े और समृद्ध मुस्लिम और हिन्दू घरानों में जमकर कायम था। पहले रूप की तरह इसका सम्बन्ध भी मालिक के सम्मान-भाव, निजी आराम-चैन और सुख-विलास से जुड़ा हुआ था, पर यह समन्दरपारी व्यापार और सार्वजनिक नीलामियों की बजाय हताशा-भरी बिक्री या 'स्वैच्छिक' बन्धन की उपज था। यहाँ तो दास, सेवक, रखैल, यहाँ तक कि पत्नी के बीच की सीमा रेखाएँ भी काफी कम स्पष्ट थीं। मिसाल के लिए एक महत्त्व की बात यह है कि बंगला में एक ही शब्द 'दासी' का अर्थ गुलाम, कनीज और (आमतौर पर गैर-भद्रलोक घरानों में) बीवी तक भी हो सकता था। ऐसी घरेलू चाकरी हस्तान्तरण या विक्रय के बिना भी पीढ़ियों तक जारी रह सकती थी और कोई शुद्ध निम्नजातीय संवृत्ति नहीं लगती। अन्त-19वीं सदी में पढ़े-लिखे लोगों के संस्मरण कभी-कभी गर्मजोशी के, पितृवत्त सम्बन्धों के संकेत देते हैं : हालाँकि इसका अनुमान लगा सकना कठिन है कि ये 'नीचे से' कैसे नजर आते थे। रहे अन्त-उपनिवेशकालीन परिवर्तन तो हाल के नारीवादी अध्ययन इस श्रेणी के सिलसिले में प्रगति की जगह अधोगति पर जोर देते रहे हैं। स्त्रियों के घरेलू 'काम-काज' को पहले की अपेक्षा अधिक सटीक ढंग से खेतों या कारखानों के 'उत्पादक' श्रम से अलग किया गया और तरलता के जो तत्त्व पहले से चले आ रहे थे उन पर पाबन्दियाँ लगाई गईं। मसलन मुर्शिदाबाद के नाजिमों की घरानों से सम्बन्धित दस्तावेजों पर आधारित एक अध्ययन में यह तर्क दिया गया है कि वैध वंशावलि की शुद्धता पर बढ़ते जोर के कारण राजघरानों के 'अवैध' बच्चों और उनकी दास-माताओं की स्थिति में गिरावट आई।[1]

खेतिहर चाकरी सबसे स्पष्ट और सबसे कठोर दक्षिण में थी, खासकर मलाबार, कनारा, दक्षिणी तमिलनाडु के और आन्ध्र के कुछ भागों के सिंचित और धान-उत्पादक क्षेत्रों में। निम्न जातीय स्थिति से इसका सम्बन्ध पहले के दोनों रूपों की अपेक्षा काफी अधिक था। केरल में तो एक दंतकथा ही प्रचलित है कि समुद्र से भूमि को निकालने के बाद परशुराम ने उसे ब्राह्मणों के हवाले कर दिया और उनके लिए इन जमीनों पर काश्त करने के लिए वनवासी कबीलों के दास भी दिए। लेकिन कुछ दूसरे निर्धारक तत्त्व भी थे, जिन्होंने, जहाँ पर जाति-प्रथा की संरचनाएँ कम बेलोच थीं, वहाँ भी, लगभग चाकरों जैसी पुश्तैनी निर्भरता से मिलते-जुलते सम्बन्धों को बढ़ावा दिया। खेती में श्रम की माँग में जो मौसमी उतार-चढ़ाव आते थे, उन्होंने चढ़ाव के कालों में एक आरक्षित श्रमभंडार के रख-रखाव को अधिक समृद्ध भूमिदारों के लिए एक महत्त्वपूर्ण परिसम्पत्ति बना दिया और जैसा कि कहा गया, मध्य-19वीं सदी के 'उन्मूलन' से पहले और उसके बाद भी ऋण और बन्धकी के

1. सरकार 1985; चटर्जी 1999

घनिष्ठ सम्बन्ध ऐसी आपूर्ति सुनिश्चित कर रहे थे। मसलन देश के अधिकांश दूसरे भागों के विपरीत पंजाब में भूमिदार खेतों में काम करने के खिलाफ नहीं थे। लेकिन पूरे अन्त-उपनिवेशी काल के दौरान वह क्षेत्र विभिन्न प्रकार के श्रमिकों की एक बड़ी संख्या की मौजूदगी का पता देता है : संजीदार दस्तकार जातियाँ जो जजमानी के अपने परम्परागत कार्य करते हुए भी खेतों में काम किया करते थे; मीरी स्थायी कृषि श्रमिक; दूसरे प्रान्तों से आए प्रवासी खेत मजदूर (जो उस राज्य में मध्य-20वीं सदी की हरित क्रान्ति के साथ काफी प्रमुखता प्राप्त करने लगे) और किसान सर्वहारा भी जिनके पास जमीनें इतनी कम थीं कि दूसरे लोगों के खेतों पर काम करना उनके लिए आवश्यक था। हरेक श्रेणी के लिए ऋणजन्य निर्भरता अक्सर केन्द्रीय तत्त्व होती थी, जबकि खेत मजदूरों की माँग पारिस्थितिक दशाओं और फसलों की किस्मों के अनुसार बदलती रहती थी। यह गेहूँ के लिए और इसलिए मध्य पंजाब और नहरी बस्तियों के अधिक उपजाऊ क्षेत्रों में यह माँग भारी होती थी; ज्वार, बाजरा पर जीवन बितानेवाले और उपनिवेश काल में काफी कम व्यावसायिक खुश्क दक्षिण-पूर्व पंजाब में यह कम होती थी।[1]

हो सकता है कि खेत मजदूरों के अनुपात में अधिक परिवर्तन आया हो, मगर यह संकेत देनेवाले साक्ष्य भी नामौजूद नहीं हैं कि अन्त-उपनिवेशकालीन विकासक्रमों ने अक्सर उनके हालात को बिगाड़ा। जंगलात सम्बन्धी प्रतिबन्ध, बसाव की प्रक्रियाओं, निजी सम्पत्ति की सख्त बन चुकी धारणाओं और फौजी श्रम-बाजार की गिरावट, इन सबने भूमिहीन व लगभग-भूमिहीन समूहों के लिए अतिरिक्त आय और भौगोलिक या सामाजिक गतिशीलता के पहले के अवसरों को कम किया, खास तौर पर उपमहाद्वीप के अधिक खुश्क भागों में, जहाँ जाति-प्रथा की संरचनाएँ काफी कम सख्त हुआ करती थीं। पहले के इतिहास-ग्रन्थों में जिनको 18वीं सदी की अराजकता कहा गया है, उन्हीं दशकों में वाशब्रुक ने दक्षिण भारत में 'परिया (अछूत) के स्वर्ण युग' की परिकल्पना विकसित की है क्योंकि नियंत्रणों के कमजोर पड़ने पर सामाजिक गतिशीलता बढ़ी होगी।[2] फिर उपनिवेशी विधान के प्राच्यवादी और अधिक आधुनिक, दोनों ही आयाम, जिनकी चर्चा की जा चुकी है, एक ही दिशा में आगे बढ़े होंगे। उपनिवेशवाद के विधायी और प्रशासनिक कार्यकलापों ने अक्सर श्रम पर नियंत्रण के 'परम्परागत' रूपों से नाता जोड़ा, उन्हें बल पहुँचाया और उनका उपयोग किया। दौरों पर निकलनेवाले हाकिमों ने ग्रामीणों से बेगार या मुफ्त में सामान लेने के राजाओं या जमींदारोंवाले तौर-तरीकों को जारी रखा और पहले की प्रथा को एक बार फिर काम में लाते हुए आरम्भ-उपनिवेश काल के सार्वजनिक निर्माण-कार्यों में कभी-कभी 'विधायी श्रम' का उपयोग भी किया। लेकिन जैसा कि हम देख चुके

1. ह्वेल 1967 : 71-126; शारदामणि 1973 : 371-385; भट्टाचार्य 1985 : 105-152
2. वाशब्रुक 1993 : 68-86

हैं, न्यायिक कार्यकलाप के द्वारा अनुबन्धों की पवित्रता की सख्तगीर बुर्जुवा धारणाओं का आयात भी किया गया। फिर 1872 के अनुबन्ध अधिनियम और श्रम पर नियंत्रण के कुछ विशिष्ट विधान मुख्यतः ब्रिटिश प्लांटरों और कारोबारी लोगों के हित में बनाए गए। इससे साहूकारों और रोजगार देनेवालों के मुकाबले कर्जदारों और मजदूरों की स्थिति नीचे गिरी, भले ही ये साहूकार और मालिकान यूरोप के रहे हों या भारत के—हालाँकि यूरोपवाले को और खासकर असम के चाय-बागान मालिकों को कुछ अतिरिक्त विशेषाधिकार भी प्राप्त थे। मसलन 1850 के प्रशिक्षु अधिनियम ने उस्ताद को अनुमति दी 'हलकी पिटाई करने की...जैसा कि विधिसम्मत ढंग से एक पिता अपने पुत्र को दे सकता है।' दूसरी ओर कलकत्ता में बसे यूरोपीय व्यापारियों के दबाव के कारण 1859 में कामगारों द्वारा अनुबन्ध के हनन पर एक कानून बना, जिसके तहत एक मजिस्ट्रेट किसी रोजगारदाता की प्रार्थना पर उस श्रमिक को जो कथित रूप से कामचोरी या काम से इनकार कर रहा है, तीन महीने की कैद बामशक्कत दे सकता था।[1]

निश्चित ही सबसे अधिक बदनाम दक्षिण एशिया और दूसरे स्थानों के बागान में काम के लिए गिरमिटिया मजदूरों को जमा करने की प्रथा थी। इसने 1834 में दास-प्रथा के उन्मूलन के बाद ब्रिटिश कैरीबियन (ट्रिनिडाड, गुयाना) और मारीशस में दास-श्रम की जगह ले ली और फिर इसे भारत के कुछ भागों, फिजी और नेटाल में लागू किया गया। पश्चिम में और दूसरे स्थानों पर जो चीजें रोजमर्रा की खपत बन चुकी थीं उनकी एक शृंखला का गिरमिटिया मजदूरों ने उत्पादन किया : चाय, मुख्य रूप से असम और उत्तरी बंगाल में; कहवा (और उद्योगों के लिए अधिकाधिक महत्त्वपूर्ण कच्चा माल बनता जा रहा रबर) नीलगिरि में; शक्कर ट्रिनिडाड, गुयाना, मारीशस, फिजी और नेटाल में। श्रम के इस निर्यात के पैमाने पर कुछ जोर देना आवश्यक है; क्योंकि यह एक ऐसी बुनियादी पद्धति थी, जिसके द्वारा अन्त-19वीं सदी में भारत ब्रिटिश साम्राज्य, बल्कि वास्तव में विश्व साम्राज्य की पूरी व्यवस्था के लिए केन्द्रीय तत्त्व बन गया। 1834 और 1924 के बीच विदेशों की ओर भारतीय श्रमिकों का कुल प्रवास 65 लाख के आस-पास तक था, जिनमें लगभग 15 लाख गिरमिटिया प्रथाओं के अन्तर्गत गए। ब्रिटिश सामराज के अन्दर स्थित मंजिलों की तरफ गिरमिटिया मजदूरों के कुल प्रवाह में भारत से आनेवालों का भाग 85 प्रतिशत से कम नहीं था। (यह भाग लगभग 12.5 लाख था; किसी और देश ने एक लाख से अधिक श्रमिकों का निर्यात नहीं किया।)[2]

गिरमिट-प्रथा की खास विशेषता यह थी कि अनुबन्ध में दर्ज मुद्दत से पहले मजदूर न तो उसकी शर्तों पर कोई बात कर सकते थे और न सेवा करने से इनकार

1. एंडरसन 1993
2. नार्थ्रप 1999 : 89-91

कर सकते थे, जबकि 'पलायन' पर फौजदारी का मुकद्दमा चलाया जाता था। 1859 के अधिनियम में मालिकान को कम-से-कम मजिस्ट्रेटों से सम्पर्क करना पड़ता था और सिर्फ दीवानी के इलजाम लगाए जाते थे। लेकिन उसके विपरीत 1863, 1865 और 1882 में मुख्यत: असम के चाय बागान के लिए बनाए गए कानूनों ने मालिकान को, जो आरम्भ में बड़ी हद तक यूरोपवासी हुआ करते थे, मनमानी शक्तियाँ दे दीं कि वे मजदूरों को अपनी मर्जी से गिरफ्तार कर सकते थे और उन पर फौजदारी के इलजाम लगा सकते थे। तरह-तरह के गैर-कानूनी बल प्रयोग भी जारी रहे जिनको उपनिवेशी राजसत्ता के साथ उनके नस्ली सम्बन्धों से बल मिलता था।

असम का परिदृश्य सम्भवत: सबसे बुरा था। यहाँ आबादी के कम घनत्व के कारण राजसत्ता ने यूरोपीय बागान-मालिकों को बड़ी-बड़ी जमीनों के दान लगभग मुफ्त में दिए, पर इससे श्रम की उपलब्धता की समस्या भी उठी। स्थानीय श्रमिक वर्गों को जल्द ही अनिच्छुक, सुस्त और अफीम की पिनक में मस्त कहकर उनकी निन्दा की जाने लगी। वास्तव में वे तो एकदम बुद्धिमान नजर आते हैं कि उन्होंने जानलेवा दशाओं में और अपने इलाकों में प्रचलित मजदूरियों से कम पर काम करने की इच्छा नहीं जताई। 1865 में पुरुषों, स्त्रियों और बच्चों के लिए मजदूरियाँ 5, 4 और 3 रुपए तय की गई थीं, और खाद्य-पदार्थों के दामों में 100 प्रतिशत वृद्धि के बावजूद ये 1900 में भी इतनी ही थीं। इसलिए दूर-दराज के इलाकों, खासकर छोटा नागपुर और मध्य भारत के दूसरे आदिवासी क्षेत्रों से 'कुलियों' की भरती करनी पड़ी। यह भरती अरकाट्टियों की एक शृंखला के माध्यम से की जाती थी जो पेशगी रकमों और शुद्ध धोखाधड़ी के मेल के सहारे काम करते थे, जिससे असाधारण उत्पीड़न की स्थिति पैदा होती थी। बागान-मालिकों के दृष्टिकोण से यह व्यवस्था सफल रही क्योंकि इसके कारण 1880+ तक ब्रिटिश भारत की चाय की दुनिया की खास किस्म के रूप में चीनी चाय को विस्थापित कर चुकी थी; इसने श्रम की स्वाभाविक दुर्लभतावाले एक क्षेत्र में कम उजरतों की एक व्यवस्था को भी कायम रखा जिसके कारण 19वीं सदी के अन्तिम भागों में चाय के गिरते दामों के बावजूद मुनाफे ऊँचे बने रहे। लेकिन असम घोर नस्ली दमन का एक नाम भी बन गया और 1880+ के दौरान उदीयमान मध्यवर्गीय राष्ट्रवाद के द्वारा श्रमिकों के मामलों में एक हद तक हस्तक्षेप का पहला उदाहरण बन गया। इंडियन एसोसिएशन के सहायक सचिव द्वारकानाथ गांगुली ने कलकत्ता के दैनिक 'बंगाली' में 1886-87 में एक लेखमाला लिखी जो एक ब्रह्मसमाजी प्रचारक द्वारा जमा की गई अनुभूत सामग्री पर आधारित थी और कांग्रेस के आरम्भिक अधिवेशनों में गिरमिटिया प्रथा की निन्दा में कभी-कभी प्रस्ताव भी लाए गए। सम्भवत: इससे भी अधिक महत्त्वपूर्ण था, लाजिमी तौर पर बिखरा हुआ ही सही, श्रमिकों का अच्छा-खासा प्रतिरोध और कहीं-कहीं हिंसा का कर्म, और 'सस्ती मजदूरी की ऊँची लागत' का विरोधाभास :

भरती की लागतें लगातार बढ़ती रहीं, क्योंकि काफी रकम खिसककर अरकाट्टियों को चली जाती थी। आरम्भ-20वीं सदी तक खुद कर्जन भी बागान-मालिकों पर कभी-कभी आलोचनात्मक टिप्पणियाँ करने लगे थे और फिर 1915 से गिरमिटिया प्रथा धीरे-धीरे मिटाई जाने लगी—तब जबकि गोखले ने इम्पीरियल लेजिस्लेटिव कौंसिल में 1912 में यह सवाल उठाया और सी.एफ. एंड्रयूज ने खास तौर पर फिजी की दशाओं को लेकर एक शक्तिशाली अभियान शुरू कर दिया था। 'मुक्त' श्रम ने जाहिर है शोषण को, बल्कि प्रवास तक को भी, समाप्त नहीं किया, क्योंकि आखिरकार हमेशा वह पेशगी की जरूरतों से और उससे पैदाशुदा कर्ज-जाल से जुड़ा रहता था जो कि ग्रामीण समाज के निचले स्तरों पर जारी रहा। जैसा कि हम देखेंगे, जो श्रम-ग्रहण क्षेत्र, भारत के गिरमिटिया मजदूरों के अधिकांश भाग की आपूर्ति करते थे, वही पूँजीवादी उद्योगों के लिए 'मुक्त' श्रमबल के बुनियादी भौगोलिक क्षेत्र भी बने रहे—और यह कि भरती के तरीकों में अक्सर कुछ अधिक परिवर्तन आया भी नहीं।[1]

अनेक, सम्भवत: अधिकांश टिप्पणीकारों के नजदीक गिरमिटिया भरती और मजदूरी की दशाएँ इतनी निर्भय थीं कि उनको ह्यू टिंकर ने जो नाम दिया था वह उचित लगता था : 'दासता की एक नई प्रथा।'[2] मगर हाल में कुछ संशोधनवादी व्याख्याएँ भी सामने आई हैं; इनमें अधिक अतिवादी व्याख्याएँ वे हैं जो सम्भवत: नव-उदारवादी अर्थशास्त्र के वहशी समर्थकों को ही उचित लगेंगी। सुझाव दिया गया है कि गिरमिट वास्तव में एक औपचारिक अनुबन्ध था, जिसमें उजरतों के साथ श्रमशक्ति का आदान-प्रदान होता था। दास-प्रथा के विपरीत यह स्थायी या पुश्तैनी नहीं था, बल्कि एक पूर्व निर्धारित समय के लिए होता था, और अधिकांश बागानी इलाकों में विरोध या प्रतिरोध की मिसालें कुछ खास अधिक नहीं थीं। इसलिए हो सकता है कि मजदूर अपने स्वतंत्र बुद्धिसम्मत चयन से काम लेकर श्रम की कम से अधिक उत्पादकतावाले क्षेत्रों में जाते रहे हों। इस तरह के तर्कों की उन शब्दों से संदिग्ध समानता दिखाई देती है जो बागानदारों के एक प्रतिनिधि ने 1901 में सेन्ट्रल लेजिस्लेटिव कौंसिल में असम की गिरमिट व्यवस्था के समर्थन में कहे थे : 'कुली जब बाग में पहुँचता है तो मजदूरी पाने और जीने लगता है जबकि छोटा नागपुर में वह सिर्फ अस्तित्वमान होता है।'[3]

1. बहल और महापात्र 1992 : 142-172; दासगुप्ता 1992 : 173-98
2. टिंकर 1974
3. बहल और महापात्र 1992 : 143 देखें। ब्रेमन और डेनियल ने ऐसे तमाम श्रम के लिए सर्वव्यापी बन चुके शब्द 'कुली' का घनिष्ठ विश्लेषण करके ऐसे तर्कों का सम्भवत: सबसे सटीक और सैद्धान्तिक दृष्टि से सुगठित खंडन पेश किया है। इसमें मालिक देशों के पूँजीवाद के सर्वहारा वर्ग की सिर्फ पहली दो विशेषताएँ पाई जाती थीं : परम्परागत और प्रथासम्मत दायित्वों से मुक्ति और मालिकों/संरक्षकों पर (सम्भवत: चाकराना) निर्भरता के सम्बन्ध। लेकिन पूर्णरूपेण सर्वहारा

लेकिन 'जब्री' व्यवसायीकरण की तरह उपनिवेशी दशाओं में गिरमिट के और सामान्यतः श्रमिक-प्रवास के विषय की कुछ पेचीदगियाँ भी हैं, और संशोधनवाद के कुछ अधिक सूक्ष्म रूप यहाँ कभी-कभी सहायक हो सकते हैं। मिसाल के लिए इसमें शायद ही शक हो कि इस व्यवस्था में भी पर्याप्त भिन्नताएँ थीं। लगता है कि दक्षिण भारत के ग्रहण क्षेत्रों में भरती की दशाएँ कुछ कम उत्पीड़क थीं, जहाँ मजदूरों के ठेकेदारों की एक उपनिवेश-पूर्व कंगनी व्यवस्था का उपयोग किया जा रहा था; यह व्यवस्था श्रीलंका को प्रवासी तमिल श्रमिकों की आपूर्ति के लिए सदियों के दौरान विकसित हुई थी। ये प्रवासी, जो दलित समूहों के हुआ करते थे, कंगनी की पेशगी रकम देकर खेतिहर दासता से मुक्त किए जाते थे, जबकि अनेक ऐसे श्रमिक तो वेल्लालारों जैसी अपेक्षाकृत ऊँची जातियों के भूस्वामी स्तरों से आए। जैसा कि हम देख चुके हैं, प्रवासियों की अच्छी-खासी वापसी ने एक हद तक ऊर्ध्वमुखी गतिशीलता में योगदान दिया। देसी सौदागर—नट्टूकोट्टई चेट्टियार—कंगनीवाली भरती की इस पूरी व्यवस्था के लिए, बल्कि श्रीलंका के बागानदारों के लिए भी वित्त के प्रमुख स्रोत थे।[1] इन तमाम मामलों में उत्तर के श्रम-ग्रहण क्षेत्रों (आदिवासी इलाकों और सभी ग्रहण-क्षेत्रों में सबसे महत्त्वपूर्ण क्षेत्र यानी कि पूर्वी संयुक्त प्रान्त और पश्चिमोत्तर व उत्तरी बिहार की भोजपुरी पट्टी) के हालात बहुत ही भिन्न थे और बहुत बदतर भी। यहाँ भारी प्रवास के साथ ह्रास न सही, प्रगतिरोध अवश्य जुड़ा हुआ था। न ही गिरमिटियों की भरती को ग्रहण क्षेत्रों में शोषण के स्थानीय ढाँचों से अलग किया जा सकता था, जो देसी ढाँचे थे, या शायद उपनिवेशी और भारतीय ढाँचों के अधिकाधिक समन्वित रूप थे। सबसे बड़ी बात यह है कि पुराना कर्ज-जाल भी हुआ करता था, जिसने अरकाट्टी पेशगी रकमों को आरम्भ में आकर्षक, बल्कि अपरिहार्य भी बना रखा था। (खासकर आदिवासी क्षेत्रों के बारे में हमें गिरमिटिया और 'स्वतंत्र' प्रवास दोनों के सम्बन्धों को, जंगलात तक पहुँच की समाप्ति, जोतदारी के सामुदायिक रूपों तथा बाहर के सूदखोरों और आकर बसे किसानों के हाथों में जमीन के हस्तान्तरण के सम्बन्धों को भी ध्यान में रखना होगा।) फिर ऐसे छोटे-मोटे ठोस साक्ष्य भी हैं जो कुछ ऐसी मिसालें सामने लाते हैं—आमतौर पर निर्मम पारिवारिक दमन की शिकार महिलाओं के सिलसिले में—जिनमें हो सकता है बागान मजदूरी को स्वीकार करना स्वतंत्रता पाने जैसा लगता

→ के विपरीत कुली को अपनी श्रमशक्ति के स्वतंत्र विक्रय की सामर्थ्य पाने का मौका नहीं दिया गया और फलस्वरूप वह सूचक था, ऐसे 'व्यक्ति का जो...अपनी व्यक्तित्वमयता से वंचित आद्य-सर्वहारा (प्रोटो-प्रोलेतारियन) व्यक्तियों की श्रेणी में फेंक दिया गया था।' अलावा इसके यह ऐसी स्थिति थी जो संक्रमणकालीन न रहकर स्थायी बन गई। ब्रेमन और डेनियल 1992 : 268-70 देखें।

1. मेयर 2003 : 55-88

रहा हो। मिसाल के लिए एक स्थानीय लगानजीवी के बेटे से ब्याही गई और अक्सर उसकी मार खानेवाली एक नौजवान लड़की चाय-बागान में भरती करनेवाले एक कारिन्दे के साथ भाग खड़ी हुई। आरम्भ-20वीं सदी के इस दृष्टान्त के ब्यौरों से क्रिस्पिन बेट्स और मेरीना कार्टर ने यह महत्त्वपूर्ण निष्कर्ष निकाला है कि 'प्रवास एक सचेत चयन भी रहा होगा और फिर भी यह ऐसा चयन था, जो दमन या अभाव की दशाओं से पैदा हुआ।'[1]

प्रमुख श्रम ग्रहण क्षेत्रों की स्थिति भी एक दिलचस्प समस्या है क्योंकि वे पीढ़ियों तक कमोबेश अपरिवर्तित रहे, भारत और विदेशों के बागान के लिए गिरमिटिया मजदूर तथा आज के दिन तक कारखानों और दूसरे तरीकों के रोजगारों के लिए 'स्वतंत्र' मजदूर, दोनों की आपूर्ति करते रहे। पहेली यह है कि काफी आबाद होते हुए भी ये अधिकतम घनत्ववाले इलाके नहीं हैं। गौरतलब है कि बंगाल कभी ऐसा क्षेत्र नहीं बना और कलकत्ता के पटसन कारखाने भी दूर-दराज के उत्तरी स्रोतों से अधिकाधिक मजदूर खींचते रहे। दूसरी तरफ ये पश्चिमी राजस्थान जैसे बेहद गरीब और बेहद खुश्क इलाके भी नहीं हैं या अन्दरूनी गुजरात और महाराष्ट्र के सबसे सूखे भाग भी नहीं हैं। राष्ट्रवादी विश्लेषण विकिसानीकरण (डिपेजेंटाइजेशन) के लिए जिन सामान्य कारकों को आमतौर पर दोष देता रहा, मसलन मालगुजारी और लगान के अत्यधिक दबाव, जब्री व्यवसायीकरण, विऔद्योगिकीकरण को, उनसे ये क्षेत्र दूसरों की अपेक्षा अधिक बुरी तरह प्रभावित होते, इसका कोई कारण नजर नहीं आता। बहुत पहले, 1978 में, पर्यावरण के प्रश्न भारत में गम्भीर इतिहासकारों का ध्यान आकर्षित करने लगे उससे भी एक दशक पहले, एक मार्गदर्शक विश्लेषण में लतिका चक्रवर्ती ने श्रम-ग्रहण क्षेत्रों की कुछ पारिस्थितिक विशिष्टताओं की ओर ध्यान खींचा था। उन्होंने उत्तरी बिहार, पूर्वी उत्तर प्रदेश तथा अन्दरूनी आन्ध्र और तमिलनाडु के कुछ क्षेत्रों पर ध्यान केन्द्रित किया और आदिवासी अंचलों को छोड़ दिया कि उनकी अपनी ही सुस्पष्ट विशेषताएँ थीं। कम-से-कम और भी हाल के सिंचाई साधनों से पहले ये क्षेत्र सिंचित धान-उत्पादक अंचलों की सीमाओं पर

1. बेट्स और कार्टर 1993 : 162-64 देखें। अपरिहार्य अस्पष्टता के इसी विषय के बारे में, वेस्टइंडीज में भारतीय श्रमिकों के बीच 'वापसी सम्बन्धी दुविधा' पर महापात्र (1996 : 134-155) का असाधारण संवेदनशील लेख देखें। जिस कलकत्ता बन्दरगाह से वे जहाजों में सवार कराके ट्रिनिडाड भेजे गए थे, उसके बारे में भावुक तड़प के काफी साक्ष्य पाए जाते हैं : दिसम्बर 1899 में जहाज पर बिठाया गया एक शख्स तो इस आशा के साथ समुद्र में कूद पड़ा कि तैरकर वापस चला जाएगा। फिर भी गिरमिटिया प्रथा के उन्मूलन के बाद जो अनेक लोग वापस आए उनके लिए वापस 'वतन' की जिन्दगी असह्य साबित हुई : शहर में तो वे बेरोजगार रहे, जबकि जिन गाँवों से वे मूलतः गए थे वहाँ उनसे अछूतों जैसा व्यवहार किया जाता रहा और सही मायनों में वे वहाँ कभी लौट ही नहीं सके। 1920+ के दौरान उनमें से कुछ ने तो वापस कैरीबियन भेजे जाने के लिए आन्दोलन भी किए।

स्थित थे, मिसाली तौर पर, अधिक गरीब निवासियों के जीवन-निर्वाह के लिए धान के साथ ज्वार-बाजरा जैसे मोटे अनाज पैदा करते थे, और ये ऐसे क्षेत्र थे, जहाँ विस्तारित काश्त का हाशिया बेलोच हुआ करता था। चक्रवर्ती का तर्क था कि इस दरमियानी पट्टी में व्यवसायीकरण, जो अधिक समृद्ध और अधिक निर्धन दोनों मगर कम आबाद क्षेत्रों में ऊर्ध्वमुखी ग्रामीण वर्गों की दशाओं में सुधार ला सकता था, 'उलझाव' पैदा करने लगा था—अधिक निर्धन किसान अपनी घटिया दर्जे की खाने-योग्य फसलों के लिए अधिकाधिक कम उपजाऊ हो रही जमीनों की तरफ धकेल दिए गए और अक्सर प्रवास के लिए मजबूर हो गए।[1]

चक्रवर्ती का परचा एक और अर्थ में भी प्रवर्तनकारी था। सुस्थापित राष्ट्रवादी प्रवृत्ति यह थी कि वह दक्षिण एशिया या समन्दर-पार के बागान की तरफ गिरमिटियों के जो प्रवास यूरोपवालों की अधीनता में हो रहे थे उनकी असमानताओं का राग अलापती थी। इसके विपरीत चक्रवर्ती ने उन तरीकों पर जोर दिया जिनके कारण औद्योगिक श्रम बल का उदय 'तथाकथित कुली-प्रवास की कथा का एक अंग' था। श्रम-ग्रहण क्षेत्रों से जो लोग समन्दरपारी समझौतों के तहत बाहर गए, वे 'ठीक वही लोग थे जो 'स्वतंत्र मजदूरों' के रूप में कारखानों के फाटकों तक पहुँचे' और इन दोनों स्थितियों में प्रवासी जमीनों से वंचित हो रहे किसान उतने नहीं थे जितने कि दस्तकार या चाकर जातियों के लोग थे जो पहले भी कमोबेश भूमिहीन रहे। 'औपचारिक' और 'अनौपचारिक' क्षेत्रों के अन्तर पर लगभग उन्हीं दिनों ब्रेमैन ने जो सवाल उठाए उसके साथ चक्रवर्ती के लेख ने भी श्रम के रूपों की लोच की तरफ इशारा किया। उपनिवेशवाद के अनेक विरोधाभासी परिणामों में एक परिणाम यह हुआ कि, जहाँ उसने आबादियों को स्थावर बनाने और पहचानों को रूढ़ बनाने की कोशिश की थी, वहीं उसने साथ-ही-साथ गतिशीलता को बढ़ावा दिया और जिस चीज को ब्रेमैन ने 'स्वच्छन्द श्रम' (फुटलूज लेबर) कहा है उसकी वृद्धि में योगदान दिया। ये विषय आगे फिर हमारे विचार के विषय होंगे, जब हम औद्योगिक व नगरीय उद्यमशीलता तथा श्रम के प्रश्नों पर विचार करेंगे।

फिलहाल तो उचित यही होगा कि ग्रामीण जीवन से सम्बन्धित इस भाग का समापन हम पंजाब की फीरोजपुर तहसील के एक ग्रामीन बुनकर परिवार के नौजवान रामसुख के 1888 के जीवन्त साक्ष्य से करें :

> हमने दस साल का होने तक कोई काम नहीं किया, पर ईंधन के लिए लकड़ी और खाने के लिए कंद-मूल लाया करते थे...जब मैं 11 या 12

1. चक्रवर्ती 1978 : 249-327 देखें। बाद में चक्रवर्ती के पारिस्थितिकी-आधारित विश्लेषण को विस्तार देकर महापात्र ने कुछ संशोधनों के साथ असम के बागान और आसपास के खदानों के लिए दक्षिण बिहार में आदिवासियों की भरती पर भी लागू किया। महापात्र 1985 : 13-42 देखें।

> साल का हुआ तो टेंटी गूजर की बकरियाँ चराने लगा। इस मेहनत के बदले मुझे सिर्फ अपने लिए खाना और कपड़ा मिलता था। मेरे पिता और बड़े भाई कपड़े बुना करते थे। जब मेरे छोटे भाई कुछ बड़े हुए तो बुनाई में या ईंधन व भोजन जुटाने में मदद करने लगे। 14 साल की उम्र में हम जमींदार के लिए गुड़ाई वगैरह करने लगे और रोजाना एक आना पाते थे...हम विभिन्न जमींदारों से खाने के लिए अनाज उधारी लेते थे और बदले में काम करते थे। इस तरह दो या तीन साल निकल गए। मैं कुछ और अकलमन्द हुआ तो पिता और भाई के साथ कपड़े बुनने लगा जबकि छोटे भाई अभी भी छोटे-मोटे काम कर रहे थे।[1]

श्रम के रूप बदलते रहते हैं तथा इतिहासकार या अर्थशास्त्री सामाजिक जीवन के उत्पादन और पुनरुत्पादन को जिन प्रवर्गों में बाँटते हैं वे एक-दूसरे में समाहित होते रहते हैं : खाद्य-संग्रह, पशुपालन, खेतिहर मजदूरी दस्तकारी का काम, हो सकता है दूसरे दृष्टांतों में दूर-दराज के बागान, कारखानों, शहरों की गन्दी बस्तियों की ओर पलायन। स्थिर कुछ रहता है तो अन्तहीन मेहनत और शोषण का जीवन रहता है।

अकाल और उनके निदान

पाताल लोक और गतिशील जगत के जिस जीवन पर हम विचार करते रहे हैं वह आम हालात में भी काफी दुर्दशाओं से ग्रस्त था। लेकिन दिन अधिकांशत: सामान्य तो होते ही नहीं थे, कारण कि ब्रिटिश शासन के भारत का इतिहास बीच-बीच में बार-बार आनेवाले मारक अकालों से भरा पड़ा है, जिनसे लाजिमी तौर पर ग्रामीण भूमिहीन मजदूर और दस्तकार सबसे बुरी तरह प्रभावित होते थे।

यह बात सही है कि भारत जैसे उपमहाद्वीप के अनेक भागों के लिए अकाल कोई नई बात नहीं रहे हैं, जहाँ की खेती का दारोमदार एक बहुत बड़ी हद तक अविश्वसनीयता के लिए बदनाम मानसून पर रहा है और नदियों से दूर बड़े-बड़े वृष्टिछाया क्षेत्र (रेन-शैडो एरियाज) रहे हैं जो सिंचाई से वंचित रहे हैं—यानी कि ऐसे खुश्क इलाके जो हमारी कथा में पहले ही प्रमुखता के साथ सामने आ चुके हैं। फिर भी कुछ साक्ष्य इस बात के रहे हैं कि अन्त-18वीं और 19वीं सदियों में ये अकाल और भी जल्द-जल्द आने लगे। विलियम डिग्बी की रचना 'Prosperous British India' (1901) ने 11वीं और 17वीं सदियों के बीच 14 प्रमुख अकालों की निशानदेही की, यानी कि हर पचास-एक साल में एक अकाल। लेकिन 1785 और 1858 के बीच 12 बड़े अकाल पड़े और उसके बाद 19वीं सदी की आखिरी तीन या चार दहाइयों में ताबड़तोड़ अनेक अकाल पड़े; 1860 और 1908 के बीच

1. भट्टाचार्य 1985 : 114 पर उद्धृत।

के 49 बरसों में से 20 साल अकाल या दुर्लभता की मार झेलते रहे। अन्त-19वीं सदी के अकाल दो बड़ी लहरों के रूप में सामने आए : मध्य-1860+ और अन्त-1870+ के बीच (उड़ीसा 1866, बंगाल-बिहार 1873-74, महाराष्ट्र दकन और दक्षिण का काफी भाग 1876-78), और फिर अन्त-1890+ के दौरान (1896-97 और 1899-1900 के विध्वंसक अकाल जिन्होंने कुल लगभग साढ़े बारह करोड़ की आबादी को प्रभावित किया।) इसके विपरीत 1908 के बाद कोई बड़ा अकाल नहीं आया, बल्कि कुछ विशेष क्षेत्रों में अनेक बार दुर्लभता देखी गई। इसका बेपनाह बड़ा अपवाद 1943 का बंगाल था जब अकाल और उसके बाद महामारियों के कारण 15 से 30 लाख लोग जान से हाथ धो बैठे।[1] यह कालक्रम में एक असमान वितरण दिखाता है जिस पर हम आगे विचार करेंगे।

बारम्बारता में वृद्धि का प्रश्न थोड़ा-बहुत अनिश्चित ही रहेगा क्योंकि उपनिवेश-पूर्व काल के लिए सूचनाएँ काफी कम हैं। लेकिन अन्त-19वीं सदी की महत्त्वपूर्ण नई विशेषताओं में एक विशेषता, जो भारत तथा उपनिवेशी और अर्ध-उपनिवेशी जगत के बहुत से दूसरे भागों के बीच साझी है, एक पश्चिम/अ-पश्चिम भेद है जो पहले मौजूद नहीं था। अकाल अब सिर्फ 'पिछड़े' या अल्पविकसित देशों का खास्सा बन चुके थे, और आते ही रहे—संचार-व्यवस्था के व्यापक सुधार के बावजूद जिसके कारण अनाजों का तेजी से यातायात सम्भव हो सकता था तथा खेतिहर उपज में वृद्धि की नई प्रौद्योगिकियों के बावजूद, जिसके लाभ अधिकतर पश्चिम तक ही सीमित रहे। अब हम एक सुस्पष्ट आधुनिक जगत की दहलीज पर खड़े हैं जहाँ कुपोषण, दुर्लभता और अकाल अनेक अल्पविकसित देशों में गरीबों का जीना हराम किए हुए हैं। इसके विपरीत यूरोप और उत्तरी अमरीका में खाते-पीते लोगों की बड़ी संख्या कैलोरी घटाने की कोशिश में लगी है और कम या अधिक सीमा तक सामाजिक सुरक्षा के प्रावधान, जो अच्छी-खासी गरीबी आज भी मौजूद है उसके प्रभावों को नर्म बना रहे हैं।

अन्त-19वीं सदी के भारतीय अकालों के अन्तर्राष्ट्रीय आयामों ने हाल के वर्षों में कुछ ध्यान खींचा है। अन्त-1870 में बड़े-बड़े अकाल आए जो हर जगह भारत में ही नहीं, बल्कि चीन, दक्षिण-पूर्व एशिया के बड़े-बड़े भागों, मिस्र और उत्तरी अफ्रीका तथा पूर्वोत्तर ब्राजील में भी, भारी सूखों के कारण पैदा हुए। इनमें से अधिकांश क्षेत्र अन्त-1890+ की सूखा-जमा-अकाल की दूसरी बड़ी लहर से भी प्रभावित हुए। अन्त-1960+ के दौरान पर्यावरण-विज्ञानी जैकब ब्जर्कनेस (Bjerknes) ने तीखे सूखों की इस आवृत्ति के बारे में एक सिद्धान्त प्रस्तुत किया था। पूर्वी उष्ण क्षेत्र में प्रशान्त महासागर के पानियों की अत्यधिक गर्मी ने मानसूनों को कमजोर किया—यही तथाकथित अलनीनो प्रभाव था। ला नीना नाम का एक उलटा प्रभाव

1. भाटिया 1963 : अध्याय 1

भी ढूँढ़ा गया है जो अतिशय वर्षा और अक्सर बाढ़ों से जुड़ा हुआ है, और इस पूरे ढर्रे को 'अल नीनो-सदर्न-आसीलेशन' (ENSO) कहा गया है। लेकिन जलवायु के उतार-चढ़ाव बेशक अहम होते हुए भी अकेले अन्त-19वीं सदी में अकाल की लहरों के प्रभाव क्षेत्र और दीर्घकालिक प्रभाव की पर्याप्त व्याख्या नहीं कर सकते। अल नीनो तो पहले भी आता रहा है, हालाँकि आँकड़े बहुत कम हैं, और ऐसा नहीं लगता कि अन्त-19वीं सदी के सूखों की असाधारण तीव्रता रही है। इस बात के साक्ष्य भी कम ही हैं कि चीन और भारत जैसे देशों में जीवन के स्तर पिछले सूखों के कारण पश्चिमी यूरोप से नीचे आ चुके थे। इसके अलावा आवश्यकता उस चीज की है जिसे एक महत्त्वपूर्ण समावेशी सर्वेक्षण में माइक डेविस ने जिस चीज को अकाल की 'राजनीतिक पारिस्थितिकी' का नाम दिया था, जिसमें पर्यावरण विज्ञान के परिणामों को साम्राज्यवाद के उन आर्थिक और अन्य आयामों के विश्लेषण से जोड़ा जाए जो तीसरी दुनिया के पिछड़ेपन के घटक हैं।[1] अन्त-1870+ और अन्त-1890+ अफ्रीका में भारी यूरोपीय प्रसार के, अफगान युद्धों के, चीन के बड़े-बड़े भागों में घुसपैठ, अमरीकी इंडियन लोगों के प्रतिरोध की निर्णायक हार, फिलीपीन पर अमरीका की विजय, क्यूबा पर अमरीका के नियंत्रण की स्थापना, जारशाही रूस के हाथों मध्य एशिया के खान शासकों के खात्मे के वर्ष भी थे—ऐसे वर्ष जिनके दौरान, लेनिन की भाषा को जरा-सा घुमाकर कहें तो सामराजी शक्तियों के बीच दुनिया का विभाजन पूरा हो चुका था।[2]

19वीं सदी के दौरान अकालों के साथ बात बस यह नहीं थी कि सिर्फ या मुख्य रूप से उनकी बारम्बारता बढ़ी, बल्कि उनकी प्रकृति में भी सार्थक परिवर्तन तथा सरकारी नीतियों और रवैयों में महत्त्वपूर्ण बदलाव आए। बंगाल प्रान्त में 1891 में पड़े एक सूखे के दौरान वहाँ के लेफ्टिनेंट गवर्नर ने कहा था कि उस मुल्क में अनाज तो मौजूद था और 'कोई भी रोजाना एक आने में अपना पेट भर सकता था', लेकिन 'आम खेतिहर काम में जिससे भूमिहीन मजदूर अपनी उजरत पाते थे, ठहराव आया हुआ था और वह एक आना पाने के लिए भी वे राहत कामों पर भरोसा कर रहे थे।'[3] ब्रिटिश सरकार की शब्दावली में इसे 'अनाज' के अकाल से 'काम' के अकाल की तरफ आया बदलाव कहा गया। आमतौर पर अब अनाज का अभाव नहीं रहा, कम-से-कम मुल्क के कुछ भागों में नहीं रहा, मगर गरीबों के हाथों में खरीद की शक्ति अपर्याप्त थी। एक सदी बाद अमर्त्य सेन ने आधुनिक अकालों का जो परिष्कृत सिद्धान्त विकसित किया उसका अनुभवाश्रित आधार यही था। उन्होंने कहा कि 'कुछ लोगों के पास खाने के लिए पर्याप्त भोजन की नामौजूदगी' और 'खाने के

1. डेविस 2001
2. उपरोक्त।
3. फेमीन कमीशन रिपोर्ट (1898); भाटिया 1963 : 8 पर उद्धृत।

लिए पर्याप्त भोजन की नामौजूदगी' के बीच कोई अनिवार्य सहसम्बन्ध नहीं था। अपने 'विनिमय की पात्रताओं' और 'सामर्थ्यों' जैसे प्रवर्गों के सहारे सेन ने साथ-ही-साथ क्रय-शक्ति की संकीर्ण अर्थवादी या मौद्रिक धारणाओं को विस्तार देकर उनमें स्वास्थ्य, सफाई, शिक्षा और पूरी 'जीवन की गुणवत्ता' जैसे प्रश्नों को भी शामिल किया।[1] सूखा, बाढ़ या कीड़ों के हमले जैसी प्राकृतिक आपदाओं के कारण खाद्यान्नों की आपूर्ति में कमी अभी भी लगभग हमेशा ही अकाल का सन्निकट कारण थी, जैसे कि महामारियाँ अक्सर उससे जुड़ी या उसके नतीजे होती थीं। लेकिन ठीक-ठीक प्रभाव हमेशा ही सामाजिक ढाँचे और मानव-निर्मिति से भारी पैमाने पर व्यवहित होता था : जैसे कि वर्ग, जाति, लिंग या आयु सम्बन्धी भेदों से तथा राजकीय या निजी राहत की सीमा और प्रभाविता से। देहातों को नगरों से अधिक कष्ट पहुँचे,[2] भूमिवालों से भूमिहीनों को अधिक दुख मिले, परिवारों का 'सामान्य' ढर्रा—जिसमें स्त्रियाँ बाद में भोजन करती हैं और अक्सर पुरुषों से कम भोजन पाती हैं—दुर्लभताओं के दिनों में और भी तीखा हो जाता था, और घोर विपत्ति के दिनों में सबसे पहले बच्चे बिका करते थे। सेन हमें अपने बचपन के दिनों की बात बतलाते हैं जब 1943-44 के दौरान देहातों से भीख में एक निवाला माँगते हुए लाखों लोग कलकत्ता में चले आए थे जबकि उनके अपने परिवार जैसे एक मध्यवर्गीय परिवार के लिए सामान्य भोजन पाने में कोई दुश्वारी नहीं आई। यही यादें थीं जिन्होंने अकालों पर उनके अध्ययन के लिए आरम्भिक प्रेरणा प्रदान की।[3]

दूसरे प्रमुख परिवर्तन का सम्बन्ध इस बात से था कि उपनिवेशी शासन अकालों या दुर्लभता का सामना किन तरीकों से करता था और राज्य की नीतियों के पीछे क्या मूल्य मौजूद थे। अधिकांश दूसरे पूँजीवाद-पूर्व समाजों की तरह दक्षिण-एशिया में भी भिखारियों और गरीबों को दान देने को वैयक्तिक पुण्य कार्य कहकर उसका गुणगान किया जाता रहा है और अकाल-राहत भी अलग-अलग शासकों, जमींदारों, धनिकों और कभी-कभी धार्मिक प्रतिष्ठानों की तरफ से आती थी, न कि सुविचारित राजकीय नीतियों या परमार्थी संस्थाओं की तरफ से। विशेष स्थितियों में शासकगण कभी-कभी बाजार को नियंत्रित करके कीमतों को नीचे लाया करते थे (अलाउद्दीन की मिसाल मशहूर है), हालाँकि इस सिलसिले में और धार्मिक समूहों के संगठित दान कार्य के सिलसिले में भी, लगता है कि चर्च और उसके 'न्यायोचित मूल्य' की धारणाओं से युक्त मध्यकालीन यूरोप के मुकाबले यहाँ ये प्रक्रियाएँ कम सुव्यवस्थित और कम विकसित रहीं। मगर जब क्लासिकल राजनीतिक अर्थशास्त्र में निहित

1. सेन 1981; एक उपयोगी खुलासे के लिए द्रेज और सेन 1989 : प्रस्तावना देखें।
2. महानगरों या नगरों की जनता को कभी-कभी विशेष संरक्षण भी दिया गया; एक उल्लेखनीय उदाहरण 1943-44 के अकाल का है जब कलकत्ता में राशन-व्यवस्था लागू की गई।
3. सेन 1981

बहुत ही भिन्न जीवन-मूल्य ब्रिटिश शासकों को और भारतीय अभिजातों के कुछ भागों को प्रभावित करने लगे तो 'अपात्र' निर्धन लोगों को दिए जानेवाले वैयक्तिक दानों की भर्त्सना की जाने लगी कि ये निकम्मेपन और हरामखोरी को बढ़ावा देते हैं, जबकि यह महसूस किया जाने लगा कि खाद्यान्नों के भारी दामों और अकालों की रामबाण दवा बुनियादी तौर पर आवागमन के साधनों में सुधार और मुक्त व्यापार में पाई जा सकती थी। ऐसा माना जाने लगा कि दानवृत्ति नहीं, बल्कि मुनाफे के सरोकारों से संचालित व्यापारी अकालग्रस्त क्षेत्रों तक तेजी से अनाज पहुँचाने और इस तरह कीमतों को नीचे लाने के लिए नई रेलों का उपयोग करेंगे, बशर्ते जमाखोरी-विरोधी या मूल्य-नियंत्रण सम्बन्धी कदम उठाकर सरकारें मूर्खता के साथ 'बाजार' के सामान्य कार्यकलाप में दखलअन्दाजी न करें। जब अकालों की भयानकता बढ़ी तो भुखमरे लोगों के लिए सरकारी राहत को भी एक सीमा तक आवश्यक ठहराया गया, लेकिन आवश्यकता इसकी थी कि इसका ठोस सम्बन्ध सड़कों या सिंचाई जैसी सार्वजनिक परियोजनाओं में किए गए श्रम से हो (इसी को आगे चलकर 'जाँच की राहत' नाम दिया गया) जबकि 'निकम्मेपन' को हतोत्साहित करने और 'काम की नैतिकता' को बढ़ावा देने के लिए मजदूरियों को जान-बूझकर बाजार की दरों से कम रखा जाता था।[1]

जहाँ मुक्त कार्यकलाप के इन जीवन-मूल्यों ने, जिनको प्रोटेस्टेंट और पूँजीवादी ब्रिटेन से लाकर यहाँ रोपा गया था, खुद की एक स्वायत्त शक्ति ग्रहण की, वहीं उपनिवेशी राजसत्ता और कारोबारी समूहों के भौतिक हितों के साथ उनके सम्बन्ध एकदम स्पष्ट थे। दुर्लभता के बीच में भी भारत की खेतिहर उपज के निर्यातों के लिए एक अतिरिक्त भंडार बनाए रखना ब्रिटेन के समग्र भुगतान सन्तुलन के लिए और घरेलू खर्चों का बोझ उठाने के लिए भी आवश्यक हो गया; अलावा इसके यह यूरोप की निर्यातक फर्मों तथा जहाजरानी और बीमा कम्पनियों के लिए भारी मुनाफों का स्रोत था। अपना खेल दिखा रहे जीवन-मूल्यों ने अकाल-राहत सम्बन्धी सरकारी खर्चों में मितव्ययिता का पाठ भी पढ़ाया। अकाल की बदतरीन मिसालें 19वीं सदी की आखिरी दहाइयों में ही क्यों समूह बनाकर टूटीं, इसे स्पष्ट करने में भौतिक सम्बन्ध भी कुछ काम आ सकते हैं। ये चाँदी से जोड़कर रखे गए रुपए की गिरावट के साल थे, जबकि ब्रिटेन और विकसित पूँजीवादी दुनिया के काफी भाग स्वर्णमान को अपना चुके थे जिसके कारण ब्रिटेन में भारत सरकार के खर्चों का वित्तीय बोझ और बढ़ा। बागची का सुझाव है कि अन्तर्राष्ट्रीय भुगतानों के परिचालन में माध्यमों का यह भेद 'पूँजीवादी केन्द्र की पुख्तगी और उपनिवेशी परिधि से उसके अलगाव' के इन दशकों के दौरान एक सुस्पष्ट प्रतीक था या फिर जैसा कि वे कहते

1. ब्रिटिश भारत की अकाल सम्बन्धी नीतियों और मूल्यों के विकास पर शर्मा 2001 की दिलचस्प विवेचना देखें।

हैं, 'चाँदी थी पूरबवालों की और सोना था पश्चिमवालों का।'[1] खेतिहर निर्यातों में तेजी का मतलब गरीब लोगों की खुराक यानी कि ज्वार-बाजरा की कीमत पर नकदी या महँगे दामोंवाली फसलों की काश्त के क्षेत्र का प्रसार भी था। साथ-ही-साथ, जैसा कि हमने देखा, उपनिवेशवाद के जंगलाती कानूनों ने जंगलात तक पहुँच को बुरी तरह प्रभावित किया, जिसके कारण देहातों के गरीब शामिलात के संसाधनों से वंचित होते गए। ये संसाधन भूमिहीनों के अलावा अधिक गरीब किसानों तक के लिए दुर्लभता के कालों में खास तौर पर महत्त्वपूर्ण हुआ करते थे। यही दशक थे जब यह भी महसूस किया जा रहा था कि समय-समय पर उठनेवाली अफगान समस्या तथा रूस के वास्तविक या काल्पनिक खतरे के कारण सेना पर तथा व्यावसायिक दृष्टि से अलाभकर मगर रणनीतिक दृष्टि से महत्त्वपूर्ण रेलों के निर्माण पर खर्च बढ़ता जा रहा था—तब भी जबकि प्राकृतिक आपदाओं के कारण फूटनेवाले मगर सरकारी मक्खीचूसी के कारण खासे बदतर बननेवाले अकालों ने उपमहाद्वीप के बड़े-बड़े भागों को तबाह करके रख दिया।

हमेशा की तरह यहाँ भी उपनिवेशी अकाल नीति को एक अपरिवर्तनीय चट्टान मानना एक सरलीकरण होगा। भारत में, और ठीक उसी कारण से अन्त-18वीं और आरम्भ-19वीं सदी के ब्रिटेन में भी, मुक्त कार्यकलाप का सिद्धान्त बिना अन्दरूनी टकरावों और विवादों के अपनी धाक नहीं जमा सका। मद्रास में 1780-83 के अकाल पर एक लेख में रवि आहूजा ने दिखाया है कि कम्पनी के प्रशासन ने किस तरह बंगाल से अनाजों की आपूर्ति का बन्दोबस्त किया, दामों पर नियंत्रण के प्रयास किए और जमाखोरों के भंडारों को बाहर लाने की कुछ कोशिशें भी कीं। ब्रिटेन में 'नैतिक अर्थव्यवस्था' की जो आम धारणाएँ अभी तक प्रचलित थीं उनके नाम पर ऐसे कदमों को उचित ठहराया जा सकता था और कभी-कभी ठहराया भी जाता था। लेकिन यहाँ भी लगता है कि लौकिक सरोकार ही मुख्य निर्धारक तत्त्व थे। दक्षिण में कम्पनी तब एक भारी जंग में उलझी हुई थी और अपनी सेना के लिए खाद्य-पदार्थों की आपूर्ति में बाधा पड़ने देने का जोखिम वह नहीं उठा सकती थी। एक सदी बाद की स्थिति के विपरीत श्रम-संसाधन अभी भी दुर्लभ दिखाई दे रहे थे और डर था कि फ्रांसीसी या मैसूर के इलाकों की ओर श्रमिकों का पलायन ब्रिटेन की सैन्य स्थिति को गम्भीरता से कमजोर कर सकता था।[2] बाद में भी, मुक्त कार्यकलाप के कठमुल्लापन के बढ़ते प्रभाव के बावजूद स्थानीय और प्रान्तीय अधिकारी हस्तक्षेप की नीतियों की पैरवी करते देखे जा सकते थे, हालाँकि उनके ऊपर के अधिकारी अब आम तौर पर उनकी बात अस्वीकार कर देते थे। मसलन 1817 में पश्चिमोत्तर प्रान्त का एक पुलिस अधीक्षक जमाखोरों के खिलाफ दंड की कार्रवाई करना चाहता था और उसने स्थानीय

1. बागची 2003 : 155-179
2. आहूजा 2002 : 351-380

मुस्लिम विधिशास्त्रियों से इसे उचित ठहरानेवाला एक फतवा भी प्राप्त कर लिया था। लेकिन 'राजनीतिक अर्थशास्त्र के सिद्धान्तों' के नाम पर उसके ऊपर के अफसरों ने उसे इससे रोक दिया। इससे भी अधिक मशहूर मिसाल लेफ्टिनेंट गवर्नर कैम्पबेल की है, जो बंगाल-बिहार में 1873-74 के अकाल के बावजूद मौतों का आँकड़ा 23 तक सीमित रखने में कामयाब रहा, बावजूद इसके कि सूखे ने रबी की काफी फसल बरबाद कर दी थी; कैम्पबेल ने इसके लिए बर्मा से चावल का सरकारी आयात कराया और जाँच राहत केन्द्रों पर सामान्य मजदूरियों का भुगतान कराया। बाजार की बुनियादपरस्ती और मितव्ययिता से ऐसे अलगावों की 1880 के अकाल आयोग ने असह्य बताकर उसकी निन्दा की और प्रमुख आधिकारिक विचार वही रहा जिसे भारत सरकार ने 1876-78 के महा-अकाल के दौरान बम्बई और मद्रास को प्रेषित किया था : 'लागत चाहे जो भी, जानें बचाने का काम हमारी शक्ति से बाहर है।' इस खर्रे में आगे कहा गया था कि 'एक सरकार की विवेकहीन दानवृत्ति' तो 'विवेकहीन निजी दानवृत्ति से भी बदतर होती है।'[1]

लेकिन मुक्त कार्यकलाप का घोर सिद्धान्त, जो स्वतंत्र व्यापार की रामबाण दवा पर और साथ में कुछ संगठित निजी परमार्थ कार्यों पर (खासकर ईसाई मिशनरियों के कार्यों पर) आँखें मूँदकर भरोसा कर रहा था, वह आखिरकार, एक समान मानवीयता और बुद्धिमत्ता दोनों के आधार पर, बार-बार होनेवाली भारी मौतों के सामने जारी नहीं रखा जा सका। अकालों के साथ नियमित रूप से वह चीज जुड़ी होती थी, जिसे अधिकारीगण 'अकालजन्य अपराध' कहने लगे थे : अनाजों की लूट, चोरी, सेंधमारी और डकैती के आँकड़ों की रेखाएँ तेजी से ऊपर उठ रही थीं। जन-असन्तोष की ऐसी निशानियाँ अपनी जगह, अन्त-19वीं सदी में अकालों की लहर के कारण जो चीज पूरी-पूरी संवेदनहीनता नजर आती थी उसके प्रति भारत के उदीयमान मध्यवर्गीय जनमत की और इंग्लैंड में आलोचकों की तरफ से सार्वजनिक आलोचनाएँ बढ़ती ही गईं।

1837-38 में उत्तर भारत के अकाल से आरम्भ करके 1880+ की अकाल संहिता तक राज्य की भागीदारी को एक हद तक अनिवार्य समझा जाने लगा था : मालगुजारी में कमी, कर्जों की मंजूरी, और जाँच-राहत केन्द्रों के रूप में जिनमें सचमुच प्रभावित लोग सड़कों, बाँधों और अधिकाधिक सीमा तक नहरी सिंचाई की परियोजनाओं में कम मजदूरियों पर काम किया करते थे।[2] लेकिन ये संरचनाएँ

1. शर्मा 2001 : 54-55; भाटिया 1963 : 90-91
2. शर्मा (2001) का सुझाव है कि राहत के रूप में मुक्त कार्यकलाप के कठोर सिद्धान्त से ऐसे अलगाव जहाँ मुनासिब सीमा तक कारगर साबित हुए वहाँ एक अर्ध-'वर्चस्ववादी' प्रभाव भी सामने आया और हताश सीमा तक गरीब और भूखों मरनेवाले लोग उन कृपाकारी अधिकारियों के एहसानमन्द बने जो उनके लिए बस रत्ती-भर ही कुछ कर रहे थे। राहत-कार्यों के जरिए ईसाई

वित्तीय कंजूसी से चाहे जितनी त्रस्त रही हों, इनका कुछ सम्बन्ध सम्भवतः उस चीज से था, जो अन्यथा एक अजीब-गरीब असामान्यता दिखाई देती थी : 1908 और 1943 के बीच ब्रिटिश भारत में अनेक बार दुर्लभताएँ पैदा हुईं पर कोई बड़ा अकाल नहीं आया। फिर भी जैसा कि हमने देखा, ये वे ही दशक थे जब 1921 के बाद जनसंख्या की तीव्र वृद्धि के बावजूद देश के अनेक भागों में प्रतिव्यक्ति खेतिहर उत्पादन में जड़ता आ चुकी थी या गिरावट आ रही थी—इसका प्रमुख अपवाद पंजाब था, जहाँ सिंचाई की बड़ी-बड़ी नहरें मौजूद थीं। उपनिवेशोत्तर भारत में भी जो चीज अमर्त्य सेन को केन्द्रीय प्रतिमान नजर आई, उसका आरम्भ सम्भवतः इसी तरह हुआ : अनेक ग्रामीण क्षेत्रों में भूख और कुपोषण के लम्बे सिलसिले का[1], जबकि राज्य के हस्तक्षेप के कारण तीखी भुखमरी और बड़े पैमाने की मौतों को टालना सम्भव हुआ। इसके पीछे जो असमानताएँ मौजूद थीं, उनके खिलाफ जनता के विरोध को अभिव्यक्ति देनेवाले माध्यमों का प्रसार लाचारी की दशा में राज्य के राहतबख्श कामों की व्यवस्था का एक महत्त्वपूर्ण कारक रहा। यह सम्भवतः कोई संयोग नहीं है कि ब्रिटिश भारत में बड़े अकालों की संख्या में कमी का दौर मोटे तौर पर वही है जब लगभग 1909 के बाद से प्रातिनिधिक शासन के कुछ रूपों का प्रसार हुआ, जबकि युद्ध के कारण और 1942 के बाद के दमन के चलते ऐसे प्रतिबन्धों के अस्थायी अभाव के कारण ही बंगाल का गवर्नर 1943 के अकाल के दौरान राहत के उपायों की बुरी तरह उपेक्षा करता रहा।

किसानों के जीवन पर अकालों के प्रभाव का संकेत बखूबी इससे मिलता है कि जनता की यादों में वे किस तरह से कायम रहे। अक्सर अकाल जनता के लिए पंचांग के काम करते हैं जिनके सहारे स्थानीय समय की और लोगों की उम्रों की गणना की जाती है। 1860-61 के दौरान भी देहली के पास 90 साल के एक बुजुर्ग को 1783-84 का वह चालीसा याद था जो उसके अनुभव में सबसे बुरा अकाल था। अवाम की बगावतों को जाने दें तो अकाल वे दूसरे प्रकार के कालखंड होते हैं जब जनता की दशाओं और मानसिकताओं के बारे में राज्य मजबूर होकर विस्तृत सूचनाओं के भंडार जमा करता है—जिनका कि सरकारी दस्तावेजों में अन्यथा शायद ही उल्लेख किया जाता हो। इसीलिए अकालों ने सामाजिक इतिहासकारों का ध्यान खींचा है जो निम्न वर्गों की छिपी हुई दुनियाओं की जाँच के लिए उत्सुक रहते हैं।

→ मिशनों ने गाँवों के गरीबों में जो असंदिग्ध लोकप्रियता पाई वह कभी-कभी बड़े पैमाने के धर्म-परिवर्तनों में भी व्यक्त हुई। मिसाल के लिए आन्ध्र के माडिगा और मल्ल लोगों के साथ 1876-78 के दौरान यही हुआ जब नेल्लोर में भारतीय ईसाइयों की संख्या 1871 और 1881 के बीच 3012 से बढ़कर 20,794 तक जा पहुँची। आर्नल्ड 1984 : 74-75 देखें।

1. आज मन में उड़ीसा के कालाहाँडी का नाम उभरकर आता है तथा भारत के बहुत से दूसरे भागों में भुखमरी और आत्महत्या के इलाकों की रिपोर्टें याद आती हैं।

ऐसी रचनाओं से जो बात उभरकर आती है वह अकालों के प्रभावों और ऐसी आपदाओं के प्रत्युत्तरों, दोनों का एक बेहद विभेदीकृत चित्रण है। 1876-78 के महा-अकाल के दौरान मद्रास की खुश्क पट्टी पर आर्नल्ड का अध्ययन इन मामलों में उस दरार-रेखा के किनारे-किनारे एक तीखा विभाजन सामने लाता है, जो सरकारी शब्दावली में 'रैयत' (इस प्रमुखतः गैर-जमींदारी क्षेत्र में भूमिधारक किसान) और 'कुली' (खेत मजदूर) को अलग करती थी। पहली श्रेणी को दूसरी की तुलना में प्रायः काफी कम कष्ट उठाने पड़ते थे और उसके पास कभी-कभी तो अधिकारियों के नाम प्रार्थनापत्र लिखवाने के संसाधन (एक सीमा तक साक्षर या मध्यवर्गीय सम्पर्क) भी हुआ करते थे। इनमें प्रमुख स्थान मालगुजारी में छूट की प्रार्थनाओं का था। पूरी तरह या बड़ी हद तक भूमिहीन, मुख्यतः मजदूरों और दस्तकारों के, समूह वे थे जो राहत-केन्द्रों की तरफ टूटकर आते थे, जिनसे अधिक सम्मानित किसान भूमिधारक बचते ही रहते थे, क्योंकि ऐसी सहायता पाने के लिए सख्त और सामाजिक प्रतिष्ठा गिरानेवाला शारीरिक श्रम करना पड़ता था। फिर भी गरीब से गरीब लोगों तक में इस तरह से भोजन परोसना कि जातिगत प्रतिबन्धों की अनदेखी हो, अक्सर बाधा बन जाता था। इन तरीकों और दूसरे बहुत से तरीकों से भी अकाल ने आर्थिक और सामाजिक सोपानों सम्बन्धी भेदों को और गहरा बनाया। कुछ समय तक 'सामान्य' व्यवस्था चाहे जिस कदर भंग हुई हो, कुल मिलाकर नतीजा यह रहा कि ऊपर के लोगों (जमींदार, सूदखोर, व्यापारी, मालगुजारी के हाकिम) के आगे किसान की और 'रैयत' के आगे 'कुली' की अधीनता और बढ़ी। यह सब भी हुआ बावजूद इस सच्चाई के कि कभी-कभी असन्तोष और प्रतिरोध भी अकालों से जुड़े होते थे। यहाँ भी भेद खुलकर सामने आते हैं। आर्नल्ड और शर्मा दोनों को प्रतिरोध के अधिक सामूहिक तरीके भी नजर आए, मसलन बड़े गाँवों या छोटे शहरों के साप्ताहिक हाटों में, जहाँ लोग आमतौर पर जमा होते थे, अनाज सम्बन्धी दंगे एक अकाल के आरम्भिक चरण में आम होते थे, जबकि दाम तो तेजी से बढ़ते थे मगर बदहाली और भुखमरी के चलते जीवनरक्षा की शक्ति का खात्मा अभी पूरी तरह नहीं हुआ होता था। बढ़ती हुई बदहाली के कारण जब ग्रामीण समाज का और भी विघटन हुआ तो वर्ग और लिंग सम्बन्धी भेद और भी तीखे हुए : जो लोग अनाज नहीं जुटा पाते थे वे छोटी-मोटी चोरियों या डकैतियों के द्वारा थोड़े बेहतर-हाल लोगों पर चाँदमारी किया करते थे। गाँवों में भूखों मरने के लिए बच्चों के साथ स्त्रियों को पीछे छोड़ दिया जाता था, जबकि पुरुष शहरों की तरफ चल पड़ते और जीवन-रक्षा के कुछ मामूली अवसरों की तलाश करते थे। शर्मा ने फसल-चक्र के साथ एक दिलचस्प सम्बन्ध का संकेत भी दिया है। उत्तर भारत में 1837-38 के अकाल के दौरान खरीफ की फसल, जो तमाम तरह के किसानों के जीवन निर्वाह की बुनियादी जरूरतों से जुड़ी होती थी, सबसे पहले प्रभावित हुई, जिसके बाद

अनाजों के दामों के चढ़ने के कारण सामूहिक प्रतिरोध सामने आए। इस क्षेत्र में रबी का सम्बन्ध नकदी फसलों से अधिक था, उसको सिंचाई के साधनों और खाद-बीज की अधिक जरूरत पड़ती थी, और इसलिए किसी बुरे साल में सिर्फ अधिक धनी लोग ही ये फसलें बो सकते थे—इसी प्रक्रिया में वे भूखों मर रहे लोगों के क्रोध और वैयक्तिक हमलों के निशाने बने।

जब बदहाली और बढ़ी तो और भी लोग सड़कों पर आए, नगरों में थोड़ी-सी राहत की बेचैनी से तलाश करने लगे या थोड़ी-सी खाने-पीने की चीजों या दान-भिक्षा की तलाश में कमोबेश बेमकसद मारे-मारे फिरने लगे। इस तरह हर अकाल वक्ती मजदूरों या काम की तलाश करनेवालों को उस स्वच्छन्द स्तर की संख्या बढ़ा देता था जो दक्षिण एशियाई समाज का एक महत्त्वपूर्ण मगर अक्सर विस्मृत आयाम रहा है और आज भी है।

इसके विपरीत देश और खासकर नगरों के बेहतर-हाल भाग अकालों से कम ही प्रभावित हुए या नहीं ही हुए, क्योंकि अब इनकी विशेषता आपूर्ति का पूरा-पूरा अभाव नहीं था, बल्कि वे ऊँचे दाम थे, जिनको अदा करना उनके लिए असम्भव नहीं था। फिर भी बुनियादी आवश्यकताएँ पूरी करने की क्षमता में यह स्पष्ट अन्तर कभी-कभी अभिजातों या मध्यवर्ग में अपराध-बोध जगाता और कुछ राहत-कार्य कराता था। राजनीतिक दृष्टि से सबसे महत्त्वपूर्ण परिणाम यह हुआ कि ब्रिटिश शासन की दावाशुदा दैवी प्रकृति में पढ़े-लिखे मध्यवर्ग के बड़े-बड़े भागों की पहलेवाली आस्था कमजोर पड़ी। व्यवस्था और समृद्धि लाने के सामराजी दावे अब अधिकाधिक खोखले नजर आने लगे। यह सम्भवतः कोई संयोग नहीं था कि मोटे तौर पर 1870 से 1900 तक के दशकों की विशेषता मध्यवर्गीय उपनिवेशवाद-विरोधी राष्ट्रवाद का उदय भी था जो सबसे बढ़कर उस आर्थिक विश्लेषण पर आधारित था, जिसका केन्द्रीय तत्त्व 'धन के दोहन' का सिद्धान्त था।

सन्दर्भ सूची

Ahuja, Ravi, 'State Formation and "Famine Policy" in Early Colonial South Asia', *Indian Economic and Social History Review,* 39 (4), 2002

Amin, Shahid, 'Small Peasant Commodity Production and Rural Indebtedness: The Culture of Sugarcane in Eastern U.P. *c.1880-1920';* in Ranajit Guha, ed., *Subaltern Studies I* (Delhi: Oxford University Press, 1982)

—, *Sugarcane and Sugar in Gorakhpur: An Inquiry into Peasant Production for Capitalist Enterprise in Colonial India* (Delhi: Oxford University Press, 1984)

—, 'Dimensions of Dependence', in David Ludden, ed., *Agricultural Production and Indian History* (Delhi: Oxford University Press, 1994)

Anderson, M.R., 'Work Construed: Ideological Origins of Labour Law in British India to 1918', in Peter Robb, ed., *Dalit Movements and the Meanings of Labour in India* (Delhi: Oxford University Press, 1993)

Arnold, David, 'Famine in Peasant Consciousness and Peasant Action: Madras, 1876-8', in Ranajit Guha, ed., *Subaltern Studies III* (Delhi: Oxford University Press, 1984)

Bagchi, Amiya, 'The Great Depression (1873-96) and the Third World: With Special Reference to India', in G. Balachandran, ed., *India and the World Economy, 1850-1950* (Delhi: Oxford University Press, 2003)

Baker, c.J., *An Indian Rural Economy 1880-1955: The Tamilnadu Countryside* (Delhi: Oxford University Press, 1984)

Balachandran, G., ed., *India and the World Economy, 1850-1950* (Delhi: Oxford University Press, 2003)

Banaji, Jairus, 'Capitalist Domination and the Small Peasantry: Deccan Districts in the Late 19th Century', *Economic and Political Weekly,* Special Number (XII), 1977

Bates, Crispin, 'Regional Dependence and Rural Development in Central India: The Pivotal Role of Migrant Labour', *Modern Asian Studies,* 19 (3),1985

—, and Marina Carter, 'Tribal and Indentured Migrants in Colonial India: Modes of Recruitment and Forms of Incorporation', in Peter Robb, ed., *Dalit Movements and the Meanings of Labour in India* (Delhi: Oxford University Press, 1993)

Behal, Rana, and Prabhu Mohapatra, 'Tea and Money Versus Human Life: The Rise and Fall of the Indenture System in the Assam Tea Plantations 1840-1908', in E. Valentine Daniel, Henry Bernstein, and Tom Brass, eds, *Plantations, Peasants and Proletarians in Colonial Asia* (London: Frank Cass, 1992)

Bhaduri, Arnit, 'Forced Commerce and Agrarian Growth', in idem, *On the Border of Economic Theory and History* (Delhi: Oxford University Press, 1999)

Bharadwaj, Krishna, 'A Note on Commercialization in Agriculture', in K.N. Raj, Neeladri Bhattacharya, Sumit Guha, Sakti Padhi, eds, *Essays on the Commercialization of Indian Agriculture* (Delhi: Oxford University Press, 1985)

Bhatia, B.M., *Famines in India: A Study in Some Aspects of the Economic History of India, 1860-1965* (Bombay: Asia Publishing House, 1963) Bhattacharya, Neeladri, 'The Logic of Tenancy Cultivation: Central and South-East Punjab, 1870-1935', *Indian Economic and Social History Review,* 20 (2), 1983

—, 'Agricultural Labour and Production: Central and South-East Punjab, 1870-1940', in K.N. Raj, *et al., Essays on the Commercialization of Indian Agriculture* (Delhi: Oxford University Press, 1985)

—, 'Lenders and Debtors: The Punjab Countryside, 1880-1940', in Sugata Bose, ed., *Credit, Markets, and the Agrarian Economy of Colonial India* (Delhi: Oxford University Press, 1994)

—, 'Pastoralists in a Colonial World', in David Arnold and Ramachandra Guha, eds, *Nature, Culture, Imperialism* (Delhi: Oxford University Press, 1995)

Blyn, George, *Agricultural Trends in India* 1861-1941: *Output, Availability, and Productivity* (London: Oxford University Press, 1966)

Bose, Sugata, *Agrarian Bengal: Economy, Social Structure, and Politics, 1919-*1941 (Cambridge: Cambridge University Press, 1986)

—, ed., *Credit, Markets, and the Agrarian Economy of Colonial India* (Delhi: Oxford University Press, 1994)

Breman, Jan, *Patronage and Exploitation* (Delhi: Manohar, 1979)

—, and E. Valentine Daniel, 'The Making of a Coolie', in E. Valentine Daniel, Henry Bernstein, and Tom Brass, eds, *Plantations, Peasants and Proletarians in Colonial Asia* (London: Frank Cass, 1992)

Chakrabarti, Lalita, 'Emergence of a Labour Force in a Dual Economy', *Indian Economic and Social History Review,* XV (3), 1978

Charlesworth, Neil, 'Rich Peasants and Poor Peasants in Late 19th Century Maharashtra', in Clive Dewey, ed., *Arrested Development in India: The Historical Dimension* (Delhi: Manohar, 1988)

Chatterjee, Indrani, *Gender, Slavery and Law in Colonial India* (Delhi: Oxford University Press, 1999)

Chatterjee, Partha, 'Agrarian Structure in pre-Partition Bengal', in Ashok Sen, Partha Chatterjee, Saugata Mukherji, eds, *Perspectives in Social Sciences* 2. '*Three Studies on the Agrarian Structure of Bengal, 1850-1941* (Calcutta: Oxford University Press, 1982)

Chaudhuri, Benoy, Agrarian Economy and Agrarian Relations in Bengal', in N.K. Sinha, ed., *The History of Bengal 1151-1905* (Calcutta: University of Calcutta, 1967)

Dasgupta, Ranajit, 'Plantation Labour in Colonial India', in E. Valentine Daniel, Henry Bernstein, and Tom Brass, eds, *Plantations, Peasants and Proletarians in Colonial Asia* (London: Frank Cass, 1992)

Davis, Mike, *Late Victorian Holocausts: El Nino Famines and the Making of the Third World* (London: Verso, 2001)

De, Barun, ed., *Perspectives in Social Science: Historical Dimension* (Calcutta: Oxford University Press, 1977)

Dewey, Clive, and A.G. Hopkins, eds, *The Imperial Impact: Studies in the Economic History of Africa and India* (London: Athlone Press, 1978)

Dhanagare, D.N., *Peasant Movements in India 1920-50* (Delhi: Oxford University Press 1983)

Digby, William, *Prosperous British India: A Revelation from Official Records* (London, 1901)

Dreze, Jean, and Amartya Sen, *Hunger and Public Action* (New Delhi: Oxford University Press, 1989)

Frykenberg, R.E., *Guntur District* 1188-1848: *A History of Local Influence and Central Authority in South India* (Oxford: Clarendon Press, 1965) Guha, Ranajit, *Elementary Aspects of Peasant Insurgency in Colonial India* (Delhi: Oxford University Press, 1983)

Guha, Sumit, 'Some Aspects of the Rural Economy in the Deccan', in K.N. Raj, Neeladri Bhattacharya, Sumit Guha, Sakti Padhi, eds, *Essays on the*

Commercialization of Indian Agriculture (Delhi: Oxford University Press, 1985)

—, ed., *Growth, Stagnation, or Decline? Agricultural Productivity in British India* (Delhi: Oxford University Press, 1992)

Habib, Irfan, 'Mughal India', in Tapan Raychaudhuri and Irfan Habib, eds, *The Cambridge Economic History of India, Volume* 1, *c.1200-c.1150* (Cambridge: Cambridge University Press, 1982)

Hjele, Benedicte, 'Slavery and Agricultural Bondage in South India in the Nineteenth Century', *Scandinavian Economic History Review,* XV (1-2), 1967

K.N. Raj, 'Introduction', in K.N. Raj, Neeladri Bhattacharya, Sumit Guha, Sakti Padhi, eds, *Essays on the Commercialization of Indian Agriculture* (Delhi: Oxford University Press, 1985)

Kumar, Dharma, *Land and Caste in South India: Agricultural Labour in the Madras Presidency During the Nineteenth Century* (Cambridge: Cambridge University Press, 1965)

—, 'Landownership and Inequality in Madras Presidency, 1853-4 to *1946-7', Indian Economic and Social History Review,* 12 (3), 1975

Ludden, David, ed., *Agricultural Production and Indian History* (Delhi: Oxford University Press, 1994)

Islam, M. Mufakharul, 'Trends in Crop Production in the Undivided Punjab: A Reassessment', in Clive Dewey, ed., *Arrested Development in India: The Historical Dimension* (Delhi: Manohar, 1988)

Markovits, Claude, Jacques Pouchepadass, and Sanjay Subrahmanyam, eds, *Society and Circulation* (Delhi: Permanent Black, 2003)

Mayer, Eric, 'Labour Circulation Between Sri Lanka and South India in Historical Perspective', in Claude Markovits, Jacques Pouchepadass, Sanjay Subrahmanyam, eds, *Society and Circulation* (Delhi: Permanent Black, 2003)

Mohapatra, Prabhu, 'Coolies and Colliers: A Study of the Agrarian Context for Labour Migration from Chota Nagpur, 1880-1920', in *Studies in History,* I (2), 1985

—, 'Longing and Belonging: The Dilemma of Return Among Indian Immigrants in the West Indies, 1850-1950', *International Institute for Asian Studies Yearbook* 1995 (Leiden, 1996)

Mukherjee, Nilmoni, *Ryotwari System in Madras* 1792-1827 (Calcutta: Firma K.L. Mukhopadhyay, 1962)

Mukherji, Saugata, 'Some Aspects of Commercialization of Agriculture in Eastern India', in Asok Sen, Partha Chatterjee, and Saugata Mukherji, *Perspectives in Social Sciences* 2: *Three Studies on the Agrarian Structure of Bengal, 1850-1947* (Calcutta: Oxford University Press, 1982)

Nakazato, Nariaki, *Agrarian System in Eastern Bengal, c.1870-1910* (Calcutta: K.p. Bagchi, 1994)

Narain, Dharm, *The Impact of Price Movements on Selected Crops in India, 1900-39* (Cambridge: Cambridge University Press, 1965)

Northrup, David, 'Migration from Africa, Asia, and the South Pacific', in Andrew Porter, ed., *The Oxford History of the British Empire, Volume Ill:*

The Nineteenth Century (Oxford: Oxford University Press, 1999) Parthasarathi, Prasanna, *The Transition to a Colonial Economy: Weavers, Merchants and Kings in South India, 1720-1800* (Cambridge: Cambridge University Press, 2001)

Patnaik, Utsa, ed., *Agrarian Relations and Accumulation: The 'Mode of Production Debate in India* (Bombay: Oxford University Press, 1990)

—, 'The Agrarian Question and Development of Capitalism in India', in Alice Thorner, ed., *Daniel Thorner Memorial Lectures: Land, Labour and Rights* (New Delhi: Tulika, 2001)

—, and Manjari Dingwaney, eds, *Chains of Servitude: Bondage and Slavery in India* (Madras: Sangam Books, 1985)

Pouchepadass, Jacques, *Champaran and Gandhi: Planters, Peasants and Gandhian Politics* (Delhi: Oxford University Press, 1999)

Prakash, Gyan, *Bonded Histories: Genealogies of Labor Servitude in Colonial India* (Cambridge: Cambridge University Press, 1990)

—, ed., *The World of the Rural Labourer in Colonial India* (Delhi: Oxford University Press, 1992)

Raghavan, T.CA., 'Malguzars and Peasants: The Narmada Valley, 1860-1920', in Sabyasachi Bhattacharya, ed., *Essays in Agrarian History: India 1850-1940* (Special Number) *Studies in History,* 1 (2), 1985

Raj, K.N., Neeladri Bhattacharya, Sumit Guha, Sakti Padhi, eds, *Essays on the Commercialization of Indian Agriculture* (Delhi: Oxford University Press, 1985)

Ray, Rajat, and Ratnalekha Ray, 'Zamindars and Jotedars: A Study of Rural Politics in Bengal', in Burton Stein, ed., *The Making of Agrarian Policy in British India, 1710-1900* (Delhi: Oxford University Press, 1992)

Ray, Ratnalekha, *Change in Bengal Agrarian Society, c.1160-1850* (Delhi: Manohar, 1979)

Raychaudhuri, Tapan, and Irfan Habib, eds, *The Cambridge Economic History of India, Volume I, c.1200-c.1750* (Cambridge: Cambridge University Press, 1982)

Robb, Peter, ed., *Dalit Movements and the Meanings of Labour in India* (Delhi: Oxford University Press, 1993)

Roy, Tirthankar, *The Economic History of India,* 1851-1941 (New Delhi: Oxford University Press, 2000)

Saradamoni, K., 'Agrestic Slavery in Kerala in the Nineteenth Century', *Indian Economic and Social History Review,* 10 (4), 1973

Sarkar, Tanika, 'Bondage in the Colonial Context', in Utsa Patnaik and Manjari Dingwaney, eds, *Chains of Servitude: Bondage and Slavery in India* (Madras: Sangam Books, 1985)

Sen, Amartya, *Poverty and Famines: An Essay on Entitlement and Deprivation* (Oxford: Clarendon, 1981)

Sen, Asok, 'Agrarian Structure and Tenancy Laws in Bengal, 1850-1900', in Asok Sen, Partha Chatterjee, and Saugata Mukherji, *Perspectives in Social Sciences 2: Three Studies on the Agrarian Structure of Bengal 1850-1941* (Calcutta: Oxford University Press, 1982)

—, Partha Chatterjee, and Saugata Mukherji, *Perspectives in Social Sciences* 2: *Three Studies on the Agrarian Structure of Bengal 1850-1941* (Calcutta: Oxford University Press, 1982)

Sharma, Sanjay, *Famine, Philanthropy, and the Colonial State: North India in the Early Nineteenth Century* (New Delhi: Oxford University Press, 2001)

Thorner, Alice, *Daniel Thorner Memorial Lectures: Land, Labour and Rights* (New Delhi: Tulika, 2001)

Thorner, Daniel, 'Agrarian Revolution by Census Redefinition', in Daniel Thorner and Alice Thorner, *Land and Labour in India* (Bombay: Asia Publishing House, 1962)

—, *The Agrarian Prospect in India* (Delhi: Allied Publishers, 1976)

—, and Alice Thorner, *Land and Labour in India* (Bombay: Asia Publishing House, 1962)

Tinker, Hugh, *A New System of Slavery: The Export of Indian Labour Overseas 1830-1920* (London: Oxford University Press, 1974)

Tomlinson, B.R., *The Economy of Modern India, 1860-1970* (Cambridge: Cambridge University Press, 1993)

Washbrook, David, *The Emergence of Provincial Politics: Madras Presidency, 1870-1920* (Cambridge: Cambridge University Press, 1976)

—, 'Economic Development and Social Stratification in Rural Madras: The "Dry Region", 1878-1929', in Clive Deweyand A.G. Hopkins, eds, *The Imperial Impact: Studies in the Economic History of Africa and India* (London: Athlone Press, 1978)

—, 'Land and Labour in Late Eighteenth Century South India: The Golden Age of the Pariah?', in Peter Robb, ed., *Dalit Movements and the Meanings of Labour in India* (Delhi: Oxford University Press, 1993)

Yanagisawa, H., *A Century of Change: Caste and Irrigated Lands in Tamilnadu, 1860s-1970s* (Delhi: Manohar, 1996)

अध्याय-4

व्यापार, उद्योग और सामराज की राजनीतिक अर्थव्यवस्था

अब जबकि हम अन्त-उपनिवेशकालीन भारत के आर्थिक जीवन के प्राथमिक से द्वितीयक और तृतीयक क्षेत्रों की तरफ आ रहे हैं तो प्रस्तुति के क्रम में एक आंशिक परिवर्तन उचित ही मालूम होता है। तर्क शृंखला अभी तक नीचे से ऊपर की ओर चली है : खाद्य-संग्राहक और घुमक्कड़ से स्थावर कृषि की, दीर्घकालिक पारिस्थितिक निर्धारकों से अंशतः निर्धारित खेतिहर उत्पादन से अन्त-उपनिवेश काल में तीव्रता पा चुके व्यवसायीकरण के परस्पर विरोधी निहितार्थों की तरफ। उपनिवेशी ढाँचों और नीतियों ने इन सभी स्तरों को प्रभावित किया, लेकिन उनकी प्रमुखता तब और भी स्पष्ट हो जाती है जब हम वाणिज्य, उद्योग और वित्त के क्षेत्रों में प्रवेश करते हैं। फिर इसी के संगत धन के दोहन, विऔद्योगिकीकरण और देसी औद्योगिक विकास की बाधाओं जैसे विषयों पर केन्द्रित राष्ट्रवादी समालोचना द्वारा शुरू की गई बहसें और भी प्रासंगिक हो उठती हैं, भले ही बहुत-से लोगों ने इन विषयों को अनदेखा या रद्द करने की कोशिश की हो।[1] फिर भी, काफी-कुछ संशोधनों के साथ ही सही, इन क्षेत्रों के बारे में पहले के इतिहास-लेखन पर भले ही हम जोर दे रहे हों, पर तब भी हमारे लिए उनसे आगे जाना आवश्यक हो जाता है। इसके लिए हमें कुछ ऐसे अनुसन्धानों को शामिल करना होगा, जिनको कभी-कभी काफी तेजी से नव-उपनिवेशी संशोधनवाद कहकर रद्द कर दिया जाता है। मैं खास तौर पर अनेक ऐसे विषयों पर हाल के अध्ययनों के हवाले दूँगा जो पहले की राष्ट्रवादी सोच के दायरों से अलग हैं। उनमें से कुछ अध्ययन तो व्यापार, कारोबारी जीवन और दस्तकारियों के 'परम्परागत' रूपों के जारी रहने का, बल्कि तालमेल के द्वारा कभी-कभी उनमें हुए विकास का पता भी देते हैं।

इससे पहले के अध्याय पूरे अन्त-उपनिवेशी काल पर खासे खुलकर विचार करते रहे हैं। जैसे-जैसे हमारे विषय साम्राज्यवाद और राष्ट्रवाद के टकराव के और

1. अनेक विद्वानों की राय में ऐसे प्रयासों का सबसे अच्छा उदाहरण कुमार (1983) है, जिसमें अनुक्रमणिका तक में धन के दोहन और विऔद्योगिकीकरण का जिक्र नहीं आया है।

पास पहुँचेंगे, कालक्रम के भेद और भी प्रासंगिक होते जाएँगे। लाजिमी तौर पर हमेशा तो नहीं, पर कभी-कभी लगता है कि एक कामचलाऊ विभाजन पहले विश्वयुद्ध और गांधीवाद राष्ट्रवाद के साथ जुड़ा हुआ था। 1919 के बाद के काल में आर्थिक विकासक्रमों और बढ़ते राष्ट्रवादी दबावों ने उपनिवेशवाद के राजनीतिक अर्थशास्त्र में महत्त्वपूर्ण परिवर्तन पैदा किए।

दोहन और रेलों के बारे में

दोहन के निरीक्षक? 'धन का दोहन' सम्बन्धी विचार और उससे आगे

सुविधाजनक तो कुछ बुनियादी तथ्यों से आरम्भ करना ही होगा। मैंने यह बात एक ऐसे लेखक से ग्रहण की है, जिस पर किसी उपनिवेशवाद विरोधी राष्ट्रवादी झुकाव का शक करना मुश्किल होगा : बी.आर. टामलिंसन से। एशिया, अफ्रीका, लातीनी अमरीका और आस्ट्रेलिया के दूसरे अधिकांश देशों की तरह भारत का भी एक स्थान अन्त-19वीं सदी तक पूँजीवादी विश्व-अर्थव्यवस्था में औद्योगीकृत पश्चिम (सबसे बढ़कर ब्रिटेन) को खाद्य-पदार्थों और कच्चे मालों के निर्यातक और पश्चिम के तैयार मालों का निर्यात खपानेवाले एक बाजार के रूप में तय किया जा चुका था। तब तक ब्रिटेन भारत के आयातों का सबसे बड़ा आपूर्तिकर्ता था—1913 में 60 प्रतिशत से भी अधिक का। एक बँधा-बँधाया बाजार पाने के लिए इस उपमहाद्वीप की एक नाजुक अहमियत थी—खासकर सूती कपड़ों, लोहा, इस्पात और इंजीनियरिंग की वस्तुओं के लिए। (1920+ तक किसी संरक्षणमूलक टैरिफ के अभाव के कारण यह उसके लिए सुरक्षित भी था।) मिसाल के लिए 1913 में लैंकशियर से आयातित तैयार कपड़ों का परिमाण पहली बार 300 करोड़ गज से भी ऊपर चला गया (जैसा कि बाद में पता चला, वही आखिरी बार भी था), और उस साल भारत में परिमाण की दृष्टि से ब्रिटेन के कुछ निर्यात का 43 प्रतिशत भाग आया। यह बात खास तौर पर इसलिए अहम थी कि अन्त-19वीं सदी तक यूरोप और उत्तरी अमरीका में जानेवाले ब्रिटिश कपड़ों, धातुओं से बनी चीजों और इंजीनियरिंग की वस्तुओं का निर्यात विदेशी प्रतियोगिता विरोधी घरेलू संरक्षण में वृद्धि के कारण बुरी तरह सीमित हो चुका था, खासकर जर्मनी और अमरीका में।

जहाँ तक भारत से अनाजों और कच्चे मालों के निर्यात का सवाल था, ब्रिटेन का वर्चस्व कम स्पष्ट दिखाई देता था। महाद्वीपी यूरोप ने 1900 और 1913 के बीच चावल, कच्चा पटसन, कच्ची कपास, तिलहनों, खालों और चमड़े की अधिक खरीद की। फिर भी, भुगतान-सन्तुलन के महत्त्वपूर्ण आयाम के कारण यह बात भी अहम सीमा तक सामराज के लाभ में रही। यूरोप और उत्तरी अमरीका से कुछ अधिक आयात न करके भारत ने उनके मुकाबले भुगतान-सन्तुलन को अपने पक्ष

में रखा। ये दुनिया के ठीक वही हिस्से थे, जहाँ ब्रिटेन के घाटे बढ़ रहे थे। इसके विपरीत ब्रिटेन के मुकाबले भारत का सन्तुलन घाटे में था, लेकिन दुनिया के दूसरे भागों के सापेक्ष उसके सकारात्मक सन्तुलन के कारण उस घाटे की जरूरत से ज्यादा भरपाई हो जाती थी। कुल मिलाकर नतीजा यह रहा कि 'भारत के सापेक्ष ब्रिटेन के गोचर और अगोचर भुगतान-लाभ ने उसे इस योग्य बनाया कि वह दूसरे औद्योगिक देशों के सापेक्ष अपने घाटे के दो-बटा-पाँच से एक तिहाई भाग तक की भरपाई कर सके, और वह अपनी व्यापारिक स्थिति के काफी बाद तक भी विश्व के स्तर पर भुगतान-सन्तुलन के आधिक्यवाली एक अर्थव्यवस्था बना रह सके।'[1]

साम्राज्यवाद के अनेक सिद्धान्तों में पूँजी के निर्यात को दी गई प्रमुखता के बावजूद यह भारत-ब्रिटेन उपनिवेशी सम्बन्ध का सम्भवत: एक कम महत्त्वपूर्ण आयाम था। लातीनी अमरीका, संयुक्त राज्य और कनाडा में ब्रिटिश पूँजी के निवेश काफी अधिक थे—1865 और 1914 के बीच कुल पोर्टफोलियो निवेश का 51 प्रतिशत भाग अमरीकी महाद्वीप में गया, जबकि एशिया में सिर्फ 14 प्रतिशत भाग आया। भारत में निवेश का अधिकांश भाग सरकारी कर्जों, रेलों और निर्यातमुखी बागान, खदानों और जूट कारखानों में पहुँचा। लगता है कि ये रकमें मुख्य रूप से वापस गए मुनाफों से और भारत में यूरोपवासियों द्वारा जुटाई गई पूँजी से आईं। इस तरह ब्रिटेन से भारत की तरफ संसाधनों का वास्तविक हस्तान्तरण बहुत कम हुआ तथा विदेशी पूँजी-निवेश मुख्य रूप से वाणिज्य और वित्त के प्रमुख ढाँचों की खूराकरसानी के काम आया।[2]

फिर भी अन्त-उपनिवेशकालीन भारत का व्यापार-सन्तुलन जाहिरा तौर पर बहुत ही अनुकूल था। अन्त-19वीं और आरम्भ-20वीं सदी के काफी भाग में खासकर खेतिहर निर्यातों का प्रसार हुआ, यहाँ तक कि 1873 से 1896 तक के विश्वव्यापी आर्थिक पतन के दौर तक में हुआ। 'विकास' के कुछ गोचर चिह्न भी थे; मुख्य रूप से रेल लाइनों के जाल का प्रभावशाली और तीव्र प्रसार हुआ और नवीनतम प्रौद्योगिकी का उपयोग कर रहे, अनेक आधुनिक उपयोग सामने आए। परम्परागत आर्थिक विश्लेषण तथा स्वत: बाजार से संचालित और निर्यातजनित संवृद्धि की मान्यताओं के आधार पर देखें तो यह सब प्रमुख सकारात्मक तत्त्व होना चाहिए था। फिर भी बड़े पैमाने पर और सम्भवत: बढ़ रही भारतीय निर्धनता के भी पर्याप्त साक्ष्य थे। 1870+ और फिर 1890+ के दौरान उपमहाद्वीप के अनेक भागों में भयानक अकाल पड़े; यहाँ तक कि 1901-02 में बजट सम्बन्धी बहस के दौरान लार्ड कर्जन ने राष्ट्रीय आय का जो स्पष्ट रूप से झुकावदार अनुमान लगाया था वह भी 30 रुपए (दो पौंड स्टर्लिंग) प्रतिव्यक्ति प्रतिवर्ष से अधिक का नहीं था। 1901 में ब्रिटेन में संगत अनुमान 52 पौंड

---

1. टामलिंसन 1979 : अध्याय 1 देखें। (पृष्ठ 6 से) दिया गया उद्धरण भुगतान सन्तुलन के प्रश्न पर साल 1960 : अध्याय तीन और आठ के निष्कर्षों का सारांश सामने रखता है।
2. बागची 1972 : अध्याय 6 (158-62)

का—26 गुना अधिक का—था। यही विरोधाभास था जो 'धन के दोहन' के क्लासिक राष्ट्रवादी सिद्धान्त का प्रेरकतत्त्व और प्रस्थान-बिन्दु बन गया।[1] इस सिद्धान्त ने यह मशहूर तर्क पेश किया कि वस्तुओं के निर्यात का आधिक्य ब्रिटेन की तरफ अगोचर मदों के एक पूरे दायरे के प्रवाह के कारण लगातार बाहर चला जा रहा था—यह प्रवाह रकमों के आधिकारिक और अनाधिकारिक प्रेषण के रूप में हो रहा था।

धन के प्रेषण का यह प्रश्न काफी पहले, मध्य-19वीं सदी से ही भारत-ब्रिटेन सम्बन्धों के केन्द्र में रहा। ब्रिटेन और भारत में, दोनों जगह प्रेक्षकों की एक पूरी कतार ने इस दोहन की आलोचनात्मक विवेचना की है, और इसके दो प्रमुख उदाहरण एडमंड बर्क और राममोहन राय रहे हैं। इसके बदलते रूपों की एक संक्षिप्त ऐतिहासिक रूपरेखा उपयोगी ही होगी। 1757 तक ब्रिटिश व्यापारियों को पीछे होनेवाली घोर आलोचना के बीच भी भारत में कीमती धातुएँ लानी पड़ती थीं। उन दिनों प्रमुखता-प्राप्त वाणिज्यवादी बुद्धि भी कहती थी कि सोने और चाँदी का यथासम्भव कम निर्यात होना चाहिए। तब पश्चिम में भारत के सूती और रेशमी कपड़ों के बाजार फल-फूल रहे थे, जबकि बदले में वस्तुओं के रूप में देने के लिए पश्चिम के पास कुछ खास था भी नहीं। उन दिनों ऊनी कपड़े ब्रिटेन का प्रमुख तैयार माल थे पर स्पष्ट है कि दक्षिण एशिया में उनका बाजार नगण्य था।

पलाशी ने इस समस्या को नाटकीय ढंग से हल कर दिया। अब बंगाल की लूट, शुल्कमुक्त अन्तर्देशीय व्यापार से मिलनेवाले मुनाफे और (1765 में मुगल बादशाह से कम्पनी को राजस्व की वसूली के अधिकार मिलने के बाद) दीवानी के राजस्व की 'जायद' (सरप्लस) उस चीज के लिए पर्याप्त थी, जिसे अभी भी घुमावदार भाषा में भारत में किया जानेवाला 'राजस्व' कहा जा रहा था। यह सचमुच एक अजीब तरह का निवेश था, क्योंकि व्यवहार में सैन्य-विजय के मुनाफों का इस्तेमाल भारत से निर्यात के लिए मालों की खरीद के लिए किया जा रहा था। लेकिन 18वीं सदी से 19वीं सदी में प्रवेश के समय तक मैनचेस्टर की प्रतियोगिता के कारण तैयार सूती और रेशमी कपड़ों के परम्परागत निर्यातों की गिरावट ने कम्पनी, उसके सेवकों और निजी यूरोपीय व्यापारियों के लिए धन के प्रेषण की एक समान तीखी समस्याएँ पैदा कर दीं! आरम्भ में इसका सामना नील के विकास के द्वारा तथा चाय की खरीद के बदले चीन के लिए भारत से अफीम के निर्यात के सहारे किया और फिर, कहीं बहुत अधिक स्थायी और सफल ढंग से, अनाजों और खेतिहर कच्चे मालों या अर्ध-प्रसंस्कृत वस्तुओं के निर्यात के तीव्र विस्तार के द्वारा किया गया—गेहूँ, चावल, कच्ची कपास, कच्ची और काती गई जूट, चाय, तिलहनों, खालों और चमड़ों आदि के निर्यात के

1. बागची 1972 : 1 के आरम्भिक वाक्य ने ही इस विरोधाभास को मुनासिब ढंग से सामने रखा है : '1900 में भारत, यानी कि 'ब्रिटेन के ताज का सबसे चमकता रत्न' दुनिया के सबसे गरीब देशों में एक था। मैंने भारत व ब्रिटेन के लिए राष्ट्रीय आय के अनुमान इसी भाग से लिये हैं।

द्वारा। लेकिन स्वरूप के इन अनेक परिवर्तनों के बीच जो चीज नहीं बदली वह ब्रिटेन को धन के एकतरफा हस्तान्तरण की आवश्यकता थी। 1858 के बाद कम्पनी के लन्दन प्रतिष्ठान पर और शेयरधारकों को देय मुनाफों की जगह भारत सचिव के दफ्तर के और ब्रिटेन में भारत के कर्जों पर देय ब्याजों ने ले ली। कम्पनी के फौजी दुस्साहसों और 1857 की बगावत को कुचलने पर आए खर्च के कारण यह कर्ज पहले ही काफी अधिक था पर जब कम्पनी का शासन ताजदार ने सँभाल लिया तो कम्पनी के शेयरधारकों को अदायगी भी करनी पड़ी, जिसके कारण यह कर्ज और भी बढ़ गया। इनके अलावा इस 'गृह व्यय' में ब्रिटिश भारत के असैनिक और सैनिक कर्मचारियों की पेंशनें, ब्रिटेन में खरीदे गए फौजी और दूसरे साज-सामान की कीमतें, फौज के प्रशिक्षण की लागतें, यातायात की लागतें, और भारत से बाहर की मुहिमों की लागतें (जो भारत की वित्त-व्यवस्था से वसूल की जाती थीं) और रेलों पर देय जमानतशुदा ब्याज की रकमें भी शामिल थीं। मिसाल के लिए 1901-02 में यह 'गृह व्यय 1.73 करोड़ पौंड के बराबर था। उस साल की प्रमुख मदें ये थीं—रेलवे के ब्याजों पर 64 लाख, भारतीय ऋण पर ब्याज 30 लाख, सेना का खर्च 64 लाख, ब्रिटेन में साज-सामान की खरीद पर 19 लाख और पेंशनों की रकम 13 लाख पौंड। इस सरकारी हिसाब-किताब में कम आसानी से हिसाब में आनेवाली निजी मदें भी जोड़ी जानी चाहिए : भारत में सेवा के दौरान अंग्रेज अफसरों द्वारा बाहर भेजी जानेवाली रकमें और ब्रिटिश कारोबारी घरानों द्वारा भारत में मिले मुनाफों का हस्तान्तरण।

दोहन की कुल रकम का जो आकलन या अनुमान किया जा सकता था, राष्ट्रवादी शास्त्रार्थ मुख्यत: उसी पर केन्द्रित था; कभी-कभी भोंडे ढंग से इस रकम को आयात पर निर्यात की अधिकता समझ लिया जाता था। इसी के साथ दोहन के लिए जिम्मेदार सरकारी नीतियों की आलोचना भी जुड़ी थी। ऐसे विवरण दोहन के उन सटीक तंत्रों पर कम ध्यान देते थे जिनके द्वारा भारत में रुपयों में प्राप्त मुनाफे ब्रिटिश स्टर्लिंग में बदले जा सकते थे। फिर भी ये सम्भवत: अधिक नाजुक तत्त्व थे, क्योंकि ये सरकार और कारोबारी हितों के पेचीदा संयोग का, अन्त-19वीं सदी तक जो आधिकारिक ढाँचे ब्रिटिश नियंत्रणवाले बैंकों की एक विशाल श्रृंखला बन चुके थे उनके साथ आयात-निर्यात, जहाजरानी और बीमा फर्मों के तथा मैनेजिंग एजेन्सी घरानों के पेचीदा संयोग का पता देते हैं। 1888 में सर जान स्ट्रेची जैसे एक कट्टर साम्राज्यवादी ने स्पष्ट और दोटूक ढंग से दोहन के इस तंत्र को स्पष्ट किया था : 'भारत-सचिव भारत में सरकारी खजाने को बीजक भेजता है और मुख्यत: भारत में सार्वजनिक राजस्व से अदा किए जानेवाले इन बीजकों के द्वारा सौदागर वह रकम पाता है, जो भारत में उसके लिए जरूरी होती है तथा भारत-सचिव वह रकम पाता है इंग्लैंड में उसके लिए जरूरी होती है।'[1] इसे हम स्पष्ट कर दें : ब्रिटेन

1. स्ट्रेची 1888 : ये कैम्ब्रिज के अपरस्नातक छात्रों को सम्बोधित व्याख्यान थे।

में भारतीय निर्यातों के सम्भावित खरीदार स्टर्लिंग देकर कौंसिल के बीजक भारत–सचिव से खरीदा करते थे। फिर भारत–सचिव इस स्टर्लिंग का इस्तेमाल गृह व्यय को पूरा करने के लिए करता था। फिर कौंसिल के ये बीजक भारत में बैठे अंग्रेज खरीदारों को भिजवा दिए जाते थे और भारत सरकार के राजस्व में से रुपयों में इनका विनिमय हो जाता था। निर्यात के लिए भारतीय वस्तुओं की खरीद इन्हीं रुपयों से होती थी। इसके विपरीत भारत में बैठे अंग्रेज–अधिकारी व कारोबारी ब्रिटिश स्वामित्ववाले विनिमय बैंकों से स्टर्लिंग बीजक खरीदकर अपनी रुपयों में की गई बचतों और मुनाफों को बाहर भेजते थे। इन बैंकों की लन्दनी शाखें ऐसे बीजकों की अदायगी पौंड में करती थीं। इसके लिए रकम उन भारतीय निर्यातों से आती थी जो स्टर्लिंग बीजकों की बिक्री से मिले रुपयों से खरीदे जाते थे। आगे का चित्र इसे समझने में सहायक होगा।

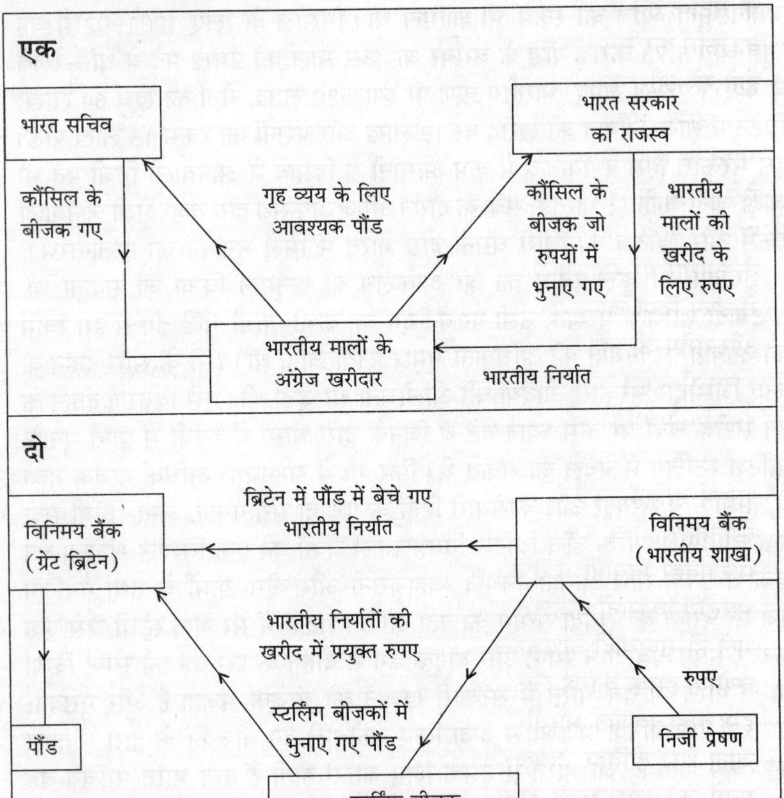

इस तरह गृह व्यय और निजी प्रेषण की रकमें भारतीय निर्यातों के माध्यम से भेजी जाती थीं। इस तरह जैसा कि दादाभाई नौरोजी के बाद से भारतीय राष्ट्रवादियों ने बार-बार स्पष्ट किया, धन के दोहन की गोचर अभिव्यक्ति भारत के बढ़ते निर्यात-आधिक्य के रूप में मिलती थी। यह दोहन, जिसका आरम्भ में कम्पनी की व्यापारिक इजारेदारी से 'वाणिज्यवादी' सम्बन्ध हुआ करता था, आगे चलकर मुक्त व्यापार के जरिए और ब्रिटिश भारत की वित्तीय पूँजी के ढाँचों के द्वारा शोषण की नई प्रक्रियाओं से गहराई से जुड़ गया। 1940 में आर.पी. दत्त ने भारत में ब्रिटिश उपनिवेशवाद को सटीक ढंग से तीन चरणों में विभाजित किया है : वाणिज्यवादी/मुक्त व्यापार पर आधारित पूँजीवाद/वित्तीय पूँजी।[1] उन्होंने मार्क्स की कुछ अन्तःदृष्टियों और इक्का-दुक्का सुझावों को स्पष्ट किया जिनको परस्पर-व्याप्त (ओवरलैपिंग) चरणों की एक धारणा के द्वारा और गहन बनाने की आवश्यकता है। धन के दोहन के सटीक तंत्र उपनिवेशी वसूली के पिछले रूपों की इस कथा के लिए प्रवेश-बिन्दु का काम कर सकते हैं। ये कभी पूरी तरह समाप्त नहीं हुए, बल्कि लगातार रूपान्तरित होते रहे और नए-नए ढर्रों में उनका समन्वय होता रहा।

अन्त-19वीं सदी में जब सोने के मुकाबले चाँदी का भाव तेजी से गिरा तो भारत के लिए हालात और पेचीदा तथा कुल मिलाकर और भी बदतर हो गए। एक ऐसे समय में जबकि विकसित जगत के बड़े भाग ने और सबसे बढ़कर ब्रिटेन ने सोने से जुड़ी मुद्रा को एक तरह का फीटिश बना रखा था, भारतीय रुपए को चाँदी के आधार पर रखा गया था और चाँदी को बड़ी कम दरों पर खुले तौर पर सिक्कों में ढाल दिया जाता था। ब्रिटिश बैंकर और सौदागर अमरीका के नए उत्पादन को और यूरोप की मुद्रा से मुक्त चाँदी का निर्यात करने के लिए बेचैन थे। इसके फलस्वरूप भारत में चाँदी की आमद ने रुपए और सोने की स्टर्लिंग की विनिमय दर को जो 1874 में एक शिलिंग 10 पेंस थी, घटाकर 1892 में 1 शिलिंग 2 पेंस तक पहुँचा दिया।

एक अहम नतीजा यह निकला कि जहाँ 1873-76 की मन्दी के दौरान संसार भर में खेतिहर कीमतें गिरीं वहीं भारतीय मालों के निर्यात की कीमतें स्थिर रहीं, क्योंकि चाँदी के रुपए की कद्र गिरने से इस गिरावट की भरपाई हो गई। इस स्थिति में खेतिहर निर्यातों में तेजी आई। डायटमर रोटरमंड ने तर्क दिया है कि अधिकांश भारतीय किसानों के लिए इसके परिणाम कुछ भी रहे हों, लाभकारी तो नहीं ही रहे, भले ही राष्ट्रवादी अर्थशास्त्रियों ने कुल मिलाकर कम विनिमय दर का पक्ष लिया, क्योंकि इसके कारण लैंकशियर से होनेवाले आयातों की कीमत बढ़ जाती थी और इस तरह नवजात भारतीय कपड़ा उद्योग को थोड़ा-सा संरक्षण अनायास ही मिल जाता था। खेतिहर उछाल के फायदे ज्यादातर निर्यात और जहाजरानी की ब्रिटिश फर्मों को और उनके अधीन भारतवासियों को मिले। इसका कारण यह था कि

1. दत्त 1947/1970

फसलें अक्सर सूदखोरों और व्यापारियों के पास पेशगी ही रेहन रख दी जाती थीं जो अब पेशगी रकमों के एक सोपान के जरिए बन्दरगाहों और नगरों में स्थित बड़ी विदेशी फर्मों से अधिकाधिक जुड़ते जा रहे थे। रोटरमंड के शब्दों में, 'मुद्रा के अवमूल्यन और देश के बड़े भागों में उत्पादक क्षमता की पेशगी खरीद ने मिलकर यह चमत्कार पैदा किया कि भारत 'स्थिर' निर्यात-मूल्यों पर तब भी उपज का निर्यात करता रहा, जबकि तीखे अकाल देश को दुखी किए हुए थे। चाँदी को खपाकर और कम-से-कम दामों पर गेहूँ का निर्यात करके भारत ने अन्त-19वीं सदी की विश्व-अर्थव्यवस्था की तह में बफर का काम किया।'[1]

इस नुक्ते का और आगे भी सामान्यीकरण किया जा सकता है, जैसा कि अमिय बागची का सुझाव है। यह शायद ही कोई संयोग हो कि अन्त-19वीं सदी तक, जबकि सोना सभी पश्चिम यूरोपीय देशों, अमरीका और जापान की मुद्राओं का आधार बन चुका था, चाँदी दो सबसे बड़े उपनिवेशी क्षेत्रों में, यानी कि भारतीय उपनिवेश में और चीनी अर्ध-उपनिवेश में मुद्रा का आधार बनी रही। यह बागची के शब्दों में 'कुछ अर्थों में पूँजीवाद केन्द्र की पुख्तगी का और उपनिवेशी परिधि से उसके अलगाव का सबसे स्पष्ट प्रतीक' था।[2] लेकिन ब्रिटिश दृष्टिकोण से इस पूरे ढाँचे की एक बड़ी कमजोरी भी थी। कम रुपया-स्टर्लिंग अनुपात का मतलब भारत सरकार की वित्त-व्यवस्था पर बोझ का बढ़ना था, क्योंकि गृह व्यय का बोझ उठाने के लिए अब अधिक रुपयों की अदायगी करनी पड़ रही थी। आखिरकार 1893 में चाँदी की खुली ढलाई के लिए टकसालों को बन्द करना पड़ा, जिससे रुपया चढ़कर 1898 में 1 शिलिंग 4 पेंस हो गया और भारत एक तरह के स्वर्णमान पर आ गया।[3]

दोहन के सिद्धान्त के हमेशा कुछ सख्त आलोचक भी रहे हैं जिनमें उपनिवेशवाद के बेशर्म चाटुकारों से लेकर ऐसे अधिक गम्भीर टिप्पणीकार भी शामिल रहे हैं, जो अनेक राष्ट्रवादी प्रस्तुतियों, अतियों और चुप्पियों को लेकर शंकित रहे।[4] बहस की तीन मोटी तर्जों की पहचान की जा सकती है। पहले तो यह संकेत दिया गया है कि राष्ट्रवादी अर्थशास्त्रियों ने दोहन के परिमाण और महत्त्व को काफी बढ़ा-चढ़ाकर पेश किया है। आसानी से परिमाण में व्यक्त हो सकनेवाले गृह व्यय से दोहन को अघोषित ढंग से एकाकार करके के.एन. चौधुरी ने 1968 में गणना की थी कि उसकी

---

1. रोटरमंड 1970 : 1-23
2. बागची 2003 : 155-179
3. बदलते हुए रूपों में मुद्रा का प्रश्न जीवन्त बना रहेगा और 1914 के बाद के विकासक्रमों की विवेचना करते समय हम इससे फिर दो-चार होंगे।
4. पहली श्रेणी की आलोचना का एक उपयुक्त उदाहरण यही सर जान स्ट्रैची का है, जिन्होंने दोहन के तंत्र का एक सुबोध परिचय देने के बाद यह लट्ठमार दावा किया कि 'अंग्रेजों द्वारा दी गई सेवाओं या अंग्रेजों की लगाई हुई पूँजी के प्रतिदान को छोड़ इंग्लैंड को भारत से कुछ और नहीं मिलता।' स्ट्रैची 1888 : 115 देखें।

रकम 1898 और 1914 के बीच अनुमानित राष्ट्रीय आय के 1.8 प्रतिशत से लेकर 0.8 प्रतिशत तक बदलता रहा।[1] और भी सामान्य स्तर पर यह संकेत दिया गया है कि आयात-निर्यात के असन्तुलन पर कुछ ज्यादा शोर नहीं किया जाना चाहिए, क्योंकि विदेशी व्यापार चाहे बेहतरी के लिए हो या बदतरी के लिए, कुल मिलाकर वह अर्थव्यवस्था के एक छोटे-से (हालाँकि बढ़ रहे) भाग को ही प्रभावित करता था। इसके अलावा गृह व्यय की हर मद को भी शुद्ध शोषण कहकर उसकी निन्दा नहीं की जानी चाहिए, क्योंकि ब्रिटेन में खरीदे गए साज-सामान और उगाहे गए कर्जों के लिए हर हालत में अधिक दरों पर भुगतान करना पड़ता, वरना ये उपलब्ध ही नहीं होते। इस तरह उनमें एक 'उत्पादक' तत्त्व भी मौजूद था। फिर भी सबसे भोंडे चाटुकारों को छोड़ सबने माना कि 'कुछ दोहन के होने पर शायद ही कोई विवाद सम्भव हो': इनमें सबसे उल्लेखनीय शायद ऐसी अनेक मुहिमों में 'कोई भुगतान किए बिना भारतीय सेना का उपयोग' था जो भारतीय सीमाओं से काफी दूर और पूरी तरह ब्रिटेन के हित में चलाई गईं पर जिनका खर्च भारतीय राजस्व से उठाया गया।[2]

धन के निजी प्रेषण के आयाम का आकलन कहीं बहुत अधिक कठिन है लेकिन स्पष्ट है कि इसे भी शामिल करें तो दोहन का परिमाण अच्छा-खासा बढ़ जाएगा। इसके सिलसिले में भी उत्पादकता या विकास के तर्क का सहारा लिया गया है, क्योंकि यह बात स्पष्ट है कि अन्त-उपनिवेश काल में एक अधिक आधुनिक पूँजीवादी आर्थिक जीवन के कुछेक गोचर चिह्न यकीनन सामने आए; इसका आरम्भ मुख्य रूप से संचार, खदानों और कुछ उद्योगों में अंग्रेजों के निवेशों से हुआ। यहाँ आकर तर्क की दिशा बदलकर ऐसे विकास या आधुनिकीकरण की बुनियादी प्रकृति सम्बन्धी प्रश्नों की तरफ चली जाती है और भी सटीक कहें तो जैसा कि हम रेलों और उद्योगों की विवेचना के दौरान और भी विस्तार से देखेंगे, प्रासंगिक प्रश्नों का सम्बन्ध इन नए क्षेत्रों के पश्चमुखी या अग्रमुखी अनुबन्धनों की सीमा से है : समग्र संवृद्धि में उनका योगदान अगर रहा तो कहाँ तक रहा। (सबसे बढ़कर पूर्वी भारत में) अंग्रेजों की राजनीतिक और आर्थिक उपस्थिति ठीक-ठीक किन ढंगों से देसी पूँजीवादी विकास में सबसे बड़ी बाधा बनी रही, इसकी छानबीन बागची ने की है। उनकी रचना परम्परागत राष्ट्रवादी प्रस्थापना को अधुनातन बनाती है।

दोहन के सिद्धान्त के या और भी सामान्य स्तर पर कहें तो ब्रिटिश शासन के हानिकारक और शोषक आयामों के तथाकथित अतिशयोक्तिपूर्ण अनुमान के आलोचकों ने हाल में एक तीसरे तर्क का सहारा भी लिया है। ये लोग साम्राज्य की

1. चौधुरी 1968 : 31-50
2. ये दो उद्धरण चार्ल्सवर्थ 1982 : 52 और टामलिंसन 1975 : 337-380 से लिए गए हैं। फिर टामलिंसन आगे बढ़कर कहते हैं कि ब्रिटिश भारतीय सेना का रख-रखाव और तैनाती 'भारत को प्राप्त अकेला अविस्थापनीय लाभ है।'

थोड़ी-बहुत सतही प्रकृति पर, भारतीय समूहों और ढाँचों द्वारा उसके काम-काज के तरीकों पर तथा इन पर सम्भवतः उसकी निर्भरता पर जोर देते हैं। 1982 में चार्ल्सवर्थ ने अनुमोदन-भाव के साथ एक नई प्रवृत्ति का जिक्र किया : 'साम्राज्यवाद की कमजोरी और सीमाओं पर जोर देने से (यह) संकेत मिलता है कि भारत की समस्या यह थी कि विदेशी आधुनिकतावादी प्रभाव काफी मजबूत या दखलअन्दाज नहीं थे; इसकी बजाय वे मारक सीमा तक विध्वंसक थे।' इसी तरह टामलिंसन ने तर्क दिया : 'जहाँ भी उत्पादक का बड़े पैमाने पर 'शोषण' हुआ वहाँ सबसे अच्छी बात यह होगी कि उसे विपणन और ऋण-व्यवस्था के परम्परागत संगठनों की जकड़ का नतीजा समझा जाए और विश्व-अर्थव्यवस्था की उन शक्तियों की नाकामी का भी कि वे व्यापक आर्थिक विकास की विद्यमान संस्थागत बाधाओं को चूर न कर सकीं।'[1] साम्राज्यवाद विश्व-अर्थव्यवस्था को दबदबा जमाने की खुली छूट मिली होती तो मानव जाति को उससे क्या लाभ प्राप्त होते, इस बारे में ऐसे भरोसे को हर व्यक्ति शायद स्वीकार न करे। टामलिंसन के दिए हुए तर्कों, जैसे तर्क अंग्रेजों की मौजूदगी, किस सीमा तक 'परम्परागत' संगठनों का रूप बदल सकती थी, इसको तथा विदेशी व्यापार, बैंककारी और वित्त-व्यवस्था की सोपानी ऊँचाइयों पर उपनिवेशी नियंत्रण के सम्भावित परिणामों और लाभों को भी कम करके पेश करते हैं। पर यहाँ यह बात जोड़ी जानी चाहिए कि इन बहसों ने कभी-कभी पुराने रवैयों की अपर्याप्तताओं और चुप्पियों को भी उजागर किया और इस अर्थ में समझदारी में गहराई लाने में मदद पहुँचाई। अनुसन्धान की इस धारा को राष्ट्रवाद के अति-उत्साह में आकर एक सिरे से नकार देने से कोई मदद नहीं मिलने वाली।

परम्परागत राष्ट्रवादी समालोचना की कुछ महत्त्वपूर्ण सीमाओं को हमें रेखांकित करना ही होगा। नौरोजी की परम्परा ने दोहन के आधिकारिक, गृह व्ययवाले आयाम पर ही बड़ी सीमा तक ध्यान केन्द्रित रखा, जिसके दोनों कारण थे—यह कि इसे आसानी से मापा जा सकता था और यह कि यह सरकारी नीतियों में कुछ विशेष परिवर्तन लाने की इच्छा से प्रेरित था। अधिक 'ढाँचागत' आयामों का, खासकर अर्थव्यवस्था के बुनियादी क्षेत्रों पर निजी विदेशी नियंत्रण और शोषण के नकारात्मक निहितार्थों का कभी-कभार जिक्र तो किया जाता रहा, मगर कमोबेश चलताऊ ढंग से : उनको बाद की एक वामपन्थी राष्ट्रवादी जमा मार्क्सवादी विश्लेषण-पद्धति ने ही विस्तार से स्पष्ट किया।[2] राष्ट्रवादी आलोचना लगभग पूरी तरह भारत-ब्रिटेन

---

1. चार्ल्सवर्थ 1982 : 69; टामलिंसन 1975 : 7-8
2. यह सही है कि कभी-कभी कुछ चौंकानेवाले अपवाद भी सामने आते थे। मसलन जी.वी. जोशी (जोशी 1880) ब्रिटिश व्यावसायिक फर्मों, बैंकों और बागान के बढ़ते प्रभुत्व का वर्णन एक तरह की 'दूरवासी जमींदारी' के रूप में किया है जो 'सिर्फ जमीन का लगान नहीं, बल्कि उद्यमों के मुनाफे भी दूर ले जाती है...ये हमारे कुल औद्योगिक क्षेत्र पर प्रतिकूल—काम और लाभकारी उद्यमों पर—काफी प्रतिकूल कब्जे के सूचक हैं।' गांगुली 1977 : 119 पर उद्धृत।

सम्बन्धों पर केन्द्रित रही और उस विश्व-अर्थव्यवस्था में कुल मिलाकर भारत की स्थिति को बड़ी हद तक अनदेखा किया जिस पर पश्चिमी देशों के एक समूह का नियंत्रण था।[1] शायद सबसे अधिक महत्त्वपूर्ण उन तरीकों को धुँधला बनाने की जोरदार प्रवृत्ति थी जो ब्रिटिश शासन और ब्रिटिश पूँजी दोनों के काम करने के तरीके थे—नियंत्रण और शोषण के भारतीय ढाँचों के माध्यम से ये तरीके नाजुक अहमियत पा लेते थे। भारतवासी एक ऐसा भेदरहित जनसमूह तो नहीं ही थे जो विदेशी प्रभुत्व के कारण एक समान ढंग से गरीब बने हों; उनमें भी महत्त्वपूर्ण समूहों ने अच्छे-खासे फायदे हासिल किए। एक साझा उपनिवेश-विरोधी मंच तैयार करने की इच्छा से और अपने खुद की अभिजातवादी स्थितियों से जुड़े कम प्रशंसनीय भौतिक सम्बन्धों के कारण भी, राष्ट्रवादी इस दूसरे पहलू को कम करके ही पेश करते रहे।

दादाभाई नौरोजी के क्लासिक ग्रन्थ 'Poverty in India?' (1876) पर एक निगाह डालने से ही राष्ट्रवादी आर्थिक समालोचना की शक्ति और उसकी सीमाएँ भी स्पष्ट हो जाती हैं। भारतवासियों की प्रतिव्यक्ति आय की गणना के बारे में दादाभाई नौरोजी ने अपने अग्रगामी (और उनके काल के लिए काफी प्रभावशाली) प्रयास के बाद यह प्रासंगिक टिप्पणी भी की है कि 'भारी जनसमूह यह 20 रुपए भी नहीं पाता था, क्योंकि उच्च वर्गों का भाग औसत से अधिक होता था।' कुछ अवसरों पर उन्होंने एक सम्भावित 'आन्तरिक दोहन...देश के अन्दर वर्गों और क्षेत्रों के बीच के दोहन' की चेतना का परिचय भी दिया। लेकिन आमतौर पर इन सबका राष्ट्रवादी अन्त ही होता था, जैसे कि नीचे के उद्धरण में हुआ : 'वास्तव में भारत दो हैं—एक समृद्ध, दूसरा निर्धनता का मारा हुआ। समृद्ध भारत अंग्रेजों और दूसरे यूरोपवासियों का भारत है। दूसरा भारत भारतवासियों का भारत है।' फलस्वरूप 'Poverty in India?' का तार्किक ढाँचा एक अधिकाधिक तंग होती जा रही सामाजिक दिशा में फिसलन की एक श्रृंखला का रूप ले लेता है। ग्रन्थ सामूहिक निर्धनता के विषय से आरम्भ से होता है, फिर 'बुराई का स्रोत आधिकारिक दोहन है' वाले विषय पर आता है और शिक्षित भारतवासियों के लिए और अधिक रोजगार उपलब्ध कराने के आह्वान के साथ समाप्त होता है।

1. इस नुक्ते पर जोरदार तर्क जी. बालाचन्द्रन ने दिए हैं, जो सुझाते हैं कि इससे उत्पन्न खालीपन ने हाल के कुछ 'संशोधनवादी' इतिहासकारों को यह कहने की क्षमता दी है कि विश्वयुद्धों के बीच के वर्षों में भारत मालिक देशों के हितों के लिए महत्त्वपूर्ण लाभों का स्रोत नहीं रहा। कारण कि उपेक्षित विषयों में 'अपनी वित्तीय प्रमुखता को फिर से पाने के लिए ब्रिटेन के प्रयासों को आगे बढ़ाने में भारत की अनैच्छिक भूमिका तथा विश्व-अर्थव्यवस्था में स्थायित्व और कार्यकलाप में व मन्दी के दौरान उसकी बहाली में भारत का योगदान' भी शामिल है। बालाचन्द्रन 2003 : प्रस्तावना (24-25) देखें।

सामराजी भाप : रेलें और उनके दूरगामी परिणाम

अपनी दूरगामी भौतिक उपस्थिति और अनेकानेक परिणामों के कारण रेलें भारत में ब्रिटिश राज की सबसे प्रभावशाली और स्थायी निशानियाँ हैं। उनका आरम्भ 35 मील लम्बी बम्बई-ठाणे लाइन के साथ 1853 में हुआ। 1900 तक उनका विस्तार 23,672 मील तक हो चुका था और यह दुनिया की चौथी बड़ी और रूस से बाहर एशिया की सबसे बड़ी रेलवे थी। 1947 तक बिछाई गई लाइनों की लम्बाई 44,722 मील तक हो चुकी थी। भारत में ब्रिटिश पूँजी निवेश का यह अकेला सबसे बड़ा क्षेत्र[1] 1880+ तक सिर्फ निर्माण और रख-रखाव के कामों में हर साल लगभग 20,000 पुरुषों, स्त्रियों और बच्चों को रोजगार दे रहा था, जबकि उसकी लाइनों पर काम करनेवालों की तादाद 1901 तक 380,000 हो चुकी थी और 1947 तक दस लाख से ऊपर जा चुकी थी। रेलें वास्तव में लगता है उन आर्थिक, राजनीतिक, सामाजिक और पारिस्थितिक रूपान्तरणों के सांगठनिक और प्रौद्योगिक आधार थीं जिन्होंने आधुनिक भारत को जन्म दिया। लेकिन इसका एक विरोधाभासी परिणाम भी सामने आया। उपनिवेशी आधुनिकता के अनेक-अनेक आयामों में प्रवेश करनेवाली रेलें एक भरे-पूरे विशिष्ट अनुसन्धान का विषय बनने की बजाय उसकी पृष्ठभूमि बन गईं।[2]

उपनिवेशी शासन और सामान्यत: कहें तो सम्भवत: पूँजीवादी आधुनिकता की बहुत सारी बातों की तरह रेलों के इस विशाल और निरन्तर प्रसारमान तंत्र के निर्माण के परिणाम भी विवादास्पद रहे हैं। एक प्रति-यथार्थ को सामने रखें तो इसमें शायद ही शक हो कि अंग्रेज अगर भारत-विजय न करते तो भी भारत में अगर रेलों का निर्माण होता तो भी उनके कुछ विविध और परस्पर विरोधी निहितार्थ सामने आए होते। लकड़ी के स्लीपरों की माँग ने वन-संसाधनों पर प्रतिकूल प्रभाव हर हाल में डाला होता, और यह भी सम्भव है कि असमान विकास का ढर्रा, जिसमें कुछ क्षेत्रों और समूहों को लाभ मिले, जबकि दूसरे घाटे में रहे, निर्माण का आदेश देने वालों से नहीं, बल्कि स्वयं उस निर्माण की प्रकृति से जुड़ा हुआ था। दूसरी ओर इसमें भी शक नहीं किया जा सकता कि रेलों के कारण यातायात की गति अगर बेपनाह बढ़ी और लागत कम हुई तो उसके कारण जो लोग पहलेवाले तरीकों से यातायात का धंधा करते थे उनकी रोजी कमाने की क्षमता गिरी : दक्षिण एशिया में लदाई के बैलों, बैलगाड़ियों, नदियों में नावों और साहिली जहाजरानी से जुड़े लोगों की। अन्तर्विरोधों को और उनकी बहस उठाने की क्षमता को देखते हुए जिस बुनियादी तथ्य पर जोर दिया जाना चाहिए कि एक सदी तक रेलों के निर्माण और संचालन का उपनिवेशवाद से अटूट सम्बन्ध रहा; इसके कारण भारत में ब्रिटिश राज के समग्र

---

1. 1902 तक लगभग 236 करोड़ पौंड स्टर्लिंग जिसका एक विशाल भाग ब्रिटिश मूलवाला था। थार्नर 1955 : 201-206 देखें; केर 2001 : 93 में भी उपलब्ध।
2. केर 2001 : प्रस्तावना (1-5) ने इस कमी पर जोर दिया है।

आर्थिक परिणामों के कमोबेश निराशावादी आकलन, राष्ट्रवादी समालोचना और उनके सुधारवादी खंडन के बीच की लम्बी सामान्य बहस से इस विषय का अटूट सम्बन्ध रहा है। 1853 में की गई एक विवादास्पद भविष्योक्ति में मार्क्स ने विचार व्यक्त किया था कि रेलें भारत में 'आधुनिक उद्योग का अग्रदूत' बनेंगी। 1881 तक वे अपने आकलन को संशोधित कर चुके थे और एक पत्र में कहा था कि 'रेलें हिन्दुओं के लिए व्यर्थ' थीं और 'दोगुने जोश से जारी एक खूनचूस प्रक्रिया' के अंग बन चुकी थीं।[1] मार्क्स का यह दूसरा आकलन पहले के मुकाबले कम लोगों को पता है। ये दोनों मिलकर उन बुनियादी अस्पष्टताओं की ओर ध्यान दिलाते हैं, जो रेलों के उपनिवेशकालीन निर्माण के महत्त्व के किसी भी आकलन से जुड़ी होनी चाहिए। एक सावधानी से भरा और सन्तुलित निष्कर्ष—असंदिग्ध प्रगति और साथ-ही-साथ अवनति के कारण मारी गई सम्भावनाओं का निष्कर्ष—1955 में डेनियल थार्नर ने निकाला था; यह भारत में रेलों के बारे में उनके अग्रगामी अध्ययन के अन्त में आता है और सम्भवतः सबसे उम्दा खुलासा है : 'ऐसा लगता है कि भारत में रेलों के कारण जो आर्थिक परिवर्तन सम्भव हुए उनकी गति रेलों के बनाए जाने के ढंग और उनको चलाए जाने के ढंग के कारण धीमी पड़ी।'[2]

जैसा कि हम प्रसंगवश पहले ही देख चुके हैं, रेलें ब्रिटिश राज की राष्ट्रवादी समालोचना का एक अहम अंग बन गईं—सबसे बढ़कर उनके लिए वित्त की व्यवस्था के अजीब-गरीब ढंग के ही कारण। ब्रिटिश निवेशकों के दबाव के कारण ईस्ट इंडिया कम्पनी ने रेल कम्पनियों के शेयरधारकों के लिए जमानती 5 प्रतिशत डिविडेंड की एक व्यवस्था को हिचक के कारण स्वीकार किया (और 1858 के बाद मलिका की सरकार ने इसे जारी रखा), और अगर मुनाफा इस रकम से नीचे होता था तो अन्तर की भरपाई भारतीय राजस्व से की जाती थी। 1901-02 में यह वार्षिक गृहव्यय का एक तिहाई या उससे भी अधिक था। निर्माण की दृष्टि से इसके परिणाम और भी हानिकारक रहे और सार्वजनिक जोखिम पर निजी निवेश की यह अजीब व्यवस्था गोया कि फिजूलखर्ची और बरबादी के लिए ही बनी थी। मिसाल के लिए रेल कम्पनियों ने अनावश्यक ही एक ब्राड गाज का चुनाव किया। 1870+ के आसपास से जब राजसत्ता ने धक्काशाही ढंग से अपने बल पर कुछ रेल लाइनों का निर्माण शुरू किया तो उसने मीटर गाज को अपनाकर धन की बचत की कोशिश की और इस तरह स्वतंत्रता के बाद की हुकूमतों के लिए बेमेलपन की एक बड़ी समस्या पीछे छोड़ गई। रेलों के मनमाने ढंग से बनाए गए बन्धों ने अक्सर जलप्रवाह

1. मार्क्स, तिथि अज्ञात : 87, 337 देखें। दिलचस्प बात यह है कि 1881वाला पत्र एक मशहूर रूसी नरोदनिक बुद्धिजीवी को लिखा गया था और इसमें 'खूनचूस' का वही रूपक इस्तेमाल किया गया है जो दादाभाई नौरोजी को पसन्द था।
2. थार्नर, केर 2001 : 96 पर।

के प्राकृतिक रास्तों को बाधित किया और ये जलप्लावन के कारण बने। पूर्वी भारत के अनेक भागों में इसी को बड़े पैमाने पर 'बर्दबान बुखार' (मलेरिया) की तबाहियों का आंशिक कारण ठहराया गया।

अदक्षता और बरबादी अपनी जगह, उपनिवेशी रेलों के निर्माण और प्रबन्ध के कुछ अधिक ढाँचागत पहलू उन टेढ़ी विशेषताओं के दर्शन भी कराते हैं जिन पर राष्ट्रवादियों ने अक्सर हमले किए।[1] लाइन बिछाने के रास्तों सम्बन्धी फैसले ब्रिटिश शासन और ब्रिटिश कारोबारी समूहों की रणनीतिक और आर्थिक प्राथमिकताओं से तय होते थे। अन्त-19वीं सदी में भारत पर एक सम्भावित रूसी-आक्रमण सम्बन्धी सामराजी प्रलाप के कारण देश के पश्चिमोत्तर भागों में आर्थिक दृष्टि से अलाभकर लाइनों की एक पूरी श्रृंखला बना दी गई, जिसका बोझ जाहिर है कि भारतीय करदाताओं को उठाना पड़ा। अन्यथा प्रमुख ट्रंक लाइनें प्रमुख बन्दरगाहों (बम्बई, कलकत्ता, मद्रास) से पृष्ठक्षेत्रों तक दौड़ती थीं और निर्यात के लिए कच्चे मालों और अनाजों की व आयातित ब्रिटिश मालों की ढुलाई करती थीं। इसके विपरीत अन्दरूनी क्षेत्रों के आपसी सम्बन्धों को अक्सर उपेक्षित किया जाता रहा। इसी तरह ढुलाई की दरें भी ब्रिटिश निर्यातकों और आयातकों के हित में की जाती रहीं। बन्दरगाहों से सामान लाने, ले जाने के लिए रेल कम्पनियाँ लगभग उतनी ही अन्दरूनी दूरियों के मुकाबले कम भाड़े वसूल करती थीं। मिसाल के लिए बम्बई के कारखानादारों के लिए बिहार की बजाय ब्रिटेन से कोयला खरीदना अक्सर सस्ता पड़ता था : बिहार के कोयले की उत्पादन की लागतें स्वाभाविक रूप से कम होती थीं पर रेल भाड़ों के कारण उसकी कीमत बेपनाह बढ़ जाती थी। काफी धन पहली श्रेणी के वैभवपूर्ण डब्बों पर खर्च किया जाता था जो कि व्यवहार में लगभग पूरी तरह यूरोपीय लोगों के इजारे थे, जबकि 'मुल्की लोगों' को तीसरे दर्जे के खचाखच भरे डब्बों में सफर करना पड़ता था। रेलें वास्तव में उसी तरह की नस्लवादी घटनाओं की पसन्दीदा स्थली बन गईं, जिन्हें गांधी ने दक्षिण अफ्रीका के सन्दर्भ में मशहूर कर दिया था।

रेलों के पश्च-प्रभाव—जिनके आधार पर 1853 में मार्क्स ने भविष्योक्ति की थी कि रेल व्यवस्था भारत में आधुनिक उद्योग की अग्रदूत बनेगी—उपनिवेशवाद के तर्कशास्त्र के ही कारण किन-किन तरीकों से गलत साबित हुए या कम-से-कम उनकी गति कम हुई, ये इन सबमें सम्भवत: सबसे अधिक दूरगामी थे। वित्तीय पूँजी, प्रबन्ध-कला, अधिकांश उपकरण और कुशल श्रमिक अधिकतर, ब्रिटेन से आते थे। इस बात से भारतवासियों में नई कुशलताओं के निर्माण और प्रसार में भयानक बाधाएँ पड़ीं और शेष भारतीय अर्थव्यवस्था के साथ उसके अनुबन्धनों के बनने की

1. राष्ट्रवादियों ने अक्सर तर्क दिया कि सिंचाई में ऐसे ही संसाधनों का निवेश खेतिहर उत्पादन को बढ़ावा देता और अकालों को रोकने का कहीं बहुत अधिक कारगर उपाय होता।

सम्भावना समाप्त हो गई। पटरियाँ, प्वाइंट, फिशप्लेटें मशीनें इंजन, यहाँ तक कि स्लीपर भी लगभग पूरी तरह भारत से बाहर बनाए जाते थे। 1941 तक भारत के अन्दर सिर्फ 700 इंजन बने, हालाँकि विभिन्न कम्पनियों द्वारा मरम्मत और रख-रखाव के कामों के लिए बनाई गई कार्यशालाएँ वास्तव में इससे बहुत अधिक के निर्माण में समर्थ थीं। अजमेर और जमालपुर की बड़ी इकाइयों के बारे में यह बात खास तौर पर सही है। अगर ऐसा नहीं हो सका तो इसका सीधा सम्बन्ध ब्रिटिश इंजन-निर्माता फर्मों के हितों से था, जो बँधुआ भारतीय बाजार पर बहुत अधिक निर्भर हो चुकी थीं, क्योंकि कालक्रम में यूरोपीय देशों और अमरीका ने खुद के बड़े-बड़े रेल उद्योग विकसित कर लिए। मिसाल के लिए 1898 में भारत सचिव हैमिल्टन पर नार्थ ब्रिटिश लोफोमोटिव कम्पनी ने कामयाबी के साथ दबाव डाला कि सभी भारतीय रेलों के लिए इंजन का एक मानक डिजाइन तय किया जाए जिसके कारण जमालपुर जैसी कार्यशालाओं में विकसित दूसरी किस्मों के उत्पादन की सम्भावना कारगर ढंग से समाप्त हो गई।[1]

रेलों के आगमन के दीर्घकालिक निहितार्थ सामराजी शोषण से उनके निर्विकार जुड़ाव से कहीं अधिक व्यापक थे। गतिशीलता का बढ़ना और यातायात की लागतों का कम होना इसका सबसे स्पष्ट आर्थिक परिणाम था। एक अकेले उपमहाद्वीप व्यापी बाजार के आर-पार कीमतों की एकरूपता में वृद्धि की प्रवृत्तियाँ इससे मजबूत हुईं। इस सिलसिले में रेलों के प्रभाव का परिमाणीकरण करने के कुछ प्रयास भी किए गए हैं। हर्ड ने अनुमान लगाया है कि लदाई के बैलों, बैलगाड़ियों या नावों द्वारा सामानों की ढुलाई के खर्चों के बारे में जो आँकड़े उपलब्ध हैं, उनके मुकाबले में रेलों के कारण यातायात की लागतों में आई कमी का मतलब 1990 में राष्ट्रीय आय के लगभग 9 प्रतिशत के बराबर की बचत थी। इसके विपरीत जमानतशुदा डिविडेंडों के कारण होनेवाला रिसाव या 'दोहन' हर्ड के अनुसार बहुत कम था : यह राष्ट्रीय आय के 0.3 प्रतिशत से अधिक नहीं था। रेलों के अधिक उपयोग से यातायात के पहलेवाले तरीकों से जुड़े लोगों को निश्चित ही भारी नुकसान हुए, लेकिन लाभों और हानियों के सन्तुलन में क्षेत्रीय दशाओं के कारण भारी विविधताएँ भी थीं। मिसाल के लिए बड़ी नदियों की वादियों के निचले भागों में (खासकर पूर्वी भारत) में सस्ता जल यातायात और कुछ तटीय पट्टियों में भी काफी आम रहा होगा, पर दूसरी जगहों पर काफी कम प्रचलित रहा होगा। मिसाल के लिए रेल पूर्व कालों में इलाहाबाद से पूरब की तरफ गंगा और उसकी सहायक नदियों में नावों के द्वारा अन्तः क्षेत्रीय व्यापार बेहद महत्त्वपूर्ण हुआ करता था। ऊपर की दिशा में उनका महत्त्व कम होता जाता था। इस क्षेत्र पर रेलों के प्रभाव पर इयान डर्बीशियर के सावधानी भरे अध्ययन का निष्कर्ष है कि इस नए साधन के कारण आर्थिक

1. हर्ड 1983, केर 2001 : 159-60 पर; लेहमन 1965 : 297-306

सन्तुलन में एक महत्त्वपूर्ण दीर्घकालिक परिवर्तन आया, और प्रान्त के पश्चिमी भाग की संवृद्धि के मुकाबले पूर्वी संयुक्त प्रान्त के जिलों में एक सापेक्ष ठहराव या ह्रास देखा गया। इन जिलों में मल्लाहों और (रेलों के द्वारा लैंकशियर के आयातों की मार खानेवाले) बुनकरों को तकलीफें पहुँचीं, जबकि कलकत्ता के साथ उनके रेल-सम्पर्क ने बस यह किया कि इस क्षेत्र को गिरमिटिया या 'अतिरिक्त' श्रम के दूसरे रूपों के निर्यात के लिए एक प्रमुख ग्रहण-क्षेत्र बना दिया। इसके विपरीत रेलों को एक सघन जाल और नहरों के निर्माण ने अन्त-19वीं सदी में पश्चिमी दोआब को एक 'लघु पंजाब' बना दिया और उसे गेहूँ और गन्ने के उत्पादन में विशेषता प्राप्त हुई। मुकुल मुखर्जी द्वारा बंगाल के एक क्षेत्रीय सर्वेक्षण से पता चला कि जो क्षेत्र नदी-यातायात के लिए अनुकूल था और जहाँ रेलों का निर्माण कठिन था; वहाँ भी 'सीमान्त लाभ' अन्ततः रेलों को ही प्राप्त हुआ। नदी-यातायात मौसमी होता था, प्राकृतिक विपत्तियों का मारा हुआ होता था और समय के साथ उलटफेर से भरा होता था। रेलों के आने के कारण बाजारों के बीच और मौसमों के आर-पार मूल्यों सम्बन्धी अन्तर कम हो गया।[1]

आमतौर पर रेलों पर उनके प्रभावों के आधार पर विचार किया जाता रहा है और ये अन्त-19वीं तथा आरम्भ-20वीं सदियों में विकास क्रमों के एक बेपनाह दायरे के लिए ये एक अपरिहार्य पृष्ठभूमि प्रदान करती थीं : जैसे बस थोड़े से अधिक स्पष्ट विकासक्रमों की बात करें तो व्यवसायीकरण में तेजी, वास्तविक या कथित औद्योगिकीकरण, नगरों का प्रसार या पतन के लिए। 1995 में इयान केर ने अपनी माकूल शीर्षकवाली रचना 'Building the Railways of the Raj' में एक नए और दिलचस्प ध्यानकेन्द्र का समावेश किया है। निरन्तर प्रक्रियाओं के रूप में रेलों के निर्माण और रख-रखाव के लिए जिन बेहद अलग-अलग प्रकार की श्रम-प्रक्रियाओं की आवश्यकता पड़ती थी, उनकी रोजमर्रा की तफसीलों पर केर ने ध्यान केन्द्रित किया है। रेलों ने लाजिमी तौर पर बेहद अलग-अलग प्रकार की श्रम-प्रक्रियाओं और संगठन के रूपों को एकजुट किया। बेहद सरल से लेकर बेहद जटिल प्रकार के काम इनमें शामिल होते थे—नवीनतम प्रौद्योगिक विशेषज्ञता से लैस, ब्रिटिश सलाहकार इंजीनियरों से लेकर असम में मिट्टी खोद और उठा रहे कुलियों तक जिनके तरीके और औजार सदियों के दौरान बदले ही नहीं। रेलों के मुलाजिमों के भी सोपान हुआ करते थे—एक तो अपेक्षाकृत बेहतर वेतन पानेवाले और कुशल इंजीनियर और ड्राइवर थे (ये एक लम्बे समय तक यूरोप या यूरेशिया के लोग हुआ करते थे), फिर बीच में सफेदपोश स्टेशन मास्टरों और क्लर्कों का एक स्तर होता था और सबसे नीचे अकुशल और शारीरिक श्रम करनेवालों का

1. हर्ड 1983; डर्बिशियर 1987 : 521-45; मुखर्जी 1980 : 191-209; ये तीनों केर 2001 में उपलब्ध हैं।

समूह था जिनको दिहाड़ी के आधार पर ठेकेदार लाते थे।[1]

रेल श्रमिकों के आरम्भिक आन्दोलनों और संगठनों के लिए इन अनेकानेक रूपों और स्तरों के दिलचस्प निहितार्थ रहे।[2] सुविधाभोगी यूरोपीय या एंग्लो-इंडियन श्रेणी नस्ली तनावों में योगदान देती रही पर वह भारत में ट्रेड यूनियन संगठनों की तकनीकें भी लाई, जिनका फिर भारतीय कर्मचारियों और श्रमिकों ने अनुकरण किया। मिसाल के लिए बहुत पहले, 1874 में ही यूरोपीय या एंग्लो-इंडियन ड्राइवर और कुशल मैकेनिक एक अमलगेमेटेड सोसायटी ऑफ रेलवे सर्वेंट्स का गठन कर चुके थे, यानी कि इसी तरह के नामवाला एक संगठन इंग्लैंड में बनने के बस तीन साल बाद। 1897-99 में ग्रेट इंडियन पेनिनसुलर (जीआईपी) रेलवे के यूरोपीय और यूरेशियाई ड्राइवरों ने एक कामयाब हड़ताल की, जिसने भारतीय सिग्नलरों को इसी तर्ज पर यूनियन बनाने और हड़तालें करने के लिए प्रेरित किया। एक बहुत ही भिन्न स्तर पर देखें तो निर्माण के खास तौर पर मुश्किल स्थानों पर राज मजदूरों की एक बहुत बड़ी संख्या कभी-कभी एकजुट हो जाती थी, जिससे हिंसक टकराव भी जन्म लेते थे; मसलन 1859 में मोरेघाट में जहाँ 40,000 से अधिक लोग कार्यरत थे। अलावा इसके गाड़ियों में डकैती या तोड़फोड़ की अनेक घटनाएँ हुईं, जिनके लिए अक्सर असन्तुष्ट या बरखास्त कुलियों को दोष दिया जाता था।[3]

रेलों के दूरगामी और स्पष्ट, दोनों तरह के निहितार्थ अर्थव्यवस्था से बहुत आगे तक गए। सुधरी हुई सड़कों, भाप के जहाजों तथा डाक-तार सेवाओं (तथा 20वीं सदी में टेलीफोनों और रेडियो) के रूप में संचार-व्यवस्था में अन्त-उपनिवेशकालीन क्रान्ति अंग्रेजों के राजनीतिक-सैनिक नियंत्रण से बड़ी सीमा तक प्रेरित भी थी और उसने उस नियंत्रण में बेपनाह योगदान भी दिया।[4] एक विशाल उपमहाद्वीप के इस से उस छोर तक उपनिवेशवाद विरोधी राष्ट्रवाद के विकास के लिए यह उसी हद

1. रेलवे के अन्दर श्रम और प्रबन्ध के 'उन्नत' और 'पिछड़े' हुए, 'औपचारिक' और 'अनौपचारिक' रूपों के इस दीर्घकालिक पुनरुत्पादन और सहअस्तित्व से केर ने एक दिलचस्प सैद्धान्तिक निष्कर्ष निकाला है। वे पूँजी के आगे श्रम की 'औपचारिक' और 'वास्तविक' अधीनता के बीच मार्क्स द्वारा किए गए भेद को उठाते हैं (जिसका एक खेतिहर सन्दर्भ में जैरस बानाजी ने इस्तेमाल किया है; पिछला अध्याय देखें) और सुझाव देते हैं कि यहाँ रैखिक प्रगति की मान्यताओं का त्याग आवश्यक है। अनेक देशों में पूँजीवादी औद्योगिक विकास और श्रम के इतिहासकार वास्तव में ऐसी रैखिकताओं पर अधिकाधिक प्रश्न उठा रहे हैं और उनके तरीके उन समकालीन स्थितियों से असम्बद्ध नहीं हैं जिनमें बड़े कारखाने अक्सर, बिखरे हुए 'बहिर्गमन' या 'घरेलू' उत्पादन के पुनर्जीवित रूपों के लिए जगह खाली करते नजर आते हैं।
2. केर 1985 द्वारा प्रलेखित।
3. उपरोक्त : पीई 34-पीई 40; चक्रवर्ती 1976 : 523-50
4. दीपकांता लाहिड़ी-चौधुरी की सुन्दर शीर्षकवाली पुस्तक 'Telegraphic Imperialism' (लाहिड़ी-चौधुरी 2010) इस नुक्ते की विस्तृत विवेचना करती है।

तक अपरिहार्य भी रही। जैसा कि सब जानते हैं 'हिन्द स्वराज' (1909-10) में गांधी ने रेलों की जमकर निन्दा की कि अंग्रेज भारत में जो आधुनिक सभ्यता ले आए, यह उसकी बदतरीन विशेषताओं में एक थीं। साथ-ही-साथ, दक्षिण अफ्रीका से लौटने के बाद उन्होंने साधारण भारतवासियों के दुख-दर्द का प्रत्यक्ष अनुभव करने के लिए जान-बूझकर तीसरे दर्जे में पूरे देश का दौरा भी किया। एक बड़ी हद तक उन्होंने अपनी अन्तहीन रेल-यात्राओं के जरिए जिन देशव्यापी आन्दोलनों को प्रेरित और संगठित किया, रेलें हमेशा उनके लिए महत्त्वपूर्ण बनी रहीं। लेकिन रेलों ने किसी एक 'भारतीय' पहचान को जन्म नहीं दिया; उन्होंने बल्कि अनेक और अक्सर आपस में टकरा रही एकजुटताओं के निर्माण में मदद पहुँचाई। जिनमें, जैसा कि 'हिन्द स्वराज' में पारखी ढंग से पेश किया गया था, क्षेत्र, भाषा, वर्ग, जाति और धर्म पर आधारित पहचानें भी शामिल थीं।[1] परम्परागत सामाजिक शब्दों में कहें तो उन्होंने जाति और लिंग सम्बन्धी कुछ विशेष प्रकार के प्रतिबन्धों का कठोरता से पालन काफी मुश्किल बना दिया (मसलन खान-पान के सिलसिले में) और कभी-कभी उन्होंने मेल-जोल के प्रेत को लेकर रूढ़िवादियों का गुस्सा भी भड़काया। लेकिन कर्मकांडों और विश्वासों से जुड़े ब्राह्मणवादी हिन्दू और मुस्लिम रूढ़ियों को बेपनाह बल भी पहुँचाया, मसलन तीर्थयात्राओं को और आसान बनाकर और उनको व्यापार का रूप देकर भी जो आधुनिक पर्यटन से अधिकाधिक मेल खाता गया।[2] बहुत-सी दूसरी बातों की तरह यहाँ भी जो बात निर्विवाद परम्परागत दिखाई देती है वह अक्सर-बेशतर आधुनिक की खोज थी या कम-से-कम उससे भारी सीमा तक रूपान्तरित हुई।

सांस्कृतिक अर्थों पर इन दिनों अकादमिकों द्वारा दिए जा रहे ध्यान के अनुरूप ही भारत में रेलों के प्रतिनिधानों या बिम्बों के उत्पादन और अधिग्रहण पर अनुसन्धान आरम्भ हो चुके हैं।[3] मिसाल के लिए रेलवे वास्तुशास्त्र ने अक्सर ब्रिटिश निर्माताओं की भिन्न-भिन्न और बदलती हुई मनोस्थितियों को व्यक्त किया है। 1857 के क्रान्तिक काल के पाँच साल बाद बना लाहौर स्टेशन देखने में किले जैसा लगता

1. गांधी का तर्क था कि संचार-व्यवस्था में एक 'अप्राकृतिक' सीमा तक तीव्रता और गहनता लाकर रेलों ने जनता को 'विभिन्न स्वभावों, विभिन्न धर्मों' और सामान्यत: 'भेदों' के प्रति कहीं बहुत अधिक सजग बनाया है : विशेष रूप से उन्होंने इसी को हिन्दू-मुस्लिम तनावों में वृद्धि का अंशत: जिम्मेदार ठहराया। परेल 1997 : 49-51 देखें।
2. असाधारण सीमा तक पारखी अफसर एच.एच. रिसली ने 1891 में लिखा कि रेलें किस तरह उच्चजातीय हिन्दू तीर्थों की यात्रा को बढ़ावा दे रही थीं जबकि 'कुक्स के स्टीमरों' के कारण मक्का-मदीना जानेवाले मुसलमानों की संख्या बढ़ रही थीं। 'बनारस और मैनचेस्टर दोनों ग्राहकों के और पास आए हैं तथा अपने-अपने खास मालों की बढ़ती माँग से लाभ उठा रहे हैं। आदिवासी देवताओं को शिव और कृष्ण उतने ही पक्के तौर पर बाहर खदेड़ रहे हैं जिस तरह भूरे कुर्ते हाथ के बुने अधिक टिकाऊ कपड़े को विस्थापित कर रहे हैं।' रिसली 1891 : प्रारम्भिक लेख, उनतीस-तीस देखें।
3. केर 2003

था। इसके ठीक विपरीत बम्बई में विक्टोरिया टर्मिनस (1887) में शान-शौकत से भरी हिन्द-सरासानी शैली अपनाई गई, जिसमें प्राच्य लगने की इच्छा के साथ आत्मविश्वास का मेल हुआ था—यह उस काल के सामराजी दरबारों की विशेषता था। यूरोपीय यात्रियों को हिल स्टेशनों तक ले जानेवाली लाइनों ने घर से दूर घर जैसा माहौल पैदा करने की कोशिश की। ऊँचाई पर बने स्टेशनों की इमारतें अंग्रेजी ढंग की और साधारण थीं और उन्हें रनीमीड, वेलिंगटन और लवडेल जैसे नाम दिए गए थे। रेल-यात्रा का एक साहित्य भी तेजी से विकसित हुआ—अंग्रेजों के लिए भी जिनके लिए पहले दर्जे के शानदार डब्बों में यात्रा करना आरामदेह के साथ मनोहारी के एक आकर्षक संयोग का सूचक था और बहुत जल्द भारतवासियों के लिए भी। भारतवासियों के आरम्भिक उदाहरणों में एक थी भोलानाथ चन्दर की रचना 'Travels of a Hindoo' (लन्दन, 1874), और दूसरी रचना अंशतः यात्रा-मार्गसूचक और अंशतः प्रहसन थी, जिसमें हिन्दू देवता ब्रिटिश भारत में आते, रेल से यात्रा करते और यूरोपवालों के द्वारा पहले दर्जे के प्रतीक्षालय से बाहर फिंकवा दिए जाते हैं। उनमें से एक घड़ी खरीदता है : यह याद दिलाता था कि रेलों की एक नाजुक भूमिका अनुशासन के साथ समय की पाबन्दी करना सिखाने में और घड़ियों के उत्पादन में रही जो उपनगरीय रेलों के द्वारा दफ्तर जानेवाले यात्रियों के लिए खास तौर पर महत्त्वपूर्ण हो उठीं।[1] भारतीय प्रतिनिधानों का लोकगीतों, लोकप्रिय काष्ठकला और छापों से तथा स्त्रियों के वस्त्रों की साज-सज्जा से लेकर कहानियों, कविताओं, उपन्यासों और फिल्मों तक सभी सांस्कृतिक स्तरों पर तेजी से प्रसार हुआ। सबसे प्रमुख चित्रण आधुनिकता से हुआ जिसे कभी-कभी तो उत्साह से स्वीकार किया गया पर इससे भी अधिक उसे लेकर दुविधा का भाव बना रहा। आर.के. नारायण की रचना 'Malgudi Days' में आगन्तुक उस छोटे-से कस्बे के ठहराव भरे सन्तोष-भाव में विघ्न डालने के लिए हमेशा रेलों से आते हैं। रेल सत्यजीत रे की 'अपू' त्रयी में भी एक बार-बार सामने आनेवाला प्रतीक है जो फिल्म के नायक के लिए नए की ओर कदम बढ़ाने की आवश्यकता का सूचक है—इसके ढंग उत्तेजना से भरे तो हैं पर दुखदायी, कभी-कभी क्रूरतापूर्ण भी हैं।

भारतीय व यूरोपीय वाणिज्य, वित्त और उद्यमशीलता

बाजार, नगरस्वामी, शासक और अलग-थलग परिक्षेत्र

सरकार से संरक्षण-प्राप्त प्रेसीडेंसी बैंकों, विदेशों में मुख्यालयवाले विनिमय बैंकों और विदेशी (अधिकतर ब्रिटिश) कारोबारी फर्मों को जो आपस में गुँथा हुआ ढाँचा

1. राय 1887

कालक्रम में विकसित हुआ वह अन्त-उपनिवेशकालीन भारत में भारतीय वाणिज्य और वित्त की दुनियाओं का सबसे प्रमुख अंग बन गया। यही दुनिया आयात-निर्यात व्यापार के अधिकांश भाग का नियंत्रण करती थी (और उस अर्थ में उस 'धन के दोहन' के लिए जिम्मेदार थी जिसका उस व्यापार से घनिष्ठ सम्बन्ध था) और यही जहाजरानी, बैंककारी और बीमा के आधुनिक रूपों, बागान, खदानों और उदीयमान कारखाना-उद्योगों के एक महत्त्वपूर्ण भाग का नियंत्रण भी करती थी। इसलिए ब्रिटिश भारत के आर्थिक जीवन का यह आधुनिक या यूरोपीय और सामान्यत: पश्चिमी अंश अगर एक लम्बे समय से विद्वानों और राजनीतिज्ञों का काफी ध्यान आकर्षित करता रहा है तो इसमें अप्राकृतिक कुछ भी नहीं था। उपनिवेशी आधुनिकता के समर्थकों तथा राष्ट्रवादी और वामपन्थी आलोचकों, सबने अन्त-उपनिवेशकालीन अर्थव्यवस्था की इन नियंत्रक ऊँचाइयों की छानबीन की है। मगर नीचे की तरफ एक महत्त्वपूर्ण परिवर्तन भी आ रहा था; हालाँकि कभी-कभी वह विवादास्पद भी होता था : और यहाँ आकर आर्थिक इतिहास विश्लेषण के पैरामीटरों के उस समग्र परिवर्तन से, जिसे हम पहले ही देख चुके हैं, फिर से मिल जाता है और उसमें अपना योगदान देता है। एक अपेक्षाकृत आत्मनिर्भर, उपनिवेश-पूर्व भारतीय गाँव से—और फलस्वरूप थोड़े-बहुत हाशियाई और स्थिर व्यावसायिक जीवन से—और फिर उपनिवेशवाद के प्रभाव के कारण एक तीखे सम्बन्ध-विच्छेद से, या दूसरे शब्दों में परम्परागत और आधुनिकता के द्विभाजन से सम्बन्धित पुरानी मान्यताओं के बचे-खुचे भागों पर भी 'उत्पीड़ितों की वापसी' के विभिन्न प्रकारों ने चुनौती दी है। इन्होंने कभी-कभी निरन्तरता सम्बन्धी तर्कों का रूप धरा है और व्यापार के, वित्त के और दस्तकारियों तक के देसी रूपों की जीवनरक्षा और जीवनशक्ति पर जोर दिया है जिनका कभी लगभग सम्पूर्ण विऔद्योगिकीकरण के विचारों के पुष्ट करने के लिए काफी आसानी से इस्तेमाल कर लिया जाता था। इसका 'परम्परा का आविष्कार' वाला एक रूप भी रहा है जो 'अपरिवर्तनशील' गाँव को 19वीं सदी में उपनिवेशी विमर्श या 'किसानीकरण' (पेजेंटाइजेशन) या दोनों की पैदावार मानता था। लेकिन अपेक्षाकृत हाल के अनुसन्धानों में से कुछ ने और भी पेचीदा ढर्रों को उभारा है; इनका ध्यान परिचलन (सर्कुलेशन) के विषय पर केन्द्रित रहा है : इन्होंने उपनिवेश-पूर्व अप्रगतिशीलता, मात्र निरन्तरता और उपनिवेशी जड़ता पर एक समान सवाल उठाए हैं।[1] इस तरह अनुसन्धान की प्रगति नीचे से ऊपर की तरफ व्यावसायिक जीवन और वित्त सम्बन्धी आँकड़ों की व्यवस्था को उचित ठहराती है, तब भी जबकि यह साथ-ही-साथ अन्त-सम्बन्धों पर अधिक स्पष्ट आधुनिक क्षेत्रों के द्वारा ऐसे 'स्तरों' को सामराजी राजनीतिक-आर्थिक नियंत्रण के अधीन लाए जाने पर जोर देती है।

1. मार्कोविट्ज, पुष्पादास और सुब्रह्मण्यम 2003 : प्रस्तावना और यथास्थान।

पिछले कुछ समय से मध्यकालीन और खास तौर पर मुगल भारत सम्बन्धी अनुसन्धानों ने इस उपमहाद्वीप के अधिकांश भागों में मालों के उत्पादन के खासे ऊँचे स्तर को स्वीकार किया है। उसने परिष्कृत सौदागर समूहों, व्यापार और राजस्व-संग्रह दोनों के लिए महत्त्वपूर्ण हुंडी (लेन-देन के बीजकों) की एक सुविकसित व्यवस्था के तथा समुद्रों, नदियों और जमीनी रास्तों से होनेवाले व्यापार के दूर-दूर फैले तंत्रों के अस्तित्व को भी स्वीकार किया है। इस सवाल पर विवाद जारी है कि क्या इन सबके बाद 18वीं सदी में कोई सुस्पष्ट गतिरोध या पतन का दौर आया जो कम या अधिक सीमा तक मुगलकालीन अमन-चैन के खात्मे का या आरम्भिक कम्पनी शासन के हानिकारक परिणामों के कारण आ सकता था। 1983 में सी.ए. बेली[1] की एक प्रमुख रचना ने गंगा के ऊपरी और दरमियानी मैदानों के आर-पार भारत के कारोबारी ने जीवन के स्तरों में अच्छी-खासी निरन्तरता का तर्क सामने रखा : राजनीतिक विघटन के साथ कुछ क्षेत्रों में ह्रास आया तो पास के क्षेत्रों की संवृद्धि ने उसकी भरपाई कर दी। बेली का सुझाव है कि उत्तर भारत की अर्थव्यवस्था में विघ्न काफी आगे चलकर, 19वीं सदी की दूसरी चौथाई में आया। शक्ति के वैधानिक उपयोग पर अपना इजारा कायम करने के मकसद से कम्पनी ने शान्ति-स्थापना के जो प्रयास किए वे तब तक दरबारों और उच्च वर्गों के संरक्षण के पुराने रूपों को समाप्त या कम कर चुके थे और भारत की अनेक सैन्य-संरचनाओं को नकारा बनाकर सैन्य-श्रम के पहलेवाले बाजार को तोड़ चुके थे। इस तरह विनिर्माण की माँगों में जो कमी आई उसके कारण उत्तर भारत में मध्य-1820+ के आसपास से 1840+ तक एक लम्बी मन्दी आई। लेकिन इसका मतलब देसी वाणिज्य-व्यापार का स्थायी पतन नहीं था, क्योंकि कुल मिलाकर एक नई संवृद्धि ने इसकी जगह ले ली। कम्पनी के आरम्भिक और प्रत्यक्ष प्रभाववाले क्षेत्रों और खासकर बंगाल के बारे में बेली की प्रस्थापना कुछ खास नहीं कहती। ब्रिटिश शोषण के कारण महत्त्वपूर्ण ह्रास के बारे में पुराना राष्ट्रवादी जमा वामपन्थी तर्क अभी भी यहाँ काफी प्रबल दिखाई देता है।

बेली की प्रवृत्तिजनक रचना के प्रकाशन के कुछ ही समय बाद रजत रे भारतीय बैंकरों, सौदागरों और अन्तर्देशीय विनिमय पर आधारित एक फलती-फूलती बाजारी अर्थव्यवस्था के तर्क को अन्त-उपनिवेश काल पर लागू करने की कोशिश की; ये सब आढ़त (कमीशन एजेन्सियों) और हुंडियों के सुस्थापित परम्परागत रूपों के माध्यम से काम करते थे। उनका तर्क है कि यह व्यवस्था हमेशा ही एक महत्त्वपूर्ण मध्यवर्ती स्तर रहा जो एक ओर यूरोपीय प्रभुत्ववाले विनिमय बैंकों, आयात-निर्यात की अन्तर्राष्ट्रीय फर्मों और मैनेजिंग एजेन्सियों के ग्रामीण सूदखोरों के प्रभुत्व के तहत किसानों, दस्तकारों और फेरीवालों की जीवन निर्वाही अर्थव्यवस्था के निचले

1. बेली 1983

सर्वोच्च स्तर तथा दूसरी ओर ऊपरी स्तर के बीच स्थित था। इस तरह उपनिवेशी परिक्षेत्र (एन्क्लेव) 'अर्थव्यवस्था का अकेला 'संगठित' क्षेत्र नहीं' था जैसा कि अक्सर मान लिया जाता है। रे इससे आगे यह भी सुझाव देते हैं कि पहले विश्वयुद्ध के बाद सामराजी प्रभुत्व के कमजोर पड़ने के कारण इस मध्यवर्ती, देसी बाजार के क्षेत्र की पैठ भारतीय अर्थव्यवस्था के उच्चतर स्तरों में लगातार बढ़ी और कामयाबी से बढ़ी। इसका सूचक कारोबारी घरानों का उदय था, जैसे कि बिरला और इस्फहानी घरानों का, जो क्रमशः गांधी और जिन्ना से जुड़े हुए थे। इस तरह उपनिवेश-पश्चात् भारतीय पूँजीवादी समूहों की एक लम्बी वंशावली रही है।[1]

इन तर्जों पर नए अध्ययन देश-काल के लम्बे-लम्बे खंडों में निरन्तरताओं और विघ्नों की पड़ताल के प्रयास जारी रखे हुए हैं। लेकिन 'तीन सुस्पष्ट समूहों'—यूरोपीय परिक्षेत्र, बाजार और ग्रामीण क्षेत्र—के बारे में रे के मॉडल में जो बेहद सुघड़ ढर्रे और विच्छेद नजर आते हैं, उनके बारे में ये अध्ययन और भी अधिक सन्देह व्यक्त करने लगे हैं। अनुसन्धान की इस नई तर्ज का कुछ अन्दाजा दो लेखों पर निगाह डालने से हो सकता है।

क्लाड मार्कोविट्ज[2] ने एक जाहिरा विरोधाभास की छानबीन की है। आधुनिक भारत के व्यावसायिक जीवन पर जिन अखिल भारतीय सौदागर समुदायों का वर्चस्व रहा है, उनमें से अनेक उत्तर भारत के अधिक खुश्क, अर्ध-पशुपालक, पश्चिमोत्तर भारत से आए प्रवासी थे : जैसे खत्री, अरोड़ा, मुल्तानी, मारवाड़ी, भाटिया, खोजा, लोहना, बोहरा, मेमन, पारसी, गुजराती वनी। ये सब पंजाब, राजस्थान, सिंध और गुजरात के विभिन्न भागों से आए। सूखे क्षेत्रों से सिंचित या नदी-घाटियों की स्थावर कृषिवाले क्षेत्रों की ओर होनेवाला यह प्रवाह एकदम स्वाभाविक नजर आता है। (यह प्रवाह एकतरफा नहीं बल्कि चक्रीय था क्योंकि मूल स्थान से उनका सम्बन्ध शायद ही कभी टूटा होगा।) लेकिन जो बात व्याख्या की माँग करती है, इन व्यापारियों और खासकर मारवाड़ियों की यह उल्लेखनीय क्षमता है कि पिछली दो या तीन सदियों में वे जिन क्षेत्रों में पहुँचे वहाँ के व्यापारिक जीवन पर छा गए। खुश्क क्षेत्रों की एक आन्तरिक विविधता भी थी तथा अर्ध-घुमक्कड़ पशुपालन के बड़े-बड़े क्षेत्रों के बीच-बीच में सिंचित या बारानी खेती के टुकड़े भी आते रहते थे। इसके

1. रे 1988 : 263-318 देखें। एक क्षेत्र विशेष के लिए अर्थव्यवस्था का मिलता-जुलता, तीन स्तरोंवाला एक मॉडल आगे चलकर पेश किया गया : यांग 1998 देखें। यह बात कह दी जाए कि भारतीय पूँजीवादी समूहों का एक लम्बे समय तक प्रचलित इतिहास काफी पहले डी. आर. गाडगिल (गाडगिल 1959) ने पेश किया था, पर कई दहाइयों तक इसे किसी ने आगे नहीं बढ़ाया। त्रिपाठी 1984 में शामिल लेख भी देखें।
2. मार्कोविट्ज, पुष्पादास और सुब्रह्मण्यम 2003 में मार्कोविट्ज का लेख 'Marchant Capital in South Asia...' देखें। मारवाड़ियों के बारे में टिम्बर्ग 1978 और सिंधी सौदागरों के बारे में क्लाड मार्कोविट्ज की अग्रगामी रचना (मार्कोविट्ज 2000 देखें।)

कारण व्यापार की कुशलता और ऋण के हुंडी जैसे साधनों का काफी पहले ही विकास हो चुका होगा। पश्चिमोत्तर भारत उन प्रमुख जलमार्गों और थलमार्गों के किनारे पड़ता था जो मध्य एशिया और मध्य पूर्व को गंगा और दकन की नदी वादियों से जोड़ते थे : यह एक ऐसा स्थितिजन्य लाभ था, जिसने सौदागरी पूँजी का संचय सम्भव बनाया। लेकिन मार्कोविट्ज कहते हैं कि राजनीतिक तत्त्वों की गालिबन अधिक अहमियत थी। खुश्क क्षेत्रों के सौदागर, जो शासक राजपूत खानदानों के राजस्व सम्बन्धी लेन-देन में मध्यस्थता करके उनसे गहरे सम्बन्ध बना चुके थे, इनका इस्तेमाल 16वीं और 17वीं सदियों में प्रसारमान मुगल राजसत्ता से सम्बन्ध बनाने के लिए किया। यह राजसत्ता खुद भी एक अहम सीमा तक राजपूत हाकिमों के माध्यम से काम कर रही थी जिन्होंने उत्तर भारत के एक बड़े भाग में मुख्य रूप से जयपुर, बीकानेर और मारवाड़ के सौदागरों की पैठ को काफी बढ़ावा दिया। (इन्हीं को सामान्यतः मारवाड़ी कहा जाने लगा।) मिसाल के लिए आरम्भ-20वीं सदी में बनारस के सौदागर घरानों का विश्वास यह था कि वे उन राजस्थानी सौदागरों के वंशज थे जो 16वीं सदी में मुगल सेना में कार्यरत राजपूत इकाइयों को साज-सामान पहुँचानेवाले अफसर थे। ब्रिटिश काल में और भी बड़े पैमाने पर, आरम्भ में उपनिवेशी सेनाओं के लिए रसद के नए अवसरों के कारण, ऐसे ही सम्बन्ध फिर पैदा हुए : जैसे कि 'रेजीमेंटी बाजार' कायम करके, फौजी ठेकेदारों के काम करके, और आगे चलकर आयातित ब्रिटिश मालों के वितरण और निर्यात के लिए खेतिहर मालों की खरीद में बिचौलियों की महत्त्वपूर्ण भूमिका निभाकर। एक और भी विश्वव्यापी पैमाने पर ब्रिटेन की उपस्थिति और प्रसार का अनेक व्यापारिक समूहों ने लाभकारी ढंग से उपयोग किया, मसलन मद्रास प्रेसीडेंसी के चोट्टियारों ने जिन्होंने बर्मा, मलाया और श्रीलंका तक में अपने परिचलन के तंत्र कायम किए या फैलाए तथा शिकारपुर और हैदराबाद के सिंधी सौदागर जिन्होंने लगता है दुनिया के बेहद असम्भावित भागों में भी अपनी अगली चौकियों की स्थापना की।

इस तरह 'बाजार' और 'परिक्षेत्र' अनेक ढंगों से एक-दूसरे में समाते रहे और ये सम्बन्ध नीचे, काफी अधिक नीचे के स्तरों तक भी बढ़ आए। नीलाद्रि भट्टाचार्य का लेख फेरीवालों की दुनिया की छानबीन करता है। आधुनिकता की दिशा में एकरैखिक संक्रमण के मॉडलों को अस्वीकार करते हुए वे 'व्यापारियों, घुमक्कड़ों, सौदागरों और कम्पनियों के एक रंगारंग संसार के संयुक्त अस्तित्व पर...और नियंत्रण व जीवनरक्षा के लिए उनके आपसी संघर्ष पर जोर देते हैं।[1] जिस किसी के पास एक गधा, बैल या गाड़ी हो वह परस्पर व्याप्त समूहों के इस सैलानी संसार में, जिसमें घुमक्कड़ दस्तकार और गाँववालों की सांस्कृतिक व कर्मकांडी आवश्यकताएँ पूरी करनेवाले मनोरंजनकर्मी शामिल थे, वही एक छोटे पैमाने का फेरीवाला बन सकता

1. भट्टाचार्य 2003 : 165

था। स्थानबद्ध फेरियों के इस स्तर से ऊपर वे व्यापारी थे जो इनसे काफी अधिक दूरियाँ अक्सर बड़े समूहों या कारखानों में तय करते थे। मवेशीफरोश जो मिसाल के लिए काश्तवाली खेती के फैलाव के साथ आधिकाधिक महत्त्वपूर्ण बनते गए, या फिर प्रभावशाली सीमा तक और प्राचीनकाल से चला आ रहा हिमालयपारी व्यापार जो दक्षिण एशिया को मध्य एशिया के देशों, तिब्बत और चीन से जोड़ता था। लम्बी दूरी के इस ऋतु-प्रवास और व्यापार से विशाल संख्याएँ जुड़ी हुई थीं : मसलन 1877-78 में 78,000 पाविन्दों ने दर्रे पार करके अफगानिस्तान में प्रवेश किया। ऐसे परम्परागत व्यापार तथा पूँजीवादी विश्व-बाजार के रूपान्तरकारी दबावों के सम्बन्धों की दोहरी विशेषताएँ थीं—दुश्मनी, जासूसी और नियंत्रण के प्रयास तथा सोपानबद्ध सही, आवश्यक समन्वय। जैसा कि खाद्य-संग्राहकों और पशु-पालकों के बारे में हमने देखा, अंग्रेज घुमक्कड़ समूहों को लेकर बेहद शंकित रहते थे और अक्सर उनको दमन और अनुशासन की व्यवस्थाओं के अधीन लाने के प्रयास करते रहते थे। उनको आमतौर पर राजनीतिक और नैतिक, दोनों व्यवस्थाओं के लिए खतरा समझा जाता था।

स्थावर और घुमक्कड़ के सम्बन्धों के प्रति ऐसे रवैये पूरी तरह नए भी नहीं थे। भट्टाचार्य ने दिखाया है कि इनमें अस्पष्टताएँ मौजूद थीं जिनको लोककथाओं और लोकगीतों में अभिव्यक्ति मिलती थी। घुमक्कड़ एक ऐसा व्यक्ति है जो बसे-बसाए लोगों के लिए आकर्षक भी है और चिन्ता का कारण भी। फेरीवाली स्त्रियों पर स्वच्छन्द जीवन बिताने का शक किया जाता था और पुरुषों को चोर, अपहर्ता और लुटेरे होने का। फिर भी आपसी निर्भरता का जीवन्त महत्त्व बना रहा, क्योंकि छोटे शहरों और गाँवों के बाजारों और मेलों की पहुँच की अपनी सीमाएँ थीं तथा साधारण से साधारण फेरीवालों तक को बिचौलियों की श्रृंखला में लाए बिना विश्व-बाजार ग्रामीण पृष्ठक्षेत्र तक पहुँच भी नहीं सकता था। देहली के मारवाड़ी कपड़ा-घराने लैंकशियर के और फिर अधिकाधिक सीमा तक भारतीय कारखानों में बने वस्त्रों का वितरण करते थे। वे घुमक्कड़ खोजा व्यापारियों के जरिए गाँवों के बाजारों तक अपनी पहुँच बनाते थे। टैगोर के उपन्यास 'घरे-बाइरे' (अंग्रेजी अनुवाद : 'The Home and the world') के पाठकों को लगभग भूमिहीन ग्रामीण पाँचू तो याद ही होगा, जो निचली जातियों की स्त्रियों से अनाज लेकर सस्ते आयातित कपड़ों और मामूली गहनों आदि का विनिमय किया करता था—जब तक विदेशी कपड़ों का बहिष्कार लादनेवाले एक राष्ट्रवादी जमींदार और छात्र कार्यकर्ताओं ने उसके इस मामूली व्यापार को ठिकाने नहीं लगा दिया।

ध्यान देने योग्य : बैंकिंग और मुद्रा

अन्त-उपनिवेशकालीन भारत में परम्परागत और आधुनिक, देसी और यूरोपीय व्यावसायिक जीवन के सम्बन्धों की दोहरी विशेषताएँ थीं—आपसी सम्बन्ध तथा

आपसी लाभ के लिए कम या अधिक सीमा तक तालमेल तथा साथ ही परम्परागत-देसी की बुनियादी और बढ़ती हुई अधीनता। इस दूसरी विशेषता ने टकराव पैदा किए पर सहयोग को खारिज नहीं किया। वास्तव में उपयुक्त यही लगता है कि दो नहीं बल्कि तीन स्तरों की दृष्टि से सोचा जाए क्योंकि बाजार की दुनिया—हुंडियों के जरिए काम कर रहे परम्परागत व्यापारियों, बैंकरों (सर्राफों) और कमीशन एजेन्टों (आढ़तियों) की दुनिया—के नीचे अधिक गरीब किसानों और दस्तकारों की निर्वाही अर्थव्यवस्था जिसमें मौद्रीकरण कम या नगण्य था और जिनमें अभी भी अक्सर सामानों के रूप में कर्ज लिए और उनके भुगतान किए जाते थे। काफी आगे चलकर 1950+ तक में राष्ट्रीय प्रतिदर्शी सर्वेक्षण ने अनुमान लगाया था कि अमौद्रिक क्षेत्र का भाग देहाती इलाकों में 43 और शहरी क्षेत्रों में 8 से 11 प्रतिशत तक था।[1] शुद्ध परिमाणात्मक दृष्टि से देखें तो भी अमौद्रिक और परम्परागत क्षेत्रों को मिलाकर अभी भी प्रधानता प्राप्त थी : यह एक ऐसा नुक्ता है जिसका उपयोग यह संकेत देने के लिए किया गया है कि उपनिवेशवादी वर्चस्व और शोषण बहरहाल थोड़े सतही ही थे। ऐसे तर्क आमतौर पर क्षमायाचना के भाव से अर्थव्यवस्था की नियंत्रक ऊँचाइयों पर अंग्रेजों की जकड़ जैसे अहम तथ्य से दामन बचाकर निकल जाते हैं। इस अहम तथ्य का मतलब यह था कि सामराजी उपनिवेशवाद की समग्र विश्व-अर्थव्यवस्था में सटीक बैठने के लिए निचली सतहों को अपने-आपको संशोधित करना और तालमेल बिठाना पड़ता था। जैसा कि रजत रे कहते हैं, अन्त-19वीं सदी का बाजार अनेक अर्थों में 'देस के मुल्की व्यावसायिक सम्बन्धों का एक पूरी तरह रूपान्तरित टुकड़ा था : और इस टुकड़े की शक्ल उस उपनिवेशी अर्थव्यवस्था की रूपरेखा से तय हुई, जिसमें सामराजी शासन ने उसे धकेलकर पहुँचा दिया था।'[2]

अन्त-19वीं सदी और आरम्भ-20वीं सदी के व्यावसायिक जीवन के उच्चतम स्तर का जो वृत्तान्त आगे आएगा उसे दो मोटे-मोटे भागों में उपविभाजित करना सुविधाजनक ही होगा : बैंकिंग और मुद्रा तथा यूरोपीय और मुल्की उद्यमशीलता के कुछ अधिक आधुनिक रूपों में।

भारतीय स्टेट बैंक का इतिहासकार हमें याद दिलाता है कि ब्रिटिश भारत में आधुनिक वित्तीय संस्थाओं और तौर-तरीकों का क्रमिक और असमान प्रवेश पूँजीवादी

1. चन्दावरकर 1983 : अध्याय नौ, 764
2. मसलन अब हुंडी के आने-जाने के रास्ते नए रेल-मार्गों के अनुरूप होने लगे तथा बम्बई और कलकत्ता से अन्दरूनी क्षेत्रों की दिशा में जाने लगे जबकि ऋण का यह बहुउद्देश्यी साधन पहले अन्तर्देशीय व्यापार में शुद्ध रूप से विनिमय का एक बीजक हुआ करता था। मुल्की बैंकरों के लिए अब सर्राफे का काम बाकी नहीं रहा और न ही वे सरकारों और यूरोपीय कम्पनियों के लिए धन और कीमती वस्तुओं का प्रेषण करनेवाले एजेन्ट रहे; ये ऐसे काम थे जिन्होंने, मिसाल के लिए, आरम्भ-18वीं सदी में जगत सेठों को काफी प्रभावशाली बना रखा था।

आधुनिकता की किसी अमूर्त या समरस मुहिम से सम्भव नहीं हुआ, बल्कि 'इसे या तो सामराजी वित्त-व्यवस्था की मजबूरियों ने या फिर स्थानीय यूरोपीय वाणिज्य की अनुभूत आवश्यकताओं ने जन्म दिया।'[1] कम्पनी और मलिका के अधिकारी ब्रिटेन से जिन संस्थाओं और विचारों को, उनके तमाम सांस्कृतिक तामझाम के साथ लेकर आ रहे उससे बहुत अधिक प्रभावित हुए बिना रह भी नहीं सकते थे। पर फिर भी महत्त्वपूर्ण खालीपन और भेद पूरी तरह स्पष्ट रहे। न ही कभी यह माना जा सकता है कि ब्रिटिश कारोबारी हित अन्दरूनी टकरावों और कालक्रम में परिवर्तनों से रहित यकरस चट्टान जैसे रहे होंगे।

ब्रिटिश भारत के लिए एक केन्द्रीय बैंक की स्थापना में लगी काफी लम्बी देरी उपनिवेशी भेद का एक स्पष्ट उदाहरण था। यह विचार कभी-कभी पेश किया जाता रहा, यहाँ तक कि बहुत पहले 1770+ के दौरान भी जब वारेन हेस्टिंग्ज ने इसका सुझाव दिया था लेकिन सरकार के बैंकर और दूसरे बैंकों के बैंकर के रूप में कार्यरत तथा नोटों की छपाई और विदेशी मुद्रा के लेन-देन का नियन्ता कोई केन्द्रीय संगठन 1935 में भारतीय रिजर्व बैंक की स्थापना से पहले था ही नहीं। ब्रिटेन में अत्यधिक प्रतिष्ठित बैंक ऑफ इंग्लैंड 1696 से ही ये काम अंजाम देता आ रहा था। पर यह शुद्ध निजी संगठन था और सरकार के सापेक्ष उसे काफी स्वायत्तता प्राप्त थी। ऐसे किसी छतरीनुमा बैंक को ऐसी स्वतंत्रता सम्भवतः न तो कम्पनी देना चाहती थी न उसकी 1858 के बाद की उत्तराधिकारी सरकार देना चाहती थी। फिर भी काफी अधिक सरकारी भागीदारी का परिचय देनेवाले निकटतम समतुल्य संगठन तीनों प्रेसीडेंसी बैंक थे : बैंक ऑफ कलकत्ता, 1806 (जिसे 1809 में नाम बदलकर बैंक ऑफ बंगाल कर दिया गया और जो इन सबमें सबसे महत्त्वपूर्ण था), बैंक ऑफ बॉम्बे, 1840 और बैंक ऑफ मद्रास, 1843। इन तीनों को आपस में मिलाकर 1921 में इम्पीरियल बैंक बनाया गया जो आज के भारतीय स्टेट बैंक का पूर्वज था। कम्पनी की सत्ता के तीनों बड़े केन्द्रों में साथ-ही-साथ निजी यूरोपीय बैंकों का विकास भी हुआ जिनको मुख्य रूप से कम्पनी के कर्मचारियों और उसी हद तक निजी व्यापारियों की बढ़ती संख्या की इस आवश्यकता के कारण बढ़ावा मिला कि अपने मुनाफों को इंग्लैंड भेजने के लिए उनको एक सुरक्षित माध्यम उपलब्ध रहे। आरम्भ-19वीं सदी के एजेन्सी घरानों का जन्म इसी से हुआ, जिनमें से अनेक ने बैंक स्थापित किए या खुद ही बैंककारी के काम करने लगे। यह एक लचर ढाँचा था जो मुनाफों और प्रेषित रकमों के लिए निलहों और निर्यातों पर बहुत अधिक निर्भर थे। निजी बैंककारी के कामों के साथ व्यापार के अनेकानेक रूपों की परस्पर-व्याप्ति तब और भी कारगर ढंग से चलने लगी जब बंगाल में आरम्भ-1830+ और अन्त-1840+ की वित्तीय विपत्तियों के बाद पुराने

1. बागची 1987 : 3

एजेन्सी घरानों को बेहतर ढंग से संगठित यूरोपीय कारोबारी फर्मों और मैनेजिंग एजेन्सियों ने विस्थापित कर दिया।

1840+ तक कलकत्ता, बम्बई और मद्रास में प्रेसीडेंसी और दूसरे 'आधुनिक' बैंकों के संचालन में भारतवासियों और यूरोपवासियों के बीच थोड़ी-बहुत समानतापूर्ण भागीदारी अच्छी-खासी मात्रा में पाई जाती थी। यह बात आरम्भ-उपनिवेशकालीन व्यापारिक जीवन के सामान्य ढर्रे से मेल खाती थी। यूरोपीय बैंकों और एजेन्सी घरानों को जिन्हें अक्सर बेशतर मामूली आरम्भिक पूँजीवाले दुस्साहसियों ने स्थापित किया था, अकामकाजी पूँजी के लिए भारतीय बनियों, दुबाशियों या जमानतदारों पर निर्भर रहना पड़ता था। बैंक ऑफ बंगाल की दस्तावेजों से जो आँकड़े बागची ने निकाले हैं, यूरोपीय पर भारतीय की जाहिरा प्रधानता तक के संकेत देते हैं। 1809 और 1832 में जो ऋण मंजूर किए गए उनमें भारतवासियों को मिला भाग दो-तिहाई से लेकर चार बटा पाँच तक रहा। ये आँकड़े सम्भवत: थोड़े छलावा-भरे हैं, क्योंकि इनमें वेतनों और निजी बीजकों पर मिलनेवाले बट्टे शामिल नहीं हैं, और कुछ भारतवासी तो विदेशी फर्मों के एजेन्ट थे। फिर भी उनकी प्रधानता अपेक्षाकृत बनी रही।

बैंक ऑफ बंगाल के रोजमर्रा के काम-काज में सर्वोच्च भारतीय अधिकारी अर्थात् खजांची की खाली नाजुक भूमिका इस आरम्भिक महत्त्व को प्रतिबिम्बित करती थी। मध्य-1840+ तक यह एक प्रतिष्ठित पद था, हालाँकि इस पर आसीन व्यक्ति का वेतन, आम कायदे के ही मुताबिक, समान पदवाले ब्रिटिश अधिकारियों के वेतन से काफी कम होता था। 1832 से 1844 तक इस पद पर कलकत्ता के अभिजातवर्गीय साहित्यिक जीवन में प्रमुखता-प्राप्त रामकमल सेन जैसे व्यक्ति आसीन थे।[1] 1847 में यूनियन बैंक के पतन के बाद कलकत्ता में भारतीय उद्यमों के तीव्र ह्रास से यह सब बदलकर रह गया। बैंक ऑफ बंगाल अब लगभग पूरी तरह यूरोपीय फर्मों के लिए काम करने लगा और खजांची का काम मामूली क्लर्कोंवाला होकर रह गया।

1850+ के बाद प्रेसीडेंसी और दूसरे यूरोपीय बैंकों का आधुनिक बैंककारी के समग्र ढाँचे में वह दर्जा हो गया, जो एक हद तक मझोले दर्जे जैसा था। लन्दन में केन्द्रित विनिमय बैंक उनसे ऊपर निकल गए और वे भारत के आयात-निर्यात व्यापार और उससे जुड़े व्यवसायों के सबसे निर्णायक क्षेत्रों के लिए वित्त की व्यवस्था करने

1. बैंक ऑफ बंगाल के आरम्भिक वर्षों में उससे कर्ज लेनेवाले प्रमुख व्यक्तियों में रोमेशचन्द्र दत्त के पूर्वज रसमय दत्त और द्वारकानाथ ठाकुर थे, जो 1830+ और आरम्भ-1840+ के दौरान बंगाल के अग्रणी उद्यमी रहे। रामकमल सेन हिन्दू कॉलेज की स्थापना से जुड़े हुए थे, एशियाटिक सोसायटी से सम्बन्धित थे और ब्रह्मसमाजी धर्म-सुधारक केशवचन्द्र सेन के दादा थे। बैंक ऑफ बंगाल में रामकमल सेन का उनके ब्रिटिश अधिकारी यूड्नी के साथ एक अप्रिय विवाद हुआ, जिसमें लगता है वे गरिमा और कुछ सफलता के साथ अपने रुख पर कायम रहे। बागची 1987 : 118-21, 239-44 देखें।

लगे। प्रेसीडेंसी बैंक तो नहीं पर एजेन्सी घराने पहले भी विनिमय के काम करते थे, जैसा कि बम्बई के पारसी धन्नासेठ जमशेदजी जीजीभाई किया करते थे। लेकिन उस सदी के उत्तरार्ध तक ऐसी बातों में लन्दन के मुद्रा बाजार का आज के वाल स्ट्रीट के समतुल्य संगठन 'सिटी' का वर्चस्व मुकम्मल हो चुका था। हमें याद रखना होगा कि लन्दन के विनिमय बैंकों पर ब्रिटिश भारत की सरकार तक का कोई खास नियंत्रण नहीं था, जिन्होंने अपने दूर-दराज के अन्तर्राष्ट्रीय काम-काज का समन्वय उस अनुशासन से अपनी स्वतंत्रता के साथ किया जो उन्नत पूँजीवादी देशों के केन्द्रीय बैंक अपने-अपने अधिकार क्षेत्रों में व्यावसायिक बैंकों पर लागू करने लगे थे। बागची का संकेत है कि उपनिवेशी देशों में कार्यरत विदेशी विनिमय बैंक 'आज के बहुराष्ट्रीय बैंकों के सच्चे पूर्वज' थे।[1]

बैंककारी के अन्त-उपनिवेशकालीन ढाँचे में आधुनिक प्रकार के भारतीय बैंकों की स्थिति मजबूरी के कारण सबसे नीचे और संघर्षवाली थी। 1850 के कम्पनी कानून तक (जिसे 1857 तक पंजीकरण को आवश्यक बनाकर और भी कारगर बना दिया गया था) भारत में सही अर्थ में संयुक्त पूँजीवाले उद्यमों का दायरा प्रेसीडेंसी बैंकों तक ही सीमित था। शेयरधारकों को यह विशेषाधिकार देने के लिए कि दीवाले की हालत में उनकी देनदारी बस सीमित ही रहेगी, एक शाही चार्टर की आवश्यकता पड़ी थी। व्यवहार में इसकी चोट उन भारतीय कारोबारियों पर पड़ी, जिन्होंने आधुनिक क्षेत्र में यूरोपवासियों के मुकाबले ज्यादा जोरदार ढंग से कदम रखा और इसके कारण नस्लों के बीच का सहयोग, चाहे वह जितना भी लाभकारी हो, हमेशा एक जोखिम का काम बना रहता था। ब्रिटिश भागीदार कभी भी दामन बचाकर वापस भाग जाते थे और कर्जदारी का पूरा बोझ उनके भारतीय भागीदारों पर आन पड़ता था। यही दोनों अवसरों पर हुआ—1830-34 के एजेन्सी घरानों के उस संकट के दौरान जिसे 1830 में पामर एंड कम्पनी के पतन ने शुरू किया था, और 1847 में यूनियन बैंक के पतन के बाद। लेकिन 1850 में सीमित देनदारी को मान्यता मिलने के बाद भी भारत की संयुक्त पूँजीवाली बैंककारी की प्रगति धीमी ही रही तथा उसमें बड़े तीखे उतार-चढ़ाव आए। जैसा कि सामान्यत: भारतीय कारोबारी उद्यमों के साथ हुआ, केन्द्रीय महत्त्व के वित्तीय निर्णय और शक्ति के साधन सख्त और आपस में गुँथे यूरोपीय नियंत्रण में आ गए। 1863-65 में कपास के चढ़ाव के दौरान 25 नए बैंकों के साथ नाटकीय वृद्धि हुई, पर फिर तेजी से गिरावट भी आई। 1870 में संयुक्त पूँजीवाले भारतीय बैंक बस दो थे और 1900 तक यह संख्या धीरे-धीरे बढ़कर बस 9 हो सकी।

स्वदेशी आन्दोलन के साथ एक नई गति तो आई, लेकिन वह भी 1913 में लाला हरकिशन लाल के पीपुल्स बैंक के खात्मे के साथ जाती रही, जिसने अपने

---

1. बागची 2003 : 177

साथ कम-से-कम 55 भारतीय बैंकों का बेड़ा गर्क किया। रहा सामान्यत: भारतीय उद्यमों का सवाल तो आधुनिक भारतीय बैंककारी में कुछ अधिक स्थिर वृद्धि पहले विश्वयुद्ध के बाद भी गुणात्मक रूप से बदल चुकी आर्थिक और राजनीतिक स्थिति में ही आ सकी। असफलताएँ तो अनेक आती रहीं मगर 1936 तक कुल जमा राशि में भारत में पंजीकृत संयुक्त पूँजीवाले बैंकों का भाग बढ़कर 40 प्रतिशत हो चुका था, जबकि विनिमय बैंकों का भाग, खास तौर पर 1920 के आस-पास और उसके बाद घटकर 29 प्रतिशत रह गया। लेकिन जमा राशि के 29 प्रतिशत भाग के साथ इम्पीरियल बैंक तब भी सबसे बड़ी इकाई बना रहा। 1955 में राष्ट्रीयकरण और भारतीय स्टेट बैंक के नामकरण के समय तक यह निजी और बड़ी सीमा तक ब्रिटिश वर्चस्ववाला उद्यम ही बना रहा।[1]

केन्द्रीकृत शासन और शोषण की उपनिवेशी मुहिम स्पष्ट रूप से पूरे देश में विनिमय के एक समरस और स्थिर माध्यम की माँग करती थी। इसे लागू करना आसान नहीं था। लगभग तमाम क्षेत्रों की पूँजीवाद-पूर्व अर्थव्यवस्थाओं की तरह यहाँ भी कम्पनी को विभिन्न क्षेत्रों में सिक्कों की व्यवस्था के बेपनाह अन्तर और मुद्राओं में भारी विविधता की स्थिति का सामना करना पड़ा—जैसे सोने (मसलन 'मद्रास के पगोडों'), चाँदी, ताँबा और (मालदीव से आयातित) कौड़ियों का। ये विविधताएँ सर्राफों के लिए भारी मुनाफे के स्रोत थीं, जो मुद्रा-विनिमय के हर सौदे पर कमीशन (बट्टा) वसूल किया करते थे। कम्पनी के शासन ने भी आरम्भ में इन विविधताओं को बढ़ाया, क्योंकि प्रेसीडेंसी बैंक और कुछ एजेन्सी घराने कागज के नोट भी जारी करने लगे थे। लेकिन यूरोपीय वेतनभोगियों और कारोबारियों को छोड़ दें तो सिर्फ सबसे धनी भारतीय ही इनसे लाभ उठा सकते थे। एकरूपता की दिशा में पहला बड़ा कदम 1835 में उठाया गया; संयोगवश यही मैकाले की घोषणा का साल भी था, जिसने अंग्रेजी को उच्च शिक्षा के माध्यम के रूप में स्थापित किया। उस साल चाँदी के रुपए को पूरे देश के लिए वैधानिक माध्यम घोषित किया गया और सोने के सिक्कों से, जिनको आगे चलकर 1853 में समाप्त कर दिया गया, उनके विनिमय की दर 15 :1 तय की गई। आरम्भ में पर्याप्त चाँदी की उपलब्धता की समस्या भी उठी। इसके कारण 1862 में एक केन्द्रीकृत कागजी मुद्रा का आरम्भ हुआ। उसका नियंत्रण पूरी तरह सरकार ने सँभाल लिया और इस तरह नोट जारी करने के बारे में प्रेसीडेंसी बैंकों की शक्ति समाप्त हो गई। इन नोटों के लिए एक धातु-भंडार का होना आवश्यक था, जबकि चाँदी के सिक्कों की ढलाई जनता के लिए अबाध रही और इस पर एक मामूली-सा शुल्क लगता था।

इस तरह भारत एक रजत-मान (सिल्वर स्टैंडर्ड) पर ठीक उन्हीं दिनों आया जब दुनिया के दूसरे भागों में सोना तेजी से चाँदी को विस्थापित कर रहा था : यह

1. चन्दावरकर 1983 : 779-82

वह स्थिति थी जिसे 1878 में किसी गुमनाम 'भारतीय अधिकारी' ने 'चाँदी पूरब, सोना पश्चिम' के रूप में सूत्रवत प्रस्तुत किया था। जिस बात ने रजत-मान को अधिकाधिक अस्थिर और अन्ततः अव्यावहारिक बनाया वह यह तथ्य था कि आरम्भ-1870+ से ही सोने के सापेक्ष चाँदी का तेजी से ह्रास होने लगा था, क्योंकि पश्चिम के अधिकाधिक देश चाँदी से सोने की तरफ बढ़ने लगे थे और वह भी तब जबकि नई खदानों से चाँदी का उत्पादन छलाँग लगा रहा था। सोने के पौंड स्टर्लिंग के एतबार से चाँदी का जो रुपया 2 शिलिंग के बराबर था, 1892 तक महज एक शिलिंग दो पेंस रह गया था। गृह व्यय और खेतिहर निर्यात के दावों के सिलसिले में इस ह्रास के कुछ परिणाम पहले ही दर्ज किए जा चुके हैं; अब जरूरत दूसरे अनेक आयामों के जिक्र की है, खासकर ब्रिटिश शासक और कारोबारी हलकों में आन्तरिक तनावों की एक समान श्रृंखला की। मार्सेलो दे सेक्को का सावधानी-भरा विश्लेषण कहता है कि उन दशकों में ब्रिटिश भारत की मौद्रिक नीति तीन दिशाओं से पड़ रहे अन्तर्विरोधी तनावों से ग्रस्त थी। ब्रिटिश भारत की सरकार रुपए के पक्ष में विनिमय दर को बढ़ाना चाहती थी और बार-बार सुझा रही थी कि चाँदी के सिक्कों की खुली ढलाईवाली टकसालें बन्द की जाएँ और स्वर्णमान को अपनाया जाए। लगातार गिर रहे रुपए से उसकी बजट की समस्या तीखी हो रही थी। लिटन और फिर डफरिन के फौजी दुस्साहसों के कारण सेना की लागत बढ़ चुकी थी जबकि लैंकशियर सूती कपड़ों पर लगे आयात शुल्कों के खात्मे पर जोर दे रहा था। इस गिरावट की मार सरकारी अधिकारियों पर भी पड़ी, क्योंकि इससे स्टर्लिंग में उनकी पेंशनें कम हो गईं। लेकिन विदेशों में केन्द्रित ब्रिटिश व्यापारिक हित बहुत सख्ती से उसे दूसरी दिशा में खींच रहे थे, क्योंकि चाँदी के गिरते रुपए के कारण विश्वव्यापी मन्दी के बावजूद खेतिहर मालों के निर्यातों ने छलाँग लगाई। लन्दन के इंडिया ऑफिस को इन दोनों विरोधी दबावों के बीच मध्यस्थता करना पड़ रहा था। दो दशकों तक कुल मिलाकर भारतीय अधिकारी-वर्ग पर कारोबारी हितों की विजय होती रही। शायद इसका कारण यह था कि कुल मिलाकर गृह सरकार और सिटी दोनों की सोच यह थी कि भारत के निर्यात-आधिक्य को बनाए रखना ब्रिटिश भुगतान-सन्तुलन के पूरे ढाँचे के लिए अनिवार्य था। इसके कारण पहले ही स्पष्ट किए जा चुके हैं।[1]

---

1. यहाँ संक्षेप में कुछ ऐसी असामान्यताओं का जिक्र किया जा सकता है जो एक और याद दिहानी इसकी कराती हैं कि न तो 'ब्रिटिश' और न ही 'भारतीय' हितधारक समरस थे और यह कि कभी-कभी आर-पार की सम्बद्धताएँ भी सम्भव थीं। हम पहले ही कह चुके हैं कि भारतीय राष्ट्रीय जनमत कुल मिलाकर गिरते विनिमय से खुश था, तब भी जबकि साफ तौर पर इसके कारण उनकी नफरत के पात्र, गृह व्यय, का बोझ बढ़ रहा था। इस काल में अजीब बात यह है कि उन्होंने मुद्रा के पूरे विषय में कोई दिलचस्पी नहीं दिखाई जो कि, जैसा कि हम देखेंगे, जो कुछ 1920+ के दौरान हुआ उसके ठीक विपरीत था। यह एक ऐसा विषय भी था जिसके बारे में 'मैनचेस्टर' के विशेष हितों ने ब्रिटिश नीति को निर्धारित नहीं किया क्योंकि गिर रहा

लेकिन 1890+ तक भारत सरकार की वित्त–व्यवस्था पर इतने तीखे दबाव पड़ने लगे थे कि नीति में परिवर्तन आवश्यक हो गया। 1893 में चाँदी की निजी सिक्का–ढलाई के लिए टकसालें बन्द कर दी गईं और सरकारी सिक्का–ढलाई भी कम कर दी गई, जिससे रुपया स्टर्लिंग विनिमय दर 1898 तक 1 शिलिंग 4 पेंस हो गई। 1898–99 से एक समझौता–रूपी 'स्वर्ण विनिमय मान' काम करने लगा, जिसके तहत रुपए को, जो अभी भी चाँदी का ही था, सोने के भंडार की पुश्तपनाही मिलने लगी। बोअर युद्ध के कारण सोने की विश्वव्यापी आपूर्ति में आई बाधा के सन्दर्भ में यह स्वर्ण भंडार, जो अभी तक मुख्यत: भारत में रखा गया था, 1902 में लन्दन भेज दिया गया और उसका ब्रिटिश सरकार की प्रतिभूतियों में निवेश हुआ। यह एक ऐसा कदम था जिसने, जैसा कि दे सेक्को ने जोर देकर कहा है, भारत की वित्तीय नीति के संचालन पर लन्दन के नियंत्रण को और सख्त बनाया। लेकिन भारतीय रुपए के उतार–चढ़ाव इसी के साथ नहीं थमे। वास्तव में वे 1920+ और 1930+ के दौरान संकट और बहस के एक और तीखे चरण में जा पहुँचे।[1]

यूरोपीय और भारतीय उद्यमशीलता : क्षेत्रीय अन्तर

अभी तक कारोबारी जीवन के हमारे सर्वेक्षण में निरन्तरताएँ कुल मिलाकर परिवर्तन पर भारी पड़ती रही हैं। हमारा ध्यान एक देशव्यापी ऊर्ध्व सोपान पर केन्द्रित रहा है, जिसमें नियन्ता ऊँचाइयों पर तो ब्रिटिश फर्मों का कब्जा था पर भारतीय सौदागरों के समूह अभी भी महत्त्वपूर्ण, बल्कि अपरिहार्य, भूमिकाएँ निभा रहे थे। लेकिन अन्त–उपनिवेश काल में बुनियादी नयापन आया। ये एक सुस्पष्ट आधुनिक क्षेत्र के विकास में व्यक्त हुए जो पूरी तरह पूँजीवादी तर्जों पर काम कर रहा था : जैसे बागान, खदानें तथा भाप या विद्युत की शक्ति से चलनेवाले बड़े–बड़े कारखाने। फिर भी औद्योगिकीकरण के स्तरों में एक महत्त्वपूर्ण और अनेक अर्थों में बढ़ता पिछड़ापन एक नाटकीय तथ्य था।

भारत की अर्थव्यवस्था का उस देश की अर्थव्यवस्था से घनिष्ठ सम्बन्ध था, जिसने औद्योगिकीकरण को जन्म दिया। लेकिन भारत के सिलसिले में अंग्रेजों ने सूती कपड़ों, इस्पात और इंजीनियरिंग के कारखानों में निवेश में कोई दिलचस्पी नहीं

→ रुपया व्यवहार में बम्बई के भारतीय स्वामित्ववाले उदीयमान कपड़ा कारखानों को अप्रत्यक्ष संरक्षण दे रहा था। अनिवासी कारोबारियों के दबावों और कुल मिलाकर सामराजी सरोकारों के साथ मिलकर (जिनके कारण अंग्रेजों का भुगतान सन्तुलन कायम रहा) नगरीय वित्त व्यवस्था काफी अधिक शक्तिशाली साबित हुई। इसके कारण एक ऐसे ढर्रे का पूर्वदर्शन हुआ, जिसे 20वीं सदी में अधिकाधिक प्रमुखता प्राप्त हुई।

1. इससे पहले के दो अनुच्छेदों में मुद्रा नीति का वृत्तान्त दे सेक्को 2003 : 223–44 पर आधारित है। यह दे सेक्को का ही एक उद्धरण है। चन्दावरकर 1983 भी देखें।

ली या कम ही ली—ये वही क्षेत्र थे जिनमें वे 19वीं सदी में काफी आगे तक दुनिया में अग्रणी थे। इसकी बजाय उन्होंने चाय बागान, कोयला खदानों और जूट कारखानों पर अपना ध्यान लगाया। उपनिवेशी काल का अन्त एक ऐसे भारत पर हुआ, जिसके पास अभी भी भारी इंजीनियरिंग, रसायनों, मशीनों और उपकरणों का कोई उद्योग नहीं था। रेलें चलती थीं आयतित इंजनों से; यहाँ तक कि कपड़ा कारखाने भी मशीनों के आयात पर निर्भर थे। पिछड़ापन जुड़ा हुआ था जन्म लेनेवाले अधिकांश उद्योगों पर अंग्रेजों के वर्चस्व से : यह ऐसा असन्तुलन था जो आन्तरिक व्यापार और वित्त व्यवस्था में नजर आनेवाले असन्तुलन से भी अधिक साफ नजर आता था। एक क्षेत्रीय भेद एक तीसरी अहम विशेषता था : ब्रिटिश उद्यम बड़ी सीमा तक कलकत्ता में और उसके आसपास, या सामान्यत: पूर्वी भारत में फैला हुआ था और औद्योगिक दृष्टि से काफी कम विकसित उत्तर और दक्षिण में भी था। लेकिन बम्बई और अहमदाबाद में भारत के सूती कपड़ा उत्पादक साफ तौर पर हावी थे तथा ब्रिटिश-भारतीय सम्बन्धों में असमानता महत्त्वपूर्ण सीमा तक कम थी।

उपनिवेशी भारत में औद्योगिक विकास सम्बन्धी बहसें काफी लम्बे समय तक इस स्पष्ट पिछड़ेपन की सम्भावित व्याख्याओं पर केन्द्रित थीं। अन्दरूनी और बाहरी तनावों पर भी एक बहस चली। भारतीय असफलता को सामान्य विशेषताओं के सर मढ़ा गया, मसलन कथित रूप से अपरिवर्तनशील जातिगत व्यवसायों और/या सामान्यत: जीवन के प्रति परलोकमुखी दृष्टि के सर। पारसियों को, जो बम्बई में औद्योगिकीकरण के अग्रदूतों में से थे, एक ऐसा अपवाद माना गया जो नियम की पुष्टि ही करता था, कारण कि उनकी सफलता की व्याख्या के लिए एक 'प्रोटोस्टेंट नैतिकता' जैसी किसी चीज के पक्ष में एक बुद्धिसंगत तर्क दिया जा सकता था। इस तरह भारतीय सफलता या असफलता के बारे में बम्बई/कलकत्ता भेद की व्याख्या बंगाल के मध्यवर्गीय भद्रलोक की खामियों, जोखिम से भरे धंधों में हाथ डालने के प्रति उनकी कल्पित विमुखता और लगान की सुरक्षित आमदनियों के प्रति उनकी वरीयता के आधार पर की जा सकती थी। मैक्स वेबर द्वारा लोकप्रिय बनाई गई ऐसी सांस्कृतिक व्याख्याओं के कुछेक अधिक भौतिकवादी संस्करण भी थे : मसलन कार्नवालिस ने पूर्वी भारत में जमींदारी का जो इस्तमारी बन्दोबस्त लागू किया, उसके कारण पूँजी व्यापार या उद्योग से भूमि की दिशा में जाने लगी, जबकि इसके विपरीत दूसरे स्थानों पर रैयतवारी के रूपों ने ऐसे निवेशों को हतोत्साहित किया, या फिर यह कि उद्योगों के प्रतिफलों की अपेक्षा व्यापार, वित्त या सूदखोरी में मुनाफों की दरें अधिक तथा आसानतर थीं। जैसा कि समझा जा सकता था, वैकल्पिक राष्ट्रवादी दृष्टिकोण ने इसका दोष सीधे-सीधे उपनिवेशी नीतियों पर डालने के प्रयास किए। उसने भेदभाव के अनेक व्यवहारों को उजागर किया, जिनमें सबसे आम टैरिफ का एक अन्यायपूर्ण ढाँचा था, जिसने लम्बे समय तक सूती कपड़ों के नवजात देसी

उद्योग को संरक्षणमूलक शुल्कों से वंचित रखा तथा मुक्त व्यापार की एक व्यवस्था को लागू किया जो स्पष्ट रूप से लैंकशियर के कपड़ों के लाभ में थी। इस नुक्ता का फैसला तब होता हुआ लगा जब 1896 में ब्रिटिश भारत के राजस्व की दुखद स्थिति के कारण सूती कपड़ों के आयातों पर लगे शुल्क की काट के लिए भारतीय कपड़ों के उत्पादन पर एक जवाबी आबकारी लगा दी गई। यह तर्क है तो दमदार पर, जैसा कि धन के दोहन सम्बन्धी विमर्श के सिलसिले में देखा गया, विशेष नीतियों तक सीमित था।

ढाँचों की किसी अधिक गहन और विस्तृत छानबीन के विपरीत यह तर्क एक सुगठित वैकल्पिक मॉडल अमिय बागची ने पेश किया, जिसने संस्कृतिवादी और आन्तरिकता सम्बन्धी तर्कों का खंडन किया पर साथ-ही-साथ राष्ट्रवादी समालोचना को और भी गहनता और विस्तार प्रदान किया।[1] पिछड़ेपन की व्याख्याओं के तौर पर परलोक प्रेम और जाति-प्रथा को काफी पहले ही त्यागा जा चुका था, क्योंकि ये अधिक से अधिक प्राच्यवादी रूढ़ छवियों पर आधारित अति-सरलीकरण थीं। कालक्रम में जातिगत व्यवसायों में अच्छे-खासे लोच से सम्बन्धित जो आँकड़े, मिसाल के लिए, जनगणना की पर्चियों से सामने आए, उनका इनमें कोई ध्यान नहीं रखा गया था। 19वीं सदी में बंगाली भद्रलोक बार-बार कारोबारी उद्यमों की जरूरत पर जोर दे रहा था तथा अन्त-19वीं सदी और आरम्भ-20वीं सदी में वास्तव में इस दिशा में, मामूली-सी सफलता के बीच, अनेक असफल प्रयास किए गए।[2] ब्रह्मसमाजी सम्भवतः पारसियों जितने ही 'आधुनिकतावादी' और 'प्रोटेस्टेंट' थे जबकि भारतीय पूँजीवाद पर अन्ततः जिन कारोबारी समुदायों को वर्चस्व प्राप्त हुआ वे और खासकर मारवाड़ी, काफी परम्परागत जीवन-मूल्यों से जुड़े हुए थे। जैसा कि हमने देखा, जमींदारी और रैयतवारी बन्दोबस्तों से उत्पन्न परिणाम भी कुछ बहुत भिन्न नहीं रहे, क्योंकि अच्छी-खासी दूरवासी जोतें दोनों की ही विशेषता बन गईं। रहा सवाल व्यापार के लाभों का तो ब्रिटिश फर्मों ने व्यापार, वित्त और औद्योगिक उद्यम, सबकी दुनियाओं में कारगर ढंग से अपनी टाँगें अड़ा रखी थीं।

बागची ने एक अधिक सीधी-सादी और 'गोचर' व्याख्या को वरीयता दी जो नस्ली एकजुटता जमा भेदभाव के जोरदार तत्त्वों के साथ-साथ अंग्रेजों की आर्थिक

1. बागची 1972
2. आरम्भ-19वीं सदी में यह असफलता द्वारकानाथ ठाकुर जैसे व्यक्तियों की प्रमुखता से बहुत ही अलग थी जो उन दिनों के यूरोपीय उद्यमियों से बढ़कर नहीं तो उनके बराबर अवश्य थे। लेकिन इसी दिशा में द्वारकानाथ के पोते ज्योतिरिन्द्रनाथ के प्रयास दुखद जमा हास्यास्पद असफलताओं से अधिक कुछ भी नहीं थे, जिसे उनके छोटे भाई रवीन्द्रनाथ ने 'जीवनस्मृति' में सस्नेह याद किया है। स्पष्ट रूप से इस अन्तर का सम्बन्ध उस समय तक बंगाल में अंग्रेजों की आर्थिक उपस्थिति से कहीं अधिक गुरुत्व से था, क्योंकि ज्योतिरिन्द्रनाथ के जहाजरानी और दूसरे असफल उद्यमों को यूरोपीय प्रतियोगिता ने तबाह किया।

और राजनीतिक उपस्थिति के बोझ पर केन्द्रित थी। यह बात काफी अधिक स्पष्ट थी तथा पश्चिमी के मुकाबले पूर्वी भारत में इसका अधिक लम्बा अस्तित्व रहा। जहाँ तक मुख्यत: निर्यातमुखी औद्योगिक विकास का सवाल था, विनिमय बैंकों और जहाजरानी के मार्गों पर अंग्रेजों का नियंत्रण ऐसा उल्लेखनीय लाभ था जो मध्य-19वीं सदी से ही स्पष्ट हो चुका था। पेनिनसुलर एंड ओरिएंटल (पी एंड ओ) तथा ब्रिटिश इंडिया स्टीम नेविगेशन जैसी भीमकाय कम्पनियों ने दरों की लड़ाइयों के द्वारा प्रतियोगियों को बाहर खदेड़ने के लिए 'सम्मेलनों' का प्रायोजन किया। फिर इनका सम्बन्ध बैंककारी की दुनिया के उच्चतर स्तरों से जुड़ गया, जिस पर अंग्रेजों का ही वर्चस्व था तथा ब्रिटिश रेल कम्पनियों और मैनेजिंग एजेन्सियों से भी जुड़ गया। ब्रिटिश व्यापारिक हितों के बीच तथा कारोबारियों और सरकारी अधिकारियों के बीच जुड़ाव औपचारिक और अनौपचारिक दोनों तरीकों से हुआ, क्योंकि सिर्फ गोरों के क्लबों में ऐसे लोग आपस में मिलकर ऐसे सौदे करते थे, जो सम्भावित भारतीय प्रतियोगियों के खिलाफ होते थे। काफी आगे चलकर, 1944 में भी, भारतीय कारखानादारों के एक संगठन ने 'समानता से अधिक के आधारों पर' ऐसी प्रतियोगिता की शिकायत की जिसमें यूरोपवासी 'देश के शासकों के साथ नस्ली निकटता के रहस्यवादी सम्बन्ध के द्वारा...अगोचर मगर फिर भी कारगर लाभ' प्राप्त कर रहे थे।[1] सरकार और फौजी भंडारों ने सिविल इंजीनियरिंग की जो खरीदारियाँ कीं और उन्हें जो संरक्षण दिया उनका भारी झुकाव आयातों की या दूसरे शब्दों में यूरोपीय फर्मों की तरफ रहा जब तक कि आरम्भ-20वीं सदी में हालात में जरा-सा परिवर्तन नहीं आने लगा। एक बड़े यूरोपीय युद्ध की सम्भावना ने विदेश में बसे लोगों से सम्बन्धों पर पूरी तरह भरोसे को कम भरोसेमन्द बना दिया। प्रसंगवश यह भी एक कारण था कि कर्जन ने 20वीं सदी के शुरुआती बरसों में—जमशेदपुर का नाम पानेवाले गाँव में—भारत का पहला इस्पात कारखाना शुरू करने के बारे में टाटा के प्रयास का समर्थन करने का फैसला किया। कर्जन ने तो लौह अयस्क की आपूर्ति के लिए 55 मील लम्बी रेल लाइन बिछाने का आदेश भी जारी किया। उस समय बेल्जियम से इस्पात के आयात ब्रिटिश हितों के लिए खतरा बन चुके थे।

इस तरह बागची ने व्याख्या के दायरे को और व्यापक बनाया और उसे टैरिफ और रुपया-स्टर्लिंग विनिमय दर जैसी विशिष्ट, पलटे जाने योग्य नीतियों पर राष्ट्रवादियों के जोर से आगे ले गए। उन्होंने एक ढाँचागत आयाम भी तैयार किया। ब्रिटिश हितों की तरफ यह झुकाव पूरे देश में पाया जाता था। लेकिन बागची के तर्क के लिए नाजुक महत्त्व और इसके पक्ष में उन्होंने जो प्रमाण सुझाया है खासकर उसके लिए केन्द्रीय महत्त्व की बात पूर्व/पश्चिम और कलकत्ता/बम्बई का वैपरीत्य भी था। ब्रिटिश शासन बंगाल में काफी पहले शुरू हो चुका था और इस अर्थ में वहाँ

1. आल इंडिया मैन्यूफैक्चरर्स एसोसिएशन, नवम्बर 1944, बागची 1972 : 166 पर उद्धृत।

वह लगभग पूर्णता को पहुँचा कि उस क्षेत्र में महत्त्वपूर्ण रजवाड़े कम ही बचे। यह बात पश्चिम भारत के मुकाबले एकदम उलटी थी। कलकत्ता भारत में, बल्कि कुछ अर्थों में पूरे पूर्व में ब्रिटिश उद्यमों का केन्द्र बन गया और बना रहा, क्योंकि चाय बागान पर, कोयले की और दूसरी खदानों पर और जूट कारखानों पर अंग्रेजों का वर्चस्व बना रहा। यहाँ उल्लेखनीय सीमा तक यूरोपवालों के हितों का आपसी जुड़ाव और अल्पतंत्री नियंत्रण पाया जाता था जो सबसे बढ़कर मैनेजिंग एजेन्सियों की शाखाओं-उपशाखाओं में व्यक्त हुआ। मिसाल के लिए 1916 के आसपास जार्डाइन एंड स्किनर नाम की फर्म चाय की 8, कोयले की 3, जूट की 2, इमारती लकड़ी की 1 और व्यापार की 1 कम्पनी का संचालन कर रही थी। यही संस्था अनेक बीमा कम्पनियों के एजेन्टों का काम भी कर रही थी, ब्रिटिश इंडिया स्टीम नेविनेशन के सहयोग से जहाज भी चला रही थी, मैनचेस्टर से तैयार मालों का आयात तथा जूट की वस्तुओं और चाय का निर्यात भी कर रही थी। 1911 में जूट की 55 प्रतिशत, चाय की 61 प्रतिशत और कोयले की 46 प्रतिशत कम्पनियों पर 7 मैनेजिंग एजेन्सियों (एंड्र्यू यूल, बर्ड, बेग-डनलप, शा वैलेस, विलियमसन-मैगर, डंकन, आक्टेवियस स्टील) का कब्जा था। मैनेजिंग एजेन्सियों का श्रमिकों की आपूर्ति पर भी नियंत्रण था : मसलन बर्ड का आरम्भ ईस्ट इंडियन रेलवेज के लिए मजदूरों के ठेकेदार के रूप में हुआ था।[1] गोरे लोगों का नस्ली वर्चस्व इस बात से भी स्पष्ट था कि 1914 से पहले बंगाल चैम्बर ऑफ कॉमर्स में कोई भारतीय सदस्य नहीं था।

देश के काफी कम औद्योगिक विकासवाले उत्तरी और दक्षिणी भाग पर भी अंग्रेजों का नियंत्रण उतना ही सख्त था। संयुक्त प्रान्त में कारखाना उद्योग के पहले केन्द्र यानी कानपुर का विकास ब्रिटिश भारत की सेना के लिए बागों और जीनों, बूटों तथा ऊनी और सूती कपड़ों की आपूर्ति के माध्यम से हुआ—इन सबके लिए लाजिमी तौर पर ब्रिटिश व्यापारियों को वरीयता दी जाती थी। इसी तरह मद्रास प्रेसीडेंसी के थोड़े से कहवा बागान और सूती कारखानों पर ब्रिटिश मैनेजिंग एजेन्सियों का, खासकर बिन्नी और पैरी, का नियंत्रण था।

बम्बई प्रेसीडेंसी की तस्वीर एकदम अलग थी। बम्बई नगर में सूती कपड़े के बड़े केन्द्र उभरे, फिर जल्द ही, 1850+ के बाद, अहमदाबाद में उभरे; इनमें से अधिकांश के मालिक पारसी और गुजराती व्यापारी थे। पलाशी के बाद कुछ पीढ़ियों तक पश्चिम भारत में मराठों की मौजूदगी के कारण अंग्रेजों की राजनीतिक सत्ता की पूरी-पूरी स्थापना में देरी हुई, और उसके बाद भी बड़े-बड़े इलाके रजवाड़ों के हाथों में छोड़ने पड़े। इसमें शक नहीं कि ये रजवाड़े अन्ततः कम्पनी या मलिका की दया पर निर्भर थे, लेकिन नियंत्रण की पूरी-पूरी एकरूपता की स्थापना में ये कभी-कभी एक तरह से बाधक बन जाते थे। इस देरी के कारण कारोबारी जीवन में

1. बागची 1972 : 163, 176, यथास्थान।

महत्त्वपूर्ण भारतीय उपस्थिति का विकास सम्भव हुआ : कुछ समय तक जहाज-निर्माण में, फिर चीन के साथ अफीम के कारोबार में और सूती कपड़ों के व्यापार में। अफीम का बड़ा भाग रजवाड़ों में पैदा होता था जहाँ औपचारिक रूप से ब्रिटिश इलाकों के विपरीत राजनीतिक और आर्थिक मामलों में भारतवासियों की बात कम ही सुनी जाती थी। ऐसा नहीं कि भेदभाव यहाँ भी स्पष्ट नहीं था : मसलन मेरिका विक जियानी का तर्क है कि सूती कारखानों की तरफ अंग्रेजों के झुकाव का सार्थक सम्बन्ध 1860+ तक विदेशी व्यापार और जहाजरानी की दुनिया से उनके अधिकाधिक निष्कासन से था जब ब्रिटेन की जहाजरानी के इजारेदारों का नियंत्रण सख्त हुआ। 1893 के समुद्र में भाप से चलनेवाले जहाजों पर अंग्रेजों के इजारे को तोड़ने की कोशिश टाटा घराने ने की और इसके लिए उन्होंने अंग्रेजों के एक जापानी प्रतिद्वन्द्वी से सहयोग किया, लेकिन पी. एंड ओ. ने दरों की एक निर्मम लड़ाई छेड़कर इस कोशिश को नाकाम बना दिया; एक समय तो इस कम्पनी ने जापान तक कपास मुफ्त में ले जाने की पेशकश की थी।

लेकिन बम्बई में सूती कारखाने शुरू करने में अंग्रेजों की दिलचस्पी कम ही थी : शुद्ध आर्थिक दृष्टि से यह एक अजीब-सी असामान्यता थी जिसकी व्याख्या अमर्त्य सेन ने ब्रिटेन में प्रमुखता-प्राप्त 'सामाजिक लोकचार' के आधार पर करने की कोशिश की; इसी लोकाचार (इथोस) के कारण लैंकशियर को बड़े पैमाने पर सिर्फ एक बड़ा दबाव समूह नहीं, बल्कि एक राष्ट्रीय ध्येय माना जाता था।[1] यह झिझक जूट कारखानों को लेकर नहीं थी, जबकि डंडी के पास पहले से ही एक जूट कारखाना था : यह उसी रूप में एक राष्ट्रीय ध्येय नहीं था। जो भी हो स्काटों ने तेजी से आगे बढ़कर बंगाल के कारखानों के स्वामित्व और नियंत्रण में एक बहुत प्रमुख स्थान प्राप्त कर लिया। पश्चिमी भारत के प्रमुख आधुनिक उद्योग में भारतीयों की प्रमुखता बॉम्बे चैम्बर ऑफ कॉमर्स में उनकी महत्त्वपूर्ण उपस्थिति में तथा यूरोपवालों और खासकर पारसी व्यापारियों के बीच व्यापार और दूसरे मामलों में उनके अच्छे-खासे सहयोग में व्यक्त हुई।

तो फिर अन्त-उपनिवेशकालीन भारत में भारतीय और ब्रिटिश पूँजीवादी हितों के बीच कहाँ तक उस तरह का बुनियादी टकराव था, जिसे राष्ट्रवादी और काफी कुछ वाम-राष्ट्रवादी और मार्क्सवादी रचनाओं में अक्सर मान लिया गया है? बागची ऐसी मान्यताओं को अल्पकालिक सहयोग और दीर्घकालिक टकराव के सूत्र के जरिए और पेचीदा बनाते हैं। आरम्भ-20वीं सदी तक और कुछ अर्थों में

---

1. मिसाल के लिए 28 मार्च, 1877 को अपने बजट भाषण में जान स्ट्रैची ने ऐलान किया कि 'मैनचेस्टर के हित, जिन पर बेवकूफ लोग नाक-भौं चढ़ाते हैं...लाखों अंग्रेजों के हित हैं।' सेन 1992 : 109-26 पर उद्धृत। इस पूरे विषय के एक उम्दा परिचय के लिए रे 1992 : प्रस्तावना देखें।

लगभग 1919 से पहले तक बम्बई के मिल मालिकों को ब्रिटिश-विरोधी राष्ट्रवाद की ओर ले जानेवाले ठोस आर्थिक कारण वास्तव में कम ही थे, बावजूद इसके कि विरोध के विशेष मुद्दे भी थे, जैसे कि लैंकशियर के तैयार मालों का कम शुल्क पर या शुल्क से मुक्त आयात और जवाबी आबकारी। अन्त-19वीं सदी में बम्बई ने घरेलू हथकरघा बुनकरों के बाजार के लिए घटिया या मझोले दर्जे के धागों के उत्पादन पर अपना ध्यान केन्द्रित किया। उसने इनके लिए चीन में भी एक फलता-फूलता बाजार पैदा किया। इसके विपरीत लैंकशियर के आयातों में कुछ बेहतर किस्म के धागे और सूती कपड़े शामिल थे : ये उत्पादन की वे शाखें थीं, जिनमें बम्बई ने प्रवेश नहीं किया और अक्सर कर भी नहीं सकती थीं। इसके अलावा बम्बई के उद्योगों में और बॉम्बे मिल ओनर्स एसोसिएशन में यूरोपीय पूँजीपतियों का एक अच्छा-खासा अल्पमत भी था; भारतीय स्वामित्ववाले कारखानों के अनेक प्रबन्धक यूरोपवासी थे और पूरा उद्योग मशीनों के लिए ब्रिटेन पर पूरी तरह निर्भर रहा।

अहमदाबाद सूती कपड़ों से थोड़ा आगे भी बढ़ा, और 1905 के आसपास से बम्बई के लिए भी हालात बदलने लगे। चीन में धागों के बाजार को जापानी कारखानों ने पाट दिया जिसके चलते उनके लिए घरेलू उपभोक्ता वस्तुओं की ओर मुड़ना लाभकारी हो गया। इसके कारण अन्ततः लैंकशियर से प्रतियोगिता में तेजी आना और टकराव का तीखा होना लाजिमी हो गया। पहले विश्वयुद्ध के बाद ही जाकर ऐसा हुआ, कि भारतीय राष्ट्रवाद को जोरदार समर्थन देना भारतीय पूँजीपतियों के कुछ भागों के लिए लाभकारी और उपयुक्त भी हो गया, वह भी मुख्य रूप से अहमदाबाद में। अन्त-19वीं सदी में परम्परागत कारोबारी समुदाय अपने बाजार के दायरे में पीछे हट चुके थे और यूरोप के व्यापारी घरानों को कच्चे मालों की आपूर्ति करने और उनके आयातों का वितरण करने जैसे कम्प्राडोर कार्य करने लगे थे। इसके विपरीत पहले विश्वयुद्ध के बाद वे आधुनिक पूँजीवादी उद्योगों की दुनिया में प्रवेश करने और सफलता पाने लगे थे—और वह भी बड़े जोरों से। रहे टाटा तो राजकीय समर्थन की अहमियत और उपलब्धता के कारण—जो उनके इस्पात उत्पादन के लिए अनिवार्य था (रेलें उनके लिए प्रमुख बाजार थीं)। 1947 तक जाकर उनका एक सामान्यतः निष्ठावान रवैया कायम रहा।

उदीयमान भारतीय पूँजीपतियों के विभिन्न समूहों के बीच जो बेपनाह आन्तरिक भेद पाए जाते थे उनको ध्यान में रखकर कोई यह भी सोच सकता है कि क्या अनेक क्षेत्रों के सिलसिले में अमिय बागची के सूत्र को पलटकर सहयोग के तत्त्व पर जोर नहीं दिया जाना चाहिए। जैसा कि हम देखेंगे, जहाँ तक भारतीय पूँजीपति सामूहिक वर्गीय हितों के बारे में साफ तौर पर सजग हो रहे थे, अक्सर यह सजगता अंग्रेजों के नहीं, बल्कि उनके अपने मजदूरों के खिलाफ काम करती थी। आरम्भ-20वीं सदी में मजदूरों की बढ़ती एकजुटता और जुझारूपन के जवाब में पुलिस और राज्य

की सहायता जल्द ही अपरिहार्य हो गई। इस तरह एक आत्मचेतन, एकजुट 'राष्ट्रीय पूँजीपति वर्ग' के अस्तित्व में आने की मान्यता सचमुच कुछ अधिक मददगार नहीं है। क्लासिक बुर्जुवा क्रान्तियोंवाले देशों, यानी कि इंग्लैंड और फ्रांस में अनुसन्धान अधिकाधिक दिखाते हैं कि बुर्जुवा के रूप में साफ तौर पर पहचाने जानेवाले समूह जुझारू राजनीतिक कार्रवाई के पलों में जमीनी स्तर पर उल्लेखनीय सीमा तक कमजोर रहे हैं। पहले से ही यह मान लेने का कोई खास कारण दिखाई नहीं देता कि भारत की स्थिति इससे कुछ अधिक भिन्न रही।[1]

विऔद्योगिकीकरण और परम्परागत उद्योग

धन के दोहन के साथ-साथ, जैसा कि हमने देखा, अक्सर उपनिवेशी शासन पर विऔद्योगिकीकरण का आरोप भी लगाया जाता रहा : कहा गया कि ब्रिटिश शासन ने भारत की परम्परागत और विश्व-प्रसिद्ध दस्तकारियों, और हाथ के कते धागों और हाथ के बुने हुए कपड़ों को जानबूझकर तबाह किया जिनमें भारत अनेक सदियों तक दुनिया में अगुवा बना रहा। जैसा कि हमने इसे भी देखा, यह विचार ब्रिटिश राज की राष्ट्रवादी और अनेक मार्क्सवादी समालोचनाओं का केन्द्रीय विचार रहा है। इसके प्रतिपादकों में मार्क्स से लेकर नौरोजी से होते हुए गांधी तक भी शामिल थे। मार्क्स की यह टिप्पणी काफी उद्‌धृत की जाती रही है कि मैनचेस्टर के आयातों ने खेती और दस्तकारियों की 'एकता' पर आधारित ग्रामीण आत्मनिर्भरता को तोड़कर रख दिया, जबकि नौरोजी ने निर्यात-आयात के आँकड़ों की कतार खड़ी करके ह्रास का विचार सामने रखा और गांधी का रामराज्य का आह्वान चरखे के पुनरारम्भ पर आधारित था। लेकिन यह विषय फिर भी विवादास्पद रहता है, बल्कि किसी भी दिशा में इसका समाधान निकाल पाना अजीब सीमा तक मुश्किल है। 1813 के बाद से लैंकशियर के लिए भारतीय बाजारों के खोले जाने से लेकर 19वीं सदी की तीसरी चौथाई तक निर्णायक दशकों को लें तो अखिल भारतीय आँकड़े उपलब्ध हैं ही नहीं। जनगणना के विश्वसनीय आँकड़े 1881 के बाद ही जमा किए जाने लगे।

नौरोजी सिर्फ व्यापार के प्रतिफलों के बारे में ठोस आँकड़े दे सके। ये काफी मारक थे, क्योंकि वे सूती और रेशमी कपड़ों के निर्यात में गिरावट के तथा धागों और तैयार कपड़ों के आयात में तेजी से बढ़ोत्तरी के संकेत देते हैं; 19वीं सदी की दूसरी दहाई से ये प्रवृत्तियाँ दीर्घकालिक रहीं। इसके अलावा नौरोजी ने खुले तौर पर

---

1. फ्रांसीसी क्रान्ति पर रूढ़ मार्क्सवादी लेखों पर विशेषकर वे 'संशोधनवादी' आक्रमण देखें जो अलफ्रेड कोब्बन और फ्रैंकोई फ्यूरे से जुड़े हुए हैं। आज के समय में इतिहास लेखन पर निश्चित ही इनका वर्चस्व है। विवादास्पद सही, एक उपयोगी परिचय के लिए कोम्नीनेल 1987 देखें।

'एकतरफा मुक्त व्यापार' की साफ तौर पर अन्यायपूर्ण ब्रिटिश टैरिफ नीतियों की, भारतीय विनिर्माणों के खिलाफ संरक्षणमूलक शुल्कों की तथा ब्रिटिश मालों के सापेक्ष आयात शुल्कों के बहुत मामूली होने या एकदम न होने की अनेक मिसालें भी दीं। इसके आधार पर उन्होंने दावा किया कि मशीनों के मुकाबले के कारण दस्तकारियों का कोई 'प्राकृतिक' या अपरिहार्य पतन नहीं हुआ था; इसकी बजाय यह पतन काफी सीमा तक उन सायास नीतियों का परिणाम था जिसको एक परिकल्पित स्वतंत्र भारत रोक सकता या कम-से-कम धीमा कर सकता था। फिर भी जो बात अनिश्चित रही, वह कपड़ों या दूसरी वस्तुओं के लिए आन्तरिक माँग के प्रसार की सम्भावना थी, जो कि सिद्धान्ततः निर्यातों के ह्रास से होनेवाले नुकसानों की भरपाई के लिए पर्याप्त हो सकती थी। (इसका कुल खपत के एक छोटे से भाग से अधिक होना कभी सम्भव ही नहीं होता), और यह ब्रिटिश मालों के हक में घरेलू बाजार के एक भाग के नुकसान की भरपाई के लिए भी पर्याप्त हो सकती थी। दस्तकारी के उत्पादन ने अनेक मशहूर केन्द्रों—मिसाल के लिए ढाका और मुर्शिदाबाद के अन्तर्राष्ट्रीय स्तर पर प्रतिष्ठित सूती और रेशमी कपड़ों—के विनाश को लेकर और दरबारों की माँग में स्पष्ट कमी को लेकर बिखरे हुए आँकड़े बहुत हैं। विदेशी प्रतियोगिता के मुकाबले में भारतीय दस्तकारियों की एक बड़ी संख्या के पीछे हटने के बारे में बहुत अधिक हवाले हैं और उनमें से अनेक तो ब्रिटिश स्रोतों में हैं।

लेकिन इस तरह के विशाल देश के सिलसिले में समग्र समष्टिगत आर्थिक प्रवृत्तियों को लेकर बहस की काफी गुंजाइश फिर भी रहती है। ह्रास की प्रभाववादी छाप सबसे अधिक कपास की कताई के बारे में है जो कभी ग्रामीण स्त्रियों और खासकर विधवाओं की एक बड़ी संख्या का व्यवसाय हुआ करता था। अपनी आत्मकथा में गांधी ने लिखा है कि गुजरात के गाँवों में उस समय तक चरखा लगभग अनजानी चीज बन चुका था जब उन्होंने उसके पुनरारम्भ की मुहिम शुरू की और स्त्रियों के रोजगार में इससे जो फर्क पड़ा उस पर अभी तक जितना ध्यान दिया गया है उससे अधिक ध्यान देने की आवश्यकता है। फिर भी 20वीं सदी की लाभकारी स्थिति में खड़े होकर देखें तो इसमें भी विवाद सम्भव नहीं कि दस्तकारों के पेशे और सबसे बढ़कर हथकरघे खत्म तो नहीं ही हुए, बल्कि कुछ मिसालों में तो इनका प्रसार हो रहा था।

अनेक बरसों तक विऔद्योगिकीकरण का जरा-सा समष्टिगत आर्थिक प्रमाण मौजूद रहा। 1881 और 1931 के बीच व्यवसायों के भेदों के बारे में जनगणनाओं के आँकड़े खेत मजदूरों की संख्या में अच्छी-खासी वृद्धि (+28.5 प्रतिशत) और विनिर्माण में लगे लोगों की संख्या में कमी (-8.2 प्रतिशत) के संकेत देते हैं। लेकिन 1960 में सटीक तर्कोंवाले एक लेख में—जिसने इस विषय पर अभी हाल की बहसों का आरम्भ किया—डेनियल और एलिस थार्नर ने, जो स्वयं भी जीवन

भर साम्राज्यवाद के आलोचक रहे और जिनका इस सामान्य धारणा से कोई विवाद नहीं था कि भारत की परम्परागत दस्तकारियों का उनकी पुरातन गरिमा से पतन हुआ था, यह दिखाया कि आँकड़ों को अगर और भी सावधानी से देखा जाए तो वे वह बोझ उठाने योग्य नहीं थे जो उन पर लाद दिया गया था।[1] जैसा कि सभी पूँजीवाद-पूर्व समाजों में रहा है, बुनियादी समस्या अनेक घरानों के अन्दर तरह-तरह के व्यवसायों—कृषि, दस्तकारी, व्यापार—के सहअस्तित्व का रहा है। कुछ खेतिहर श्रेणियों के बारे में थार्नर-दम्पती के एक और लेख का शीर्षक 'Agrarian Revolution by census classific action' था। उन्होंने दिखाया कि जनगणना की अनेक रिपोर्टों में 'सामान्य श्रमिक' नाम की एक अवशिष्ट श्रेणी भी थी, जिसमें विभिन्न जनगणनाओं के बीच भयानक उतार-चढ़ाव आए और जिसमें होनेवाले परिवर्तन घोषित रूप से खेती में लगे लोगों के प्रतिशत भागों के विलोमानुपाती थे। स्त्री मजदूरों सम्बन्धी आँकड़े भी अत्यन्त अनिश्चित हैं। आँकड़ों के बारे में उनका विश्लेषण आधी सदी के काल में उनके अनुपातों में मोटे तौर पर एक स्थिरता का संकेत देता नजर आता है। लेकिन, जैसा कि उन्होंने कहा, जनगणनाओं से पहले के दशकों में क्या हुआ होगा, इसके बारे में इस या उस दिशा में कोई साक्ष्य मौजूद नहीं है।

अन्त-1960+ के दौरान इस विवाद में इतनी कड़वाहट पैदा हो गई जो पहले अज्ञात थी, तब जबकि मारिस डेविड मारिस के एक थोड़े उत्तेजना भरे लेख ने विऔद्योगिकीकरण की बात को अस्वीकार कर दिया और 19वीं सदी में उपनिवेशी शासन के अन्तर्गत पर्याप्त आर्थिक उन्नति का दावा किया। कारखानों के सस्ते धागों ने हो सकता है कपास की कताई पर प्रतिकूल प्रभाव डाला हो, पर मारिस का तर्क था कि उसने साथ-ही-साथ भारतीय बुनकरों को लाभ पहुँचाया, जिनके लिए लागतों में कमी आई। उनकी मान्यता थी कि कम कीमतों ने माँग को बढ़ाया—माँग का वक्र नीचे की दिशा में आगे बढ़ा—जबकि 'प्रथाओं में परिवर्तनों' के कारण (आदिवासी जूट की बजाय सूती कपड़े पहनने लगे, स्त्रियाँ अपने स्तनों को ढकना सीख गईं) 'माँग के वक्र में दाईं दिशा में' भी परिवर्तन आया। इसलिए ब्रिटिश कपड़ों के आयातों ने 'अधिक से अधिक बुरा काम यह किया कि...बढ़ती माँग को जज्ब कर लिया' लेकिन भारतीय हथकरघों को नुकसान पहुँचाए बगैर। ऐसे ही तर्क उन दूसरे शिल्पों के बारे में सुझाए जा सकते हैं, जो ह्रास के राष्ट्रवादी वृत्तान्तों में शामिल रहे।

मारिस को दिए गए जवाबों में सबसे कारगर जवाब तोरू मत्सुई का था। उन्होंने बतलाया कि 19वीं सदी में कपड़ों के दामों में गिरावट के दो घटक थे—धागे से सम्बन्धित और बुने हुए कपड़े से सम्बन्धित। नई प्रौद्योगिकियों ने दोनों में क्रान्तिकारी परिवर्तन किए। भारतीय हथकरघों के बुनकरों को सिर्फ पहले घटक का लाभ मिला

1. थार्नर व थार्नर 1962 : 70-81

होगा, न कि दूसरे का, क्योंकि परम्परागत शिल्पों में प्रौद्योगिकी या संगठन सम्बन्धी सुधार का कोई संकेत नहीं मिलता।[1] इस तरह लैंकशियर और भारतीय कारखानों के कपड़ों, दोनों से प्रतियोगिता करने में दस्तकारियों को अभी भी भारी समस्याओं का सामना करना पड़ रहा था। मत्सुई ने भारतीय माँग के पर्याप्त प्रसार के बारे में मारिस के तर्क पर सवाल उठाया है : माँग बढ़ी क्योंकि कीमतें गिरीं न कि इसका उलटा हुआ, इसलिए मारिस के ढाँचे तक में माँग में किसी सचमुच भारी स्वायत्त वृद्धि का कोई संकेत नहीं मिलता। दूसरे आलोचकों के साथ मत्सुई ने भी दिखाया कि मारिस के तर्क पूरी तरह कल्पित थे और उनका कोई भी पक्का सांख्यिकी आधार नहीं था; यह भी कि उनकी प्रस्तुति के कारण बहस कुछ खास आगे नहीं बढ़ी।[2]

मत्सुई ने विशिष्ट क्षेत्रों के आधार पर विवेचना के विमुच्चय (डिसएग्रेगेशन) का सुझाव दिया, क्योंकि क्षेत्रों और कालखंडों के बीच के सुस्पष्ट परिवर्तन अखिल भारतीय स्तर पर बहस के कोई निर्णायक समाधान शायद न निकलने दें। मारिसवाले विवाद के एक दशक बाद बागची ने ऐसे ही एक विशिष्ट अध्ययन का प्रयास किया जिसका उद्देश्य अधिक सामान्य प्रश्न को हल करना था। उन्होंने पहले की तरह विऔद्योगिकीकरण को परखने का प्रयास कुल जनसंख्या के अनुपात में उद्योगों में लगे और या उन पर निर्भर व्यक्तियों के अनुपात के आधार पर किया—जो कि थार्नर दम्पती के हस्तक्षेप से पहले काफी आम था। उत्तरी बिहार के चार जिलों से 1809-13 के दौरान बुखानन ने जो आँकड़े जमा किए थे, बागची ने उनकी तुलना उसी क्षेत्र के लिए 1901 की जनगणना में व्यवसाय सम्बन्धी आँकड़ों से करने का प्रयास किया। ऐसा लगा कि उनके परिणाम गाँवों या छोटे कस्बों में उद्योगों पर निर्भर लोगों की संख्या में एक खासी कमी के संकेत दे रहे हैं—सबसे बढ़कर कपास की कताई और बुनाई पर। परिवार के औसत आकार का जो वैकल्पिक मानदंड उन्होंने अपनाया उसके आधार पर उद्योगों पर निर्भर लोगों का भाग जाहिरा तौर पर 1809-13 के दौरान 14.2 प्रतिशत से गिरकर 20.2 प्रतिशत हो चुका था और 1901 में 5.5 से गिरकर 11.6 प्रतिशत हो चुका था। इसने एक बार फिर एक कड़वे विवाद को जन्म दिया। मेरिका विकजियानी ने बुखानन के अनुमानों की विश्वसनीयता पर सवाल उठाया और बागची को परम्परागत घरानों में प्राथमिक/द्वितीयक/तृतीयक व्यवसायों की मिश्रित प्रकृति सम्बन्धी चेतावनी की याद दिलाई। बागची ने अपने रुख का जोरदार बचाव किया और सुझाया कि विभेदीकरण का आधुनिक पूर्व

1. वैसे हम यह देखेंगे कि उसके बाद से तीर्थंकर राय ने इस सवाल पर एक विपरीत रुख अपनाया है; नीचे विवेचित राय 2000 ए देखें।
2. मारिस 1968 : 1-15; तोरु मत्सुई और अनेक अग्रणी भारतीय इतिहासकारों (खासकर तपन राय चौधुरी और विपिन चन्द्र) के जवाबों को 'Indian Economic and Social History Review', 5 (1), 1968 में एक साथ पेश किया गया है।

अभाव शायद अतिशयोक्तिपूर्ण था : अनेक क्षेत्रों में बुनकर सचमुच विशेषज्ञ दस्तकार नजर आते हैं, जो दूसरे व्यवसाय नहीं करते। अनेक ऐसी ही बहसों की तरह इस विवाद ने भी अन्त में रौशनी कम और गर्मी ज्यादा पैदा की।[1]

तर्कों की इस लम्बी शृंखला में सबसे बाद में आए तीर्थंकर राय।[2] मारिस के तर्कों को दरकिनार करते हुए भी कपड़ों और दूसरे लघु उद्योगों पर अपने अच्छे-खासे और प्रभावशाली अनुसन्धान के आधार पर राय ने तर्क दिया कि अधिकांश देसी विनिर्माणों (सबसे बढ़कर सूती कपड़ों) का तथा इससे मिलती-जुलती न कि समरूप वस्तुओं के आयातों का सम्बन्ध 'खंडित बाजारों' से था : इस तरह लैंकशियर के तैयार मालों के बावजूद हथकरघे बचे रहे, बल्कि और बढ़े। उनके तर्क का सुर अक्सर अनावश्यक रूप से आक्रामक रहा तथा उदारीकरण और वैश्वीकरण के संदिग्ध महत्त्व के प्रति उनका स्पष्ट प्रशंसा-भाव लगता था उत्तेजना पैदा करने के लिए ही था। न ही राय दूसरों से कुछ अधिक सीमा तक यह परखने के लिए कोई उपाय सुझा सके कि जनगणनाओं से पहले के दौर में क्या हुआ होगा। इस अर्थ में उनका तर्क विऔद्योगिकीकरण की पूरी धारणा को शायद ही नष्ट कर सका। पर इन तमाम बातों के बावजूद छोटे उद्योगों पर उनका अनुसन्धान प्रवर्तनकारी और प्रभावशाली है और अगर उनका शास्त्रार्थ सम्बन्धी उत्साह उनके परिप्रेक्ष्यों को रद्द किए जाने का कारण बना तो यह दुख की बात होगी।

एक उलझा हुआ प्रश्न : क्या दस्तकारियों का ह्रास हुआ?

आरम्भ-1990+ तक दस्तकारियों से सम्बन्धित ऐतिहासिक विचार-विमर्श—खास तौर पर छोटे उद्योगों से सम्बन्धित रिपोर्टों और कभी-कभार के अध्ययनों को छोड़ दें तो—बड़ी सीमा तक उनके ह्रास या उन्हें लगे धक्कों तक सीमित थे। दूसरे शब्दों में, दस्तकारियों को एक तरह का अवशेष समझा जाता था, जिनमें प्रौद्योगिकी या संगठन में कोई आन्तरिक परिवर्तन नहीं आया। उनका अध्ययन लगभग पूरी तरह यूरोपीय प्रतियोगिता के प्रश्न तक सीमित था। व्याख्या की जो तर्जें विऔद्योगिकीकरण की बहस में दिलचस्पी नहीं रखती थीं, उनको बस यूँ ही छोड़कर आगे बढ़ सकती थीं; धर्मा कुमार द्वारा सम्पादित 'Cambridge Economic History of India' के साथ बड़ी हद तक यही बात थी। उसके बाद से ऐतिहासिक परिप्रेक्ष्यों का रूपान्तरण हुआ है, क्योंकि अब परम्परागत लघु उद्योगों के अन्दर परिवर्तनों की सम्भावना पर ध्यान केन्द्रित किया जाने लगा है। इससे 20वीं सदी में भी अनेक ऐसे उद्योगों के

---

1. बागची 1978 : विक्जियानी के साथ बाद के विवाद के बारे में विक्जियानी 1979 : 105-43 देखें।
2. राय 2000 ए : 1442-47

शेष बचे रहने की व्याख्या हो सकती है : यहाँ तक कि ह्रास के एक सम्भावित काल के बाद एक अच्छी-खासी महत्त्वपूर्ण वृद्धि की भी।

इस शेष बचे रहने और धीमी गति से वृद्धि करने के बारे में वास्तव में कम ही असहमति है, जिसका संकेत दो यशस्वी आर्थिक इतिहासकारों द्वारा सामने रखे गए आँकड़ों से मिलता है—तीर्थंकर राय और अमिय बागची द्वारा, जो कि विचारधारा के सिलसिले में एक-दूसरे से कोसों दूर हैं। हम इनके विचारों की विस्तार से विवेचना कर चुके हैं। बॉम्बे मिल ऑनर्स एसोसिएशन की रिपोर्टों के आधार पर सूती कपड़ों के उस उत्पादन में सापेक्ष भागों पर राय के अनुमानों ने पाया कि 1905-09 तक में हथकरघे कारखानों के उत्पादन से आगे थे। लेकिन ये दोनों ही आयातित कपड़ों (51.8 प्रतिशत) से काफी पीछे थे। पहले विश्वयुद्ध के बाद से भारतीय कारखाने आगे बढ़े और 1930-34 तक उनका भाग बढ़कर 51.5 प्रतिशत और हथकरघों का भाग 31.7 प्रतिशत हो चुका था, जबकि आयात 16.8 प्रतिशत के साथ तीसरे दर्जे तक गिर चुके थे। यह बात ध्यान देने की है कि हथकरघे का भाग नहीं गिरा, क्योंकि दोनों की वृद्धि आयातों की कीमत पर हुई। बागची के आँकड़े, जो 'Feet-finding Committee Handlooms and milk' 1942 से और टैरिफ बोर्ड की रिपोर्टों की एक श्रृंखला से लिए गए हैं, मोटे तौर पर ऐसे ही एक ढर्रे के संकेत देते हैं।[1]

'दस्तकारियों की जीवनरक्षा की इन रणनीतियों और परिणामों' के इस नए विषय पर सबसे उल्लेखनीय अध्ययन तीर्थंकर राय का रहा है और इसलिए यह कुछ विस्तृत विवेचना का अधिकारी है।[2] जैसा कि कहा गया, विऔद्योगिकीकरण के विचार को राय ने जिस तरह नकारा है उसमें एक सुर जश्न का भी है जो उद्योगों के शोषण सम्बन्धी पक्षों को कम करके पेश करता है और बड़ी हद तक इस सम्भावना को अनदेखा करता है कि जीवनरक्षा और वृद्धि दोनों का ही सम्बन्ध अनेक उत्पादकों की बिगड़ती हुई दशाओं से हो सकता है।[3] राय की मान्यताओं और ढाँचे को अनेक विद्वानों ने स्वीकार नहीं किया है जो अन्यथा ऐसी ही तर्जों पर कार्यरत हैं। छोटे उद्योगों की सम्भावित गतिमानता की तरफ जो ध्यान गया है वह इतिहास लेखन की एक ऐसी प्रवृत्ति का भी भाग है, जिसने अपने-आपको ब्रिटेन समेत पूँजीवादी औद्योगिकीकरण के क्लासिक देशों में व्यक्त किया है : यहाँ भी दस्तकारों का उत्पादन पहले जितना सोचा गया था उससे कहीं बहुत अधिक महत्त्वपूर्ण और कहीं बहुत अधिक समय तक जारी नजर आता है। औद्योगिक क्रान्ति ने जो

1. राय 1993 : 28; बागची 1972 : 226-27
2. राय 1996 : प्रस्तावना, 13
3. दो मिसालें: 'काम की प्रक्रियाओं पर और भी सख्त नियंत्रण'; 'पूँजी और सूचनाओं के नियन्ताओं' का पहले से अधिक महत्त्व : राय 1993 : 3 देखें।

उत्साह और जो भय पैदा किए—या मार्क्स के यहाँ जो आशा जागी कि बड़े कारखानों में जमा मजदूर ही पूँजीवाद की कब्र खोदेंगे—उसने भी हो सकता है परिप्रेक्ष्य को एक सीमा तक विकृत किया हो।[1] जाहिर है कि ये आज प्रचलित धाराएँ फोर्डवाद के बाद के 'लोचदार संचय' की दिशा में जारी समकालीन प्रवृत्तियों से प्रेरित रही हों जब दुनिया के अनेक भागों में बड़े कारखाने प्रचलन से बाहर हो रहे हैं। क्लासिकल आर्थिक और रूढ़िमय मार्क्सवादी दोनों प्रयोजनवादों के विपरीत बड़े कारखानोंवाला चरण पूँजीवाद की अपरिहार्य और सर्वोच्च पैदावार होने की बजाय अब आकस्मिक दिखाई देता है।

सूती कपड़ों सम्बन्धी अध्ययन पहले की तरह इस नए संशोधनवाद के भी केन्द्रीय तत्त्व रहे हैं। राय का विश्लेषण आरम्भ में ही 'कपड़ों में...विभेदीकरण की लगभग अन्तहीन सम्भावना' की ओर ध्यान आकर्षित करता है। इन भेदों के कारण कुछ क्षेत्रों और अंचलों में ह्रास का दूसरों में जीवन रक्षा और वृद्धि के साथ सहअस्तित्व सम्भव हो जाता है और ये दो चरों के सापेक्ष कार्य करते हैं : उत्पादों की किस्में तथा बुनाई की प्रक्रियाओं की किस्मों और उत्पादन के सम्बन्धों के सापेक्ष।

अन्त-19वीं और आरम्भ-20वीं सदी में लैंकशियर की प्रतियोगिता मुख्य रूप से 'खुरदरे-दरमियानी' कपड़ों के क्षेत्र में थी जो 20-26 काउंट के धागों से बुने जाते थे। भारतीय कारखानों ने आरम्भ में घरेलू बाजार तथा चीन-जापान को होनेवाले निर्यात, दोनों के लिए धागों की कताई और खुरदरे कपड़ों पर ध्यान केन्द्रित किया। फिर उन्होंने 'खुरदरे-दरमियानी' श्रेणी से ब्रिटिश आयातों को धीरे-धीरे विस्थापित कर दिया। हथकरघे इन स्तरों से नीचे और ऊपर की माँगों के लिए कार्यरत थे। देहातों के बुनकर जो सस्ते और टिकाऊ कपड़े बनाते थे उनके कारण ग्रामीण उपभोक्ताओं के बीच उन्हें लाभ की स्थिति प्राप्त थी, पर उनका व्यवसाय जड़तामय या ह्रासमान ही बना रहा। इस तरह के बुनकर सरकारी रिपोर्टों में नियमित रूप से अकालों के प्रमुख शिकारों में शामिल किए जाते रहे। लेकिन राय के और दूसरों के हालिया अनुसन्धान संकेत देते हैं कि देश के कुछ भागों में नगरों के बुनकर एक बहुत ही अलग श्रेणी के थे। उन्होंने उम्दा सूती और रेशमी कपड़ों पर बहुरंगी और किनारीदार कपड़ों और तैयारशुदा लिबासों पर ध्यान केन्द्रित किया, न कि कटपीस पर जिनको खरीदारी के बाद सिलवाना पड़ता था, इस तरह विदेशी प्रतियोगिता के साथ सफलता से अपना तालमेल बिठाया।

---

1. सेबिल और जाइटलिन 1985 : 133-76; बर्ग 1985 देखें। वैसे यह बात याद रखी जानी चाहिए कि श्रमिक वर्ग की चेतना के विकास पर ई.पी. थाम्पसन के क्लासिक अध्ययन (थाम्पसन 1963) तक में दस्तकारों का जिक्र लैंकशियर के कारखाना-मजदूरों से कहीं बहुत अधिक प्रमुखता से किया गया है। 1871 में पेरिस के जिन कम्यूनार्डों का मार्क्स ने गुणगान किया था वे मुख्यतः कारखानों में लगे लोग नहीं थे।

इस तरह दूसरे अन्तर का सम्बन्ध बुनकरों के प्रकारों और उनके वितरण की भिन्नता से है। इसे समझने के लिए हमें पीछे, उपनिवेश-पूर्व काल में जाना होगा। बंगाल—और सामान्यतः पूर्वी भारत—की विशेषता यह थी कि बुनकर अपेक्षाकृत गाँव समाज में ही टिके रहते थे, जबकि आज जो पूर्वी उत्तर प्रदेश है—उसमें नगरों की एक शृंखला थी तथा ढाका और मुर्शिदाबाद जैसे कुछ प्रसिद्ध केन्द्र थे जिनका सम्बन्ध दरबारों की माँगों से था; आरम्भ-उपनिवेश काल में इनका तेजी से ह्रास हुआ। 1757 के बाद कम्पनी के इजारेदाराना नियंत्रण से और फिर मैनचेस्टर से होनेवाले आयातों के कारण ये क्षेत्र ही सबसे पहले और सबसे बुरी तरह प्रभावित हुए, और इस बारे में पतन के सिद्धान्त से राय का भी कोई झगड़ा नहीं है। ये उत्पाद थोड़े कम विकसित प्रकार के हुआ करते थे। मिसाल के लिए दक्षिण में रंग का महत्त्व कम था। राय का सुझाव है कि यह बुनकर-समर्थक स्थिति थी जिसका निरूपण अपेक्षाकृत जड़ता के शिकार ग्रामीण दस्तकाराना उत्पादन पर सौदागर और सूदखोर के सख्त नियंत्रण ने किया। लेकिन 20वीं सदी में और सम्भवतः पीछे, उपनिवेश-पूर्व काल में भी दक्षिणी और पश्चिमी भारत के अनेक भागों की तस्वीर बहुत ही भिन्न थी। बुनकर या कम-से-कम उनमें अधिक समृद्ध बुनकर नगरों में अधिक केन्द्रित थे तथा उनकी परम्पराओं और दूसरे आँकड़ों से भी खासी उल्लेखनीय गतिशीलता का संकेत मिलता है। राय और डगनस हेनीज का तर्क है कि उपनिवेश-पूर्व काल में दरबारों और/या मन्दिरों की घटती-बढ़ती माँगों के कारण बुनकर अपना स्थान छोड़ते थे, जबकि 19वीं सदी के बाद यह बात अक्सर विदेशी प्रतियोगिता के मुकाबले की कारगर रणनीति बन जाती थी। मिसाल के लिए अपने-आपको सौराष्ट्र कहनेवाला एक बुनकर समुदाय, जो आज मुख्यतः मदुरै में बसा हुआ है, अपनी दन्तकथाओं में यह दावा करता है कि ये लोग (सोमनाथ के कथित पतन के बाद) गुजरात-महाराष्ट्र क्षेत्र से देवगिरि चले गए और अपने मौजूदा क्षेत्र में आने से पहले वे विजयनगर की राजधानी हम्पी पहुँचे। और भी हाल के कालों में प्रवास की दिशा अक्सर छोटे नगरों की ओर रही है, जो बड़े औद्योगिक नगरों के पास उग आए या कायम रहे। वहाँ आवास की लागतें कम रही होंगी, जबकि अर्ध-नगरीय बस्तियों के लाभ उतने ही रहे होंगे। मसलन निजाम के बेहद दमनकारी शासनवाले तेलंगाना से पद्मसली लोग पश्चिमी महाराष्ट्र के छोटे-छोटे नगरों में पहुँचे। पूर्वी संयुक्त प्रान्त से मुस्लिम बुनकरों की अच्छी-खासी संख्या (मोमिन, अंसारी, जुलाहे) बम्बई के उत्तर और उत्तर-पूर्व में स्थित ऐसे ही नगरों में पहुँचे। 1940 तक तटीय आन्ध्र, दक्षिणी आन्ध्र और तमिलनाडु में बुनकरों के क्रमशः 15,10 और 25 कस्बे थे, जबकि 1982 में चार दक्षिणी राज्यों में करघों की संख्या कुल भारत की 42 प्रतिशत थी।[1]

1. हेनीज और राय 1999 : 35-67

लेकिन यह मोटा-मोटी आंचलिक भेद विशेष क्षेत्रों के अन्दर मौजूद भेदों के साथ-साथ जारी रहा। मसलन बंगाल के गरीबी के मारे ग्रामीण बुनकर और खुरदरे कपड़ों के मध्य भारतीय महार बुनकर अक्सर मजबूर होकर अपने परम्परागत व्यवसायों के अलावा खेतों में या दिहाड़ी पर मजदूरी किया करते थे। यही काम कानपुर-बनारस-मऊपट्टी के कुशल दस्तकार और उनसे भी बढ़कर सोलापुर, नागपुर और सलेन जैसे केन्द्रों के विकसित कारखाने कर रहे थे। राय का सुझाव है कि दस्तकारों के आपसी भेद दक्षिण या पश्चिम में सबसे अधिक स्पष्ट रहे हैं। यहाँ अनेक उत्पादकों पर सौदागरों के नियंत्रण के साथ-साथ कुछ ऐसे छोटे उत्पादकों की संवृत्ति भी विकसित हुई जो 'नीचे से ऊपर' उठकर कारखानादार और सौदागर बन गए : इसे ही मार्क्स ने 'पूँजीवाद की तरफ सचमुच क्रान्तिकारी रास्ता' करार दिया। इसी के संगत दूसरे बुनकर निर्भर और लगभग उजरती मजदूर बन गए।

राय आगे बढ़कर इस बात पर जोर देते हैं कि 'परम्परागत' हथकरघे भी अपनी प्रौद्योगिकियों को आधुनिक बनाने, फ्लाई-शटल (भरनी)वाले करघों को अपनाने और 1920+ के आसपास से जब छोटे नगरों में बिजली की उपलब्धता बेहतर हुई तो विद्युत करघों को अपनाने में पूरी तरह समर्थ थे। वे इन परिवर्तनों तथा कारखानादार बन जानेवाले छोटे उस्ताद बुनकरों के उदय के सम्बन्धों पर जोर देते हैं। और भी हाल के काल में विकास का दूसरा प्रकार—उत्पादन की छोटी इकाइयों की या शिकमीगरी के घरेलू रूपों की तरफ बड़े कारखानादारों का अधिकाधिक झुकाव—भरपूर विकसित पूँजीवाद की दिशा में संक्रमण के सामान्य ढर्रे की पुरानी चली आ रही मान्यताओं को पलट देता है। राय स्पष्ट रूप से इस ढर्रे पर ध्यान नहीं देते; कोई तो यह संकेत देने का मोह भी पाल सकता है कि बम्बई, अहमदाबाद और कानपुर जैसे प्रमुख औद्योगिक केन्द्रों के अन्दरूनी नगरों में ऐसे समकालीन 'विऔद्योगिकी-करण' की इनसानी लागतों सम्बन्धी सदस्यों को इस विषय पर उनके ढाँचे में खपा पाना मुश्किल होता।[1]

राय के और भी हाल के अनुसन्धान ने ऐसे दूसरे परम्परागत लघु उद्योगों के बारे में प्रभावशाली संख्या में आँकड़े जमा किए हैं, जो अक्सर नगरमुखी स्थानान्तरण से जुड़े तालमेल के द्वारा अपना जीवन बचाने में सफल रहे। वे कताई, कुम्हारी और लोहा गलाने जैसे अन्य शिल्पों की विवेचना नहीं करते जो लगभग पक्के तौर पर नष्ट हुए। मसलन पीतलगीरी बची रही यातायात की भारी लागतों के कारण, जिसने विदेशी प्रतियोगिता को रोक दिया, जबकि व्यवसायीकरण में वृद्धि के कारण कुछ नगर-केन्द्रों में, मसलन आज मुरादाबाद, में यह केन्द्रित हुआ। चमड़ा प्रगति का एक और उल्लेखनीय उदाहरण है। चमार (जाटव) बड़े पैमाने पर कानपुर जैसे नगरों की

1. मिसाल के लिए राय 2001 देखें जो खुले तौर पर उन 'आधुनिक' लघु उद्योगों की विवेचना की उपेक्षा करता है जो एक बड़ी हद तक ऊपर दर्ज प्रक्रिया से उपजे।

ओर जाने लगे। भारत ने इसका फलता-फूलता निर्यात-व्यापार विकसित किया और 1890+ तक वह तब भी जबकि यूरोप से सूतों और जूतों का आयात बढ़ रहा था, कमाए हुए चमड़े का दुनिया में सबसे बड़ा निर्यातक बन गया।[1] इसका सम्बन्ध सम्भवतः दलितों के इस समूह में एक ऊपर की ओर उठ रहे भाग के उदय से था जिसको 20वीं सदी में शक्ति-संवर्धन के संघर्षों की एक शृंखला में प्रमुखता प्राप्त हुई : युद्धों के बीच के पंजाब में आज धर्म, अम्बेडकरवादी और हाल के वर्षों में बहुजन समाज पार्टी को।

जैसा कि कहा गया, राय के अध्ययन की परेशान करनेवाली केन्द्रीय विशेषता यह मानने से लगभग मुकम्मल इनकार है कि जीवनरक्षा का, बल्कि वृद्धि का भी सम्बन्ध अक्सर दस्तकारों की अच्छी-खासी संख्याओं की बढ़ती दरिद्रता से हो सकता है। देर से सही, राय ने शायद यह महसूस किया कि अनुसन्धान के इस व्यापक क्षेत्र में दरिद्रीकरण के मुद्दे से बचना असम्भव है : लघु उद्योगों के श्रमिकों पर उनका अध्ययन ऐसी मान्यता की दिशा में जरा-सा आगे बढ़ता है। यह संकेत देता है कि अन्तर्राष्ट्रीय माँग के जवाब में कालीन-निर्माण की असंदिग्ध वृद्धि किस तरह परम्परागत उस्ताद-शागिर्द सम्बन्धों में एक संक्रमण के साथ-साथ आई; इन सम्बन्धों की जगह अब युद्धों के बीच के काल में अमृतसर, आगरा और श्रीनगर जैसे उत्तर भारतीय नगरों के बड़े कारखानों की वृद्धि के साथ उजरती मजदूरों के अधिक वैयक्तिक और खुले तौर पर दमनमूलक सम्बन्धों ने ले ली। खासकर बाल-श्रम 1930+ तक एक लानत बन चुकी थी। स्वतंत्रता के बाद यह बड़े उद्योगों तक सीमित हो गया, क्योंकि बाल-श्रम पर प्रतिबन्ध बढ़े और इसलिए भी कि 1947 के बाद बड़े पैमाने पर मुसलमान बुनकरों के पलायन के कारण उत्तर भारत के नगर-केन्द्रों का पतन हुआ। लेकिन पूर्वी उत्तर प्रदेश में छोटी इकाइयों के पुनर्जन्म के कारण इस तरह की समस्याएँ जारी रहीं। राय के लेखों में एक लेख ऊन के उत्पादन में निरन्तरता और परिवर्तन के बारे में है : यह दिखाता है कि पशुओं के रेवड़ पालने, बुनाई व व्यापार करनेवाले घुमक्कड़ पशुपालक समुदायों से किस तरह एक क्रमिक परिवर्तन आया और नगरों में ऊनी कपड़ों के उद्योग की वृद्धि के साथ-साथ ये व्यवसाय किस तरह अलग-अलग हो गए। पर्यावरण सम्बन्धी आयामों को इस वृत्तान्त में कुशलता से पिरोया गया है। चरवाहों के सुस्पष्ट ह्रास का कारण राय चराई की जमीनों पर बढ़ते दबावों को ठहराते हैं, क्योंकि वन कानून उन तक पहुँच में बाधा डालने लगे थे। इसके अलावा स्थावर कृषि के प्रसार और निजी सम्पत्ति की अधिक सख्त धारणाओं ने ऐसे 'बंजरों' की उपलब्धता कम कर दी थी।[2]

लेकिन अनेक दूसरे इतिहासकारों ने शोषण और टकराव को कहीं बहुत अधिक

1. राय 1999
2. राय 2003 : 257-86

उजागर किया है तथा और भी दिशासूचक ढाँचों में किया है। ये इतिहासकार लघु उद्योगों की जीवनरक्षा और तालमेल की क्षमताओं पर राय की बुनियादी प्रस्थापना से अगर असहमत नहीं हैं तो भी अपने दृष्टिकोण में कम-से-कम उतने ही 'संशोधनवादी' अवश्य हैं। ऐसे इतिहासकारों की रचनाओं में अतिरिक्त तत्त्व शिल्पों के अन्दर टकराव के सम्बन्धों पर दिया जानेवाला जोर है—यह एक ऐसा पहलू है जो आन्तरिक परिवर्तनों पर राय के जोर के बावजूद उनके यहाँ अधिकतर गायब ही रहता है। अभी इस मकसद से दो मिसालें काफी होनी चाहिए। पहले का सम्बन्ध आरम्भ-उपनिवेश काल से है पर यह कुछ ऐसी प्रक्रियाओं के संकेत देता है जो अलग रूपों में बाद के कालों में भी जारी रहा। अन्त-18वीं सदी के अनेक अध्ययनों ने सौदागरों के साथ दस्तकारों के सम्बन्धों में परिवर्तनों के कारण दस्तकारी की दशाओं में आई बदतरी को उजागर किया है। राजसत्ता और खरीद पर अपने एकाधिकार का संयोग करके कम्पनी सौदागरों के सापेक्ष उनकी सौदेबाजी की क्षमता को बुरी तरह कम करने में सफल रही। इससे पहले बुनकरों के लिए ऐसी कोई खास बाधा नहीं थी कि एक विशेष व्यापारी समूह से पेशगी रकमें लें और फिर माल किसी और समूह को अधिक दाम पर बेचकर अपना कर्ज निबटा दें। अरसरत्नम ने जिस चीज को 'दाम मजदूर' (प्राइस वर्कर) से 'उजरती मजदूर' की दिशा में संक्रमण कहा है उसके खिलाफ कर्नाटक में बुनकरों के विरोध के नाटकीय उदाहरण सामने आए। इसके अलावा 18वीं सदी के दक्षिण भारत पर प्रसन्ना पार्थसारथी के अध्ययन ने अनुबन्ध की उन कठोर धारणाओं की भूमिका को स्पष्ट किया है, जो ब्रिटेन से आयातित थीं और जिन्होंने न सिर्फ कम्पनी बल्कि भारतीय सौदागरों की भी स्थिति को बेहद मजबूत किया। इसके कारण दस्तकारों की आय, स्थिति और दशाओं में संगत गिरावट आई जो कि पार्थसारथी के अनुसार देश के अनेक भागों में अंग्रेजों के साथ देसी सौदागरों के सहयोग का प्रमुख कारण था।[1]

एक लेख में जो सूरत के बुनकरों और जरी उत्पादकों के एक दीर्घकालिक अध्ययन का प्रयास है, डगलन हेनीज छोटे उत्पादकों के गतिमान चरित्र पर राय के जोर का समन्वय उस चीज से करते हैं, जो वर्गीय सम्बन्धों और टकरावों पर मार्क्सवादी ध्यानकेन्द्र का पुनरुत्थान करने के बराबर है। उनका कहना है कि आयातों के सापेक्ष दस्तकारों के बने रहने के प्रश्न से हटकर 'प्रभुत्वशाली भारतीय

1. कम्पनी ने राजसत्ता के साथ एकाधिकारी व्यापार का जो समन्वय किया उसके कारण दस्तकारों की अधीनता के विषय की छानबीन बंगाल के सिलसिले में एन. के. सिन्हा और हमीदा खान तथा मद्रास के बारे में अरसरत्नम कर चुके हैं। पार्थसारथी ने खास तौर पर ब्रिटिश के साथ भारतीय विधिक इतिहास का समन्वय किया है और दिखाया है कि श्रमिकों की जो अधीनता इंग्लैंड में 14वीं सदी में शुरू हुई थी वह ठीक उन दिनों तेजी पकड़ रही थी जब सम्पत्ति और आपराधिकता सम्बन्धी कानून की पुनर्व्याख्या के जरिए प्रथासम्मत अधिकारों के क्षय के साथ भारत में कम्पनी के राज का प्रसार हो रहा था। सिन्हा 1967; अरसरत्नम 1996 : 85-114; पार्थसारथी 2001 देखें।

वर्गों के साथ उनके सम्बन्धों की प्रकृति की विवेचना' पर ध्यान दिया जाना चाहिए। सूरत में बुनाई और जरी की फर्मों में छोटी इकाइयों की भारी संख्या थी पर युद्धों के बीच के काल और युद्ध के फौरन बाद के काल में बड़ी कार्यशालाएँ बनने लगीं। उसके बाद उत्पादन के बिखरे स्थलों की दिशा में फिर एक परिवर्तन आया। इस परिवर्तन के कारण उस हद तक प्रौद्योगिक परिवर्तन नहीं थे, जितने कि वर्गीय सम्बन्धों के तर्क थे। स्वतंत्रता से पहले के दशकों में रोजगारदाताओं और दस्तकारों के बीच एक कामचलाऊ सन्तुलन पाया जाता था। अधिकांश बुनकर पास की जगहों से आते थे तथा आपस में भी और मालिकान के साथ भी उनके सम्बन्ध जाति पर आधारित होते थे। काम की निर्मम दशाओं के बावजूद इससे टकराव कम होता था। स्थिति 1947 के बाद बदलने लगी : अधिक प्रगतिशील श्रम कानूनों के वादे के कारण मजदूरों की आशाएँ और बढ़ीं। 1947 और आरम्भ-1950 के बीच कांग्रेस ने और फिर समाजवादियों ने जरी और रेशम पर कारीगरी के कारखानों में बड़ी-बड़ी हड़तालें कराईं। लेकिन मालिकान ने भी जवाब में कारगर हमला किया तथा ढीले-ढाले और विकेन्द्रीकृत उत्पादन की ओर वापस चले गए; साथ ही उन्होंने प्रवासियों में से अधिक भर्तियाँ शुरू कर दीं जिनको जातिगत और क्षेत्रीय एकताओं के लाभ प्राप्त नहीं थे। यह उस ढर्रे की एक आरम्भिक अभिव्यक्ति थी जो भारत में और दूसरे स्थानों पर श्रम के काफी कुछ हालिया इतिहास की विशेषता रही है। औपचारिक और अनौपचारिक, नगरीय और अस्थावर श्रमिकों की दुनियाओं के इन बदलते सम्बन्धों की केन्द्रीयता 'आधुनिक' उद्यमों में पूँजी और श्रम पर हमारी विवेचना के दौरान फिर से चर्चा का विषय होगी।

पूँजी और श्रम : बागान, खदानें और कारखाने

रेलों को छोड़ दें तो भीड़-भाड़ से भरे औद्योगिक नगरों में ऊपर की ओर निकली हुई चिमनियाँ अन्त-उपनिवेशकालीन भारत में परिवर्तन के सबसे स्पष्ट साकार रूप थीं; ये प्रशंसकों और आलोचकों, दोनों के लिए एक समान आधुनिकता की निशानियाँ थीं। भाप या बिजली से चलनेवाली तथा कारखानों के सर्वहारा को काम देनेवाले पूँजीपति उद्योगपतियों के स्वामित्ववाली मशीनों का निर्विवाद नयापन द्विभाजकों की एक शृंखला के रूप में औद्योगिक और श्रमिक इतिहास की धारणा का आधार बन गया। ये द्वैत्व नगरीय के साथ ग्रामीण, आधुनिक पूँजीवादी के साथ सामन्ती, परम्परावादी और आधुनिक-पूर्व, उद्योगपतियों के साथ व्यापारियों, बड़े कारखानों के साथ छोटे दस्तकार उत्पादकों तथा एक स्थिर नगरबद्ध औद्योगिक-श्रमबल के साथ दिहाड़ी या प्रवासी मजदूरों के घोर वैपरीत्य में निहित थे। इसी से जुड़ी ध्रुवता यह थी कि कार्यस्थल का मुकाबला उस मुहल्ले से किया जाता था जहाँ मजदूर रहते

थे। ये मुहल्ले अक्सर ऐसे स्थान माने जाते थे, जहाँ जाति, नातेदारी, धार्मिक समुदाय और गाँव के प्रतिगामी सम्बन्धों का पुनरुत्पादन होता था, जो सारे के सारे एक प्रतिबद्ध श्रमबल के पूर्ण विकास में बाधक थे—यह ऐसा परिदृश्य था जिस पर प्रबन्धक और प्रबन्धमुखी विद्वान दुखी होते थे। ये उस सचमुच क्रान्तिकारी सर्वहारा के विकास में भी बाधक थे जिसके अभाव पर श्रमिकों के संगठनकर्ता और मार्क्सवादी मातम करते थे। इन द्विभाजकों को सबसे स्पष्ट अभिव्यक्ति कानूनों में मिली। 1881 से शुरू करके कारखाना कानूनों की एक शृंखला ने उद्योग और श्रम के 'औपचारिक' और 'अनौपचारिक' क्षेत्रों के बीच एक व्यापक अलगाव पैदा किया।[1] पहले क्षेत्र पर राज्य के नियम-कायदे अधिकाधिक लागू होते थे जो काम के घंटों और न्यूनतम वेतनों का निश्चय करता था और एक हद तक कल्याण-सुविधाएँ प्रदान करता था; दूसरा लगभग पूरी तरह अनियंत्रित था। यह कानूनी भेद उत्पादन की इकाई के आकार तथा यांत्रिक शक्ति के उपयोग या अनुपयोग के संयोग पर आधारित होता था। अनौपचारिक या 'असंगठित' क्षेत्र हमेशा ही श्रम का प्रमुख रूप बना रहा। फिर भी औपचारिक क्षेत्र ही अभी हाल तक श्रमिकों के अधिकांश संगठनों का तथा औद्योगिक व श्रमिक इतिहास सम्बन्धी अनुसन्धानों का भी केन्द्र रहा है। इसके कारण स्पष्ट हैं : 'औपचारिक' क्षेत्र प्रबन्ध की नौकरशाहाना शैलियों के लिए तथा ट्रेड यूनियन और राजनीतिक लामबन्दी के पीछे एक समान, काफी अधिक खुला हुआ रहा है। ये दोनों ही लाजिमी तौर पर प्रलेखन को जन्म देते हैं और अपने पीछे कागजात के पुलिन्दे छोड़ जाते हैं। उन अनुसन्धानों का कोई भी सर्वेक्षण ध्रुवीयताओं के इसी संग्रह से आरम्भ होना चाहिए।[2]

एक ओर वर्ग और हित समूहों पर केन्द्रित उद्योग और श्रम के ऐतिहासिक अध्ययन थे, जिनका एक राजनीतिक जमा आर्थिक रुझान था और दूसरी ओर सामाजिक मानवशास्त्र के अध्ययन थे, जिनका इतिहास या राजनीतिक अर्थशास्त्र से कम ही सम्बन्ध होता था और जो देहात पर, 'परम्परागत' आदिवासी और किसान समाजों पर तथा जाति, नातेदारी और परिवार की सम्बद्धताओं पर केन्द्रित थे। इनके लम्बे अलगाव ने द्वैत्ववादी दृष्टिकोणों को और भी प्रोत्साहित किया।[3] पहली श्रेणी के अनुसन्धानों में एक प्रबन्धशास्त्रीय झुकाव विकसित हुआ, वे उद्यमशीलता और श्रम की दक्षता, अभिप्रेरणा की सीमा तथा श्रमिकों पर नियंत्रण

1. आरम्भिक कारखाना कानूनों के बारे में सरकार 2009 : 247-79 देखें।
2. भारत में 1850 में औद्योगिक मजदूर एक करोड़ से भी कम थे और उनमें आधे से भी काफी कम (एक अनुमान के अनुसार लगभग 25 लाख) उन फर्मों में लगे थे जिनको कानून कारखाने कहता था। ऊपर का अधिकवाला आँकड़ा भी कुल श्रम-बल का लगभग 6 प्रतिशत ही था और यह गैर-खेतिहर रोजगारों का महज 17 प्रतिशत था। ब्रेमन 1999 : 1-42 देखें। भारतीय श्रमिकों के हालिया इतिहास के एक संक्षिप्त सर्वेक्षण के बारे में सरकार 2004 : 285-313 देखें।
3. पैरी, 1999 : प्रस्तावना

और अनुशासन जैसे प्रश्नों की छानबीन करते थे। ये उसी सीमा तक श्रम-मुखी भी हो सकते थे। दूसरी श्रेणी के सरोकार अक्सर आज के या कल के श्रमिक कार्यकर्ताओं की रचनाओं के एक अहम भाग थे। फिर भी ये दोनों ही मोटे तौर पर एकरैखिक और प्रयोजनवादी रहे हैं। दोनों ने पूँजीवादी विकास के पश्चिमी ढर्रे को मानक स्वीकार किया। इनके मूलगामी रूपों में अन्ततः मजदूर वर्गों में क्रान्तिकारी समाजवादी चेतना के विकास की आशा भी जुड़ी हुई थी। इसलिए भारतीय स्थिति में दोनों को ही सुस्पष्ट पिछड़ेपन या मन्द गति की समस्या का सामना करना पड़ा। उद्यमशीलता के इतिहास के सन्दर्भ में जैसा कि हम देख चुके हैं, व्याख्याएँ या तो उपनिवेशी बाधाओं के आधार पर की जा सकती थीं या फिर देसी ढाँचों और जीवन-मूल्यों की निरन्तरता के आधार पर।

जिस मूलगामी राजनीति ने श्रम सम्बन्धी अनुसन्धानों को जन्म दिया उनके पहले के एक रूप में हड़तालों पर, ट्रेड यूनियनों के उत्थान और पतन पर, कम्युनिस्ट या दूसरे नेतृत्व की रणनीतियों सम्बन्धी बहसों पर ध्यान केन्द्रित किया जाता था। मजदूर आन्दोलनों के और संगठनों के ज्वार-भाटों की व्याख्याएँ आर्थिक जुड़ावों तथा नेतृत्व की 'सही' या 'गलत' शैलियों के संयोग के आधार पर की जाती थीं। इस तरह की रचनाओं की आलोचना आगे चलकर उन्हें अर्थवादी और या 'ऊपर से', नेतृत्व और संगठन के दृष्टिकोण से लिखी गई कहकर की गई, जो कि संस्कृति और स्वयं मजदूरों की स्वायत्तता के प्रश्नों की तरफ से आँखें बन्द किए हुए थे।[1]

ई. पी. थाम्पसन की मार्गनिर्माता रचना ने जब श्रम के मूलगामी अध्ययनों की दिशा ही बदल दी तो उसके बाद दो प्रमुख हस्तक्षेपों ने भारत के श्रमिक इतिहास के रूपान्तरण में मदद पहुँचाई। फिर भी उनकी दिशाएँ एक हद तक परस्पर विपरीत थीं। 1989 में दीपेश चक्रवर्ती ने, जो निम्नवर्गीय प्रसंगों का अध्ययन करनेवाले समूह के अकेले सदस्य थे, जिन्होंने नगरीय श्रमिकों पर लिखा, संस्कृति के प्रश्नों की तरफ ध्यान को मोड़ा जो कि निम्नवर्गीय प्रसंगों की परियोजना और थाम्पसन दोनों से जुड़ा हुआ था।[2] लेकिन वे इन दोनों ही मॉडलों से एक अहम अर्थ में अलग भी थे। मजदूरों या किसानों की संस्कृति की मूलगामी क्षमताओं के बारे में थाम्पसन और आरम्भिक निम्नवर्गीय अध्ययनों के बुनियादी आशावाद की जगह चक्रवर्ती के यहाँ उपनिवेशी कारखानों में तथा मजदूरों के संगठनों के अन्दर भी सामन्ती, पूँजीवाद-पूर्व, गहरे पैठे सोपानी जीवन मूल्यों के पुनरुत्पादन के एक सुगठित अध्ययन ने ले

1. प्रबन्धमुखी प्रकार का सबसे अच्छा अध्ययन गालिबन मारिस 1965 है। ई.पी. थाम्पसन की रचना 'Making of the English Working Clam' 1963 में प्रकाशित हुई थी पर भारतीय श्रमिकों के इतिहास पर उसका प्रभाव 1970+ से ही पड़ना आरम्भ हुआ। पहले के अध्ययनों में कार्णिक 1967, सेन 1970 और बंगाली श्रमिकों के इतिहास पर विद्वान-कार्यकर्ता रणजीत दासगुप्ता का प्रभावशाली अनुसन्धान शामिल है। यह बादवाली रचना दासगुप्ता 1994 में शामिल है।
2. चक्रवर्ती 1989

ली। अब उनको ऐसे दुर्भाग्यपूर्ण पिछड़ाव (लैग्स) नहीं माना जा रहा था जोकि एक बुनियादी तौर पर एकरैखिक गति के प्रभाव के कारण देर-सवेर दूर हो जाएँगे, लगभग वैसे ही जैसे कि उन्नत पूँजीवादी पश्चिम में हुआ था। अब उनका नए सिरे से रूप-निर्धारण ऐसी उपनिवेशी स्थिति की ढाँचागत विशेषताओं के रूप में हुआ, जो कारखाना-प्रबन्ध और कार्य की किसी भी वर्चस्ववादी पूँजीवादी संस्कृति तथा पूर्णरूपेण मार्क्सवादी अर्थ में वर्ग चेतना, दोनों के खिलाफ थी। ईमानदार और समर्पित ट्रेड यूनियन और अक्सर कम्युनिस्ट संगठनकर्ता भी—जो लाजिमी तौर पर शिक्षित और 'सम्मानित' (चक्रवर्ती के अनुसन्धान क्षेत्र यानी बंगाल में 'भद्रलोक') स्तरों से आए—इस अर्धसामन्ती और पितृसत्तात्मक संस्कृति के दबावों से नहीं बच सके। इसके कारण मजदूरों के साथ उनके सम्बन्ध सोपानबद्ध और अलोकतांत्रिक हो गए। इसी तरह मालिकों और ओवरसियरों के प्रति मजदूरों के रवैये 'आदर' और 'आज्ञाहनन' के बीच बदलते रहते थे। जुझारूपन के अवसर कुछ कम नहीं आए मगर अन्तर्तम में बैठी ऐसी कमजोरियों ने ट्रेड यूनियनों के स्थिर और स्थायी ढाँचों का विकास रोक दिया।

दक्षिण एशिया में चक्रवर्ती के बाद श्रम का कोई भी गम्भीर इतिहासकार वर्ग के साथ जाति और धर्म के सामुदायिक सम्बन्ध सूत्रों के टकराव को अनदेखा नहीं कर सका या वर्गीय चेतना के उच्चतर रूपों की दिशा में एक सरल और अपरिहार्य गति की मान्यता लेकर नहीं चल सका। लेकिन श्रम के 'पश्चमुखी अनुबन्धनों' की यह प्राथमिकता ही सम्भवत: चक्रवर्ती की रचना के बाद अनेक वर्षों तक श्रम के इतिहास की स्पष्ट उपेक्षा का कारण बन गई। संस्कृति अगर निर्णायक आयाम थी और अगर उस संस्कृति की छानबीन देहात में उसकी जड़ों के आधार पर करना आवश्यक था तो इसके लिए मजदूरों से दूर जाकर किसानों पर ध्यान देना आवश्यक था। इस बीच स्वयं औद्योगिक श्रमिक वर्ग, और साथ में उससे लम्बे समय से जुड़ा जुझारूपन फोर्डवाद के बाद 'लोचदार संचय' के नए युग में एक चुका हुआ विचार नजर आने लगा—भारत में भी और उन्नत पूँजीवादी देशों में भी। तमाम अपेक्षाओं के खिलाफ बड़े कारखाने शिकमी और घरेलू किस्म की छोटी उत्पादक इकाइयों के लिए जगह खाली करने लगे। ये राज्य के औपचारिक नियम-कायदों और ताकतवर ट्रेड-यूनियनों, दोनों से एक समान मुक्त थे। 'सचमुच अस्तित्वमान समाजवादी' शासन व्यवस्थाओं के पतन के बाद आरम्भ-1990 में श्रमिक की भूमिका की मृत्यु सम्बन्धी विचार पुष्ट होता हुआ लगा। यह दौर भारत में श्रम के इतिहास में सचमुच अवनति का काल था।

जो चीज उल्लेखनीय और सचमुच विरोधाभासी है वह उसके बाद श्रम सम्बन्धी अध्ययनों का बहुत ही महत्त्वपूर्ण और प्रभावशाली पुनरुत्थान है—इस नई स्थिति के बावजूद या उसके मुकाबले में। इसका आरम्भ श्रमिक अध्ययनों में दूसरे प्रमुख मील

के पत्थरों ने—राज चन्दावरकर की दो पुस्तकों ने—किया।[1] जो ध्रुवीयताएँ पिछले अध्ययनों के आधार थीं, उनमें से अधिकांश को इन्होंने तोड़ डाला। औपचारिक और अनौपचारिक क्षेत्रों की विपरीति से आरम्भ करके इन सभी विपरीतियों का व्यवस्थित और शक्तिशाली नियोजन (डिकंस्ट्रक्शन) चन्दावरकर के अध्ययनों का खास महत्त्वपूर्ण पहलू था। ऐसी तर्जों पर काम पहले ही शुरू हो चुका था, सबसे बढ़कर जैन ब्रेमन के द्वारा।[2] लेकिन चन्दावरकर बम्बई के कपड़ा कारखानों के विस्तृत अध्ययन में इन नए दृष्टिकोणों को एक साथ ले आए। दस्तकारीवाले रूपों से लेकर शिकमी काम के रूपों से होते हुए विनिर्माण और बड़े कारखानों तक एक अपरिहार्य रैखिक विकास की मान्यता पर 1980+ तक पश्चिम में 'क्लासिक' औद्योगिक क्रान्ति के युग तक के सिलसिले में भी पहले ही सवाल उठने लगे थे।[3] अब चन्दावरकर भारतीय पूँजीवादी विकास के आरम्भ बिन्दु और लम्बे समय तक उसके हृदय, यानी बम्बई तक में शिकमी इकाइयों, छोटी कार्यशालाओं और छोटे या दस्तकार उत्पादनवाले रूपों के साथ बड़े कारखानों का व्यापक समन्वय दिखाने में कामयाब रहे। कारखानों में 'स्वतंत्र' विदेशी निवेश भी वही कारोबारी कर रहा था जो शिकमी इकाइयों के उपयोग, व्यावसायिक गतिविधियों और ब्रिटिश तैयार मालों के आयात जैसे 'कम्प्राडोर' व्यापार में भी लगा हुआ था। व्यापारी/उद्योगपति और कम्प्राडोर/राष्ट्रीय के परम्परागत मार्क्सवादी भेद अब कहीं बहुत अधिक अस्थिर और ढीले नजर आने लगे। यहाँ तक कि दूसरी और तीसरी पीढ़ी के औद्योगिक मजदूरों का एक बड़ा भाग अभी भी पीछे अपने गाँव-घर से मजबूत सम्बन्ध बनाए हुए था। जाहिर है कि प्रवास आमतौर पर गाँव से शहर की ओर एकतरफा सफर नहीं रहा, बल्कि यह एक चक्रीय गति अधिक था—यही बात पहले ब्रेमन ने कही थी। चन्दावरकर ने आगे बढ़कर यह तर्क दिया कि कल्पित पिछड़ेपन या उपनिवेशी अन्तर के आधार पर पूँजी और श्रम के ऐसे लोचदार और अरैखिक रूपों की व्याख्याओं की स्थायी खोज बन्द की जानी चाहिए। इसकी बजाय छानबीन इसकी की जानी चाहिए कि क्या ये विशेष, भौतिक परिस्थितियों के साथ पूँजीपतियों और मजदूरों, दोनों की तरफ से मुनासिब सीमा तक कामयाब तालमेल नहीं हो सकते थे। न ही भारतीय श्रमिकों की कथित 'खासियतें' हमेशा उपनिवेशी दशाओं की वैसी खासियत नहीं होती थीं। 'जॉबर' जो पूँजीपति और श्रमबल के बीच मध्यस्थ के रूप में कारखानों के लिए मजदूरों की भरती करता और अधिकतर उनसे काम कराता था, वास्तव में भारत की खासियत भी नहीं था; स्वयं यह नाम वास्तव में मैनचेस्टर

1. चन्दावरकर 1994; चन्दावरकर 1998
2. ब्रेमन 1976 : 1870-76; ब्रेमन 1996
3. मिसाल के लिए बर्ग 1985 देखें जिसमें सूती कपड़ों की प्रौद्योगिकी में प्रमुख प्रवर्तनों (इनोवेशंस) के पूरे काल में गैर-कारखाना रूपों की प्रमुखता पर जोर दिया गया है।

से लिया गया था। कच्चे मालों के दामों में तथा धागों व कपड़ों की माँग में आए दिन के अल्पकालिक उतार-चढ़ाव अनेक स्थानों पर और लोचदार निवेशों को एकदम तार्किक बता रहे थे। मजदूर अगर गाँवों से अपने सम्बन्ध बनाए रखते थे तथा अधिकांश तो अपनी पत्नियों और बच्चों को वहीं छोड़कर आते थे, तो इससे आवास की लागतें बचती थीं और मिल मालिक उन ऊँची मजदूरियों से भी बचे रहते थे जो अन्यथा उनको देनी पड़तीं। दूसरी तरफ कारखानों में काम की उत्पीड़क दशाओं, रोजगार की अनिश्चितताओं और आवास की घिनौनी व्यवस्थाओं के कारण जिन नगरीय मजदूरों के पास गाँव में अभी भी थोड़ी-सी जमीनें थीं वे गाँव और शहर के बीच चक्रीय गति को वरीयता देते थे, अपनी बचत को जमीन में लगाते थे और सेवामुक्त होने के बाद स्थायी रूप से वापसी के सपने देखते थे। न ही ऐसी विशेषताएँ लाजिमी तौर पर मजदूरों के जुझारूपन के खिलाफ थीं; वास्तव में जमीन से सम्बन्ध रखनेवाले मजदूर लम्बी हड़तालों पर जाने का जोखिम उठा सकते थे, उन पूरी तरह सर्वहारा बन चुके मजदूरों से अधिक जो हड़ताल तोड़ने की ओर अधिक उन्मुख हो सकते थे।

इस तरह चन्दावरकर के अध्ययन का सूत्र साफ तौर पर चक्रवर्ती के 'सांस्कृतिक' जोर के विपरीत है। चन्दावरकर का तर्क है कि चक्रवर्ती ने जिन जाहिरा विशिष्टताओं को उजागर किया है उनमें से अधिक की व्याख्या और भी आसान ढंग से, भौतिक दशाओं और दबावों के बुद्धिसंगत प्रत्युत्तरों के रूप में की जा सकती थी। श्रमिकों के जुझारूपन की छिटपुट प्रकृति, स्थिर संगठनों के विकास सम्बन्धी असफलता तथा बाहर से आए मध्यवर्गीय नेताओं पर निर्भरता—पूँजीवादी जमा उपनिवेशी राजसत्ता के दमन की सीमा और प्रभाविता में इन सबकी जड़ें कहीं अधिक थीं। नेतृत्वकारी स्थितियों में आए वास्तविक श्रमिकों के लिए सामान्यतः फौरी बरखास्तगी का जोखिम रहता था और इससे भी बदतर बात यह थी कि साक्षरता की कम दर कानून के थोड़े से ज्ञान से सम्पन्न शिक्षित लोगों पर उनकी निर्भरता एकदम अपरिहार्य हो जाती थी। उपनिवेशी/देसी का जो द्विभाजन चक्रवर्ती के तर्कों का आधार है उस पर भी सवाल उठाए गए। चन्दावरकर तो आगे बढ़कर यहाँ तक सुझाव देते हैं कि उपनिवेशवाद एक ऐसी प्रक्रिया भी था, जिसके कारण श्रम सस्ता हुआ और जितना विदेशी उसी हद तक भारतीय पूँजी के सामने उसकी अधीनता में भी अधिक पूर्णता आई।

1981 के एक लेख में (जो चन्दावरकर 1998 में पुनर्मुद्रित है) तथा (बम्बई के मजदूरों, कार्यकर्ताओं और अन्य लोगों से लिए गए साक्षात्कारों पर आधारित) मौखिक इतिहास सम्बन्धी एक रचना की प्रस्तावना में भी चन्दावरकर श्रम के इतिहास के अध्ययनों की आम लीक से एक और महत्त्वपूर्ण अर्थ में हटे। उन्होंने मजदूर बस्तियों, मुहल्लों या चालों के महत्त्व की ओर ध्यान खींचा : जैसे गीरगाँव कहलानेवाले इलाके में मिल-मजदूरों के आवास का भारी संकेन्द्रण, आज के

औद्योगिकीकरण की तबाहियों और पुनर्निर्माणों से पहले मध्य बम्बई का 'कारखाना गाँव'। कारखाना और बस्ती में सत्ता की तर्जें आपस में जुड़ जाती थीं क्योंकि 'जॉबर' (दल्लाल) अक्सर मकान दिलानेवाले एजेन्ट, सूदखोर, दुकानदार या छोटे व्यापारी के काम भी करता था। तो भी बड़ी हड़तालों के दौरान बस्तीवालों के कारगर दबावों के कारण शक्ति के सम्बन्ध कभी-कभी उलट भी जाते थे, क्योंकि कारखाने की तुलना में यहाँ पूँजीपति की सत्ता लाजिमी तौर पर कमजोर होती थी। इस तरह काम का स्थान, मजदूर की चेतना का अकेला स्थल नहीं था, जैसा कि परम्परागत ढंग से मान लिया जाता है, न ही बस्ती जातिगत, धार्मिक और ग्रामीण सम्बद्धताओं की ओर पीछे खींचनेवाली वस्तु होती थी। कभी-कभी ये सम्बद्धताएँ मजदूरों के जुझारूपन के लिए खुराक भी प्रदान करती थीं। पर लाजिमी तौर पर हमेशा ऐसा नहीं होता था। साम्प्रदायिक और दूसरे संकीर्ण टकरावों की अनेक मिसालें भी रही हैं। सबसे बड़ी बात यह कि एक पूरे ऐतिहासिक काल के दौरान गीरगाँव ने अपनी खुद की एक जीवन्त मुहल्ला संस्कृति और जीवन का विकास किया, जैसा कि मौखिक इतिहास से दिखाई देता है। आडरकर और मेनन का संकलन बम्बई पर पहले के अध्ययनों, चन्दावरकर समेत, के छोड़े हुए एक शून्य को अच्छी-खासी सीमा तक भरता है।[1]

श्रम-इतिहास के क्षेत्र का इसी तरह का विस्तार वास्तव में हालिया अनुसन्धानों के समृद्ध भंडार की नाजुक विशेषता रहा है। इसमें सहायता, देर से सही, ऐतिहासिक और मानवशास्त्री दृष्टिकोणों के समन्वय, देसी सामग्री के अधिक उपयोग (इनमें कभी-कभी स्वयं मजदूरों की रचनाएँ भी शामिल हैं जो अब सामने लाई जा रही हैं), मौखिक साक्ष्यों के संग्रह तथा जानकी नायर, शमिता सेन और चित्रा जोशी जैसे इतिहासकारों की रचनाओं में देर से सही, श्रम के इतिहास में लिंग के पहलू के एक बहुत ही महत्त्वपूर्ण समावेश से मिली है। यहाँ हमारा विवरण अधिकतर अन्त-उपनिवेश काल तक और पहले विश्वयुद्ध के क्रान्तिक समय से पहले के दशकों तक सीमित है। फिर भी इस बात पर जोर दिया जाना चाहिए कि आज श्रम के इतिहास का कोई भी विवरण औद्योगिक श्रम के 'अनौपचारीकरण' और साथ में मजदूरों के अधिकारों के खात्मे की समकालीन प्रक्रियाओं से अप्रभावित नहीं रह सकता। इन प्रक्रियाओं ने स्मृति के निर्माण की उन विधियों के प्रति सरोकार को बढ़ाया है, जो मौखिक स्रोतों का महत्त्व समझने के लिए अनिवार्य हैं। इतिहास और मानवशास्त्र के सम्भावित समन्वय का यह एक और ढंग है। जीविका और श्रम के पिछले प्रतिमानों को लेकर हानि का एक भाव हाल की बहुत सारी रचनाओं का प्रेरक तत्त्व है जिसके चलते आज के दिन 'औपचारिक' क्षेत्र के तीव्र पतन के महत्त्व को नए सिरे से परखा जाने लगा है। यह क्षेत्र कभी भी गैर-खेतिहर क्षेत्र के एक छोटे से भाग

1. चन्दावरकर 1981 : 630-47, चन्दावरकर 2004-121-90; आडरकर और मेनन 2004 भी देखें।

से अधिक नहीं रहा, पर यह वह भाग भी था, जिसने—बहुत बड़ी सीमा तक अपनी खुद की बहादुराना कोशिशों के जरिए—जीवन और गरिमा की थोड़ी अधिक मानवीय दशाओं की दिशा में महत्त्वपूर्ण लाभ प्राप्त किए।[1]

इस विषय का सम्बन्ध उन सैद्धान्तिक रचनाओं से है, जिनका तर्क है कि कानूनी दृष्टि से स्वतंत्र श्रमिक के पूँजीवादी व्यवस्था का घटक होने की धारणा में संशोधन आवश्यक हो सकता है। स्वतंत्र श्रम पूँजीवाद की अनिवार्य उपज नहीं, राज्य के राजनीतिक और कानूनी हस्तक्षेप की उपज था। श्रमिक जुझारूपन की शक्ति या ह्रास के साथ-साथ इसके ठीक-ठीक अर्थ बदलते रहे हैं।[2] विरोधाभास यह है कि आज, जबकि परम्परागत मार्क्सवादी बुद्धि को चुनौतियाँ मिल चुकी हैं, पूँजीवाद के विकास में वर्ग-संघर्ष की केन्द्रीयता अभी तक अपराजेय है। पूँजी और श्रम के इतिहास सचमुच अविभाज्य हैं तथा मजदूरों के प्रतिरोध और संगठन आगे अनेक स्थानों पर प्रमुखता के साथ सामने आएँगे; इसका आरम्भ बागान, खदानों और उद्योगों जैसे विशेष रूपों के संक्षिप्त हवालों के साथ होगा।[3]

पूँजीवाद के अन्तर्गत मजदूरों के अधिकारों की सांयोगिक प्रकृति पर सैद्धान्तिक जोर के कारण एक और द्विभाजन पर सवाल उठे हैं : गुलाम और स्वतंत्र मजदूर के भेद पर। मजदूरों के दबाव को छोड़ दें तो पूँजीवाद के तहत 'सामान्य' स्थिति मजदूरों और मालिकों के बीच कानूनी तौर पर स्वैच्छिक ऐसे अनुबन्धों की लगती है, जिनमें हनन के लिए दंड की घोर असमान धाराएँ पाई जाती हैं : मालिकान के लिए जुर्मानों जैसे दीवानी दंड और कर्मचारियों के लिए कैद समेत फौजदारी दंड, जब्री श्रम, मजदूरियों की जब्ती और शारीरिक दंड। इन सबके कारण काम की दशाएँ अर्ध-दासवाली हो गई हैं। न ही यह असमानता सिर्फ पूँजीपतियों की मौज

1. पिछले दशक में श्रम के इतिहास पर प्रमुख रचनाओं की एक संक्षिप्त और इसलिए अधूरी सूची में इयान केर का रेल-निर्माण मजदूरों का वह अध्ययन (केर 1995) भी शामिल है जिसका जिक्र किया जा चुका है। इनमें ऐतिहासिक और मानवशास्त्रीय दृष्टिकोणों के समन्वय पर पैरी, ब्रेमन और कापड़िया 1991; सीमियन 1995; नायर 1998 भी शामिल हैं। सेन 1999 में लैंगिक आयामों को शमिता सेन ने उजागर किया है जो श्रम सम्बन्धी अध्ययनों में थोड़ी दुर्लभ चीज ही है। इनमें कारखानों और श्रमिक आन्दोलनों के विशेष केन्द्रों के उत्थान और पतन पर दो सुन्दर और दीर्घकालिक अध्ययन, जोशी 2003 और ब्रेमन 2004, भी शामिल हैं।
2. इस सन्दर्भ में स्टाइनफील्ड 2001 एक अग्रगामी रचना है।
3. व्यवस्था सम्बन्धी एक टिप्पणी यहाँ उपयोगी हो सकती है। किसान और मजदूर आन्दोलन स्पष्ट रूप से खेतिहर और नगरीय-औद्योगिक जीवन के उन अनेक तनावों से जुड़े हुए हैं, जिनका प्रस्तुत और पिछले अध्याय में सर्वेक्षण किया गया है। लेकिन ये जाति, धर्म और लिंग के सम्बन्धों से दूषित भी थे तथा कालक्रम में राष्ट्रवादी और साम्प्रदायिक धाराओं में वे पेचीदा तरंगों से अभिव्यक्त हुए। इसलिए इस पर अधिक विस्तृत विचार का काम समाज और संस्कृति सम्बन्धी विवेचनाओं के बाद तक टालना अधिक सुविधाजनक लगता है। हालाँकि आत्मचेतन गतिविधि से ढाँचे का ऐसा आंशिक अलगाव निश्चित ही उलझन का कारण लगता है।

का नतीजा या मजदूरों की भारी असहायता का परिणाम है, यह स्थिति राज्य के भारी हस्तक्षेप पर आधारित रही है जो ऐसे दंडमूलक अनुबन्धों को कानूनी मान्यता देता है। मध्य-19वीं सदी में दास-प्रथा के उन्मूलन से पहले लगभग पाँच सौ साल तक जो क्लासिक ब्रिटिश तरीका प्रचलित रहा है वह 'मालिक-नौकर' कानून का फलता-फूलता कायदा था, जिसे इंग्लैंड में 14वीं सदी और आगे चलकर पूरे ब्रिटिश साम्राज्यवाद में विस्तार मिला। भारत में इसके व्यवहार का आरम्भ 1811 के मद्रास पुलिस रेगुलेशंस से हुआ और समापन 1859 के वर्कमैंस ब्रीच ऑफ कांट्रैक्ट एक्ट के साथ हुआ। श्रम के जिन अनुबन्धों में मालिक मजदूर को एक पेशगी रकम देता था, उनमें मजदूर अगर तयशुदा काम न करे तो उसका दंड तीन माह तक का कारागार था। कानून को गति में लाने के लिए मालिक को बस एक स्थानीय मजिस्ट्रेट से सम्पर्क करना पड़ता था। 1859 वाले कानून को 1925 में जाकर ही समाप्त किया गया, यानी कि ब्रिटेन में उसके मूल रूप के उन्मूलन के पचास साल बाद। लेकिन 1875 में ब्रिटेन का मालिक-नौकर कानून भी ट्रेड यूनियनों के दबाव के कारण समाप्त हुआ था। 1865 के एक्ट छह के साथ जल्द ही चाय के बागों के लिए इससे भी निर्मम एक कानून जल्द ही लागू किया गया।[1]

गैर-ईडनी बाग : चाय, नील, और बागान मजदूर

उपनिवेशी भारत के सन्दर्भ में 'बाग' शब्द में काफी अस्पष्टता मौजूद है। इसका उपयोग इसके दो प्रमुख रूपों, यानी कि नील और चाय, के सिलसिले में अपेक्षाकृत अलग-अलग प्रकार के उत्पादक सम्बन्धों का वर्णन करने के लिए किया गया। नील का बाग नाम ही जरा-सा गलत था। यह सीधे मालिकों के प्रबन्ध के अन्तर्गत बड़े पैमाने की किसी काश्त का सूचक नहीं था—यही इस शब्द का सबसे प्रचलित उपयोग था, खासकर अमरीका में युद्ध से पहले दक्षिणी भागों में और वेस्ट इंडीज में—बल्कि यह शोषण के उन बाह्य रूपों का सूचक था जो छोटे किसानों के उत्पादन पर फला-फूला। बंगाल में इस व्यवस्था के तहत यूरोपीय निलहे साहब किसानों को कमोबेश करके उनको खून-चूस दर से पेशगी थमाते थे, जिसके बदले में उनको नील की काश्त करनी पड़ती थी और एकदम अलाभकारी दामों पर निलहों के हाथों बेचना पड़ता था। उत्पीड़न की ऐसी अतियों का नतीजा यह हुआ कि 1959-60 की 'नील बगावत' के बाद बंगाल में नील की खेती बन्द करनी पड़ी। यह व्यवस्था उस खेतिहर व्यवस्था से कामकाजी सम्बन्ध भी नहीं बना सकी, जिस पर स्थायी बन्दोबस्तवाले जमींदारों का वर्चस्व था। किसानों के प्रतिरोध को कुछ जमींदारों, पढ़े-लिखे लोगों के एक बड़े भाग, यूरोपीय मिशनरियों, यहाँ तक कि कुछ बड़े उपनिवेशी अफसरों

1. एंडरसन 2004 : 422-54; इस रचना में है और क्रेवेन की प्रस्तावना भी देखें।

की भी हमदर्दी मिली। इसके विपरीत उत्तरी बिहार में कोई दो पीढ़ियों तक निलहों ने जमींदारों और किसानों के बीच बिचौलियों के रूप में मौजूदा भूमि-सोपान में अधिक कामयाबी के साथ अपना स्थान बनाए रखा, जिससे जमींदारों को ठेकेदारों के रूप में नियमित लगान मिलने लगा। वे काश्तकारों से जमीन के एक भाग पर, आमतौर पर हर बीघा में तीन कट्ठे पर, नील की खेती कराते थे; चम्पारन में प्रचलित तिनकठिया व्यवस्था यही थी। कभी-कभी, जैसे कि दरभंगा में निलहों के सीधे नियंत्रणवाली जमीनों पर नील की काश्त के लिए किराए के मजदूर लगाए जाते थे। चूँकि पहली असामीवारी प्रथा की प्रमुखता रही, नील के बागान कोई अलग-थलग इलाके नहीं बन सके; निलहों ने बल्कि 'स्थानीय आर्थिक संगठन में यथासम्भव सटीक बैठने के लिए' हर मुमकिन कोशिश की; यह संगठन भी 'अर्ध-सामन्ती' प्रकार का बना रहा। 1897 के आसपास से नील के गिरते दामों ने दबंग जातियों के उन काश्तकारों के एक ऊपरी स्तर के खिलाफ निलहों के विद्वेष को और बढ़ाया जो अनाजों के अधिकाधिक लाभदायक बाजार में प्रवेश करने के लिए बेचैन थे। दूसरे शब्दों में, नील मुल्की व्यावसायिक खेती की बढ़त में बाधक बन चुका था। इसके कारण टकराव पैदा हुए। जिन्होंने, 1907-8 के आसपास के एक शुरुआती मुकाबले के बाद अन्ततः 1917 में ग्रामीण लोक-राजनीति में गांधी को प्रवेश का अवसर दिया।[1]

क्लासिक भारतीय बागान असम के चाय के बाग थे, जो लम्बे समय तक ब्रिटिश मालिकों के हाथ में रहे और बड़ी जागीरों में उजरती मजदूरों से इसकी काश्त कराई जाती थी। दक्षिण भारत की पहाड़ियों में चाय, कहवा और रबर के छोटे-छोटे बाग भी थे।[2] खासकर असम में ऐसे उजरती मजदूरों की प्रथा थी, जो कुछ भी हों, स्वतंत्र तो नहीं ही थे : जैसा कि जयीता घोष ने कहा है, 'गिरमिटिया और दंडात्मक समझौतों के आधार पर बागान मजदूरों को लाने के लिए राज्य ने एक कानूनी ढाँचा खड़ा किया। दस लाख से अधिक प्रवासी श्रमिकों के प्रवेश ने असम के सामाजिक परिवेश को हमेशा के लिए बदलकर रख दिया तथा नस्ली और सांस्कृतिक पराएपन के नए विचारों को जन्म दिया। इसके परिणाम श्रम की सामराजी व्यवस्था से भी आगे निकल गए जिससे नस्ल की सांस्कृतिक धारणाओं, प्रतिरोध के सामाजिक इतिहासों तथा आधुनिकता और राष्ट्रत्व की स्थानीय परिकल्पनाओं के बीच पेचीदा

1. पुष्पादास 1999 : 129 और अध्याय 5, 6
2. अन्त-19वीं सदी में चाय बागान के मालिकों में भारतवासियों की भी जरा सी मौजूदगी रही; इनमें उत्तरी बंगाल के जलपाईगुड़ी क्षेत्र में बंगाली स्वामित्ववाले कुछ बागान उल्लेखनीय थे। असम के छोटे से मध्यवर्ग ने भी चाय बागान में थोड़ा-सा निवेश किया। जैसा कि व्यापार और उद्योग के दूसरे क्षेत्रों में देखा गया, इसी प्रकार के कहीं बहुत अधिक शक्तिशाली और प्रभावशाली यूरोपीय बागान-मालिकों के कारण चाय सम्बन्धी भारतीय उद्यमियों को कठिनाइयों का सामना करना पड़ा। दासगुप्ता 1992 : अध्याय 4 देखें।

घात-प्रतिघातों का जन्म हुआ।'[1] जिस गिरमिटिया प्रथा के तहत मजदूर भरती किए जाते थे उनका वर्णन ह्यू टिंकर ने 'दासता की एक नई व्यवस्था' के रूप में किया है। असम में चाय बागान का आरम्भ 1838-39 में हुआ और ठीक उन्हीं दिनों वेस्ट इंडीज के गन्ने के खेतों के लिए गिरमिटिया भारतीय मजदूरों का निर्यात आरम्भ हुआ, जहाँ वे 1833 में मुक्त किए गए अफ्रीकी गुलामों की जगह पसन्दीदा बदल बन गए। इन दोनों प्रकार के श्रमिक छोटा नागपुर से तथा पश्चिमी बिहार-पूर्वी संयुक्त प्रान्त के क्षेत्रों से भरती किए जाते थे, जो ब्रिटेन और फ्रांस के दूसरे अनेक उष्ण उपनिवेशी को भी अधिकांश श्रमबल की आपूर्ति करते थे। गिरमिटिया प्रथा ने लम्बी दूरियों के लिए लामबन्द किए जा चुकने के बाद श्रमिकों को जड़ बनाने के लिए एक उपाय पेश किया जो कारगर और अमानवीय दोनों था।[2] लेकिन वेस्ट इंडीज से कहीं बहुत अधिक श्रमिक असम की तरफ भेजे गए—1919 में जब यह प्रथा शिखर पर थी तो कम-से-कम 9,00,000 मजदूर असम भेजे गए, जबकि वेस्ट इंडीज के लिए संगत संख्या कभी भी 1,10,000 से अधिक नहीं रही। असम के लिए श्रमिक स्त्रियों का भी कहीं काफी बड़ा भाग भेजा गया।

शुरू में कुछ धक्के लगे और आरम्भ-1860+ में सट्टेबाजों के कारण 'चाय का पागलपन' आया जिसके बाद 1865 में एक भारी गिरावट आई। लेकिन फिर 1865 के एक्ट फोर के कारण गिरमिटिया प्रथा में एक स्थायित्व आया। अनुबन्धों के अ-पालन के बारे में 1859 के कानून को इसने असम के विशेष दृष्टान्त में और सख्त बना दिया : अब दंड के प्रावधान लागू करने के लिए बागान मालिकों के लिए मजिस्ट्रेटों से सम्पर्क करना आवश्यक नहीं रहा, बल्कि उन्हें भगोड़ों को—बिना किसी वारन्ट के—सीधे-सीधे गिरफ्तार करने की शक्ति दे दी गई। ऐसी परा-न्यायिक (एक्स्ट्रा-ज्यूडिशियल) शक्तियों के महत्त्व का संकेत वेस्ट इंडीज के मुकाबले असम में औपचारिक सजाओं की काफी कम संख्या से चलता है—बागान मालिक अब बलप्रयोग के अधिक अनौपचारिक तरीकों का सहारा भी ले सकते थे। मजदूर इन 'बागों' में कैदी बनकर रह गए—उस भयानक वास्तविकता की रौशनी में यह शब्द कितनी क्रूर विडम्बना लगती है। दूर-दराज स्थित अपने घरों से वहाँ, अक्सर धोखाधड़ी के सहारे, लाए जाने के बाद उनको अपने कार्यक्षेत्रों से परे की दुनिया से लगभग पूरी तरह अलग-थलग रखा जाता था। अन्दरूनी ग्रहण क्षेत्रों से 'कुलियों' को ले जाए जाने की दशाएँ उस बदनाम 'मिडिल पैसेज' की याद दिलाती

1. शर्मा 2012 : 5
2. असम में गिरमिटिया मजदूरों के उपयोग का अधिकारियों और बागान-मालिकों की तरफ से दिया गया मानक औचित्य कम जनसंख्या और स्थानीय असमियों की 'काहिली' को लेकर था जिनकी अक्सर अफीमची की छवि पेश की गई। अधिक अहम बात यह थी कि गिरमिटिया प्रथा श्रमिकों को गतिहीन बनाती और मजदूरियों को कम रखती थी।

थीं, जिसके द्वारा यूरोपवालों द्वारा अगवा करके गुलाम बनाए गए अफ्रीकी अटलांटिक पार बेचे जाने के लिए 'गुलामाना' जहाजों में भेजे जाते थे।[1]

आरम्भ–1860+ में रास्ते में मजदूरों की भारी मौतों के कारण 1865 के कानून में कुछेक 'कल्याणकारी' प्रावधान करने पड़े। इनमें राज्य द्वारा उन अरकट्टियों का मुआयना भी शामिल था, जो ग्रहण क्षेत्रों में भरती का आयोजन एक ऐसी सोपानी व्यवस्था के अंग रूप में करते थे जिस पर अन्ततः बड़ी ब्रिटिश मैनेजिंग एजेन्सियों का वर्चस्व था। उन्होंने 9 घंटों के काम–दिन का और 5 रुपए प्रतिमाह की न्यूनतम मजदूरी का निर्धारण भी किया। लेकिन व्यवहार में यह न्यूनतम मजदूरी जल्द ही अधिकतम बन गई और उल्लेखनीय बात यह है कि 1875 के बाद अनाजों की कीमतों पर 100 प्रतिशत की बढ़ोतरी के बीच यह बढ़ोतरी आधी सदी तक स्थिर बनी रही। बागानों के मालिकों को 1882 में और भी शक्तियाँ दी गईं, मुआयना के स्तर कम कर दिए गए और 1878 के बाद चाय की गिरती कीमतों के सन्दर्भ में गिरमिट का काल तीन से बढ़ाकर पाँच साल कर दिया गया। बागान–मालिकों ने चाय का उत्पादन बढ़ाकर इन गिरते दामों का सामना किया—यह 1872 के 60 लाख पौंड से बढ़कर 1900 में 750 लाख पौंड हो गया। असम की सच्ची बर्बर दशाओं का एक अच्छा संकेत 1882 के नियमों के तहत श्रमिकों की मृत्यु दर 5.4 प्रतिशत रही जबकि असम के लिए सामान्य आँकड़ा 2.4 प्रतिशत का था। श्रमिकों की मृत्यु–दर जन्म–दर से बराबर अधिक रही, जिसके कारण गिरमिटियों के प्रवाह पर निरन्तर और बढ़ती निर्भरता आवश्यक हो गई, और यह प्रवाह लगातार बढ़ता रहा। 1894 में (यूरोपीय बागान–मालिकों के संगठन) इंडियन टी एसोसिएशन के एक जन–सम्पर्क के दिखावे में संथाल मुखियों का एक दल असम ले जाया गया, और उन्होंने रिपोर्ट दी कि इन बागों की दशाएँ असहनीय थीं : कोड़े आमतौर पर मारे जाते थे, बीमारी में छुट्टी नहीं दी जाती थी और जचगी के लिए सिर्फ पाँच दिन की छुट्टी दी जाती थी।

शोषण की ऐसी अतियाँ आखिरकार प्रति–उत्पादक साबित हुईं। अन्दरूनी अन्तर्विरोधों के कारण 1865 के कानून को अन्ततः 1908 में निरस्त कर दिया गया। बागान–मालिकों को एक विरोधाभास का सामना करना था : 'सस्ते श्रम की भारी लागत' का क्योंकि अनेक स्तरोंवाली और भ्रष्ट अरकट्टी व्यवस्था में ढेरों रिसाव थे। बागों की अकथनीय दमनकारी प्रकृति के बावजूद श्रमिकों में असन्तोष और प्रतिरोध के उदाहरण भी कुछ कम नहीं थे। इनको अभिव्यक्ति मिली भगोड़ेपन में 1882–1901 के दौरान, 1882 के कानून के तहत आनेवालों का लगभग 5 प्रतिशत प्रतिवर्ष, 1900 के आसपास तक 'दंगा–फसाद' और 'गैर–कानूनी जमावड़ों' के लिए हर साल लगभग 272 मुकदमों में तथा सामूहिक हंगामों में, यूरोपीय प्रबन्धकों

1. कथा–साहित्य में इस यात्रा का जिक्र अक्सर आया है और हाल में बैरी असंवर्थ के बुकर पुरस्कार विजेता उपन्यास 'सेक्रेड हंगर' (1992) में इसका खास तौर पर मर्मस्पर्शी चित्रण हुआ है।

पर हुए हमलों में, जैसे कि 1903 में लखीमपुर के रौमारी नाम के स्थान पर हुआ। उस समय तक असमी 'दासता' की अधिकाधिक मुखर हो रही भारतीय आलोचनाओं में कुछ ऊँचे स्तर के अंग्रेज अधिकारी भी सुर मिलाने लगे थे : जैसे असम के भूतपूर्व कमिश्नर हेनरी काटन तथा बैम्पफाइल्ड फुलर और कर्जन जो अपने भारतविरोधी विचारों के लिए आमतौर पर बदनाम थे। अरकट्टी व्यवस्था को सिरदारी भरती ने धीरे-धीरे विस्थापित कर दिया, जिसमें सिरदार जॉबर्स के समकक्ष थे। तब तक यह व्यवस्था खदानों और कारखानों में भी मानक बन चुकी थी। 1908 में बागान-मालिकों से किसी को खुद गिरफ्तार करने की शक्ति छीन ली गई तथा 1925 में ब्रीच ऑफ कांट्रेक्ट एक्ट के उन्मूलन के साथ दंड के प्रावधान भी आखिरकार समाप्त कर दिए गए।[1]

नीचे की मुसीबत : खदानें और खदान मजदूर

खदानें प्रधानतः ब्रिटिश निवेश का दूसरा बड़ा क्षेत्र थीं। आज जो दक्षिणी बिहार, झारखंड और उत्तरी उड़ीसा है उसमें समृद्ध खनिज संसाधनों का पता लगने के बाद इस निवेश का आरम्भ हुआ। इसकी शुरुआत कोयले से हुई : बहुत पहले, 1814 में ही रायपुर की खदानों में खनन शुरू हो चुका था। कोयले के उत्पादन को जल्द ही भारी बढ़ावा भाप के जहाजों और रेल के इंजनों की तरफ से आनेवाली माँग के कारण मिला। दूसरा भारी बढ़ावा 1890+ के दौरान झरिया की बहुत ही समृद्ध और सतह के पास स्थित खदानों के कारण मिला जिससे उत्पादन, जो 1896-1900 के दौरान 47 लाख टन था, 1916-20 तक बढ़कर, 193 लाख टन हो गया। अन्त-19वीं सदी की एक खास विशेषता आसपास ही अबरक, लौह अयस्क, ताँबे और मैंगनीज की खदानों के क्षेत्रों का विकास था। लेकिन खदान क्षेत्र में प्रधानता हमेशा कोयले की ही रही और 1921 में खदान श्रमिकों का 81 प्रतिशत भाग, जो एक लाख पुरुषों, स्त्रियों और बच्चों से अधिक था, इसी में लगा हुआ था।

कोयले में संगठन और शोषण के ढर्रे चाय के मुकाबले काफी भिन्न थे। लेकिन चोटी पर कलकत्ता में स्थित ब्रिटिश मैनेजिंग एजेन्सियों, राजसत्ता और—कोयले के खनन के लिए खास तौर पर अहम—ब्रिटिश रेल कम्पनियों के साथ वैसा ही गठजोड़ पाया जाता था। ये खदानें उस क्षेत्र में थीं जो श्रमिक ग्रहण के प्रमुख क्षेत्रों में से एक था; साथ ही यहाँ आदिवासियों और निचली जातियों की एक स्थानीय जनसंख्या पाई जाती थी, जो जंगलों तक पहुँच में कमी और बाहरी लोगों के हाथों में जमीनों के हस्तान्तरण के कारण दरिद्रता के शिकार हो चुके थे। दूर-दराज के

1. उपरोक्त अनुच्छेद बहल और महापात्र 1992 : 142-72 तथा महापात्र 2004 : 455-80 पर आधारित है। बहल 1985 : पी.ई. 19-पी.ई. 26 भी देखें।

कम आबादीवाले असम के विपरीत इस स्थायी बन्दोबस्तवाले क्षेत्र में एक विकसित जमींदारी व्यवस्था मौजूद थी। इसलिए गिरमिट के जरिए दूर-दराज मजदूरों की भरती की कोई आवश्यकता नहीं थी। बड़ी कोयला खदानों ने जमींदारी के अधिकार प्राप्त कर लिये और दिनों की एक निश्चित संख्या तक काम करने के बदले छोटे-छोटे भूखंड लगान पर दे देती थीं। इससे एक अर्ध-भूदास प्रथा शुरू हुई जो 18वीं सदी की स्काट खदानों की याद दिलाती थी। स्थानीय भारतीय जमींदारों ने भी खदान-मालिकों के साथ आपसी लाभ के बन्दोबस्त किए। जमींदारों की हैसियत से वे अपनी शक्ति का उपयोग करके अपने शिकमी किसानों को खदानों में काम के लिए भेजने लगे और बदले में खदान-मालिकों से पैसा पाने लगे। इससे उत्पन्न ढाँचे प्रभुत्व के मुल्की अर्ध-सामन्ती ढर्रों के साथ उपनिवेशी पूँजीवाद के, असमान सही, बन्द समन्वय का सूचक था। लेकिन युद्ध के बीच के बरसों तक भरती के तरीके ठेकेदारों और सिरदारों के पक्ष में हो गए, जोकि जॉबर्स की व्यवस्था के स्थानीय रूप थे। खदानों के मालिक अब जमींदारों की अदायगी या जागीरों की खरीद पर पैसे खर्च करने से बच गए। अब एक और भी नियंत्रित श्रमबल उनके लिए सुलभ हुआ। लेकिन अधिकांश खदान-मजदूर अभी भी आस-पास के जिलों से ही आ रहे थे। अन्त-1960+ तक भी झरिया में लगे श्रमबल का लगभग आधा भाग धनबाद, हजारीबाग और गया से आया।

भारतीय—आरम्भ में बंगाली—उद्यमों की अच्छी-खासी, हालाँकि घटती-बढ़ती मौजूदगी कोयले की एक और खास विशेषता थी। द्वारकानाथ ठाकुर इसके अग्रदूतों में थे। उनकी कार-टैगोर फर्म ने दीवालिया अलेक्जेंडर एजेन्सी घराने से 1835 में रानीगंज खदान को खरीद लिया और बंगाल कोल कम्पनी (बी.सी.सी.) की बुनियाद डाली जो आरम्भिक चरण में मुख्यतः बंगालियों के हाथों में थी। लेकिन उसे 1847 में टैगोर के उद्यमों के ढह पड़ने के बाद अंग्रेजों ने ले लिया। लेकिन बी.सी.सी., जो अब एक अंग्रेज कम्पनी थी, एक लम्बे समय तक कोयला-खदान में सबसे बड़ा नाम बनी रही। इससे भी अधिक असामान्य बात यह थी कि 1890+ से लेकर मध्य-1920+ तक कोयले में भद्रलोक की उद्यमशीलता की दूसरी लहर आई, और 1897 में बंगालियों की 62 खदानें थीं। इसके अलावा झरिया की सतही कोयला खदान को खोलने में बंगाली आगे रहे। प्रमुख फर्मों में लायक-बनर्जी भी थी जो कि बी.सी.सी. के एक भूतपूर्व क्लर्क के साथ दिशेरगढ़ के छोटे जमींदार का संयुक्त उद्यम थी। कोयला-खनन में स्थानीय जमींदारों के महत्त्व ने एक हद तक भारतीय उद्यमों की सहायता की। एक और बंगाली सेठ एन.सी. सरकार थे, जो कोयला सम्राट के नाम से जाने जाने लगे। आरम्भ-1920 में बंगाली उद्यमियों ने अंग्रेजों के इंडियन माइनिंग एसोसिएशन के जवाब में इंडियन माइनिंग फेडरेशन की स्थापना की। लेकिन चूँकि इसके लिए धन पाना मुश्किल साबित हुआ, इसलिए भारतीय उद्यम इस क्षेत्र में गौण

ही बना रहा। इसके कारण कम लागत पर सतह के पास और घटिया दर्जे के कोयले का खनन आवश्यक हो गया। इसके अलावा भारतीय उद्यमों को रेल के डब्बों के आवंटन और खरीद में पक्षपात का सामना भी करना पड़ा : बागची ने गोरों के जिस 'सामूहिक एकाधिकार' का विश्लेषण किया है वह कोयले के सिलसिले में भी कार्यरत था। 1920+ तक बंगालियों की मौजूदगी को बाहर से आए, मुख्यतः मारवाड़ी, कारोबारियों से चुनौती मिली। ये यूरोपीय फर्मों के साथ टकराव की बजाय सहयोग करके आगे बढ़े और उनको धीरे-धीरे अन्दर से हथियाने की कोशिश करते रहे। अन्त-1920+ तक सेठ सुखलाल करनानी ने एन.सी. सरकार को उनकी प्रमुख बाड़ाबोनी खदान से बाहर कर दिया था। इस प्रवेशवादी रणनीति ने 1947 के बाद काफी लाभ पहुँचाए जब स्थानीय उद्यमी अपनी कोयले का कारोबार करनेवाली पुरानी ब्रिटिश मैनेजिंग एजेन्सियों में से अधिकांश को हथियाने में कामयाब रहे।

श्रमिकों का निर्मम शोषण और उनकी दुर्दशा खदानों और चाय बागान की साझी विशेषता थी। लागत बचाने के लिए जमीन के नीचे रौशनी की सुविधाओं को लम्बे समय तक आदिम अवस्था में रखा गया। विद्युतीकरण कम ही हुआ जिसका मतलब था तेजी से आग पकड़नेवाली किरोसीन लालटेनों पर निर्भरता। मजदूरों की विशाल संख्या अनपढ़ और अप्रशिक्षित थी। इसलिए खदानों में दुर्घटनाओं की सम्भावना बराबर बनी रही और ये अक्सर होती रहीं। स्वास्थ्य सम्बन्धी जोखिम भी थे। अन्त-1920+ तक, यानी कि स्त्रियों के भूमिगत कार्य पर प्रतिबन्ध लगने से पहले, वे खदान श्रमिकों का एक बड़ा भाग होती थीं; 1920 में तो वे 37.5 प्रतिशत तक थीं। अक्सर बेशतर उनके बच्चे उनके साथ ही होते थे। उच्च जातियों के हिन्दुओं के मुकाबले आदिवासी समुदाय पुरुषों और स्त्रियों के साथ-साथ काम करने के अधिक आदी थे, और स्त्रियाँ नीचे से कोयले को खदान के मुँह तक लाने में और—भाप से चलनेवाली फेरा मशीनों के प्रयास से पहले—कोयले की बाल्टियों को ऊपर लाने के लिए हथचक्कियों को घुमाने—जैसे कठोर कार्य भी करती थीं। इस तरह हर स्तर पर यह हुआ कि जो प्रौद्योगिकी दूसरी जगहों पर व्यापक रूप से प्रयोग की जा रही थी, उसे यहाँ लाने में मुनाफे के लोभ के कारण और 'मुल्की कुलियों' की जीवन और दशा के प्रति असंवेदी उपेक्षा के कारण देरी की जाती रही। खदानों में श्रमिकों के संगठन का आरम्भ देर से हुआ—वास्तव में 1930+ से पहले नहीं हुआ। प्रबन्धकों के नियंत्रण की सीमा और बर्बरता के कारण यूनियनगीरी में आई स्पष्ट बाधाओं के अलावा गाँव और घर की समीक्षा का अक्सर यह मतलब भी होता था कि जब हालात बरदाश्त से बाहर हो जाते थे तो सामूहिक कार्रवाई के कहीं बहुत अधिक खतरों भरे प्रयास में लगने की बजाय चुपके से खिसक लेते थे।[1]

1. सीमंस 1976 ए : 189-217; सीमंस 1976 बी: 455 -85; सीमियन 1995 : अध्याय एक, 6-8; सीमियन 1999 : 43-76

अब अगर हम एक हजार मील दक्षिण की ओर जाएँ तो मैसूर के रजवाड़े में स्थित कोलार की सोना खदानों में हमारे सामने ऐसी ही स्थिति आती है जो फिर भी इससे भिन्न थी। अंग्रेजों के हाथों कोलार का शोषण 1873 में शुरू हुआ और 1905 में चरम पर पहुँचा जब दुनिया की कुछ सबसे गहरी खदानों में, कभी-कभी तो सतह से 8000 फीट नीचे भी, 35,000 मजदूरों से काम लिया जा रहा था। लगभग उन्हीं दिनों जोहान्सबर्ग में अफ्रीकियों के लिए काम की जो निर्मम दशाएँ थीं, इनका काम भी उन्हीं से मिलता-जुलता था। लेकिन पतन का आरम्भ भी जल्द ही, 1920+ से हो गया, क्योंकि जल्द मुनाफे कमाने की हवस भंडारों को खत्म करने लगी। इसके कारण कोलार अन्ततः एक भुतहा नगर बनकर रह गया, और ऐसा ही आज भी है। 1930+ से पहले कोई वातानुकूलन नहीं था और खदानों में तापमान 115 डिग्री फारेनहाइट तक चला जाता था। ऐसे तापमानों पर यूरोपीय सुपरवाइजरों के लिए नीचे जाना असम्भव होता था और इसलिए सोना चुराकर भागने से मजदूरों को रोकने के लिए पुलिस की निगरानी और तलाशी की एक सख्त व्यवस्था कायम की गई। छोटा नागपुर की तरह यहाँ भी भरतियाँ आस-पास के जिलों (खासकर मद्रास प्रेसीडेंसी में अर्काट और सलेम) से की जाती थीं और ठेकेदारों के द्वारा इसका इन्तजाम किया जाता था। जैसा कि भारत में आम ढर्रा रहा है और आज भी है, ऐसे बेहद दमनवाले क्षेत्रों में मजदूर बहुत बड़ी सीमा तक निचली और दलित जातियों के थे, जो दक्षिण के इस भाग में अपने आपको आदि-द्रविड़ कहने लगे थे।

कोलार पर जानकी नायर का काम एक विरोधाभासी स्थिति को उजागर करता है जो कि उलटा है उस स्थिति का जिसका निष्कर्ष पूर्वी भारत की खदानों के मजदूरों के रवैयों से निकाला जा सकता है। पूर्वी भारत की खदानों से बदतर न सही, काम की उतनी ही बुरी दशाओं के बावजूद कोलार के मजदूर ऐसा नहीं लगता कि जिस ग्राम-जीवन को पीछे छोड़कर आए थे, उसके प्रति किसी मोह भाव से ग्रस्त थे। ऐसा लगता है कि कर्नाटक के गाँवों में रोजमर्रा के वैयक्तिक भेदभाव, दमन और अछूत जीवन के जब्र के कारण—जो कि हम समझ सकते हैं कि आदिवासियों की थोड़ी समता की दशाओं से सार्थक रूप से भिन्न थे—कोलार के कम-से-कम थोड़े से और अधिक मुखर मजदूर अपने पीछे के ग्राम-जीवन को रोमानी रंग देने से बचते रहे। इसकी बजाय वे अपने खदान मजदूर के नए जीवन पर खुशी मनाते थे।[1] ट्रांसवाल

1. कह दिया जाए कि यह कोई पूरी तरह दुर्लभ संवृत्ति भी नहीं थी। एक बहुत ही भिन्न काल और परिवेश से उदाहरण लें तो नागदा (मध्य प्रदेश) में, जहाँ बिरला घराने का एक बड़ा रेयान कारखाना स्थित है, क्रिस्टोफर पिन्नी का क्षेत्रकार्य आज के बदलते समय के बारे में रवैयों की एक दिलचस्प विविधता का पता देता है। पड़ोसी गाँवों की ऊँची जातियाँ बदतर हो रहे काल की, कलियुग की शिकायत करती हैं जबकि नगरीकरण अनैतिकता को बढ़ावा दे रहा है और खेत मजदूर जैसे ही दूर स्थित कारखाने का भोंपू सुनते हैं, काम छोड़कर चल देते हैं। कारखानों के प्रबन्धकर्मी विकास की विचारधारा का समन्वय कभी-कभी खो चुके ग्राम्य अतीत की नव-गांधीवादी

या पूर्वी भारत के विपरीत कोलार में एक स्थिर श्रमबल बनाए रखने में कम ही समस्या आई। मजदूरियाँ आस-पास के खेत मजदूरों की दरों से अच्छी-खासी अधिक थीं, और पैसा नया-नया हाथ में आने से शहरी मस्तियाँ थोड़ी-सी सुलभ हो गईं, सम्भवतः विशेष रूप से उन स्त्रियों के लिए जो जमीन के नीचे काम नहीं करती थीं और इसलिए अपेक्षाकृत बेहतर लिबास पहन सकती थीं। कुछ तमिल पत्रिकाओं ने खदान मजदूरों के जो गीत छापे उनमें 'निर्जन देहात' की 'थोड़ी-सी दलिया' और 'चीथड़ों' का मुकाबला कोलार के 'गोश्त-भात' से किया गया था। नए वातावरण में सामाजिक सोपानों को उसी सख्ती से लागू कर सकना मुश्किल था और कोलार आदि द्रविड़ लोगों में ऊर्ध्वमुखी गतिशीलता की आकांक्षाओं का एक बड़ा केन्द्र बन गया। वे समाज-सुधार की विचारधाराओं से, जातिवादी विचारों की बुद्धिवादी आलोचनाओं से और आयोदी दास के नेतृत्व में बौद्ध मत के पुनरुत्थान से प्रेरित थे। लेकिन ऐसा आदर्श मंडल प्रबन्धकों के शोषण में कमी की सम्भावना सम्बन्धी किसी भ्रम पर लागू नहीं किया गया। खुला संगठन लम्बे समय तक असम्भव रहा, क्योंकि आरम्भ-20वीं सदी का मैसूर रजवाड़ा राज्य द्वारा प्रेरित विकास की असमय विचारधारा के साथ मजदूरों का घोर दमन भी करता रहा। ट्रेड यूनियनें 1942 तक गैर-कानूनी रहीं, यानी कि ब्रिटिश भारत में कानूनी बनने के 16 साल बाद तक। फिर भी जासूसी के एजेन्टों पर अनेक हमले हुए, मसलन दिसम्बर 1907 में कुछ पहरेदारों के द्वारा एक स्त्री के साथ बदतमीजी किए जाने के बाद। प्रबन्ध के तौर-तरीकों की निन्दा करते हुए गुमनाम नोटिसें भी सामने आईं। 1930 में ऐसी एक नोटिस एक चट्टान पर लिखी गई थी जिसमें अँगूठों की छाप लेकर हाजिरी लगाने की नई व्यवस्था की भर्त्सना की गई थी। इसके कारण 21 दिनों की एक हड़ताल भी हुई। दिलचस्प बात यह है कि इस हड़ताल का कोई नेता नजर नहीं आ रहा था।[1]

पुराना लफड़ा : जूट कारखाने और बाजार

कलकत्ता के उत्तर और दक्षिण में हुगली नदी के किनारे-किनारे 1850+ से जूट कारखानों का एक भारी झुंड विकसित हुआ। इनकी दो उल्लेखनीय विशेषताएँ थीं, जिनमें से एक तो साफ तौर पर असामान्य थी। बंगाल का जूट पहले से मौजूद (डुंडी में केन्द्रित) एक स्काट उद्योग से आगे बढ़ गया और आखिरकार उसे हाशिये पर पहुँचा दिया। इस स्काट उद्योग को संसद में ब्रिटिश सरकार से कोई अधिक संरक्षण

→ रोमानियत के साथ करते हैं। इसके ठीक विपरीत कारखानों के मजदूर ऐसे किसी अतीत-प्रेम से ग्रस्त नहीं हैं और थोड़ा ज्यादा जोखिमवाले सही कारखानों के बेहतर मेहनतानेवाले कामों को गरीबों के लिए अच्छा कहकर उनका स्वागत करते हैं। पिन्नी 1999 : 76-105 देखें।

1. नायर 1998

नहीं मिला। लेकिन डुंडी वह अग्रदूत था जो पटुवा और रेशों से खुरदुरे कपड़े बनाना छोड़कर 1830 से और खासकर 1850 से जूट की दुनिया में आगे बढ़ा, जबकि क्रीमिया की जंग ने भी पटुवे की आमद को रोक दिया। बंगाल के जूट के प्रति सरकार का दृष्टिकोण भारत के सूती कपड़ों सम्बन्धी दृष्टिकोण से भिन्न था, क्योंकि बम्बई में मैनचेस्टर के कपड़ों का प्रतियोगी पैदा होने पर अक्सर चिन्ता व्यक्त की जा रही थी। बम्बई से ठीक विपरीत कच्चे जूट के निर्यात और जूट के सामानों का उत्पादन, दोनों ही, कम-से-कम 1920+ तक, लगभग पूरी तरह अंग्रेजों के हाथ में बने रहे।

बड़ी सीमा तक उसका कारण दुनिया में जूट के पौधों ('पट') की काश्त में प्रमुख केन्द्र से कारखानों की समीपता थी : पूर्वी बंगाल की छोटे किसानोंवाली अर्थव्यवस्था नदियों के द्वारा कलकत्ता से अच्छी तरह जुड़ी हुई थी। उपनिवेश-पूर्व काल में ही इस क्षेत्र में कुछ हथकरघे मौजूद थे, जो जूट से खुरदुरे कपड़े तथा चटाइयाँ और थैले भी बनाते थे। देहाती नावों के जरिए ये कभी-कभी पड़ोसी क्षेत्रों को भेजे भी जाते थे। लेकिन 19वीं सदी की व्यावसायिक क्रान्ति ने जूट के विनिर्माणों और बाजारों, दोनों को पूरी तरह बदलकर रख दिया। पैकेजिंग के सामान की अन्तर्राष्ट्रीय माँग में नाटकीय उछाल आया। एक बार मशीनी उत्पादन की तरफ संक्रमण पूरा हुआ कि जूट के जूतों और जूट के थैलों ने बड़ी हद तक एक सदी तक माँग को पूरा किया।

बंगाल के आरम्भिक जूट कारखानों का एक थोड़ा उतार-चढ़ाव भरा इतिहास रहा। (पहला कारखाना 1855 में आकवर्थ ने रिसड़ा में कायम किया था।) ये देश के अन्दर और दक्षिण पूर्व एशिया के निकटवर्ती क्षेत्रों के पुराने हथकरघों के बाजारों की जरूरतें पूरी करते थे। 1868 में ब्रिटेन के लिए निर्यात की पहली कोशिश तबाहकुन साबित हुई। मगर हालात तब बदलने लगे जब डुंडी में बसे चार मझोले दर्जे के उद्यमियों मध्य-1870+ के बाद से इस सच्चाई को पहचाना कि विनिर्माण के केन्द्र को कच्चे माल के स्रोत के और पास ले जाना शायद फायदेमन्द साबित होगा। उन्होंने श्यामनगर और टीटागढ़ में काफी कामयाब कारखाने कायम किए। इंडियन जूट मिल्स एसोसिएशन (इज्मा, 1884) में कारखानादारों के एकजुट होने से उन्हें यह क्षमता मिली, समय-समय पर कमवक्ती काम कराकर उत्पादन पर रोक लगा सकें; ये विश्व-बाजार के उतार-चढ़ाव के अनुसार लागू किए जाते थे। इसके कारण जूट-उत्पादन सामूहिक एकाधिकार जैसी कोई चीज बन गया। 1880+ से बंगाल डुंडी को उसके कभी के व्यापक अन्तर्राष्ट्रीय बाजारों से अधिकाधिक विस्थापित करने लगा, खासकर ऑस्ट्रेलिया, संयुक्त राज्य, दक्षिण अमरीका और दक्षिण अफ्रीका के बाजारों से। जूट अब मध्य-1920+ तक अबाध और बढ़ती समृद्धि के एक दौर में दाखिल हुआ। डुंडी ने विरोध की कुछ आवाजें उठाईं। लेकिन कलकत्ता के जूट

कारखानादारों और प्रबन्धकों में खुद इतने लोग स्काटलैंड के थे कि डुंडी जूट की मशीनरी का स्रोत बना रहा और मालों के भंडारण के काम वहीं केन्द्रित रहे।

ब्रिटेन में जूट लाबी मैनचेस्टर के सूती कपड़ों की लाबी से काफी कमजोर थी; सूती कपड़ों को सामान्यत: एक बड़ा राष्ट्रीय हित माना जाता था। शायद इससे भी महत्त्वपूर्ण तथ्य यह था कि ब्रिटिश भारत से कच्चे जूट और जूट के सामानों का भारी निर्यात ब्रिटेन के जोखिमशुदा भुगतान सन्तुलन को और दुनिया में स्वर्ण स्टर्लिंग की प्रधानता को कायम रखने के लिए अनिवार्य था। रहा जूट पर ब्रिटिश (अक्सर स्काट) प्रमुखता का सवाल तो आसानी से उसकी व्याख्या विदेशी व्यापार, जहाजरानी, रेलवे और कलकत्ता के वित्तीय ढाँचों पर और सामान्य पूर्वी भारत के वित्तीय ढाँचों पर अंग्रेजों के नियंत्रण से की जा सकती है। यह नियंत्रण इतना अबाध था जितना बम्बई में कभी नहीं रहा। बंगाल के देहातों से हुगली किनारे स्थित कारखानों को होनेवाले कच्चा जूट के व्यापार के उच्चतर स्तरों पर भी ब्रिटिश फर्मों का नियंत्रण था जबकि खुद जूट के काश्तकार छोटे किसान थे, जिनका अपना कोई संगठन नहीं था—ऐसे बेसहारा दबे-कुचले लोग जिनको विश्व व्यापार की बदलती दशाओं का कोई ज्ञान नहीं था या नहीं के बराबर था जो एकदम अनबूझ तरीकों से उनको अपेक्षाकृत समृद्ध बना सकता था या फिर (1930+ की मन्दी की तरह) तबाह कर सकता था।

ब्रिटिश प्रधानता के स्तर का संकेत इस तथ्य से मिलता है कि 1911 में पूरे जूट उद्योग में भारतीय निर्देशक बस एक था—और वह भी सबसे छोटी फर्म में। दूसरी तरफ चार सबसे बड़ी मैनेजिंग एजेन्सियों (बर्ड, डफ, एंड्रयू मूल, जार्डाइन एंड स्किनर) का 1912 में कुल करघों के 41 प्रतिशत पर नियंत्रण था; 1936 में उन्हें 55 प्रतिशत करघों पर नियंत्रण प्राप्त था। मारवाड़ी व्यवसायी धीरे-धीरे ही पाँव जमा रहे थे। आरम्भ में उन्होंने आन्तरिक व्यापार में पैर जमाए (1900 तक जूट के लगभग आधे गट्ठरदार मारवाड़ी थे) जबकि उन्होंने कच्चे जूट को सीधे विदेश भेजने का काम 1907 में शुरू किया और पहले विश्वयुद्ध के दौरान जूट के वादा कारोबार ('फटका') में सट्टे लगाकर धन जमा किया। ठीक इसी के बाद उन्होंने पहले कारखाने शुरू किए : बिरला और हुकुमचन्द ने 1918-19 में। वैसे दीपेश-चक्रवर्ती ने यह सुझाया है कि अंग्रेजों की जूट फर्मों ने लगातार जो भारी मुनाफे कमाए वे दीर्घकालिक अवधि में थोड़े-बहुत हानिकारक साबित हुए, क्योंकि उन्होंने भारी लापरवाही को जन्म दिया। फिर इसी के कारण प्रौद्योगिक और प्रबन्धकीय प्रवर्तन-कार्यों की उपेक्षा होने लगी। मिसाल के लिए जूट मशीनों के मूल्य-ह्रास की मद में आश्चर्यजनक सीमा तक कम रकमें रखी जा रही थीं। मानसिकता वही 'वाणिज्यवादी' थी : घटिया दर्जे के मालों के द्वारा तेजी से, अक्सर सट्टेबाजोंवाले ढंग से, मुनाफे बटोरना जबकि दीर्घकालिक 'पूँजीवादी' 'बुद्धिमत्ता' के निशान कम

ही नजर आ रहे थे।[1] प्रौद्योगिक सुधारों के अभाव ने इस उद्योग को तब लगभग असहाय बना दिया जब पैकेजिंग के तरीकों और सामानों में बदलाव आने लगे। मन्दी के दौर से ही दीर्घकालिक ठहराव या ह्रास का एक दौर शुरू हुआ जिससे बंगाल का जूट वास्तव में कभी उबर न सका।[2]

अपने चरम काल में जूट कारखाने अन्त-उपनिवेशकालीन ब्रिटिश भारत का सबसे बड़ा कारखाना उद्योग थे : 1929 की मन्दी की शुरुआत से पहले 90 कारखाने थे, जिनमें तीन लाख लोग कार्यरत थे।[3] वैसे यह संख्या बेपनाह बढ़ती-घटती रही और इसे एकदम शाब्दिक ढंग से नहीं लिया जा सकता। प्रवासी या दिहाड़ी बदली मजदूरों की प्रधानता थी और कारखानों की दस्तावेजें या तो अपर्याप्त या बेकार हैं। इससे 'मजदूर वर्ग की दशाओं से सम्बन्धित ज्ञान की दशाओं' के बारे में एक अहम बात सामने आती है—उपनिवेशी पूँजीवाद की पिछड़ी प्रकृति के बारे में चक्रवर्ती तर्क के आधारों में एक आधार यह भी है। जूट श्रमिकों से सम्बन्धित सभी विश्लेषकों ने उनके चक्रीय चरित्र पर ध्यान दिया है। स्पष्ट है कि बम्बई-क्षेत्र के सूती कपड़ा उद्योग पर ब्रेमन और चन्दावरकर के निष्कर्ष कलकत्ता के औद्योगिक क्षेत्र पर भी उतने ही लागू होते हैं।

जूट कारखानादारों के दृष्टिकोण से कलकत्ता की स्थिति प्रभु की देन थी। यह पूर्वी भारत के रेल और जहाज यातायात का केन्द्र था और प्रवासी श्रमिकों की तीनतरफा आमद का मिलनस्थल था : अरकट्टियों द्वारा भरती किए गए गिरमिटिया मजदूर (जिनमें से अनेक तो काम पाते भी नहीं थे); फसल-कटाई के बाद संयुक्त प्रान्त, बिहार के खेत मजदूरों और झारखंड के आदिवासियों का पूर्वी बंगाल के अधिक समृद्ध खेतिहर इलाकों की तरफ मौसमी प्रवाह कि उन दिनों यहाँ मजदूरियाँ अधिक होती थीं; तथा हर तरह के दिहाड़ी मजदूरों के लिए एक फल-फूल रहे महानगर का स्वाभाविक आकर्षण। इस तरह अधिकांश समय तक गतिमान श्रमिकों का एक भंडार कायम रहता था, जिसके कारण मालिकान बाजार के उतार-चढ़ाव के हिसाब से उत्पादन को बढ़ा या घटा सकते थे। उनके आस-पास बदली या दिहाड़ी मजदूरों की एक भारी संख्या मौजूद रहती थी, जिसके कारण वे एक स्पष्ट

1. लेकिन चाहे मार्क्सवादी ढाँचे में हो या वेबरवादी ढाँचे में, ऐसी बौद्धिकता, मालिक देशों तक में, पूँजीवाद की जमीनी हकीकतों के अधिकांश रूपों का चित्रण कम और विश्लेषण के लिए एक अमूर्त मॉडल अधिक थी। मार्क्स की 'Capital' की चक्रवर्ती ने जो प्रस्तुति की है उसमें अमूर्त से मूर्त की ओर संक्रमण सम्भवत: जरा-सा अव्यवहित (अनमेडिएटेड) है तथा औद्योगिकृत पश्चिम और उपनिवेशी पूँजीवाद के बीच के वैपरीत्य को कुछ बढ़ाकर प्रस्तुत करती है।
2. बागची 1972 : अध्याय 8; चक्रवर्ती 1989 : प्रस्तावना और अध्याय 2; सेन 1999 : अध्याय 1
3. बम्बई के सूती कपड़ा उद्योग में युद्धों के बीच संगत सर्वोच्च आँकड़े 80-90 के आसपास तथा 1,50,000 या इससे कम थे। जूट कारखाने औसतन बम्बई के सूती कारखानों से खासे बड़े हुआ करते थे।

लाभ की स्थिति में होते थे। अतिरिक्त श्रमिकों की इस स्थिति के कारण जूट कारखानादार मजदूरियों को कम रख सकते थे (हालाँकि चाय के बागों या खदानों के मुकाबले यहाँ मजदूरियाँ थोड़ी-सी अधिक होती थीं) और—असम जैसे दूर स्थित प्रान्त के चाय बागान के विपरीत—भरती की एक अलग व्यवस्था की लागतों से भी वे बचे रहते थे। न ही कारखानों के सिरदारों के पास भरती के नाम पर कुछ अधिक काम होता था। बाबुओं (क्लर्कों) के साथ मिलकर वे कारखानों के प्रवेशद्वारों की निगरानी करते थे और कार्यस्थल पर थोड़ा अराजक ढंग से काम करते और भ्रष्ट अनुशासन बनाए रखते थे। लेकिन मजदूर 'व्यक्तिगत रूप' से आते थे, जिसके लिए वे पीछे की दिशा में परिवार, नातेदारी, जाति और धर्म के सम्बन्धों के आधार पर पहले से काम से लगे लोगों के अनुबन्धनों का इस्तेमाल करते थे। आरम्भ में श्रमिक स्त्री-पुरुषों का एक खासा बड़ा भाग पास के बंगाली भाषी जिलों से आया। 1890+ से एक बड़ा परिवर्तन आया तथा पूर्वी संयुक्त प्रान्त और पश्चिमी बिहार से बड़ी संख्या में ऊपरवार श्रमिक आने लगे; ये पहले से ही असम और विदेशों के बागान के लिए श्रमिक-ग्रहण के प्रमुख क्षेत्र थे। मिलमालिक इनको अधिक दब्बू समझते थे। जब पृष्ठक्षेत्र से कार्यस्थल की दूरियाँ बढ़ीं तो एक चक्रीय प्रतिमान लाजिमी तौर पर आम हो गया, जिसमें बीवियों और बच्चों को पीछे गाँवों में छोड़ दिया जाता था। इस तरह कलकत्ता के इलाके और बम्बई-अहमदाबाद इलाके के मजदूर वर्गों के बीच एक बड़ा और दीर्घकालिक अन्तर आया। कलकत्ता के आसपास जूट श्रमिकों की संरचना में गैर-बंगालियों का भाग बढ़ता गया और इस तरह नगर के भद्रलोक के साथ सामाजिक या राजनीतिक सम्पर्कों में वर्ग तो एक बाधा थी ही, उपजातीयता (एथनिसिटी) भी अब इसमें जुड़ गई।

जूट श्रमिकों के इतिहास का अनुसन्धान दो तरह के सैद्धान्तिक योगदानों के कारण महत्त्वपूर्ण है जो प्रवर्तनकारी भी थे और बहुत विवादास्पद भी। एक योगदान दीपेश चक्रवर्ती का था जिस पर हमने पहले भी ध्यान दिया है और आगे भी देखेंगे। दूसरा योगदान शमिता सेन का है जिसने श्रम के इतिहास के अनेक प्रमुख विषयों में लिंग का आयाम जोड़ा। शुरू में ही सेन ने यह तर्क दिया है कि अनौपचारिक क्षेत्र की उपेक्षा का भी स्त्रियों के श्रम को अगोचर बनाने में योगदान रहा है : यह कार्य वास्तव में साफ जाहिर तो था पर अनौपचारीकरण की समकालीन प्रक्रियाओं के क्षेत्रकार्य-आधारित अध्ययनों से पहले शायद ही कभी इस पर ध्यान दिया गया हो। आरम्भिक चरण में, यानी कि ऊपरवार श्रमिकों की आमद से पहले, 1890+ से पहले स्त्रियाँ जूट श्रमिकों का 20 प्रतिशत भाग थीं। अगले पचास बरसों में यह घटकर 12 से 17 प्रतिशत के बीच रह गया और 1970+ तक तो नगण्य, बस 2 प्रतिशत ही रह गया। आरम्भिक चरण तक में स्त्रियों का अपेक्षाकृत कम भाग अन्त-19वीं सदी की हुंडी और मैनचेस्टर का ठीक उलटा था जो कि कारगर कारखाना

कानूनों तथा रूपान्तरित प्रौद्योगिकियों के युग से पहले स्त्रियों और बच्चों के सस्ते श्रम का इस्तेमाल किया करते थे। कारखानों के काफी कुछ काम की अच्छी-खासी अकुशल प्रकृति के सन्दर्भ में डुंडी से यह विपरीति पहली नजर में हैरानकुन तो लगती है मगर हो सकता है इसका सम्बन्ध पश्चिमी यूरोप में विवाह की खासी अधिक उम्रों से रहा हो—यह एक ऐसी दीर्घकालिक विशेषता है जिसे जैक गुडी जैसे परिवार के इतिहासकारों ने ईसाई संवत् की शुरुआती सदियों तक पीछे पहुँचा दिया है। इसके कारण अविवाहित स्त्रियों की बड़ी-बड़ी संख्याएँ कारखानों में काम कर सकती थीं। इससे भी अहम बात जूट कारखानों में स्त्रियों की महत्त्वहीनता थी। सेन ने इसके तीन रूपों में अन्तर किया है। स्त्रियों के भाग में कमी के साथ स्त्री-श्रम की 'स्वाभाविक रूप से' अकुशल और इसलिए कम मजदूरी पानेवाली छवि भी रूढ़ हुई : ऐसा बावजूद इस तथ्य के कारण हुआ कि जूट कारखानों की प्रौद्योगिकी में अच्छी-खासी जड़ता कायम रही और उसके लिए बहुत लम्बे प्रशिक्षण की आवश्यकता नहीं होती थी। इसी के साथ स्त्रियों के काम को सामाजिक और नैतिक रूप से अपमानजनक करार दिया जाने लगा। सेन ने जोर देकर कहा है कि ये विशेषताएँ सिर्फ उन 'परम्परागत' पुरुष-प्रधान जीवन-मूल्यों की निरन्तरता में या उनका पुनरुत्पादन नहीं थीं जो स्त्रियों का दर्जा गिराकर घरेलू काम-काज तक सीमित कर देते थे। ये पूँजीवाद के उभर रहे रूपों और भारतीय पुरुष-प्रधान व्यवस्था का एक राजनीतिक गठजोड़ अधिक थे। यहाँ का श्रम स्थायी रूप से नगरीकृत न होकर चक्रीय था, जिसमें परिवारों के पुरुष मुखिए कारखानों में काम करते थे तथा स्त्रियाँ और बच्चे पीछे गाँव में रह जाते और थोड़ी-सी अतिरिक्त आय के प्रयास करते थे। इसके कारण कारखानादार आवास देने या कारगर 'पारिवारिक' उजरत देने के खर्चों से बच जाते थे, जबकि साथ-ही-साथ वे सम्मान की पुरुष-प्रधान धारणाओं को सन्तुष्ट भी करते थे और अपरिचित वातावरण में स्त्रियों के काम से जुड़े जोखिमों से भी बचे रहते थे। गरीबी के कारण ऐसे काम के लिए मजबूर स्त्रियों की स्थिति में गिरावट का एक कारण यह भी था। जूट कारखानों की स्त्रियाँ वे थीं जो ग्रामीण समाज से कटी या भगाई हुई थीं और कुछ तो विद्रोहिणी भी थीं : जैसे कि बात न माननेवाली विधवाएँ, स्वतंत्र जीनेवाली स्त्रियाँ या पुरुषों से अस्थायी रूप से जुड़ी स्त्रियाँ, वेश्याएँ।

उन स्त्रियों के बदलते ऐतिहासिक सन्दर्भों को उजागर करने के साथ-साथ सेन ने ऐसे 'सांस्कृतिक' आयामों पर भी जोर दिया है। मसलन देहातों में स्त्रियों के कुछ परम्परागत कामों, मसलन कताई या हाथ से धान की भूसी की निकासी, के ह्रास ने अधिक निर्धन परिवारों की और भी स्त्रियों को दिहाड़ी पर देहाती रोजगार या कारखानों में काम की तरफ धकेला, जबकि साथ-ही-साथ अधिक भाग्यशाली या सफल लोगों ने 'अपनी' स्त्रियों के लिए परदे के ब्राह्मणवादी मानदंडों को अपनाकर सामाजिक सोपान में ऊपर उठने की कोशिश की। सेन का सुझाव है कि परदा या

अलगाव जैसी संस्थाओं को इस कारण से हो सकता है बल मिला हो कि अब पहले से बहुत अधिक पुरुष दूर-दराज के नगरों में रह रहे थे। इसे इस बात से भी बल मिला कि कारखानों में कार्यरत स्त्रियों का छोटा-सा भाग प्रधानतः पुरुष वातावरण में रह रहा था जो अक्सर उनके लिए खतरनाक साबित होता था। वधू-मूल्य से दहेज की तरफ हुए व्यापक संक्रमण तथा फलस्वरूप घर से बाहर स्त्रियों के काम के अवमूल्यन के बीच भी कुछ सम्बन्ध रहा होगा।

इस बीच स्वयं मानदंड भी बदल रहे थे। ऊँची जातियों के कुछ भागों में सम्मान और शालीनता के नए विचारों का विकास हुआ जो विक्टोरियाई नैतिकता से लिए गए कुछ तत्त्वों तथा सही और गलत व्यवहार के परम्परागत भारतीय मानदंडों का मेल था। धीरे-धीरे कुछ मानदंड नीचे की तरफ भी अधिग्रहण की उन प्रक्रियाओं के द्वारा रिसे जिनमें जातिगत गतिशीलता और संस्कृतिकरण के आन्दोलनों की महत्त्वपूर्ण भूमिका रही। इसलिए परिवार के वैध क्षेत्र से बाहर निकलकर उन कारखानों में स्त्रियों के काम करने का दृश्य—जिनको अनैतिकता के गढ़ समझा जाता था—एक नैतिक बौखलाहट के तत्त्वों को जन्म दिया। उसने भद्रलोक कुलीनों और अधिकतर गैर-बंगाली मजदूरों के बीच की गहरी खाई को और भी चौड़ा किया, मगर इसने मध्यवर्ग के लोगों को कभी-कभी परमार्थी सेवा और अन्ततः राजनीतिक हस्तक्षेपों के लिए भी प्रेरित किया।

कारखानों के प्रबन्ध, श्रम और श्रमिक प्रतिरोध के सांस्कृतिक आयामों पर चक्रवर्ती के जोर पर बाद के अनुसन्धानों ने सवाल उठाए और उसे पेचीदा बनाया। उनके दृष्टिकोण की तथा जिस चीज को ये मार्क्सवादी व्याख्या के अर्थवादी और प्रयोजनवादी रूप कहकर अस्वीकार किया करते उसके विपरीत की कठोरता को अंशतः बाद के इतिहासकारों ने हल किया, जो यह मानते हैं कि पूँजीवाद-पूर्व परम्पराओं का या सामुदायिक चेतना के रूपों—धार्मिक, जातिगत, पारिवारिक रूपों—का सिर्फ पुनरुत्पादन नहीं हुआ, बल्कि विशिष्ट और बदलती परिस्थितियों ने उनमें फेरबदल भी किए। चक्रवर्ती की रचना ने बहस के दो केन्द्रीय बिन्दु कायम किए। एक बिन्दु था वर्गीय विरोधों और धार्मिक या साम्प्रदायिक टकरावों के बीच दीर्घकालिक दोलन का जिससे 'परिपक्वता' में वृद्धि की दिशा में किसी रैखिक प्रस्तुति का कम ही संकेत मिलता है या नहीं मिलता। दूसरा बिन्दु प्रबन्धकों के प्रति श्रमिकों के रवैयों में कभी-कभी 'अवज्ञा' के साथ 'सम्मान-भाव' का समन्वय था—यह था मालिक को 'माई-बाप' स्वीकार करने का कथित आम रवैया, जिसकी हवा घोर जुझारूपन के काल निकाल देते थे। 1920+ में जब मजदूरों के संगठन बनाने की कोशिशें शुरू हुईं तो इस दूसरी असामान्यता ने कुछ बहुत ही शक्तिशाली हड़तालों के सहअस्तित्व का रूप ले लिया; इनमें 1929 और 1937 के बीच उद्योगव्यापी काम-रोको भी शामिल थे। लेकिन यह बात श्रमिक संगठनों की बहुत सीमित पहुँच और अस्थिरता के साथ-

साथ जारी रही। बहुत आगे चलकर, 1945 में भी, एक आधिकारिक जाँच से पता चला कि सिर्फ 18 प्रतिशत जूट मजदूर यूनियनों के सदस्य थे।

दूसरी किस्म के विरोधाभासों का बेहतरीन अध्ययन तब किया जा सकता है जब हम 1918 के बाद के दौर पर आते हैं : अब पहले पर कुछ ध्यान देना आवश्यक हो जाता है। विवाद, मुख्य रूप से रणजीत दासगुप्ता और चक्रवर्ती के विवाद की दिशा का सम्बन्ध 1890+ के दौरान कारखाना क्षेत्रों में वर्गीय और धार्मिक-सामुदायिक पहचानों के बीच के सुस्पष्ट ढुलमुलपन से था। जैसा कि हमने देखा, इस दशक में प्रवासी ऊपरवार मजदूरों की भरती में एक बड़ी तब्दीली आई। साथ ही 1895 के बाद जूट में आई दीर्घकालिक तेजी ने काम-दिन को, जो पहले ही 12 घंटों का या इससे भी अधिक होता था और भी बढ़ाने के प्रयास किए जाने लगे; यह काम-दिन अधिकाधिक पुरुष-श्रमिकों के काम के घंटों पर तब किसी भी तरह के कानूनी प्रतिबन्धों से मुक्त था। इसके अलावा कारखानों में 1894 से बिजली की रौशनी पहुँचने लगी, जिसके कारण पारियों की व्यवस्था करके रात में काम कराना भी सम्भव हुआ। इससे मजदूरों और उनके सिरदारों के बीच मुठभेड़ें हुईं, मजदूरी में कटौती पर विरोध हुए और किसी मजदूर को पास में स्थित और अधिक मजदूरी की पेशकश कर रहे कारखाने में जाने से रोकने के लिए एक सप्ताह की मजदूरी रोके रखने की व्यापक प्रथा पर काफी खिन्नता फैली। यह एक ऐसी प्रतियोगिता थी, जिसे इज्मा भी सचमुच रोक नहीं सकता था। लेकिन श्रमिक-प्रतिरोध की दृष्टि से इसके परिणाम काफी अन्तर्विरोधी थे : 1895-96 में हड़तालों की एक लहर उठी मगर सबसे बड़ी हड़तालों से अनेक में सिर्फ एक धार्मिक समुदाय के लोग शामिल थे। उत्तेजना का तात्कालिक कारण यह था कि प्रबन्धकों ने मुसलमानों को बकरीद और मुहर्रम पर और हिन्दुओं को राम यात्रा पर छुट्टी देने से मना कर दिया। लेकिन इससे भी अधिक उल्लेखनीय लगभग उन्हीं दिनों, मुख्यतः गौरक्षा के सवाल पर, कुछ कारखाना क्षेत्रों में हिन्दू-मुस्लिम साम्प्रदायिक हिंसा का भड़कना था। इसके बाद फिर बुनियादी तौर पर पुलिस और यूरोपवालों के खिलाफ हिंसा भड़की। जुझारू मजदूर मुख्यतः कारखानों की बजाय अनौपचारिक या छोटे उद्यमों के लोग थे। जिस जगह को वे एक छोटी-सी मस्जिद कहते थे उसे नगरपालिका द्वारा गिराए जाने से वे भड़क उठे थे। इसी विध्वंस ने 1897 में तल्ला दंगों को जन्म दिया।[1]

इस दंगे की व्याख्या अंशतः पूर्वी संयुक्त प्रान्त और पश्चिमी बिहार से आई राजनीतिक भावनाओं के एक तरह के अवशेष के आधार पर की जा सकती है।

1. श्रमिकों की आरम्भिक दशाओं और प्रतिरोध का पहला व्यापक सर्वेक्षण दासगुप्ता 1994 : 315-405 ही है। यह लेख आरम्भ में 1979 में एक अलग आलेख की शक्ल में प्रकाशित हुआ था। चक्रवर्ती 1989 : अध्याय 6 और बसु 2004 : अध्याय भी देखें। इन रचनाओं में वर्गों और समुदायों से सम्बन्धित उथल-पुथल को लेखकों की अपनी-अपनी समझ के अनुसार काफी अलग-अलग सापेक्ष स्थान दिए गए हैं।

आरम्भ-1890 में उस क्षेत्र में गौरक्षा आन्दोलनों के कारण तीखे हिन्दू-मुस्लिम तनाव देखने को मिले थे। चक्रवर्ती का सुझाव है कि देखने में ऐसे विविधता भरे और अन्तर्विरोधी दंगों का सम्बन्ध सम्प्रदाय की 'इज्जत' की गहरी पैठी भावनाओं से था, जिसे कि मजदूर समझते थे कि अलग-अलग अवसरों पर दूसरे समुदाय के सदस्यों या पुलिसवालों या कारखाना प्रबन्धकों ने नुकसान पहुँचाया है। अधिक अर्थशास्त्रीय रुझानवाले इतिहासकारों ने इज्जत और बेइज्जती के इन बेपनाह बारूदी विचारों का सम्बन्ध औद्योगिक और नगरीय जीवन के तनावों से जोड़ने के प्रयास किए हैं। जो लोग दूर के इलाकों से आए उनके लिए समुदाय या नातेदारी के वास्तविक या अंशत: मनगढ़ंत सम्बन्धों के दावे या उन पर भरोसा करना रोजगार पाने या बचाए रखने, कर्ज, रहने की जगह पाने के लिए आवश्यक था। ग्रामीण जीवन से एकाएक उखड़ने पर पिछले सम्बन्धों का मोह भी जाग उठता था। यह स्थिति कोलार के खदानों की स्थिति के विपरीत थी जहाँ दलित अपने गाँवों में जो जातिगत दमन झेल चुके थे उनके बोझ ने ही जाहिरा तौर पर एक अलग संवेदना को जन्म दिया।[1]

मजदूर बस्तियों के महत्त्व पर चन्दावरकर के जोर के बाद उसका अनुसरण शुभो बसु ने कलकत्ता के उपनगरों के अध्ययन में किया। जूट कारखानों की स्थापना के कारण अन्त-19वीं सदी में एकाएक बदल गए। एक उल्लेखनीय उदाहरण भाटपाड़ा का है : जैसा कि इसके नाम से ही संकेत मिलता है, यह ब्राह्मणवादी पठन-पाठन का एक पुराना केन्द्र था, पर 1890+ से ऊपरवार मजदूरों की भारी आमद ने इसे बदलकर रख दिया। 1901 और 1931 के बीच इसकी आबादी 21,000 से बढ़कर 85,000 हो गई। इन बदले हुए कस्बों का काफी-कुछ प्रशासन कारखाना प्रबन्धकों ने सँभाल लिया। म्यूनिसिपल कमिशनर नियुक्त किए जाने पर वे अपने लम्बे-चौड़े मकानों के लिए साफ-सुथरे माहौल की तमन्ना करने लगे मगर हैजा, चेचक और ताऊन की आए दिन की महामारियों से परेशान हो उठे। इन विदेशियों के हाथों में कार्यस्थल और स्थानीय राजनीतिक सत्ता के संयोग ने स्वाभाविक रूप से उदीयमान राष्ट्रवाद के युग में तनाव पैदा किए। स्थानीय जमींदार चिढ़ गए कि अब उनके वे लगान खतरे में थे, जो वे गन्दे और भीड़भाड़ भरे बाजारों और गन्दी बस्तियों से पाते थे, जिनको नगरपालिका अब उजाड़ने पर आमादा थी। शहरी सफाई और सौन्दर्य की मुहिम के आधारों पर बेदखल किए जाने के खतरों से मजदूर और दिहाड़ी मजदूर कहीं बहुत गम्भीर सीमा तक प्रभावित हुए। साथ-ही-साथ

1. रणजीत दासगुप्ता (1994 : 316) ने एक मर्मस्पर्शी भोजपुरी गीत को उद्‌धृत किया है, जिसका भावार्थ यूँ है :

गए गायों को देखने के दिन,
गए गंगा में नहाने के दिन,
पाकड़ के पेड़ के नीचे जमा होने के दिन भी गए,
तीनों को भगवान ने अपने पास बुला लिया।

स्थानीय भद्रलोक का एक खासा बड़ा भाग भी नियोजित 'सुधार' की तरफ आकर्षित हुआ। जो मुख्य रूप से गरीबों की लागत पर किया जाता : इसके अलावा ये गरीब इन कस्बों में हाल में आए लोग थे और एक अलग ही भाषा बोलते थे। इस तरह वे विजातीय प्राणी थे। भाटपाड़ा के एक ब्राह्मण की एक कविता ने प्रवासी श्रमिकों का वर्णन यूँ किया कि वे 'अपनी अजीब-गरीब हिन्दी में खरीद-फरोख्त करते हैं...ऐसे गीत गाते हैं जो कुत्तों के विलाप जैसे सुनाई देते हैं।'[1]

कारखाना मजदूरों की इस नई संवृत्ति के बारे में मध्य-19वीं सदी में भद्रलोक के रवैयों में कभी-कभार एक परमार्थवादी-सुधारवादी घटक भी शामिल होता था। ब्रह्मसमाजी समाज-सुधारक शशिपद बनर्जी 1866-75 के दौरान बड़ानगर कारखाना क्षेत्र में कार्यरत थे। उन्होंने एक रात्रि विद्यालय, एक मजदूर क्लब और एक बचत बैंक खोला था। उन्होंने मजदूरों में संयम के विचारों का प्रचार किया और 'भारत श्रमजीवी' (1874) नाम से पत्रिका भी शुरू की जो भारत में शायद अपने ढंग की पहली पत्रिका थी। यह भी 'सुधार' का एक मध्यवर्गीय प्रयास था, हालाँकि कुछ अधिक सहानुभूति भरा था, भले ही इसका नैतिक सुर खुद की पवित्रतावाला हो और इसका सन्देश गरीबों में बचत, उद्यमशीलता और अनुशासन की आदतों को बढ़ावा देना था। बनर्जी की जीवनी जिस सहयोगी ब्रह्मसमाजी ने लिखी है उसने अचेतन रूप से ही एक ब्रिटिश कारखाना प्रबन्धक की प्रशंसा भरी टिप्पणी दर्ज की है, जिसने कहा था कि शशिपद द्वारा प्रशिक्षित किए गए लोग 'अपने काम में सबसे अधिक सावधान और मेहनती थे।'[2]

मध्य-1890 में जूट श्रमिकों में असन्तोष की जो लहर उठी, बंगाली मध्यवर्ग उससे उदासीन नजर आता है। वैसे तल्ला दंगों के कुछ अभियुक्तों के बचाव में कुछ वकील आगे भी आए, जिनमें से अधिकांश मुस्लिम थे। लेकिन एक दशक बाद ऐसे ही एक वकील ए.सी. बनर्जी ने राष्ट्रवादी कार्यकर्ताओं के एक दल का नेतृत्व किया, जो मुद्रकों, रेलवे क्लर्कों और जूट श्रमिकों की हड़तालों से जुड़े हुए थे। उन्होंने ट्रेड यूनियनों के गठन के प्रयास किए; इनमें कोई भी स्थायी साबित नहीं हुआ। इनके सम्पर्क लगभग पूरी तरह बंगाली कर्मचारियों और मजदूरों के साथ थे।

कहानियों की गढ़त : पश्चिमी भारत और अन्यत्र के सूती कारखाने

पश्चिमी भारत में जो सूती कारखाने खड़े हुए—बम्बई में 1855 और अहमदाबाद

1. बसु 2004 : अध्याय 3; चक्रवर्ती 1989 : 148 देखें। रही आज तक चली आ रही निरन्तरता तो आरम्भ-2005 में बड़े पैमाने पर मुम्बई में गन्दी बस्तियों के विनाश का जिक्र किया जा सकता है, जिसने कोई 80,000 लोगों को इसलिए बेघर कर दिया कि यह नगर 'विश्व-स्तर' का बन सके। प्रभावित लोगों में महाराष्ट्र के बाहर से आए लोगों का एक बड़ा भाग भी था।
2. चक्रवर्ती 1989 : 146; तत्त्वभूषण 1904

में 1861 से—और जो बढ़कर अन्त-उपनिवेशकालीन भारत के सबसे बड़े कारखाना उद्योग बन गए, वे पूर्वी भारत के बागान, खदानों और जूट के एकदम उलट साबित हुए। ये भारतीय उद्यमशीलता के गढ़ थे। उनके स्वामियों में सबसे प्रमुख पारसी थे, खासकर आरम्भ के दशकों में। लेकिन गुजराती हिन्दुओं, अनेक मुसलमानों तथा कुछ मारवाड़ियों और यहूदियों का एक खासा बड़ा घटक भी था। 1914 में भारतीय पूँजी बम्बई प्रेसीडेंसी में निजी पूँजी निवेश के कुल मूल्य की लगभग आधी थी। तब इस प्रान्त में आधुनिक उद्योगों में कुल भारतीय पूँजी निवेश का काफी बड़ा भाग, 87 प्रतिशत थी। ऐसा नहीं कि 'सामान्य' औपनिवेशिक बाधाएँ यहाँ नहीं थीं। लैंकशियर के धागा उद्योग और तैयार कपड़ों के आयातों के हित में एक स्वतंत्र व्यापार की व्यवस्था मध्य-1920+ तक चली तथा रेलों, जहाजरानी बीमा, विदेशी व्यापार और सामान्यत: वित्तीय ढाँचों पर ब्रिटेन का नियंत्रण बना रहा। इसके अलावा भारत में मशीन-निर्माण उद्योग के अभाव में, भारत के कपड़ा कारखाने अपनी मशीनों के लिए स्वतंत्रता तक लगभग पूरी तरह ब्रिटिश इंजीनियरिंग फर्मों और आयात एजेन्सियों पर निर्भर रहे। भारत में छल्लादार फ्रेम पहली बार 1946 में ही तैयार हुआ। हम ऐसे एक तत्त्व का पहले ही जायजा ले चुके हैं, जिससे बाधाओं के बावजूद पश्चिमी भारत में भारतीय उद्यमों की सफलता की व्याख्या होती है। कम्पनी का मालिकपन, जो 1820 के आसपास ही पक्के तौर पर कायम हुआ, इस क्षेत्र में काफी देर से आया : बंगाल में कायम होने के दो पीढ़ी बाद/पश्चिमी भारत के नक्शे में रजवाड़ों के पैबन्द नजर आते हैं, जिनमें बीच-बीच में प्रत्यक्ष ब्रिटिश शासनवाले क्षेत्रों के टुकड़े घुसे हुए थे। शक्ल-सूरत में यह बंगाल प्रेसीडेंसी से काफी अलग था। इससे भारतीय व्यापारिक उद्यमों को अधिक स्वायत्तता मिली और मुल्की वाणिज्यिक पूँजी का अच्छा-खासा संचय हुआ : खासकर कच्ची कपास के निर्यात, (आरम्भ-19वीं सदी तक) जहाजरानी और चीन के साथ अफीम के बहुत-ही मुनाफाबख्श व्यापार के सिलसिले में, जो कि कम्पनी के मुनाफों के प्रेषण के लिए भी कुछ दशकों तक महत्त्वपूर्ण बना रहा। यही संचय मध्य-1850+ तक सूती कारखानों में निवेश का प्रमुख आधार बन गया। पहला कारखाना, जिराने 1856 गें उत्पादन शुरू किया, सी.एन. दावर नाम के एक धनी पारसी व्यापारी द्वारा स्थापित किया गया था, जिन्होंने अंग्रेजों की व्यापारिक फर्मों के साथ मिलकर अनेक वर्षों तक चीनी और एशियाई व्यापार में भाग लिया था।[1]

1. मारिस 1965 : अध्याय 3 देखें। जैसा कि हमने देखा, उपनिवेशी शासन में भारतीय पूँजीवाद के धीमे और असमान विकास पर बागची की व्याख्या में केन्द्रीय महत्त्व पूर्वी और पश्चिमी भारत के अन्तर का था। उनके बुनियादी तर्क को बाद में विकजियानी के आँकड़ों ने पुष्ट किया जिनका सम्बन्ध 1850 से कच्ची कपास और अफीम के निर्यातों से हटकर कपड़ा मिलों की तरफ बम्बई के मुल्की सौदागरों के झुकाव तथा विदेशी व्यापार और जहाजरानी पर अंग्रेजों के सख्त हो रहे नियंत्रण से था।

बम्बई के उद्यमियों की सफलता की दूसरी प्रमुख व्याख्या बम्बई के कारखानों में भारतीय उद्यमशीलता के विशेष प्रतिमानों से होती है; इसका सबसे अच्छा विश्लेषण चन्दावरकर ने किया है। न तो उनकी विशेषता ब्रिटिश पूँजी के आगे उनकी मुकम्मल अधीनता थी जैसी कि बंगाल में देखी गई, न ही वे हमेशा के टकरावों से त्रस्त रहे। उनकी जीवनरक्षा और बढ़ती समग्र बाधाओं के अन्दर किए गए तालमेल पर निर्भर थी। इसे बढ़ावा मिला इस तथ्य के कारण कि भारतीय और खासकर पारसी व्यावसायिक अभिजातों को आरम्भ-19वीं सदी में ही नगर के सामुदायिक जीवन में प्रधानता प्राप्त हो चुकी थी। इससे ब्रिटिश भारत के उस सबसे अधिक विश्वमुखी नगर में सम्पत्ति और सुविधाओं से सम्पन्न यूरोपीय और भारतीय लोगों के बीच पर्याप्त सामाजिक सम्पर्क विकसित हुए। बंगाल में ऐसा सामाजिक संवाद द्वारकानाथ ठाकुर और राममोहन राय की पीढ़ी के बाद बड़ी सीमा तक हवा हो चुका था। मिसाल के लिए बहुत पहले, 1834 में ही, कुछेक कृपापात्र भारतीय व्यवसायी बम्बई के नगर-शासन में शान्तिकालीन न्यायाधीश नियुक्त किए जा चुके थे। 1862 से तो वे गवर्नर की एक्जिक्यूटिव कौंसिल के सदस्य भी बनने लगे तथा 1872 और 1888 के म्यूनिसिपल सुधारों के जरिए नगर के प्रशासन में उनको प्रधानता भी मिली।[1]

नस्लों के बीच का यह सहयोग बम्बई के कारखानों के स्वामित्व और प्रबन्ध पर भी लागू होता था। भारतीय कारखानों की तरफ से मशीनों की माँग से ब्रिटिश इंजीनियरिंग फर्मों का हित स्पष्ट रूप से जुड़ा हुआ था। यूरोपीय स्वामित्ववाले कारखाने भी खासी बड़ी संख्या में कायम हुए (हालाँकि वे कभी हावी नहीं रहे) तथा भारतीय उद्योगों में यूरोप के प्रबन्धकों और तकनीशियनों का एक बड़ा समूह भी मौजूद था। यह सब साथ-साथ हुआ, जिससे मिश्रित सामाजिक जीवन और भी पुष्ट हुआ। इससे इस धारणा का खंडन होता है कि भारतीय कपड़ा उद्योग का गला घोंटने की अंग्रेजों की इच्छा हर जगह एक समान थी और यह सार्वभौम थी। भारतीय कारखानों के लिए मशीनों का आयात काफी मुनाफाबख्श था और कुछ ब्रिटिश फर्मों ने इससे आगे बढ़कर बम्बई में कारखाने स्थापित कर लिए—मसलन आरम्भ-20वीं सदी से ग्रीव्ज काटन ने अपने काम को फैलाया तथा कपड़ा मशीनों की आपूर्ति करने के अलावा अब यह फर्म कारखानों के सबसे बड़े समूह का प्रबन्ध करने लगी। ब्रिटिश और भारतीय कारखाना मालिक 1875 में स्थापित बॉम्बे मिल ओनर्स एसोसिएशन में साथ-साथ बैठने लगे, और प्रधानता भारतीयों को प्राप्त थी। जो उद्योग लैंकशियर के लिए एक चुनौती बनकर उभर रहा था, उसमें भारी ब्रिटिश

1. बम्बई के मुल्की अभिजातों की विशेष स्थिति का एक और छोटा-सा सूचक : कलकत्ता और मद्रास में पूरी तरह सरकार के सौजन्य और धन से 1850+ के दौरान कला विद्यालय खोले गए, पर बम्बई में ऐसी ही संस्था भारत के धन्नासेठ जमशेदजी जीजीभाई के एक दान के बल पर 1856 में ही जाकर बनी।

निवेश का अभाव स्पष्ट रूप से भारतीय उद्यमों की वृद्धि के लिए अनुकूल था।[1]

जैसा कि हमने देखा, चन्दावरकर ने बम्बई के कपड़ा उद्योग में पिछड़ेपन की जाहिरा खासियतों या तत्त्वों का विश्लेषण किया है कि ये संस्कृति की विशिष्टताएँ न होकर या पूँजीवाद-पूर्व या वाणिज्यिक मानसिकताओं के अवशेष न होकर वस्तुगत बाधाओं के सापेक्ष प्रबन्धकों के, और मजदूरों के भी, अच्छे-खासे बुद्धिसंगत तालमेल थे। कारखानों में एक साथ और अलग-अलग अनुपातों में 'लोचदार' निवेश, शिकमी आधार पर या छोटे पैमाने का विनिर्माण, (लैंकशियर से कपड़ों के आयात समेत) व्यापार और कारोबार के दूसरे रूप कपड़ा-उत्पादन की अनेक अनिश्चितताओं के मद्देनजर माकूल मालूम होते थे—खासकर कच्ची कपास के उत्पादन और दामों के उतार-चढ़ाव तथा बाजार में तैयारशुदा धागों और कपड़ों की माँग के मद्देनजर। लोच का निश्चय इस तरह से भी हुआ कि बम्बई के कपड़ा-उद्योग में श्रमबल के कम-से-कम तिहाई भाग से अनियत आधार पर काम लिया जाता था। एक प्रवासमुखी या चक्रीय गति को कुल मिलाकर वरीयता दी जाती थी, जिसमें मजदूर अपनी पत्नियों और परिवारों को गाँवों में छोड़ आते थे तथा समय-समय पर या सेवानिवृत्ति के बाद वहाँ वापस जाते थे। हम देख चुके हैं कि ऐसी गतिशीलता मजदूरों के तात्कालिक हित में भी थी, क्योंकि शहरों की गन्दी बस्तियों (चालों) में आवास की और जीवन की दूसरी दशाएँ वीभत्स थीं, क्योंकि मालिकान आमतौर पर आवास और सफाई-सुथराई पर निवेश करने से इनकार करते रहे। इसका परिणाम यह भी हुआ कि 'औपचारिक और अनौपचारिक, संगठित और असंगठित क्षेत्रों का वह भेद बस बराए-नाम बना रहा, जो कानून द्वारा (खासकर, जैसा कि हम देखेंगे, मुख्य रूप से बम्बई के कपड़ा उद्योगों के सन्दर्भ में 1881 के बाद बनी कारखाना कानूनों की शृंखला के द्वारा) स्थापित हुआ। खास कुशलता-प्राप्त अल्पमत को छोड़ दें तो मजदूर एक से दूसरे क्षेत्र में जा सकते थे और अक्सर उन्हें जाना भी पड़ता था। लेकिन आधिकारिक स्तर पर यह भेद भारतीय श्रम के परिदृश्य की स्थायी विशेषता रहा है, बड़े हों या छोटे, यह पूँजीपतियों के लिए फायदेमन्द था, क्योंकि इसने श्रमबल के अनौपचारिक—और काफी बड़े—क्षेत्र को अबाध शोषण के लिए खुला रखा। निरीक्षण और नियमन की सम्भावना कम होने के कारण प्रशासनिक बोझों में भी कमी आई। युद्धों के बीच के वर्षों में जब ट्रेड यूनियनों के दबावों के कारण औपचारिक क्षेत्र के मजदूर बेहतर जीवनस्तर पाने में सफल रहे तो अपने अपेक्षाकृत सुविधासम्पन्न संसार में प्रवेश को रोकना भी उनके हित में था। इस तरह औपचारिक और अनौपचारिक के भेद की सीमा कालक्रम में

1. 1911 में बम्बई प्रेसीडेंसी के 92 कपड़ा कारखानों में सिर्फ भारतीय निदेशक थे जबकि 12 में सिर्फ यूरोपीय या एंग्लो-इंडियन निदेशक थे और 25 में दोनों समुदायों के लोग थे : बंगाल के जूट कारखानों के लिए संगत आँकड़े 0 और 49 के हैं। बागची 1972 : 183 (तालिका 6.7) देखें।

बदलती रही है; इस बात को चन्दावरकर ने जोरदार ढंग से सामने रखा है।[1] सबसे बड़ी बात यह कि भारतीय कपड़ों के उद्यमियों ने जो तालमेल किए उनका सम्बन्ध ठीक इसी बात से था कि वे क्या तैयार करना चाहते थे। आरम्भिक दिनों में लैंकशियर से कुछ खास किस्मों के धागों और तैयार कपड़ों से अधिक प्रतियोगिता बचाने की स्पष्ट इच्छा पाई जाती थी। जैसा कि 1890 के आबकारी विवाद से जुड़ी सरकारी दस्तावेजों के सहारे बागची ने सांख्यिकी दृष्टि से दिखाया है, उम्दा श्रेणी (अधिक काउंट)वाले धागों के बाजार पर लैंकशियर के आयातों का वर्चस्व था, जबकि भारतीय धागों में से सिर्फ 6 प्रतिशत धागे 24 काउंट से अधिक के थे। इसके विपरीत बम्बई में आयातित धागों में 18 प्रतिशत से कम धागे 24 काउंट या इससे कम के थे। इस तरह 19वीं सदी की आखिरी चौथाई में भारतीय कपड़ा कारखाने अपना ध्यान भारतीय हथकरघों को या चीनी और जापानी बाजारों को आपूर्ति करने के लिए काउंट के धागों पर केन्द्रित किए हुए थे। आरम्भिक वर्षों में कताई और बुनाई के समन्वित कारखानों के प्रयोग हुए जो कि कुछ अधिक कामयाब नहीं रहे। तब अन्त-1850 की शुरुआती वृद्धि को अमरीकी गृहयुद्ध के चलते लैंकशियर के सामने आनेवाले 'कपास के अकाल' के दौरान भारत से कच्ची कपास के निर्यातों और उनके दामों में आई उछाल ने खत्म कर दिया था। इस दौर में बम्बई के कपड़ा उद्योग में बिजली के करघों के मुकाबले चरखों की वृद्धि काफी तेज रही और लगभग अबाध वृद्धि का यह काल 1870 से 1890 तक चला। 1875 और 1895 के बीच बम्बई में कम-से-कम 42 कारखाने कायम हुए; उनमें से 12 जुलाई, 1873 और दिसम्बर 1874 के बाद बने। 1880 के दौरान भारतीय धागों का निर्यात पाँच गुना बढ़ा और 1883 में भारतीय कारखानों ने चीन को धागों की बिक्री में पहली बार लैंकशियर को पीछे छोड़ गया।

चाँदी के रुपयों का गिरता मूल्य इन दशकों में एक अतिरिक्त लाभ था, जिसके कारण लैंकशियर के आयात महँगे हो गए और भारतीय धागों की कीमतें कम बनी रहीं। मझोले दर्जे के एक व्यापक दायरे में लैंकशियर के वर्चस्व के कारण तैयार कपड़ों का उत्पादन एक चुनौती जैसा रहा : जैसा कि हमने देखा, हथकरघे इस बड़े मध्यवर्ती क्षेत्र से ऊपर और नीचे के स्तरों पर सुरक्षित रहे। भारतीय कारखानों में विरंजन की सुविधाओं का तथा रँगाई और छपाई की क्षमताओं का भी अभाव था। (अहमदाबाद के मुकाबले) बम्बई के कारखाने सदी के मोड़ के आसपास ही घरेलू बाजार के लिए बुनाई की तरफ मुड़े, तब जबकि चीन और जापान में कताई के कारखाने बढ़े। तभी जाकर ऐसा हुआ कि लैंकशियर के साथ प्रतियोगिता तीखी हुई, जिसे 1905 के आसपास थोड़े समय के लिए स्वदेशी आन्दोलन की राजनीति से प्रेरणा मिली। फिर पहले विश्वयुद्ध के बाद शक्ति में काफी अधिक वृद्धि की स्थिति

1. बम्बई के मौखिक इतिहासवाले ग्रन्थ में उनकी प्रस्तावना : आडरकर और मेनन 2004 देखें।

आई। लगभग 1900 के बाद ही विरंजन और रँगाई की सुविधाएँ शुरू हुईं, जबकि 1906 के बाद से चीन के लिए धागों के निर्यात में एक स्थायी गिरावट आई।[1]

लेकिन अत्यधिक टकराव से बचाव ने भी बम्बई में एक शक्तिशाली प्रतियोगी के उदय के बारे में लैंकशियर में समय-समय पर आनेवाली बौखलाहट को दूर नहीं किया। लैंकशियर की शक्तिशाली संसदीय लाबी ने ऐसी चिन्ताओं को बहुत अधिक प्रचारित किया, जिसके कारण समय-समय पर ब्रिटिश सरकार ने हस्तक्षेप किए। इसके मुख्य रूप दो थे : लैंकशियर के सूती कपड़ों पर बहुत ही कम आयात शुल्कों पर भी घोर विरोध तथा कारखाना कानूनों के द्वारा भारतीय कारखानों के नियमन के प्रयास।

ब्रिटिश भारत की सरकार की वित्तीय आवश्यकताओं के कारण (जबकि रुपए के अवमूल्यन के कारण गृह व्यय बढ़ रहा था) 1870+ में लगाया गया बहुत मामूली टैरिफ भी 1882 में समाप्त कर दिया गया। 1890+ के दौरान जब ये व्यय मुद्रा और वित्त की एक बहुत ही कठोर स्थिति के सन्दर्भ में वापस पलटे तो भारतीय कपड़ों पर एक जवाबी आबकारी लगाई गई। इसने भारतीय समाचार-पत्रों और मध्यवर्ग के प्रतिरोधों की एक लहर को जन्म दिया, खासकर बम्बई में। ब्रिटिश मालों के बहिष्कार का सुझाव पहली बार सामने आया।

इस बीच 1874-75 में बम्बई के कारखानों के विकास में आई तेजी ने भारतीय स्वामित्ववाले कारखानों में काम के लम्बे घंटों और अमानवीय दशाओं के बारे में संसद में भाषणबाजी और ब्रिटिश अखबारों में मुहिमों को जन्म दिया। वैसे ये आलोचनाएँ अपने-आप में पूरी तरह वैध थीं, भले ही ये अक्सर और स्पष्ट रूप से स्वार्थों से प्रेरित रही हों, लेकिन इनमें असम के बागान और कलकत्ता के जूट कारखानों में मौजूद समतुल्य दशाओं का शायद ही कभी जिक्र किया गया। भारतीय राष्ट्रवादी जनमत भी उतना ही प्रवृत्तिमूलक था, हालाँकि विपरीत दिशा में था : 2 सितम्बर, 1875 को 'अमृत बाजार' पत्रिका ने बम्बई में मजदूरों की दशाओं सम्बन्धी मुहिम के सन्दर्भ में ऐलान किया कि 'हमारे कामगारों में मृत्यु की अधिक दर इस उदीयमान उद्योग के पतन से कहीं बहुत अधिक वरीयता की पात्र है।'[2] लेकिन कारखाना कानूनों के बारे में न तो ब्रिटिश और न ही भारतीय दृष्टिकोण को यकरस माना जा सकता है। लैंकशियर के दबावों के बावजूद और 1875 के पहले कारखाना आयोग के बाद एक कानून छह साल बाद, 1881 में जाकर ही बना। यह सिर्फ उन इकाइयों पर लागू होता था, जिनमें सौ से अधिक मजदूर कार्यरत थे और यांत्रिक शक्ति का उपयोग होता था। बम्बई के कारखानों के आग्रह पर यह कानून पूरे देश में लागू कर दिया गया हालाँकि इस विषय पर बहस अधिकतर बम्बई के

1. वही, 229-34; चन्दावरकर 1994 : 244-51
2. चन्द्रा 1996 : 336

कारखानों तक ही सीमित रही। सिर्फ बच्चों के काम के घंटों और उनकी आयु पर रोक लगी और 'बच्चे' की परिभाषा 7 से 12 वर्ष के रूप में की गई। इस आयु वर्ग के लिए काम के अधिकतम घंटों को 9 कर दिया गया। 1891 में बने एक और कानून ने इसे विस्तार देकर 50 से अधिक मजदूरोंवाले कानूनों पर लागू किया तथा स्त्रियों के लिए काम के घंटों पर पहली बार एक सीमा लगी। वयस्क पुरुष श्रमिकों के काम के घंटों का नियमन करने के बारे में कभी-कभी के आग्रह हर बार अस्वीकार किए गए। एक साप्ताहिक छुट्टी का आरम्भ 1891 में ही हुआ और न्यूनतम मजदूरी तय करने का सवाल ही नहीं था। कारखाना कानूनों के दायरे से पुरुष श्रमिकों को बाहर रखे जाने को 1885 के कारखाना आयोग ने इंग्लैंड के अनुभव के आधार पर उचित ठहराया, जहाँ स्त्रियों और बच्चों के काम के घंटों को सीमित करने के कारण लम्बे घंटे मालिकान के लिए कथित रूप से अलाभकारी बन गए थे। परमार्थ वृत्तिवाले दो सदस्यों ने इसका विरोध किया। एक अंग्रेज डॉक्टर और बम्बई के एक अग्रणी नागरिक एस.एस. बंगाली ने कहा कि बम्बई के श्रमबल में स्त्रियों और बच्चों का भाग सिर्फ 25 प्रतिशत था, जबकि लैंकशियर के श्रमबल में उनका भाग काफी अधिक, 74 प्रतिशत था। श्रम सुधार की कमजोरी इस आयोग की संरचना से ही स्पष्ट थी जिसमें तीन पारसी, और एक ब्रिटिश कारखाना-मालिक थे और आधिकारिक सदस्य केवल एक था। लेकिन विरोध की यह टिप्पणी एक परमार्थी पहल का संकेत देती है और यह भी नस्ली भेदों को आर-पार काटती थी। बंगाली एक कारोबारी, पत्रकार, समाज-सुधारक, गवर्नर की कौंसिल के सदस्य और 1885 व 1890 के कारखाना आयोग के भी सदस्य थे, जिन्होंने बच्चों के काम के घंटों पर नियंत्रण का बार-बार आग्रह किया। उनके अलावा दूसरे प्रमुख भारतीय सदस्य एन.एम. लोखंडे थे, जो ज्योतिबा फुले के सत्यशोधक समाज से जुड़े एक मूलगामी ब्राह्मण विरोधी कार्यकर्ता थे। शशिधर बनर्जी के ये समकालीन श्रमिकों के कल्याण को बढ़ावा देने में अपने बंगाली समकालीन से कहीं बहुत अधिक दृढ़प्रतिज्ञ थे। उन्होंने मजदूरों के शैक्षिक और नैतिक उत्थान पर केन्द्रित सुधारकों का ध्यान मजदूरों के काम की दिशाएँ बदलने सम्बन्धी प्रयासों की तरफ मोड़ा। पत्रिका 'दीनबन्धु' में जिसे वे सम्पादित करते थे, कारखाना मजदूरों के कष्टों के बारे में बार-बार लिखने के अलावा लोखंडे ने एक बॉम्बे मिल हैंड्स एसोसिएशन की स्थापना भी की। यह थोड़ा अस्पष्ट संगठन था और भरा-पूरा ट्रेड यूनियन तो शायद ही था, पर फिर भी ऐसा संगठन था, जिसने अक्तूबर 1884 में 5500 मजदूरों की एक सभा का आयोजन किया। इसका उद्देश्य कारखाना आयोग के लिए एक ज्ञापन का अनुमोदन करना था, जिसमें इतवार की छुट्टी का और वयस्क पुरुषों के लिए काम के घंटों को सवेरे 6.30 से सूर्यास्त तक सीमित करने का आग्रह किया गया था।

1893 से कारखानों में बिजली से रौशनी के प्रबन्ध के कारण पुरुष श्रमिकों के हालात और बिगड़े। जैसा कि 1908 के कारखाना आयोग ने कहा, इसके चलते बम्बई के कुछ कारखाने 'हाथों के एक ही समूह से रोजाना साढ़े चौदह घंटों तक' काम लेने लगे, क्योंकि सूर्योदय से सूर्यास्त की स्वाभाविक सीमा अब पार की जा सकती थी। श्रमिकों की माँगों पर ब्रिटेन में एक अधिक संवेदनशील लिबरल प्रशासन के अन्तर्गत 1911 में जो कानून बना, उससे पहली बार वयस्क पुरुषों के लिए 12 घंटों का काम-दिन तय हुआ। स्त्रियाँ अधिकतम 11 और बच्चे अधिकतम 6 घंटे तक काम कर सकते थे। मगर न्यूनतम मजदूरियाँ अभी भी तय नहीं की गईं।[1]

आधिकारिक जाँचों की अनेक रिपोर्टों में दर्ज, कारखानादारों की बार-बार की शिकायतों के बावजूद मजदूरों की भरती में शायद ही कभी कोई तीखी समस्या आई, जैसा कि मारिस डेविस मारिस ने बम्बई के कपड़ा उद्योग पर अपने अध्ययन में दिखाया है। मजदूरों की भारी कमी से मजदूरियाँ ऊपर जानी चाहिए थीं, खासकर इसलिए कि श्रम की लागतें कारखानादारों के आवंटन का बस एक छोटा-सा भाग होती थीं। मुनाफे की आशाएँ भारी थीं तथा अधिक पूँजी-सघन तकनीकों की तरफ कोई झुकाव नहीं आया। लेकिन ऐसा कभी हुआ नहीं सिवाय दुर्लभता की एक वास्तविक अवधि के जब अन्त-1890+ के दौरान बम्बई में ताऊन की बौखलाहट फैली। उन दिनों मजदूरियाँ सचमुच बढ़ीं।[2]

मारिस के अध्ययन ने बम्बई के श्रमिकों सम्बन्धी अनुसन्धानों का एक खास ढर्रा तय किया, जिसे नीचे चन्दावरकर तक पहुँचता दिखाया जा सकता है। इसमें वह झुकाव है जो बंगाल सम्बन्धी रचनाओं से भिन्न है। चक्रवर्ती के जोर के ठीक विपरीत इसमें लगातार जोर एक तरह के 'बुद्धिसंगत चयन' पर तथा अनेक सम्भव सांस्कृतिक या परम्परागत आयामों की छानबीन किए बिना भौतिक दशाओं और प्रेरणाओं से 'कठोर' सम्बन्धों की खोज की इच्छा पर दिया गया है। जैसा कि सुझाया जा चुका है, यूँ तो यह बात अक्सर विश्वासोत्पादक होती है, पर यह उद्यमियों और मजदूरों के जीवन के उन कम गोचर पहलुओं की उपेक्षा का कारण बन सकती है जो लाजिम नहीं कि कम महत्त्वपूर्ण भी हों। बम्बई के आरम्भिक दशकों के बारे में लैंगिक आयामों पर शमिता सेन की रचना जैसा कुछ है ही नहीं।[3] इसके अलावा जाति और धर्म के प्रश्नों की कुछ स्पष्ट नजर आनेवाली उपेक्षा भी पाई जाती है। हम अक्सर खुश्क आँकड़ों के बीच खड़े रह जाते हैं। 1880+ के दौरान दमन के जिलों से, पिछले दशक में आए अकालों के कारण, बड़े पैमाने के दुखजन्य प्रवास के कारण कारखानों

1. 'Report of Bombay Factory Commission', 1885; पुणेकर और वाणिकायिल 1990 : भाग चार।
2. मारिस 1965 : 199 और यथास्थान।
3. बाद के वर्षों में लैंगिक पक्षों के बारे में कुमार 1989 : 133-62 देखें।

में स्त्रियों का रोजगार तेजी से बढ़ा। फिर 1891 में जब स्त्रियों के लिए काम के अधिकतम घंटे तय किए गए तो जैसा कि समझा जा सकता है, यह आँकड़ा नीचे आया। लेकिन 1920+ में भी यह कुल श्रमबल का कोई पाँचवाँ भाग ही था, मगर फिर नीचे गिरकर 1940+ तक दसवाँ भाग ही रह गया। रही जाति और धर्म की वफादारियाँ, तो मारिस ने उनके प्रभाव की अतिशयोक्ति के खिलाफ चेतावनी दी है और उनके स्थायित्व की व्याख्या दूसरे तत्त्वों के सहारे की है : जॉबर्स का अपने नातेदारों को भरती करना या मजदूरों के विशेष समूहों का यह प्रयास करना कि कार्यस्थलों में और बस्तियों में अपने रिश्तेदारों के लिए 'कोने' बचाकर रखें। मारिस और चन्दावरकर दोनों ने सिर्फ दलितों के खिलाफ व्यवस्थित भेदभाव देखा; ये दलित आमतौर पर छल्ला-कताई के विभागों में सबसे कम मजदूरियों तक सीमित रखे जाते थे जबकि बुनकरों में प्रमुखता दरमियानी जातियों के मजदूरों और मुस्लिम पुरुषों को भी प्राप्त थी। अहम बात यह है कि कुनबी-मराठा जातियों का गुट, जो फुले के आन्दोलन का प्रमुख आधार था, बम्बई के कारखानों के श्रमबल में अपनी शक्ति बढ़ाता रहा। इसके कारण लोखंडे की दिलचस्पी समझ में आती है, भले ही बार-बार वे आग्रह करते रहे कि मराठा की श्रेणी को विस्तार देकर उसमें सभी गैर-ब्राह्मण समूहों को शामिल किया जाए ताकि मेहनतकशों को एक व्यापक गठबन्धन जैसी कोई चीज तैयार की जा सके।[1] इसके विपरीत श्रमबल में एक दलित (खासकर महार) अधम वर्ग की मौजूदगी ने तब समस्याएँ पैदा कीं जब 1920+ के दौरान एक जुझारू ट्रेड यूनियन आन्दोलन विकसित हुआ। यह मुख्यतः बुनकरों तक सीमित था।

बम्बई के औद्योगिक श्रमबल की दो खास विशेषताएँ थीं जो उसे बंगाल के जूट मजदूरों से अलग करती थीं। इनका सम्बन्ध मजदूरों के मूल स्थानों और बड़े नगर के जीवन में उनकी मुखरता की सीमा से था। 20वीं सदी में काफी आगे चलकर भी बम्बई के कारखानों के लिए भरती के क्षेत्र खुद बम्बई प्रेसीडेंसी के अपेक्षाकृत दबे-कुचले कुछ ग्रामीण क्षेत्र ही थे। इनमें सबसे प्रमुख कोंकण था, खासकर उसका रत्नागिरि जिला जो पहाड़ी और अपेक्षाकृत घटिया मिट्टी, प्रवास की लम्बी परम्पराओं और (बड़ी संख्याओं को फौजियों और अधिकारियों के काम देनेवाली) मराठा राजसत्ता के पतन के कारण सम्भावनाओं की गिरावट से त्रस्त था। इस प्रेसीडेंसी के गुजराती जिलों का व्यावसायिक समृद्धि का एक लम्बा इतिहास था और कुछ भागों में किसानों के एक स्वतंत्र स्तर का अच्छा-खासा विकास भी हुआ था। ये दूसरे विकसित

1. मारिस 1965, यथास्थान; चन्दावरकर 1994 : अध्याय 3-5 देखें। लोखंडे के बारे में सबसे अच्छा वृत्तान्त ओ' हैनलन 1985 : अध्याय-6 है। बम्बई के श्रमिक इतिहास के बाद के दशकों में ऐसे पक्षों और खासकर श्रमिक स्त्रियों के बारे में और अधिक आँकड़ों, खास तौर पर राधाकुमार के अनुसन्धान तथा आडरकर और मेनन द्वारा संकलित मौखिक इतिहास का ग्रन्थ है। 1918 के बाद बम्बई के श्रमिकों की विवेचना के दौरान आगे इस पर विचार किया जाएगा।

औद्योगिक केन्द्र के करीब थे। इन जिलों से बम्बई में बड़ी संख्या में व्यावसायिक अभिजात आकर बसे मगर औद्योगिक मजदूर अपेक्षाकृत कम आए। विदेशों में गिरमिटियों के आगमन में कमी अन्ततः उसके अन्त के कारण पूर्वी संयुक्त प्रान्त और पश्चिमी बिहार जैसे स्थायी-श्रमिक ग्रहण क्षेत्रों से इस प्रवाह का एक भाग फिर बम्बई की तरफ मुड़ गया। लेकिन कलकत्ता की तरफ ऊपरवार के लोगों के प्रवास के बाद ही ऐसा हुआ। बम्बई का श्रमबल एक लम्बे समय तक अधिकतर मराठीभाषी ही रहा। हालाँकि समय के साथ इसमें कमी आई मगर आरम्भ में भाषा के सूत्र के कारण नगर के अधिकतर मराठी पढ़े-लिखे लोगों के कुछ भागों के साथ उनका सम्पर्क आसान ही रहा। इसी तरह जूट उद्योग के विपरीत बम्बई में उद्योग बाहरी परिधि पर स्थित उपनगरों में नहीं, बल्कि नगर के उत्तरी-मध्य भाग में केन्द्रित हुए। यातायात की कठिनाइयों के कारण मजदूर अपने कार्यस्थलों के यथासम्भव पास ही रहते थे। 1933 तक 90 प्रतिशत कारखाना मजदूर अपने कार्यस्थलों से पैदल पन्द्रह मिनट की दूरी पर रह रहे थे। मजदूर जिसे 'गीराँगाँव कारखाना गाँव' कहते थे उसका नगर के मध्य भाग में इसी तरह जन्म हुआ, खासकर नगरपालिका के परेल, बायकुला और वर्ली जैसे वार्डों में। इसके कारण नगर के जीवन में औद्योगिक मजदूरों को एक तरह की दृश्यमानता मिली, जो कि कलकत्ता में कभी नहीं मिली। 1982 की हड़ताल की शिकस्त के कारण स्वयं इस उद्योग के लगभग पूर्ण विनाश तक यह स्थिति बनी रही।

इस तरह बम्बई में कार्यस्थल और बस्ती का काफी गहरा सम्बन्ध बना रहा। दोनों पर प्रभुत्व के ढाँचे हावी थे, जिसका व्यवहार मुख्यतः जॉबर्स के द्वारा होता था, जो मौजूद तो हर जगह थे मगर किसी भी तरह समरूप नहीं थे, न हमेशा ही सर्वशक्तिमान होते थे। आवास, ऋण और रोजगार के साथ जो घोर असमान और शक्तियों के अधीन मगर कभी-कभी पलटे जा सकनेवाले सम्बन्ध जुड़े हुए थे, उनकी बुनियादी विशेषताओं को हम पहले ही देख चुके हैं। चालों के हालात हमेशा ही भयानक बने रहे। 1930+ तक में कारखाना-क्षेत्रों की 30-40 प्रतिशत जनता के लिए चाल के जीवन का मतलब छह से अधिक लोगों का एक ही कमरे में रहना था। एक मिसाल में तो एक कमरे में छह परिवार रह रहे थे। विरोधों का आरम्भ जल्द ही हुआ, और गीराँगाँव में रोजमर्रा का एक स्वायत्त सामाजिक और सांस्कृतिक जीवन बनाने के प्रयास भी जल्द ही शुरू हुए। इसे इस तथ्य से भी सहायता मिली कि ऐसे भीड़-भड़क्का के कारण मजदूरों का काफी फालतू समय सड़कों पर गुजरता था। इससे फुरसत के वक्तों में एक सामूहिकता का जन्म हुआ, हालाँकि इसका मतलब आए दिन के लफड़े भी थे। गीराँगाँव के इस समृद्ध सांस्कृतिक जीवन पर, जिसने अन्त-1920+ से लेकर स्वतंत्रता के बाद की शुरुआती दहाइयों तक के पूरे एक दौर में बम्बई के पूरे जीवन के लिए एक खास ढर्रा तय किया, आगे हमारी और भी विस्तृत विवेचना का विषय रहेगा।

लोखंडे कारखाना मजदूरों की कम-से-कम दो बड़ी सभाएँ आयोजित करने में सफल रहे : 1884 और 1990 में। उन्होंने कारखाना आयोगों के लिए ज्ञापन तैयार किए। रिपोर्टों के अनुसार इनमें से दूसरी सभा में 10,000 लोग आए और उल्लेखनीय बात यह है कि वक्ताओं में दो मजदूर महिलाएँ भी थीं। श्रम के इतिहासकारों ने मध्यवर्गीय हस्तक्षेपों से स्वतंत्र अनेक 'स्वत: स्फूर्त' प्रतिरोधों का पता भी लगाया है : खासकर आरम्भ-और मध्य-1890+ में हड़तालों का एक उबाल आया जो बिजली की रौशनी के नए-नए उपयोग के बाद काम के घंटों में निर्मम बढ़ोत्तरी के और मनमाने जुर्मानों के खिलाफ थीं। लेकिन ये कुछ खास कारखानों या विभागों के खिलाफ थीं, जबकि इसके विपरीत युद्धों के बीच प्रभावशाली आम हड़तालें हुईं। अभी तक इनको औपचारिक या स्थिर श्रमिक संगठनों से नहीं जोड़ा जा सका है। ये 1908 में तिलक के मुकदमे के विरोध में हुई हड़ताल से भी भिन्न थीं।[1]

अहमदाबाद के कारखाने कलकत्ता और बम्बई के कारखानों से इस अर्थ में भिन्न थे कि ये एक ऐसे क्षेत्र में स्थित थे जो अपने हथकरघों, दूर-दराज के स्थानों तक बुने हुए कपड़ों के निर्यात और बखूबी विकसित परम्परागत सौदागर समूहों के लिए सदियों तक मशहूर रहा है। अहमदाबाद बहुत पहले, 1411 में बसा था। इसलिए उसके इतिहास में उपनिवेशपूर्व काल के साथ, और दस्तकारी की परम्पराओं के साथ भी, निरन्तरता का एक तत्त्व रहा, जोकि कलकत्ता और बम्बई में पूरी तरह गायब रहा, 19वीं सदी में लैंकशियर के मुकाबले इन परम्पराओं का पतन हुआ पर ये पूरी तरह खत्म नहीं हुई। अंग्रेजों के बसाए महानगरों के मुकाबले उपनिवेशी सत्ता की आर्थिक—और कुछ हद तक राजनीतिक—उपस्थिति भी यहाँ कम स्पष्ट थी, क्योंकि गुजरात का काफी बड़ा भाग रजवाड़ों पर आधारित था।

पहले सूती कारखाने का आरम्भ अहमदाबाद के अग्रणी नागर ब्राह्मण रणछोड़लाल छोटा लाल ने 1861 में किया, जिसके लिए अनेक गुजराती बनिया व्यवसायियों ने वित्तीय समर्थन दिया। धीमी शुरुआत के बाद अहमदाबाद के कारखाने 19वीं सदी की आखिरी दहाइयों में तेजी से बढ़े और अगर 1894 में उनकी संख्या 12 थी तो 1899 में 26 और 1914 में 49 हो गई। बम्बई के विपरीत वहाँ घरेलू बाजार पर हमेशा अधिक जोर दिया जाता रहा। कारखाने हथकरघों के बुनकरों को धागों की तथा खुरदुरे और अधिक चिकने तैयार कपड़ों की आपूर्ति भी करते थे। आरम्भ-1900+ तक अहमदाबाद बम्बई से अधिक तेजी से बढ़ने लगा था। वहाँ चरखों से करघों का अनुपात भी कहीं बहुत अधिक था। वह अधिक काउंट के धागे भी तैयार करता था। इस तरह वहाँ लैंकशियर से टकराव की सम्भावना अधिक थी—यह तथ्य

1. सेन 1970; पुणेकर और वाणिकायिल 1990 देखें। रहा बंगाल तो श्रम के इतिहास पर स्वदेशी के वर्षों बाद के एक भाग में विचार करना अधिक सुविधाजनक होगा।

1920+ से गांधीवादी राष्ट्रवाद के साथ अहमदाबाद के कपड़ा सेठों के अधिक घनिष्ठ सम्बन्धों की अंशतः व्याख्या करता है। बम्बई के कारखाना मालिकों के साथ यह बात नहीं रही।

अहमदाबाद कुछ खास भी था, क्योंकि वहाँ अधिकांश मजदूर पास के क्षेत्रों से आए। 1929 तक भी 80 प्रतिशत मजदूर नगर से पचास मील के दायरों से आए। बहुत सारे तो अहमदाबाद में ही बस गए और कभी-कभार ही अपने गाँव-घर जाया करते थे। कताई और बुनाई की परम्पराओंवाले समूह बहुत ही प्रमुख थे : बुनकरों में मुसलमान और कुनबी (कनबी-पाटीदार जिनसे युद्धमध्य गांधीवादी राष्ट्रवाद के केंद्र के रूप में हमारी फिर मुलाकात होगी) और कताई करनेवालों में अछूत धेड़ और वनकर। जैसाकि और जगहों पर हुआ, बुनाई के अधिक सुविधासम्पन्न और बेहतर उजरतवाले विभागों से दलित बाहर रखे गए; इसका एक अहम कारण अशुद्धि सम्बन्धी निषेध थे : कताई करनेवालों को हाथ से धागे को छूना पड़ता था और चरखी (शटिल) बदलते समय भरनी (बाबिन) में धागे को भरना पड़ता था। इस तरह मजदूरों और (बड़ी संख्या में गुजराती सवर्ण) मालिकों के बीच और खुद मजदूरों के बीच भी जातिगत बाधाएँ काफी थीं। चूँकि मुकद्दम (जॉबर्स) अपने नातेदारों में से मजदूरों की भरती करते थे, इसलिए ये बाधाएँ बराबर पुष्ट होती रहीं। श्रम का जाति और समुदाय पर आधारित विखंडन प्रमुख प्रतिमान बन गया। यह बात दूसरे औद्योगिक क्षेत्रों के बारे में भी सही है, हालाँकि लगता है कि अहमदाबाद सम्बन्धी अध्ययनों ने इस संवृत्ति पर अधिक ध्यान दिया है।

अहमदाबाद में मजदूरों के हालात उतने ही बुरे थे जितने अन्यत्र थे। सूर्योदय से सूर्यास्त तक काम का मतलब गर्मियों में लगभग 13 घंटों का काम-दिन था। 1905 में जब बिजली की रौशनी आई तो यह वयस्क पुरुषों के लिए 15 घंटे भी हो जाता था। कारखाना कानूनों के बाद स्त्री और बाल श्रमिकों की संख्या में आम कमी आई। कुछ मजदूर स्त्रियों ने 1891 में अधिकतम घंटों के निश्चय के खिलाफ एक प्रार्थनापत्र भी तैयार किया, क्योंकि उन्हें डर था और बेसबब भी नहीं था कि उन्हें अब रोजगार के योग्य नहीं माना जाएगा। लेकिन बच्चों के लिए काम के घंटों सम्बन्धी प्रतिबन्धों को एक से अधिक कारखाने में आधा-दिनी काम की तरकीब से धता बताई गई। अन्यत्र की अपेक्षा अहमदाबाद में महिला और बच्चा मजदूरों का भाग भी अधिक (1921 में क्रमशः 15 और 13 प्रतिशत) रहा। गालिबन इसका कारण यह था कि श्रम के अधिक स्थायी नगरीकरण के चलते अधिक मजदूर वहाँ सपरिवार आकर बसे। मजदूर पहले तो खुद के खड़े किए हुए झोंपड़े (वाड़ों) में रहते रहे और जाति और धार्मिक समुदाय की तर्जों पर बँटे रहे। फिर वे प्रबन्धकों या नगरपालिका के तैयार किए हुए एक या दो कमरोंवाले मकानों में चले गए जो तंग गलियों में बनाए गए थे—ये बम्बई में अपने समकक्ष चालों से शायद ही बेहतर

रहे होंगे। लेकिन कठोर दशाओं के बावजूद श्रम की आपूर्ति में कभी कोई समस्या नहीं आई। मजदूरियाँ देहातों में खेत मजदूरों की मजदूरियों से अधिक ही थीं। नगरीय 'अनौपचारिक' काम की बाजारी अर्थव्यवस्था से प्रत्याशित अनिश्चित आय के मुकाबले भी ये बेहतर थीं।

उद्योग के आरम्भिक दिनों से ही कभी-कभार के विरोधों के छिटपुट हवाले भी मिलते हैं। विशेष कारखानों में कुछ खास तकलीफों को लेकर कभी-कभी हड़तालें भी हुईं जो चन्दोला तालाब के पास की सभाओं की एक परम्परा बन गईं। धातु की एक गोल तख्ती या टोकेन घुमाकर मजदूरों को सभाओं की सूचना दी जाती थी। गैर-हड़तालियों को उनकी 'जनाना' बुजदिली के प्रतीक के रूप में लम्बे बालों या चूड़ियों के डब्बे भेजे जाते थे : यह ऐसी लैंगिक रूढ़ि थी जिसे मजदूरों ने इस्तेमाल किया। साप्ताहिक की जगह पाक्षिक आधार पर मजदूरी अदा करने की नई प्रथा के खिलाफ 1895 में 8,000 की एक और भी बड़ी हड़ताल हुई। कारखानों में बेहतर स्थान पाने के लालच में दलित श्रमिकों ने जाहिरा तौर पर हड़तालतोड़कों के काम किए। 1891 में अहमदाबाद मिल ओनर्स एसोसिएशन की स्थापना मजदूरों के प्रतिरोधों के खिलाफ संयुक्त कार्रवाई की अनुभूत आवश्यकता का आंशिक प्रत्युत्तर थी।

दूसरी जगहों के मुकाबले अहमदाबाद में 'ऊपर से' सुधार की पहल को अधिक सीमा तक और अधिक स्थायी महत्त्व मिला। 1918 की हड़ताल के साथ गांधीवादी ट्रेड यूनियनवाद की शुरू हुई खास शैली से इसका स्पष्ट सम्बन्ध जोड़ा जा सकता है। बम्बई में, मगर उससे भी अधिक निर्णायक ढंग से अहमदाबाद में, पढ़े-लिखे गुजरातियों और विशालसंख्यक गुजराती मजदूरों की भाषाई-सांस्कृतिक सम्बद्धता ने इस प्रक्रिया में मदद पहुँचाई। एक स्वदेशी मित्र मंडल ने 1905 में कारखाना मजदूरों के बीच परोपकार के काम शुरू किए। कुछ साल बाद अनुसूया बेन साराभाई का केन्द्रीय व्यक्तित्व सामने आया जो अग्रणी कपड़ा सेठ अम्बालाल की बहन थीं। लन्दन स्कूल ऑफ इकोनॉमिक्स में पढ़ते हुए वे फेबियन समाजवाद के प्रभाव में आईं और वापस आने के बाद उन्होंने 1914 में अपने भाई के स्वामित्ववाली एक चाल में बच्चों का एक स्कूल कायम किया। दो साल बाद उन्होंने शंकरलाल मैत्र के साथ मिलकर एक मजदूर मित्र मंडल कायम किया, जो वयस्कों के लिए शाम की कक्षाएँ चलाता था तथा मजदूरों और उनके परिवारों के स्वास्थ्य और उनके घरों की सफाई में सुधार के प्रयास करता था। अहमदाबाद में 1918 में गांधी के हस्तक्षेप के लिए ऐसे ही प्रयासों ने एक आधार तैयार करने में मदद पहुँचाई।[1]

सूती कारखाने अन्ततः देश के अनेक भागों में स्थित बहुत सारे नगरों और कस्बों में कायम हुए, पर यह सिर्फ युद्ध मध्यकाल में हुआ। पश्चिमी भारत के बाहर के

1. उपरोक्त वृत्तान्त मुख्य रूप से ब्रेमन 2004 पर आधारित है।

आरम्भिक केन्द्रों की विशेषता, जिनमें हम सिर्फ कानपुर और मद्रास पर संक्षेप में विचार करेंगे, यूरोपीय लोगों की बहुत भारी उपस्थिति थी जो बम्बई प्रेसीडेंसी के बाहर अन्त-19वीं और आरम्भ-20वीं सदी में अंग्रेजों के व्यवसाय की सार्वभौम प्रभुता की पुष्टि करती थी।

अंग्रेज जिस नगर को 'Cawnporo' कहते थे वहाँ आरम्भ-20वीं सदी तक ब्रिटिश व्यवसाय की अग्रणी स्थिति की व्याख्या आसानी से वहाँ विकसित दो उद्योगों से यानी कि चमड़ा और सूती कपड़ा से ब्रिटिश भारत की सेना की आवश्यकता के सम्बन्ध के आधार पर की जा सकती है। कानपुर आरम्भ-19वीं सदी से ही व्यापार-केन्द्र और छावनी-नगर के रूप में ही विकसित होता आ रहा था। फौज के लिए चमड़े की आवश्यकता के ही कारण अंग्रेजों ने 1860+ में उत्पादन को आधुनिक बनाने और उसके केन्द्र को गाँव से हटाकर नगर में लाने के प्रयास किए। सेना को बूटों और जूतों की आपूर्ति के लिए दो भूतपूर्व निलहों ने कूपर एंड एलन की स्थापना की। 1860+ के आसपास ही ब्रिटिश पहल पर सूती कारखाने भी खड़े होने लगे। (1920+ से पहले भारतीय स्वामित्ववाले कारखाने थे ही नहीं) हालाँकि उनकी संख्या बम्बई व अहमदाबाद के मुकाबले काफी कम थी : आरम्भ-20वीं सदी तक में सिर्फ सात। यूँ कारखानों का आकार कुछ सीमा तक इसकी भरपाई कर देता था; ये पश्चिमी एशिया के मुकाबले अक्सर बड़ी होती थीं। 1905 में कानपुर की किसी भी इकाई में 40,000 से कम तकुए और 500 से कम करघे नहीं थे। यहाँ भी फौज की माँग का केन्द्रीय महत्त्व था और 1914-18 के दौरान कानपुर में एक भारी उछाल आया, जब वह ब्रिटिश भारत की सेना के लिए तम्बुओं, जीनों और बरमों की आपूर्ति कर रहा था; मेसोपोटामिया में और पश्चिमी मोर्चे पर लड़ाई के लिए इस सेना का भारी प्रसार हुआ था। जैसा कि जूट के सन्दर्भ में हुआ, भारत में उद्यमशीलता कभी-कभी उन अंग्रेजों को ऊपर उठने के मौके देती थी जो सुविधासम्पन्न घरानों के नहीं थे। अनेक शुरुआती कारखाना मालिक लैंकशियर के भूतपूर्व मजदूर थे। अहमदाबाद की तरह कानपुर में भी आरम्भिक वर्षों में श्रमबल का एक महत्त्वपूर्ण भाग परम्परागत बुनकर जातियों से आया : कोरी और खासकर मुस्लिम जुलाहे विशेष रूप से महत्त्वपूर्ण थे। कानपुर के मजदूरों में स्त्रियों और बच्चों की कोई बड़ी संख्या कभी रही ही नहीं, और शायद मुसलमानों की भारी उपस्थिति ने घर से बाहर औरतों के काम को लेकर हिचक पैदा करने में योगदान दिया। अधिकांश मजदूर संयुक्त प्रान्त के जिलों से आए, लेकिन इतने बड़े सूबे में फिर भी दूरियाँ अच्छी-खासी होती थीं तथा चक्रीय गति का बंगाल और बम्बईवाला ढर्रा लगता है कानपुर का कायदा भी रहा। प्रवास के प्रतिमानों और अनुभवों में भारी अन्तर पाए जाते थे और चित्रा जोशी का सुन्दर वृत्तान्त ऐसे असाधारण समृद्ध ब्योरे पेश करता है जो संस्मरणों से तथा उन मजदूरों के वृत्तान्तों से लिए गए हैं जो उनके शब्दों में

'बीच की दुनिया' में रहते थे : यह न तो पूरी तरह ग्रामीण किसानों की और न ही नगरीय श्रमिकों की दुनिया थी। दूरियों और सामाजिक श्रेणियों के बीच एक निरन्तर गति इसकी विशेषता थी और यह 'खोई हुई दुनियाओं' का एक मर्मस्पर्शी अनुभव था।[1]

मद्रास प्रेसीडेंसी के विदेशी व्यापार और वित्तीय ढाँचों पर अंग्रेजों का वर्चस्व उतना ही मुकम्मल था जितना बंगाल में था। मिसाल के लिए देश में बैंककारी के सोपान में शीर्ष पर स्थित तीन प्रेसीडेंसी बैंकों में बैंक ऑफ मद्रास भी एक था, लेकिन 1876 में उसकी स्थापना से लेकर 1921 में इम्पीरियल बैंक में उसके विलय तक उसमें एक भी भारतीय निर्देशक नहीं था। मद्रास के उद्योग दक्षिण में जमीनी स्तर पर कम थे, लेकिन युद्धमध्य काल में यह कपड़ों में संवृद्धि का एक बड़ा क्षेत्र बन गया। अन्त-19वीं सदी में वहाँ जो भी थोड़ा-बहुत था उस पर विशाल सीमा तक अंग्रेजों का नियंत्रण था। सबसे बड़ा कपड़ा कारखाना मद्रास नगर में बकिंघम एंड कर्नाटक का परिसर था। बिन्नी एंड कम्पनी द्वारा मध्य-1870+ में स्थापित यह कारखाना एक बहुत ही बड़ा सामान्य व्यापारिक उद्यम था, जिसके पास माल ढोने की बहुत सी नावें, स्टीमर और गोदियाँ थीं; एक दशक बाद उसी ने बंगलौर में भी एक ऊनी कारखाना कायम किया। युद्धकाल में सेना को खाकी की आपूर्ति करके जब बकिंघम एंड कर्नाटक ने भारी मुनाफे कमाए तो वह देश में कपड़ा उत्पादन की सबसे बड़ी इकाइयों में एक बन गया। उसकी एक थोड़ी-सी अलग श्रम नीति भी थी जिसमें माई-बाप जैसे व्यवहार के साथ-साथ एक सख्त अधिकारवादी ढाँचा मौजूद था जो नस्लवाद से पूरी तरह मुक्त नहीं था। यह कम्पनी अपने मजदूरों को असाधारण रूप से अच्छा आवास और कुछ चिकित्सा सुविधाएँ भी प्रदान करती थी। यह बात कभी-कभार टकराव को नहीं रोक सकी और इतवार को दोपहर बाद की छुट्टी की माँग पर काफी पहले, 1878 में ही एक हड़ताल हो चुकी थी। 1902 में एक फसाद घटिया दर्जे के धागों की आपूर्ति के खिलाफ हुआ, जिससे मजदूरों के लिए अपना बुनाई का कोटा पूरा करना कठिन हो गया था। जैसा कि हम देखेंगे, बकिंघम एंड कर्नाटक भी लगभग 1918 से ट्रेड यूनियन गतिविधियों का एक आरम्भिक केन्द्र बन गया, जिसका समापन 1920-21 में पहले विश्वयुद्ध के बाद की सबसे बड़ी और सबसे लम्बी हड़तालों में से एक पर हुआ। लेकिन यह हड़ताल एक तल्ख फसाद के बीच आखिरकार नाकाम हो गई। अछूत आदि-द्रविड़ मजदूरों ने, जिनके पास स्पष्ट कारणों से जमे रहने की कम क्षमता थी, हड़ताल तोड़ दी और उन्हें साथ के सवर्ण मजदूरों की हिंसा का शिकार होना पड़ा। दक्षिण में जातिगत अलगाव दूसरी जगहों के मुकाबले बदनामी की सीमा तक अधिक जड़ थे और

1. जोशी 2003, बागची 1972 : 185-88 भी देखें।

स्पष्ट है कि औद्योगिक दशाओं ने कारखानों के अन्दर उनका पुनरुत्पादन करने और सम्भवतः उन्हें बढ़ाने में मदद पहुँचाई।[1]

ब्रिटिश व्यावसायिक फर्में अक्सर विविधता ग्रहण करके उद्योग बन जाती थीं। यही हुआ हार्वी एंड कम्पनी नाम की कपास-निर्यातक फर्म के साथ, जिसने 1884 और 1892 के बीच तिन्नेवेल्ली, तूतीकोरिन और मदुरै में कपड़ा कारखाने कायम किए। पेरी एंड कम्पनी ने जो दक्षिण में अंग्रेजों की तीसरी बड़ी व्यापारिक फर्म थी, शक्कर, शराब और आगे चलकर खादों में विशेष स्थान प्राप्त किया। अधिकतर 1914 के बाद विकसित होनेवाले दूसरे उद्योगों, खासकर लाइट इंजीनियरिंग, सीमेंट और कागज—के साथ-साथ आधुनिक शक्कर कारखानों की वृद्धि पर एक अलग भाग में विचार करना अधिक सुविधाजनक होगा।

लोहारों से आगे : लोहा और इस्पात

अपने समृद्ध लौह संसाधनों के कारण इस उपमहाद्वीप में लोहा-उत्पादन की एक लम्बी परम्परा रही है। यह पिघलाने के लिए कोयले की बजाय लकड़ी से प्राप्त चारकोल के उपयोग पर आधारित था तथा यह उपनिवेश-पूर्व काल में आग्नेय अस्त्रों के लिए तथा खेतिहर उपकरणों का उत्पादन या मरम्मत करनेवाले ग्रामीण लोहारों के लिए काफी पर्याप्त था। ब्रिटिश उद्यमियों के कुछ आरम्भिक प्रयासों ने भी चारकोल का उपयोग जारी रखा और प्रौद्योगिकी में बहुत मामूली सुधार किए—इनमें एक उल्लेखनीय प्रयास 1820+ में कम्पनी के भूतपूर्व कर्मचारी हीथ का था जिसने अपने पुराने मालिकों की थोड़ी-बहुत पुश्तपनाही के साथ पोर्तो नोवो (दक्षिण अर्काट) में लोहे का उत्पादन शुरू किया। यह परम्परागत उत्पादन का कोई विकल्प न दे सका और 1870+ तक इसे बन्द करना पड़ा। इस समय तक ब्रिटेन से आयातित लोहा और इस्पात घरेलू बाजार के एक बड़े हिस्से पर कब्जा जमा चुके थे; वहाँ कोक पर आधारित आधुनिक प्रौद्योगिकी का इस्तेमाल होता था और इस आयात ने पुराने ग्रामीण उद्योग को बुरी तरह प्रभावित किया। ब्रिटिश मैनेजिंग एजेन्सी मार्टिन एंड कम्पनी ने 1874 में आसनसोल के पास आधुनिक विधियों से लोहे का उत्पादन शुरू किया। इसका जीवन भी काफी उतार-चढ़ाव से भरा रहा और काफी बाद तक यह इस्पात उत्पादन में कदम रखने का हौसला न कर सकी।

वास्तविक दिशा-परिवर्तन टाटा घराने के कारण आया जो अन्त-उपनिवेश काल में साहसी पूँजीवादी उद्यमशीलता का सबसे उल्लेखनीय भारतीय उदाहरण था। टाटा घराने ने अपनी दौलत अफीम तथा कच्ची कपास के निर्यातों से और फिर बम्बई और नागपुर के सूती कारखानों से जमा की थी। इसके साथ उसने लोहे और

---

1. बागची 1972 : 188-91; मर्फी 1977 : 291-321

इस्पात का आयात-व्यापार भी बड़े पैमाने पर शुरू किया। इससे उसे स्थानीय बाजार की दशाओं का भरपूर ज्ञान प्राप्त हुआ। आरम्भ-20वीं सदी में भारत में इस्पात का उत्पादन शुरू करने के बारे में टाटा संस के प्रयासों को भी कुछ आम उपनिवेशी बाधाओं का सामना करना पड़ा : निजी ब्रिटिश रेलें और इंजीनियरिंग कम्पनियाँ ब्रिटिश इस्पात पर भरोसा करना बेहतर समझती थीं क्योंकि ये उसे बेहतर किस्म का इस्पात मानती थीं जबकि लन्दन के मुद्रा बाजार ने, जहाँ से आरम्भ में धन आया करता था, ऐसे एक उद्यम के लिए धन देने से मना कर दिया जिसे पूरी तरह एक भारतीय फर्म ने शुरू किया था।

दो नए अनुकूल तत्त्व भी थे और टाटा घराने ने दोनों का कुशलता से उपयोग किया। कर्जन के हाथों 1905 में बंगाल के विभाजन के फौरन बाद के बरसों में स्वदेशी का उत्साह चरम पर था और अगस्त 1907 में, उत्साह की एक लहर के चलते, टाटा ने जो 2.3 करोड़ रुपए की रकम चाही थी वह 8000 भारतीय निवेशकों ने मात्र तीन सप्ताह में जुटा दी। स्वदेशी उद्यमशीलता की दूसरी मिसालों के ठीक विपरीत, जो फर्म अपनी कारोबारी बुद्धिमत्ता के लिए पहले से मशहूर थी उसमें जनता के भरोसे ने इस देशभक्ति के जोश को और पुख्ता बनाया। इसी के साथ लन्दन और कलकत्ता, दोनों जगह बैठे ब्रिटिश अधिकारी यह महसूस करने लगे थे कि भारत में इस्पात उत्पादन का एक केन्द्र काफी लाभदायक होगा। वैसे भी बेल्जियम से इस्पात के आयात भारतीय बाजार के एक बड़े भाग को अंग्रेज फर्मों से छीने जा रहे थे और एक यूरोपीय युद्ध की सूरत में, जो कि अधिकाधिक सम्भावित लग रहा था, उपनिवेश का एक स्रोत एक भारी रणनीतिक परिसम्पत्ति होता। टाटा घराने ने तानपूरे के इस दूसरे तार को खूब बजाया। उन्होंने पहले तो भारत सचिव की कृपा प्राप्त की (लार्ड क्रेवी ने 1911 में उदयीमान संयंत्र का दौरा किया) और फिर वे उपनिवेशवाद विरोधी राष्ट्रवाद के बाद के बरसों में स्पष्ट रूप से साम्राज्य के प्रति भक्ति दर्शाते रहे। इस तरह हम देख सकते हैं कि टाटा घराना, जो भारतीय पूँजीपतियों में सचमुच आधुनिक और प्रवर्तनकारी समूह नजर आता है, राजनीतिक और ठीक उसी कारण से आर्थिक अर्थ में 'कम्प्राडोर' की बजाय 'राष्ट्रीय' पूँजीपति वर्ग के रूढ़ ढाँचे में शायद ही खप सकेगा।

इस इस्पात संयंत्र के लिए स्थान का चयन काफी भौगोलिक और अन्य अनुसन्धानों के बाद किया गया। साकची (जिसका नाम जल्द ही बदलकर जमशेदपुर या टाटानगर कर दिया गया) कलकत्ता जानेवाली बंगाल-नागपुर रेल लाइन पर, कलकत्ता से लगभग 150 मील दूरी पर, स्थित थी। गुरुमाइशिनी और नोवामुंडी में लोहे के विशाल भंडार थे और झरिया में कोयले की समृद्ध खदान थी; ये सब संयंत्र से 50-115 मील के अन्दर ही थे। गुरुमाइशिनी और साकची के बीच एक रेल लाइन बिछाकर ब्रिटिश भारत की सरकार ने भी मदद की और सरकारी स्वामित्ववाली

रेलों के लिए दस साल तक हर साल 20,000 टन इस्पात खरीदने की रजामन्दी भी दी। इस्पात भी उन उद्योगों में एक था, जिनको 1921 में स्वीकृत की गई 'भेदभावमूलक संरक्षण' की नई नीति के तहत टैरिफ संरक्षण प्रदान किया गया। लेकिन प्रौद्योगिकी का लगभग पूरा-पूरा आयात करना पड़ रहा था और आरम्भ में यहाँ यूरोपीय और अमरीकी तकनीशियनों का एक बड़ा अमला मौजूद था—लगभग 40000 के आरम्भिक श्रमबल में कम-से-कम 325 विदेशी थे। यह संयंत्र तेजी से बढ़ा और इस्पात का उत्पादन 1911 के 3000 टन से बढ़कर 1928 में 4,29,000 टन हो गया। श्रमबल 1923-24 में 30,000 के चरम तक पहुँचा।

उन दिनों भारत के उद्योगों में इस्पात अकेला ऐसा उद्योग था जो बड़ी संख्या में कुशल श्रमिकों की माँग करता था। ये पूरे देश से भरती किए जाते थे। उन्हें अच्छी उजरत दी जाती थी, जो नगर एक सचमुच कारखाना नगर बना उसमें उन्हें कम्पनी की ओर से आवास दिया जाता था और स्थानीय म्यूनिसिपल प्रशासन का प्रबन्ध और नियंत्रण सख्ती से इसी फर्म के हाथों में था। लेकिन 'कुलियों' और 'रेजों' (मजदूर स्त्रियों) का एक भारी अधम वर्ग भी था, जो पास के आदिवासियों और निचली जातियों के होते थे, जबकि इनके विपरीत कुशल मजदूर अनेक प्रान्तों के थे और अधिकतर सवर्ण जातियों (ब्राह्मण, राजपूत, कायस्थ) के थे, हालाँकि मुसलमानों की एक अच्छी संख्या भी थी। अकुशल और अनियमित मजदूर, जैसा कि आम था, कामचलाऊ गन्दी बस्तियों में रखे जाते थे। इस तरह भारत के औद्योगिक केन्द्रों में इस सबसे आधुनिक केन्द्र तक में उपजातीय जमा जातिगत सोपानों का पुनरुत्पादन हुआ तथा अन्त-उपनिवेशकालीन शिक्षित अभिजातों के जातिगत अनुबन्धनों के साथ कुशल मजदूरों की संरचना का एक सुस्पष्ट सम्बन्ध भी था। लेकिन नियंत्रण, एक अच्छे-खासे भाग के लिए अपेक्षाकृत बेहतर हालात और सोपानी विभाजन भी 1920+ के आसपास से जमशेदपुर में कभी-कभी शक्तिशाली श्रमिक प्रतिरोधों को रोक नहीं सके—जैसा कि हम देखेंगे।[1]

श्रम अनौपचारिक क्षेत्र में

'अनौपचारिक' क्षेत्र के श्रमिकों की दशाओं और आन्दोलनों सम्बन्धी अनुसन्धान अभी भी अपेक्षाकृत नए हैं। बहुत हाल के बरसों को छोड़ दिया जाए तो इसमें अनेक बड़ी कठिनाइयाँ आती हैं, क्योंकि क्षेत्रकार्य और मौखिक साक्ष्य की विधियों को—जो ऐसे क्षेत्र के लिए महत्त्वपूर्ण हैं जिसमें लिखित स्रोतों के रूप में बहुत कम सामग्री है—अतीत में बहुत पीछे नहीं ले जाया जा सकता। श्रम के अपेक्षाकृत हाल के इतिहासकारों ने औपचारिक/अनौपचारिक भेद के अन्तःसम्बन्धों और उनकी परस्पर-

1. मारिस 1983 : अध्याय 7, 583-92; बागची 1972 : 291-303; सीमियन 1995 : अध्याय 1

व्याप्ति पर बार–बार जोर दिया है और उस नगरीय वातावरण के एक समग्र चित्र जैसा कुछ पेश करने का प्रयास किया है जिसमें अध्ययन का यह विशेष क्षेत्र समाहित है, जैसे राज चन्दावरकर, शमिता सेन, चित्रा जोशी और जान बेमन। लेकिन लाजिमी तौर पर ध्यान का प्रमुख केन्द्र औद्योगिक श्रमबल रहा है। उत्तर प्रदेश के शहरी गरीबों पर एक महत्त्वपूर्ण और भरे–पूरे अध्ययन ने जानबूझकर उस श्रेणी में कारखाना मजदूरों और अनौपचारिक क्षेत्र के श्रमिकों, दोनों को शामिल किया है, हालाँकि यह पहले विश्वयुद्ध से पहले के दशकों में जाने का हौसला नहीं दिखाता।[1] इसलिए ऐसे अध्ययन के पूरे–पूरे क्षेत्रों की पड़ताल अभी बाकी है। मिसाल के लिए घरेलू नौकरों पर अनुसन्धान अभी शुरू हुआ ही है[2], हालाँकि मध्यवर्गीय संस्मरणों और जीवनियों के समृद्ध साहित्य पर और इसी कारण से कल्पनाशील साहित्य पर, नजर डालें तो उच्चवर्गीय, मध्यवर्गीय, यहाँ तक कि अक्सर निम्न–मध्यवर्गीय परिवारों तक में घरेलू नौकरों की एक काफी बड़ी संख्या की लगभग सार्वभौम उपस्थिति फौरन स्पष्ट हो जाती है। अभी तक वेश्यावृत्ति का अध्ययन लगभग पूरी तरह लैंगिकता और कामुकता के लिए उसके निहितार्थों के आधार पर किया गया है, और यौन–कार्य की पूर्ति और उसकी संरचना, आमतौर पर गरीब लोगों और मेहनतकशों से उसके अन्त:सम्बन्धों को अपेक्षाकृत अल्पविवेचित ही छोड़ दिया गया है।

लेकिन इस अल्पविवेचित क्षेत्र तक के सिलसिले में भी कुछ अपेक्षाकृत परम्परागत स्रोत या द्वितीयक अध्ययन कभी–कभी ज्ञानवर्धक अन्त:दृष्टियाँ प्रदान करते हैं। दो उदाहरण पर्याप्त होंगे। कभी–कभी कारखाना आयोगों ने छोटे और/या मौसमी उद्यमों में, जो कि अनियंत्रित थे, श्रम की खास तौर पर भयानक दशाओं की रिपोर्ट दी। मसलन 1885 की रिपोर्ट ने खानदेश की एक कपास–ओटाई की एक इकाई का विस्तार से वर्णन किया, जहाँ मार्च–अप्रैल के व्यस्ततम मौसम में श्रमिकों, खासकर स्त्रियों से लगातार आठ दिनों तक रात–दिन काम लिया जाता था। फिर उनको बाहर निकालकर एक और दल भरती कर लिया जाता था। कलकत्ता की आरम्भिक हड़तालों पर तैयार की गई एक सूची में पालकी ढोनेवाले कहारों (1823), नदी–मालवाहकों (1853), बैलगाड़ी के चालकों (1862) और हावड़ा स्टेशन के कुलियों के प्रतिरोधों का जिक्र किया गया है : उल्लेखनीय बात यह है कि बहुत पहले, 1862 में ही इन कुलियों ने आठ घंटे के दिन की माँग की थी। बम्बई नगरपालिका के क्षेत्र में गोश्तफरोशों ने 1866 में तथा अहमदाबाद के दर्जियों और ईंट–भट्टा मजदूरों ने 1873 में हड़ताल की।

पर ये बड़े पैमाने पर कारखानों के आरम्भ से पहले की बातें हैं और जब ये शुरू हुए तो मार्क्सवादी संकलनकर्ता साफ तौर पर राहत का एहसास करते हुए 'मेहनतकशों'

1. गुप्तू 2001
2. रे और कयूम 2009

की ऐसी कार्रवाइयों से आगे बढ़कर 'सही अर्थ में' मजदूर वर्ग पर पहुँच जाता है। यह मानने का कतई कोई कारण नहीं कि अनौपचारिक क्षेत्र के श्रमिकों के ये प्रतिरोध कभी बन्द हुए या यह कि वे लाजिमी तौर पर कम अहम या कम कारगर थे।[1] 19वीं सदी की हड़तालों के सबसे विस्तृत वृत्तान्तों में एक वृत्तान्त, जो किसी इतिहासकार ने तैयार किया है, वह जुलाई–अगस्त 1889 में बम्बई नगरपालिका के मेहतरों की हड़ताल थी।[2] मजदूरियों को शुरू के अपेक्षाकृत ऊँचे स्तरों से (जो अधिकांश कारखाना मजदूरों की मजदूरियों से कुछ बहुत कम नहीं थीं) घटा दिया गया था तथा उनकी उन मुकद्दम बिचौलियों के खिलाफ बहुत अधिक शिकायतें भी थीं, जो उनके फौरी हाकिम हुआ करते थे। वास्तव में ताबड़तोड़ दो हड़तालें हुईं। नगरपालिका ने इन दोनों को कुचल दिया; बम्बई के मानसून के प्रकोप के बीच उसने अपने नियंत्रणवाली चालों से मेहतरों को बाहर निकाल दिया। इन हड़तालों के बाद नगरपालिका कर्मचारी कानून (1890) बना, जिसमें काम से इनकार करने पर जुर्माना और/ या तीन माह की कैद की सजा का प्रावधान किया। लेकिन भारत के अनेक नगरों में नगरपालिकाओं के मेहतर एक बेचैन समूह ही रहे; जैसा कि हम देखेंगे, युद्धमध्य वर्षों में उन्होंने बम्बई और कलकत्ता में हड़तालें कीं, जिनमें से अनेक का नेतृत्व वामपन्थी राष्ट्रवादियों या कम्युनिस्ट कार्यकर्ताओं ने और कुछ का नेतृत्व स्त्रियों ने किया।[3] अनौपचारिक श्रम का एक अच्छा–खासा भाग सरकार के सौजन्य से सड़कों और मकानों की तामीर, जंगलों की सफाई, दौरे पर निकले हाकिमों के लिए तरह–तरह के बेगार, सजायाफ्ता मुजरिमों की सजा आदि रूपों में और फौजी कार्रवाइयों के दौरान कराया जाता था। अतीत में काफी पीछे तक भी इनके बारे में अधिक दस्तावेजें उपलब्ध हैं। इसलिए हैरानी नहीं कि श्रम के इतिहासकार अब ऐसी सामग्री की ओर देखने लगे हैं।[4]

थोड़ा काल्पनिक सही, एक आखिरी और दिलचस्प नुक्ता यह रहा : हड़तालों या सामूहिक काम रोको या सेवाबंदी की एक लम्बी वंशावलि रही है जो शुरुआती कारखानों से काफी पीछे तक जाती है। इसका संकेत इस तथ्य से मिलता है कि ऐसी

---

1. सेन 1970 : अध्याय 6
2. मैसेलास 1982 : 101–39
3. घरों में काम करनेवाले मेहतर भी लगता है अपनी बात पर जोर दे रहे थे और कभी–कभी जिस चीज को एक मानवशास्त्री ने जजमानी व्यवस्था कहा है उसका विकास भी उन्होंने किया; इस तरह वे किसी परिवार को सेवा प्रदान करने के अकेले और स्थायी अधिकारी होने के दावे कर रहे थे। एक मेहतर को हटाना पड़ता तो उसका बदला ढूँढ़ना असम्भव होता, क्योंकि दूसरा मेहतर उसकी जगह काम नहीं करता। इससे परम्परागत जातिगत मान्यताओं के आधार पर एक तरह के आदिम ट्रेड यूनियनवाद का विकास हुआ। मेयर 1993 : 357–95 देखें।
4. मसलन चित्रा जोशी ने कैदियों के श्रम के उपयोग का और राधिका सिंह ने पहले विश्वयुद्ध में कायम मेसोपोटामियन लेबर कोर का अध्ययन आरम्भ किया।

घटनाओं के लिए अनेक भारतीय भाषाओं में शब्द मौजूद हैं। श्रमिक या समाजवादी आन्दोलनों की आज की शब्दावली में शामिल अनेक पद साफ तौर पर अंग्रेजी से किए गए अनुवाद या सीधे-सीधे लिए गए उधार (जैसे क्लास के लिए 'श्रेणी' या सोशलिज्म के लिए 'समाजवाद') हैं। पर 'हड़ताल' के बारे में ऐसी बात नहीं है : यहाँ सम्बन्धित पदों की एक सुस्थापित, निर्विवाद रूप से देसी शब्दों की एक शृंखला मौजूद है—'धर्माघात', 'हड़ताल', 'बन्ध'। पहला शब्द, जो बंगला का है, खास तौर पर दिलचस्प है, क्योंकि यह हड़ताल पर जानेवालों के लिए एक तरह के अनुष्ठान का इशारा करता है, जिसमें उनको धर्मठाकुर के एक प्रतीक के आगे शपथ लेनी पड़ती है; यह धर्मठाकुर बंगाल के कुछ भागों का एक लोकदेवता है, जिसे कुछ विद्वान प्राचीन बौद्धमत का अवशेष मानते हैं। यह अनुष्ठान तो अब समाप्त हो चुका है मगर यह शब्द शेष रह गया है और यह मेहनतकश जनता के आन्दोलनों के एक लम्बे पर बड़ी हद तक विस्मृत इतिहास का संकेत देता है।

उपनिवेशी आर्थिक नीतियाँ

सरकारी नीतियों के अनेक विशेष पक्ष हमारे वृत्तान्त में पहले ही आ चुके हैं : अनेक में बस कुछ के नाम लें तो जंगलात, राजस्व, लगान, सिंचाई, गृह व्यय मुद्रा, रेलों, टैरिफ, श्रम कानूनों से सम्बन्धित। हमारे लिए अभी भी उन सैद्धान्तिक मान्यताओं की विवेचना बाकी है, जो इन नीतियों के पीछे, और सरकार के राजस्व और व्यय के कुछ समष्टिगत पक्षों के पीछे भी मौजूद थीं।[1]

पिछली विवेचनाओं का एक प्रमुख विषय यह रहा है कि ब्रिटिश भारत का प्रशासन बुनियादी तौर पर स्वतंत्र व्यापार की धारणाओं से संचालित होता था और इस तरह एक 'रात के पहरेदार जैसे राज्य' से अधिक नहीं था। वाणिज्यवादी हस्तक्षेपों के बचे-खुचे अवशेषों के सफाए के बाद क्या वह 19वीं सदी के ब्रिटिश शासन और आर्थिक सिद्धान्त की रूढ़ छवि पर खरा उतरा? यह मान्यता काफी अलग-अलग तरीकों से लागू की गई। उपनिवेशी सरकार नवजात भारतीय उद्योगों को राजकोषी संरक्षण देने से इनकार करती रही। उसके चाटुकारों ने मुक्त व्यापार को औचित्य रूप में पेश किया और दावा किया कि आर्थिक नीतियों का अकेला बुद्धिसंगत आधार यही था। आरम्भिक राष्ट्रवादी आलोचकों ने मोटे तौर पर नव-क्लासिक, केंज-पूर्व आर्थिक सिद्धान्त की मान्यताओं को स्वीकार किया। लेकिन उन्होंने भारत में उसके

---

1. जैसा कि इस पूरे अध्याय में किया गया है, लगभग 1870+ से 1914 तक राज्य की आर्थिक नीतियों का सर्वेक्षण किया गया है, जिसके बाद युद्ध, मन्दी, युद्ध के क्रम, जन-राष्ट्रवादी आन्दोलनों के विकास तथा भारतीय पूँजीपति समूहों की बढ़ती शक्ति और मुखरता के कारण अनेक महत्त्वपूर्ण परिवर्तन आवश्यक होंगे।

अन्यायपूर्ण या प्रवृत्तिमूलक व्यवहारों की तरफ उँगली उठाई : मिसाल के लिए अनेक अवसरों पर राज्य द्वारा ब्रिटिश व्यावसायिक और औद्योगिक हितों की खुली तरफदारी की। लेकिन कुछ राष्ट्रवादी और खास तौर पर रानाडे उन वैकल्पिक आर्थिक विचारों के बारे में सजग थे, जो जर्मनी में पहले ही प्रचलित थे, खासकर नवजात उद्योगों के लिए संरक्षण पर फ्रेडरिख लिस्ट द्वारा प्रस्तुत औचित्य के बारे में। 1920+ और 1930+ से स्वयं मुक्त व्यापार के सिद्धान्त पर हमले होने लगे और उससे चिपके रहने के लिए ब्रिटिश भारतीय राजसत्ता की जबरदस्त आलोचना हुई।

1960+ और 1970+ में सव्यसाची भट्टाचार्य जैसे इतिहासकारों ने दिखाया है कि वास्तव में मुक्त व्यापार की ऐसी कोई मान्यता 19वीं या आरम्भ-20वीं सदी में ब्रिटिश भारत के शासन का मार्गदर्शन नहीं कर रही थी। विक्टोरियाई ब्रिटेन सम्बन्धी पुरानी रूढ़ियाँ तब तक बदनाम हो चुकी थीं क्योंकि यह बात स्पष्ट हो चुकी थी कि राजकीय हस्तक्षेप में वृद्धि के कदम, सिद्धान्त और व्यवहार दोनों में, पहले ही उठाए जाने लगे थे। जान स्टुअर्ट मिल और अन्त-19वीं सदी के स्ट्रैची और फिट्जजेम्स स्टीफेंस जैसे उपयोगितावादी, दोनों ही—विभिन्न, अंशतः मूलगामी या रूढ़िवादी-पितृवादी परिप्रेक्ष्यों से—एक न्यूनवादी (मिनिमलिस्ट) राजसत्ता के समर्थन से दूर जा चुके थे। इस बीच जर्मनी के ऐतिहासिक सम्प्रदाय ने आर्थिक विकास का एक वैकल्पिक परिप्रेक्ष्य विकसित कर लिया था जो देरी से औद्योगिकीकरण शुरू करनेवालों की आवश्यकताओं के लिए अधिक मुनासिब था। लेकिन भट्टाचार्य के आकलन के अनुसार सिद्धान्त से कहीं बहुत अधिक महत्त्वपूर्ण व्यावहारिक सोचें थीं और विशेष, खासकर ब्रिटिश व्यावसायिक हितों की ओर से पड़नेवाले दबाव थे। वास्तव में ऐसी सोचों ने हस्तक्षेप की पहल के एक पूरे दायरे को जन्म दिया : असम के चाय बागान-मालिकों को जमीनों के लगभग मुफ्त दान, गिरमिटिया प्रथा, सीधे-सीधे राज्य के तत्वावधान में श्रमिकों पर लादे गए अनुशासन के रूप, जमानतशुदा ब्याज की व्यवस्था के तहत रेल लाइनों का निर्माण; रणनीतिक कारणों से ऐसी रेल लाइनों का निर्माण जो अक्सर व्यावसायिक दृष्टि से अलाभकर होती थीं—ये तो अनेक मिसालों में बस थोड़ी-सी हैं। 1860+ में 'कपास के अकाल' के दौरान, जो कि अमरीका के गृहयुद्ध से पैदा हुआ, मैनचेस्टर की लाबियों ने—जो अन्यथा मुक्त व्यापार की सबसे बड़ी पैरोकार थीं—माँग की कि ब्रिटिश भारतीय राज्य सिंचाई को सक्रिय प्रोत्साहन दे और भारत में कपास की काश्त को बढ़ावा देने के लिए दूसरे कदम उठाए। लैंकशियर के एक सांसद ने तो यहाँ तक ऐलान कर दिया कि 'राजनीतिक अर्थशास्त्र का सिद्धान्त...अधिकांश देशों के लिए तो सच था मगर भारत पर लागू नहीं होता था।'[1] भारत सरकार के वित्त सदस्य उनसे सहमत मालूम

1. कामंस में जे.बी. स्मिथ, 5 अगस्त, 1869, पार्लियामेंटरी डिबेट्स, हाउस ऑफ कामंस, भारतीय राष्ट्रीय अभिलेखागार।

हुए। जुलाई 1860 में वाल्टर बेजहाट के नाम एक पत्र में उन्होंने ऐलान किया कि 'कपास, पटुआ, ऊन और यूरोपीय कच्चे मालों का उत्पादन बढ़ाने के मकसद सार्वजनिक उपयोगिताओं और सड़कों का निर्माण' भारत में सरकार का पहला कर्तव्य होना चाहिए।[1] साथ-ही-साथ मुक्त व्यापार ऐसी लफ्फाजी लगता था, जिसका सहारा ब्रिटिश प्रशासक और उनके चमचे भारतीय दस्तकारियों और उदीयमान कारखाना उद्योगों के संरक्षण के बारे में राष्ट्रवादी तर्कों की राह बन्द करने के स्पष्ट रूप से वैचारिक उद्देश्य से सहारा लिया करते थे। भट्टाचार्य ने फलस्वरूप ब्रिटिश भारतीय राजसत्ता की नीति में निहित तर्कशास्त्र को मुक्त व्यापार नहीं, बल्कि 'भेदभावमूलक हस्तक्षेप' का नाम दिया।[2]

लेकिन 20वीं सदी की आरम्भिक दहाइयों में, 1914 के बाद की दहाइयोंवाले बड़े परिवर्तनों से भी पहले, कुछ परिवर्तनों के निशान दिखाई देने लगे थे। इनमें से एक धारा तो अनेक दशक पीछे तक जाती थी और भारत की गायब हो रही कुशलतापूर्व दस्तकारियों की प्रशंसा में व्यक्त हुई। बर्डवुड और ई.बी. हैवेल जैसे अधिकारी रस्किन, विलियम मारिस और राफेल से पहले के कलाकारों और विचारकों के थोड़े रोमानी उद्योग-विरोध को भारत में लेकर आए। उनके नजदीक उनके अपने देश के बेलगाम व्यवसायवाद के कारण भारतीय दस्तकारियों का यह विनाश कला और जीवन की कथित मध्यकालीन एकता पर तथा दस्तकारी के मूल्यों पर, जिनके प्रशंसक ये लोग थे, उद्योगवाद द्वारा ढाई गई तबाही का एक समकालीन समतुल्य था। लेकिन इन विरोधों का महत्त्व कला के क्षेत्र में था जहाँ ये लोग उस 'प्राच्यवादी' आन्दोलन के प्रमुख प्रेरणास्त्रोत और समर्थक बन गए, जिसका मूर्त रूप, बंगाल का कला सम्प्रदाय था। इन विचारों और गांधीवादी मूल्यों के बीच भी एक सम्बन्ध विकसित हुआ। हैवेल जैसे लोगों ने आमतौर पर दस्तकाराना उत्पादन और खासकर हथकरघा-बुनाई के प्रति ब्रिटिश भारतीय अधिकारियों के एक भाग में हमदर्दी का रवैया पैदा करने में मदद पहुँचाई। 1905 के आसपास हैवेल, अन्त-18वीं सदी में के, ने जिस फ्लाइंग शटिल का आविष्कार किया था उसके बंगाल में उपयोग को प्रोत्साहित करने की कोशिश कर रहे थे ताकि हथकरघे शेष रहें या और भी बढ़ें। 1908 में जे जी कमिंग द्वारा बंगाल के उद्योगों के आधिकारिक सर्वेक्षण में इस पहल का एक अनुकूल हवाला दिया गया था।

वरिष्ठ प्रशासकों पर इससे भी अधिक सार्थक प्रभाव अलफ्रेड चैटरटन के प्रयासों ने डाला। 1906 में उनको मद्रास प्रेसीडेंसी में ऐसा दायित्व दिया गया जो एक नए उद्योग विभाग के समान था। भारत में और खासकर एल्यूमिनियम के

1. बेजहाट के नाम विल्सन का पत्र जुलाई 1860, पार्लियामेंटरी डिबेट्स, हाउस ऑफ कामंस, भारतीय राष्ट्रीय अभिलेखागार।
2. भट्टाचार्य 1965 : 1-22; भट्टाचार्य 1971; स्टोक्स 1959 भी देखें।

उत्पादन में नई टेक्नोलॉजी लागू करने के लिए उन्होंने अनेक प्रयास किए। सरकार ने एक प्रायोगिक कारखाना खोला जो फिर एक यूरोपीय बैरिस्टर के हवाले कर दिया गया। उन्होंने क्रोम टैनिंग और उत्थापक सिंचाई की सुधरी हुई विधियों में पूँजीनिवेश भी किया। लेकिन संयुक्त प्रान्त के ऐसे ही कदमों की तरह ये पहलकदमियाँ भी जुलाई 1910 में बेरुखी के साथ बन्द कर दी गईं। भारत सचिव जॉन मार्ले ने अधिकारियों के नए कारखाने खोलने के सभी प्रयासों पर रोक लगा दी। मार्ले मुक्त व्यापार की विचारधारा के प्रतिपादक जैसे थे। मगर जमाना उनके खिलाफ था क्योंकि रणनीतिक सोचें एक यूरोपीय युद्ध की बढ़ती सम्भावना के मद्दे-नजर भारत को बुनियादी विनिर्माणों में थोड़ा और भी आत्मनिर्भर बनाने का अधिकाधिक पक्ष ले रही थीं। टाटा घराने द्वारा जमशेदपुर में एक इस्पात कारखाना खोलने के बारे में दिए गए असामान्य समर्थन के पीछे जो कारण मौजूद थे उन्हें हम पहले ही देख चुके हैं।[1]

अब हम संक्षेप में राज की वित्तीय संरचना पर विचार करेंगे। यह एक बेपनाह केन्द्रीकृत ढाँचा था जिसे भारत सचिव और केन्द्र सरकार नियंत्रित कर रहे थे। मलिका के सत्ता सँभालने के बाद यह खास तौर पर विकसित हुआ मगर व्यावहारिक, नौकरशाही की सुविधा जैसी सोचों के कारण इसमें धीरे-धीरे बदलाव आए। 1870 में (मेयो की वायसरायी के तहत) शुरू करके राजस्व और व्यय की कुछ मदों को प्रान्तीय प्रशासनों और (रिपन के काल में)—एक मामूली सीमा तक—स्थानीय निकायों को भी सौंपा जाने लगा। ऐसी वित्तीय सुपुर्दगी कालक्रम में प्रान्तीय स्वायत्तता की दिशा में क्रमिक संक्रमण का एक बुनियादी तत्त्व बन गया। रही बजट की सामान्य स्थिति तो अन्त-1890 तक यह अच्छी-खासी केन्द्रीकृत रही क्योंकि बगावत को कुचलने की बेपनाह लागतों के बाद चाँदी के रुपए का मूल्य भी गिरा तथा अकाल राहत व फौजी मुहिमों पर रकमें भी खर्च हुईं। उसके बाद स्थिति तब सुधरी जब टकसालों को चाँदी के सिक्कों की खुली ढलाई से रोक दिया गया और स्वर्णमान को अपनाया गया। लेकिन वित्तीय रूढ़िवाद से सख्ती से चिपककर सरकार ने कठिनाइयों को और बढ़ाया। घाटे की किसी भी तरह की वित्त-व्यवस्था के अस्वीकार से यह बात स्पष्ट हो गई। कई-एक हितबद्ध समूहों को भी खुश रखना या कम-से-कम बेचैन होने से रोकना पड़ रहा था—खासकर ब्रिटिश अफसरों और व्यवसायियों को मगर कुछ सीमा तक अधिक सुविधासम्पन्न या धनी भारतवासियों को भी।

फलस्वरूप राजकोषी व्यवस्था बहुत ही प्रतिगामी बनी रही। भारी बोझ किसानों और आमतौर पर गरीबों पर पड़ा। 14 अप्रैल, 1860 को लेजिस्लेटिव कौंसिल में वित्त सदस्य जेम्स विल्सन ने ऐलान किया : 'लोगों के हालात में समानता लाना कोई

1. बागची 1972 : अध्याय 2; हैवेल और फ्लाई-शटल के बारे में उपरोक्त : 222 और सरकार 1973/2010 : अध्याय 3 देखें।

सार्वजनिक वित्त के कार्यों में शामिल नहीं है।"[1] मालगुजारी सबसे बड़ी मद थी मगर कुल राजस्व के भाग रूप में उसका केन्द्रीय महत्त्व धीरे-धीरे गिरा। बढ़ती खेतिहर कीमतों के कारण उसके वास्तविक मूल्य में और गिरावट आई। मालगुजारी किसानों के ऊपरी भाग दे रहे थे जो कभी-कभी व्यवहार में क्षुद्र जमींदार हुआ करते थे और उनकी बड़ी संख्या को देखते हुए ब्रिटिश सरकार बोझ को अधिक बढ़ाने से कतराती रही। इससे एक दीर्घकालिक प्रवृत्ति शुरू हुई जो उपनिवेश काल के बाद भी जारी रही। आय के दूसरे प्रमुख स्रोत अफीम पर एकाधिकार, घोर प्रतिगामी नमक कर (जिसके मूल्य में हुई वृद्धि खुशहाल लोगों के लिए तो नगण्य थी पर सचमुच गरीब लोगों के लिए बहुत ही पीड़ादायी थी), और सीमा शुल्क। इन सीमा शुल्कों को दबावों के कारण, जिन पर हम पहले ही विचार कर चुके हैं, कम ही रखा जा रहा था। वित्तीय कठिनाई के बावजूद आयकर, जिसे विद्रोह सम्बन्धी कर्जों के दबावों के तहत विल्सन ने 1860 में थोड़े समय के लिए शुरू किया था और जिसे 1886 में स्थायी बना दिया गया, हास्यास्पद सीमा तक कम रहा : 500 और 2000 रुपया प्रतिमाह के बीच की आयों के लिए 2 प्रतिशत से भी कम, वह भी ऐसे समय में जब कर्जन की गणना के अनुसार भारतवासियों की प्रति व्यक्ति आय 30 रुपए प्रतिवर्ष थी। आय कर देनेवालों में शामिल थे जिनमें से अनेक को बहुत भारी वेतन मिल रहे थे, कारोबारी लोग जो अंग्रेज थे पर जिनमें भारतवासी भी बढ़ रहे थे तथा पेशेवर लोगों में जो लोग अधिक सफल थे। ये वे समूह थे जिनको उपनिवेशी प्रशासन दुखी करना नहीं चाहता था।

फलस्वरूप भारत में सार्वजनिक व्यय राष्ट्रीय आय का एक छोटा-सा ही भाग था। यह स्थिति अन्त-19वीं सदी से ही जारी रही, जबकि उन्हीं दिनों पश्चिमी देशों में और जापान में भी यह तेजी से बढ़ रही थी। यह, जैसा कि अनुमान था, प्रतिगामी ढंग से भी खर्च किया जा रहा था। सेना हमेशा राजकीय व्यय का 25-30 प्रतिशत भाग खा जाती रही। यह बहरहाल पूरे ब्रिटिश साम्राज्य के सैन्यबल की लगभग आधी थी। 19वीं सदी में भारतीय सैनिक दर्जन-भर से अधिक अवसरों पर विदेशों में तैनात किए गए। और इसकी लागतें भारतीय करदाताओं के सर मढ़ी जाती रहीं। नागरिक प्रशासन को भी जोड़ दें तो ये दो मदें कुल व्यय का लगभग आधा भाग थीं जबकि इनके अलावा गृह व्यय अन्त-19वीं सदी में लगभग 16 प्रतिशत था। बड़ी-बड़ी रकमें रेलों में भी लगीं : ब्याज की जमानत की व्यवस्था के अन्तर्गत और राज्य के हाथों से भी। इसके विपरीत सामाजिक दृष्टि से उत्पादक मदों पर व्यय, जो कि निर्विवाद रूप से साम्राज्य की प्रजा के हित में था, नगण्य था : जैसे 1914 से पहले शिक्षा पर 2-4 प्रतिशत। यह उछलकर 1931 तक 7 प्रतिशत हो गया जो कि 1919 के संविधानिक सुधारों का परिणाम था, जिसके तहत चुने गए भारतीय

1. भट्टाचार्य 1965 में उद्धृत।

लोगों को प्रान्तों में इस विषय का दायित्व दे दिया गया। फिर 2 प्रतिशत खर्च स्वास्थ्य पर भी होता था। उन दस से अधिक वर्षों के दौरान अन्त-19वीं सदी में साक्षरता को पिद्दी जैसी 6 प्रतिशत रकम मिली। धर्माकुमार ने हिसाब लगाया है कि उन दिनों शिक्षा व्यय राष्ट्रीय आय का लगभग 0.2 प्रतिशत था जो आरम्भ-20वीं सदी में 0.5 प्रतिशत तक हो गया। इसका काफी भाग प्राथमिक की बजाय उच्च शिक्षा की ओर चला जाता था : 1947 के बाद के भारत में शिक्षा पर राज्य के अत्यधिक पर्याप्त निवेश तक की तुलना में भी यह निराशाजनक सीमा तक कम था।[1]

जनांकिकी और राष्ट्रीय आय

1871 में दसवर्षीय जनगणनाओं के आरम्भ से पहले जनसंख्या के अनुपात सिर्फ विशेष क्षेत्रों से सम्बन्धित होते थे, वह भी अक्सर बेशतर गाँवों से।[2] उनकी विश्वसनीयता की सीमा में भारी अन्तर पाए जाते थे। संचयित ज्ञान पर लीला और प्रवीण विस्सारिया के सटीक सार-संक्षेप से मोटे तौर पर दो निष्कर्ष निकलते हुए लग रहे हैं। 1750+ तक में भी यहाँ खासी बड़ी जनसंख्या हुआ करती थी तथा भारी मृत्यु-दरों के कारण, जिनमें अकालों और महामारियों के कारण समय-समय पर और बढ़ोत्तरी होती रहती थी, वृद्धि की दर धीमी ही रही। मुगल भारत के इतिहासकार 10 से 15 करोड़ तक की बात करते हैं, जो कि 17वीं सदी के अन्त में फ्रांस की लगभग 2 करोड़ जनसंख्या या औद्योगिक क्रान्ति से पहले ब्रिटेन में एक करोड़ से भी कम जनसंख्या की तुलना में बहुत अधिक लगता है। निश्चित ही हम एक उपमहाद्वीप की बात कर रहे हैं और वह भी ऐसा जिसकी विशेषता निम्न-उष्ण दशाएँ थीं जहाँ, बहुत ही नीचे दर्जे के जीवन-स्तर के कारण ही सही, जीवन-रक्षा अक्सर आधुनिक प्रौद्योगिकी के आरम्भ से पहले, ठंडे मुल्कों की अपेक्षा अधिक आसान रही होगी।

जनगणना की रिपोर्टें भी अनेक समस्याओं का पता देती हैं। हम पहले ही देख चुके हैं कि व्यवसाय सम्बन्धी आँकड़ों में जाहिर तौर पर नाटकीय परिवर्तन, जो कभी विऔद्योगिकीकरण के प्रमाण माने जाते थे, किस तरह और भी करीब से देखे जाने पर जनगणना की श्रेणियों की बदलती परिभाषाओं के परिणाम निकले। लेकिन समुच्चयित आँकड़े अधिकाधिक विश्वसनीय होते जाते हैं, खासकर इसलिए कि जनांकिकी के किंग्स्ले डेविस जैसे विद्वानों ने उन्हें संशोधित किया है। ये आरम्भ-

1. यह और इससे पहले का अनुच्छेद मुख्य रूप से कुमार 1983 : अध्याय 12 में धर्मा कुमार के 'The Fiscal System' पर और साथ में बागची 1972 : अध्याय 2 पर आधारित है।
2. कालक्रम में हम जब पीछे जाते हैं तो जनसंख्या और राष्ट्रीय आय सम्बन्धी अनुमान अनिश्चित होते जाते हैं और ये दोनों ही विषय ऐसे तकनीकी पक्षों से भरे हुए हैं, जिन पर मुझे कोई अधिकार प्राप्त नहीं है। इसलिए यहाँ एक बहुत संक्षिप्त और सामान्य विवरण ही दे पाना सम्भव है।

1920 तक मोटे तौर पर पुराने ढर्रे की निरन्तरता का संकेत देते हैं। औसत वार्षिक वृद्धि दर 0.6 प्रतिशत से अधिक नहीं रही और फिर उनमें जो बहुचर्चित परिवर्तन आया उसके कारण 1921 देशों में भी अन्त-20वीं सदी की दरों से काफी कम थी। यह बात अन्त-उपनिवेशी दशकों में भी कुछ सरकारी हलकों में काफी प्रचलित हो चुकी थी। वास्तव में जनसंख्या वृद्धि की दरें अभी भी औद्योगिकीकरण के आरम्भिक चरण में ब्रिटेन समेत अनेक पश्चिमी देशों में देखी गई दरों से खासी कम थीं। धीमी वृद्धि तथा अकाल और/या महामारी के कालों व क्षेत्रों के बीच सहसम्बन्ध काफी स्पष्ट दिखाई देते हैं।

कुल मिलाकर देखें तो जनसंख्या 1871 और 1881 के बीच 25.5 करोड़ से बढ़कर बस 25.7 करोड़ तक पहुँची; यह ऐसा दशक था, जिसने व्यापक अकाल देखे। कुछ बढ़ोत्तरी अगले दशक में हुई जो कि ऐसी आपदाओं से अपेक्षाकृत मुक्त था : 1891 तक जनसंख्या बढ़कर 28.2 करोड़ हो गई। फिर आया एक और घातक दशक जिसने 1901 तक भारत के पास कुल 28.5 करोड़ की जनसंख्या छोड़ी। दस साल बाद यही बढ़कर 30.3 करोड़ हो गई, लेकिन फिर युद्ध के दशक ने वृद्धि की दर को बुरी तरह कम किया। 1921 में जनसंख्या 30.5 करोड़ थी। जनसंख्या के आँकड़ों के क्षेत्रीय परिवर्तनों पर नजर डालकर भी अकालों के साथ उनका सहसम्बन्ध स्थापित किया जा सकता है। बार-बार सूखों से त्रस्त होनेवाले पश्चिमी और उत्तरी भारत के अनेक भागों में धीमी गति के क्षेत्रों के तथा आमतौर पर काफी अधिक वर्षावाले पूर्वी भागों के बीच भी एक विपरीति देखी गई है—यह तर/खुश्क क्षेत्रों का वही द्विभाजन है जिस पर हम पहले ही विचार कर चुके हैं।

अकालों के साथ आती थीं महामारियाँ जो अक्सर, बेशतर दसियों लाख लोगों को प्रभु के पास पहुँचा देती थीं। मलेरिया का अन्त नहीं था, खासकर देश के पूर्वी और उत्तरी भागों में। हैजा और उससे जुड़ी, दस्त और पेचिश जैसी बीमारियाँ नगरों के अधिकांश 'मुल्की' भागों में साफ पानी की आपूर्ति के अभाव में तबाही मचा देती थीं। खसरा और जानलेवा महामारी थी जो 1900 के आसपास टीकाकरण के प्रसार के बाद बस धीरे-धीरे ही कम हुई। सबसे डरावनी बीमारी ताऊन थी जिसने 1896 से बम्बई और पश्चिमी भारत पर हमले शुरू किए। इसने बेपनाह बौखलाहट फैलाई और गरमपन्थी राष्ट्रवाद के उदय के सिलसिले में इसके राजनीतिक परिणाम भी निकले। कुछ साल बाद यह फैलकर पंजाब और उत्तर भारत में जा पहुँची और सिर्फ एक साल, 1907 में, इसने कोई बीस लाख जानें लीं। युद्ध के फ़ौरन बाद, 1918-20 के दौरान, इनफ्लुएंजा की जानलेवा महामारी फैली।

जनगणनाओं के आँकड़ों से साफ तौर पर दो और विशेषताएँ सामने आती हैं जिनमें से एक आज भी भारतीय जीवन का अंग है। लैंगिक अनुपात बराबर स्त्रियों के प्रतिकूल रहा; यह 1881 और 1921 के बीच हर 1000 स्त्रियों पर 1037 और

1056 पुरुषों के बीच बदलता रहा। अंशतः इसकी व्याख्या स्त्रियों की कम गिनती से की जा सकती है जो कि एक सीमित व्याख्या है। उत्तरी प्रान्तों में यह विशेषता सबसे अधिक थी : 1921 में हर 1000 स्त्रियों पर यहाँ 1135 पुरुष थे। इसके विपरीत दक्षिण ऐसा अकेला क्षेत्र था जहाँ स्त्रियाँ पुरुषों से अधिक थीं; यह एक ऐसा भेद है जिसे कुछ लोगों ने केरल जैसे क्षेत्रों में मातृवंशी प्रथाओं के प्रचलन से जोड़ा है। यह पंजाब-केरल विषमता 21वीं सदी में भी जारी है। दूसरी उल्लेखनीय विशेषता शैशव मृत्यु की बहुत भारी दर है। 1871 और 1921 के बीच प्रति हजार व्यक्ति पीछे 278-295 बच्चे ही जीवित पैदा होते थे। इस तरह अपनी तमाम समस्याओं के बावजूद जनगणनाओं के आँकड़े अन्त-उपनिवेश काल के भारतीय समाज की बुनियादी विशेषताओं की एक जीती-जागती तस्वीर पेश कर रहे थे : बड़े पैमाने पर गरीबी और भुखमरी; आरम्भिक चिकित्सा सुविधाओं, सफाई-सुथराई, शिक्षा का बेहद अपर्याप्त प्रावधान और एक घोर अन्यायपूर्ण लैंगिक सोपान जिसमें बच्चियों को जहाँ जन्म के फौरन बाद जानबूझकर नहीं मारा जाता था तो भी उनकी घोर उपेक्षा की जाती थी (और आज भी की जा रही है)।[1]

राष्ट्रीय आय के अनुमान तो और भी अनिश्चित, विवादास्पद और दुर्बोध हैं। एक अतिरिक्त प्रश्न प्रासंगिकता की सीमा का है—सकल राष्ट्रीय उत्पाद या प्रतिव्यक्ति आय के आँकड़े एक अभी भी प्रधानतः ग्रामीण और अहम सीमा तक मुद्राहीन समाज में (जैसे कि 20वीं सदी में भी काफी अरसे तक भारत के बड़े-बड़े भाग रहे), अधिकांश जनता की रोजमर्रा की दशाओं और जीवन की उम्दगी के बारे में सचमुच कितनी बातें बतलाते हैं? 1914 से पहले के दौर के लिए इस सवाल पर हमारी विवेचना बहुत संक्षिप्त ही रहेगी।

गणना की स्पष्ट कठिनाइयों के बावजूद राष्ट्रीय आय के अनुमान लगाने के प्रयास अन्त-उपनिवेशकालीन भारत में काफी पहले शुरू हुए; काफी पहले, 1870+ में नौरोजी ने इसकी पहली कोशिश की थी। इसके स्पष्ट राजनीतिक कारण थे। उदीयमान राष्ट्रवाद के लिए यही दावा करना काफी नहीं था कि भारत एक बेहद गरीब मुल्क था; इस पर संजीदगी से कोई शक भी नहीं करता था; बल्कि यह दावा भी आवश्यक था कि गरीबी बढ़ रही थी तथा गरीबी और उसकी बढ़त, दोनों के लिए अंग्रेजों की नीतियाँ जिम्मेदार थीं। इसलिए सदी के मोड़ के आसपास अधिकारियों और देशभक्त आलोचकों की बहसों में राष्ट्रीय आय को केन्द्रीय स्थान प्राप्त हुआ। कर्जन ने विलियम डिग्बी की व्यंग्यमय शीर्षकवाली रचना 'Prosperous British India (1901)' का खंडन करने की कोशिश की। एक भारतप्रेमी अंग्रेज की यह पुस्तक, जिसने नौरोजी के अनुमानों को आधार बनाया था, एक जोरदार भर्त्सना थी।

1. विस्सारिया और विस्सारिया 1983 : 463-532

इस बहस में जो दिलचस्प और आज जो आँख-खोल बात है, यह है कि परस्पर विरोधी अनुमान, जो सभी एक अहम सीमा तक कमोबेश अक्लमन्दी के अन्दाजे थे, एक-दूसरे से सचमुच बहुत भिन्न भी नहीं थे। कोई भी न तो भारी निर्धनता से इनकार करता था और न इस सिलसिले में भारत और ब्रिटेन जैसे पश्चिमी औद्योगिक देशों के बीच की भारी खाई से। कर्जन ने प्रतिव्यक्ति प्रतिवर्ष 30 रुपए का अनुमान लगाया; एटकिंसन ने कुछ अधिक आशावादी होकर इसे 39.5 रुपए बतलाया। उन दिनों प्रचलित विनिमय दरों पर यह रकम 2 और 3 पौंड के बीच आती थी, तब जबकि ब्रिटेन की प्रतिव्यक्ति वार्षिक आय 52 पौंड आँकी गई थी। बहस वास्तव में इस पर आकर ठहर गई कि क्या ऐसी हताशाजनक निर्धनता बढ़ रही या इसमें कोई धीमा सुधार आ रहा था, और यह कि क्या इसकी जिम्मेदारी उपनिवेशी ढाँचों और नीतियों की थी या फिर भारत की जलवायु, जनता की प्रथाएँ और आदतें, अति-जनसंख्या आदि जिम्मेदार थीं। जैसा कि अनेक स्थानों पर हमें दिखाने का अवसर मिला है, ऐसे तर्कों में आज की विवेचनाओं में भी बार-बार उभरने की प्रवृत्ति पाई जाती है।

रहे कालक्रम में प्रतिव्यक्ति राष्ट्रीय आय के अनुमान तो लगता है कि मोटे तौर पर इसमें जनसंख्या वृद्धि की दर के विलोमानुपात में बदलाव आ रहा था, जिससे संकेत मिलता है कि किसी भी दिशा में परिवर्तन हुए तो हाशियाई ही हुए। 1870-1920 के दशकों में प्रतिव्यक्ति आय में जरा-सी बढ़ोत्तरी हुई, जबकि जनसंख्या की वृद्धि न्यूनतम थी : हेस्टन ने इसे प्रतिवर्ष लगभग 0.5 प्रतिशत माना है। 1921 से आए जनांकिकीय मोड़ के बाद यह गिरकर 0.1 प्रतिशत रह गई : व्यवहार में शून्य के करीब। जो चीज वृद्धि को साफ तौर पर नीचे ला रही थी वह देश के एक बड़े भाग में खेतिहर जड़ता थी, खासकर बंगाल के अंचल में और (जैसा कि ब्लाइन ने दिखाया है) पंजाब का अपवाद छोड़कर। कारण कि सदी के आरम्भ में राष्ट्रीय आय का 66 प्रतिशत भाग प्राथमिक क्षेत्र से आ रहा था; मध्य-1940+ तक में यह 53.3 प्रतिशत था। प्रतिव्यक्ति आय में ऐसी नगण्य वृद्धि तब और भी बहुत-कुछ कहती है जब कोई यह याद करता है कि ब्रिटेन का वास्तविक राष्ट्रीय उत्पाद 19वीं सदी में 2 प्रतिशत प्रतिवर्ष से अच्छी-खासी अधिक दर से बढ़ रहा था और यह कि आरम्भ-20वीं सदी में दुनिया के अनेक भागों में वृद्धि की इससे काफी अधिक दरें आम थीं। मिसाल के लिए जापान में जीवनस्तर मध्य-19वीं सदी में भारत के जीवनस्तर से मिलता-जुलता लगता है, पर फिर वह मेइजी पुनरुत्थान से लेकर 1945 तक भारत की दर की 5-10 गुनी दर से बढ़ा। इस तरह न सिर्फ भारत ब्रिटिश राज में पिछड़ा हुआ था; विश्व के स्तर पर देखें तो कालक्रम में वह आरम्भ-20वीं सदी से और भी पीछे पड़ने लगा था।[1]

---

1. हेस्टन 1983 : अध्याय 1; राय 2000 बी: अध्याय 7 देखें। और भी विस्तृत विश्लेषण के लिए शिवसुब्रामण्यन 1977 :427-89 देखें।

सन्दर्भ सूची

Anderson, Michael, 'India 1858-1930: The Illusion of Free Labour', in Douglas Hay and Paul Craven, eds, *Masters, Servants, and Magistrates in Britain and the Empire,* 1562-1955 (Chapel Hill: University of North Carolina Press, 2004)

Arasaratnam, S., 'Weavers, Merchants, and Company: The Handloom Industry in South-eastern India, 1750-90', in Tirthankar Roy, ed., *Clothes and Commerce: Textiles in Colonial India* (New Delhi: Sage, 1996)

Bagchi, Amiya Kumar, *Private Investment in India 1900-1939* (Cambridge: Cambridge University Press, 1972)

—, 'Deindustrialization in Gangetic Bihar, 1809-1901', in Barun De, ed., *Essays in Honour of Professor* S. C. *Sarkar* (New Delhi: People's Publishing House, 1978)

—, *The Evolution of the State Bank of India- The Roots, 1806-1876· Part* 1, *The Early Years, 1806-1860* (Bombay: Oxford University Press, 1987)

—, 'The Great Depression (1873-96) and the Third World: With Special Reference to India', in G. Balachandran, ed., *India and the World Economy, 1850-1950* (Delhi: Oxford University Press, 2003)

Basu, Subho, *Does Class Matter? Colonial Capital and Workers' Resistance in Bengal, 1890-1937* (Delhi: Oxford University Press, 2004)

Bayly, CA., *Rulers, Townsmen and Bazaars: North Indian Society in the Age of British Expansion, 1770-1870* (Cambridge: Cambridge University Press, 1983)

Behal, Rana, 'Forms of Labour Protest in Assam Valley Tea Plantations, *1900-1932', Economic and Political Review,* 20 (4), 1985

—, and Prabhu Mohapatra, 'Tea and Money Versus Human Life: The Rise and Fall of the Indenture System in the Assam Tea Plantations 1840-1908', in E. Valentine Daniel, Henry Bernstein, and Tom Brass, eds, *Plantations, Peasants and Proletarians in Colonial Asia* (London: Frank Cass, 1992)

Berg, Maxine, *Age of Manufactures 1700-1820: Industry, Innovation, and Work in Britain* (Oxford: B. Blackwell in Association with Fontana Press, 1985)

Bhattacharya, Neeladri, 'Predicaments of Mobility: Peddlers and Itinerants in Nineteenth-century Northwestern India', in Claude Marcovits, Jacques Pouchepadass, Sanjay Subrahmanyam, eds, *Society and Circulation: Mobile People and Itinerant Cultures in South Asia, 1150-1950* (New Delhi: Permanent Black, 2003)

Bhattacharya, Sabyasachi, 'Laissez Faire in India', *Indian Economic and Social History Review,* 2 (1), 1965

—, *Financial Foundations of the British Raj: Men and Ideas in the Post-Mutiny Period of Reconstruction of Indian Public Finance, 1858-1812* (Simla: Indian Institute of Advanced Study, 1971)

Breman, Jan, 'A Dualistic Labour System? A Critique of the "Informal Sector" Concept, I: The Informal Sector', *Economic and Political Weekly,* 11 (48), 1976

—, *Footloose Labour: Working in India's Informal Economy* (Cambridge: Cambridge University Press, 1996)

—, 'The Study of Industrial Labour in Postcolonial India-The Formal Sector: An

Introductory Review', in Jonathan Parry, Jan Breman, Karin Kapadia, eds, *The Worlds of Indian Industrial Labourers in India* (New Delhi: Sage, 1999)

—, *The Making and Un making of an Industrial Working Class: Sliding Down the Labour Hierarchy in Ahmedabad, India* (Delhi: Oxford University Press, 2004)

Chakrabarty, Dipesh, 'Early Railwaymen in India: "Dacoity" and "Train-wrecking" *c.1860-1900',* in Barun De, ed, *Essays in Honour of Professor* S. C. *Sarkar* (Delhi: People's Publishing House, 1976)

—, *Rethinking Working-Class History: Bengal 1890-1940* (Delhi: Oxford University Press, 1989)

Chandavarkar, A.G., 'Money and Credit (1858-1947)', in Dharma Kumar, ed., *The Cambridge Economic History of India, Volume* 2: *c.1150-c.1910* (Cambridge: Cambridge University Press, 1983)

Chandavarkar, Rajnarayan, 'Workers' Politics and the Mill Districts in Bombay between the Wars', *Modern Asian Studies* 15 (3), 1981.

—, *The Origins of Industrial Capitalism in India: Business Strategies and the Working Classes in Bombay: 1900-1940* (Cambridge: Cambridge University Press, 1994)

—, *Imperial Power and Popular Politics: Class, Resistance and the State in India, c.1850-1950* (Cambridge: Cambridge University Press, 1998).

—, 'From Neighbourhood to Nation', in Neera Adarkar and Meena Menon, eds, *One Hundred Years, One Hundred Voices: The Millworkers of Girangaon: An Oral History* (Calcutta: Seagull Books, 2004)

Chandra, Bipan, *The Rise and Growth of Economic Nationalism in India* (New Delhi: People's Publishing House, 1966)

—, 'Reinterpretation of Nineteenth Century Indian Economic History', *Indian Economic 6- Social History Review,* 5, March 1968

Charlesworth, Neil, *British Rule and the Indian Economy, 1800-1914* (London: Macmillan, 1982)

Chaudhuri, K.N., 'India's International Economy in the Nineteenth Century: A Historical Survey', *Modern Asian Studies,* II (I), 1968

Comninel, George c., *Rethinking the French Revolution: Marxism and the Revisionist Challenge* (London: Verso, 1987)

Dasgupta, Ranajit, *Economy, Society, and Politics in Bengal: Jalpaiguri, 1860-1947* (Delhi: Oxford University Press, 1992)

—, 'Poverty and Protest: A Study of Calcutta's Industrial Workers and Labouring Poor, 1875-1899', *Labour and Working Class in Eastern India: Studies in Colonial History* (Calcutta: K.P. Bagchi, 1994)

de Cecco, Marcello, *Money and Empire: The International Gold Standard, 1890-1914* (Oxford: Wiley-Blackwell, 1974)

—, 'Indian Monetary Vicissitudes: An Interlude', in G. Balachandran, ed., *India and the World Economy, 1850-1950* (Delhi: Oxford University Press, 2003)

Derbyshire, Ian, 'Economic Change and the Railways in North India, 1860-1914', *Modern Asian Studies,* 21 (3), 1987

Dutt, R.P., *India Today* (Bombay: People's Publishing House, 1947; revised edn, Calcutta: Manisha, 1970)

Gadgil, D.R., *Origins of the Modern Indian Business Class: An Interim*

Report (New York: International Secretariat, Institute of Pacific Relations, 1959)

Ganguli, B.N., *Indian Economic Thought: Nineteenth Century Perspectives* (New Delhi: Tata-McGraw Hill, 1977)

Gooptu, Nandini, *The Politics of the Urban Poor in Early Twentieth-Century India* (Cambridge: Cambridge University Press, 2001)

Haynes, Douglas and Tirthankar Roy, 'Conceiving Mobility: Weavers' Migrations in Pre-colonial and Colonial India', *Indian Economic and Social History Review,* 36 (1), 1999

Heston, A., 'National Income', in Dharma Kumar, ed., *The Cambridge Economic History of India, Volume* 2: *c.1750-c.1970* (Cambridge: Cambridge University Press, 1983) .

Hurd, John, 'Railways', in Dharma Kumar, ed., *The Cambridge Economic History of India, Volume* 2, *c.1750-c.1970* (Cambridge: Cambridge University Press 1983)

Joshi, Chitra, *Lost Worlds: Indian Labour and its Forgotten Histories* (Delhi: Permanent Black, 2003)

Joshi, G.V., 'The Economic Situation in India', *Quarterly Journal of the Poona Sarvajanik Sabha, 1880*

Karnik, Y.B., *Strikes in India* (Bombay: Mankatalas, 1967)

Kerr, Ian, 'Working-class Protest in Nineteenth-Century India: Example of Railways Workers', *Economic and Political Weekly,* Review of Political Economy, 20 (4), 1985

—, ed., *Railways in Modern India* (Delhi: Oxford University Press, 2001)

—, 'Representation and Representations of the Railways of Colonial and Postcolonial India', *Modern Asian Studies,* 37 (2), 2003

Kumar, Dharma, ed., *The Cambridge Economic History of India, Volume 2: c.1750-c.1970* (Cambridge: Cambridge University Press, 1983)

Kumar, Radha, 'Family and Factory: Women in the Bombay Cotton Textile Industry, *c.*1919-1939', in J. Krishnamurty, ed., *Women in Colonial India: Essays on Survival, Work and the State* (Delhi: Oxford University Press, 1989)

Lahiri Choudhury, Deep Kanta, *Telegraphic Imperialism: Crisis and Panic in the Indian Empire, c.1830-1920* (London: Palgrave Macmillan, 2010) Lehmann, Frederick, 'Great Britain and the Supply of Railway Locomotives of India: A Case-Study of "Economic Imperialism"', *Indian Economic and Social History Review,* 2 (4), 1965

Markovits, Claude, *The Global World of Indian Merchants, 1750-1947: Traders of Sind from Bukhara to Panama* (Cambridge: Cambridge University Press, 2000)

—, Jacques Pouchepadass, and Sanjay Subrahmanyam, eds. *Society and Circulation: Mobile People and Itinerant Cultures in South Asia, 1750-1950* (New Delhi: Permanent Black, 2003)

Marx, Karl, 'The Future Results of the British Rule in India', *New York Daily Tribune,* 8 August 1853, and letter to N.F. Danielson, 19 February 1881, in K. Marx and F. Engels, *On Colonialism* (Moscow: Foreign Languages Publishing House, n.d.)

Masselos, Jim, 'Jobs and Jobbery: The Sweeper in Bombay under the Raj', *Indian*

Economic and Social History Review, 19 (2), 1982

Matsui, Toru, 'On the Nineteenth-Century Indian Economic History-A Review of a "Reinterpretation"', *Indian Economic 6- Social History Review,* 5 (l), 1968

Mayer, Peter, 'Inventing Village Traditions: The Late 19th Century Origins of the North Indian "Jajmani System"', *Modern Asian Studies,* 27 (2), 1993

Mohapatra, Prabhu, 'Assam and the West Indies, 1860-1920: Immobilizing Plantation Labour', in Douglas Hay and Paul Craven, eds, *Masters, Servants, and Magistrates in Britain and the Empire,* 1562-1955 (Chapel Hill: University of North Carolina Press, 2004)

Morris, David Morris, *The Emergence of an Industrial Labour Force: A Study of the Bombay Cotton Mills,* 1854-1947 (Berkeley: University of California Press, 1965)

—, 'Towards a Reinterpretation of Nineteenth-Century Indian Economic History', *Indian Economic & Social History Review,* 5 (1), 1968

—, 'The Growth of Large-Scale Industry to 1947', in Dharma Kumar, ed., *The Cambridge Economic History of India, Volume* 2: *c.1750-c.1970* (Cambridge: Cambridge University Press, 1983)

Mukherjee, Mukul, 'Railways and Their Impact on Bengal's Economy, *1870-1920', Indian Economic and Social History Review,* 17 (2), 1980

Murphy, E.D., 'Cotton and Community in India: The Madras Labour Union, *1918-21', Indian Economic & Social History Review,* 14 (3), 1977

Nair, Janaki, *Miners and Millhands: Work, Culture and Politics in Princely Mysore* (New Delhi: Sage, 1998)

O'Hanlon, Rosalind, *Caste, Conflict and Ideology: Mahatma Jyotirao Phule and Low-Caste Protest in Nineteenth Century Western India* (Cambridge: Cambridge University Press, 1985)

Parel, Antony J.., *Hind Swaraj and Other Writings* (Cambridge: Cambridge University Press, 1997)

Parry, Jonathan, Jan Breman, and Karin Kapadia, eds, *The Worlds of Indian Industrial Labourers in India* (New Delhi: Sage, 1999)

Parthasarathi, Prasanna, *The Transition to a Colonial Economy: Weavers, Merchants and Kings in South India, 1720-1800* (Cambridge: Cambridge University Press, 2001)

Pinney, Christopher, 'On Living in the *KaL(i)yug.* Notes from Nagda, Madhya Pradesh', in Jonathan Parry, Jan Breman, and Karin Kapadia, eds, *The Worlds of Indian Industrial Labourers in India* (New Delhi: Sage, 1999) Pouchepadass, Jacques, *Champaran and Gandhi: Planters, Peasants and Gandhian Politics* (Delhi: Oxford University Press, 1999)

Punekar, S.D., and R. Varickayil, eds, *Labour Movement in India Documents: 1891-1917, Volume* 2 (Indian Council of Historical Research/Bombay: Popular Prakashan, 1990)

Ray, Durgacharan, and Dwarakanath Bidyabhushan, eds, *Debganer Marte Agaman* (Calcutta: Gurudas Chattopadhyay and Sons, 1887)

Ray, Rajat Kanta, 'The Bazaar: Changing Structural Characteristics of the Indigenous Section of the Indian Economy Before and After the Great Depression', *Indian Economic and Social History Review,* 25 (3), 1988

—, 'Introduction', in Rajat Ray, ed., *Entrepreneurship and Industry in India, 1800-1947* (Delhi: Oxford University Press, 1992)

Ray, Raka, and Seemin Qayum, *Cultures of Servitude: Modernity, Domesticity, and Class in India* (Palo Alto: Stanford University Press, 2009) Raychaudhuri, T., 'A Reinterpretation of Nineteenth Century Indian Economic History?', *Indian Economic & Social History Review*, 5, March 1968

Report of Bombay Factory Commission, 1885 (no publisher, n.d.)

Risley, H.H., *Tribes and Castes of Bengal: Ethnographic Glossary* (Calcutta: Bengal Secretariat Press, 1891)

Rothermund, Dietmar, 'The Monetary Policy of British Imperialism', *Indian Economic and Social History Review,* 7 (1), 1970

Roy, Tirthankar, *Artisans and Industrialization: Indian Weaving in the Twentieth Century* (Delhi: Oxford University Press, 1993)

—, ed., *Clothes and Commerce: Textiles in Colonial India* (New Delhi: Sage, 1996)

—, *Traditional Industry in the Economy of Colonial India* (Cambridge: Cambridge University Press, 1999)

—, 'Deindustrialization: Alternative View', *Economic and Political Weekly,* 35 (17), 2000a

—, *The Economic History of India* 1857-1947 (New Delhi: Oxford University Press, 2000b)

—, *Outline of a History of Labour in Traditional Small-scale Industry in India* (Noida: v.v. Giri National Labour Institute, Research Studies Series 015, 2001)

—, 'Changes in Wool Production and Usage in Colonial India', *Modern Asian Studies,* 3 (2), 2003

Sabel, Charles, and J. Zeitlin, 'Historical Alternatives to Mass Production: Politics, Markets and Technology in Nineteenth-Century Industrialization', *Past and Present,* 108, 1985

Sarkar, Adirya, 'The Work of Law: Three Factory Narratives from Bombay Presidency, 1881-1884', in Marcel van der Linden and Prabhu Mohapatra, eds, *Labour Matters: Towards Global Histories* (New Delhi: Tulika, 2009)

Sarkar, Sum it, *The Swadeshi Movement in Bengal 1903-1908* (New Delhi: People's Publishing House, 1973; second edn, Ranikhet: Permanent Black, 2010)

—, 'The Return of Labour to South Asian History', *Historical Materialism,* 12 (3), 2004

Saul, S.B., *Studies in British Overseas Trade 1870-1914* (Liverpool: Liverpool University Press, 1960)

Sen, Amartya, 'The Pattern of British Enterprise in India, 1854-1914: A Causal Analysis', in Rajat Kanta Ray, ed., *Entrepreneurship and Industry in India, 1800-1947* (Delhi: Oxford University Press, 1992)

Sen, Samita, *Women and Labour in Late Colonial India: The Bengal Jute Industry* (Cambridge: Cambridge University Press, 1999)

Sen, Sukomal, *Working Class of India: History of Emergence and Struggle, 1830-1970* (Calcutta: K.P. Bagchi, 1970)

Sharma, Jayeeta, *Empires Garden: Assam and the Making of India* (Ranikhet: Permanent Black, 2012)

Simeon, Dilip, *The Politics of Labour under Late Colonialism: Workers, Unions, and the State in Chota Nagpur* (Delhi: Manohar, 1995)

—, 'Work and Resistance in the Jharia Coalfield', in Jonathan Parry, Jan Breman, and Karin Kapadia, eds, *The Words of Indian Industrial Labourers in India* (New Delhi: Sage, 1999)

Simmons, CP., 'Indigenous Enterprise in the Indian Coal Mining Industry, c.1835-1939', *Indian Economic and Social History Review,* 23 (3), 1976a

—, 'Recruiting and Organizing an Industrial Force in Colonial India: The Case of the Coal Mining Industry, *c.1880-1939', Indian Economic and Social History Review,* 23 (4) 1976b

Sinha, N.K., ed., *The History of Bengal 1757-1905* (Calcutta: University of Calcutta, 1967)

Sivasubramonian, S., 'Revised Estimates of the National Income of India, 1900-01 to 1946-7', *Indian Economic and Social History Review,* 14 (4), 1977

Steinfeld, Robert J., *Coercion, Contract, and Free Labour in the Nineteenth Century* (Cambridge: Cambridge University Press, 2001)

Stokes, Eric, *The English Utilitarians and India* (Oxford: Clarendon Press, 1953)

Strachey, Sir John, *India* (London: Kegan Paul, 1888)

Tattvabhushan, Sitanath, *Social Reform in Bengal: A Side Sketch* (Calcutta: City Book Society, 1904)

Thompson, E.P., *The Making of the English Working Class* (New York: Vintage Books, 1963)

Thorner, Daniel, The Pattern of Railway Development in India', *Far Eastern Quarterly,* 14 (2), 1955; rpnt in Ian Kerr, ed., *Railways in Modern India* (Delhi: Oxford University Press, 2001)

—, and Alice Thorner, '"Deindustrialization" in India, 1881-1931', in Daniel Thorner and Alice Thorner, *Land and Labour in India* (Bombay: Asia Publishing House, 1962)

Timberg, Thomas A., *The Maruiaris: From Traders to Industrialists* (Delhi: Vikas, 1978)

Tomlinson, B.R., 'India and the British Empire, 1880-1935', *Indian Economic & Social History Review,* 12 (4), 1975

—, *The Political Economy of the Raj* 1914-1947: *The Economics of Decolonization in India* (London: Macmillan, 1979)

Tripathi, Dwijendra, ed., *Business Communities of India: A Historical Perspective* (Delhi: Manohar, 1984)

Vicziany, Marika, 'Bombay Merchants and Structural Changes in the Export Community, 1850-80', in K.N. Chaudhuri and C.J.. Dewey, eds, *Economy and Society: Essays in Indian Economic and Social History* (Delhi, 1976)

—, 'The Deindustrialization of India in the Nineteenth Century: A Methodological Critique of Amiya Kumar Bagchi', *Indian Economic & Social History Review,* 16 (2), 1979

Visaria, Leela, and Pravin Visaria, 'Population (1757-1947)', in Dharma Kumar, ed, *The Cambridge Economic History of India, Volume 2: c.1750-c.1970* (Cambridge: Cambridge University Press, 1983)

Yang, Anand A., *Bazaar India: Markets, Society and the Colonial State in Gangetic Bihar* (California: University of California Press, 1998)

अध्याय-5

समाज और संस्कृति

देहात, नगर और नया मध्यवर्ग

भारत की तसवीर : देहात और नगर

आरम्भ-20वीं सदी में किसी समय एक ब्रिटिश सैनिक ने अपने घर एक पिक्चर पोस्टकार्ड भेजा, जिसमें डूबते हुए सूरज के सामने एक 'हलवाहे' की छाया नजर आ रही थी। उसके नीचे ये शब्द घसीटे गए थे : 'यही तसवीर भारत है।' यह सन्देश एक शाश्वत-ग्रामीण भारत की अनिवार्यता बतलाता है और ग्रामीण को प्रामाणिक भारतीय कहता है, लेकिन ऐन मुमकिन है कि यह पोस्टकार्ड किसी नगर या कस्बे के एक स्टूडियो में तैयार किया गया हो। किसी स्थानीय व्यक्ति को किराए पर खड़ा करके किसान का कपड़ा पहनाया गया ताकि स्टूडियो कुछ कमाई कर सके।[1]

गाँव और नगर की परस्पर विरोधी रूढ़ छवियाँ दुनिया के हर कोने में व्यापक स्तर पर ज्ञात सांस्कृतिक रचनाओं में शामिल रही हैं। ये कालक्रम में काफी पीछे जाती हैं और पश्चिम में औद्योगिक सभ्यता और उद्योग-विरोधी रोमानियत के साथ-साथ जन्मने के बाद प्रमुखता प्राप्त कर लेती हैं। भारत में उपनिवेश काल ऐसी विपरीतियों से भरा हुआ रहा है—अंग्रेजों और भारतवासियों के लिखित और दृश्य बिम्बों में एक ही समान। उनका सम्बन्ध दूसरी द्विभागी विपरीतियों से रहा है : अपरिवर्तनीयता और परिवर्तन, शुद्धता और भ्रष्टता, जड़ता और प्रगति, अवनति और उन्नति से। विपरीति की दृष्टि से 'प्राच्यवाद' की—अ-पश्चिम के बारे में पश्चिम में की आधुनिक छवियों की—कोई भी प्रमुख अभिव्यक्ति 'अन्य' के बारे में ऐसी छवियाँ अपमानजनक और रोमानी के बीच लगातार झूलती रही हैं। यह अपरिहार्य छवि पूरे देश (या प्राच्य नगर) की भी हो सकती है, जैसा कि हमारे ब्रिटिश सैनिक ने जताने की कोशिश की, या फिर हो सकता है इसे उपश्रेणियों में

1. पिन्नी 1997 : 9

बाँटा गया हो, जिनमें से हर उपभाग अपनी जगह एक रूढ़ छवि बन गया हो। भारत से जाने से पहले कैनिंग ने आठ जिल्दों में जिस 'People of India' (1868–75) की तैयारी का आदेश जारी किया था उसमें, मिसाल के लिए, 'गूजर भूस्वामी', 'बंजारा और उसकी पत्नी' और 'बनिया' आदि की तसवीरें मौजूद थीं। हर सामाजिक प्रारूप को उसके लिए खास समझे जानेवाले लिबास में और व्यवसायसूचक चिह्नों के साथ दर्शाया गया था और उसमें ऐसे शीर्षक थे जो भरोसे के साथ अपरिवर्तनीय चारित्रिक लक्षणों को दर्शाते थे।

लेकिन ऐसी रूढ़ छवियाँ न तो उपनिवेशवादियों का इजारा थीं और न ही लाजिमी तौर पर पश्चिमी प्रभुत्व के परिणाम थीं। जनगणना के कमिश्नर एच.एच. रिजली के कागजात में एक भाग उन देशज मुहावरों के अनुवादों का है जो विशेष जातियों में उनसे श्रेष्ठ या उनसे हीन जातियों के बारे में प्रचलित थे।[1] रहे गाँव और शहर तो ये द्विभागी विपरीतियाँ आधुनिक भारत की पूरी संस्कृति में व्याप्त हैं। कलकत्ता के बारे में एक आरम्भिक बंगला रचना भवानीचरण बंद्योपाध्याय की 'कोलिकाता कमलालय' (1823) है जिसने नगरीय लोगों की भाषा और मूल्यों के मुकाबले एक आगन्तुक ग्रामीण की भाषा और मूल्यों को रखा है। परम्परागत ग्रामीण शुद्धता और आधुनिक नगरों की भ्रष्टता को जो शास्त्रीय अभिव्यक्ति गांधी के यहाँ मिली वह आज लगभग दो सदियों से कविता, कहानियों और उपन्यासों का एक मानक रूपक बनी हुई है[2] और 'जलसाघर' (1958) में सत्यजीत राय ने जिस पतनशील संगीत-प्रेमी जमींदार का चित्र सामने रखा है जो कि एक अक्खड़ और नौसिखुए शहरी नौदौलतिए के हक में अपनी सम्पत्ति गँवाने के कगार पर पहुँचा हुआ है, उसके भारतीय साहित्य, नाटक और फिल्मों में ढेरों प्रतिरूप मौजूद रहे हैं।[3] ऐसे ही रूपक के वामपन्थी संस्करणों में ख्वाजा अहमद अब्बास की फिल्म 'धरती के लाल' (1946) और विमल राय की 'दो बीघा जमीन' (1953) भी शामिल हैं; इन दोनों में बँटाईदार या गरीब किसान चालबाज जमींदारों या सूदखोरों के हाथों अपनी पुश्तैनी जमीन गँवाकर नगरों में चले जाते हैं। यह भौगोलिक स्थानान्तरण अक्सर नैतिक पतन से जुड़ा हुआ रहा है।[4]

---

1. उपरोक्त: 9, 34–42; Proverbs Illustiating the Peculiarities of Castes; in Printed Circulars, notes and memoranda on Caste and religion in Bengal, जुलाई 1900–जून 1901 में शामिल; रिसली कलेक्शन, MSS EUR.E. 295/11, ब्रिटिश लाइब्रेरी।
2. अंग्रेजी साहित्य में इस विषय की प्रस्तुति की छानबीन करनेवाली आलोचनात्मक रचनाओं में विलियम 1973 देखें।
3. कुलीनों के पतन के साथ-साथ नौदौलतियों के ऊपर उठने के केन्द्रीय विषय की पश्चिम में अनेकों साहित्यिक प्रस्तुतियाँ मिलती हैं; इनमें सबसे मशहूर चेखव का नाटक 'चेरी का बगीचा' और लैम्पेदुसा का 'बाघ' है।
4. तेलुगू सिनेमा में खलनायक जमींदारों के हाथों में जमीन के जाने के इस विषय की हाल में एक उम्दा प्रस्तुति श्रीनिवास 2013 में मिली है।

अन्त-उपनिवेशकालीन जीवन पर हमारे सर्वेक्षण (अध्याय 3) ने ऐसे अधिकांश प्रतिनिधानों में निहित सरलीकरण का संकेत दिया है। खास तौर पर यह मान्यता रही है कि उपमहाद्वीप के स्तर पर ही गाँव कमोबेश एक समान रहे हैं, ब्रिटिश शासन से पहले अपरिवर्तनशील रहे हैं, और फिर उनका विघटन शुरू हो गया; मार्क्स, मेने और गांधी जैसे बेहद अलग-अलग परिप्रेक्ष्यों और मूल्योंवाले प्रेक्षकों के यहाँ यह एक साक्षी मान्यता रही है। मगर फिर इस पर नए सिरे से विचार शुरू हुआ। यह सुझाव ही घोर अव्यावहारिक था कि गाँव समतावादी रहा है, जैसा कि बहुतों ने मान रखा था—निश्चित ही मार्क्स ने नहीं जिन्होंने लिखा कि उसके देखने में सीधे सादे और मनोरम जीवन में जाति-भेद कूट-कूटकर भरा हुआ था। मुगलों की कृषि-व्यवस्था पर इरफान हबीब के क्लासिक अध्ययन ने स्थावर और अस्थावर, स्थिर ग्राम-केन्द्रित किसान समाजों और आवास के अधिक ढीले-ढाले ढाँचोंवाले अंशतः घुमक्कड़ खाद्य-संग्राहक और पशुपालक समुदायों के बीच की बदलती सीमाओं की ओर ध्यान खींचा है।[1] उपनिवेश काल में राजस्व की वृद्धि, संचार में एकीकरण, व्यवसायीकरण तथा मुनाफों व नियंत्रण की वृद्धि में राज्य की रुचि जैसी परस्पर जुड़ी प्रक्रियाओं ने स्थावर कृषि का और भी एकतरफा प्रसार किया। 1920+ के बाद आबादी में जो उछाल आया उसके कारण जोत के आगे जंगल और चरागाह का रकबा कम पड़ने लगा। लेकिन स्थावर वास के साथ परस्पर विरोधी प्रवृत्तियाँ जुड़ी थीं, जिनसे गतिशीलता बढ़ी। जंगल कानूनों के कारण उखड़नेवाले आदिवासियों को तथा अधिकाधिक विभेदीकरण से गुजर रहे किसान समुदायों की निचली कतारों को भारत और विदेशों में स्थित उपनिवेशी बागान में सींच लिया गया, जबकि जड़हीन श्रमिकों के चक्रीय प्रवाहों के द्वारा लगातार बढ़ती संख्याएँ खदानों, कारखानों और नगरों में पहुँचने लगीं।

स्थावरी और गति, ऊपर और नीचे की तरफ गतिशीलता की अन्तर्विरोधी प्रवृत्तियों ने ग्रामीण सामाजिक जीवन में अपने आपको पुनरुत्पादित किया। स्थावर गाँव का मतलब जातिगत सोपानों का अधिक कठोर बनना तथा ब्राह्मणवादी और रूढ़िगत इस्लामी ढाँचों और जीवन-मूल्यों का पुष्ट बनना भी था। जाति के सोपान आमतौर पर गाँवों में वास के ढर्रों में निहित रहे हैं। जहाँ अलग-अलग जातियों के अलग-अलग मुहल्ले रहे हैं, और दलितों के तो अलग मुहल्ले यकीनन रहे हैं, जिनके साथ अक्सर-बेशतर अलग कुएँ भी होते थे। ऐसी प्रवृत्तियों को भारी बल व्यवसायीकरण के नए रूपों ने पहुँचाया, जिन्होंने इनसानों तथा उनके विचारों और बिम्बों, दोनों की गतिमानता में क्रान्तिकारी परिवर्तन किए। 19वीं सदी में यांत्रिक मुद्रण ने उपनिवेशी और देशज, दोनों प्रकार के शक्ति-ग्रन्थों के व्यापक प्रसार ने रूढ़िवाद को और मजबूत किया। दृश्य वस्तुओं के यांत्रिक पुनरुत्पादन की नई

1. हबीब 1963/2013

तकनीकों ने 'शास्त्रीय' सवर्ण रूपों में देवी-देवताओं की यकरस छवियों के प्रसार को बढ़ावा दिया। 1891 में एच.एच. रिजली ने लिखा था कि संचार-साधनों की छलाँग से 'मैनचेस्टर' को ही नहीं, बल्कि 'बनारस' को भी लाभ मिला था : 'आदिवासी देवताओं को शिव और कृष्ण ने लगभग उतने ही पक्के तौर पर खदेड़ बाहर किया है जैसे धूसर कुर्तों ने अधिक टिकाऊ, हाथ के बुने कपड़ों को विस्थापित किया है। तीर्थयात्राएँ अधिक सुखद और लोकप्रिय हो रही हैं।' कुक के स्टीमरों ने मक्का जानेवालों की तादाद को बेहद बढ़ाया है तथा 'मुहम्मदी मिशनरियों और वापस आ रहे हाजियों का प्रभाव रूढ़िवादी तौर-तरीकों के खामोश मगर निरन्तर पुनरुत्थान के रूप में अपना एहसास करा रहा है...।'[1] रिजली ने दूसरे पहलू पर कोई टिप्पणी नहीं की, यानी इस पर कि इन्हीं प्रक्रियाओं में रूढ़िवाद के नए या पुराने ढाँचों को कमजोर करने की क्षमता भी निहित है। मोटे तौर पर एक जैसे अधीन स्तरों के बीच, जो अभी तक एक-दूसरे से कम ही जुड़ी हुई थीं, या उनके बारे में कम ही जानती थीं, संचार की सम्भावनाओं ने ऐसे पैमाने पर जोकि पहले असम्भव था, निचली जातियों और दलितों में एकजुटता और सामूहिक कार्रवाई की तथा अरूढ़ विचारों और कार्यों के श्रमिक प्रसार की क्षमताएँ पैदा की हैं। यातायात के आधुनिक तंत्रों ने अगर उपनिवेशवाद की शक्ति को बढ़ाया तो ब्रिटिश प्रभुत्व के खिलाफ राष्ट्रवादियों की एकजुटता के साथ उनके सम्बन्ध कम-से-कम उतने ही स्पष्ट अवश्य हैं। रेलों के खिलाफ अपनी मशहूर निन्दात्मक टिप्पणियों के बावजूद, औद्योगिक आधुनिकता के इस सबसे गोचर रूप के बिना गांधी की देशव्यापी पहुँच की कल्पना करना भी मुश्किल है।

ऐसे अधिकांश अन्तर्विरोधी संवेग अधिकतर नगरों और छोटे कस्बों में पैदा हुए। साक्षरता और मुद्रण के बहुत ही असमान प्रसार के कारण हमारे सूचना-स्रोतों का झुकाव भी नगरों की ओर है। वैसे गाँव और नगर एक-दूसरे से उतनी सख्ती से अलग भी नहीं थे क्योंकि नया मध्यवर्ग दोनों में पाँव फँसाए हुए था। उसने मिसाली ढंग से नगरों के सेवामूलक और पेशेवर या किरानी के व्यवसायों को देहातों से प्राप्त लगानों की आय से जोड़ा। एक बड़ी संख्या ने देहातों और छोटे कस्बों में अपने खानदानी मकान बनाए रखे, उनके बीवी-बच्चे व रिश्तेदार वहीं रहते रहे और गाँव के मकान को अधिक अन्तरंग नाम से याद करने की आदत को लम्बे समय तक जारी रखा। बंगाल में विरोध यह था कि वे जिस नगर में कार्यरत थे वहाँ के कम अन्तरंग 'बास' (आवास, आमतौर पर किराये के मकान) के मुकाबले उनकी गाँव में 'बाड़ी' होती थी। छोटे कस्बों, यहाँ तक कि बड़े गाँवों में भी प्राथमिक और माध्यमिक शिक्षा उपलब्ध थी क्योंकि देहातों में अधिकतर अपने सामाजिक समूह के बच्चों के लिए मध्यवर्ग ने विद्यालयों की स्थापना में अच्छा-खासा पैसा लगाया। मिसाल के

1. रिजली 1891 : प्रस्तावना लेख, उनतीस-तीस।

लिए पूर्वी बंगाल में विक्रमपुर था। पूना के पास या तटीय आन्ध्र के कुछ भाग, जहाँ कुलीनों के पास पुश्तैनी मकान अनुपात से कहीं अधिक थे, आरम्भ-20वीं सदी तक विद्यालयों के सिलसिले में असाधारण समृद्धि पा चुके थे। 1854 के वुड के डिस्पैच ने विद्यालयों और महाविद्यालयों के लिए सहायता-अनुदान की जो नीति शुरू की थी, यह उसी के कारण सम्भव हुआ। लेकिन उच्च शिक्षा के स्तर बड़े शहरों में स्थित थे, जो इस तरह सेवाकर्मी और पेशेवर समूहों के लिए प्रवेश के और अक्सर निवास के स्थल बन गए। नगर अब गुरुत्व के केन्द्र बनने लगे थे। इस कारण से अब हमें उपनिवेशकालीन मध्यवर्ग के और एक अस्पष्ट आधुनिकता के भी, प्रमुख आधार के रूप में उपनिवेश काल में नगर-जीवन के ढर्रों पर विचार करना होगा।

नगरीय ठिकानों की राह : उपनिवेशी नगरों का पुनर्निर्माण

उपनिवेशकालीन या 'प्राच्य' नगर के लिखित वृत्तान्तों या दृश्य प्रतिनिधानों में दो विरोधी छवियों का बोलबाला रहा है। भीड़-भाड़वाले बाजार और तंग, टेढ़ी-मेढ़ी गलियाँ; खोलियाँ और बीच-बीच में बड़ी इमारतें और धनी व ताकतवर लोगों के महल; दुकानों से घिरे मन्दिर और मस्जिदें और इन सबसे मिलकर एक गन्दे, अस्वस्थकर और रोगजनक संसार का उभरता हुआ चरित्र—और फिर भी अक्सर जिसका एक रोमानी और पराया आकर्षण होता था। इसके ठीक विपरीत ये यूरोपवालों के अलग-थलग मुहल्ले थे जिनमें भारतीय समाज के ऊर्ध्वमुखी भागों ने धीरे-धीरे प्रवेश किया और अन्ततः उसे अपने अधिकार में ले लिया। ये (मोटरकारों की संख्या के बढ़ने तक) खामोशी के द्वीप थे जिनमें पेड़ों की छायावाली चौड़ी सड़कें थीं, बागों और लानों से घिरे बंगले थे तथा बढ़ती समृद्धि के दूसरे अनेक चिह्न थे तथा सभ्य जीवन की नई-नई आधुनिक सुविधाएँ थीं। 'देसी' क्षेत्रों की गलियों में चहल-पहल से भरी जिन्दगी और संस्कृति, जो कि निकृष्ट और भीड़ भरे मकानों से घर से बाहर निजात पाने का जरिया थीं, धीरे-धीरे अपनी प्रमुखता खो बैठीं। इसकी बजाय निजता से सम्पन्न घरेलूपन के तरह-तरह के ढर्रे सामने आए जिनको संचार की नई प्रौद्योगिकियों और नगरीय सुविधाओं के प्रसार ने और बल पहुँचाया और उनका प्रसार किया। इन बिम्बों के पहले समूह में एक शाश्वतता है, दूसरे से परिवर्तन के साफ संकेत मिलते हैं। ये अपरिवर्तनीयता और परिवर्तन की शाश्वत ऐतिहासिक समस्या की ओर और उन परस्पर विरोधी दृष्टिकोणों के टकराव की ओर संकेत करते हैं, जो या तो उपनिवेशवाद के कारण आए क्रमभंग पर या बुनियादी निरन्तरताओं पर जोर देते हैं।

किसी समय इतिहासकारों के बीच यह मोटा-मोटी सहमति थी कि 18वीं सदी सामान्य अवनति का एक काल था। केन्द्रीकृत मुगल शासन का विघटन हुआ,

जिससे राजनीतिक उथल-पुथल का तथा आरम्भिक-19वीं सदी से पूर्णरूपेण विऔद्योगिकीकरण का तथा नगरीकरण के पैमानों में एक महत्त्वपूर्ण गिरावट का आरम्भ हुआ। देहली, आगरा और लाहौर जैसे शाही नगरों की तथा दरबारों और/या कुशल हस्तशिल्पों के केन्द्रों की (आरम्भ ब्रिटिश काल में पूर्वी भारत में इनके प्रमुख केन्द्र ढाका, मुर्शिदाबाद और पटना थे) पुरानी चमक-दमक यकीनन काफी-कुछ जाती रही।[1] खोई हुई शान-शौकत का मातम उत्तर भारत के उर्दू साहित्य का एक प्रामाणिक विषय बन गया; यह साहित्य शाही संरक्षण से वंचित हो चुके एक पतनशील साक्षर वर्ग ने रचा था; इसकी एक मिसाल लखनऊ के सत्ताच्युत नवाब वाजिद अली शाह का रचा हुआ मशहूर नौहा (शोकगीत) 'जब छोड़ चले लखनऊ नगरी...' था। सुझाव दिया गया है कि उर्दू शायरी में 1857 के बाद धीरे-धीरे मुगल कुलीनों के विनाश ने मातमी विधा मार्सिया को जन्म दिया जबकि पहले प्रशंसागीतों (कसीदों) को वरीयता दी जाती थी।[2]

लेकिन क्षतिपूर्ति के एक महत्त्वपूर्ण आयाम का जो तर्क सी.ए. बेली ने दिया है उसे आज खासे बड़े पैमाने पर स्वीकार किया जा चुका है; विचार यह है कि एक केन्द्र या अंचल के पतन के साथ अक्सर किसी और का उदय होने लगता था। इसका कारण यह था कि राजनीतिक सत्ता और राजस्व और व्यापार के प्रवाह, सेना और उच्च वर्गों के उपभोग सम्बन्धी व्यय तथा धार्मिक जीवन और संगठन सभी परस्पर सम्बद्ध ढंग से वृद्धि के नए क्षेत्र की ओर खिसकने लगते थे।[3] 1720+ के आसपास से गंगा की मध्य वादी में छोटे कस्बों का महत्त्वपूर्ण प्रसार हुआ। केन्द्रीकृत नियंत्रण में कमी के कारण अब मुगल हाकिमों का पहले की तरह अक्सर तबादला नहीं हो रहा था; इसलिए उनको अपने अंचल में जमीनों पर और भी स्थायी नियंत्रण प्राप्त हुआ तथा एक सुस्पष्ट कस्बाती संस्कृति के साथ नगर-क्षेत्रों की वृद्धि हुई। 19वीं सदी में ब्रिटिश शासन से जुड़े नगरों की वृद्धि—जैसे कलकत्ता, बम्बई और मद्रास का नाटकीय उदय, रेल-नगरों और व्यापारिक केन्द्रों का तथा अन्ततः औद्योगिक बस्तियों का प्रसार—भी निर्विवाद है। मुगल और ब्रिटिश शासन के बीच के काल में शहरी आबादी के कुल आकार में चाहे जो परिमाणात्मक गिरावट आई हो, ऐसे क्षैतिज प्रसार ने उसकी निश्चित ही भरपाई कर दी। लेकिन परिमाणात्मक निरन्तरता महत्त्वपूर्ण परिवर्तनों के साथ भी जारी रह सकती है, जैसा कि हमने खेतिहर मजदूरों और दस्तकारों के जीवन के सिलसिले में देखा। उपनिवेशी नगर या कस्बे की नई

1. मुगल सल्तनत का प्रमुख बन्दरगाह सूरत, जहाँ अंग्रेज कम्पनी ने अपनी पहली फैक्टरी कायम की थी, (अन्त-20वीं सदी में होनेवाले पुनरुत्थान और आगे बढ़ने से पहले तक) पतन का शिकार होनेवाला एक और नगर था। इसके लिए शिवाजी के नेतृत्व में 1660+ में होनेवाले विनाशकारी मराठा धावे मुख्य रूप से जिम्मेदार लगते हैं। याज्ञिक और सेठ 2005 देखें।
2. दास 1991 : 92-93
3. बेली 1983 : अध्याय 1, और यथास्थान।

रूपरेखा में निश्चित ही दैशिक संगठन की अनेक नई विशेषताएँ, भौतिक रूपरेखा और सामाजिकता के नए रूप मौजूद थे।

इन दोनों प्रकार के भेदों की रचना या उनके तीखेपन से महत्त्वपूर्ण परिवर्तन जुड़े हुए थे। यूरोपीय और 'देसी' लोगों के निवास स्थानों सम्बन्धी विरोध, जोकि कभी-कभी अलगाव जैसी किसी चीज का रूप ले लेता था, उपनिवेशकालीन नगरों के विकास का सबसे स्पष्ट पहलू था। कालक्रम में भारतीय क्षेत्रों में भी धनिकों या मध्यवर्ग और गरीबों के बीच अधिकाधिक एक सीमारेखा खिंची।[1] साथ ही सफल भारतवासी यूरोपीय मुहल्लों में जा पहुँचे और धीरे-धीरे वहाँ उन्होंने आधुनिक नगरीय सुविधाओं से लैस वैसे ही मकान खरीद या बनवा लिए। नगरीय आधुनिकता की रंगारंग भौतिक अभिव्यक्तियाँ धीरे-धीरे इन क्षेत्रों तक भी फैलीं हालाँकि पश्चिम के मुकाबले उनका प्रसार हमेशा थोड़े समय बाद होता था। भले ही यह अन्तर बहुत अधिक न हो—कम-से-कम यूरोपीय निवासियों के लिए तो न ही हो। नए प्रौद्योगिक प्रवर्तन 1870+ के बाद जमकर और तेजी से सामने आने लगे। गर्मियों की राजधानी शिमला बिजली से जगमगानेवाली पहली बस्ती थी। कलकत्ता में 1870+ से ही पानी के भूमिगत नलकों और नालों का निर्माण किया जाने लगा, हुगली नदी पर 1874 में पीपों का पुल बना, 1880 में घोड़ा-ट्रामों का आरम्भ हुआ और 1856-57 में गैस के जो लालटेन शुरू किए गए थे उनकी जगह 1891 से धीरे-धीरे सड़कों पर बिजली की रोशनी होने लगी।[2] पहला टेलीफोन 1882 में लगा, 1894 में सड़कों पर कुछ मोटरगाड़ियाँ नजर आने लगीं, लगभग 1900 तक मुट्ठी-भर घरों में बिजली की रोशनी और पंखों का प्रवेश हो चुका था और बिजली की ट्रामें घोड़ा ट्रामों की जगह लेने लगी थीं। सिनेमा तो और भी कम समयान्तर के साथ आया; 28 दिसम्बर, 1895 में पेरिस में सिनेमा के पहले प्रदर्शन के महज छह माह बाद 7 जुलाई, 1896 को बम्बई के एक होटल में लुईस ल्यूमियर की 'Arrival 8-Train' और 'Leaving the Lumiere factory' दिखाई गई। आधुनिकता के तमाम साज-सामान प्रधानतः यूरोपवालों के सुख-आराम के लिए लाए गए, लेकिन उनका छलककर भारतवालों तक पहुँचना लाजिमी था। मिसाल के लिए

1. उगनिवेश-पूर्व भारतीय नगरों के बीच निश्चित ही अच्छे-खासे आर्थिक और स्थिति सम्बन्धी अन्तर थे, पर कुल मिलाकर एक कठोर भौगोलिक अलगाव भी था। दरबार से जुड़े राजनीतिक और सैनिक अभिजात हो सकता है, गढ़ी की दीवारों के अन्दर रहते हों, पर अमीरों की हवेलियाँ अन्यथा उन्हीं तंग पेचदार गलियों में होती थीं, जहाँ अभागे गरीबों के घर होते थे। पुरानी देहली और लखनऊ जैसे उपनिवेश-पूर्व इतिहासवाले नगरों के पुराने हिस्सों में यह बात आज भी देखी जा सकती है।
2. पश्चिम में बिजली की रोशनी का आरम्भ कोई एक दशक पहले ही हो चुका था, जब एडीसन ने गर्म होकर जलनेवाले बल्ब का आविष्कार किया; इसके कारण न्यूयार्क के पर्ल स्ट्रीट इलाके में 1881 में सार्वजनिक प्रकाश व्यवस्था सम्भव हुई। कलकत्ता में नगर-नियोजन के बेहतरीन वृत्तान्तों में दत्त 2012 भी शामिल है।

बम्बइया सिनेमा के प्रदर्शनों में 'पर्दादार स्त्रियों और उनके परिवारजन के लिए आरक्षित बॉक्स' बने होते थे और उनके लिए चार आने से लेकर दो रुपए तक कीमतों का एक बड़ा दायरा होता था।[1] साझे नगरीय सुख-आराम के बावजूद यूरोपीय क्षेत्रों की खुले मकानों व चौड़ी सड़कों तथा गन्दे और भीड़भाड़ से भरे देसी घरों के बीच का विरोध जारी रहा। 19वीं सदी के मोड़ पर ताऊन से जो बौखलाहट फैली उसके कारण बड़े नगरों के भारतीय मुहल्लों में सफाई-सुथराई के स्तर सुधारने के लिए 'इम्प्रूवमेंट ट्रस्टों' के जरिये कुछ छिटपुट प्रयास अवश्य किए गए।

यूरोपीय और देशज नगरीय बस्ती की सबसे स्पष्ट विपरीति नगरीय वास्तुकला के प्रतिमान को लेकर थी। 19वीं सदी की आखिरी चौथाई तक ब्रिटिश भारत के सार्वजनिक भवन सीधे-सीधे समकालीन यूरोपीय रूपों के आयात थे। शुरू-शुरू में ये प्रधानतः नवक्लासिक थे जो ईंट-पत्थर में निहित इस आशा के संकेत देते थे कि ब्रिटिश सामराज रोमी सामराज जितना ही दीर्घायु होगा। लेकिन गोथिक की रोमानी पुनर्खोज की पुनर्ध्वनियाँ भी सुनने को मिलीं। मद्रास (1788-1903) में और (लगभग उन्हीं बरसों में वेलेजली के अन्तर्गत) कलकत्ता में बने आरम्भिक सरकारी भवनों में नव-क्लासिकीयत का बोलबाला था, जबकि चर्च गोथिक तर्जों पर बनते रहे। यह बादवाली शैली बम्बई के सार्वजनिक भवनों में प्रमुख रही, जिसकी मिसाल लन्दन के सेंट पैक्रंस की तर्ज पर बना विशाल विक्टोरिया टर्मिनल (1878-87) था। बम्बई अभिजात भारतीय सेठों और डिजाइनरों की काफी बड़ी भूमिका के सिलसिले में भी अलग नजर आता था। कावसजी जहाँगीर का यूनिवर्सिटी हाल और प्रेमचन्द रायचन्द का घंटाघर जैसी गोथिक इमारतें किसी दूसरे स्थान के मुकाबले बम्बई में अंग्रेजों और भारतीय (खासकर पारसी) व्यवसायियों के बहुत अधिक घनिष्ट सम्बन्धों के गोचर स्मारक थीं।

1870+ के आसपास सार्वजनिक वास्तुकला एक देशज (प्रायः इस्लामी) रंग इख्तियार करने लगी कि यह उस सामराज के लिए अधिक उपयुक्त था, जो आधुनिक और प्राच्य दोनों होने के दावे करता था। यह उसी दरबार जैसी सामराजी सभा का समकक्ष था, जिसके द्वारा लिटन ने 1877 में विक्टोरिया को भारत की साम्राज्ञी बनाया था। चीशोम और मेजर माउन्ट जैसे वास्तुशास्त्रियों ने हिन्द-सरासेनी शैली

1. राय 1902 : अध्याय 10, जो Census of Bengal, 1991, Part-I, Volume VII (कलकत्ता, 1902) में शामिल है; घोष 1991; बार्नोव और कृष्णस्वामी 1963 देखें। घोष यह अहम बात कहते हैं कि उपनिवेशी आधुनिकता के शुद्ध विध्वंसक आयामों पर ध्यान केन्द्रित करने के कारण अक्सर ऐसी सुविधाओं के प्रसार में कुछ भारतीय दस्तकारों और इंजीनियरों की भूमिका को एक हद तक कम करके पेश किया गया है। वैसे कुछ रूढ़िवादी चिढ़ भी व्यक्त की गई है। मिसाल के लिए पानी के नलों और नलकों ने जातिगत बन्धनों के कमजोर पड़ने का भय पैदा किया और कलकत्ता की एक पत्रिका में 1870 में प्रकाशित एक कविता में यहाँ तक चिन्ता व्यक्त की गई थी कि सार्वजनिक जल-आपूर्ति से ऊँच और नीच के भेद समाप्त हो जाएँगे।

का विकास किया जो सबसे बढ़कर मद्रास की सार्वजनिक इमारतों, राजाओं की सन्तान के लिए अजमेर के मेयो कॉलेज और अलीगढ़ मुस्लिम विश्वविद्यालय में व्यक्त हुई। भारतीयकरण के प्रयास—जिनमें भानुमती के ढंग से 'हिन्दू' और उससे भी बढ़कर 'मुस्लिम' तत्त्वों में से कुछ ले लिया जाता था—कलकत्ता के विक्टोरिया मेमोरियल के रूप में अपने चरम को पहुँचे जिसे कर्जन के काल में बनाया गया था। वहाँ फतेहपुर सीकरी और ताज की आत्मचेतन प्रतिध्वनियों को यूरोपीय क्लासिकल के एक जोरदार तत्त्व के साथ जोड़ दिया गया। इसका आंशिक कारण यह था कि इस बीच सामराज के चरम काल में एक क्लासिकल पुनरुत्थान का आरम्भ हो चुका था। 1914-18 के युद्ध के ठीक पहले के दशकों में बोअर युद्ध के बाद के दक्षिण अफ्रीका की उपनिवेशी वास्तुकला एडवर्ड बेकर के कार्यों के माध्यम से ब्रिटिश भारतीय शैली को प्रभावित करने लगी।[1]

यूरोपवालों के निजी मकानों का ढर्रा अलग था और यह ब्रिटेन से नहीं लिया गया था, सिवाय कोई अस्सी पहाड़ी मकामात को छोड़कर जहाँ ऊँचाई और जलवायु के कारण अंग्रेजी ढंग के काटेज फले-फूले। इनको लेक डिस्ट्रिक्ट्स से लिए गए नामों से अक्सर महिमामंडित किया जाता था।[2] बैरक अधिकांश यूरोपीय सैनिकों के लिए आवास के मानक ढर्रे थे। 1857 के बाद उनकी संख्या बढ़ाकर 114 छावनियों तक पहुँचा दी गई; ये या तो नगरों के अन्दर किलाबन्द इलाकों में स्थित थे या फिर देसी नगरों के बाहर मगर उनसे लगाकर बनाए गए। (मसलन हैदराबाद से लगकर सिकन्दराबाद बसाया गया।) ब्रिटिश सत्ता के केन्द्रीय आधारों के रूप में इनकी सुरक्षा के लिए चारों तरफ खुली जगहें छोड़ी जाती थीं, जहाँ तोपों की गोलाबारी के लिए खुला अवसर मिलता था। यही कारण है कि कलकत्ता पर सिराजुद्दौला के कब्जे से लगे धक्के के बाद कलकत्ता में मैदान फोर्ट विलियम के ठीक बगल में बनाया गया। 1857 के बाद देहली के लाल किले के आसपास के इलाके को निर्ममता के साथ सड़कों और हिन्दुस्तानियों के घरों से साफ कर दिया गया ताकि सीधे चाँदनी चौक पर तोपें तानी जा सकें।

मगर पहाड़ी मकानात और छावनियों के बैरकों को छोड़ दें तो ब्रिटिश भारत में निवास स्थान का क्लासिक रूप ब्रिटिश अफसरों और दूसरे अभिजातों की सिविल लाइनों में बँगला-सेहन समन्वय था : ये ऐसे अलग-अलग क्षेत्र थे, जहाँ कालक्रम में सफल भारतवासियों ने प्रवेश किया। ऐसी ही इमारतों में छोटे नगरों के जिला-अधिकारी भी रहा करते थे तथा मुआइना और जंगलात के डाक बँगलों के रूप में ये देहातों में भी फैले हुए थे; ये आज भी अच्छी-खासी संख्या में शेष बचे हैं और

1. ब्रिटिश भारत के लोक पुरातत्त्व के एक उपयोगी सर्वेक्षण के बारे में मेटकाफ 1989 देखें।
2. इन हिल स्टेशनों का एक अच्छा वर्णन केनेडी 1996 में मिलता है। एक तरह के 'लघु इंग्लैंड' के तौर पर शिमला के बारे में कँवर 1990 देखें।

पर्यटकों के लिए आरामगाहों का काम करते हैं। देसी मंजिल या हवेली में एक अन्दरूनी सेहन होता था जो चारों तरफ कमरों से घिरा होता था ताकि स्त्रियों का पर्दा कायम रहे। उनके विपरीत बँगला एकमंजिला, कम लोगों का, क्षैतिज ढाँचा होता था। तापमान कम रखने के लिए इसकी छतें ऊँची होती थीं, कमरों के बाहर बरामदा होता था और सेहन की दीवार से साहब के आवास को अलग रखने के लिए लान या बाग हुआ करते थे। बंगाल तमाम यूरोपीय (या पश्चिमी रंगवाले भारतीय) दम्पतियों को पूरी निजता देता था। साहब देसी लोगों से बरामदे में मुलाकात करता था जबकि पूरा इलाका चौड़ी और सायादार सड़कों और नई नागरिक सुविधाओं से सम्पन्न होता था।[1]

पर अब हमें इसे विघटित करके देखना होगा : उपनिवेशी शासन में विभिन्न नगरों के इतिहासों में पर्याप्त अन्तर हुआ करते थे और उनकी विपरीतियों को विशेष नगर-केन्द्रों पर आधारित ऐतिहासिक अनुसन्धानों ने हाल के दशकों में उजागर किया है।

एक सिरे पर हम पुराने शाही और नवाबी नगरों यानी कि देहली और लखनऊ को रख सकते हैं, जो कि 1857 के महाविद्रोह के प्रमुख केन्द्र थे। उस विद्रोह के दमन के बाद सामाजिक नियंत्रण के ब्रिटिश प्रयास इन्हीं दो नगरों में सबसे अधिक स्पष्ट और सबसे निर्मम थे। धक्का लगने की भावना साफ नजर आती थी, क्योंकि महाविद्रोह से पहले इन नगरों के निवासी अंग्रेजों और भारतीयों के निजी सम्बन्ध खासे दोस्ताना थे, जिसकी मिसाल उर्दू संस्कृति से तथा लखनऊ के अभिजात मराठी परिवारों से हेनरी लारेंस की घनिष्ठता थी।[2] 1857 से पहले देहली में भी, रिज पर एक छावनी होने के बावजूद, यूरोपीय लोग दीवारबन्द शहर के अन्दर भारतवासियों के मकानों में किराए पर रहते थे। 1857 की बौखलाहट के बाद इन दोनों नगरों में भारतवासी अनेक महीनों तक बाहर खदेड़े जाकर शब्दशः सर्दी झेलते रहे क्योंकि उन्हें जाड़े के महीनों में भी खुले आसमान के नीचे रहना पड़ रहा था। मुसलमानों को हिन्दुओं से अधिक समय तक बाहर रहना पड़ा, क्योंकि शासक मानते थे कि विद्रोह के लिए वे ही अधिक जिम्मेदार थे। देहली और लखनऊ दोनों में 1857 के बाद हिन्दुओं को मुसलमानों से कम कष्ट झेलने पड़े और ब्रिटिश सत्ता की वापसी के बाद सम्पत्तियों में जो आम फेरबदल हुए उससे कुछ हिन्दू व्यापारी फायदे में ही रहे। फौजी जरूरत के नाम पर घरों और पूजास्थानों को बड़े पैमाने पर तबाह किया गया, हालाँकि युद्ध, बदले की प्यास इसका एक अधिक विश्वसनीय कारण थी : यहाँ तक सुझाव आया कि जामा मस्जिद को ढहा दिया जाए। शाहजहानाबाद की दीवारों के अन्दर दरियागंज के पुराने रिहाइशी इलाके में पहले से काफी बड़ी फौजी टुकड़ी रखी गई, जिससे पुराने नगर की भीड़भाड़ और बढ़ी। अंग्रेजी सेना ने शहर

1. किंग 1976
2. आरम्भ-19वीं सदी के हैदराबाद में स्थानीय मुस्लिम अभिजातों के साथ जेम्स एकिलीज़ किर्कपैट्रिक की घनिष्ठता पर एक मर्मस्पर्शी संक्षिप्त लेख के लिए डेलरिंपिल 2004 भी देखें।

की दीवारों में बने प्रवेशद्वारों को चौड़ा करने से इनकार किया तो यह समस्या और तीखी हुई। (कश्मीरी दरवाजे के ठीक दक्षिण में स्थित एक छोटी-सी बस्ती को छोड़ दें) तो अंग्रेज नागरिक पुराने शहर से निकलकर सिविल लाइंस में चले गए, जो शहर की दीवार से उत्तर में स्थित थी। इसी तरह फौजी तर्कशास्त्र के कारण लखनऊ की पेचदार गलियों को काटती हुई अनेक सीधी सड़कें बनाई गईं—जैसा कि 1848 की क्रान्ति के बाद पेरिस के पुनर्निर्माण के बाद बैरन हाउसमान ने किया था—ताकि फौज सम्भावित विद्रोह के खिलाफ तेजी से हरकत में आ सके। फौजियों ने 1877 तक इमामबाड़ा और अनेक महलों पर कब्जा बनाए रखा और एक बार फिर जानबूझकर अपमान करने के इरादे से छावनी को शहर के पूरब में स्थित दिलकुशा बाग में ले जाया गया जहाँ पहले कुलीनों के देहाती आरामघर होते थे।

लखनऊ पर वीणा ओल्डेनबर्ग के अध्ययन ने 1857 के बाद नियंत्रण और हमलावर हस्तक्षेप की ब्रिटिश नीतियों को उजागर किया है।[1] 'हिफाजत, सफाई-सुथराई और वफादारी' सुनिश्चित करना इसका मकसद था। घरों के प्रकार, सफाई के मानदंडों और नगर के मूल वासियों के रोजमर्रा के जीवन को अनेक उपनियमों ने नियंत्रित करने के प्रयास किए। देहली और लखनऊ में 1857 के बाद की ब्रिटिश नीतियों की दंडमूलक प्रकृति नगरीय स्वायत्तता की अपेक्षाकृत धीमी प्रगति और देर से नगरीय सुविधाओं के आरम्भ में व्यक्त हुई। देहली में भूमिगत जलप्रवाह, जलनिकासी और बिजली की रोशनी 1902 के शाही दरबार के आसपास ही शुरू हुई—उनके लाहौर में पहुँचने के लगभग एक दहाई बाद। लेकिन लखनऊ और देहली की किस्मतें आखिरकार अलग-अलग हो गईं। 1857 से पहले लखनऊ सम्भवत: कलकत्ता, बम्बई और मद्रास के बाद सबसे बड़ा नगर था। उसके बाद उसे पुरानी शान फिर वापस नहीं मिली; इसका एक बड़ा कारण यह था कि कलकत्ता से उत्तर भारत को जोड़नेवाली केन्द्रीय रेल लाइन उसे किनारे छोड़ इलाहाबाद और कानपुर छोड़ते हुए निकल जाती थी। लेकिन 1857 के बाद आबादी की अस्थायी गिरावट से देहली जल्द ही उबर गई। 1867 में यह एक प्रमुख रेलवे जंक्शन बनी और जल्द ही एक बड़े व्यापार-केन्द्र में विकसित हुई। 1890 तक उसके नगरीय पुनरुत्थान के अंग के रूप में कपड़ा कारखाने कायम होने लगे थे।[2]

लेकिन लखनऊ को 1857 के बाद के उपनिवेशी नगरीकरण का 'मानक' बनाने का जो प्रयास ओल्डेनबर्ग ने कभी-कभी किया है वह बेपनाह फेरबदलवाले बहुत-से साक्ष्यों से टकराता है। मसलन संयुक्त प्रान्त में जरा-से भिन्न छोटे नगरों

1. ओल्डेनबर्ग 1984 देखें। यह लखनऊ में दूसरी बातों के अलावा नगरों की भौगोलिक पुनर्व्यवस्थाओं पर आज भी सबसे विस्तृत विवरण है। नगरीय वास्तुकला के इतिहास के सम्बन्धित पक्षों पर ल्वेलाइन-जोंस 1983 देखें।
2. गुप्ता 1971 : 61-77; गुप्ता 1981; ओल्डेनबर्ग 1984

का दो तरह से विकास देखा गया। 18वीं सदी के बाद आए दिन नौकरशाहों के तबादले की प्रमुख मुगल प्रथा जब खत्म हो गई तो मुस्लिम सेवाकर्मी कुलीन विशेष क्षेत्रों में जमकर रह गए। इससे कस्बों का—इस्लामी ज्ञान विज्ञान और दस्तकारी के केन्द्रों का—विकास हुआ जहाँ सूफी यदृच्छवाद ने शुरू-शुरू में पढ़े-लिखे हिन्दू समूहों से काफी सम्पर्क पैदा किया, जो कि खुद भी उर्दू संस्कृति में उतने ही रमे हुए थे। यह घनिष्टता धीरे-धीरे कम पड़ी, जबकि अन्त-19वीं सदी में एक वैकल्पिक प्रकार के व्यापारिक कस्बे (गंज) का विकास हुआ; ये मुख्यतः हिन्दू थे और नए रेल केन्द्रों के पास बसे हुए थे। गंज के व्यापारिक कार्यकलापों का गहरा सम्बन्ध हिन्दू धार्मिकता था, जिस पर सी.ए. बेली की रचनाओं ने जोर दिया है और पसन्द की लिपी फारसी नहीं, पक्के तौर पर देवनागरी थी। आगे चलकर जो गहरा और बढ़ता भाषायी व साम्प्रदायिक भेद पैदा हुआ उसकी सामाजिक जड़ें यहीं थीं।

अन्त-19वीं सदी से लखनऊ की कीमत पर इलाहाबाद की बढ़त एक और ढर्रे की सूचक है। पश्चिमी संयुक्त प्रान्त के मुसलमान अशराफ़वाले लखनऊ की घटी हुई गतिमानता के ठीक उलट, इस नए गढ़ ने अंग्रेजी माध्यम से शिक्षित सेवाकर्मियों और पेशेवर लोगों को आकर्षित किया। लगता था कि इलाहाबाद युगों पुराने के साथ नए का समन्वय कर रहा है, क्योंकि यह 12-12 साल के अन्तराल पर कुम्भ मेले का भी केन्द्र था। अपनी रचना 'Discovery of India' में अज्ञेयवादी नेहरू तक की यही सोच लगती है कि यह मेला 'अज्ञात प्राचीन काल' में शुरू हुआ था। हाल का अनुसन्धान दिखाता है कि ऐसी बात तो नहीं ही थी। सालाना और काफी छोटे माघ मेले से भिन्न, कुम्भ का पहला पक्का हवाला काफी बाद में, 1868 में ही जाकर मिलता है, और बारह वर्षीय मेला स्थानीय घाट-पंडों के हाथों जान-बूझकर 'परम्परा का आविष्कार' लगता है, जिन्होंने ब्रिटिश अधिकारियों की प्राच्यवादी मान्यताओं और भावनाओं का इस्तेमाल किया।

अनेक पुराने मन्दिर-नगर भी थे जो प्रायः धार्मिकता और व्यापार के पेचीदा मेल पर आधारित थे, जैसे कि उत्तर में बनारस और दक्षिण में मदुरै। बनारस इस संयोग का सबसे उल्लेखनीय उदाहरण है। युगों पुराना होने की प्रतिष्ठा के बावजूद 18वीं सदी के दौरान इस नगर में काफी बढ़त हुई और अहम परिवर्तन आए। गंगा के किनारे इस नगर की रणनीतिक स्थिति, जो जल और थल मार्गों से बंगाल और मराठा क्षेत्रों के आपसी व्यापार के सन्धिस्थल के रूप में, बसा था, उसे 18वीं सदी के उत्तरार्ध में उपमहाद्वीप में स्थलीय व्यापार की राजधानी बना दिया; तब उसकी आबादी लगभग दो लाख थी।[1] 18वीं सदी में यह एक समान मराठों के व्यापारिक

1. आगे चलकर नदियों के रास्ते व्यापार में गिरावट के साथ एक धीमी गिरावट या कम-से-कम जड़ता आई, जबकि उत्तर और पश्चिम को जोड़नेवाली ट्रंक रेल लाइनें मुगलसराय होकर निकल जाती थीं और नदी पार करने से बची रहती थीं।

निवेशों और धार्मिकता का केन्द्र था और आज के मन्दिरों में अधिकांश लगभग उन्हीं दिनों बने। इस तरह एक धुँधली और अपरिवर्तनीय प्राचीनतावाले एक नगर की छवि जोकि हिन्दुओं का प्रमुख धार्मिक केन्द्र था, ठीक-ठीक कहें तो मिथक तो नहीं थी पर उसका पर्याप्त इतिहासीकरण आवश्यक है।

ब्रिटिश अधिराजी की एक उल्लेखनीय नई विशेषता एक तिगड़ी थी : भूमिहार राजा; मन्दिरों के समृद्ध 'संन्यासी' गोसाईं महन्त; व्यापारी, सूदखोर, (सैन्यबल पर एकाधिकार से पहले अंग्रेजों के दावे से पहले के) सिपाही और सौदागर-बैंकर परिवार। स्वतंत्र राजनीतिक सत्ता से वंचित राजाओं ने धार्मिक संरक्षण के जरिए इसकी भरपाई कराने की कोशिश की : सबसे बढ़कर रामकथा की परम्परा, 'रामचरितमानस' की विशेषज्ञता और नदी-पार रामनगर की मशहूर रामलीला के संरक्षण के जरिये। अन्त-19वीं सदी तक बनारस हिन्दू धर्म और देवनागरी लिपि में लिखी गई हिन्दी के संयुक्त, अधिकाधिक आक्रामक पुनरुत्थान का प्रमुख केन्द्र बन गया। लेकिन इस नगर में एक बड़ी मुस्लिम आबादी और पर्याप्त बहुधर्मी मेलजोल भी था—मिसाल के लिए हिन्दू उत्साह से मुर्हरम में भाग लेते थे, कम-से-कम 20वीं सदी में साम्प्रदायिकता के आरम्भ से पहले और कुछ हद तक उसके बावजूद भी। एक समृद्ध, लोकप्रिय और मुख्यत: दस्तकाराना संस्कृति भी यहाँ थी, जो महत्त्वपूर्ण अनुसन्धान का विषय रही है।[1]

दूसरे बड़े मन्दिर-नगरों में, और सबसे बढ़कर दक्षिण में, फेरबदल के प्रत्यक्ष ब्रिटिश प्रयास कुछ अधिक नहीं दिखाई देते। उनमें से अनेक, मदुरै जैसे नगरों में, युद्ध-मध्य काल में सिर्फ कारखानों के निर्माण ने निरन्तरता की तसवीर को भंग किया। अहम बात यह है कि अंग्रेजों के बसाए बन्दरगाही मद्रास नगर ने भले ही आकार में सभी दक्षिणी नगर-केन्द्रों को पीछे छोड़ दिया हो, पर 1871 तक उससे छोटे जो बारह नगर हुआ करते थे वे सदियों तक महत्त्वपूर्ण नगर-केन्द्र रह चुके थे। मन्दिर परिसर के पास ब्राह्मणों के आवासी क्षेत्र (अग्रहारम) और गैर-ब्राह्मण व दलित बस्तियों के बीच एक बहुत ही स्पष्ट और साफ नजर आनेवाला अलगाव दक्षिण के नगरों का खासा था। आरम्भ-20वीं सदी में जो भारी तनाव फूटे उनकी जड़ में यही अलगाव था।[2]

कलकत्ता, मद्रास और बम्बई के तीन बड़े बन्दरगाही महानगर इस माने में भिन्न थे कि उनकी वृद्धि ऐसी अंग्रेज बस्तियों के इर्द-गिर्द हुई जो भारत में कम्पनी की मौजूदगी की पहली सदी में बसीं। शुरुआत की फौजी सम्भावनाएँ (खासकर 1756 में फोर्ट विलियम पर सिराजुद्दौला का कब्जा) भूली-बिसरी यादें बन चुकी थीं और

1. फ्राइटाग 1989; कुमार 1988
2. बेली 1983 : अध्याय 8, 9; मैक्लियन 2003 : 873-906; गुप्ता 1987 : 121-48 देखें। टकराव के इस सन्दर्भ पर कथा-साहित्य की दो पठनीय पुस्तकें 'आनन्दमूर्ति' 1979 और 'शर्मा' 2007 हैं।

1857 में इनमें से कोई भी प्रभावित नहीं हुआ। उसके बाद अन्तर आरम्भ हो जाते थे, जो स्थानीय दशाओं व इतिहासों से उपजे अलग दैशिक प्रतिमानों में व्यक्त हुए।

कलकत्ता के बारे में 1900 से अंग्रेजों के ललक-भरे वृत्तान्त सामने आने लगे। राष्ट्रवाद के विकास के बाद यूरोपवालों के लिए जीवन अधिकाधिक दुखद बनने लगा। ये वृत्तान्त खासकर 'साहेबपाड़ा' पर केन्द्रित थे, जिसमें डलहौजी स्क्वायर का यूरोपीय कारोबारी जमा प्रशासनिक केन्द्र शामिल था जो दिन में भीड़भाड़वाला होता था पर रात में वीरान हो जाता था और इसमें यूरोपीय आवासीय क्षेत्र भी शामिल थे। फौज के खतरे से लम्बी सुरक्षा से प्रोत्साहित होकर यूरोपीय आवास दक्षिण की ओर चौरंगी के साथ-साथ पार्क स्ट्रीट और उससे भी आगे तक फैलने लगे थे, और एक शाख दक्षिण-पश्चिम में फैशनेबुल अलीपुर की तरफ चली गई थी। इस तरह ऐसी कोई कठोर नस्ली बाधा नहीं थी, जो मुहल्लों को अलग-अलग करती। मैदान, जिसे मूलतः फोर्ट विलियम की सुरक्षा के लिए बनाया गया था, नगर के हर प्रकार के निवासियों का प्यारा मनोरंजन-स्थल बन चुका था और आज भी है। रूपरेखा में साहेबपाड़ा अभी भी भारतीय क्षेत्रों से काफी अलग था : चौड़ी सड़कें थीं, मनोहारी अग्रभाग थे, चमचमाती दुकानें थीं और विशाल नवक्लासिक सार्वजनिक भवन थे। (इनमें कभी-कभी विक्टोरियाई गोथिक का मिश्रण कर दिया जाता था, जैसा कि हाईकोर्ट और उच्च न्यायालय में किया गया।) ब्रिटिश कलकत्ता के पुराने वासी शेखी के साथ अपने महानगर को महलों का नगर और लन्दन के बाद ब्रिटिश साम्राज्य का दूसरा बड़ा नगर कहा करते थे। लेकिन 1901 में यूरोपीय आबादी महज लगभग 10,000 थी, जबकि कुल आबादी 5,77,000 थी। इस सुविधा-सम्पन्न पट्टी से परे गरीब गोरों, यूरेशियाई लोगों, गोरों और कालों की संकर एंग्लो-इंडियन सन्तानों, मुसलमान सेवाकर्मियों और घरेलू नौकरों तथा यहूदी, आर्मेनियाई और चीनी लोगों के छोटे-छोटे समुदायों की एक असमांग निचली पट्टी थी। उससे भी आगे और यूरोपीय कारोबार के क्षेत्र से उत्तर की तरफ बड़ा बाजार था। यह बेहद विविध, देसी कारोबारी समुदायों का केन्द्र था, जिनमें अन्त-19वीं सदी तक मारवाड़ी प्रवासी प्रधानता प्राप्त कर चुके थे। बंगाली मध्यवर्ग के इलाके और भी उत्तर और पूरब की ओर थे। उनकी एक बस्ती शहर की प्रमुख अधिष्ठात्री देवी काली के मन्दिर के आसपास भवानीपुर और कालीघाट के करीब थी।

भौतिक रूपरेखा में भारतीय क्षेत्र यूरोपीय क्षेत्रों के ठीक उलटे थे। अमीरों के महल दाँतों और मसूड़ों की तरह गन्दी आबादियों या 'बस्तियों' और वेश्यालयों (जिनसे ये अमीर लोग अक्सर किराये वसूल किया करते थे), छात्रावासों और महाविद्यालयों के तथा उन 'मेसों' के बीच-बीच में बने हुए थे जहाँ बंगाल के वैसे ही भागों से आए किरानी और छात्र साथ-साथ रहा करते थे। नगर में बेपनाह विविधता थी तथा अधिकांश भारतीय व्यवसायी व बड़ी संख्या में श्रमजीवी गरीब

बंगाल के बाहर से आए हुए थे। फिर भी साहित्य में उसकी छवि मुख्यतः बंगालियों और उसमें भी मध्यवर्गीय बंगालियों के आवासवाली थी, और आज भी है। एक 'पुनरुत्थान' की जो ललक भरी यादें 1940+ के आसपास से काफी आम हो चुकी थीं, उनकी एक दिलचस्प उलटी बात यह है कि 19वीं सदी में मध्यवर्गीय समूहों में इस नगर के बारे में नकारात्मक सोचें आम थीं। नगर के नाम और शब्द 'कलियुग' के बीच जो शाब्दिक समानता पाई जाती थी उसे लेकर काफी मजाक भी उछले : समय की चक्रीय गति सम्बन्धी सवर्ण धारणा में कलियुग का अर्थ बुराइयों और पतन का युग है।[1]

कलकत्ता के (और उससे भी बढ़कर बम्बई के) विपरीत मद्रास का चरित्र, जहाँ तक उससे भारतीय निवासियों का सवाल है, काफी कम घालमेलवाला है। प्रवासियों का एक बड़ा भाग आस-पास के तमिल जिलों से आया। पूरे-पूरे परिवार इस नगर में आकर बस गए, जिससे दोनों दूसरे महानगरों की अपेक्षा लैंगिक अनुपात यहाँ काफी कम विषम था। आधुनिक उद्योग की धीमी वृद्धि से दूर-दराज का चक्रीय प्रवास काफी कम रहा, हालाँकि छात्र, किरानी और पेशेवर लोग दक्षिण के अनेक भागों से आए। लेकिन उत्तर के साथ सम्पर्क में कठिनाइयाँ रहीं, क्योंकि कलकत्ता से उड़ीसा होकर आनेवाली सीधी रेल लाइन अन्त-1890+ तक जाकर ही पूरी हुई। 20वीं सदी में काफी आगे तक भी प्रेसीडेंसी का अकेला विश्वविद्यालय मद्रास में ही था। अन्यत्र की तरह इस नगर में भी अलग-अलग 'गोरे' और 'काले' इलाके थे। गोरा इलाका काले इलाके से दक्षिण में था और शुरू में फोर्ट सेंट जार्ज के आसपास बसा हुआ था। लेकिन फौजी खतरे के अभाव तथा कलकत्ता और बम्बई के मुकाबले प्रसार के लिए अधिक क्षेत्र की उपलब्धता ने धीरे-धीरे इस अन्तर को धुँधला दिया। यूरोपीय मकान मूल काले इलाके से उत्तर और पश्चिम की तरफ फैले, जबकि माइलापुर, एग्मोर और नुगमबक्कम के बागानी उपनगरों ने समृद्ध भारतीयों को खींचा। स्थान की उपलब्धता के कारण ऊर्ध्व की बजाय क्षैतिज निर्माण होने लगे। मद्रास के अनेक भागों की अभी बहुत हाल तक एक अपेक्षाकृत ग्रामीण छवि बनी रही, जहाँ गाँवों की ही तरह जातियों के अलग-अलग मुहल्लों का तीखा अन्तर सामने आया।[2]

बम्बई की वृद्धि, जो 1661 तक कम्पनी की जागीर थी, अन्त-18वीं सदी तक अपेक्षाकृत धीमी ही रही। मद्रास और कलकत्ता के विपरीत यह नगर तंग द्वीपों की

---

1. सिन्हा 1978; मुखर्जी 1993; चौधुरी 1990; इवेंसन 1989; सरकार 1997 : 159-85 में सरकार, 'The City Imagined : Calcutta of the Nineteenth and early Twentieth Centuries' देखें।
2. इवेंसन 1989; लेवांदोव्स्की 1975 : 34-60; मद्रास के देर से बने रेल सम्पर्कों पर आहूजा 2004 देखें।

एक श्रृंखला पर बसा हुआ था जो समुद्र और पश्चिमी घाट के बीच एक पतली-सी तटीय पट्टी के समानान्तर चले गए थे। लेकिन फिर सूरत के पतन के बाद यह नगर तेजी से बढ़ा। इसकी उत्कृष्ट प्राकृतिक बन्दरगाह, 1860+ में घाटों के आर-पार रेल लाइनों का निर्माण, स्वेज नहर का आरम्भ और इसके कारण बम्बई का पश्चिम के साथ समुद्री व्यापार का प्रमुख प्रवेश द्वार बनना इस वृद्धि के कारण थे। 1920+ में यह तब तक भारत का सबसे बड़ा बन्दरगाह था (तब यह भारत के 40 प्रतिशत विदेश व्यापार को नियंत्रित कर रहा था), एशिया का सबसे बड़ा कपास बाजार था, एक बड़ा व्यवसाय-केन्द्र था और उपमहाद्वीप का प्रमुख औद्योगिक केन्द्र भी था।

मद्रास से, बल्कि कलकत्ता से भी—जहाँ भौगोलिक दृष्टि से अधिक अलग-अलग आबादी रहती थी और सवर्ण बंगालियों की प्रमुखता बढ़ रही थी—जो चीज बम्बई को अलग ठहराती थी वह उसकी उल्लेखनीय बहुभाषी, बहुधर्मी और विश्वमुखी प्रकृति थी। 1930+ से इन्हीं विशेषताओं ने बम्बई को फिल्म उद्योग का अखिल भारतीय केन्द्र बना दिया था। एक सदी पहले भी एक अंग्रेज यात्री ने बतलाया था कि किस तरह 'बम्बई के बाजार में महज बीस मिनट चलने पर ही मेरे कानों में हर उस भाषा की ध्वनियाँ पड़ीं, जो मैंने दुनिया के किसी भी भाग में सुनी हैं—ऐसी आवाज में और इस तरह से कि जिससे लग रहा था कि उन्हें बोलनेवाले पूरी तरह सहज महसूस कर रहे हैं...।' वह मन्दिरों, मस्जिदों, गिरजाघरों, पगोडों और पारसी पूजास्थलों की रंगारंगी देखकर भी हैरान रह गया, जिनसे धार्मिक क्षेत्रों के अलगाव के कुछ निशान नजर नहीं आते थे।[1]

अन्यत्र की तरह यहाँ भी प्रमुख द्वीप के दक्षिणी सिरे पर इंग्लिश फोर्ट क्षेत्र के आसपास आरम्भ में एक प्रतिरक्षात्मक अलगाव कायम रहा तथा गैर-गोरे बहुभाषी पर मुख्यतः गुजरातीभाषी पारसी, हिन्दू और मुस्लिम व्यावसायिक बस्तियाँ उत्तर की ओर बसती रहीं। देहली और लखनऊ के विपरीत यहाँ सुरक्षा की भावना का संकेत विद्रोह के सिर्फ पाँच साल बाद किले की दीवारों को गिराने के फैसले से मिलता है। किला पहले एक लम्बे-चौड़े बॉम्बे ग्रीन के द्वारा नागरिक आवासी क्षेत्रों से अलग था। दीवारों के गिराए जाने के बाद इसका आकार कम होकर एलफिंस्टन (अब शिकजी) सर्किल तक सीमित रह गया। किसी भी दूसरे नगर के मुकाबले यहाँ समकक्ष ब्रिटिश लोगों से स्थानीय अभिजातों का कहीं अधिक गहरा और अधिक समतामूलक सम्बन्ध विकसित हुआ और लम्बे समय तक चला। सार्वजनिक भवनों में भारतीय निवेश की सीमा, 1830+ से भारतीय लोगों की शान्तिकालीन न्यायाधीश रूप में नियुक्ति तथा 1870+ से नगरपालिका पर बढ़ते स्थानीय नियंत्रण में ये सम्बन्ध प्रतिबिम्बित हुए।

1. बी. हाल, Fragments of Voyages and Travels (एडिनबर्ग, 1832), कोसंबी 1980 में उद्धृत।

इसी के साथ भारतीयों में संस्तरण भी बढ़ा जो खासकर कपड़ों के और दूसरे कारखानों की वृद्धि (1901 में 138) में व्यक्त हुआ। आज भौगोलिक दृष्टि से जो शहर का दिल है वहीं, यानी परेल-बायकुला क्षेत्र में, ये कारखाने बने। कारखानों से परे अमीरों और सम्मानित लोगों के मकान, कभी जो मामूली आबाद या खुले क्षेत्र थे उनसे परे, पश्चिम और उत्तर की दिशा में फैले—वर्ली, माहिम, दादर, बान्द्रा, अँधेरी में और उनसे भी आगे। नगर क्षेत्र के केन्द्र के पास मजदूर वर्ग के संकेन्द्रण ने, हाल के विउद्योगीकण से पहले, बम्बई को कलकत्ता से, जहाँ जूट और इंजीनियरिंग के कारखाने उपनगरों में विकसित हुए, और देर से औद्योगिक विकास करनेवाले मद्रास से भी बिलकुल भिन्न चरित्र प्रदान किया। नगर के मामलों में मजदूरों को प्रमुखता और महत्त्व प्राप्त हुआ, जो दूसरी जगहों पर नहीं मिला। अगर व्यावसायिक समुदाय बड़ी हद तक पारसी व गुजराती बनिये थे तो, जैसा कि हमने देखा, अधिकांश औद्योगिक मजदूर कोंकण और दकन के मराठीभाषी प्रवासी थे। नगरवासियों के बढ़ते मराठी घटक से उनके भाषायी व सांस्कृतिक सम्बन्ध बने रहे; पढ़े-लिखे और किरानी लोगों में यह घटक काफी बड़ा था। यह एक और अन्तर था कलकत्ता से जहाँ बहुत सारे गैर-बंगाली मजदूर उपनगरों की तरह ठेल दिए गए तथा नगर के सांस्कृतिक और राजनीतिक जीवन में भद्रलोक की प्रधानता बनी रही।

लेकिन सम्मानित लोगों और मेहनतकश गरीबों के बीच और भी स्पष्ट अन्तर करने के प्रयास भी बम्बई में काफी पहले शुरू हुए। अमीरों के आवास के लिए समुद्र-जल को पीछे धकेलने की बैक वे परियोजना में यूरोपीय और भारतीय अभिजात कभी-कभी सहयोग करते रहे। यह 1860+ में आरम्भ हुई और काफी आगे चलकर कोलाबा के दर्शनीय गगनचुम्बी भवनों के रूप में परवान चढ़ी। 1890+ में ताऊनवाली बौखलाहट ने भी अलगाव में वृद्धि, गन्दी बस्तियों के खात्मे के प्रयास तेज किए; एक स्वायत्त इम्प्रूवमेंट ट्रस्ट के द्वारा सफाई-व्यवस्था में सुधार के कुछ प्रयास भी किए गए। दूसरी जगहों की तरह यहाँ भी इच्छाएँ और योजनाएँ बराबर उपलब्धियों से आगे रहीं। बम्बई भारी विरोधों का शहर बना रहा जो कि साफ तौर पर अलग-अलग नहीं किए जा सकते थे; कारखानों की खाली जमीनों को जमीनों के दलालों को सौंपने के हालिया कदमों से पहले तक तो ये अलग किए ही नहीं जा सकते थे।[1]

इस लाजिमी तौर पर सीमित प्रतिदर्श में आखिरी नगर अहमदाबाद है, जो अनेक अर्थों में अधिकांश दूसरे आधुनिक नगर-केन्द्रों से भिन्न था। उसका निरन्तर इतिहास आरम्भ-15वीं सदी तक का है, जबकि मेरी विवेचना में शामिल दूसरे नगर कम्पनी-काल में बसाए गए या फिर देहली व लखनऊ की तरह ब्रिटिश उपस्थिति और नियंत्रण के कारण रूपान्तरित हुए। यहाँ नगरीय परिवर्तन को दिशा भारतीय पेशकदमियों

1. चन्दावरकर 1994 : अध्याय 2 और यथास्थान; डोसाल 1991; डोसाल 1996; पटेल व थार्नर 1996; कोसंबी 1980

ने दी, न कि उपनिवेशी आरोपण ने। यहाँ उपनिवेश काल के पहले भी एक सुविकसित व्यावसायिक अभिजात वर्ग मौजूद था जिसने एक असामान्य और स्वायत्त, गिल्ड जैसा संगठन विकसित कर लिया था, जो कि हम अन्यत्र नहीं देखते। इसने कभी-कभी शासकों की नीतियों का विरोध किया, और कभी-कभी उन्हें पलटवा भी दिया। नगरीय प्रतिरोध के परम्परागत रूप दिलचस्प हैं : व्यापार केन्द्रों की बन्दी (हड़ताल), अधिकारियों के सामने शान्तिपूर्ण विरोध के लिए बैठना (धरना), सामूहिक पलायन (हिजरत) की धमकियाँ देना। ये रूप देहातों में भी पहुँचे और 20वीं सदी के गांधियाई आन्दोलनों में इनका कारगर विस्तार हुआ। अहमदाबाद (और गुजरात के दूसरे भागों) का सापेक्ष पतन उपनिवेशी विजय से पहले ही अन्त-17वीं और 18वीं सदियों में होने लगा था, मुख्यत: मराठों के घावों के कारण। इसके विपरीत ब्रिटिश राज पहले-पहल नई समृद्धि लेकर आया और अन्तत: आधुनिक कपड़ा उद्योग का विकास हुआ। उपनिवेश-पूर्व उत्पादकों और व्यावसायिक अभिजातों के साथ इनकी अच्छी-खासी निरन्तरताएँ थीं। कलकत्ता और कुछ हद तक बम्बई के मुकाबले अहमदाबाद का औद्योगिक विकास लगभग पूरी तरह ब्रिटिश पूँजीपतियों से स्वतंत्र था, भले ही कपड़ा मशीनें लैंकशियर और अन्यत्र से मँगानी पड़ रही थीं। अहमदाबाद में ब्रिटिश मौजूदगी अपेक्षाकृत कम थी। पुराने नगर की दीवारों से परे एक छावनी तो थी पर यूरोपीय कारोबारियों का कोई खास समूह खुद शहर में नहीं रहता था। अहमदाबाद का दृष्टान्त इस विचार पर थोड़ी-सी शंका को जन्म देता है कि नगरों के भौतिक और सामाजिक वातावरण की उपनिवेशी पुनर्रचनाएँ हमेशा और हर जगह आरोपण और नियंत्रण की एकतरफा प्रक्रिया थीं। सांस्कृतिक दृष्टि से भी उपनिवेश-पूर्व काल से निरन्तरताएँ बनी रहीं। पश्चिमी शिक्षाप्रद बुद्धिजीवी बहुत अधिक प्रमुखता प्राप्त नहीं थे और शैक्षिक व सामाजिक सुधारों का अभाव तो नहीं था पर वे कुल मिलाकर रूढ़िवादी रूप लिए हुए ही रहे। अहम बात यह है कि बम्बई के कपड़ा उद्योग का आरम्भ करनेवाले अनेक, अंग्रेजी रंग में रँगे पारसी व्यवसायियों के विपरीत अहमदाबाद में पहला कारखाना रणछोड़लाल छोटालाल ने स्थापित किया, जिन्होंने कभी पश्चिमी कपड़े नहीं पहने।

साबरमती के पूर्वी तट पर दीवारबन्द नगर व्यावसायिक जीवन का परम्परागत केन्द्र था, और वह क्षेत्र भी था, जहाँ पहले कारखाने लगे। पतली और टेढ़ी-मेढ़ी गलियों और सड़कों तथा हवेलीनुमा मकानों के साथ इसने लम्बे समय तक अपनी पुरानी दुनियावाली छवि को कायम रखा। जैसा कि हमने देखा, अधिकांश उपनिवेशी नगरों में एक तरफ तो उपेक्षित पुराने क्षेत्र होते थे और दूसरी तरफ यूरोपीय प्रभुत्ववाले नगर-क्षेत्र होते थे जहाँ आधुनिक नगरीय जीवन की सुविधाएँ पहले आईं। लेकिन अहमदाबाद में बिजली की रोशनी, भूमिगत जल और सही प्रकार का जलनिकास रणछोड़लाल के प्रयासों से पुराने नगर को पहले, 1880+ में, मिला। शहरी रूढ़िवादियों

ने इन प्रवर्तनों को स्वीकार किया हालाँकि नल के पानी का कुछ विरोध इस आधार पर हुआ कि इसमें जाति-भेदों की उपेक्षा हो रही थी। चुनी गई नगरपालिका जब अधिकारियों के हाथों थोड़े समय के लिए भंग कर दी गई तब 1910+ में, नौकरशाहों के सुधार सम्बन्धी प्रयासों को उदीयमान राष्ट्रवादी समूहों के विरोध का सामना करना पड़ा, जो अक्सर उद्योगपतियों से जुड़े होते थे। लेकिन राष्ट्रवादियों ने आधुनिक प्रवर्तनों का विरोध नहीं किया, उन्होंने स्वायत्त नगर-शासन के विकास की माँग की। सरदार वल्लभभाई पटेल के नेतृत्व में अगले दशक में नई, कांग्रेस-नियंत्रित नगरपालिका ने तो और भी जोरदार आधुनिकताकारी परिवर्तन लागू किए। वास्तव में राष्ट्रवादी जब स्थानीय शासन में सत्ता में आए तो उन्होंने व्यवहार में 'उपनिवेशी सरकारों की कुछ नीतियों का अधिग्रहण अपने लाभ के लिए किया।'[1] लेकिन उन्होंने लोकतांत्रिकरण का रास्ता नहीं चुना; पटेल ने तो वास्तव में सम्पत्तिशालियों और वेतनभोगी मध्यवर्गों के लिए एक जनरल वार्ड तक कायम किया : ये लोग रिहाइशी वार्डों में भी मतदान कर सकते थे और इस तरह पटेल के जनाधार को दोहरे मत मिल रहे थे। वर्ग के आधार पर नगर-क्षेत्र के सीमांकन को भी प्रोत्साहित किया गया। कारखाने दीवारबन्द नगर से, पूरब की ओर रेल लाइन पर चले गए, जबकि साबरमती के पश्चिम में, एलिस पुल की दूसरी तरफ अमीरों का आधुनिक आवासी क्षेत्र विकसित हुआ। आश्चर्यजनक बात यह है कि गांधी का साबरमती आश्रम भी नदी के पश्चिमी तट पर ही बनाया गया।

दैशिक पुनर्निर्धारण, गरीबों से अमीरों का अलगाव, बम्बई के मुकाबले अहमदाबाद में अधिक आसानी से हुआ, क्योंकि अहमदाबाद के मजदूर, जिनके अधिकांश मालिकान के साथ सामुदायिक सम्बन्ध थे, कुल मिलाकर अधिक आज्ञाकारी थे—1980+ से जब उद्योग का बड़े पैमाने पर विनाश हुआ, उससे पहले भी। अधिकाधिक उपेक्षित पुराना नगर लगातार घटती आबादी का ठिकाना रह गया : 1961 में वहाँ का क्षेत्रफल सिर्फ 5.5 वर्ग कि.मी. था जबकि 87 वर्ग कि.मी. क्षेत्र दीवारों से बाहर था। उसमें मुख्य रूप से गरीब और अधिकतर मुसलमान रह रहे थे। इस तरह अन्ततः पुराने और नए का विरोध सामने आया, पर उपनिवेशी नहीं बल्कि एक तरह के राष्ट्रवादी और उत्तर-उपनिवेशी अन्तर के रूप में सामने आया।

क्या खूब मुलाकात हुई! अन्त-19वीं सदी के बाद की नगरीय सामाजिकताएँ

उपनिवेशी नगर सामाजिकता के अंशतः नए, मिले-जुले रूपों पर आधारित था। यह ऐसा विषय है कि इस पर जितना ध्यान अभी तक दिया गया है उससे अधिक की

1. राय चौधुरी 2001 देखें। सामान्यतः अहमदाबाद के बारे में गिलियन 1968; स्पोदेक 1965 : 438-90; ब्रेमन 2004; याज्ञिक और सेठ 2005 देखें। स्पोदेक 2011 में वे 20वीं सदी में इस नगर का एक ऐतिहासिक वृत्तान्त भी पेश करते हैं।

माँग करता है।[1] यूरोपीय परदेसियों के सामाजिक मेलजोल आमतौर पर पीछे के तौर-तरीकों की नकल के प्रयास करते थे; मुल्की बनने की—अग्रणी भारतीयों से मेलजोल बढ़ाने, भारतीय लिबास पहनने और भारतीय रखैलें रखने की—पहलेवाली उपनिवेशी प्रवृत्तियों पर विक्टोरियाई नैतिकता के सख्त मानदंड चिढ़ का इजहार करने लगे थे।[2] असल और नकल का लाजिमी भेद यूरोपीय जीवन के प्रमुख केन्द्रों में शायद अधिक नहीं हो सकता था, मसलन कलकत्ता के साहेबपाड़ा में या गर्मियों में शिमला, दार्जिलिंग और दूसरे स्वास्थ्यवर्धक स्थानों की तरफ अधिकारियों और उनके परिवारों के चले जाने पर। अधिकारी, व्यापारी और मिशनरी अपने परिवारों को पर्वतीय स्थानों पर—मसलन मसूरी से ऊपरी लैंदूर में—छोड़ भी आते थे, जबकि खुद वे गर्म मैदानों में अपने काम में लगे रहते थे। निवासी और सुविधासम्पन्न गोरों की खाँटी बागड़ी संख्यावाले इन स्थलों पर 19वीं सदी में अंग्रेज उच्च वर्ग की अवकाशकालीन गतिविधियाँ फली-फूलीं : जैसे एक शुद्ध नस्लवादी क्लब संस्कृति (आमतौर पर पुरुषों के एकाधिकार में), पार्टियाँ और नृत्य—जिनमें नए लोगों के 'सामने आने' का गम्भीर सिलसिला भी शामिल होता था—महानगरों से लाए गए अंग्रेजी भाषा के नाटक, टेनिस, घुड़दौड़, फुटबॉल और सबसे बढ़कर, 19वीं सदी के उत्तरार्ध से क्रिकेट।[3] लेकिन बड़े नगरों से काफी दूर तैनात किए गए अंग्रेजों के लिए जीवन कहीं बहुत अधिक एकाकी होता था, उनका जो छोटे नगरों में भेजे जाते थे, जहाँ भारतवासियों के करीब होने की मजबूरी अक्सर टकरावों का कारण बनती थी। ऐसी जगहों पर 'यूरोपीय ठिकाना...गपशप करता और लड़ता था, लड़ता और गपशप करता था।' एक अंग्रेज द्वारा अपने हमवतनों की आलोचना के साथ और उनकी विडम्बना पर लिखे गए एक उपन्यास में एक ऊबी हुई मेम शेखी बघारती है कि एक बार नौकर जब उबला हुआ दो प्याजा ला रहा था जो उसने उसे गुलेल से पत्थर मारकर अपना मनबहलाव किया था। उधर नौजवान अंग्रेज जंगलों के पास तैनाती की कोशिश करते थे, जहाँ 'शिकार की चीजें हुआ करती थीं : अंग्रेजों के लिए परमानन्द की बुनियादी जरूरतें।'[4] स्त्रियों को उनके भारतीय समकक्षों के मुकाबले तरह-तरह की सामाजिकता अधिक सुलभ थी, बेपनाह औपचारिक ही सही, मगर वे तनहाई और बेजारी की जिन्दगी जिया करती थीं।'[5] एक स्रोत में तो कानपुर में अंग्रेज

1. यहाँ चक्रवर्ती 2000 : अध्याय 7 एक बड़ा अपवाद है। दूसरी जगहों पर यह विषय सामान्यत: अधिक व्यापक विवेचनाओं के सिलसिले में सामने आता है, मसलन पत्रिकाओं और प्रकाशनों से जुड़कर विकसित हुए तंत्रों के सिलसिले में। वैसे देसी भाषाओं, मसलन बंगला की रचनाओं में काफी प्रासंगिक सामग्री मिलती है। दास 1990 देखें।
2. आरम्भिक चरण के एक जीवन्त वृत्तान्त के लिए डेलरिंपिल 2002 देखें।
3. गुहा 2002 देखें।
4. थाम्पसन 1927 : 8, 11, 22-23
5. इन विषयों पर केन्द्रित 'एंग्लो-इंडियन' कथा-साहित्य का दायरा काफी बड़ा है। ई.एम. फोस्टर

स्त्रियों को बेसब्री से घर से आनेवाले 'बक्सों' का इन्तजार करते दिखाया गया है, जिनमें सुखद सीमा तक वे परिचित वस्तुएँ आती थीं, जिनको देश के इन भागों में पाना कठिन या असम्भव होता था।[1] किसी छोटी सी, वास्तविक या कल्पित, घटना पर कभी-कभी उसी तरह के नस्ली तनाव फूट पड़ते थे, जो कि फोर्स्टर की रचना 'A Passage to India' (1924) का केन्द्र है; इसमें एक नौजवान मेम को एक मायावी अनुभव होता है और वह समझ बैठती है कि एक मुस्लिम डॉक्टर ने उससे बदतमीजी की है। जैसा कि हम देख चुके हैं, नस्ली शोषण सबसे स्पष्ट बागानी इलाकों में और खासकर असम के चाय के बागों में था जहाँ मालिकान अफसर वैसा ही बर्बर व्यवहार करते थे जैसा कि अफ्रीकी उपनिवेशों में आबादकार बराबर किया करते थे।

शासन के एक बराबर विशेषाधिकार सभी यूरोपवालों को प्राप्त भी नहीं थे। अभिजातों तक के बीच सूक्ष्म अन्तर पाए जाते थे और कुलीनजन्मा अधिकारी इस व्यवस्था में उनको हीन समझते थे जो सिर्फ व्यापारी थे और ये दोनों ही मिशनरियों को थोड़ा अपमान-भाव से देखते थे, खासकर उन्हें जिनका सम्बन्ध अपेक्षाकृत साधारण कुलों से और परम्पराविरोधी समूहों से होता था। फिर गरीब गोरों का कम छाना-पड़ताला गया संसार भी था : जैसे यूरेशियाई और एंग्लो-इंडियन लोगों का न इधर न उधर का जीवन—जो बराबर सही तौर पर गोरे स्वीकार किए जाने के लिए प्रयास करते रहते थे, पर जो कभी पूरी तरह कामयाब नहीं हुए—और फिर कथित रूप से शुद्ध ब्रिटिश मूल के 'लफंगे' जो जहाजों से हटा दिए गए थे, या वहाँ से भाग खड़े हुए थे और बन्दरगाही नगरों में किसी तरह जिन्दगी बसर कर रहे थे। टुकड़खोरों, भिखमंगों और आवारों के तौर पर जिन्दगी बसर कर रहे, इनमें से कुछ लोग उपनिवेशवादियों के लिए भारी उलझन के स्रोत थे।

नगरीय सामाजिकता के रूप भारतवालों में बहुत ही भिन्न थे, उनमें भी जो उपनिवेशी शिक्षा के रंग में रँगे हुए थे। एक क्षेत्रीय केन्द्र का चयन अपरिहार्य हो जाता है और यहाँ भी नजर अपने आप बंगाल की ओर उठ जाती है, और भी खास कहें तो कलकत्ता की तरफ।[2] बंगाली अड्डा का—जो दोस्तों के नियमित मगर पूरी

→ की 'Passage to India' (1924) और जे.जी. फैरेल की The Siege of Krishnapur (1973) को व्यापक रूप से ऐसी क्लासिक रचनाएँ माना जाता है, जिन्होंने 'मुल्कियों' के मुकाबले में साहबों और मेमसाहबों का कारगर नाटकीकरण किया। उपनिवेशी जीवन और सामाजिक कमजोरियों पर एक मनोरंजक संग्रह वेर्नीद 1995 है; इस विषय पर एक व्यापक अकादमिक अध्ययन मुखर्जी 1994 है।

1. जोशी 2003 : 16 (यालैंड 1994 : 112 का उद्धरण)
2. बंगाल से इतर दूसरे क्षेत्रों के इतिहासकारों में इस बढ़ती भावना का मुझे बखूबी एहसास है कि इस अंचल को भारत की लक्षणा नहीं समझा जाना चाहिए, जैसा कि कभी-कभी बंगाली इतिहासकारों की रचनाओं में नजर आता है। पिछले एक दशक या और अधिक समय में दूसरे भारतीय क्षेत्रों पर केन्द्रित क्षेत्रीय इतिहासों में सुखद वृद्धि अब इस समस्या को समाप्त करने लगी है।

तरह अनौपचारिक और बेरूप गपशप का वह रूप था, जो अन्त-19वीं सदी में विकसित हुआ और 20वीं सदी में भी काफी समय तक जारी रहा—एक केस अध्ययन दीपेश चक्रवर्ती ने किया है। इसमें उन्होंने एक अंशतः वैकल्पिक आधुनिकता पर अपना तर्क खड़ा करने के लिए इसी अन्तर का उपयोग किया है। उनकी सोच यह है कि उपनिवेशी पूँजीवाद ने जिस दुनिया को उनके लिए बेगाना बना दिया था उसमें अपने-आपको सहज बनाए रखने के लिए उपनिवेशित लोगों ने ऐसे विकल्प विकसित करने के प्रयास किए। अड्डा संरक्षकों, जमींदारों और शहर के नौदौलतियों की मजलिस या 'बैठकखाना' की मुलाकातों से भिन्न था, हालाँकि उनसे असम्बद्ध नहीं थे; ये बैठकखाने वे थे, जिनके गिर्द आरम्भ-19वीं सदी में कलकत्ता के 'दल' (गुट) कायम हुए। अड्डा गाँवों के परम्परागत जमावड़ों और 'चंडीमंडपों' (गाँव के मन्दिरों) में गपशप के दौर से भी भिन्न था, क्योंकि ये जमावड़े कहीं बहुत स्पष्ट सीमा तक जाति और समुदाय पर आधारित होते थे। पर अड्डों की भी अपनी सीमाएँ थीं। पत्नियाँ चाय-नाश्ता तो बनाती थीं पर, 20वीं सदी में काफी बाद तक भी, बहसों में शायद ही कभी शामिल होती थीं, जबकि भोजन परोसनेवाले हीनजातीय नौकरों को बहसों से पूरी तरह अलग रखा जाता था। संरक्षकों के गिर्द जमावड़ों के पुराने रूपों में स्वयं भागीदारों के बीच एक सुस्पष्ट आन्तरिक सोपान होता था; एक सोपान संरक्षकों तथा प्रस्तोताओं, गायकों और नर्तकियों के बीच भी होता था जिनकी नेकनाम से लेकर बदनाम तक की श्रेणियाँ होती थीं। मगर इसके विपरीत अड्डा में इस तरह की कोई दरबारगीरी नहीं होती थी; यह कहीं बहुत अधिक सीमा तक एक मध्यवर्गीय रूप था, जिसमें लोकतांत्रिक सम्भाषण का एक तत्त्व होता था, भले ही इसका गठन एक या दो मशहूर लोगों—अक्सर उपन्यासकारों, कवियों या पत्रिका के सम्पादकों—के इर्द-गिर्द होता था। कलकत्ता के ऐसे प्रमुख अड्डों में एक तरह का क्रम देखा जा सकता है; ये विशेष पत्रिकाओं से जुड़े होते थे, मगर अगले अंक की किसी लक्ष्यमुखी योजनाबन्दी की बजाय ये अनौपचारिक और अनिर्देशित बातचीत के लिए जमा होते थे।[1]

1. इस क्रम में 1870+ और 1880+ के दौरान बंकिमचन्द्र और 'बंग दर्शन' से जुड़ी सभाएँ, 1910+ के दौरान रवीन्द्रनाथ, प्रमथ चौधुरी और 'सबुज पात्र' से जुड़े अनेक हलके; तथा 1920 और 1930 के दौरान 'कल्लोल' और 'शनिबारेर चीठी' से जुड़े हलके भी शामिल हैं। इसमें बिनोय सरकार का लम्बा चला हलका 'परिचय अड्डा' भी शामिल है, जो 1930+ में कवि सुधीन्द्रनाथ दत्त के इर्द-गिर्द शुरू हुआ और आगे चलकर मार्क्सवादी वामपन्थ से जुड़ गया तथा इसमें दो अन्य प्रमुख कवियों बुद्धदेव बोस और 'कविता' तथा विष्णु डे की 'साहित्य पत्र' से जुड़े हलके भी आते हैं। ओर्सिनी 2002 से जमा समृद्ध सामग्री से पत्रिकाओं और पुस्तक व्यापार के इर्द-गिर्द जमा ऐसी सभाओं के तथा परम्परा काव्य समारोहों (मुशायरा, कवि सम्मेलन) के समकक्ष हलकों सम्बन्धी कुछ दिलचस्प सामग्री निकाली जा सकती है। अन्त-19वीं सदी के बनारस पर वसुधा डालमिया का अध्ययन थोड़ा और भी परम्परागत प्रकार की सामाजिकताओं को सामने

लेकिन सामाजिकता के ये नए या पुराने रूप भद्रलोक के समाज के अपेक्षाकृत ऊँचे स्तरों की इजारादारी नहीं थे। वास्तव में एक प्रभावशाली दृष्टिकोण तो उस 'लोकमुखी' नगरीय संस्कृति में स्पष्ट गिरावट का संकेत देता है, जिसमें 19वीं सदी के दौरान स्त्रियों की एक अहम भूमिका हुआ करती थी। सरकारी सेंसरशिप और अभिजात भद्रलोक के दबाव के कारण सम्मान और शुद्धता की जो विक्टोरियाई धारणाएँ लागू की गईं, उन्होंने इस समृद्ध प्लेबियन संस्कृति को बड़ी हद तक नष्ट किया और उसे अश्लील और स्वच्छन्द कहकर उसकी निन्दा की। साथ-ही-साथ स्त्रियों के सार्वजनिक व्यवहार पर सख्त नियंत्रण लागू किए गए। नवाबी लखनऊ की गणिका संस्कृति के बारे में ओल्डेनबर्ग ने इस तर्क को विकसित किया है और उन प्रक्रियाओं को उजागर किया है जो—लम्बे समय से गीत-संगीत नृत्य की एक समृद्ध संस्कृति से जुड़ी हुई—गणिकाओं को पतित किया और उनको ऐसा कर दिया कि उन्हें सिर्फ रंडियाँ समझा जाने लगा।[1] लोक-संस्कृति की उपनिवेशी अधीनता और पराजय की इस प्रस्थापना को बंगाल के अधिकांश विद्वानों ने विस्तार दिया है—खासकर सुमन्त बनर्जी ने। नृजाति शास्त्रीय और ऐतिहासिक सामग्री से समृद्ध ये दृष्टिकोण फिर भी एक समस्या से ग्रस्त हैं—द्विभागी विरोधों के अति-उपयोग से; इस दृष्टान्त में अभिजात संस्कृति और लोक संस्कृति के बीच एक तीखा मगर अपर्याप्त सीमा तक स्पष्ट अन्तर किया गया है। ऐसे अन्तर, जो कभी आधुनिक यूरोप के आरम्भ-काल के अध्ययन में लोकप्रिय हुआ करते थे, अपने अतिसरलीकरण के कारण छोड़े जा चुके हैं जो पाठ और जो परम्पराएँ पूरी तरह भिन्न नहीं हैं उनके विभिन्न सामाजिक समूहों द्वारा तरह-तरह से या अनेक स्तरों पर किए गए अधिग्रहण की दृष्टि से सोचना कहीं अधिक उपयोगी होगा। मिसाल के तौर पर भारत की नगरीय संस्कृति में उन रूपों को लोकव्यापी या प्लेबियन कहकर महिमामंडित किया गया है, जो अक्सर बेशतर परम्परागत संरक्षकों पर निर्भर हुआ करते थे। न ही अधिकांश ऐसे रूप कभी पूरी तरह लोप हुए। बदले हुए रूपों में सही, जात्रा या लोक नाटक की विधा आज भी कलकत्ता और दूसरी जगहों पर फल-फूल रही है। सामाजिकता के निम्नमध्यवर्गीय और अभिजात रूप गायब नहीं हुए भले ही मुद्रण के आरम्भ के कारण होनेवाले परिवर्तनों और दृश्य प्रस्तुति के नए रूपों ने उन्हें पर्याप्त बदल दिया है।

अनौपचारिक जमाव और गपशप के दूसरे प्रकार के केन्द्र छात्रावास थे, जहाँ

→ लाता है; ये प्रमुख संरक्षक भारतेन्दु हरिश्चन्द्र के गिर्द केन्द्रित थीं : डालमिया 1997/2010 देखें। ज्ञानी लोगों को प्राप्त संरक्षण के अर्ध-धार्मिक और आगे चलकर व्यावसायिक तंत्रों और इन लोगों की बहसों पर ए.आर. वेंकटचलपति की विवेचना अन्त-19वीं और आरम्भ-20वीं सदी के मद्रास में स्थिति की विशिष्टताओं पर रोशनी डालती है। वेंकटचलपति 2012 देखें।

1. ओल्डेनबर्ग 1991

अन्दरूनी भागों से महानगरों में अध्यायों के लिए आए हुए छात्र रहा करते थे। संयुक्त प्रान्त के नगरों में इनको सतही साहित्य में अक्सर समलैंगिक सम्बन्धों के ठिकाने ठहराया गया है। कलकत्ता में इनके समकक्ष थे 'मेस' जो छात्रों और नौजवानों के समूहों द्वारा किराये पर लिए गए कमरों पर आधारित होते थे; ये सब छात्र अक्सर एक ही जिले के होते थे। युद्धमध्य काल से चायखाने आम नजर आने लगे, और उसके बाद आए काफी हाउस जिनमें दो तो काफी मशहूर हुए : कालेज स्ट्रीटवाला जिसके दीवाने अनेक पीढ़ियों के छात्र थे, और सेन्ट्रल (अब चितरंजन) एवेन्यूवाला जहाँ सत्यजीत रे और दूसरे लोग जो आगे चलकर मशहूर फिल्म निर्देशक बने, अपनी कला पर विचार-विमर्श करने के लिए जमा होते थे। सार्वजनिक जीवन में जब उथल-पुथल बढ़ी और उसका मोह बढ़ गया तो राजनीतिक अड्डों में सहज बातचीत के साथ तूफानी बहसों का समन्वय होने लगा।

और भी प्लेबियन स्तर पर 'रोवक' जमावड़े होते थे। ये नौजवानों के जमावड़े थे, जो बेसर-पैर की गपशप के लिए और खेलकूद की किसी हालिया मिसाल या फिल्म अभिनेता पर दिली बहसों के लिए शाम के समय अपने घरों से लगे बरामदों में जमा होते थे। लड़कियाँ जब हौसला करके सार्वजनिक जीवन में उतरने लगीं तो ये लोग भद्दी टिप्पणियों से उनका स्वागत करते थे, खासकर अगर वे किसी और क्षेत्र की होती थीं। लेकिन अपने खुद के 'पाड़ा' की स्त्रियों के बारे में इन्हीं नौजवानों का रवैया भयानक संरक्षणमूलक और अधिकारमूलक होता था, जिससे बाहरी समकक्षों से उनके टकराव भी होते थे। साथ ही ऐसे टकरावों से रोमांस भी जन्म लेकर और अक्सर मर जाते थे। समकालीन कथा-साहित्य ने इनका वर्णन किया है।

इस प्रधानतः निम्न मध्यवर्ग से नीचे के शहरी गरीबों, मजदूरों और दिहाड़ीवालों के पास ऐसे बरामदे नहीं होते थे, जहाँ वे बैठें और आराम कर सकें। लेकिन उनकी गन्दी बस्तियों की बदहाली और घर में जगह की कमी (बम्बई में परेल के कारखानोंवाले इलाकों की चालें इसकी एक मिसाल हैं) उन लोगों को फुरसत के वक्त सामूहिक रूप से खुले में बिताने के लिए मजबूर करती थीं—ऐसी तंग गलियों में जो खोलियों और मड़ैयों के आगे से गुजरती थीं। यहाँ पुरुष जमा होकर गपशप करते और कभी-कभी सामूहिक कार्रवाई के आयोजन करते थे जबकि स्त्रियाँ घरेलू काम निबटाने और बच्चों की देखभाल करने में व्यस्त रहती थीं। इन क्षेत्रों में सड़क का व्यस्त और रंगारंग जीवन हुआ करता था।

हमारे सर्वेक्षण ने विभिन्न सामाजिक स्तरों के संगत, सामाजिकता के भेदों पर जोर दिया है। 19वीं सदी के उत्तरार्ध में आधुनिक नगरीय जीवन के कुछ नए रूप पैदा हुए जिनमें (बेहद गरीब लोगों को छोड़) पुरुष और कभी-कभी स्त्रियाँ भी थोड़े समय के लिए भागीदार और अक्सर दर्शक बनकर भाग लेते थे। थिएटर, 20वीं सदी के आरम्भ से सिनेमा तथा खेल, मुख्य रूप से फुटबाल और क्रिकेट इनमें

शामिल थे। काल की दृष्टि से नए-नए प्रचलित रंगमंचों के साथ लोकनाटक सबसे पहले आए। बम्बई के पारसी थिएटर दलों की यात्राओं ने उनको लोकप्रिय बनाया और फिर 1870+ से कलकत्ता और दूसरे शहरों में मोटे तौर पर ऐसी ही संस्थाएँ जन्मीं।[1] धनी संरक्षकों के घरों में जो नाटक खेले जाते थे और जिनमें चुनिन्दा लोगों को बुलाया जाता था, उनके विपरीत यह तथा थिएटर उन सब लोगों के लिए खुला हुआ था, जो टिकट खरीद सकते थे और टिकटों के दाम काफी कम होते थे। एक पीढ़ी बाद सिनेमा का आगमन हुआ और यह भी थिएटर की तरह कहीं बहुत अलग-अलग प्रकार की और अंशतः प्लेबियन जनता तक पहुँचा, बनिस्बत उस शिक्षित और सुसंस्कृत जगत तक पहुँचने के जिसमें लेखक और उनके पाठक रहते थे और जिसमें अड्डे स्थित थे।

संगठित खेलकूद की पहुँच और शक्ति का अनुमान इससे लगाया जा सकता है कि किस-किस तरह से ये तेजी से उदीयमान पहचानों—उपनिवेश विरोधी राष्ट्रवादी, साम्प्रदायिक, क्षेत्रीय, जातिगत पहचानों—से जुड़ गए। नस्ली आधार पर तनाव कुछ कम नहीं हुए, खासकर इसलिए कि यूरोपीय लोगों की अपनी टीमें थीं और उन्होंने ही 19वीं सदी के दौरान भारत में क्रिकेट का तथा फुटबाल के आधुनिक रूप का भी आरम्भ किया था। फुटबाल कलकत्ता और बंगाल के मध्यवर्गीय पुरुषों का तो खास महबूब था। अंग्रेज जब बूट पहनकर फुटबाल खेलते थे तब भारतीय इसे नंगे पैर खेलते थे और इसके कारण यूरोपीय टीमों के साथ उनकी प्रतिद्वन्द्विता तीखा और कभी-कभी वहशियाना रूप ले लेती है। 1911 में आई.एफ.ए. शील्ड फाइनल में ईस्ट यार्कशियर रेजीमेंट पर मोहन बागान की जीत को तो बंगाल में राष्ट्रवाद के इतिहास की एक प्रमुख घटना के रूप में याद किया जाने लगा।[2] फुटबाल में हिन्दू-मुस्लिम प्रतिद्वन्द्विता थोड़ा आगे चलकर शुरू हुई जब आरम्भ-1930+ में मोहम्मडन स्पोर्टिंग जैसे क्लब कायम हुए जबकि आरम्भिक उत्तर-उपनिवेशी दशकों में मोहन बागान के प्रमुख प्रतिद्वन्द्वी के रूप में ईस्ट बंगाल के उदय से एक क्षेत्रीय तत्त्व का समोवश हुआ।

क्रिकेट खेला तो कहीं और जा रहा था मगर उसे सबसे पहले और सबसे अधिक लोकप्रियता बम्बई के भारतीयों में मिली। बम्बई के क्रिकेट में नगर की विश्वमुखी, बहु-अभिजाती प्रकृति ने एक विशेष तत्त्व जोड़ा। इस खेल का आरम्भ यूरोपवालों ने आरम्भ-19वीं सदी में फोर्ट के बाहर के मैदान में किया था, लेकिन 1870+ तक नगर में कम-से-कम 30 पारसी क्लब मौजूद थे।[3] अनुकरण जमा प्रतिद्वन्द्विता का ऐसा ही ढर्रा इन्हीं से जुड़कर हिन्दू (व्यवहार में सवर्ण) और थोड़े समय बाद मुस्लिम

1. हैंसन 2011 देखें।
2. गुहा 2001 : 266 में 'The Socialism of Soccer' देखें।
3. भारत में क्रिकेट के सम्पूर्ण इतिहास पर गुहा 2002 देखें।

क्रिकेट क्लबों के उदय की विशेषता था, जिसने बम्बई में ट्राइएंगुलर नाम की खासुलखास संस्था को जन्म दिया : 1907 से अंग्रेज, पारसी और हिन्दू टीमों के टूर्नामेंटों को। 1911 में एक मुस्लिम टीम के प्रवेश से इसका रूप क्वाड्रेंगुलरवाला हो गया। एक-दूसरे के साथ खेलने से टकराव खत्म नहीं हुए; इससे बल्कि अक्सर टकराव तेज हुए। 1880+ के दौरान जगह को लेकर एक यादगार टकराव हुआ जब मैदान के कुछ भागों को सेना ने पोलो खेलने के लिए ले लिया—उसका थोड़ा-सा भाग तो यूरोपियन जिमखाना क्लब पहले ही ले चुका था—और इस तरह उसे भारतीय क्रिकेटरों के लिए बरबाद करके रख दिया। बम्बई के अधिकारियों को दुखी पारसियों और हिन्दुओं ने जो प्रार्थनापत्र दिए उनमें ऐसी भाषा का प्रयोग किया गया था जो उन्हीं दिनों उदीयमान नरमपन्थी कांग्रेस के राष्ट्रवादियों द्वारा प्रयोग की जा रही थी : वास्तव में दादाभाई नौरोजी ने क्रिकेटरों की माँगों का समर्थन किया। यही सन्दर्भ था जिसमें लार्ड हाक के नेतृत्वाली अंग्रेज टीम पर जनवरी 1890 में पारसी टीम की विजय का 12,000 भारतीय दर्शकों ने पागलाना जश्न मनाया, बल्कि पूरे शहर ने मनाया, जबकि यूरोपीय पत्रकारों ने 'उभर रहे...बहुरंगी उभार...अनाप-शनाप का प्रलाप, बकवास, और बुदबुदाहट...' के बारे में मनहूस भाषा में बहुत कुछ लिखा। इससे भी कहीं अधिक यादगार भारी कठिनाइयों और भेदभाव के बीच पहले महत्त्वपूर्ण दलित क्रिकेटर पलवंकर बल्लू का उदय था, जो कि दकन के एक गाँव के चमार थे। पूना के पारसी क्रिकेट क्लब में मेहतर और फिर पिच-रोलर का काम शुरू करके वे एक विश्वस्तरीय फिरकीबाज (स्पिनर) बने।[1]

इन नए सार्वजनिक क्षेत्रों और नगरीय दर्शकों में स्त्रियाँ थीं ही नहीं या बस हाशिये पर थीं। हमारा अभिप्राय 'स्त्री-स्वाधीनता' के उस बहुत ही नए विमर्श के प्रभाव और महत्त्व को कम करके दिखाना नहीं है जो 19वीं सदी के मध्यवर्गीय समाज सुधार का केन्द्रीय तत्त्व था; न उन कानूनों के महत्त्व को कम दिखाना है जिन्होंने विधवा-दहन पर रोक लगाई, विधवा विवाह की इजाजत दी तथा 'वयस्कता की आयु' (और अन्ततः विबाह की आयु) को ऊपर उठाया। लेकिन प्रगति के साथ अक्सर बाधाएँ भी जुड़ी होती थीं—प्रगतिशील समुदायों और समूहों तक, और खासकर बम्बई के पारसियों और बंगाल के ब्रह्मसमाजियों तक में भी। मध्यवर्गीय स्त्रियों ने सिलाई में एक ऐसे दिलचस्प विकासक्रम का आरम्भ किया जो सार्वजनिक गति के लिए बहुत ही उपयुक्त था—ब्लाउज और कमीज के साथ एक नए ढंग से पहनी जानेवाली साड़ी का; यह गरिमा और प्रतिष्ठा की अधिक बेलोच धारणाओं के साथ

1. सामाजिक इतिहास के एक महत्त्वपूर्ण अंग के रूप में खेलों के इतिहास पर, जो दुनिया में दूसरी जगहों पर काफी विकसित है, भारत में विद्वानों की रुचि जानने लगी है, हालाँकि विशेष खेलों और क्लबों के विवरण भी अच्छी-खासी संख्या में हैं। मेरा अनुच्छेद गुहा 2002 पर आधारित है। नन्दी 1989 इससे पहले और मजुमदार 2004 इसके बाद की रचनाएँ हैं।

आवाजाही की अधिक स्वतंत्रता का समन्वय करती थी। सभ्याचार पर भारी जोर 'सम्मानित' वर्गों की पिछली पीढ़ियोंवाली उन स्त्रियों के लिए आवश्यक नहीं था जो घरों के अन्दर सीमित रहती थीं और केवल निकट सम्बन्धियों से मिलती-जुलती थीं। घर से बाहर बन्द गाड़ियों में आना-जाना होता था। आधुनिक साड़ी को मिली सापेक्ष स्वतंत्रता के बावजूद 20वीं सदी में काफी आगे तक भी भद्रलोक की बहुत कम स्त्रियाँ साथ में किसी पुरुष के बिना सड़क पर चलती नजर आती थीं। ब्रह्मसमाजी मूलवाले एक मार्क्सवादी इतिहासकार की अप्रकाशित डायरी, जो कलकत्ता में उनके छात्र-जीवन (लगभग 1917-23) को दर्ज करती है, अनेक ऐसे दृष्टान्तों का जिक्र करती है जब उन्हें बहुत पास ही रहनेवाले रिश्तेदारों से मिलने के लिए जा रही अपनी चुस्त-दुरुस्त, काफी पढ़ी-लिखी, अविवाहित चचेरी बहनों के साथ जाना पड़ा था। इन और ऐसी ही दूसरी बाधाएँ नौजवान लड़कों और लड़कियों के इन चुनिन्दा समूहों में एक सुस्पष्ट रोमानी वातावरण को जन्म लेने से रोक नहीं सकीं; उन्होंने हो सकता है इसे प्रेरित ही किया हो। जैसा कि इस डायरी से बहुत ही स्पष्ट है, विवाह-पूर्व प्रेम को आत्माभिव्यक्ति टैगोर की कविताओं और गीतों में मिली।[1]

आरम्भिक नाटकों को अपने लिए लालबत्ती इलाकों से किराये पर अभिनेत्रियाँ लेनी पड़ती थीं, क्योंकि सामाजिक निषेध सम्मानित स्त्रियों को इस पेशे में आने से रोकते थे। उनमें से कुछ ने तो अपने सामाजिक मूल से आगे बढ़कर प्रतिष्ठा और सम्मान का अर्जन किया—1870+ और 1880+ में कलकत्ता की अभिनेत्री विनोदिनी शायद इसकी सबसे मशहूर मिसाल थीं।[2]

बंगला और दूसरी देशज भाषाओं के साहित्य ने सामाजिक और भावनात्मक मानकों के धीमे परिवर्तनों में महत्त्वपूर्ण योगदान दिया। अन्त-1860+ में बंकिमचन्द्र चटर्जी के उपन्यासों से शुरू करके अपचारी प्रेम का विषय प्रधान बनता गया; इसने अंग्रेजी साहित्य से भी लाभ उठाया और राधा और कृष्ण के अवैध मगर पवित्र प्रेम का गान करनेवाले वैष्णव गीतों की देसी परम्पराओं से भी। उपन्यासों का नयापन उनके स्थान-निर्धारण में भी था; ये स्थान अधिकाधिक समकालीन संसार के थे न कि वृन्दावन की पौराणिक भूमि के जो कहीं नहीं है, कहीं भी नहीं है दुनिया में। मजबूरी की हालत में उनका समापन सामाजिक प्रथाओं के समर्थक अभिप्रायों और सन्देशों पर हुआ, लेकिन पाठकों—कम-से-कम कुछ पाठकों—ने वृत्तान्त के अधिक धृष्ट और अप्रथासम्मत पक्षों का प्रत्युत्तर दिया।

महाविद्यालय में धीरे-धीरे सह-शिक्षा का प्रसार हुआ और यह बड़े नगरों में फैला। फिर भी 1930+ तक भी छात्राओं को उनका प्रोफेसर ही कामन रूप से दर्जे तक ले जाता था और वहाँ वे छात्रों से पूरी तरह अलग रखी गई बेंचों पर बैठती थीं।

1. सुशोभन सरकार, अप्रकाशित डायरी।
2. भट्टाचार्य 1998

इस सिलसिले में रवीन्द्रनाथ ठाकुर एक हौसलाबाज प्रवर्तक थे। उनका शान्तिनिकेतन विश्वविद्यालय न सिर्फ सहशैक्षिक बल्कि आरम्भ–1920+ से सह–आवासी भी था। हौसले की बात यह भी है कि विश्वविद्यालय की संस्कृति उनकी प्रेम का गुणगान करनेवाली कविताओं, नाटकों और गीतों से भरी हुई थी। नौजवान लड़के–लड़कियाँ खुलेआम साथ घूमते थे और निर्धारित पहनावों में सौन्दर्य और रंग को प्रोत्साहन दिया जाता था। टैगोर ने भद्रलोक महिलाओं को भी प्रोत्साहित किया कि उनके नाटकों में अभिनय और नृत्य के लिए वे सार्वजनिक मंच पर आएँ। उनके अपने ब्रह्मसमाजी समुदाय के कुछ रूढ़िवादी सदस्यों ने अन्त–19वीं सदी में सार्वजनिक मंच का जो बहिष्कार किया था उसके मुकाबले यह काफी बड़ा परिवर्तन था। बम्बई प्रेसीडेंसी के विभिन्न नगरों में सुधारवादी हलकों की स्त्रियों ने अन्त–19वीं से अपने वाचन–लेखन समूह और आगे चलकर वैधानिक और सामाजिक परिवर्तन के लिए महिला संगठन तैयार किए। सदी के अन्त में—ब्रिटेन में महिलाओं को डिग्रियाँ मिलने से कई दशक पहले ही—थोड़ी–सी स्त्रियों ने बड़े नगरों के विश्वविद्यालय से स्नातक पाठ्यक्रम पूरे किए और कुछ तो डॉक्टर का प्रशिक्षण पाने के लिए इंग्लैंड तक गईं। बहुतों ने डफरिन फंड योजनाओं के अन्तर्गत नर्सों का प्रशिक्षण प्राप्त किया।

अरसे तक लैंगिक परिवर्तन छोटे से शिक्षित मध्यवर्गीय समूहों तक सीमित रहे। राष्ट्रवादी राजनीति की विविध धाराओं—(अन्तिम चरण में) क्रान्तिकारी आतंकवादी, गांधीवादी और कम्युनिस्ट राजनीति—से स्त्रियों की कहीं अधिक संख्याएँ विरोधी तरीकों से प्रभावित हुई। स्वतंत्रता के बाद शरणार्थियों के रेले ने अनेक विस्थापित महिलाओं को घर से बाहर काम के लिए मजबूर किया, जिससे घरेलू तनाव बढ़े। सत्यजीत रे की फिल्म 'महानगर' और रित्विक घटक की 'मेघे ढाका तारा' में इसका संवेदनशील चित्रण हुआ है। स्टेनोटाइपिस्टों में शरणार्थी स्त्रियों की बहुत बड़ी संख्या थी।

हमेशा बढ़ता हुआ, हमेशा नया : मध्यवर्ग

अन्त–उपनिवेश काल के नगर–जीवन में और इतिहास–लेखन में भी, 'शिक्षित मध्यवर्ग' अनुपात से अधिक ही महत्त्वपूर्ण रहा है।[1] 19वीं सदी जब खत्म होने के करीब थी तब इस संस्तर की बढ़ती संख्या या महत्ता में शायद ही कोई शक हो। 1880+ तक अंग्रेजीदाँ भारतीयों की तादाद 50,000 के करीब पहुँच रही थी, बशर्ते कोई मैट्रिक की शिक्षावाले कुल लोगों की संख्या को सूचक माना जाए। (तब बी.ए. की डिग्रीवालों की संख्या सिर्फ 5000 के आसपास थी।) अंग्रेजी माध्यम से पढ़नेवालों की संख्या खासी तेजी से बढ़ी; यह 1887 में 2,98,000 थी तो बीस साल बाद 50,500 हो गई,

1. विषय के इस और इससे जुड़े पक्षों पर एक 'रीडर' जोशी 2010 है।

जबकि अंग्रेजी समाचारपत्रों की बिक्री 1885 में 90,000 से बढ़कर 1905 में 2,76,000 हो गई। जैसा कि 1888 में वायसराय डफरिन ने कहा था, यह अभी भी संख्या में एक 'सूक्ष्म अल्पमत' था और 1911 तक में अंग्रेजी में साक्षरता सिर्फ एक प्रतिशत थी। साथ-ही-साथ, इस सामाजिक समूह के तथाकथित गैर-नुमाइंदा चरित्र की अंग्रेजी में साक्षर लोगों के साथ इसे एक अनुचित ढंग से जोड़कर अतिशयोक्ति की गई है। देसी सार्वजनिक जीवन कहीं बहुत तेजी से फैला। 1905-7 तक देसी अखबारों की संख्या 1107 थी जबकि अंग्रेजी में यह 309 थी, और उनकी बिक्री 1905 तक बढ़कर 8,17,000 हो चुकी थी।[1] यहाँ यह बात कह दी जाए कि किताबचे और अखबार कहीं बहुत बड़ी संख्या के आगे पढ़े जा सकते थे, जैसा कि राजनीतिक उत्तेजना के कालों में होता था, जबकि यांत्रिक पुनरुत्पादन के कारण तसवीरों का मुद्रण-पूर्व काल की अपेक्षा काफी व्यापक स्तर पर और काफी तेजी से प्रसार हुआ। इस तरह मुद्रण की संस्कृति ने सुशिक्षित या औपचारिक रूप से शिक्षित लोगों से अलग भी बहुत सारे लोगों के जीवन को प्रभावित किया। संचार के रेल और डाक सेवाओं जैसे नए साधनों के साथ मिलकर अंग्रेजी शिक्षा ने लाभार्थियों को देशव्यापी स्तर पर सम्पर्क बनाने की नई क्षमताएँ प्रदान कीं। अंग्रेजी पढ़े-लिखे सरकारी अधिकारी, वकील, अध्यापक, पत्रकार और डॉक्टर और उनके अलावा देसी भाषा में पढ़े-लिखे मगर जरा-सी अंग्रेजी जाननेवाले किरानी अफसर अपने गृह क्षेत्रों से बाहर काम करते थे। 1870+ तक उत्तर भारत के अनेक नगरों में शिक्षित बंगालियों की कालोनियों के कारण ही सुरेन्द्रनाथ बनर्जी ने अनेक सफल राजनीतिक यात्राएँ कीं और कलकत्ता से बाहर इंडियन एसोसिएशन की भारी संख्या में शाखें बनीं। नई शिक्षा ने विश्व की घटनाओं और अन्तर्राष्ट्रीय विचारधाराओं से भी परिचित कराया जिनके बिना राष्ट्रवाद के सायास सिद्धान्त विकसित करना कठिन होता।

इसकी सीमाएँ भी उतनी ही स्पष्ट थीं। विदेशी भाषा में उच्च शिक्षा के कारण विमुखता और विभाजन पैदा करनेवाले प्रभाव भी पैदा हुए : ये ऐसी विशेषताएँ थीं जिनके आर्थिक, जातिगत और धार्मिक आयाम भी थे। 1883-84 में बंगाल में सिर्फ 9 प्रतिशत कॉलेज छात्र 200 रुपए से कम सालाना आमदनीवाले परिवारों के थे; यह बात समझ में आती है, क्योंकि कलकत्ता के हिन्दू कॉलेज में ट्यूशन फीस 1820+ तक 5 रुपए प्रतिमाह थी जो 19वीं सदी की आखिरी चौथाई तक उसके उत्तराधिकारी प्रेसीडेंसी कॉलेज में 12 रुपए तक जा पहुँची। वैसे अधिकांश निजी कॉलेजों में फीस कम ही होती थी, मसलन कलकत्ता के रिपन, बंगबासी और सिटी कॉलेज में। लेकिन पहुँच की इस भिन्नता का सम्बन्ध केवल आर्थिक स्थिति से नहीं था। अन्त-उपनिवेशकालीन दक्षिण एशियाई इतिहास का एक बुनियादी तथ्य, जिसकी ओर हम बार-बार पलटेंगे, यह है कि तरह-तरह से धार्मिक समुदाय और जाति जैसे कारकों

1. मैंने ये आँकड़े मैक्लेन 1977 : 4 से लिए हैं।

के आपसी टकरावों के शिक्षा की सुलभता और उससे मिलनेवाले अवसरों में भारी अन्तर पैदा हुए।

अंग्रेजों के प्रवेश और प्रभाववाले आरम्भिक केन्द्रों—कलकत्ता, बम्बई और एक हद तक मद्रास—के पास स्थित क्षेत्र को अन्दरूनी प्रान्तों के मुकाबले एक स्पष्ट श्रेष्ठता प्राप्त हुई और ये वे क्षेत्र भी थे जहाँ हिन्दू मुसलमानों से बहुत अधिक थे या, जैसा कि बंगाल में हुआ, कुलीनों का एक बहुमत भी था। पश्चिमी संयुक्त प्रान्त कुछ समय तक इसका अपवाद रहा। समृद्ध उर्दू संस्कृति से लैस मुस्लिम अशराफ (अभिजात) यहाँ 1857 के बाद स्थिति में आए घोर परिवर्तन से पहले तक सांस्कृतिक अभिजात भी थे। उससे पहले तक अंग्रेज उनके साथ और उर्दू पढ़े-लिखे हिन्दुओं के साथ मिलकर काम करने के प्रयास कर रहे थे, मसलन देहली कॉलेज में जहाँ विज्ञान की शिक्षा भी अंग्रेजी में नहीं, उर्दू अनुवादों के जरिये दी जाती थी। फलस्वरूप उन अभिजातों को उच्च शिक्षा के लिए अंग्रेजी को अपनाने की कोई जरूरत महसूस नहीं हुई। विद्रोह के दमन के बाद स्थिति बदल गई क्योंकि अंग्रेज फिर हिन्दू अभिजातों की तरफदारी करने लगे। आखिरकार हिन्दू साम्प्रदायिक दबाव के कारण 1890+ में अदालतों की भाषा के रूप में फारसी लिपि में लिखी गई उर्दू को देवनागरी लिपिवाली हिन्दी से विस्थापित कर दिया गया। सदी के मोड़ के बाद मुस्लिम राजनीतिक अस्मिता की जबरदस्त भावना को इस क्षेत्र में अपना प्रमुख आधार प्राप्त हुआ। एक तीसरे सुस्पष्ट अन्तर का सम्बन्ध जाति-प्रथा से था : नया मध्यवर्ग आमतौर पर न सिर्फ हिन्दू था, बल्कि बहुत बड़ी सीमा तक सवर्ण भी था। 19वीं सदी की आखिरी चौथाई से ही निचली जातियों की एक छोटी-सी संख्या को पैर टिकाने की जगह मिलनी शुरू हुई; एक अहम सीमा तक इसके कारण मिशनरी विद्यालय थे, जिन्होंने एक और किस्म की पहचान का आधार कायम किया।

शिक्षा के लिए कई पीढ़ियों तक संचित सांस्कृतिक संसाधनों की काफी आवश्यकता थी, खासकर उच्चतर स्तरों पर। लेकिन राजाओं, बड़े जमींदारों और सफल व्यवसायियों की अमीर औलादें, पैसा जो कुछ खरीद सकता था उस सबके सहारे, फौरन छलाँग लगाकर उच्च शिक्षा में पहुँच सकते थे। मध्यवर्ती सामाजिक स्तरों पर उच्च शिक्षा को सम्भव और अनिवार्य, दोनों समझा जाने लगा क्योंकि यह नए प्रकार के उन सम्मानजनक और आरामदायी रोजगारों का दरवाजा था जो अक्सर जमीन से हासिल लगानों की आमदनी से जुड़े होते थे। इस बात ने शिक्षित लोगों में एक 'मध्यवर्गीय' संरचना होने की छवि पैदा की जो राजाओं और जमींदारों से तो नीचे थे मगर शारीरिक श्रम के लिए अभिशप्त लोगों से ऊपर थे।

ऐसी अल्प छवियाँ बेहद आम भी थीं और सामाजिक वास्तविकताओं से टकराती भी थीं, और यही वह तनाव है जिसके साथ हमें उपनिवेशी मध्यवर्ग की और भी गहराई से छानबीन करना सुविधाजनक लगता है। अन्त-1820+ तक कलकत्ता के

पश्चिमी शिक्षा से प्रेरित, पढ़े-लिखे बंगालियों की पहली पीढ़ी द्वारा निकाली जा रही पत्रिकाएँ अपने-आपको मध्यवित्त श्रेणी (मध्यवर्ग) कहने लगी थीं और इस शब्द से वे ऐसी विशेषताएँ जोड़ती थीं जो आमतौर पर अंग्रेज या पश्चिम यूरोपीय मध्यवर्ग से जुड़ी होती थीं। पश्चिमी सन्दर्भ में इसका मतलब उद्यमशीलता या और भी सामान्य ढंग से कहें तो व्यापार और उद्योग था जिसने बुर्जुवा सामाजिक रूपान्तरणों में उसे एक अग्रणी भूमिका सौंपी। हालाँकि भारतीय मध्यवर्गों ने इस छवि को अपनाने की कोशिश तो की पर विरोधाभास यह था कि यथार्थ जीवन में व्यवसाय से उनमें से बहुत से थोड़े से लोगों का सम्बन्ध था : सबसे कम सम्बन्ध तो 19वीं सदी के समाप्त होने तक, बंगाल में था जो कि नवशिक्षित लोगों की गतिविधियों का प्रमुख आधार था।[1] 1820+ और 1830+ के दौरान प्रदत्त अनुबन्धनों में थोड़ी-बहुत व्यावहारिकता भी थी; इसका कारण द्वारकानाथ ठाकुर जैसे व्यक्ति थे जो ऐसे प्रवर्तनकारी उद्यमी थे कि कलकत्ता के अंग्रेज व्यापारियों के साथ बराबरी के स्तर पर बातचीत कर सकते थे और जो 'आधुनिक' कहलानेवाले पहले बुद्धिजीवी राममोहन राय के मित्र भी थे। दशकों के क्रम में यह विरोधाभास और भी गहराया जब अन्त-1840+ के बाद बंगाल की देसी व्यावसायिक उद्यमशीलता का पतन हुआ और व्यावसायिक जीवन मुख्यत: यूरोप और फिर ऊपरवार मारवाड़ी व्यापारियों, वित्तपतियों और उद्योगपतियों का इलाका बन गया। बंगाली मध्यवर्ग अब लगान की बड़ी (या अधिक सामान्य ढंग से) छोटी आयों पर निर्भर हो गया जो कि व्यापक और लगातार फैलते स्थायी बन्दोबस्त के सोपान में मझोले दखलदारों के छोटे-छोटे टुकड़ों से प्राप्त होती थी : इसी के साथ उसे पेशों या सेवा कार्यों की आय भी प्राप्त होती थी और इन दोनों क्षेत्रों के लिए थोड़ी-बहुत अंग्रेजी शिक्षा अनिवार्य बन चुकी थी।[2] इस तरह 'मध्यवित्त' यथार्थ से अधिक एक आकांक्षा थी, लेकिन ऐतिहासिक प्रक्रियाओं के जन्म में आकांक्षाओं की भी एक नाजुक अहमियत हो सकती है। फिर यह बात भी कह दी जाए कि यह असामान्यता कोई बहुत अधिक बेजोड़ भी नहीं थी। भारत के शिक्षित लोगों के उपनिवेशी मध्यवर्ग जो अपनी खुद की एक वर्गीय स्थिति पाने के प्रयास कर तो रहा था मगर आमतौर पर नाकाम ही रहा—जो कभी-कभी विलुप्त

1. आकांक्षा और यथार्थ के द्वैत्व को जीवन्त ढंग से 9 दिसम्बर, 1869 के 'आनन्द बाजार' पत्रिका ने व्यक्त किया था : 'मध्यवित्त लोगों को हमेशा समाज का सबसे उपयोगी समूह माना जाता है। हमारे देश का कल्याण एक बड़ी हद तक इसी वर्ग पर निर्भर है। इस देश में अगर कभी एक सामाजिक या दूसरी कोई क्रान्ति हुई तो इसी वर्ग के हाथों होगी। आज अपने देश में हम जो भी लाभकारी संस्थाएँ या गतिविधियाँ देखते हैं, वे इसी वर्ग की शुरू की हुई हैं...मध्यवित्त लोगों को जीविका भू-सम्पत्ति से या सेवाओं से मिलती है...मध्यवित्त लोग अक्सर गेतीदार होते हैं।' (ये लोग बंगाल के जेसोर-नादिया क्षेत्र में, जहाँ से यह समाचार-पत्र तब प्रकाशित हुआ करता था, प्रचलित एक तरह की दरमियानी जोतों के पात्र थे।)
2. भट्टाचार्य 2005 : 56, 59

या सुसुप्त वर्ग का 'स्थानापन्न' हुआ करता था—ऐसा था कि दुनिया के कम विकसित और/या उपनिवेशी भागों में उसके समरूपों की संख्या बढ़ रही थी।

इसका आरम्भ रूसी प्रबुद्ध वर्ग की सम्वृत्ति के साथ हुआ। एक सुगठित सामाजिक वर्ग में जड़ों के अभाव को अक्सर कमजोरी और असंगति का स्रोत माना जाता रहा है। लेकिन ऐसी जीवन्तता के अभाव ने दुनिया के अनेक भागों में रवैयों, मूल्यों और आकांक्षाओं में एक सीमा तक लोच भी पैदा की है : भूस्वामी कुलीनों के बेटों और बेटियों ने औद्योगिक पूँजीवाद के विकास की पैरवी की है और कभी-कभी उसे आरम्भ करने के प्रयास भी किए हैं; समाजवादी क्रान्ति के लिए उन्होंने किसानों को तथा औद्योगिक वृद्धि के साथ मजदूरों को भी लामबन्द करने के प्रयास किए हैं; और उन्होंने विदेशी शासन के खिलाफ ऐसे राष्ट्रीय आन्दोलनों का आरम्भ किया है, जिनके लिए अनेक वर्गों से गुहार लगाने की जरूरत थी और ऐसी गुहार लगाने की कोशिश भी की गई। 19वीं सदी का रूस ऐसी संवृत्तियों का आद्यरूप सामने रखता है और उसके निमित्त व्यक्तियों का मूल रूसी प्रवर्ग, प्रबुद्ध वर्ग, अन्त-उपनिवेशकालीन (और साथ ही उत्तर-उपनिवेशकालीन) दक्षिण एशिया के नए पढ़े-लिखे लोगों के लिए भी शायद एक अधिक उपयुक्त शब्द है।[1] जैसा कि हम देखेंगे, आरम्भ-20वीं सदी के बंगाल में जमींदारों और बिचौलिया जोतवालों के साथ राष्ट्रवादी 'मध्यवर्ग' के सम्बन्धों ने जमींदार विरोधी खेतिहर सुधार के कार्यक्रमों को साफ तौर पर बाधित किया, इस वर्ग के गर्मपन्थी सदस्यों की तरफ से भी। किसानों की समस्याओं के प्रति संवेदनशील टैगोर ने खुद की जागीरों पर कल्याणकारी कदम उठाए मगर वे वर्गीय सम्बन्धों में ढाँचागत परिवर्तन के प्रश्नों से बचते रहे। साथ-ही-साथ मार्क्सवादी और खास तौर पर आज के केरल, आन्ध्रप्रदेश, बम्बई और बंगाल के मार्क्सवादी, जो ऐसी ही वर्गीय पृष्ठभूमियों से आए, 1920 से मूलगामी सामाजिक और खेतिहर परिवर्तन की तरफ सचमुच मुड़े।

यह नया मध्यवर्ग सामाजिक संरचना में अपने उपनिवेश-पूर्व अग्रगामियों से हमेशा पूरी तरह अलग भी नहीं था। कायस्थ पेशेवर और किरानी समूहों तथा उत्तर भारतीय कस्बों के मुस्लिम अशराफ ने, मिसाल के लिए, मुगल नौकरशाही को चलाने में मदद पहुँचाई। दक्षिण के कुछ क्षेत्रों में उनके समकक्ष थे तमिलनाडु के नियोगी ब्राह्मण जिन्होंने दरबारों की पूरी एक श्रृंखला में सदियों तक प्रशासनिक पदों को सँभाला और जो 18वीं सदी के उत्तरार्ध में मद्रास आकर प्राच्य ज्ञान-विज्ञान और राजस्व सम्बन्धी दक्षता के सिलसिले में कम्पनी के प्रमुख 'मुल्की सूचनादाता' बन गए। अंग्रेजी शिक्षा पानेवालों की पहली पीढ़ी हर जगह सवर्ण जातियों या मुस्लिम अशराफ में से निकली। लेकिन यहाँ भी आत्मछवियाँ भौतिक वास्तविकता से टकरा रही थीं, क्योंकि विचार-विमर्श

1. इससे अभिप्राय ऐसे समूह से है जो लाजिमी तौर पर एक पूर्णरूपेण विकसित पूँजीपति वर्ग से तो नहीं आया पर फिर भी एक आधुनिक बुर्जुआ संस्कृति का पैरोकार था।

में इस नए मध्यवर्ग का खास जोर ठीक उनके नएपन पर था और उसी अतीत से उनके सम्बन्ध विच्छेद पर था जिसे कभी महिमामंडित तो कभी निन्दित किया जाता रहा। उनकी आधुनिकता का मूल तत्त्व यही था—यह अनुभवसिद्ध तथ्य पर नहीं, बल्कि आत्मछवि पर आधारित थी तथा कथित रूप से नए के जश्न में या खोई हुई दुनिया की ललक-भरी यादों में व्यक्त हो रही थी। उन दो परस्पर विरोधी छवियों में साझी बात जो थी, फौरी अतीत से उनके भारी, बल्कि पूरे, सम्बन्ध विच्छेद की मान्यता थी। उच्च शिक्षा के माध्यम-रूप में और प्रशासन की ऊपरी सतहों पर अंग्रेजी के द्वारा फारसी के विस्थापन से, देसी भाषाओं में छपाई की स्थिति और महत्त्व में हुई वृद्धि से तथा ब्रिटिश भारत के अधिकांश भागों में प्रशासन और व्यवसायों पर सवर्ण प्रभुत्व की दिशा में आए बदलाव से इस विचार को बल मिला। इसके अलावा, जिन समूहों को जमीनों से या व्यवसाय से कोई भारी आमदनी नहीं हो रही थी, ऐसे ऊपर की ओर उठ रहे सभी समूहों के लिए शिक्षा एक नई केन्द्रीयता पा चुकी थी, क्योंकि वही शारीरिक श्रम के बोझ और अपमान से मुक्त एक सम्मानजनक जीवन का लगभग अकेला रास्ता थी। पाक्स ब्रिटानिका के अन्तर्गत दूसरे रास्ते समाप्त ही हो चुके थे, जैसे शस्त्रबल से एक छोटी-सी रियासत खड़ी करने का रास्ता।

दक्षिण एशिया में अपनी सार्थक राजनीतिक उपस्थिति की पहली सदी में अंग्रेज अपनी सेवा में भरती मुसलमानों को, सत्ता से वंचित मुस्लिम शासकों के साथ उनके सम्भावित सम्बन्ध के कारण, शक की नजरों से देखते थे। 1857 के महाविद्रोह के बाद के कुछ बरसों में यह शक अपनी चरम सीमा पर जा पहुँचा; 1870 के आसपास जाकर ही मुस्लिम (और कुछ हद तक हीन जातियों के) भारतवासियों की तरफ झुकने के अधिकाधिक प्रयास किए जाने लगे जब एक बड़ी सीमा तक सवर्ण हिन्दू नेतृत्ववाला राष्ट्रवादी आन्दोलन उभरा। नए पढ़े-लिखे हिन्दुओं ने 'मुस्लिम निरंकुशता' का एक कथित ऐतिहासिक युग गढ़ लिया जो कि उसी नई व्यवस्था के साथ समाप्त हो गया, जो उनको रोजगार के बेहतर अवसर दे रहा था। यहाँ भी फौरी अतीत से सम्बन्ध विच्छेद या अलगाव को महिमामंडित किया गया पर अब इस तरह से किया गया कि उपनिवेश-पूर्व काल के साथ शायद ही न्याय हो रहा था और यही बाद की रूढ़ साम्प्रदायिक छवियों का अग्रगामी भी लग रहा था। हीन बना दिए गए 'मध्यकालीन' अतीत के विपरीत 19वीं सदी के 'पुनर्जागरण' का जो ऐतिहासिक मॉडल मध्य-20वीं सदी में तैयार हुआ उसकी कुछ समस्याओं की जड़ें इसी में थीं।

अभी तक हम उपनिवेशी मध्यवर्ग को बड़ी हद तक एक समरस संवृत्ति मानकर चलते रहे हैं। पर और भी ध्यान दें तो कुछ महत्त्वपूर्ण परिवर्तन स्पष्ट हो जाते हैं और ये तीन प्रकार के हैं : क्षेत्रीय अन्तर, कालक्रम में परिवर्तन तथा मध्यवर्ग के अन्दर स्तरों का सम्भावित भेद।

सेवाओं और व्यवसायों पर आधारित मध्य वर्ग तथा व्यावसायिक समूहों के बीच अक्सर देखे गए अन्तर का एक क्षेत्रीय आयाम भी था। प्रामाणिक ऐतिहासिक मॉडल मुख्य रूप से बंगाल से लिया गया है जहाँ अंग्रेजों ने सबसे पहले अपनी आर्थिक उपस्थिति दर्ज कराई और इसकी पैठ भी सबसे गहरी रही, जिसके कारण लगभग 1850 के बाद से पढ़े-लिखे समूहों के सामने कुछ खास विकल्प नहीं बचे, सिवाय छोटी जोतों से लगान की आमदनी, प्रशासनिक सेवाओं और शैक्षिक कुशलताओं से जुड़े पेशों के एक संयोग के—भद्रलोक की जो जीवन शैली बनी उससे खास तौर पर ये व्यवसाय ही जुड़े हुए थे। जैसा कि मध्य-19वीं सदी में शिक्षा को प्रोत्साहन देनेवाले एक बंगाली दोहे में कहा गया था, लेखा पाड़ा कोरे जे, गाड़ी घोड़ा चढ़े शे: जो लिखना-पढ़ना सीखेगा वही गाड़ी और घोड़े पर चढ़ेगा। आकांक्षाएँ अक्सर बेशतर सही अर्थों में पूँजीवादी उद्यमशीलता के कार्यकलापों की होती थीं, लेकिन इच्छा कारगुजारी से काफी आगे चली जाती थी—इसका कारण प्रमुख क्षेत्रों में ब्रिटिश पूँजी का बोलबाला था, जबकि उसके नीचे प्रवासी और खासकर मारवाड़ी व्यावसायिक समूहों का विकास था। इस मॉडल को अक्सर विस्तार देकर पूरे देश पर लागू किया है और इसके सचमुच कई समकक्ष भी थे, मसलन अन्दरूनी महाराष्ट्र में पूना में केन्द्रित सवर्ण पढ़े-लिखे वर्ग थे, और बिहार में देर से मध्यवर्ग का विकास हुआ, जहाँ मध्यवर्ग पेशों का समन्वय स्थायी बन्दोबस्त के सोपानों से प्राप्त लगान की आमदनी से कर रहा था, न कि व्यावसायिक कार्यकलापों से। लेकिन एक महत्त्वपूर्ण रचना में सी.ए. बेली ने दिखाया है कि गंगा की वादी में जब हम ऊपर की ओर बढ़ते हैं तो महत्त्वपूर्ण अन्तर सामने आने लगते हैं। यहाँ यूरोपवालों की सार्थक उपस्थिति बंगाल के बाद दर्ज की गई और इसका जोर भी यहाँ काफी कम था; यूरोपवाले यहाँ अक्सर पहले से सुस्थापित देसी व्यावसायिक समूहों के साथ सहयोग के तंत्रों के माध्यम से काम करते थे। इलाहाबाद पर बेली के व्यष्टिगत अध्ययनों ने नगर के व्यावसायिक परिवारों के साथ उदीयमान पेशेवर समूहों और खासकर वकीलों के अहम सम्बन्धों को उजागर किया है।[1] ऐसे सम्बन्ध आधुनिक पूँजीवाद के केन्द्रों—बम्बई और अहमदाबाद—के लिए भी महत्त्वपूर्ण थे। सफल व्यावसायिक परिवारों और बहुत अमीर जमींदारों में सेवाओं या वृत्तियों से जुड़े व्यवसायों को अपनाने की, बल्कि आधुनिक शिक्षा के लिए भी, कोई खास ललक नहीं थी : इस अर्थ में बंगाल या पूनावाला मॉडल उपनिवेशी शिक्षित वर्ग के समझने के लिए एक अधिक व्यापक महत्त्व तो रखता ही है। मिसाल के लिए 1884-85 में बम्बई नगर के कालेजों में 53 प्रतिशत छात्र सरकारी अधिकारियों, पेशेवर लोगों और क्लर्कों के परिवारों के थे, जबकि सौदागर परिवारों के छात्र केवल 16.5 प्रतिशत ही थे। इस तरह उनकी सामाजिक संरचना बंगाली भद्रलोक की संरचना से

1. बेली 1983

बहुत अधिक भिन्न थी, और दोनों ही संरचनाओं का झुकाव स्पष्ट रूप से सवर्ण जातियों की ओर (बम्बई में स्पष्ट रूप से ब्राह्मणों की ओर : 1885 में 43 प्रतिशत) था, तब भी जबकि अनेक छात्र कम वेतन पानेवाले क्लर्कों के परिवारों के थे।[1]

लेकिन अधीन जातियों के प्रति पढ़े-लिखे मध्यवर्ग के रवैयों के सिलसिले में, क्षेत्रों के बीच के कुछ भेदों के साथ सवर्ण मूल का सहअस्तित्व जारी रहा। बंगाल के भद्रलोक में जाति-प्रथा कोई खास विचार-विमर्श का विषय नहीं रही, क्योंकि निचली जातियाँ पढ़े-लिखे लोगों की सुख-सुविधाओं के लिए कोई सम्भावित या वास्तविक खतरा पेश करेंगी, 19वीं सदी के अन्त तक ऐसी कोई खास सोच थी भी नहीं। इसके विपरीत बम्बई में खतरे की घंटियाँ पहले बजीं, क्योंकि ज्योतिबा फुले की रचनाओं और सरगर्मियों के रूप में ब्राह्मणों की सुख-सुविधाओं की एक शक्तिशाली आलोचना 1870+ तक विकसित हो चुकी थी, जिसके कुछ दशक बाद अम्बेडकर से प्रेरित दलित उद्‌घोष सामने आया। मद्रास प्रेसीडेंसी के तमिल क्षेत्र आरम्भिक ब्राह्मण विरोध का दूसरा केन्द्र थे, क्योंकि यहाँ सवर्णों का प्रभुत्व बेपनाह भोंडा और बेशर्मी से भरा था : ब्राह्मण प्रेसीडेंसी की आबादी में 3 प्रतिशत थे पर मद्रास विश्वविद्यालय के स्नातकों में उनका भाग 70 प्रतिशत था। दोनों ही क्षेत्रों में सवर्ण अभिजातों से छोटे आकार का मतलब यह भी था कि थोड़े-बहुत धन-सम्पत्ति और प्रभाववाले लोगों का एक अच्छा-खासा भाग गैर-ब्राह्मण समूहों से निकला जिससे जवाबी अभिजात समूहों के विकास के लिए अनुकूल दशाएँ पैदा हुईं। शारीरिक श्रम के लिए अभिशप्त लोगों पर वर्गीय श्रेष्ठता की भावना सभी क्षेत्रों में पाई जाती थी, पर इसमें किसानों के प्रति कृपा-भाव से भरे सरोकार भी पाए जाते थे, और उनसे भी बढ़कर उन समूहों (मसलन 1850+ में बंगाल के नील पैदा करनेवाले काश्तकारों और असम के चाय मजदूरों) के प्रति पाए जाते थे जो यूरोपवालों के शोषण के सीधे शिकार थे।

दूसरे प्रकार के परिवर्तनों का सम्बन्ध समय से था और इस पर महत्त्वपूर्ण अध्ययन बंगाल के लिए तिथि भट्‌टाचार्य और बम्बई-महाराष्ट्र के लिए वीणा नरेगल के हैं। भट्‌टाचार्य का अध्ययन विश्लेषण की दो धाराओं को साथ लाता है जो अभी तक परस्पर असम्बन्ध हुआ करती थीं। यह बात लम्बे समय से आम प्रचलित रही है कि सदी के मध्य में एक महत्त्वपूर्ण परिवर्तन आया जिसका प्रतीक 1847 में द्वारकानाथ ठाकुर द्वारा स्थापित यूनियन बैंक का पतन था तथा बंगाल की अर्थव्यवस्था के शीर्ष पर अंग्रेजों के नियंत्रण के और कठोर बनने के कारण आरम्भिक बंगाली उद्यमशीलता का खात्मा था। (द्वारकानाथ के बेटे और पोते देवेन्द्रनाथ और रवीन्द्रनाथ आर्थिक दृष्टि से देखें तो शुद्ध लगानजीवी थे।) कलकत्ता में पिछली पीढ़ी के अभिजातों ने जो संस्कृति विकसित की थी उसे 'बाबू' संस्कृति का नाम देकर 1850+ के बाद

1. मैकडोनल्ड 1966 : 453-70

के भद्रलोक ने उसके प्रति जो अस्वीकार और अपमान का भाव विकसित किया, वह भी इतना ही सुज्ञात है और उस काल के शिक्षित वर्ग ने जो समृद्ध देसी सामग्री छोड़ी है उसे देखनेवालों के लिए यह बात तो एकदम स्पष्ट है। लगभग 1850 के बाद भद्रलोक की दुनिया के निर्माण में शिक्षा और संस्कृति की केंद्रीयता : इसे अभी तक सुस्वीकृत समझा जाता रहा है पर इसे समस्या का रूप देने के लिए भट्टाचार्य ने दो प्रक्रियाओं को जोड़ा है। आरम्भिक उपनिवेश काल के शहरी बाबू की मूल विशेषता, उसकी प्रचलित छवि के विपरीत, शिक्षा या आधुनिक सांस्कृतिक उपलब्धि नहीं थी : उन दिनों प्रतीक-पूँजी परम्परागत ढंग के समारोहों और मनोरंजनों पर, 'शान-शौकत की भाषा' पर निर्भर होती थी। कुछ अर्थों में इस अभिजात समूह में खुलापन भी अधिक था, क्योंकि व्यावसायिक सम्बन्धों के महत्त्व के जारी रहने का मतलब कुछ हद तक गतिशील होना भी था और इस तरह आरम्भ-19वीं सदी में कलकत्ता के नौदौलतियों में अनेक लोग उन जातियों के थे जो सामाजिक सोपान में खासी नीचे थीं : इनके लिए सामाजिक गतिशीलता सख्त बाहरी रूढ़ियों के पालन का और पुरातनपन्थ के प्रति निष्ठा दर्ज कराने के नजर आनेवाले तरीकों का तकाजा करती थी। बेंटिक ने 1829 में सती प्रथा पर जब प्रतिबन्ध लगाया तो उससे फौरन पहले के दशकों में कलकत्ता और उसके आसपास के क्षेत्रों में विधवा-दहन में हुई वृद्धि सम्भवतः ऊर्ध्व गतिशीलता के ऐसे प्रयासों से असम्बद्ध नहीं थी। लेकिन उस सदी के उत्तरार्ध में शिक्षित भद्रलोक ने ऐसे दिखाने के उपभोग को अस्वीकार कर दिया तथा खासकर ब्रह्मसमाजी सुधारकों ने एक अपेक्षाकृत शुद्धतावादी और सीधी-सादी जीवनशैली को अपनाया। देवेन्द्रनाथ की दादी के निधन के बाद उनकी जो वैरागवाली मनोस्थिति उनकी आत्मकथा में बड़े साफ तौर पर बयान की गई है उसे जीवन-मूल्यों में आए इस सार्थक परिवर्तन का सूचक माना जा सकता है। भट्टाचार्य के अनुसार हुआ यह कि अंशतः स्वतंत्र 'बयबशा' (व्यवसाय) से सरकारी और व्यापारिक कार्यालयों में परतंत्र 'चाकरी' (नौकरी, अक्सर किरानी की नौकरी) की दिशा में एक परिवर्तन आया और साथ में वे पेशे भी खुल गए जिनके लिए उच्चतर स्तरों की शिक्षा अब एक शर्त बन चुकी थी।[1] 'विद्या' और उससे जुड़े सांस्कृतिक प्रतिमान अब श्रेष्ठतर स्थिति की पहचान बन गए : इसके लिए अभी भी अच्छी-

1. ब्रिटिश प्रशासन और व्यवसाय के निचले पदों पर आरम्भ में गोरे और भारतीय, मिश्रित मूल के लोग थे (जो यूरेशियाई और आगे चलकर एंग्लो-इंडियन कहे गए), मगर भारतीयों को कम वेतन दिया जाता था। जब अंग्रेजी शिक्षा का प्रसार हुआ, खासकर 1835 में मैकाले के शैक्षिक विवरण के बाद जिसमें अंग्रेजी को उच्च शिक्षा का माध्यम बनाया गया था, तब से अंग्रेजी में थोड़ी सुध-बुध रखनेवाले लोग ऐसे किरानी पदों के लिए भरती किए जाने लगे। सम्भव है वित्तीय लाभ इस परिवर्तन की अधिक अहम प्रेरणा रहे हों; बजाय सिर्फ उस सरकारी प्रचार के जो इसे और भी 'सभ्य' और 'आधुनिक' जीवन-मूल्यों के प्रयास के रूप में पेश करता था और जिसे आलोचनाओं ने वर्चस्व की मुहिम करार दिया है।

खासी मात्रा में आर्थिक संसाधनों की आवश्यकता थी पर अब उनके प्रदर्शन को महत्त्व दिया जाना बन्द हो गया। उनका सुझाव है कि कुछ समकालीन देसी ग्रन्थों में सामाजिक प्रवर्गों में आए बदलावों से इस परिवर्तन का संकेत मिलता है। भवानीचरण बंद्योपाध्याय की रचना 'कलिकाता कमलालय' (1823) ने कलकत्ता में तीन तरह के नगरवासियों में भेद किया है : बनिए और दीवान (यूरोपीय व्यवसायियों और कम्पनी के अधिकारियों के कम्प्राडोर एजेन्ट), मध्य वित्त की बीचवाली श्रेणी और 'निर्धन लेकिन भद्र' के बीच। लेकिन 1861 तक पहली श्रेणी समाप्त हो चुकी थी, क्योंकि कालीप्रसन्न सिन्हा के सामाजिक प्रहसन 'हूतुम प्यांचर नक्शा' में सिर्फ दो स्तर हैं : पेशों और सेवाओं से जुड़े अपेक्षाकृत बेहतर-हाल मध्यवित्त और फिर क्लर्क (किरानी) की दुनिया।[1]

इस तरह 19वीं सदी के शिक्षित बंगालियों को देखने का लम्बे समय तक जो प्रामाणिक ढंग रहा है—अर्थात् सुधारवादी और रूढ़िवादी और/या पुनरुत्थानवादी के एक टकराव के रूप में—उसमें भट्टाचार्य की रचना ने नए आयाम जोड़े हैं। आरम्भ में स्त्रियों के और हिन्दू धार्मिक जीवन के मूलगामी आधुनिकीकरण के प्रति एक उत्साह पाया जाता था, जिसके प्रतीक राममोहन राय (1772/74-1833) का यशस्वी व्यक्तित्व तथा 1830+ और 1840+ के दौरान हिन्दू कॉलेज में देरोजियो के विद्रोही छात्र थे तथा उसके बाद जिसका प्रतीक धार्मिक और सामाजिक सुधार के लिए ब्रह्म समाज का एक अधिक धीर-गम्भीर आन्दोलन था। यह उत्साह धीरे-धीरे उस आक्रामक हिन्दू पुनरुत्थानवाद के सामने मिट गया जो ऐसे परिवर्तनों को राष्ट्रविमुख कहकर उसकी निन्दा करता था। यह महत्त्वपूर्ण वृत्तान्त है। फिर भी यह समस्या रह जाती है कि यह मुख्यत: बौद्धिक इतिहास है और इस तरह बड़ी तद तक उस सामाजिक इतिहास से अलग है वे जिसके लिए बौद्धिक पक्षों में दूर तक गए बिना तिथी भट्टाचार्य और दूसरे लोगों ने प्रयास किए हैं।[2] ऐसे अलगाव अनुसन्धान की दोनों धाराओं के लिए मददगार नहीं रहे हैं।

वीणा नरेगल का अध्ययन एक काल-विभाजन सामने रखता है पर उसकी तर्ज थोड़ी अलग है : यह अंग्रेजी में 'उदार' उच्च शिक्षा और देसी भाषाओं के सार्वजनिक क्षेत्र के गहराते सोपानिक सम्बन्ध की तर्ज है।[3] उसका सुझाव है कि मुख्यत: बम्बई

1. भट्टाचार्य 2005 : अध्याय 1 और यथास्थान। कालिप्रसन्न के 'हुतूम' के अंग्रेजी अनुवाद के बारे में, सिन्हा 2008 देखें।
2. मिसाल के लिए सिन्हा 1978 देखें।
3. टकराव और प्रभुत्व का ऐसा सम्बन्ध है, जिसे मेरी समझ में नरेगल ने थोड़ा बढ़ा-चढ़ाकर पेश किया है। इसमें उन उपायों का एक समानान्तर विकासक्रम दिखाया गया है, जिनके द्वारा उपनिवेश-पूर्व काल में, मराठी और बंगला जैसी भाषाओं की मध्यकाल में हुई सार्थक प्रगति के बावजूद देसी संस्कृति, संस्कृति की बरगदी छाँव में बस किसी तरह अस्तित्व बचाए हुए थी। इसके संकेत भी मिलते हैं कि अंत-उपनिवेशकाल में देसी भाषाओं के साथ अंग्रेजी सम्बन्ध, सम्भवत: ठीक

के एलफिंस्टन कॉलेज और साथ में कुछ मिशनरी संस्थाओं के माध्यम से पश्चिमी शिक्षा का जो आरम्भिक प्रभाव पड़ा उसमें एक तरह का खुलापन था और मुक्तिदायी क्षमता थी। लेकिन दो तत्त्व बम्बई की स्थिति को बंगाल से अलग करते थे। यहाँ वह चरण थोड़ा अधिक लम्बा चला, जिसमें एक प्राच्यवादी शिक्षा नीति देसी भाषाओं में अनुवादों के जरिए आधुनिक 'उपयोगी ज्ञान' के प्रसार की तरफ थोड़ी-बहुत झुकी हुई थी—बजाय बंगालवाले ढर्रे के जिसमें निर्ममता के साथ अंग्रेजी को लादा गया और वैज्ञानिक ज्ञान पर साहित्यिक ज्ञान को प्राथमिकता दी गई।[1] बंगाल की अपेक्षा बम्बई-पूना क्षेत्र में जाति-प्रथा का आयाम कहीं बहुत अधिक स्पष्ट था; शायद इसका आंशिक कारण यह था कि कम्पनी की यह कम अभिजातवादी शिक्षा नीति नई शिक्षा में दरमियानी जातियों के छात्रों को कुछ हद तक प्रवेश दे रही थी, खासकर ज्योतिबा फुले के गिर्द जमा समूह को। नरेगल की सोच यह है कि सदी के मध्य में थोड़ा-सा समय ऐसा आया जब एक 'जातिगत गठबन्धन'—निचली जातियों के तत्त्वों के साथ सुधारवादी ब्राह्मणों का गठबन्धन—सम्भव लगा क्योंकि अंग्रेजों ने अपने पेशवा अग्रगामियों से विरासत में जो दक्षिणा कोष प्राप्त किया था उसके वितरण को लेकर शिक्षित ब्राह्मणों में 1849 में फूट पड़ चुकी थी। यह एक वार्षिक राशि थी जो चुनिन्दा ब्राह्मण विद्वानों को दी जाती थी। अंग्रेजी शिक्षाप्राप्त ब्राह्मण चाहते थे कि इसे पुराने ढंगवाले संस्कृत विद्वानों की बजाय आधुनिक विद्वानों को दिया जाए और फुले के नेतृत्ववाले निम्न जातियों के समूह ने उनका मुखर समर्थन किया। लेकिन ब्राह्मणों ने जल्द ही अपना झगड़ा निबटा लिया और स्त्रियों तथा अधीन जातियों में शिक्षा-प्रसार के ध्येय के लिए शौर्यपूर्ण प्रयास कर रहे फुले अकेले रह गए। यह हुआ महार और माँग लोगों में उनकी शिक्षा-प्रसार की समिति के द्वारा, बेहद विध्वंसक ब्राह्मण विरोधी नाटकों, गीतों और पुस्तिकाओं की एक शृंखला के द्वारा और अन्ततः सत्यशोधक समाज के द्वारा जिसकी स्थापना उन्होंने 1873 में की थी।

→ उसके विजातीय चरित्र के कारण, कुल मिलाकर अधिक उत्पादक था। देसी साहित्य और सबसे बढ़कर गद्य का 19वीं और आरम्भ-20वीं सदी में तेजी से विकास हुआ और बहुत बड़ी हद तक अंग्रेजी पढ़े-लिखे लोगों के प्रयासों से हुआ, जिनके लिए देसी भाषाएँ बड़ी सीमा तक रचनात्मक और कल्पनाशील रचनाओं के माध्यम बनी रहीं। अंग्रेजी में महत्त्वपूर्ण भारतीय लेखन की 'इंडो-एंग्लिकन' संवृत्ति लगभग पूरी तरह उपनिवेश काल के बाद का विकासक्रम है, जिसे कभी-कभी निराधार पीछे उस काल में पहुँचा दिया जाता है जब बहुत थोड़े से प्रमुख भारतीय लेखक अंग्रेजी में लिखा करते थे। आधुनिक बंगाली कविता और उपन्यास के अग्रदूत माइकेल मधुसूदन दत्त और बंकिमचन्द्र चट्टोपाध्याय, दोनों ने शुरुआत अंग्रेजी से की मगर जल्द ही बंगला पर आ गए।

1. राममोहन राय ने 1823 में जब पश्चिमी शिक्षा की पैरवी की थी ताकि भारत सोच के नए बुद्धिवादी और वैज्ञानिक तरीकों की तरफ बढ़ें तो उनको आशा थी कि अंग्रेजी को अपनाया जाएगा, जबकि उनके मित्र विलियम एडम देसी शिक्षा के महत्त्व के उल्लेखनीय पैरोकार थे।

बम्बई की शिक्षा नीति का 1840+ के बाद और भी आक्रामक आंग्लवादी चरण आरम्भ हुआ, खासकर 1857 में बम्बई विश्वविद्यालय की स्थापना के बाद। उपयोगी ग्रन्थों के अनुवाद के लिए राज्य ने धन देना बन्द कर दिया और पुरस्कारों के रूप में सरकारी संरक्षण इसकी बजाय मराठी भाषा में आत्मचेतन साहित्यिक, उच्च-सांस्कृतिक रचनाओं को दिया जाने लगा। शिक्षा का मॉडल अब टामस आर्नल्ड से लिया गया और इसमें एक संशोधित शास्त्रीयता भी शामिल थी जिसमें 'हिन्दू बहुमत को' उसकी परम्परा के 'सच्चे भाषायी भंडार के रूप में संस्कृत थमा दिया गया।' साथ ही मराठी के 'शुद्धिकरण' के प्रयास भी हुए और उसके संस्कृत मूल पर ऐसे तरीकों से जोर दिया जाने लगा जो साफ तौर पर सवर्णों के पक्ष में थे। बम्बई में इसका अर्थ मुख्यत: ब्राह्मण था, जबकि बंगाल की स्थिति में थोड़ा-सा अधिक खुलापन था, जिसमें ब्राह्मणों तथा दूसरी भद्रलोक जातियों जैसे कायस्थों और वैधों, के बीच कम भेद था। संस्कृत पर केन्द्रित इस शास्त्रीयता पर प्राच्यवादी जोर सवर्ण समूहों के उन स्वायत्त प्रयासों से बखूबी मेल खाता था, जो वे अपनी प्रतिष्ठा बढ़ाने तथा अपने-आपको अपने से नीचेवालों से और भी स्पष्ट ढंग करने के लिए कर रहे थे—जिनमें वे अपनी भाषा की शुद्धता और अपने सामाजिक सभ्याचारों पर जोर दे रहे थे।[1] दरमियानी जातियों के और फिर दलितों के बढ़ते दबाव के सन्दर्भ में इसका परिणाम हिन्दू पुनरुत्थानवाद का एक जोरदार आवेग था, जिसने विष्णुशास्त्री चिपलूणकर और सबसे बढ़कर गरमपन्थी नेता बाल गंगाधर तिलक जैसे व्यक्तियों के माध्यम से पश्चिम भारत में राष्ट्रवाद के एक पूरे चरण को एक खास रंग दे दिया। नरेगल के अनुसार दिलचस्प बात यह है कि यह पुनरुत्थानवादी मोड़ और भी समझौताविहीन अंग्रेजी शिक्षा के प्रसार से जुड़ा हुआ था, न कि इसकी उलटी बात से जैसा कि प्राय: मान लिया गया है।[2]

अन्त-उपनिवेशकालीन मध्यवर्ग सम्बन्धी अधिकांश रचनाओं ने एक तीसरे किस्म की समरसता की मान्यता अपनाई है, क्योंकि ये सम्भावित आन्तरिक संस्तरण पर कम ध्यान देती हैं या नहीं देतीं। समकालीन उच्च-सांस्कृतिक सामग्री की अधिक आसानी से उपलब्धता और यह मान्यता कि पूरा शिक्षित वर्ग ही अभिजातों का था—इनका मतलब शिक्षित वर्ग को मशहूर और कामयाब सरकारी अधिकारियों, लेखकों, वकीलों, प्रसिद्ध अध्यापकों, डॉक्टरों, पत्रकारों और राजनीतिज्ञों के लगभग बराबर ठहराना था। लेकिन इस सतह से नीचे सौम्य, शिक्षित निर्धनता का एक और संसार था, जिसका सूचक क्लर्क का व्यक्तित्व था। वह भी बड़ी सीमा तक सवर्ण था, जिसकी

1. सुधारवादी आर.जी. भंडारकर तक ने 1877 में दावा किया : 'कौन है जो अच्छी या सही मराठी बोलता है? बेशक संस्कृति के ब्राह्मण। दूसरे वर्गों की भाषा सही मराठी नहीं है।' एक उच्च साहित्यिक भाषा के रूप में बंगला के विकास पर ऐसा ही तर्क तिथी भट्टाचार्य ने पेश किया है।
2. नरेगल 2001; मैकडोनल्ड 1966

अंग्रेजी में जरा-सी शुद-बुद ने किसी सरकारी या व्यावसायिक कार्यालय में कम वेतनवाला एक पद उपलब्ध कराया था। इस श्रेणी को विस्तार देकर इस सवर्ण, निम्न-मध्यवर्गीय जगत के दूसरे भागों को उसमें समेटा जा सकता है : जैसे कि नीचे की ओर गिर रहे पुरानी तालीमवाले ब्राह्मण जो नई शिक्षा को अपनाने में असमर्थ या इसके लिए अनिच्छुक थे[1], ग्रब स्ट्रीट के मुद्रकों और कलमघसीट लेखकों के समकक्ष (जो मुख्य रूप से उत्तरी कलकत्ता के बटला इलाके में केन्द्रित थे), संघर्षरत पत्रकार और शिक्षित बेरोजगारों की बढ़ती तादाद। लेकिन यह दुनिया अपने आरम्भ-आधुनिक काल के यूरोपीय समकक्षों से अलग थी क्योंकि—जाति-प्रथा सम्बन्धी बाधाओं के कारण—इसका दस्तकारों से कोई सम्बन्ध नहीं था। इसमें इनसे नीचे की जातियों के या मुस्लिम मूलवाले उन ऊर्ध्वमुखी व्यक्तियों के छोटे-छोटे समूहों का धीरे-धीरे प्रवेश भी सम्भव था—तब जबकि ये लोग थोड़ी-सी शिक्षा प्राप्त कर लेते थे।

मुद्रण की संस्कृति ने इस दबी हुई दुनिया तक हमें काफी पहुँच बख्शी है। कारण कि मशहूर कविताओं, उपन्यासों, कहानियों, निबन्धों और नाटकों के इस संसार के नीचे विभिन्न देसी भाषाओं में अन्त-उपनिवेशकालीन क्षुद्र रचनाओं का एक ढेर आज भी सुरक्षित है, जिसकी इतिहासकार अब छानबीन कर रहे हैं। लेखकों में भारी हिस्सा सवर्णों का था, लेकिन 19वीं सदी की समाप्ति तक प्रायः कस्बों में, यहाँ तक कि देहातों में भी, छोटे प्रेस अधिकाधिक रचनाओं को प्रकाशित करने लगे थे तथा निचली जातियों के मुसलमानों में गुमनाम लोग इनके लेखक थे। यहाँ सफल और यशस्वी व्यक्तियों के सापेक्ष मनोस्थितियों और जीवन-मूल्यों का भारी अन्तर साफ देखा जा सकता है। इस संसार में प्रवेश का एक रास्ता उनके अपने अलग विचारों और कालगत सम्बन्धों की छानबीन करना था।

सामाजिक इतिहासकारों ने जिस बात पर कभी-कभार ही ध्यान दिया है, यह है कि 19वीं सदी भारत में सिर्फ यांत्रिक मुद्रण लेकर नहीं आई, जिसके कारण अन्यथा गुमनाम लोगों को और जल्द ही शिक्षित महिलाओं और फिर निचली जातियों के लोगों को पुस्तकें लिखने और छपवाने की सामर्थ्य मिली जिसके बारे में पहले सोचा भी नहीं जा सकता था, बल्कि यह घड़ी का समय भी लेकर आई।[2] मध्य-19वीं सदी के आस-पास मध्यवर्ग के सफल ऊपरी स्तर अपने समय को इस रूप में देखने लगे थे, जिसमें उस चीन के बीज छिपे हुए थे जिसे मध्य-20वीं सदी में 'पुनर्जागरण' नाम दिया गया। भारतीय पुनर्जागरण को इतालवी और यूरोपीय पुनर्जागरण के जैसा

1. ये ऊँची जातियों के मगर निर्धन परम्परावादी ग्रामीण शिक्षितजन ज्ञान-विज्ञान के अब परित्यक्त रूपों से चिपके हुए थे और एक अधिक कठोर संसार में बने रहने के लिए उनके उपयोग के प्रयास कर रहे थे। ये लोग, मिसाल के लिए, बंगाली उपन्यासों, कथाओं और उन्हीं पर आधारित फिल्मों की एक पूरी शृंखला में बहुत प्रमुखता से सामने आए हैं। इसकी एक मशहूर मिसाल सत्यजित रे की 'पथेर पांचाली' और 'अपराजितो' के हरिहर हैं।
2. सरकार 1997 "Kaliyug, Chakri, and Bhakti : Ram Krishna and the Times" देखें।

ही समझा जाने लगा, उस आधुनिकता के प्रभाव की उपज जो पश्चिमी ज्ञान-विज्ञान के जरिए आई थी। ब्रिटिश और भारतीय प्राच्यवादी विद्वानों के प्रयासों के फलस्वरूप इसे प्राचीन हिन्दुओं की सांस्कृतिक उपलब्धियों के भूले-बिसरे पहलुओं का पुनरुत्थान भी समझा जाने लगा। पश्चिम शिक्षा के आरम्भिक और एक स्नातकों की अपेक्षाकृत आशावादी मनोस्थितियों में समय की रैखिक प्रस्तुति के साथ कदम मिलाकर आगे बढ़ने का भाव भी मौजूद था, खासकर बंगाल और बम्बई में। मसलन 1860 में किशोरीचन्द्र मित्र ने हिन्दू कॉलेज में अपने फौरन पहले के छात्रों का, मूर्तिभंजक अध्यापक देरोजियो के शिष्यों का गुणगान उनको कंचनजंगा बताकर किया जो 'सूरज की किरणों को सबसे पहले ग्रहण करता' है। लेकिन शिक्षित वर्ग के निचले स्तरों के लिए, चाहे वह वर्ग पुराना हो या नया हो, ऐसा आत्मविश्वास पा सकना एकदम असम्भव था। उनका अंग्रेजी शिक्षा का मामूली सा अंश किसी सरकारी या व्यावसायिक कार्यालय में कम वेतनवाले किरानियों के काम ही दिलाता था जो बराबर विदेशी हाकिमों के आतंक के साये तले जीते थे और उनकी भोंडी हुक्मरानीवाली भाषा ज्यादा से ज्यादा आधी-अधूरी ही समझ में आती थी। यह 'चाकरी के दासत्व' का, दफ्तरी काम की गुलामी का संसार था, जो घड़ी की चाल जैसी नई संस्था से संचालित होता था; इसकी शिकायत किताबचों, नाटकों और प्रहसनों की एक बड़ी तादाद ने की है। यह गुलामी कलियुग सम्बन्धी विचारों का एक प्रमुख नया घटक बन गई जिसे सवर्ण हिन्दुओं के चक्रीय समय की परम्परागत धारणा में शामिल चार युगों में आखिरी और बदतरीन माना जाता है। इस धारणा को बंगाल के निम्न-मध्यवर्गीय संसार में एक नई लोकप्रियता ठीक ऐसे समय में प्राप्त हुई जब कोई यह आशा भी कर रहा होगा कि घड़ीबन्द समय तथा रैखिक प्रगति के आधुनिक पश्चिमी विचारों के कारण यह पूरी तरह समाप्त हो जाएगी। कलियुग और दासत्व की, चाकरी या उजरती रोजगार की गुलामी ये दोनों ही धारणाएँ ब्राह्मण मूल के गरीब देहाती रामकृष्ण परमहंस की वार्ताओं में प्रमुखता से शामिल थीं, जिन्होंने 1880+ के दौरान कलकत्ता के भद्रलोक पर और आरम्भ में उसके किरानी पाताललोक पर एक अजीब-सा जादू डाला। रामकृष्ण अपने निधन के बाद, अपने प्रमुख शिष्य, यानी कि बेहद परिष्कृत और शिक्षित विवेकानन्द के कारण कलकत्ता और मुफस्सिल मुख्यालयों के पूरे शिक्षित मध्यवर्ग के लिए प्रतिमा-समान बन गए; स्वतंत्रता के बाद कम्युनिस्ट शासन के पश्चिम बंगाल तक में उनके चित्र बैंकों और कार्यालयों को सुसज्जित कर रहे थे।

इसलिए 19वीं सदी के मध्यवर्ग की सतहों की आपसी असम्बद्धता पर जरूरत से ज्यादा जोर देना गलत होगा। हमें अन्तर की तथा दोरुखी गति की, यानी ऊपर तथा उससे कहीं बहुत अधिक नीचे की दिशा में होनेवाली गति की, सम्भावना को ध्यान में रखना होगा। एक ही परिवार या खानदान में कभी-कभी दोनों तरह के सदस्य होते थे—कामयाब भी और किरानी या बेरोजगार हतभाग्य भी। दशकों के

कालक्रम में रोजगार के अवसर लगातार कम होते गए मगर शिक्षित लोगों की कतारें बढ़ीं, पर दफ्तरों और पेशों का उसी अनुपात में प्रसार नहीं हुआ। मध्यवर्ग के सामाजिक चिन्तन में व्यावसायिक या सरकारी कार्यालयों के किरानी को उसकी वास्तविक संख्या के अनुपात में कहीं बहुत बड़ी भूमिका नसीब हुई। कारण कि कार्यालय वह स्थान भी था जहाँ सम्भावित मगर संघर्षरत भारतवासी का सामना सीधे-सीधे उसके प्रधानतः विदेशी हाकिमों से होता था। यह एक ऐसी स्थिति थी जिसमें वेतनमानों में बेशर्म भेदभाव, नस्लवाद और अपमान जैसी विशेषताएँ थीं, जिनसे नए रोजगारों की गुलामी की भावना और भी प्रबल हो उठती थी।[1]

उदारवादी सुधारों से पुनरुत्थानवाद की ओर मोटा-मोटी संक्रमण, जो मुख्यतः लैंगिक सम्बन्धों और धर्म के क्षेत्र में आया, उसका कुछ सामाजिक मूल ऐसी ही संवृत्तियों में रहा होगा, क्योंकि अन्त-19वीं सदी की छोटी-छोटी रचनाओं की बहुलता की विशेषता अक्सर सामाजिक पुरातनपन्थ की एक तेज धुन होती थी। लेकिन कभी-कभी वैकल्पिक आवाजें भी उठती थीं, जैसे कुछ स्त्रियों की और धीरे-धीरे निचली जातियों के लेखकों की, जिनके लिए मुद्रण की संस्कृति ने पहले अकल्पित नए दरवाजे खोले थे। एक मामूली जमींदार की विधवा राशसुन्दरी देवी इतिहास के लिए एक सिरे से अनजान ही बनी रहतीं अगर आरम्भ-1870+ में अप्रत्याशित रूप से उनकी आत्मकथा न छपी होती जो कि बंगाल भाषा की एकदम पहली आत्मकथा थी। इसी तरह एक विरोधी पन्थ निम्नजातीय (नामशूद्र) संस्थापक ने काव्य में एक सन्तचरित प्रकाशित कराया; उनके लिए कलियुग 'धन्यवाद' का पात्र था, क्योंकि उसने स्त्रियों और शूद्रों के लिए नए अवसर पैदा किए।[2]

---

1. भारतीय क्लर्कों की भौतिक दशाओं के बारे में थोड़े-से ठोस तथ्य, जो अन्यथा दुर्लभ हैं, उनमें से कुछ के द्वारा मेस्टन कमेटी को भेजे गए ज्ञापनों में मिलते हैं। जिसे भारत सरकार के शाही विभागों में कार्यरत यूरोपीय और भारतीय लोगों की शिकायतों की छानबीन के लिए कायम किया गया था। कलकत्ता के बंगाली क्लर्कों ने शिकायत की कि उनकी तनख्वाहें 40 साल से अपरिवर्तित चली आ रही थीं जबकि कीमतें 60 प्रतिशत बढ़ी थीं। थोड़े आँख-खोल ढंग से यह भी कहा गया था कि उन पर पड़ा एक अतिरिक्त बोझ घरेलू नौकरों को दी गई अधिक उजरतें भी थीं। रिपोर्ट के एक परिशिष्ट में कलकत्ता की कुछ व्यापारिक फर्मों में वेतन सम्बन्धी अन्तर पर दिलचस्प आँकड़े दिए गए थे। एक फर्म में ब्रिटेन में भरती किए गए यूरोपीय लोगों का आरम्भिक वेतन 300 रुपए प्रतिमाह था, जबकि उनके समकक्ष लोग, जिनमें गालिबन एंग्लो-इंडियन लोग भी शामिल थे, 100 रुपए पाते थे। भारतवालों को शुरू में 20 रुपए मिलते थे। अंग्रेज लोगों को 5-6 साल बाद अधिकतम 11 माह का अवकाश और घर जाने का मुफ्त बन्दोबस्त मिलता था; भारतवासी दुर्गापूजा पर 12 दिन की छुट्टी पाते थे और विशेष दशाओं को छोड़ कुछ और नहीं पाते थे। Meston Committee Report 1908 देखें।
2. सरकार 1999 : यथास्थान। निचली जातियों के सन्त-चरित लेखन के बारे में सरकार 1997 में सुमित सरकार कृत "Renaissance and Kaliyuga : Time, myth and History in Colonial Bengal" देखें।

अब हमें मध्यवर्गीय कार्यकलापों की धाराओं की तरफ बढ़ना होगा। यहाँ इतिहास लेखन की एक बड़ी बाधा हमारे सामने आन खड़ी होती है, एक जोरदार प्रवृत्ति जो अनेक प्रकार के दृष्टिकोणों में पाई जाती है—यह कि अतीत को राष्ट्रवादी मान्यताओं के चश्मे से देखा जाए जो विदेशी शासन सम्बन्धी रुख के एक—अकेले सवाल पर ध्यान देती, बल्कि उसी पर जड़ हो जाती है। इसने अनेक परस्पर विरोधी रूप धारण किए हैं तथा 19वीं सदी के शिक्षितजन के प्रति हानिकारक ध्रुवों को—उनके अत्यधिक महिमागान या उनकी भर्त्सना को—जन्म दिया है। बंगाल या भारतीय 'पुनर्जागरण' के समर्थक युद्धों, अकालों, साम्प्रदायिक दंगों और देश-विभाजन से त्रस्त मध्य-20वीं सदी के बंगाल की अनेकानेक समस्याओं के बीच 19वीं सदी की बीती हुई सांस्कृतिक महानता को काफी जोरदार ललक के साथ देखते रहे हैं। ये लोग ऐसे आधुनिकताजनक सुधारों की एक ऐसी रैखिक प्रगति की कल्पना करने का लोभ न रोक सके जो उपनिवेशविरोधी राष्ट्रवाद के रूप में अपने चरम पर पहुँची। धार्मिक रूढ़ियों पर राममोहन राय की बुद्धिवादी समालोचना के तथा स्त्रियों के लिए उनके अग्रगामी प्रयासों के प्रशंसक खुद को उन्हें आधुनिक भारत का जनक मानने के लिए कर्तव्यबद्ध समझते हैं,[1] और इसलिए उन्हें भी एक तरह का राष्ट्रवादी मान लेते हैं। इसी मान्यता ने भर्त्सना की प्रवृत्ति भी पैदा की, क्योंकि इस काल के शिक्षितजन की तीखी आलोचना इसलिए की गई कि उनकी जड़ें परजीवी कुलीनों में थीं और वे ब्रिटिश शासन की दैवी प्रकृति को लेकर स्पष्ट रूप से भ्रान्तियों के शिकार थे। राममोहन ने कभी-कभी 'मुस्लिम निरंकुशता' से मुक्ति की बात भी की, अंग्रेजों को सभ्यता के निमित्त कहकर भारत में उनके स्थायी वास का समर्थन किया और एक आलोचनाविहीन समर्थक तो वे नहीं ही थे, पर उन्होंने अपनी आलोचना को कम्पनी की विशेष नीतियों तक सीमित रखा। पुनर्जागरण के इस मॉडल की आलोचना आगे विस्तार पाकर यह सुझाव देने लगी कि परिवर्तन की शब्दावली एक व्युत्पन्न शब्दावली थी और पूरी तरह प्रबोधकाल के पाश्चात्य ज्ञान पर आधारित थी।

जहाँ बाद की उत्तर-उपनिवेशी धारा ने राजनीतिक सीमाओं के महत्त्वपूर्ण पक्षों और पाश्चात्य ज्ञान से ली गई ज्ञानमीमांसा को उजागर किया, वहीं उसने सामाजिक परिवर्तन सम्बन्धी उन भारी बहसों और खासकर लिंगभेद सम्बन्धी बहसों को मात्र एक सांयोगिक ब्यौरा बतलाकर उन्हें पृष्ठभूमि में डाल दिया जो पूरी 19वीं सदी में चलती रहीं। सुधारकों को उन पुरातनपन्थियों की भारी स्थिति और शक्तियों को चुनौती देनी पड़ी, जिनको उपनिवेशी राजसत्ता सम्मान देती और जिनसे डरती थी। विधवा दहन, विधवा विवाह, वयस्कता की आयु, स्त्रियों के विद्यालयगमन

1. दूसरे लोगों के अलावा ब्रूस राबर्टसन भी राममोहन पर अपनी पुस्तक के शीर्षक में इस शब्दावली को वरीयता देते हैं : राबर्टसन 1995 देखें।

और उनकी शिक्षा से जुड़े विवादों में उन्होंने जिन परिवर्तनों के सुझाव दिए उन्होंने जड़ें जमाए बैठी सामाजिक बुद्धिमत्ता और धार्मिक आदेशों को घृणित बनाकर रख दिया।[1]

भाषा और साहित्य

मैंने पीछे यह सुझाव दिया है कि देर से सही, दक्षिण एशिया में उपनिवेशी काल में यांत्रिक मुद्रण का आगमन अंग्रेजी शिक्षा से कहीं अधिक महत्त्वपूर्ण था, हालाँकि प्रशंसा और आलोचना, दोनों की दृष्टि से इस शिक्षा पर विद्वानों ने कहीं बहुत अधिक ध्यान दिया है।[2] प्रमुख वर्चस्ववादी 'विजय का मुखौटा' के रूप में अंग्रेजी के महत्त्व की थोड़ी अतिशयोक्ति ही की गई है : यह आज की वैश्विक वास्तविकताओं को अचेतन रूप से पहले के कालों में देखने की कोशिश जैसा लगता है। भारतीय साहित्य के एक प्रमुख इतिहासकार के शब्द कहीं और भी सटीक लगते हैं : अंग्रेजी के आरम्भ का प्रमुख परिणाम 'शुद्ध भाषायी दृष्टिकोण से फारसी (और एक हद तक संस्कृत) का विस्थापन था, लेकिन अभिजातों की भाषा और जनता की भाषाओं के मौजूदा सम्बन्धों में कोई कारगर परिवर्तन लाए बगैर।'[3] ये तीनों—अंग्रेजी, फारसी, संस्कृत—छोटे-छोटे अल्पमतों की भाषाएँ थीं जिनकी विशेष स्थितियाँ शक्ति पर कायम थीं। वैसे अंग्रेजी की सुलभता सबके लिए थी (निश्चित ही इससे अवसर और आर्थिक संसाधन सम्बन्धी शर्तें जुड़ी हुई थीं) जबकि संस्कृत अपने चरमकाल में स्त्रियों और अधीन जातियों के लिए प्रतिबंधित थी। अहम बात यह है कि उपनिवेश काल तक में 'शुद्धता' के मानदंड संस्कृत ने तथा उर्दू के अधिक परिष्कृत रूपों के सिलसिले में फारसी ने तय किए; देसी भाषाओं में नई साहित्यिक गतिविधियों को गरिमा भी उन्हीं से मिली। शायद दक्षिण एशिया की भाषाओं से अंग्रेजी की दूरी ने ही भारतीय भाषाओं को किसी भारी 'आंग्लीकरण' से बचाए रखा। अभी हाल में जाकर ऐसा हुआ है कि बोलचाल में एक तरह का घालमेल नगरों के अभिजात समूहों में आम हो गया है। अंग्रेजी में सार्थक रचनात्मक लेखन भी उपनिवेशी से कहीं बहुत अधिक उत्तर-उपनिवेशी है तथा स्पष्ट रूप से एक विश्व बाजार के विकास से जुड़ा हुआ है। अंग्रेजी पढ़े-लिखे लोगों की पिछली पीढ़ियों में ऐसे लोग सचमुच थे जो आधुनिकता को पश्चिमी तौर-तरीकों की सतही नक्काली का पर्याय समझते थे, मगर जल्द ही वे उन दूसरे लोगों के मखौल के पात्र बनकर रह गए, जिनकी नए साहित्य-कर्म में गम्भीर भागीदारी थी जो सिर्फ मनबहलाव,

1. बाद की एक पुस्तक में इस विषय पर मैं इस पर और विस्तार से विचार करूँगा।
2. ऊपर अध्याय 1 का वह भाग देखें जिसका शीर्षक 'विजय का वास्तविक चेहरा' है।
3. दास 1991 : 30

धनलाभ और नक्काली के लिए नहीं थी।[1] इन लोगों में अच्छी-खासी संख्या ने अपनी-अपनी भाषाओं में प्रवर्तनकारी तरीकों से लिखना शुरू किया और उनमें वे ऐसे विचारों और साहित्यिक रूपों का समावेश करने लगे जो उन्होंने अंग्रेजी के और कभी-कभी एक या दो दूसरी यूरोपीय भाषाओं से सीखे थे। यहाँ मुद्रण के आगमन की निर्णायक भूमिका थी क्योंकि इसने कीमतों को गिराकर अधिक व्यापक बाजारों को सम्भव भी बनाया और व्यवसाय की सफलता के लिए अपरिहार्य भी बनाया। ऐसा प्रसार केवल देसी भाषाओं के उपयोग से सम्भव हुआ जो साधारण लोगों में एक भारी पाठकवर्ग को समेटती थीं। लिखित संस्कृति के क्षेत्र में उपनिवेश काल के प्रमुख नए विकासक्रम इस तरह देसी साहित्य में और खासकर देसी गद्य-साहित्य में गुणात्मक प्रगति के समान थे।[2]

मुद्रण और देसी भाषाओं का विकास

एक शुरुआती पहेली यह है कि मुद्रण को दक्षिण एशिया तक पहुँचने में इतना लम्बा समय क्यों लग गया। यह एक-दो बन्दरगाही नगरों में मिशनरियों के कुछ छापाखानों तक, उनकी बाइबिल की प्रतियाँ और धार्मिक पुस्तकें छापने के लिए, सीमित थीं। बाकी उपमहाद्वीप पर उसका बहुत ही मामूली प्रभाव पड़ा। कम्पनी द्वारा जीते गए क्षेत्रों में 18वीं सदी के अन्तिम दशकों से ही मुद्रण का महत्त्व बढ़ना शुरू हुआ।[3] फिर ब्रिटेन के क्षेत्रीय प्रसार के पीछे-पीछे, 1800 के आसपास से, यह तेजी से फैला, मगर मुख्य रूप से भारतवासियों की देशकदमी से फैला। वैसे पश्चिमी यूरोप के साथ सम्पर्क में आरम्भ-16वीं सदी से गहराई और व्यापकता दोनों आने लगी थीं; यही मोटे तौर पर यूरोप में मुद्रण के जन्म और प्रसार का काल भी था। वास्तव में चीन और जापान के कुछ भागों में मुद्रण को काफी पहले ही व्यापकता मिल चुकी थी तथा ऐसा कोई वास्तविक कारण नहीं था जो उस दिशा से भी इसे दक्षिण एशिया तक पहुँचने से रोके रखता। पश्चिमी एशिया में खासे संख्या दलवाले यहूदी और ईसाई समुदायों तक यह काफी पहले ही पहुँच चुका था, जबकि उस्मानी तुर्कों ने इसे देरी से, आरम्भ-18वीं सदी में ही अपनाया : भारतवासियों के अनेक दशक पहले ही। प्रवर्तनों के प्रति शुद्ध पुरातनपन्थी प्रतिरोध पर आधारित

1. पश्चिमी जीवन-मूल्यों में रँगे और अनेक यूरोपीय भाषाओं के ज्ञाता माइकेल मधुसूदन दत्त बँगला के पहले आधुनिक कविता और अंधाधुंध अंग्रेजी रंग में रँगे एक प्रतिभाशाली प्रहसन 'एकई बाले सभ्यता' के लेखक दोनों थे। दत्त 1860 देखें।
2. दक्षिण एशिया में तथा अफ्रीका और लातीनी अमरीका के काफी भाग में उपनिवेशवाद के अनुभवों में इस बारे में एक स्पष्ट विपरीति पाई जाती है।
3. सम्भवत: ऐसे सबसे पहले मिशन के बारे में सिंह 1999, और वेंकटचलपति 2012 : प्रस्तावना देखें।

व्याख्याएँ शायद ही सन्तोषजनक होंगी क्योंकि दक्षिण एशिया तेजी से नई प्रौद्योगिकियों (मसलन बारूद और तोप) को अपनाने के अनेक उदाहरण पेश करता है। इसका थोड़ा-सा अधिक विश्वसनीय कारण, फ्रांसिस रोबिंसन ने सामने रखा है—कि हिन्दुओं में गुरु-शिष्य परम्परा और मुसलमानों में मुर्शिद-मुरीद परम्परा के द्वारा व्यक्ति से व्यक्ति तक ज्ञान के हस्तान्तरण की मौखिक विधियों को लम्बे समय से प्रधानता प्राप्त रही है। इन परम्पराओं ने कथा-भाषा को महिमामंडित किया और मुद्रण को सत्ता के परम्परागत रूपों के लिए एक खतरा समझा गया होगा। आरम्भ-19वीं सदी से ईसाई मिशनरी हिन्दू और मुस्लिम, दोनों तरह के रूढ़िवादियों को जो चुनौती देने लगे वह मुख्यत: मुद्रित किताबचों के माध्यम से फैला; मगर उससे 'राजनीतिक सत्ता की हानि की क्षतिपूर्ति के लिए' इस नई प्रौद्योगिकी का उपयोग आवश्यक हो गया। मुद्रण को बहुत तेजी से अपनाया गया और जितनी तेजी से सुधारवादियों ने अपनाया उतनी ही या उससे भी अधिक तेजी से पुरातनपन्थियों ने अपनाया।[1] मुस्लिम अशराफ को लें तो सुधारवादी उलमा के बीच चली तीखी बहसों ने उनको सस्ते और बढ़ रहे मुद्रित पाठों और फतवों के माध्यम से अपने धर्मशास्त्रीय परिप्रेक्ष्य सामने रखे।

मुद्रण के अभाव में लिखने की सामग्री महँगी हुआ करती थी और हर पुस्तक की प्रतियाँ सीमित संख्या में ही तैयार कराई जाती थीं, और अक्सर ऐसी रचनाएँ अपनी उपयोगिता और अपनी जानकारियों की बजाय अपनी किताबत की सुन्दरता और सौन्दर्यशास्त्रीय कारणों से महँगी हो जाया करती थीं। दक्षिण एशियाई रूपोंवाली पांडुलिपियों को पढ़ने में और एक से दूसरी जगह ले जाना काफी तकलीफदेह हुआ करता था। पांडुलिपियों के पन्नों को लकड़ी की भारी तख्तियों के बीच 'पोथियों' के रूप में बाँधकर रखा जाता था और अक्सर उन्हें पढ़ने के लिए एक-एक पन्ना करके निकाला जाता था। यह जिल्दसाजी के उस पुस्तक जैसे रूप, यानी कोडेक्स, के विपरीत था जिसका पश्चिम में आरम्भ रोमी सामराज के काल में, प्रचलित संवत (कामन इरा) की दूसरी सदी के आसपास हुआ।[2]

---

1. रॉबिन्सन 1993 : 229-51; रॉबिन्सन 1996 : 62-97 देखें। वैसे नियंत्रण जारी रखने के प्रयास भी जारी रहे। मिसाल के लिए मुस्लिम महिलाओं के लिए व्यवहार के उपरोक्त मानदंडों के बारे में अशराफ अली थानवी की रचना 'बिहिश्ती जेवर' ने चेतावनी दी : 'किसी आलिम से मशविरा किए बगैर कोई किताब न पढ़ें। वास्तव में किसी आलिम के बिना कुछ भी न करें।' रॉबिन्सन 1993 देखें।
2. मुद्रित पुस्तक और दक्षिण एशिया की पांडुलिपि की शक्ल-सूरत और उनके उपयोग के बीच जो भारी अन्तर है, जिसका एक निहितार्थ कोडेक्स फार्म का अभाव है, मुद्रण के आरम्भ में एक अतिरिक्त बाधक तत्त्व रहा होगा। लोस्टी 1982; कोडेक्स के बारे में कैवेलो 1999 : 64-89; दक्षिण भारत में आरम्भिक पांडुलिपि और जिल्दसाजी की प्रौद्योगिकी के बारे में वेंकटचलपति 2012 : प्रस्तावना, विशेषकर 9-13 देखें।

दक्षिण एशिया में लेखन–संस्कृति की ये सीमाएँ लगभग 1000 ईसवी से देसी भाषाओं के अच्छे–खासे विकास में बाधा न डाल सकीं, खासकर उपमहाद्वीप के दक्षिणी भागों में। शेल्डन की परिकल्पना तो एक 'देसी सहस्राब्दी' की है जो संस्कृत की प्रधानतावाले लगभग हजार वर्षों के एक और काल के बाद आया। मसलन कर्नाटक में लगभग 750 और लगभग 950 के बीच कन्नड़ अभिलेखों से संस्कृत का उल्लेखनीय विस्थापन हुआ और कन्नड़ की पहली उपलब्ध साहित्य–रचना यानी की पम्पा द्वारा लिखित 'महाभारत' भी मध्य–10वीं सदी की है। इसी तरह तेलुगू साहित्य का आरम्भ भी मध्य–11वीं सदी से, उसी महाकाव्य के ननैयावाले संस्करण के साथ हुआ।[1] लोकप्रिय भक्ति आन्दोलनों के उदय को अक्सर कन्नड़, तेलुगू, मलयालम, मराठी, बंगला तथा हिन्दी व उर्दू के आरम्भिक, परस्पर घनिष्ठ सम्बन्धोंवाले रूपों के विकास का बुनियादी कारण बताया जाता रहा है। लेकिन पोलक का तर्क है कि देसीकरण (वर्नाक्यूलराइजेशन) का निर्णायक कारण भक्ति उतनी नहीं थी जितनी कि उन इलाकाई दरबारों की नीतियाँ थीं, जो व्यापकतर 'सामराजी' दिखावोंवाले और आमतौर पर संस्कृत के माध्यम से अपना काम–काज करनेवाले शासकों से अपनी स्वतंत्रता का ऐलान करने के लिए बेचैन रहा करते थे।[2]

मुद्रण के साथ जो देसीकरण हुआ, 'देसी सहस्राब्दी' उससे कई महत्त्वपूर्ण अर्थों में भिन्न थी। जहाँ तक लिखित पाठों और साहित्य के रूपों का सवाल था, 'उपनिवेश–पूर्व देसी रूप संस्कृत की बरगदी छाँव में बस किसी तरह चल रहे थे।' अनेक ब्रिटिश प्राच्यवादियों और पढ़े–लिखे हिन्दुओं में 19वीं सदी से प्रचलित मान्यताओं के विपरीत देसी भाषाओं का आरम्भिक विकास भी महाराष्ट्र और बंगाल जैसे क्षेत्रों में 'मुस्लिम हमलों' के कारण ब्राह्मणवादी प्रतिष्ठानों की शक्ति के कमजोर पड़ने से जुड़ी हुई लगती है।[3] पूरी उपनिवेश–पूर्व और मुद्रण–पूर्व देसी सहस्राब्दी में गद्य एकदम पक्के तौर पर काव्य के आगे गौण रहा। उपलब्ध प्रतियों की बहुत सीमित संख्या को देखते हुए यह बात संप्रेषण और संरक्षण के मौखिक

---

1. तमिल का एक कहीं बहुत लम्बा इतिहास रहा है और इसने संस्कृत से मूर्त रूप पानेवाली शास्त्रीय (मार्ग) भाषाओं की कुछ विशेषताओं को ग्रहण किया है, जबकि यह शुरू से आखिर तक एक देसी कथा–भाषा रही है।
2. पोलक 1998 : 19–28; पोलक 2001 : 392–426 देखें। मोटे तौर पर इससे मिलता–जुलता दृष्टिकोण कविराज 2005 : 119–42 में पेश किया गया है। मंटेन 2005 : 513–34 भी देखें।
3. संस्कृत के आगे सामान्य अधीनता, 1290+ में मराठी के पहले पाठगत साक्ष्य की समकालीनता तथा यादवों की राजधानी देवगिरि पर तुगलकों के कब्जे के बारे में नरेगल 2001 : अध्याय–1 देखें। 'चर्यापद' यानी कि बंगला से सामान्यत: जोड़े जानेवाले आरम्भिक ग्रन्थों की रचना एक विधर्मी बौद्ध पन्थ ने की थी और आरम्भ–20वीं में बंगला के अग्रणी विद्वान दिनेशचन्द्र सेन ब्राह्मणों की प्रधानता और बंगला साहित्य के उदय के बीच एक प्रतिलोम सम्बन्ध के जोरदार पैरोकार थे।

रूपों के महत्त्व को जारी रहने की गवाही देती है। गद्य की बजाय काव्य रचनाओं को याद करना आसान होता है। गद्य-पाठ आमतौर पर कुछ विशेष रूपों तक सीमित हुआ करते थे : कानूनी दस्तावेजों और पत्रों, धार्मिक ग्रन्थों और तीर्थयात्रा के वृत्तान्तों, कभी-कभी अहोम बुरंजी जैसे दरबारी वृत्तान्तों तथा शिवाजी और दूसरे राजनीतिक नायकों से सम्बन्धित मराठा बखरों तक। लेखन-संस्कृति की दशाओं में देसी साहित्य लेखकों के दृष्टिकोण से भी काफी सीमित हुआ करता था। ये बड़ी संख्या में सवर्ण हिन्दू या मुस्लिम अशराफ थे और पुरुष थे—इसका उल्लेखनीय अपवाद भक्ति-काव्य है, जिसमें निम्नजातीय चोखमेला और कबीर या मीराबाई जैसे लोग हुए। उपनिवेशी और उत्तर-उपनिवेशी काल से एक और तीखा अन्तर आस-पास के भाषायी समूहों के बीच एक स्पष्ट अन्तर का तथा अपनी 'मातृभाषा' के प्रति निष्ठा के सुविकसित विचारों के विकास का अभाव था। वास्तव में दोनों ही 19वीं या आरम्भ-20वीं सदी की, राष्ट्रवाद से जुड़ी निर्मितियाँ हैं, हालाँकि उन्होंने अतीत में लम्बी वंशावलियाँ गढ़ने की कोशिश की। देसी के आरम्भिक आभासी महिमागान, जैसे कि 16वीं-17वीं सदियों में 'तमिल विटुटू'—जिसका आधुनिक तमिल राष्ट्रवाद ने भारी उपयोग किया—और करीब से देखें तो निहितार्थों की दृष्टि से 20वीं सदी के 'तमिल ताई' (माता ताई) के पन्थ से महत्त्वपूर्ण सीमा तक भिन्न दिखाई देते हैं। एक विद्वान के शब्दों में आरम्भ-19वीं सदी में दक्षिण भारत के किसी अधिकारी के लिए 'फारसी में एक सरकारी पत्र लिखना, जमीन का लेन-देन मराठी में दर्ज करना, तेलुगू में संगीत का अध्ययन करना, एक रिश्तेदार के नाम तमिल में एक रुक्का भेजना और संस्कृति में धार्मिक पूजा-पाठ सम्पन्न करना' पूरी तरह सम्भव और स्वाभाविक रहा होता। प्रयुक्त विशेष भाषा का निश्चय कार्य या सन्दर्भ से होता था और उसे व्यक्तिगत रूप से या विशेषज्ञों के माध्यम से सम्पन्न किया जाता था।[1]

19वीं सदी के दौरान, तार्किक रूप से मुद्रण से सम्बन्धित, जो स्थिति अन्ततः पैदा हुई उससे नुक़्ता-ब-नुक़्ता अन्तर अब स्पष्ट है। पहले तो देसी भाषाओं में ग्रन्थों के प्रकाशन में एक गुणात्मक उछाल आया, जिसके कारण, पंडितों की एक गिरती हुई संख्या को छोड़, हर जगह संस्कृत खासी तेजी से हाशिये पर पहुँच गई। उसकी सीमा के अन्दर भी, और यहाँ भी हस्तलेखन के कालों के विपरीत, गद्य के रूपों की तरफ स्पष्ट परिवर्तन आया और नई विधाओं का विस्फोटक विकास हुआ। इनमें उपन्यास भी शामिल था जो जैसा कि अंग्रेजी नाम 'Novel' से ही स्पष्ट है, हर जगह आधुनिकता का उद्‌घोषक था। फिर जल्द ही कहानियाँ सामने आईं तथा काव्य के नए रूप और विषय भी सामने आए, जबकि अखबारी पत्रकारिता का तथा पत्रिकाओं में लेखों का प्रसार हुआ। (हस्तलिपि की दशाओं में ये दोनों एकदम

1. रामास्वामी 1997; रामास्वामी 1998 : 66-92; मिशेल 2005 : 445-65

असम्भव होते।) नाटक भी नए तरीकों से पेश किए जाने लगे, जबकि दूसरी मुद्रित विधाओं में ऐतिहासिक रचनाएँ और जीवनचरित, किताबचे, मैनुअल और प्रहसन शामिल थे; ये 'साहित्य के वे नए हीन-जीवन' थे जिन पर हम पहले ही संक्षेप में विचार कर चुके हैं। नए साहित्य-रूपों ने तथा व्यक्ति के खामोश वाचन के प्रसार ने मनोनिष्ठताओं के अन्वेषण के नए तरीकों और स्थलों को जन्म दिया। यह उसी 'पाठकमुखी मनोनिष्ठता' के तत्त्वों का उदय था, जिसे हेबरमास ने आधुनिक सार्वजनिक क्षेत्र के एक अहम घटक के रूप में परिभाषित किया है, जिसमें अलग-अलग व्यक्ति करीब आकर एक पब्लिक का रूप ले लेते हैं।[1] जहाँ लेखकत्व अभी भी भारी सीमा तक सवर्ण, उच्चवर्गीय और पुरुषवादी था, वहीं आश्चर्यजनक रूप से कम समय में स्त्रियाँ इस तसवीर में नजर आने लगीं और फिर सदी के मध्य से अधीन जातियों के व्यक्ति भी नजर आने लगे।

मुद्रण का एक और भी निहितार्थ, जिसके आज तक जारी दूरगामी परिणाम निकले, आसपास के भाषायी समूहों में अन्तर का और भी तीखा होना था। मुद्रण पर भाषा के लिए एक सुस्पष्ट एकात्मक और 'शुद्ध' वर्तनी, शब्दावली और व्याकरण की, पिछले कालों की कहीं बहुत अधिक अनिश्चित सीमाओं की अपेक्षा एक ही सुस्पष्ट या प्रामाणिक रूप की माँग करता था। ऐसे विकासक्रमों के साथ-साथ कालक्रम में एक और भी प्रमुख परिणाम लिपि या भाषा से जुड़ा टकराव था। एक साझी शब्दावली और वाक्य-रचना के साथ-साथ लिपि के भेदों को लेकर लम्बे समय से हिन्दी और उर्दू का अपेक्षाकृत शान्तिपूर्ण सह-अस्तित्व खत्म हुआ और उनका टकराव स्पष्ट रूप से इसका सबसे अधिक दूरगामी परिणाम रहा, जो साम्प्रदायिक निहितार्थों से भरा हुआ था। लेकिन असमिया और उड़िया के तथा बंगला के बीच तनाव पैदा हुए और सदी के मोड़ तक बढ़ती संख्या में क्षेत्रीय राष्ट्रवाद विकसित होने लगे थे। ये सभी 'मातृभाषाओं' के नए-नए अन्वेषित पन्थों पर आधारित थे : सबसे उल्लेखनीय 'तमिल यात्रा' का पन्थ था जिसके लिए तमिल कभी-कभी आत्मदाह करने तक के लिए तैयार नजर आए।[2]

वैसे वास्तविक ऐतिहासिक विकास हमेशा इतने स्पष्ट या यकरस नहीं रहे। मिसाल के लिए मौखिक जमा लिखित के और मुद्रण के विरोध का सरलीकरण करने तथा अति-नाटकीय रूप देने के अपने खतरे हैं। यह सरलीकृत प्रतिवाद आसानी से प्रौद्योगिक निर्धारणवाद की प्रस्तुति का रूप ले सकता है; इससे अक्सर विरोधी प्रवृत्ति—प्रगतिशील और लोकतांत्रिक कहकर मुद्रण संस्कृति का भारी जश्न मनाने की प्रवृत्ति—भी पैदा की है, या आजकल अधिक प्रचलित तर्कों को जन्म दिया है कि मुद्रण ने नियंत्रण के नए रूप पैदा किए और 'लोक संस्कृति' की विजय

1. हेबरमास 1962/1989 : अध्याय 2 और यथास्थान
2. रामास्वामी 1997

और उसके दमन का साधन बन गया। यह संक्रमण कभी इतना आसान या सीधा-सादा नहीं रहा। मुद्रण के आगमन को देखें तो कुछ क्षेत्रों और/या भाषाओं में भारी समयान्तर रहे। भाषाओं की एक अच्छी-खासी संख्या में नवीसी की संस्कृति 19वीं सदी के लगभग अन्त तक जारी रही—राजस्थानी, मैथिली, डोगरी, कश्मीरी और मणिपुरी में। अनेक 'आदिवासी' क्षेत्रों की अपनी लिपियाँ नहीं थीं और उन्हें सामान्यत: मिशनरी प्रयासों से ऐसी लिपियाँ मिलीं जिससे रोमन लिपि का उपयोग शुरू हुआ। पांडुलिपियों के संग्रहों से पता चलता है कि जिस क्षेत्र में मुद्रण सबसे अधिक और सबसे पहले फैला उसमें, यानी कि बंगाल तक में, मुद्रण के काल तक में पांडुलिपियाँ तैयार कराई और तैयार की जा रही थीं जबकि संस्कृत शिक्षा का एक महत्त्वपूर्ण भाग बनी रही। न ही मुद्रण का नए साहित्यिक रूपों और सांस्कृतिक मूल्यों के साथ कोई लाजिमी सम्बन्ध रहा है। जैसा कि आरम्भिक-आधुनिक यूरोप में हुआ, उसने शुरू-शुरू में रूढ़िवादी, पुरातनपन्थी प्रकार के ग्रन्थों के प्रकाशन को काफी, बल्कि कभी-कभी अधिक प्रोत्साहित किया। मुद्रण का जो सम्बन्ध मौखिकता के साथ था—जिसे अक्सर-बेशतर 'लोक-प्रचलित' का पर्याय मान लिया गया है, हालाँकि यह कोई अपरिहार्य या सार्वभौम पर्याय नहीं था—वह सम्बन्ध भी हमेशा टकराव का नहीं रहा।[1] पुराने मौखिक रूप 19वीं सदी के एक बड़े भाग में और कभी-कभी उससे आगे भी अक्सर जारी रहे, बल्कि बढ़े भी। इसकी मिसालों में शामिल हैं, कत्थकों, भाटों, चारणों और कीर्तनियों द्वारा कविताओं का पाठ और गायन, तथा कहीं अधिक प्रतिष्ठित उर्दू मुशायरा और तेलुगू अवधानी भी। इनमें से अनेक रूपों के जन्म का का सम्बन्ध दरबारों या अभिजातों से था, या कम-से-कम ऐसा तो था ही कि अभिजात और साधारण जन दोनों उनमें भागीदार थे। संस्कृति के स्तरों में तीखे भेदों का जन्म वास्तव में भारी समस्याजनक है। अन्यत्र इसे अधिकतर छोड़ दिया गया है और, ऐसे द्विमार्गी विपरीतियों की एक पूरी शृंखला के साथ-साथ इस पर भी भारत में आधिकाधिक सवाल उठाए जाने लगे हैं।[2]

विशेष भाषाओं के नए अध्ययनों ने दिखाया है कि संस्कृत से और/या देसी भाषाओं के बहुत अधिक संस्कृतनिष्ठ रूपों से चिपके हुए परम्परावादी पंडितों के खासे पुरातनपन्थी प्रतिरोध के कारण किस-किस तरह से नई विधाओं के जन्म में या मुद्रण के द्वारा उनके व्यापकतर प्रसार में देरी हुई। मोटे तौर पर एक ऐसा ही कालगत प्रतिमान क्षेत्रीय अध्ययनों में उभरता हुआ देखा जा रहा है जो दिखाते हैं कि मुद्रण के प्रति पुरातनपन्थी प्रतिरोध की शक्ति विशेष क्षेत्रीय उच्च संस्कृतियों की प्रतिष्ठा के अनुरूप तथा अंग्रेजों के बदल रहे आधिकारिक और अनाधिकारिक

1. हमें सिर्फ इस बात पर विचार करना है कि वेदों को 19वीं सदी तक किस तरह सुरक्षित रखा गया : मौखिक हस्तान्तरण के द्वारा जिसने ब्राह्मणों के नियंत्रण को बल पहुँचाया।
2. दास 1991 : अध्याय-1

रवैयों के अनुरूप कम या अधिक रही। आरम्भ-19वीं सदी में अक्सर अपेक्षाकृत लोकतांत्रिक रूपों में देसीकरण की दिशा में नई पहल का एक आरम्भिक काल भी रहा। उच्च शिक्षा में माध्यम के रूप में अंग्रेजी का प्रयोग शुरू होने से पहले देसी भाषाओं के ऐसे सरलतर रूपों का जन्म हुआ जिनको सीखना अधिक आसान था तथा जिनसे/जिनमें अनुवाद भी आसान था; इसके लिए भारी प्रेरणा कुछ तो मिशनरियों से मिली और कुछ उपनिवेशी अधिकारियों की आवश्यकताओं से मिली। मिसाल के लिए मद्रास के तेलुगूभाषी क्षेत्रों में कम्पनी के कोलिन मेकेंजी अधिकारियों ने शुरू-शुरू में तेलुगू के अपेक्षाकृत अधिक जनप्रचलित रूप को संरक्षण दिया जो कर्णम (साक्षर ग्रामीण अभिजातों, खासकर राजस्व के पटवारियों) से जुड़ा हुआ था; यह रूप स्थानीय प्रशासन की आवश्यकताओं से विकसित हुआ था। यह शास्त्रीय तेलुगू के उस अधिक संस्कृतनिष्ठ रूप से एकदम भिन्न था जो उपनिवेश-पूर्व 'देसी सहस्राब्दी' के बादवाले चरणों में दरबारी कविता के लिए विकसित हुआ। बंगाल (और बम्बई) की एशियाटिक सोसायटी ने अंग्रेजी में शास्त्रीय भाषाओं के व्यवस्थित अध्ययन को बढ़ावा दिया, लेकिन कम्पनी ने अपने कर्मचारियों के प्रशिक्षण के लिए जो फोर्ट विलियम कॉलेज स्थापित किया था उसने 1800 के आसपास से अनेक देसी भाषाओं में गद्य के विकास में महत्त्वपूर्ण योगदान दिया। लेकिन 19वीं सदी के उत्तरार्ध की विशेषता एक आम परिवर्तन थी जिसके द्वारा उच्च शिक्षा में 'आंग्लवाद' के तथा देसी भाषाओं के संस्कृतनिष्ठ और कथित रूप से अधिक शुद्ध रूपों को प्रोत्साहित करने के बारे में ब्राह्मणों या सवर्ण जातियों के प्रयासों के बीच अक्सर एक गुप्त सम्बन्ध विकसित हुआ। मसलन कर्णम तमिल की भर्त्सना की गई, क्योंकि अंग्रेज अब अंग्रेजी में सुध-बुध रखनेवाले भारतीय मुलाजिम पाने लगे थे जबकि शास्त्रीयता की श्रेष्ठता के प्रतीक चिन्मय सूरी की भारी प्रतिष्ठा और प्रभाव था जो तेलुगू और तमिल के यशस्वी परम्परावादी विद्वान, मद्रास विश्वविद्यालय में तेलुगू के पंडित और एक बहुत ही प्रभावशाली तेलुगू व्याकरण के लेखक थे।[1] इस तरह असुधारवादी प्रकार के आंग्लवाद तथा पंडितों को फिर से मिली शक्ति के बीच के एक गुप्त गठबन्धन ने तेलुगू के एक अधिक लोकतांत्रिक और सरल रूप के तथा उस भाषा में नई विधाओं के विकास को लगभग दो पीढ़ियों तक बाधित किया।[2] सदी के लगभग मोड़ के बाद से और खासकर 1910+ के दौरान ही ऐसी साहित्यिक बौद्धिक तेलुगू के विकास को नया जोर मिला, जो कथा-भाषा के अधिक करीब थी। ऐसा सम्भव हुआ वीरेशलिंगम जैसे समाज-

1. नारायण राव 2004
2. मसलन 'मुद्रण को, जिसने गद्य के लिए, खामोश पठन के लिए और एक आधुनिक मनोनिष्ठता के विकास के लिए अवसर पैदा किए, पंडितों ने बन्धक बनाकर रखा।' उपरोक्त : 160-61 देखें।

सुधारकों तथा राममूर्ति और अप्पाराव के उन प्रयासों के कारण जो तेलुगू के एक किताबी और व्यावहारिक वादी ('कारोबारी') रूप के समर्थकों के बीच चले एक तीखे विवाद के दौरान सामने आए। इस परवर्ती विकास क्रम का आधार तेलुगू पर केन्द्रित एक क्षेत्रीय राष्ट्रवाद के उदय में निहित था जो फिर भाषा पर आधारित एक तेलुगू प्रदेश की माँग करने लगा।[1]

मोटे तौर पर ऐसा ही एक विकासक्रम मराठी (जैसा कि हमने नरेगल के माध्यम से देखा) और गुजराती भाषाओं के सिलसिले में देखा गया, जिनमें अलेक्जेंडर फोर्बेस जैसे कुछ ब्रिटिश अधिकारियों तथा ब्राह्मण या बनिया मूल के बुद्धिजीवियों के एक गुप्त गठबन्धन ने भाषा को उन अ-संस्कृतमूलक और खासकर फारसी के शब्दों से 'शुद्ध' करने का बीड़ा उठाया जिनसे मुस्लिम या पारसी तत्त्वों की बू आती थी। लेकिन तेलुगू के दृष्टान्त के विपरीत इन मिसालों में उपजी अधिक संस्कृतनिष्ठ भाषा नई विधाओं के प्रयोग में बाधक नहीं बनी।[2] सम्भवतः उस क्षेत्र में कारोबारी सरगर्मियों का ऊँचा स्तर भी इसकी एक व्याख्या हो सकता है। व्यापारिक सूचनाओं की तीव्र और नियमित आवश्यकता समाचार-पत्रों की वृद्धि का एक प्रमुख प्रेरकतत्त्व रही है—जैसा कि हेबरमास ने अपने सार्वजनिक क्षेत्र के विकास सम्बन्धी अध्ययन में दिखाया है। भारतवासियों द्वारा आरम्भ किए गए शुरुआती देसी अखबार कलकत्ता या बम्बई में केन्द्रित थे—जैसे 1821 में कलकत्ता से राममोहन की 'संवाद कौमुदी' का, सिर्फ एक साल बाद बम्बई से गुजराती में 'श्री मुम्बइना समाचार' का और 1831 में मराठी में 'प्रभाकर' का प्रकाशन आरम्भ हुआ।

संस्कृत के पल्ले के एक बहुत ही लम्बे इतिहास के सिलसिले में तमिल दूसरी देसी भाषाओं से अलग रही। एक शास्त्रीय ग्रन्थ संग्रह के महत्त्व पर जोर इसी कारण से आधुनिक काल में इसकी विशेषता था। मुख्यतः प्राचीन और भोजपत्रों पर लिखे गए (और अक्सर-बेशतर सफेद कीड़ों और दीमकों के कारण तबाह हो जानेवाले) ग्रन्थों की लम्बी आयु सुनिश्चित करने के लिए बड़े पैमाने पर मुद्रण का उपयोग किया जाने लगा। लगता है नए रूपों का आगमन थोड़ी देर से हुआ जो शायद इसी का नतीजा था : पहला उपन्यास 1879 में ही जाकर छपा, बंगला और गुजराती के लगभग दो दहाई बाद और मराठी के लगभग साथ-साथ। लेकिन स्वयं 'शास्त्रीय' ग्रन्थ-संग्रह का ठीक-ठीक अन्तःतत्त्व काफी हाल की गढ़त लगता है; इसे अन्त-19वीं सदी के आसपास गढ़ा गया। उससे पहले परम्परागत पठन-पाठन मुख्य रूप से सवर्ण भक्ति और धार्मिक ग्रन्थों पर केन्द्रित होता था जो मुख्यतः मध्यकाल में रचे गए और तमिल के संस्कृतनिष्ठ रूपों में लिखे गए। इसके विपरीत उदीयमान

1. मिशेल 2009, खासकर अध्याय 6 : "Martyrs in the Name of Language? Death and the Making of Linguistic Passion." देखें।
2. ओसाका 2002 : 1-19; यशश्चन्द्र 2003 : 567-611

तमिल राष्ट्रवाद ने आरम्भिक ईसवी सदियों के संगम साहित्य की अधिक शुद्धता पर जोर दिया जिसका एक धर्म से इतर 'धर्मनिरपेक्ष' सुर था; कभी-कभी बौद्ध या जैन सम्बद्धतावाले साहित्य पर भी जोर दिया गया। इस परिवर्तन का सम्बन्ध तमिल समाज और अन्ततः राजनीति की एक अब्राह्मण, 'द्रविड़' धारा के उदय से था।[1]

मलयालम का तमिल की अपेक्षा कम शानदार अतीत रहा है और शायद यह आरम्भिक प्रवर्तनों का एक प्रेरक तत्त्व भी था। त्रावणकोर में 19वीं सदी के एक बड़े भाग में संस्कृतनिष्ठ, अलंकारमय रूपों और कविता का वर्चस्व था, लेकिन 1850+ से छोटे रजवाड़े कोचीन में एक 'वेणमणि' आन्दोलन उन नम्बूदरी, ब्राह्मणों के एक अभिजात समूह में शुरू हुआ, जो कम ही अंग्रेजी जानते थे पर जिन्होंने संस्कृत पर अत्यधिक निर्भरता के खिलाफ आवाज उठाई।[2] इससे भी अहम पहलू अन्ततः 19वीं सदी की आखिरी चौथाई से गद्य के नए रूपों और खासकर उपन्यास का विकास था। मलयालम की स्थिति की खास विशेषता यह थी कि उपन्यास अधिकतर उस जाति के सदस्यों ने लिखे जो परम्परा से ब्राह्मणों के अधीन चले आ रहे थे—सबसे बढ़कर नायरों ने और साथ में अनेक दलितों ने, जो काफी उल्लेखनीय बात है। ईसाइयत अपनानेवाले एक तिय्या का लिखा हुआ 'सरस्वतीविजयम' (1893) मलयालम के पहले प्रमुख उपन्यास, नायर चन्दूमेनन कृत 'इन्दुलेखा' के सिर्फ तीन साल बाद प्रकाशित हुआ। 'अछूतों' पर सवर्णों के घोर दमन का असाधारण ढाँचा जिस क्षेत्र की विशेषता था—ऐसे क्षेत्र में जहाँ किसी के छूने से ही नहीं बल्कि एक निश्चित दूरी के अन्दर उसके आने से ही व्यक्ति अपवित्र हो जाता था उसमें—मिशनरियों के कारगर काम ने साक्षरता का तेजी से प्रसार किया और ऊर्ध्व गतिशीलता के कुछ रूपों को जन्म दिया।

एक विशिष्ट देसी गद्य साहित्य को सबसे पहले जन्म देनेवाली भाषा बंगला थी जो अनेक भारतीय भावनाओं में हुए अनुवादों के जरिए जल्द ही दूसरे अनेक क्षेत्रों में भी प्रभाव डालने लगा। श्रीरामपुर में स्थित बाप्तिस्त मिशनरी इसके अग्रदूत थे।

---

1. वेंकटचलपति 2005 : 535-53 देखें। शीर्षक में मौजूद तमिल वाक्यांश का अर्थ 'क्या फायदा' है जिसे अपनी आत्मकथा में याद करते हुए यू.वी. स्वामीनाथन अय्यर बतलाते हैं कि इसका उपयोग एक आधुनिकतावादी तमिल अधिकारी ने किया था जिसके सामने उन्होंने अपनी जवानी में परम्परागत विद्वत्ता के क्षेत्र में अपने ज्ञान को प्रदर्शित करने की कोशिश की थी। अपने सम्पादन-कार्य के द्वारा अय्यर आज जिस चीज को संगम साहित्य पर आधारित तमिल ज्ञानभंडार माना जाता है उसके निर्माण में एक प्रमुख व्यक्तित्व बन गए। तमिलनाडु में इन और इनसे जुड़े मुद्दों की और भरपूर विवेचना के बारे में वेंकटचलपति 2012 देखें। ऐशर 1970 : 179-204 भी देखें। समाज और राजनीति में गैर-ब्राह्मणवादी दिशा में आए बदलाव के बारे में पांडियन 2007 देखें।
2. दास 1991 : 161 देखें। निचली जातियों के उत्थान के प्रयासों पर मलयालम में अन्त-उपनिवेश-कालीन साहित्य सम्बन्धी ऐतिहासिक रचनाओं की एक लम्बी शृंखला मौजूद है। Studies in History, 13 (2), 1997 में उदय कुमार, जी अरुणिमा और दिलीप मेनन के लेख देखें।

विलियम कैरी ने देसी सूचनादाताओं और सहायकों के रूप में ब्राह्मण पंडितों और पढ़े-लिखे सवर्णों का उपयोग किया। नवद्वीप के कृष्णनगर जैसे पुराने केन्द्रों के पतन के बाद ये लोग कलकत्ता के इलाके में आकर नए संरक्षकों की खोज करने लगे थे। लेकिन लगता है देसी मुद्रण पर संस्कृत के रूपों का वर्चस्व यहाँ कमजोर पड़ चुका था। थोड़े कम संस्कृतनिष्ठ गद्य के बंगाली अग्रदूत, सबसे बढ़कर राममोहन राय और उनके बाद विद्यासागर स्वयं विद्वान ब्राह्मण थे, और मुद्रण के युग में जो नया साहित्य विकसित हुआ उस पर मोटे तौर पर सवर्ण भद्रलोक का वर्चस्व स्थापित होना तय था। 1830+ से प्राच्यवादी प्रभाव में जो गिरावट आई उसके बाद बंगाल में एक पीढ़ी तक ऐसे अधिकारियों की मौजूदगी, जो उच्च शिक्षा में आंग्लवाद को एक सुधारवादी प्रयास से जोड़ते थे, एक अतिरिक्त कारण था। आधुनिक सुधारों के साथ आंग्लवाद के संयोग को अक्सर सामान्य रूप देकर मैकाले के बाद से समस्त ब्रिटिश सांस्कृतिक नीति की विशेषता बना दिया जाता रहा है और फिर उसकी या तो प्रशंसा या निन्दा की जाती रही है। वास्तव में यह दूसरे प्रान्तों के मुकाबले बंगाल में कहीं बहुत अधिक स्पष्ट रहा और उसमें भी यह 1830+ और 1857 बीच मुख्य रूप से स्पष्ट रहा।

प्रवर्तनों के बारे में पंडितों का प्रतिरोध बहुत अधिक था। जो ब्राह्मण धर्मग्रन्थ अभी तक शुद्ध रूप से संस्कृत के एकाधिकार में थे, उनका अनुवाद करने और उन पर बहस करने के लिए राममोहन जिस नए बंगला गद्य का विकास कर रहे थे उसके उपयोग के दुस्साहस ने इस आरोप को जन्म दिया कि यह पवित्र में ऐसी 'नंगी, उच्छृंखल आम भाषा' का प्रवेश कराना था जो 'नंगी, पतिता स्त्री' के समान थी।[1] फिर भी ऐसा पुरातनवादी प्रतिरोध आधुनिक बंगला गद्य के विकास को नहीं रोक सका जो जल्द ही विधाओं के एक लम्बे-चौड़े दायरे में इस्तेमाल किया जाने लगा था, हालाँकि यह उपन्यासकार बंकिमचन्द्र चट्टोपाध्याय के समय में भी जारी रहा, जिन्होंने वह भाषा कायम की जो आरम्भ-20वीं सदी तक 'साधु भाषा' की—समुचित सीमा तक शुद्ध साहित्यिक भाषा की—प्रमुख रूप बनी रही। विद्यासागर के बंकिम ने अभी भी संस्कृत से लदे गद्य तथा देरोजियो के छात्र रहे प्यारीचन्द मित्र द्वारा जनभाषा के रूपों के प्रयोग के बीच का रास्ता अपनाया। लेकिन बंकिम की भाषा अभी भी जनता की कथ-भाषा से थोड़ी दूर ही रही और 1910+ के आसपास से 'चलित' (जनभाषा के) रूपों के उपयोग की दिशा में और भी परिवर्तन आया; अन्तर मुख्य रूप से क्रियापदों के अन्त को लेकर था। इसमें प्रमथ चौधुरी और रवीन्द्रनाथ से जुड़ी पत्रिका 'सबुज पत्र' ने बुनियादी भूमिका निभाई।

साधु भाषा हो या चालित भाषा, प्रामाणिक रूपों का मतलब आमतौर पर अभी भी कलकत्ता और भद्रलोक पर आधारित वह एकरूपता था जो इस क्षेत्र के विभिन्न

1. भट्टाचार्य 2005 : 201-2

भागों में वास्तव में बोली जा रही भाषाओं के खासे बड़े भेदों पर लादी जा रही थी। समरसता का यह प्रयास बिला शक शक्ति से जुड़ा हुआ था, पर इसमें मुद्रण के लिए एक मानक वर्तनी और शब्दावली की आवश्यकता के कारण इसमें अपरिहार्यता का एक तत्त्व भी था। लेकिन तनाव बने रहे : पढ़े-लिखे मुसलमानों के कुछ लोगों को लग रहा था कि भद्रलोक या प्रतिष्ठित सवर्णों की भाषा ने फारसी मूल के शब्दों को कम कर दिया है और इस तरह सवर्णों के हिन्दू धर्म से जुड़े संस्कृत तत्त्वों को बढ़ाया है। प्रतिक्रियास्वरूप उन्होंने उस भाषा के इस्तेमाल का आग्रह किया जिसे मुसलमानी बंगला कहा जाने लगा, जिसमें फारसी-उर्दू शब्दों की प्रधानता थी और कभी-कभी किताबचों में पाठ को पीछे से आगे की ओर छापने पर भी जोर दिया जाता था।[1] प्रामाणिक बंगला आज भी बड़ी हद तक भद्रलोक के संसार की उपज है। जो कुछ हमने केरल के सिलसिले में देखा उसके विपरीत बंगाल के पहले सचमुच हीनजन्मा उपन्यासकार अद्वैत मल्लवर्मन सिर्फ मध्य-20वीं सदी में ही सामने आए। 19वीं सदी के मोड़ से लेकर 20वीं सदी तक इस क्षेत्र में निचली जातियों के किताबचों की कमी नहीं रही पर कल्पनाशील साहित्य बहुत कम रहा।

बंगाल में अंग्रेजों की मौजूदगी पहले आई जिसने कलकत्ता को 'आधुनिक' शिक्षा तथा एक नए प्रबुद्ध वर्ग के निर्माण में एक समान अग्रणी बना दिया। इससे नए साहित्य-रूपों को एक तरह की कालगत प्राथमिकता भी मिली और सेवाओं में खासी बढ़त मिली : अधिकतर किरानी की नौकरियों में तथा वकालत, अध्यापन और चिकित्सा जैसे नए पेशों में भी। फलस्वरूप अंग्रेजों के पीछे-पीछे चलते हुए बंगाल से बाहर बंगाली 'मध्यवर्ग' का जो प्रसार हुआ उसके कारण उत्तरी और पूर्वी भारत के काफी बड़े भागों में उदीयमान शिक्षितजन की तरफ से नौकरियों पर ऐसे कब्जे का खासा भारी विरोध हुआ। असमी और उड़िया बोलनेवाले क्षेत्रों में इसने भाषायी टकरावों का रूप ले लिया। कुछ बंगाली बुद्धिजीवियों का, और आरम्भ में अनेक ब्रिटिश अधिकारियों का भी, तर्क यह था कि ये कोई अलग भाषाएँ नहीं थीं, ये बंगाली की बोलियों से अधिक कुछ भी नहीं थीं। 1835 और 1873 के असम के जिलों में बंगला को अदालतों की भाषा बना दिया गया जो कि प्रशासन के लिए अधिक सुविधाजनक था, क्योंकि ये बादवाले साल तक भी बंगाल प्रेसीडेंसी के हिस्से थे। बंगला को विद्यालयों में शिक्षा का माध्यम बनाने की कोशिशें भी की गईं। इसके विपरीत असमिया को मिशनरी समूहों ने, मसलन अमरीकी बापतिस्तों ने

1. इसमें उपनिवेश-पश्चात् काल में उल्लेखनीय परिवर्तन आया जब पाकिस्तान सरकार ने तब जो पूर्वी पाकिस्तान था उस पर उर्दू लादने की कोशिश की। इसके कारण एक शक्तिशाली भाषाई आन्दोलन का जन्म हुआ और अन्ततः बंगलादेश का जन्म हुआ। यहाँ बंगाली को, उसके मानक रूप में जो मुख्यतः 19वीं सदी में स्वर्ण हिन्दू भद्रलोक के प्रयासों से पैदा हुआ था, आधिकारिक भाषा स्वीकार किया गया और रवीन्द्रनाथ के एक देशभक्तिपूर्ण गीत को जो 'सोनार बांग्ला' की महिमा गाता था, राष्ट्रगीत स्वीकार किया गया।

बढ़ावा दिया। बंगाली प्रभुत्व का विरोध असम में क्षेत्रीय राष्ट्रवाद के उदय का कारण बन गया, जिसमें आनन्दीलाल ढेकियान फूकन ने अदालतों और विद्यालयों में एक 'विदेशी माध्यम' के उपयोग की आलोचना करते हुए 1852 में एक ज्ञापन देकर ऐतिहासिक प्रतिरोध किया। स्थिति इसलिए और भी जटिल हो गई कि असम में उच्च शिक्षा की संस्थाओं के अभाव के कारण आनन्दीलाल ने और साथ ही असम में पढ़े-लिखे लोगों की लगभग पूरी पहली पीढ़ी ने कलकत्ता में शिक्षा पाई थी। इसलिए बंगाल के बौद्धिक जीवन के साथ उनका सम्बन्ध अस्पष्ट था क्योंकि आनन्दीलाल जैसे व्यक्ति कलकत्ता में बंगालियों के साथ साझा छात्र-जीवन बिता चुके थे और कभी-कभी बंगला में लिखा भी करते थे। कुछ विकसित हुआ तो प्रशंसा और चिढ़ की मिली-जुली मनोस्थितियाँ पैदा हुईं, जो अंग्रेजी संस्कृति और साहित्य से लैस भारतीय बुद्धिजीवियों के उच्चतम स्तर की मनोस्थितियों से मिलती-जुलती थीं।

लेकिन लगभग शुरू से ही असमी पहचान को एक और तरह की समस्या का सामना करना पड़ा, क्योंकि जो क्षेत्र 1873 में चीफ कमिश्नर का एक अलग प्रान्त बना दिया गया उसके एक बड़े भाग में दूसरे भाषायी-सांस्कृतिक समूहों के लोग भी रह रहे थे और उनकी जीवनशैली, जैसा कि हमने देखा, कुछ ब्रिटिश नीतियों के निरायास परिणाम के कारण अधिकाधिक भिन्न होती जा रही थी। अधिकतर चाय के बागों के यूरोपीय मालिकान के हित में ये नीतियाँ उन बड़े-बड़े इलाकों में जो इन बागान-मालिकों को लगभग मुफ्त दिए गए थे, 'किसानों की काश्तकारी में और 'आदिवासियों' की झूम खेती में या शिकार-खाद्यसंग्रह में भूमि के उपयोग में स्पष्ट अन्तर कायम करने पर जोर दे रही थीं। अंशतः एक परिणाम के रूप में आपस में टकरा रही अनेक प्रकार की पहचानें जड़ें जमाने लगीं और पूर्वोत्तर भारत में क्षेत्रीय राष्ट्रवादों का जो घालमेल आज पाया जाता है, उसकी काफी-कुछ जड़ इसी में है।[1]

बंगाल प्रेसीडेंसी के दक्षिण-पश्चिम में स्थित उड़िया जिलों में भी ऐसी ही समस्याएँ थीं। कुछ अधिकारियों और कुछ पढ़े-लिखे बंगालियों का—मसलन बालासोर के स्कूल-मास्टर कनाईलाल भट्टाचार्य और यशस्वी विद्वान राजेन्द्रलाल मित्र का—मानना यही था कि उड़िया बंगला की बोली से अधिक कुछ भी नहीं है; ये लोग चाहते थे कि कचहरियों और पाठशालाओं में बंगला लिपि और भाषा का ही उपयोग किया जाए।[2] यह समस्या इस कारण से और भी तीखी हो गई कि जहाँ बोलचाल की भाषाएँ बड़ी हद तक एक-दूसरे की समझ में आ जाती थीं, वहीं

1. गुहा 1991 : अध्याय 1, 10; बरुआ 1999 : अध्याय 2-5; बरुआ 2001 : 109-24; सैकिया 2005 : यथास्थान।
2. एक अन्य यशस्वी बंगला बुद्धिजीवी भूदेव मुखोपाध्याय का विचार इसका उलटा था।

उड़िया की लिपि दक्षिणी भाषाओं की लिपि से मेल खाती थी और अधिकांश बंगालियों के लिए उनको पढ़ना असम्भव था। जैसाकि अक्सर हुआ, मुद्रण संस्कृति के आगमन ने सीमाओं का विस्तार किया और भेदों को तीखा बनाया। उड़ीसा में सीमाओं को लेकर एक और समस्या भी थी। दक्षिण-पश्चिम में स्थित गंजाम जिला और उत्तर-पूर्व में सम्भलपुर जिला, दोनों ही प्रधानतः उड़ियाभाषी थे मगर क्रमशः मद्रास प्रेसीडेंसी और मध्य प्रान्त के भाग थे। मधुसूदनदास के उत्कल एकता सम्मेलन का शुरू किया हुआ आन्दोलन 1890+ में उड़ीसा में इन जिलों के विलय की मुहिम चलाने लगा। आरम्भ-1900+ में अधिकाधिक राष्ट्रवादी, शिक्षित बंगालियों के प्रभाव को कम करने की इच्छा के चलते अंग्रेजों के बंगाल प्रेसीडेंसी के अन्दर दूसरे भाषा-समूहों की कुछ पुश्तपनाही करने लगा। प्रान्तों की सीमाओं के सामान्य पुनर्निर्धारण के बारे में कर्जन और रिजली की योजना के अंग रूप में 1905 में मध्यप्रान्त से अलग करके सम्भलपुर को उड़ीसा में मिला दिया गया और 1912 में बंगाल से अलग करके एक नया बिहार-उड़ीसा प्रान्त बनाया गया।[1] लेकिन जो भाषायी विवाद सबसे तीखा बना और जिसके अनेक परिणाम निकले, उर्दू और हिन्दी का विवाद था। ठीक-ठीक कहें तो यह भाषा नहीं, लिपि का विवाद था। विरोधाभास यह था कि उर्दू और हिन्दी, दोनों के 20वीं सदीवाले रूप एक ही खड़ी बोली—पश्चिमी संयुक्त प्रान्त की बोलचाल की भाषा—के परिष्कारों पर आधारित थे, लेकिन जो फारसी और देवनागरी लिपियाँ उनकी वाहक बनीं, वे एक-दूसरे के पाठकवर्गों के लिए अधिकाधिक दुर्बोध बनती जा रही थीं। यह विषय आज भी विवादों की बारूदी सुरंग है और यह दो सवालों को बार-बार फेंटता रहा है जिनका सम्बन्ध जन्म की प्राथमिकता से है : (अ) अधिक पुराना कौन है? और (ब) फारसीकरण और संस्कृतमुखी रुझान, इन दो प्रक्रियाओं में पहले कौन शुरू हुआ? यह बहस अनेक अर्थों में बेकार की बहस है और काम की बात यह है कि पहले ही यह बात व्यापक रूप से स्वीकार की जा चुकी है कि विभाजन इन्हीं परिवर्तनों के कारण आया; इसलिए विभाजन के लिए हिन्दी या उर्दू किसी को भी दोषी ठहराया जा सकता है जिसका दारोमदार एक व्यक्ति के दृष्टिकोण पर होगा।[2] यह सब हुआ ऐसी सदियों के बाद जिनके दौरान हमारे सामने वह संवृत्तियाँ रहीं, जिनको जुड़वाँ भाषाएँ, बहुभाषिता, यहाँ तक कि 'अन्तर्विरोध से भरी सिर्फ एक ही भाषा' जैसे अलग-अलग नामों से जाना जाता रहा है।

1. मिश्र 1997 : 207-23 देखें। कर्जन के तहत 1905 में प्रान्तों के पुनर्गठन और 1912 में उनमें संशोधन पर आगे देखें।
2. यह विवाद कितना असाध्य है इसका पता इस विषय पर दो विशेषज्ञों के विचारों के तीखे विरोध से चलता है। पोलक 2003 : अध्याय 14, 17 में शम्सुर्रहमान फारूकी और हरीश त्रिवेदी को देखें। इस विवाद के एक ऐतिहासिक सिंहावलोकन के लिए किंग 1994 देखें।

13वीं-14वीं सदी के आसपास से उत्तरी और मध्य भारत के एक बड़े भाग में आपस में जुड़ी भाषाओं की एक शृंखला का विकास होता आ रहा था : जैसे हिन्दवी/हिन्दी, अवधी, ब्रजभाषा, खड़ी बोली; मैथिली और एक लिखित की जगह मौखिक सम्पर्क भाषा के रूप में हिन्दुस्तानी का।[1] एक और पेचीदगी इस कारण से आई कि इनमें से अनेक के नामों के अर्थ अस्पष्ट थे तथा काल और क्षेत्र के साथ बदलते रहते थे। ओर्सिनी का सुझाव है कि इनमें से कुछ के परिष्कार की प्रक्रियाएँ—मसलन ब्रजभाषा के परिष्कार की जो कविता की पसन्दीदा भाषा बनती जा रही थी और आरम्भ-20वीं सदी तक बनी रही—ऐसे अन्तर्विरामी ढंग से जारी रहीं जिसका दरबारी सम्बन्धों और संरक्षण के होने या न होने से अक्सर सम्बन्ध हुआ करता था। इसलिए पहले किसका विकास हुआ और सम्बन्धभंग की जिम्मेदारी किस पर है, यह सवाल निर्णायक रूप से असहायक होगा। उर्दू शायरी, जो हैदराबाद क्षेत्र में थोड़े-से भिन्न, दकनी रूप में विकसित हुई, 18वीं और आरम्भ-19वीं सदी में, परवर्ती मुगलों और फिर लखनवी नवाबों के बढ़ते संरक्षण के कारण, शबाब के एक अहम दौर से गुजरी जबकि उर्दू का मुद्रित गद्य देवनागरी लिपिवाली हिन्दी से पहले एक विकसित रूप पा चुका था।

जो बात महत्त्वपूर्ण है और आज भी अनेक लोगों के लिए आश्चर्यजनक है, यह है कि अभी बहुत हाल तक उर्दू-हिन्दी भेद का मुस्लिम/हिन्दू भेद से कुछ भी लेना-देना नहीं था : आज जैसा कि अक्सर मान लिया जाता है, उर्दू निश्चित ही कोई खासुल-खास मुस्लिम भाषा नहीं थी। इस विचार की काट करनेवाला क्लासिक उदाहरण लम्बे समय तक और सटीक रूप से प्रेमचन्द का उदाहरण रहा है। जो आरम्भ-20वीं सदी के सबसे मशहूर हिन्दी उपन्यासकार थे, पर जिन्होंने अपने सभी आरम्भिक उपन्यास उर्दू में लिखे और प्रकाशित कराए। 19वीं सदी में इनका भेद क्षेत्रीय अधिक था और एक खासी बड़ी हद तक नगरीय/ग्रामीण का भेद था, क्योंकि उर्दू लम्बे समय तक एक बहुत बड़े क्षेत्र में पढ़े-लिखे लोगों की सांस्कृतिक अभिव्यक्ति की प्रमुख भाषा रही। यहाँ यह बात कह दी जाए कि संस्कृतनिष्ठ देवनागरी हिन्दी का जो एक लम्बे इतिहास के और एक अनोखे 'राष्ट्रीय' अन्त:तत्त्व के दावे करती थी, बाद में जिस तरह विकास हुआ उसका आधुनिक 'हिन्दुत्व' के समानान्तर विकास के रूप में एक महत्त्वपूर्ण सहजात भी रहा, जबकि साथ-ही-साथ मुसलमानों को 'विजातीय' कहकर और भी गहरी सीमाएँ खींची जाती रहीं और देसी भाषाओं की एक पूरी शृंखला को अधीन बनाया जाता रहा।[2] इन भाषाओं को हिन्दी से व्युत्पन्न करार दिया जाता रहा और हिन्दी अपने आपको अपभ्रंश के तात्कालिक

---

1. इस विषय पर काफी महत्त्वपूर्ण मगर अब थोड़ी-बहुत विस्मृत रचना हिन्दी उपन्यासकार प्रेमचन्द के सुपुत्र अमृतराय की है। राय 1984 देखें।
2. राय 2000

चरण के माध्यम से संस्कृत से पैदा बतलाती रही। 'हिन्दी' और 'हिन्दू' दोनों के लिए एक रैखिक विकास की मान्यता स्वीकार कर ली गई और यह आज भी हावी है—यह उन अनेक तरीकों में से एक है जिनके माध्यम से इतिहास सम्बन्धी विचारों ने 19वीं सदी से ही राजनीति के लोकाचार के गठन में और अक्सर-बेशतर विशिष्ट सामाजिक परिवर्तनों के घटित होने में मदद पहुँचाई है।

कम्पनी और ब्रिटेन की नीतियों की इन विकासक्रमों में एक महत्त्वपूर्ण भूमिका रही, हालाँकि हमेशा ही 'बाँटो और राज करो' की चेतन रणनीतियों के कारण नहीं रही। प्रशासनिक उद्देश्यों से इसी देश की भाषाओं में कम्पनी के कर्मचारियों के प्रशिक्षण के लिए जो फोर्ट विलियम कॉलेज गठित किया गया था, 1800 के आसपास से उसके प्रयास उसके स्टाफ में एक तरह के श्रम-विभाजन का रूप लेने लगे थे, जिसमें, मिसाल के लिए, गिलक्रिस्ट हिन्दुस्तानी का काम देखते थे जिसको वे फारसी-अरबी की लिपि से जोड़ते थे और दोनों को वे उर्दू से और इस्लामी तौर-तरीकों से एकाकार बतलाते थे। लल्लूजी लाल नाम के एक गुजराती ब्राह्मण को देवनागरीवाली हिन्दी के अध्यापन का काम सौंपा गया था। उनको कभी-कभी हिन्दी गद्य के अग्रदूतों में एक करार दिया गया है जिसके लिए वे खड़ी बोली (देहली-आगरा क्षेत्र की 'सीधी खड़ी बोली') को वरीयता देते थे। मुद्रण के बढ़ते प्रभाव के कारण यह फैसला अनेक सम्भावनाओं से भरा हुआ था। उर्दू को आरम्भ में कुछ आधिकारिक वरीयता दी गई जो कि देश के उस भाग में अभिजात भारतीय हलकों के साथ कम्पनी के अधिकारियों के काफी सम्पर्क को देखते हुए स्वाभाविक भी था, जबकि हिन्दुस्तानी को व्यापकतर मौखिक संचार के लिए सबसे उपयुक्त माना जाता था। मिसाल के लिए यह कम्पनी और ब्रिटिश भारत की सेना के फौजियों तक हुक्म पहुँचाने का पसन्दीदा माध्यम थी। 1837 में उर्दू ने उत्तर भारत की अदालतों और निचले सरकारी दफ्तरों की भाषा के रूप में फारसी को विस्थापित किया। 1857 के बाद रवैये बदलने लगे, खासकर मुसलमानों के सिलसिले में, लेकिन हवा में काम के कुछ पत्ते पहले भी उड़ रहे थे, जिनका सम्बन्ध अलग-अलग अधिकारियों की विशेष भाषायी उपलब्धि से था। 1847 में एक उल्लेखनीय घटना हुई जब अंग्रेजी के प्रोफेसर और बाद में बनारस संस्कृत कॉलेज के प्रधानाचार्य जे.एफ. वैलेंटाइन ने अपने छात्रों को हिन्दी अपनाने पर राजी करने की कोशिश की : 'यह उसका (एक छात्र का) और उसके भाई-पंडितों का कर्तव्य था कि राष्ट्रीय भाषा तय करने का काम देहातियों के हाथों में न छोड़ें, बल्कि प्रान्तीय बोलियों की अलाभदायी विविधता से मुक्ति पाने के प्रयास करें—अगर बनारस के पंडित अपने नगर की प्रसिद्धि को महत्त्व देते हैं तो उनको इस पवित्र नगर की बोली को समस्त भारत का मानक बनाने का प्रयास करना चाहिए...' बनारस के 1847 वाले छात्र इस तर्क को समझने में नाकाम रहे : 'हम

साफ-साफ नहीं समझ पा रहे कि हिन्दी से उन यूरोपीय लोगों का अभिप्राय क्या है क्योंकि ऐसी सैकड़ों बोलियाँ हैं जो हमारी राय में इस नाम की बराबर की अधिकारी हैं...जिसे आप हिन्दी कहते हैं वह उर्दू के किसी भावी परिवर्तित रूप में आखिरकार समा जाएगी; न ही हम इस सम्भावना को दुखी होने का कोई भारी कारण समझते हैं।"[1]

लेकिन हालात जल्द ही नाटकीय सीमा तक बदल गए। 1860+ के आसपास से बनारस, इलाहाबाद तथा मध्य और पूर्वी संयुक्त प्रान्त के सवर्ण हिन्दू शिक्षितजन देवनागरी हिन्दी को प्रोत्साहन दिए जाने के लिए अधिकाधिक दबाव डालने लगे, और खास तौर पर इसके लिए कि इस क्षेत्र की अदालतों और निचले सरकारी दफ्तरों की भाषा के रूप में उर्दू को हिन्दी से विस्थापित किया जाए। 1897 में बनारस में नागरी प्रचारिणी सभा की स्थापना के साथ इस माँग ने एक संस्थायित रूप ले लिया। उर्दू-नागरी विवाद रोजगार के सवाल से जुड़ा हुआ था, और उसने पढ़े-लिखे मुसलमानों और हिन्दुओं के बीच अगर एक भेद कभी खड़ा नहीं किया तो भी उसे तीखा जरूर बनाया। 1900 में लेफ्टिनेंट गवर्नर मैकडोनेल ने इस माँग को स्वीकार कर लिया जिससे उर्दूभाषी और अधिकतर मुस्लिम शिक्षित जन काफी चिढ़े। हिन्दू-हिन्दी उभार को एक लोकरंजक ढंग से भी पेश किया जाने लगा, क्योंकि उत्तर भारत की कचहरियों और नगरीय समाज का प्रभुत्वशाली संस्कृतिवाला ऊपरी भाग फारसी-अरबी लिपि में लिखी गई उर्दू के जरिये अपना काम करता था। लेकिन यह सब किसी दोटूक अर्थ में जनता का नहीं, बल्कि देसी अभिजात समूहों का प्रतिनिधित्व करता था, इसका संकेत इससे मिलता है कि एक 'शुद्ध' संस्कृतनिष्ठ हिन्दी के उदय ने साथ-ही-साथ एक तरफ तो इसके स्थानीय और क्षेत्रीय रूपों की एक बड़ी संख्या को हाशिये पर पहुँचा दिया और दूसरी तरफ एक विकल्प, यानी कैथी लिपि को ठिकाने लगाया जिसका कुछ व्यावसायिक हलकों में उपयोग होता आ रहा था। इस बीच संस्कृत शब्द भंडार और अभिव्यक्तियों से हिन्दी की निकटता बढ़ाकर तथा साथ ही 'विदेशी' यानी कि फारसी शब्दों से उसे साफ करके 'शुद्ध हिन्दी' में ढाला जाने लगा था। यही भाषायी सुधार का प्रामाणिक रूप बन गया जो महावीर प्रसाद द्विवेदी जैसे प्रभावशाली लेखकों और विद्वानों तथा मदनमोहन मालवीय जैसे राजनीतिज्ञों के नेतृत्व में आरम्भ-20वीं सदी में चले एक आन्दोलन का कार्यभार था। हिन्दी भाषा और साहित्य की पाठ्य-पुस्तकों और इतिहासों ने भी उस भाषा को जोरदार ढंग से संस्कृत की तरफ धकेलने में एक अहम भूमिका निभाई। उत्तर भारत में देसी प्रकाशनों की फैलती दुनिया में कभी का प्रभुत्वशाली फारसी-अरबी उर्दू माध्यम बराबर अब देवनागरी हिन्दी के हाथों विस्थापित होने लगा। 1915 और 1940 के बीच संयुक्त प्रान्त में प्रकाशित पुस्तकों की वार्षिक संख्या 334 से घटकर

1. किंग 1989 : 179-202 खासकर 184-85

209 पर आ गई; हिन्दी पुस्तकों की संगत संख्या 870 से बढ़कर 1548 तक पहुँच गई।[1] गांधी ने खासकर अपने जीवन के अन्तिम दशक में पूरे देश की भाषा के रूप में अधिक बड़े पैमाने पर समझी जानेवाली हिन्दुस्तानी के व्यापक उपयोग को बढ़ावा देने की बहादुराना कोशिश की, और इसके लिए प्रेमचन्द ने भी प्रचार-कार्य किया। इसका कभी एक विकसित साहित्यिक रूप तो रहा नहीं लेकिन पूरे देश की जनता के लिए बने दृश्य-श्रव्य रूपों में उसको व्यापक स्तर पर अपनाया जाने लगा था : जैसा कि हम देखेंगे, अन्त-19वीं सदी और आरम्भ-20वीं सदियों में पारसी थिएटर की बम्बई में केन्द्रित घुमक्कड़ कम्पनियों में और फिर बम्बई के फिल्म उद्योग में।[2] लेकिन गांधी की अपनी कांग्रेस में भी संस्कृतनिष्ठ हिन्दी के समर्थनों का प्रभाव बढ़ रहा था और स्वतंत्रता के बाद केन्द्र सरकार की सांस्कृतिक नीति पर उनका भारी वर्चस्व रहा। आकाशवाणी उसका सबसे प्रभावशाली साधन बन गई; जबकि अधिक जन-प्रचलित रूप घटती सीमा तक बम्बइया फिल्मों में लस्तम-पस्तम जारी रहे।[3]

साहित्य, उच्च और निम्न : कविता, उपन्यास, कहानियाँ

जैसा कि हमने देखा, आरम्भ-19वीं सदी से मुद्रित सामग्री की बाढ़ ईसाई मिशनरियों के किताबचों और उनके धर्मग्रन्थों के अनुवादों से शुरू हुई। दूसरे धार्मिक समूह भी कुछ खास पीछे नहीं रहे और वे मिशनरियों और दूसरे समुदायों के प्रवक्ताओं के साथ शास्त्रार्थों में भिड़ने लगे, पर सबसे बढ़कर आपस में ही भिड़ने लगे क्योंकि धार्मिक और सामाजिक परिवर्तन के कुछ विशेष प्रश्नों पर सुधारवादी और रूढ़िवादी दृष्टिकोण अब स्पष्ट रूप लेने लगे थे। आरम्भिक सामग्री का काफी भाग उपलब्ध पांडुलिपियों का मुद्रित रूप था, जिनके पंचांगों की अनेक प्रतियाँ भी शामिल थीं। दूसरी बुनियादी श्रेणी पाठ्य-पुस्तकों की थी जिनकी संख्या तेजी से बढ़ने लगी। इस आरम्भिक प्रतिमान की सांख्यिकीय पुष्टि 1852, 1853 और 1859 में बंगाली प्रकाशनों के बारे में रेवरेंड जेम्स लांग की तीन वर्णनमूलक सूचियों से होती है, जबकि 1860+ में यह आधिकारिक निर्देश जारी किया गया कि भारतीय भाषाओं

1. उत्तर भारत के पुस्तक इतिहास पर सबसे व्यापक रचना, जिसमें 1857 के बाद के यशस्वी नवलकिशोर प्रेस घराने पर ध्यान केन्द्रित करते हुए इन और सम्बन्धित मुद्दों की विवेचना की गई है, स्टार्क 2007 : विशेष रूप से अध्याय 7 : Hindi Publishing in a Stronghold of Urdu है।
2. बम्बइया सिनेमा की भाषा के तौर पर उर्दू का एक अच्छा वृत्तान्त केशवन 2008 में देखें।
3. हिन्दी, उर्दू और उनके सम्बन्धों पर ऐतिहासिक साहित्य बहुत विशाल है और बढ़ रहा है। उपरोक्त विवरण मुख्य रूप से डालमिया 1997/2010 : अध्याय 4-5; ओर्सिनी 2002; फ्राइटाग 1989 और पोलक 2003 पर आधारित है।

में प्रकाशित सभी पुस्तकों की प्रतियाँ लन्दन भेजी जाएँ; ब्रिटिश लाइब्रेरी (पहले इंडिया आफिस) में देसी ग्रन्थों की जो मूल्यवान शृंखला आज उपलब्ध है उसकी बुनियाद इसी तरह पड़ी।[1] लांग ने इसकी पुष्टि की है कि धर्मग्रन्थ, पुराण ग्रन्थ और धार्मिक किताबचे लगभग 1850 तक प्रकाशनों की सबसे बड़ी श्रेणी में आते थे, जबकि पंचांगों और विद्यालयों की पाठ्य-पुस्तकों की सबसे अधिक संख्याएँ छपती थीं।[2] पत्र-पत्रिकाओं का भी काफी पहले ही 1820 के आसपास से आरम्भ हो चुका था। 1850+ से उनको अधिक प्रमुखता मिलने लगी जिनको लांग ने 'उपयोगी पुस्तकें' कहा है; इससे उनका अभिप्राय जीवन-वृत्तान्तों और इतिहासों से था (1844-52 तक ही प्रतिवर्ष प्रकाशित पुस्तकों में इन इतिहासों का भाग 5.44 प्रतिशत हो चुका था), इससे उनका अभिप्राय नैतिक और वैज्ञानिक विमर्शों और अंग्रेजी की क्लासिक रचनाओं के अनुवादों से भी था। इनमें 'करके सीखो' हस्तपुस्तिकाओं की बढ़ती संख्या और बेपनाह विविधता को भी शामिल किया जा सकता है; इनमें उदाहरण के लिए घरेलू कामकाज की पुस्तिकाएँ, पाक-कला की पुस्तकें तथा पत्नियों के लिए नैतिक आचरण और शिष्टाचार की मार्गदर्शिकाएँ भी शामिल की जा सकती हैं। देसी ग्रन्थों की सूचियों में ये बहुत प्रमुखता से दिखाई देती हैं। तेजी से विकसित हो रही मुद्रण संस्कृति के अभाव में किसी सार्थक पैमाने पर ऐसे किसी साहित्य की कल्पना भी की जा सकती थी।

दूसरा बड़ा परिवर्तन 1850+ से आया और यह बंगाल के 'उच्च' साहित्य सम्बन्धी सुज्ञात तथ्यों से काफी मेल खाता है। यह था गद्य-साहित्य और नाटकों की संख्या में भारी वृद्धि, जो 1865 में बिक्री के लिए उपलब्ध शीर्षकों की लगभग एक चौथाई थी। अन्त-1850+ तक कलकत्ता में लगभग 45-50 छापाखाने चल रहे थे :

---

1. राय की दी हुई सामग्री का एक सुविधाजनक सारसंक्षेप राय 1996 में किया गया है। बंगला में प्रकाशनों की एक और भी व्यापक सूची आगे चलकर 20वीं सदी के विद्वान जतीन्द्रमोहन भट्टाचार्य ने तैयार की थी और यह 1993 में, उनकी मृत्यु के बाद छपी। चटर्जी के ग्रन्थ में योगदान देनेवाले दूसरे विद्वानों के साथ राय ने भी 'निगरानी' के आयाम पर जोर दिया है और यह तत्त्व निश्चित ही मौजूद था, खासकर 1857 के परिणामस्वरूप। लेकिन लांग की मूल्यवान पुस्तक में उदीयमान देसी भाषाओं के मुद्रित साहित्य सम्बन्धी जिज्ञासा और रुचि की भी एक भूमिका थी। निगरानी के 'उपनिवेशी' आयाम की अतिशयोक्ति नहीं की जानी चाहिए और न ही इसे 'उपनिवेशी' भेद की पहचान करार दिया जाना चाहिए। 19वीं सदी में यूरोप के अनेक भागों में सेंसरशिप की कोई कमी नहीं थी—जारशाही रूस और नेपोलियन तृतीय के राजवाले फ्रांस इसी के दो उदाहरण हैं—जबकि भारत में देसी प्रकाशनों पर नियंत्रण लगानेवाला सामान्य कानून 1878 में ही बना।
2. तमिलनाडु में पंचांगों की बेपनाह लोकप्रियता के बारे में वेंकटचलपति ने सी.एन. अन्नादुराई का 1950 का यह कथन उद्धृत किया है : 'हमारे समाज में दो किताबें सबसे अधिक बिकती हैं : एक तो पंचांग और दूसरे रेलवे की समय-सारिणी'। वेंकटचलपति 2012 : अट्ठारह देखें।

5 बटाला क्षेत्र में ही कोई 20 थे। 1859 में उस नगर में कुल 5,71,670 प्रतियाँ छपीं। 1877 तक बंगाली छापाखानों की संख्या पूरे प्रान्त में बढ़कर 77 हो चुकी थी जिनमें 61 कलकत्ता में ही थे।[1]

दूसरी भारतीय भाषाओं के आरम्भिक प्रकाशनों के बारे में काफी कम सामग्री उपलब्ध है या पाई गई है; इसका आंशिक कारण उपमहाद्वीप के दूसरे भागों में छापाखानों का देर से शुरू होना और असमान ढंग से बढ़ना है। फिर भी पुस्तकों सम्बन्धी हालिया इतिहास-ग्रन्थों ने—खासकर हिन्दी के बारे में ओर्सिनी और स्टार्क के तथा तमिल के बारे में वेंकटचलपति के ग्रन्थ—इन भाषाओं के सिलसिले में इस कमी को दूर किया है। हम यह मान सकते हैं कि गुजराती और मराठी में भी मुद्रण का आरम्भ दूसरी भाषाओं की तर्ज पर ही हुआ, जैसा कि बम्बई में पत्र-पत्रिकाओं के सिलसिले में हुआ, जबकि मुद्रण के आरम्भिक दिनों से ही उर्दू में धार्मिक ग्रन्थों, हस्तपुस्तिकाओं, शायरी और गद्य की पुस्तकों की भारी संख्या का पता चला है। सदी के मोड़ तक उत्तर भारत के अनेक नगरों में उर्दू पुस्तकों का एक फलता-फूलता बाजार विकसित हो चुका था; देवनागरी हिन्दी का स्थान उसके बाद आता है। आज इन भूली-बिसरी वस्तुओं के अधिकांश भाग ने सुस्थापित विधाओं का पुनरुत्पादन किया, लेकिन कुछ रोचक प्रवर्तन-कार्य भी हुए, मसलन जासूसी कहानियों के सिलसिले में।[2]

इस मुद्रित सामग्री का काफी बड़ा भाग आज, सामाजिक इतिहासकारों को छोड़ शायद ही कोई पढ़ता हो। इसे 'क्षुद्र' से अधिक कुछ भी नहीं कहकर रद्द करने की प्रवृत्ति भी रही है, क्योंकि लम्बे समय तक केवल मशहूर लेखकों की रचनाओं को ही साहित्य कहा जाता था। इस 'साहित्य के क्षुद्र जीवन' का या 'क्षुद्र पुस्तकों' के संसार का आज दुनिया के अनेक भागों में गहराई से अध्ययन किया जा रहा है,[3] हालाँकि आज एक उलटी प्रवृत्ति भी जारी है : ऐसे प्रकाशनों का रोमानीकरण कि ये तो 'अधोसंसार' से आई हैं, जिसे विद्रोही या मूलगामी मान लिया जाता है। ऐसे दृष्टिकोणों के आकर्षण का एक खासा बड़ा कारण उन रचनाओं की प्रधानता है, जिनको लांग ने निन्दा-भाव से 'कामुक' रचनाएँ कहा है, और यह भी कि इनके लेखक गुमनाम हैं। अश्लील लेखन के भय से 1856 तक भी ऐसी सामग्रियों पर प्रतिबन्ध के प्रयास किए जाने लगे थे, और भद्रलोक अक्सर इस दृष्टिकोण में भागीदार होता था। कुछ नारीवादियों ने इसमें स्त्रियों की कायाओं और कामुकता को

---

1. अंग्रेजी में अभी तक बटला का सबसे विस्तृत विवरण घोष 2006 : 118, यथास्थान में उपलब्ध है। वैसे अनेक बंगाली अध्ययन भी हुए हैं।
2. ओर्सिनी 2004 : 435-82
3. रोजर चार्टियर, राबर्ट डार्नटन और मार्गरट स्पूफर्ड जैसे इतिहासकारों द्वारा प्रयुक्त शब्द, जिन्होंने 17वीं और 18वीं सदियों में फ्रांस और इंग्लैंड में ऐसी ही संवृत्तियों का अध्ययन किया है।

नियंत्रित करने का प्रयास माना है, जो कथित रूप से विक्टोरियाई ब्रिटेन और उपनिवेशी भारत दोनों की खास विशेषता है, और ऐसे परिप्रेक्ष्यों में कभी-कभी ऐसे यौनवाद से मुक्त एक उपनिवेश-पूर्व संसार की समस्याजनक प्रतिबद्धता भी नजर आ सकती है।[1] पढ़े-लिखे लोगों, अंग्रेजी रंग में रँगे सज्जनों के मखौल से भरी इन छोटी पुस्तकों का संसार शिक्षित स्त्रियों और पत्नियों के प्रति अपमान के भाव से और भी अधिक भरा हुआ है तथा उनको प्रहसन और व्यंग्य रचनाओं का निशाना बनाया गया है; इनमें से अनेक में तो व्यंग्यमय चित्र भी हैं।[2] इन पुस्तकों को 1860+ और 1890+ के बीच काफी प्रधानता प्राप्त रही जब विधवा-विवाह, बहुपत्नी विवाह पर प्रतिबन्ध और वयस्कता की आयु बढ़ाने से सम्बन्धित समाज-सुधार मध्यवर्गीय जीवन के केन्द्रीय प्रश्न थे।

लेकिन इस जोरदार पुरुष प्रधान सुर के कारण हमें ठहरकर कुछ सोचना होगा, और इस तथ्य के कारण भी कि ऐसे लेखकों में एक बड़ा भाग सवर्ण उपनामोंवाले पुरुषों का था, हालाँकि अक्सर ये लोग बिना शक निम्नमध्यवर्गीय किरानी परिवेश के थे।[3] न ही हमें यह मान लेना चाहिए कि सिर्फ मामूली लोग ही ऐसी पुस्तकों को, और शायद कामुक पुस्तकों को भी पढ़ रहे थे, जैसा कि उनको नियंत्रित करने के प्रयासों की असफलता ही इसके संकेत देती है। अंग्रेजी पढ़े-लिखे लोगों के तौर-तरीकों की आलोचना को कभी-कभी एक वैकल्पिक, 'अधोसंसारी', 'मूलगामी', यहाँ तक कि प्रच्छन्न राष्ट्रवादी जगत से जोड़ने की जो प्रवृत्ति पाई जाती है उसका कोई खास आधार नहीं है। एक उपनिवेशवादी झुकाव के साथ मध्यवर्ग की देशभक्ति की बहुत थोड़ी-सी जो आरम्भिक अभिव्यक्तियाँ हैं, उनमें एक अभिव्यक्ति वास्तव में 1830+ के दौरान घोर मूर्तिभंजक देरोजियोवादी समूह के एक सदस्य का एक अंग्रेजी लेख है। पश्चिमी या उपनिवेशवादी तथा परम्परागत या देसी जीवन-मूल्यों

---

1. उपनिवेश-पूर्व लैंगिक संवेदनशीलता के महिमामंडन का एक निहित खंडन दूसरों के अलावा रोजालिंड ओ' हैनलन की हालिया रचना में मिलता है : ओ' हैनलन 1914 में 'Gender Between Empires' वाले भाग में उनके लेख देखें।
2. इस बात पर जोर देने की आवश्यकता है कि मुद्रण के कारण आज के सुज्ञात कालीघाट रंगचित्रों (नीचे विवेचित) समेत हर तरह की दृश्य-सामग्री का बड़े पैमाने पर यांत्रिक पुनरुत्पादन भी सम्भव हुआ।
3. यह सही है कि इस संसार में स्त्रियों को प्रवेश आसान लगता होगा जबकि पहले वर्णित मुसलमानी बंगला के विकास को भी इसी श्रेणी में रखा जा सकता है। सदी के परिवर्तन तक निचली जातियों के सदस्यों द्वारा भी बड़ी संख्या में रचनाएँ लिखी जाने लगी थीं, जो सामान्यत: उच्चजातीय वर्चस्व की आलोचक थीं। लेकिन ऐसी श्रेणियों में भी कुछ लोगों ने ऐसी पुस्तकें और पत्रिकाएँ प्रकाशित कीं जो खासी मशहूर हुईं—1860+ से बंगाल में स्त्रियों, (अधिक रूढ़ बंगला में लिख रहे) कुछ मुसलमानों तथा दूसरे प्रान्तों में 1860+ तक फुले जैसे निचली जातियों के विद्रोहियों द्वारा।

की विभाजन-रेखा ब्रिटिश शासन के वफादारों और आलोचकों के बीच की विभाजन-रेखा से शायद ही कभी सटीक ढंग से एकाकार रही होगी।[1]

अब हम 'उच्च' साहित्य-जगत की ओर आते हैं, पर यहाँ पर उन दो महत्त्वपूर्ण नई विशेषताओं को उजागर करना सुविधाजनक ही होगा जो कि, हालाँकि अक्सर अलग-अलग तरीकों से, उच्च और निम्न प्रकाशनों की एकसमान निशानियाँ थीं। पहली विशेषता समाज-सुधार सम्बन्धी बहसों का मुद्रण के क्षेत्र में आना था—पश्चिमी शिक्षा को छोड़ दें तो इसमें बड़ी सीमा तक स्त्रियों से सम्बन्धित प्रश्न उठाए गए। सदी के एकदम आखिर तक यह शिक्षित मध्यवर्गीय समूहों का प्रमुख सरोकार था। हम पहले ही ऐसे मुद्दों के महत्त्व की चर्चा कर चुके हैं जो छोटी पुस्तकों की दुनिया में अधिकतर सुधार विरोधी तरीकों से पेश किए जाते थे; उच्च संस्कृतिवाली पत्रिकाओं और साहित्यिक रचनाओं की एक बड़ी संख्या में भी उनकी उपस्थिति उतनी ही स्पष्ट है। मीनाक्षी मुखर्जी ने 'उद्देश्यमूलक उपन्यासों' की एक पूरी श्रेणी की पहचान की है जो धर्म-परिवर्तन या समाज-सुधार के साधनों के रूप में लिखे गए।[2] फिर भी कल्पनामूलक साहित्य में लैंगिक सम्बन्धों से इस सरोकार का परिणाम स्त्री पात्रों की एक नई केन्द्रीयता के रूप में सामने आया : उच्च श्रेणी के उपन्यासों, कहानियों और नाटकों की एक बड़ी संख्या में वे अधिक शक्तिशाली और अधिक स्मरणीय चरित्रों के रूप में नजर आती हैं। इसी के विपरीत उन्हीं रचनाओं में पुरुष कायर और काफी कम दिलचस्प दिखाई देते हैं। इस तरह का विपर्यय सुधार के सवाल पर घोर पुरातनपन्थी विचारोंवाले पुरुषों द्वारा रचे गए साहित्य तक में स्पष्ट रहा। जब वह सदी अपने अन्त की ओर बढ़ रही थी तब स्त्रियों को मुल्की पवित्रता और सम्मान के अन्तिम गढ़ के रूप में अधिकाधिक देखा जाने लगा; इसके विपरीत उनके ही पुरुष ऐसे थे जिन्होंने विदेशी विजय और सांस्कृतिक प्रभुत्व के आगे दब्बूपने के साथ समर्पण कर दिया था।[3]

संवादों की एक बड़ी संख्या में इतिहास को मिली, गुणात्मक रूप से नई प्रमुखता—उसके अर्थ और उसके प्रतिमानों के बारे में पूरी तरह नई मान्यताओं के साथ उनकी नई प्रमुखता—एक और बुनियादी नवीनता थी। पुरानी पाठशालाओं या

1. ऐसे समेकन सुमन्त बनर्जी की अग्रगामी रचनाओं, मुख्यत: 'The Parlour and the Streets : Elite and Popular Culture in Nineteenth Century Calcutta' (बनर्जी 1989) में, और कुछ अधिक घालमेलवाले ढंग से अनिंदिता घोष के यहाँ देखे जा सकते हैं। ये देरोजियोवादी कैलाशचन्द्र दत्त थे, जिनकी लिखी कहानी कलकत्ता में 1805 में अंग्रेजों के खिलाफ एक काल्पनिक विद्रोह के बारे में थी। काफी उल्लेखनीय बात यह है कि यह Calcutta Literary Gazette में 1835 में प्रकाशित हुई; इसके सम्पादक अंग्रेज अध्यापक डी. एल. रिचर्डसन थे। यह सीमाओं में कभी-कभी पड़नेवाले सूराखों का एक और संकेत है। दास 1991 : 80 देखें।
2. मुखर्जी 1999
3. इस प्रस्थापना का सबसे मशहूर स्रोत चटर्जी 1989 ही है।

प्राथमिक विद्यालयों में जहाँ भाषा, अंकगणित और आरम्भिक खातेदारी सम्बन्धी व्यावहारिक प्रशिक्षण पर ध्यान केन्द्रित किया जाता था, वहीं इतिहास अब प्राथमिक और माध्यमिक शिक्षा का एक बुनियादी तत्त्व बन गया—मुद्रण के आगमन से पहले अध्यापन-सम्बन्धी पांडुलिपियाँ प्रधान रूप से धर्म, नैतिकता या व्याकरण सम्बन्धी विषयों की होती थीं। साफ तौर पर गायब रह चुकने के बाद इतिहास अब विद्यालयों में एक अनिवार्य विषय बन गया और उसे दूसरे पाठ्यक्रमों और खासकर भाषाओं के एक पक्ष के रूप में अधिकाधिक पढ़ाया जाने लगा।[1] इस नए महत्त्व को और अधिक इस तथ्य ने बढ़ाया कि स्वयं औपचारिक शिक्षा, ऐसे तरीकों से जो पहले अज्ञात थीं, प्रतिष्ठित व्यवसायों, पेशों और व्यवसायों के लिए अनिवार्य बनती जा रही थीं।

लेकिन किस प्रकार के इतिहास? यहाँ स्पष्ट परिवर्तन दिखाई देते हैं, खासकर एक तरफ उस रूढ़िवादी ब्राह्मण की रचना, जिसे कम्पनी ने अपने अधिकारियों के लिए भाषा के पाठ्यक्रम में एक ऐतिहासिक सर्वेक्षण तैयार करने का काम दिया, और दूसरी तरफ पचास साल बाद विद्यालयों की एक पाठ्य-पुस्तक के बीच के विपर्यय में। इनमें से पहली रचना मृत्युंजय विद्यालंकार कृत 'राजाबलि' (राजाओं का वृत्तान्त, श्रीरामपुर, 1805) थी जो समय की चक्रीय धारणा पर परम्परागत ब्राह्मणवादी समझ की प्रस्तुति से शुरू होती है, जिसमें चार युग योनियों-योनियों बाद स्वयं को दोहराते हैं और जिनमें से अन्तिम और सबसे बुरा युग कलियुग है, जो हमेशा वर्तमान में मौजूद दिखाई देता है। लेकिन राजवंशों के आने और जाने के बारे में लेखक ने जो अन्यथा रैखिक वृत्तान्त प्रस्तुत किया है उसमें ऐसी चक्रीयता ने कोई समस्या पैदा नहीं की। जो मॉडल जल्द ही सर्वव्यापी बन गया उसके विपरीत इसमें उल्लेखनीय अभाव उस प्रमुख क्रमभंग की किसी समझ का है जब मुस्लिम राजवंशों ने हिन्दू राजवंशों को विस्थापित किया या जब मुस्लिम शासन ने कम्पनी के शासन के लिए जगह खाली की : इसमें शासक या तो अच्छे थे या अच्छे और दागदार थे, और उनके मूल या धर्म का कोई महत्त्व नहीं था। कुशासन को अत्यधिक हावी स्त्रियों के आगे शासक की अधीनता से तथा राजत्व और निष्ठा के सही मानदंडों के हनन से जोड़ा गया था। लेकिन ऊपर दर्ज दूसरी रचना नीलमणि बासक कृत 'भारतबर्षेर इतिहास' (कलकत्ता, 1857) थी जिसने अगली एक सदी या और भी अधिक समय तक पाठ्य-पुस्तकों में भारतीय इतिहास के काल-विभाजन के मानदंड तय किए; यह काल-विभाजन प्राचीन, मध्यकालीन और आधुनिक का था जिसे हिन्दू, मुस्लिम और ब्रिटिश कालों से जोड़ा गया। फिर जल्द ही पहले के हिन्दू स्वर्णकाल के मुकाबले मध्यकालीन 'मुस्लिम' काल को अवनति और निरंकुशता से जोड़ दिया गया। वर्तमान को कभी-कभी पुनर्जागरण के रूप में पेश किया गया,

1. शहीदुल्लाह 1987 : यथास्थान।

जो कि अतीतवाली महानता की पुनर्स्थापना था, और महानता की इस धारणा में पाश्चात्य आधुनिकता का स्वीकार और प्राचीन वैभव का पुनरुत्थान शामिल थे।

उत्तर भारत में जहाँ कि अभिजात मुस्लिम संस्कृति कभी भी फल-फूल रही थी, शिक्षित मुसलमानों ने जल्द ही इस बुनियादी रूपरेखा को स्वीकार कर लिया; बस हुआ यह कि हिन्दू स्वर्ण युग की जगह मध्यकाल की विश्वव्यापी मुस्लिम शान-शौकत को दे दी गई : मुगलों की शान-शौकत, उमय्या और अब्बासी शासकों की गरिमा को, वगैरह-वगैरह। और भी नीचे जनता की सतह पर, जैसा कि हम देख चुके हैं, कलियुगवाली रूपरेखा कई दशकों तक नहीं मरी। यह भिन्न भी थी और समान भी थी; आदर्श काल तो बहुत पीछे, अतीतवाला ही था पर उसके बाद आया एक निरन्तर और अपरिहार्य पतन वर्तमान में व्यक्त हो रही निचली गहराइयों के रूप में चरम पर पहुँचा तथा उच्छृंखल स्त्रियाँ, अति-शक्तिशाली शूद्र और पतित ब्राह्मण इस अधमकाल के सूचक थे। कालि के नगर 'कलकत्ता' के नाम पर भी काफी खिलवाड़ किया गया, क्योंकि इस आधुनिक नगर की नकारात्मक छवियाँ उस काल की ढेरों साहित्यिक और दृश्य प्रस्तुतियों में दिखाई देती हैं।[1]

हिन्दू और मुस्लिम, दोनों सम्प्रदायों के निर्माण में ये परिवर्तन नाजुक तत्त्व बन गए। अक्सर उनको ब्रिटिश समझ के हावी प्रभाव का परिणाम मान लिया जाता है या फिर 'बाँटो और राज करो' की उपनिवेशवादी रणनीतियों के मत्थे मढ़ दिया जाता है। इनकी एक भूमिका तो निश्चित ही थी : मिसाल के लिए 'मुस्लिम' आक्रांताओं के खिलाफ राजपूतों के शौर्यमय प्रतिरोध पर टाड के बेहद रोमानी मूल्यांकनों के दूरगामी और स्थायी प्रभाव के बारे में, या ऐसे ही तरीकों से शिवाजी का गुणगान करनेवाले ब्रिटिश वृत्तान्तों के बारे में सोचें, या यह सोचें कि सल्तनतकालीन और मुगलकालीन वृत्तान्तों से लिए गए उद्धरणों के अनुवादों के बारे में 1857 के बाद के संस्करण में इलियट और डासन ने किस-किस तरह से जाहिरा तौर पर हिन्दू-विरोधी अंशों को रेखांकित किया है। देसी भाषाओं में ऐसे मुस्लिम विरोधी भावों की साहित्यिक प्रस्तुतियों को कभी-कभी दो तरह से स्पष्ट किया जाता है। कोई-कोई उनको ऐसी गुप्तभाषी रचनाएँ मानता है, खासकर बंकिमचन्द्र के उपन्यासों को, जिनमें पाठकों से आशा की जाती है कि वे अपने मन में 'मध्यकालीन मुस्लिम निरंकुशता' की जगह 'ब्रिटिश कुशासन' का भाव ले आएँगे। इसमें मध्यवर्गीय रचनाओं के बारे में एक निरन्तर और व्यापक उपनिवेशी सेंसरशिप की मान्यता निहित है—एक ऐसी मान्यता जिसे 1905 के आसपास से जुझारू राष्ट्रवाद के उदय से पहले स्वीकार कर पाना मुश्किल है। फिर भी दिलचस्प बात यह है कि 1857 के विद्रोह और उसके दमन के फौरन बाद अनेक भारतीय भाषाओं में मध्यकालीन

1. सरकार 1997 : अध्याय 1, 5-6, 8; कुछ भिन्न दृष्टिकोणों के बारे में चटर्जी 1994 और कविराज 1995 देखें।

मुस्लिम जालिमों के खिलाफ हिन्दुओं के शौर्यमय प्रतिरोध सम्बन्धी खंडकाव्यों और जल्द ही उपन्यासों की अचानक एक बाढ़-सी आ गई—ये ऐसी घटनाएँ थीं, जिनसे शिक्षित मध्यवर्ग पूरी तरह लापरवाह रहा और अक्सर सार्वजनिक रूप से अपनी वफादारी का ऐलान करता आ रहा था। दूसरी व्याख्या का आधार यही है : यह संकेत देना कोई बहुत अव्यावहारिक नहीं होगा कि मुस्लिम-जुल्मों की दास्तानों ने उसके अपराध-बोध के लिए एक सीमा तक मरहम का काम किया हो, उस अपराध-बोध की जिसकी खुली अभिव्यक्ति 1857 के फौरन बाद के काल में जोखिम से भरी होती।[1] तब जारी काल में वफादारी को अक्सर इस दावे के बल पर उचित ठहराया जा सकता था कि ब्रिटिश शासन मुस्लिम दौर से लाख गुना बेहतर था।

इसमें शायद ही शक हो कि नए इतिहास का एक बड़े भाग ने अनेक प्रकार की राष्ट्रवादी पहचानों के—घोषित उपनिवेश-विरोधी, हिन्दू या मुस्लिम साम्प्रदायिक, या क्षेत्रीय पहचानों के—विकास को बहुत अधिक प्रेरित किया। इनकी परिकल्पना हमेशा ही रैखिक ढंग से की जाती रही, जिसमें तीन 'कालों' के विभाजन का मिलता-जुलता ढर्रा मौजूद होता था। इस मॉडल के बहुमुखी उपयोग का एक उल्लेखनीय उदाहरण यह था कि हिन्दू समाज सुधारकों ने अक्सर स्त्रियों की दशा में सुधार का आग्रह सामाजिक बुराइयों को—जैसे विधवा-दहन, विधवा-विवाह पर प्रतिबन्ध और बाल विवाहों को—मुस्लिम शासन में हिन्दुओं के पतन के परिणाम ठहराकर किया : जाहिर यह किया गया कि उससे पहले के 'हिन्दू युग' में स्त्रियों की स्थिति अद्‌भुत सीमा तक गौरवशाली थी। अक्सर-बेशतर इन समझों के हिन्दू या मुस्लिम विरोधी झुकाव को ऐसे सांस्कृतिक राष्ट्रवाद से जोड़ा गया जिसका एक मुस्लिम प्रतिरूप भी मौजूद था। इसी तरह कुछ विद्वानों ने सुधारों के प्रति रूढ़िवादी प्रतिरोध को सांस्कृतिक राष्ट्रवाद का एक और रूप बतलाकर पेश किया है। इन दोनों मिसालों में एक घोर रैखिक प्रयोजनवाद (टेलियोलाजी) की मान्यता निहित है : यह मान लिया गया है कि 19वीं सदी के राष्ट्रवाद की हर बात ने बेरोक ढंग से 20वीं सदी के राष्ट्रवाद के विविध रूपों को जन्म दिया। इस पुस्तक में अनेक स्थानों पर मैंने राष्ट्रवाद के पीछे मौजूद ऐसी समझों के खिलाफ तर्क दिया है। जैसा कि हम देखेंगे, 19वीं सदी का साहित्य विपरीत तर्कों के पक्ष में काफी साक्ष्य प्रदान करता है। फ्रेडरिक जेम्सन के एक प्रभावशाली लेख में ली गई मान्यता के विपरीत 'तीसरी दुनिया का साहित्य' हमेशा कोई 'राष्ट्रीय रूपक' नहीं होता था।[2]

1. एक सुस्पष्ट ब्रिटिश विरोधी दृष्टिकोण से 1857 और उसके निर्मम दमन का वृत्तान्त लिखने का पहला प्रयास 1909 में ही किया गया; यह विनायक दामोदर सावरकर कृत First Indian War of Independence था, जिसे फौरन प्रतिबंधित कर दिया गया।
2. जेमसन 1986 : 65-88; एक कारगर आलोचना के लिए अहमद 1987 : 3-25 देखें।

काव्यशास्त्र के अनदेखे पंख : कविता और काव्य-रूप

कविता मुद्रण-पूर्व साहित्यिक अभिव्यक्ति का प्रमुख रूप थी और यह अप्रत्याशित नहीं कि इसकी कुछ परम्परागत विधाएँ नए काल में भी जारी रही हैं।[1] मुद्रण ने हमेशा पुराने, दरबारी और 'लोक' दोनों प्रकार के रूपों की पहुँच को बढ़ाकर उन्हें प्रोत्साहित किया। मसलन छपाई के साथ पंजाबी किस्से और झगड़े फले-फूले, यहाँ तक कि नए शिक्षित मध्यवर्ग से निकले सुधारकों ने भी नए सन्देशों को लोकप्रिय बनाने के लिए उनके 'भोंडे' मुहावरों का उपयोग किया।[2] हीर-राँझा की कहानी 1886 तक में किस्से के रूप में प्रचलित थी।[3] मुद्रण ने लोकगीतों और लोककथाओं की जीवनरक्षा भी की, जिसके कारण लोकसंग्राहकों, मानवशास्त्रियों और इतिहासकारों के अकादमिक अध्ययन सम्भव हुए।[4] साहित्य के 'अभिजात' रूपों में नहीं मगर कुछ लोक-प्रचलित वीरगाथाओं में देशभक्ति से भरी ब्रिटिश विरोधी भावनाओं के आरम्भिक रूप नजर आते हैं। 1857 के विद्रोह में शामिल एक छोटी-सी राजपूत रियासत बूँदी के एक दरबारी कवि द्वारा रचित एक वीरगाथा बाकी राजपूत दरबारों की वफादारी पर चोट करती है। विद्रोह की महिमा के लोकगीत मध्य भारत के अनेक भागों में लम्बे समय तक प्रचलित रहे। गाँवों में इससे भी अधिक लम्बे समय तक मौखिक वीरगाथाओं या पवाड़ों के रूप में मराठा सूरमाओं और खासकर शिवाजी के शौर्य की प्रशंसा करनेवाले किस्से जारी रहे।[5]

अतीत के काव्य-रूपों के साथ अभिजात साहित्य की निरन्तरता को लें तो उर्दू गजल, जो मिर्जा गालिब की शायरी में अपने चरम को पहुँची थी, भोपाल, हैदराबाद और रामपुर जैसे शेष बचे मुस्लिम दरबारों के संरक्षण में जारी रही। कुछ साहित्यकार संक्रमणकालीन माने जाते हैं : जैसे गुजरात में दलपतराम और बंगाल में दशरथी रे और ईश्वर गुप्त। उनको अंग्रेजी का ज्ञान कम ही था या नहीं था, पर उन्होंने

1. यह बात स्पष्ट हो जानी चाहिए कि यहाँ और आगे अनेक भाषाओं में साहित्य के विकास पर मेरे लाजिमी तौर पर संक्षिप्त विवरण व्यापक होने के प्रयास तक नहीं कर सकते। ऐसी कोई भी कोशिश एक नीरस पुस्तक-सूची बनकर रह जाएगी मगर बहुत अपर्याप्त ही रहेगी। एक समग्र सर्वेक्षण में रुचि रखनेवाले लोग दास 1991 को तथा वर्ष 1911-56 को समेटनेवाली बाद की जिल्द को देखें। विशेष भाषाओं में साहित्य के इतिहासों की निश्चित ही एक बहुत बड़ी संख्या मौजूद है और अलग-अलग लेखकों के अनेक अध्ययन भी मौजूद हैं।
2. पंजाब के एक सामाजिक इतिहासकार (मल्होत्रा 2002) ने इस सामग्री का दिलचस्प इस्तेमाल किया है।
3. उपनिवेशी पंजाब में महाकाव्य के रूप में हीर-राँझा के वृत्तान्तों की प्रस्तुतियों और पुनर्प्रस्तुतियों समेत भाषा और साहित्य के सामाजिक इतिहास की भरपूर छानबीन मीर 2010 में मिलती है।
4. दक्षिण भारत के बारे में उदाहरण के लिए ब्लैकबर्न 2003 देखें।
5. या 'पवाड़ा': महाराष्ट्र में इन व इतिहास-रचना की दूसरी विधाओं के विस्तृत विवरण के लिए देशपांडे 2007 देखें।

प्रौद्योगिक प्रवर्तनों, स्त्री-शिक्षा और विधवा-विवाह के बारे में कविताओं और व्यंग्य की रचना की।[1]

1860+ और 1910+ के बीच की कोई आधी सदी में नए शिक्षितजन की रची हुई कविताओं के 'आधुनिक' रूपों के विकास में मोटे तौर पर तीन चरणों की पहचान की जा सकती है। विशेष भाषाओं में उनकी कालगत अभिव्यक्तियों में काफी विविधताएँ थीं पर पहले चरण में प्रधानता ऐतिहासिक विषयों पर रचित लम्बे खंडकाव्यों की रही, जिनका सूचक, मिसाल के लिए, बंगाली में रंगलाल बंद्योपाध्याय रचित 'पद्मिनीर उपाख्यान' (पद्मिनी की गाथा, 1858) और गुजराती में नर्मदाशंकर कृत 'हिन्दुओं-ना-पदति' (हिन्दुओं का पतन, 1866) थीं। मुसलमानों के जुल्म सम्बन्धी नई मान्यताओं को सबसे स्पष्ट अभिव्यक्ति ऐसे ही 'ऐतिहासिक' काव्यों में मिली। इस रूढ़ छवि का ठीक-ठीक समरूप उर्दू में हाली का स्मरणीय वृत्तान्तमूलक काव्य 'मुसद्दस' (1879) था।[2] यहाँ खोए हुए स्वर्णयुग को भारत में और दूसरी जगहों पर मध्यकालीन इस्लाम की आन-बान-शान में स्थित बतलाया गया था। रंगलाल की—और बंगाल में वृत्तान्तों की इसी तर्ज के दूसरे कवियों, जैसे हेमचन्द्र बंद्योपाध्याय और नवीनचन्द्र सेन की—कुछ रचनाओं में देशभक्ति-काव्य का एक ढेर भी शामिल था, जिनमें 'भारत' की स्थिति पर काफी रोया-गाया गया है, पर उसकी इस दुखद छवि को आसानी से उस मध्यकालीन सन्दर्भ से बाहर निकाला जा सकता है जिसमें वह आज भी स्थित है। मसलन नवीनचन्द्र ने पलाशी के युद्ध पर एक लम्बा मर्सिया (पलाशीर युद्ध, 1876) लिखा था। वैसे इस काव्य का नायक एक हिन्दू सेनापति है, जिसे मुस्लिम सैनिकों को ब्रिटिश तोपों के मुकाबले न भागने के लिए समझाते-बुझाते दिखाया गया है। खोई हुई गरिमा का ऐसा ही मातम हिन्दी काव्य में भारतेन्दु हरिश्चन्द्र की रचना 'भारत भिक्षा' (1878) के माध्यम से अभिव्यक्ति मिली।[3]

माइकेल मधुसूदन दत्त (1824-73) के रूप में हम एक और ही स्तर पर जा पहुँचते हैं। दत्त और शीघ्र ही उनके बाद आनेवाले उपन्यासकार और निबन्धकार बंकिमचन्द्र चट्टोपाध्याय (1838-74) और फिर रवीन्द्रनाथ ठाकुर (1861-1941) वह त्रयी हैं, जिन्होंने अन्त-उपनिवेश काल के साहित्य के इतिहास में बंगला साहित्य को एक विशेष स्थान दिलाया। दत्त स्वेच्छाचार की सीमा तक मूर्तिभंजक और ठीक-ठीक कहें तो आयु में न सही पर रंग-ढंग में देरोजियोवादी थे। (देरोजियोवाद

1. मिसाल के लिए दलपत्रम ने 1851 में 'उद्योग का हमला' शीर्षक से एक लम्बी कविता प्रकाशित कराई, जिसमें 'राजा उद्योग' और 'फील्ड मार्शल मशीनरी' और उनसे पहले 'जनरल खुरदरा लम्बा वस्त्र' देश को फतह करते हैं। वैसे इसका सुर प्रशंसात्मक है और इस विजय को अंधविश्वास, अज्ञान और निकम्मेपन की पराजय कहा गया है। दास 1991 : 100-1 देखें।
2. इस रचना के आधुनिक अंग्रेजी अनुवाद के बारे में शैकिल और मजीद 1997 देखें।
3. डालमिया 1997 : 2010, 287

की विवेचना अगली जिल्द में की जाएगी।) ये ही दत्त एक बहुत ही रचनात्मक ढंग से अपने आपको पश्चिमी—अंग्रेजी और कुछ यूरोपीय—साहित्य में डुबो चुके थे। बंगला में उन्होंने 'तिलोत्तमा' (1860) और 'मेघनादवध' (1861) के जरिये गद्यकाव्य का और 'चतुर्दशपदी कवितावली' (1866) के जरिये सानेट का आरम्भ किया। इससे भी अधिक दुस्साहस का काम उनका विषयों का उल्लेखनीय विपर्यय था; उन्होंने परम्परागत संस्कृत सामग्री का उपयोग तो किया पर जीवन-मूल्यों को इस तरह पलट दिया कि वह आधुनिक हिन्दुत्व के समर्थकों को बेहद उत्तेजक लगेगा। मिसाल के लिए उन्होंने 'मेघनादवध' में रावण और उसके बेटे मेघनाद को अपने आक्रमण के शिकार देश के सूरमा रक्षक बनाकर पेश किया। इसके विपरीत राम उनको दब्बू लगते थे। एक जगह उन्होंने लिखा है : 'मुझे राम और उनके जमावड़े से घिन आती है।' सीता के दुख पर उनको सहानुभूति तो है पर युद्ध में मेघनाद की पत्नी प्रमिला के साहस को उन्होंने रेखांकित किया। उनके अर्ध-नारीवादी जीवन-मूल्यों के अनुरूप ही उनकी रचना 'वीरांगना काव्य' (1862) ने महाकाव्य-पुराण धरोहर की अनेक सुज्ञात कहानियों को नए सिरे से लिखा और उनमें स्त्री की आवाज, संवेदना और दृष्टि का उपयोग किया। अपने खुद के युग पर लिखी गई रचनाओं में उन्होंने ऐसे ही मूलगामी भाव को सामने रखा। जहाँ अपने प्रहसन 'एकेई बाले सभ्यता?' (क्या यही सभ्यता है? 1860) में उन्होंने अपने अनेक शिक्षित समकालीनों का मजाक उड़ाया है, वहीं दत्त ने उसी साल 'बूड़ो शालिकेर घरे रो' (एक बूढ़े दुश्चरित्र के रंग-ढंग) में पुरुष-प्रधान समाज और वर्ग-व्यवस्था की बुराइयों का और सवर्ण हिन्दुओं के साम्प्रदायिक रवैयों को घातक ढंग से बेनकाब किया।

1870+ और 1880+ के आसपास कविता पौराणिक, ऐतिहासिक और अर्थ देशभक्तिपूर्ण वृत्तान्तों से दूर हटकर और भी मनोगत, अन्दरूनी और रोमानी मनोस्थितियों से भरे गीतों की ओर बढ़ने लगी। नगर/ग्राम का द्विभाजन और तीखा हुआ तथा प्रकृति की सुन्दरताओं व अभ्रष्ट ग्रामीण जीवन को अब केन्द्रीय स्थान मिला। कभी-कभी वृत्तान्त का एक ढीला-ढाला ढाँचा तो जारी रखा गया, पर अब ये लम्बी कविताएँ एक कथासूत्र से ढीले ढंग से आपस में जुड़े गीतों की लड़ी बन गईं। एक आरम्भिक उदाहरण बिहारीलाल चक्रवर्ती कृत 'शारदा मंगल' (1879) का है, जिन्होंने बंगला काव्य में इस मोड़ का सूत्रपात किया और कुछ समय तक नौजवान रवीन्द्रनाथ पर उनका एक सार्थक प्रभाव रहा। 1880+ से शुरू करके टैगोर गीतों और गेय कविताओं के इस नए युग के सर्वोच्च व्यक्तित्व बन गए और रूपों की एक विविधता के कारण वे आरम्भ-1940+ तक ऐसे ही व्यक्तित्व बने रहे। उनके काव्य और गीत प्रेम, प्रकृति और एक बहुत ही रहस्यमय देवपुरुष के विषय पर आधारित हैं, ये तीनों ही विषय एक-दूसरे से यूँ गहरे जुड़े हुए हैं कि किसको

और क्या सम्बोधन किया जा रहा है, इसे ठीक-ठीक जान पाना कठिन हो जाता है। अर्ध-ऐतिहासिक वृत्तान्तों की बजाय अब प्रकृति और प्रेम काव्य के प्रमुख विषय बनकर उभरे।

मोटे तौर पर ऐसे ही परिवर्तन अनेक दूसरी भाषाओं में भी आए हालाँकि कालखंड, सीमा और समन्वय सम्बन्धी अन्तर अवश्य रहे। कुछेक मिसाल लें। उड़िया में राधानाथ रे ने 'चिल्का' (1892) के माध्यम से अपने आपको प्रकृति के एक प्रमुख कवि के रूप में स्थापित किया। उन्होंने अनेक लम्बे खंडकाव्य भी लिखे। गुजरात में केशव नायक और महाराष्ट्र में केशवसुत हुए। केशवसुत एक मामूली परिवार के थे, मराठी में उन्होंने सानेट का आरम्भ किया और उनके सामाजिक रुझान असाधारण मूलगामी थे।

लेकिन सच्चे अर्थों में अपवाद थे आरम्भ-20वीं सदी के केरल में कुमारन आसन जो एझवा मूल के एक असाधारण साहित्यकार और जातिविरोधी सुधारक श्री नारायण गुरु के प्रमुख शिष्य थे। अन्त-1890+ में वे कलकत्ता में एक छात्र थे—यहाँ उनके वास ने उनको अंग्रेजी कविता का ज्ञाता बनाया। फिर आसन प्रेम और काम के अत्यधिक प्रवर्तनशील कवि बनकर उभरे। एक पारखी विश्लेषण में यह सुझाव दिया गया है कि आसन का प्रमुख योगदान यह था कि उन्होंने अक्सर सूत्रबद्ध तरीकों से प्रस्तुत स्त्री-काया के उस आकर्षण से हटकर—जो आकर्षण भारत के परम्परागत कामुक काव्य के एक बड़े भाग में नजर आता है उससे हटकर—एक अधिक वैयक्तिक, आन्तरिक स्वत्व (सेल्फ) को इच्छा का केन्द्र बना दिया।[1]

1860+ और 1870+ के दौरान साहित्य निहित रूप में और कभी-कभी स्पष्ट ढंग से भी राजनीतिक होता था। इसके विपरीत अगले बीस बरसों में साहित्य के विषयों का कुछ हद तक अराजनीतिकरण हुआ जिसका सम्बन्ध शायद नार्थब्रुक और लिटन के काल में देसी प्रकाशनों पर और खासकर सार्वजनिक थिएटरों में नाटकों पर लगी पाबन्दियों से था। लेकिन नई सदी के पहले दशक में स्वदेशी के उभार तथा राष्ट्रवादी के गरमपन्थी रूपों के उदय का एक महत्त्वपूर्ण रंग बनकर राजनीति फिर वापस आई और इस बार कहीं बहुत अधिक दिलेरी के सुर लेकर आई।

रंगारंग कायनात : गद्य, कथा-साहित्य, कहानियाँ

यांत्रिक मुद्रण के आगमन और गद्य के अनेक रूपों की ओर आए परिवर्तन के बीच एक जोरदार सम्बन्ध था। 'उच्च' साहित्य-रचनाओं की दुनिया में हम संक्षेप में ऐसे पाँच या छह नए प्रकार के प्रकाशनों की चर्चा करेंगे, जिनको केवल मुद्रण ही जन्म

1. कुमार 1997 : 247-70

दे सकता था और उसके बाद हम अन्त-19वीं सदी की अहम नवीनता पर और भी करीब से निगाह डालेंगे : यानी कि उपन्यास के आगमन पर। अंग्रेजी में कभी-कभी कुछ भारतीय भाषाओं में भी 'Novel' शब्द का प्रयोग अपने आपमें महत्त्वपूर्ण है।

धार्मिक विवादों, समाजसुधार के प्रयासों और उनकी समालोचनाओं तथा उदीयमान राष्ट्रवादी राजनीति—इन सबने देसी भाषाओं में परचों और किताबचों की एक विशाल संख्या को जन्म दिया। आरम्भ में वे सभी सवर्ण या अशराफ पुरुषों द्वारा लिखे गए लेकिन जल्द ही लेखिकाएँ भी सामने आईं। सदी के मोड़ तक देश के कुछ भागों में निचली जातियों द्वारा या उनकी तरफ से लिखे गए किताबचों की संख्या भी बढ़ने लगी। समाचारपत्रों का विस्फोट भी हुआ; पहले अंग्रेजी में और फिर अधिकाधिक देसी भाषाओं में। आरम्भ में मुद्रण की अपेक्षाकृत कम लागतों के कारण हालात में आसानी पैदा हुई, हालाँकि उसकी अदक्षता के कारण शुरू-शुरू में दैनिकों के मुकाबले साप्ताहिकों का प्रकाशन काफी आसान रहा। पत्रिकाएँ भी शुरू हुईं और उनमें कुछ तो बहुत ऊँचे साहित्यिक स्तर की थीं। उन्होंने उपन्यासों के धारावाहिक प्रकाशन और विवादों की सम्भावनाएँ पैदा कीं। इनमें जो कुछ अधिक गम्भीर और परिष्कृत थीं, उनमें आधुनिक पाश्चात्य संस्कृति के प्रवाहों को तथा भारत के अतीत की पुनर्खोजों या पुनराविष्कारों को सम्भव तथा बहस का विषय बनाया जा सका। कुछ पत्रिकाएँ मध्यवर्ग के सांस्कृतिक जीवन के लिए खास तौर पर अहम रहीं : जैसा कि हम कह चुके हैं, बंगाल में ऐसे प्रभावशाली मासिक या त्रयमासिक पत्रों की एक पूरी श्रृंखला अक्सर अड्डों से जुड़ी हुई रही। इनमें बंकिमचन्द्र की 'बंगदर्शन' (1872) को एक खास ऊँचा स्थान प्राप्त हुआ। पूरे महाद्वीप में बड़े नगरों से और फिर मुफस्सिल नगरों और प्रान्तों से पत्रिकाएँ निकलने लगीं। मुद्रण के कारण स्त्रियों को सम्बोधित और फिर अधिकाधिक स्त्रियों द्वारा सम्पादित पत्रिकाओं का प्रकाशन भी सम्भव हुआ। कुछ पत्रिकाएँ निचली जातियों के पाठकों के लिए ही थीं, जैसा कि महाराष्ट्र में 'दीनबन्धु' जिसका सम्बन्ध ज्योतिबा फुले के अब्राह्मण आन्दोलन से था। एक पत्रिका ब्रह्मसमाजी कार्यकर्ता और परमार्थी शशिपद बनर्जी द्वारा स्थापित 'भारत श्रमजीवी' थी जिसने स्वयं को कलकत्ता के एक उपनगर में शिक्षा का प्रसार करने और औद्योगिक मजदूरों का नैतिक उत्थान करने के लिए समर्पित कर रखा था।

मुद्रण के कारण बड़े पैमाने पर अनुवाद भी हुए : अंग्रेजी से (और कभी-कभी दो-एक दूसरी यूरोपीय भाषाओं से) तथा भारतीय भाषाओं में एक-दूसरे से भी। शेक्सपियर के अनुवादों की खास तौर पर एक बड़ी संख्या थी। बंकिमचन्द्र को काफी पहले और बड़े पैमाने पर पहले प्रमुख भारतीय उपन्यासकार की जो मान्यता मिली, उसमें काफी भूमिका ऐसे अनुवादों की थी : बहुत पहले, 1883 में ही, उनके पहले उपन्यास 'दुर्गेशनन्दिनी' का हिन्दी अनुवाद सामने आया और फिर 1885 में

कन्नड़ अनुवाद हुआ। हिन्दी अनुवाद अन्त-19वीं सदी में देवनागरी हिन्दी के अग्रणी कवि, नाटककार और लेखक, बनारस के भारतेन्दु हरिश्चन्द्र ने किया था।[1]

एक और अन्य महत्त्वपूर्ण आधुनिक विधा जीवनचरितों और आत्मकथाओं की थी। मुद्रणपूर्व काल में आत्मकथाएँ काफी दुर्लभ होती थीं; जीवनचरित उससे कम अप्रचलित तो थे मगर उनकी विशाल संख्या शासकों या धर्मगुरुओं की जीवनियों की थी। लेकिन मुद्रण के कारण ही एक अन्यथा पूरी तरह गुमनाम स्त्री, राशसुन्दरी देवी, की आत्मकथा भी बहुत पहले, 1875 के आसपास, सम्भव हुई। पुरुषों में गुजराती लेखक नर्मद ने 1866 में अपनी आत्मकथा 'मेरी हकीकत' प्रकाशित कराई थी, पर भरी-पूरी जीवनियों और आत्मकथाओं की संख्याओं का बढ़ना 1880+ से ही शुरू हुआ : यहाँ तक कि राममोहन जैसे एक सुप्रसिद्ध चरित्र को भी अपनी पहली जीवनी के लिए लम्बा इन्तजार करना पड़ा।[2] आखिरी बात। हमारे पास यात्रा-वृत्तान्तों की एक खासी बड़ी संख्या भी है जिनमें तीर्थयात्रा के वृत्तान्त भी शामिल थे और ये अंशतः आत्मकथा और अंशतः यात्रा-वृत्तान्त होते थे। ये यात्राएँ भारत में और विदेशों में भी हुईं और ये रंगारंग ढंग से दिखाती हैं कि मुद्रण, रेलों और जहाजों के कारण किस तरह देशों और महाद्वीपों के बीच अनुभवों का तबादला सम्भव हुआ। सांस्कृतिक प्रभावों के सम्प्रेषण पर और सामान्यतः सामाजिक इतिहास सम्बन्धी अनुसन्धानों के लिए अक्सर ये खासे महत्त्वपूर्ण साबित होते हैं। इंग्लैंड की यात्राओं के बारे में लिखनेवाले रवीन्द्रनाथ और शिवनाथ शास्त्री के अलावा मध्य भारत में 1857 के विद्रोह का मराठी में एक दिलचस्प वृत्तान्त विष्णुभट गोडसे का है, जो 1907 में जाकर ही प्रकाशित हो सका। यह उस युगान्तरकारी घटना के थोड़े-से भारतीय वृत्तान्तों में एक है।

भारत में उपन्यास पर मीनाक्षी मुखर्जी का प्रभावशाली अध्ययन 'यथार्थवाद' और 'यथार्थ' के बीच के तनाव पर केन्द्रित है जिसे वे केन्द्रीय तत्त्व मानती हैं। उनकी मान्यता यह है कि यथार्थवाद की जो साहित्यिक परम्परा तब पश्चिम में प्रमुखता पा चुकी थी, उसे भारतीय लेखकों ने अपने मॉडल के तौर पर लेने की कोशिश तो की लेकिन उन्होंने अपने आपको इस वास्तविकता से परेशान पाया कि पश्चिमी साहित्य में जैसे प्रेम विवाह आम हैं, उनका कोई प्रतिरूप भारतीय समाज में नहीं था। इस तरह पाश्चात्य यथार्थवाद भारतीय दशाओं में 'अयथार्थ' होता। मुखर्जी का दृष्टिकोण पश्चिम की नकल के प्रयासों की मान्यता पर आधारित है।

1. और, जैसा कि कहा गया, एक प्रेरित अध्ययन का विषय : डालमिया 1997/2010
2. कविराज 2004 का शीर्षक "The Invention of Private Life" भी एक शब्दसमूह है, जो उन बातों को पकड़ने का प्रबोधमय प्रयास करता है जिनको आरम्भ के आत्ममूलक वृत्तान्तों में पेश किया जा रहा था, मसलन शिवनाथ शास्त्री के वृत्तान्त में। जीवनी और आत्मकथा की विधाओं के तरह-तरह के विश्लेषणों पर आर्नल्ड और ब्लैकबर्न 2004 देखें।

ये प्रभाव यूँ तो काफी स्पष्ट हैं, मसलन बंकिम पर वाल्टर स्कॉट के ऐतिहासिक उपन्यासों के प्रभाव स्पष्ट हैं, पर ऐसे 'विचलनों' के बारे में भी कुछ तो कहा ही जा सकता है। एक उल्लेखनीय तथ्य यह है कि, स्कॉट तो अपनी जगह रहे, जिन उपन्यासों से कुछ ग्रहण किए जाने के प्रमाण मिलते हैं, वे अधिकतर दोयम दर्जे के उपन्यास थे और ऐसे लेखकों के थे जो तब तो बहुत पढ़े गए पर आज लगभग पूरी तरह भूले जा चुके हैं, मसलन जी.डब्ल्यू.एम. रेनाल्ड। साहित्य की गुणवत्ता के हिसाब से तथाकथित विचलन अपने कथित आद्यरूपों से कहीं बहुत अधिक श्रेष्ठ हैं। उधार लिया गया तो अक्सर किसी कथानक का ढाँचा लिया गया; सचमुच शक्तिशाली और महत्त्वपूर्ण वह था जो उसमें जोड़ा गया। स्त्रियों पर—वृत्तान्त को आगे बढ़ाने में उनकी अद्‌भुत सक्रियता और स्वतंत्रता पर—दिए जानेवाले जोर का सम्बन्ध निश्चित रूप से उस सदी के एक बड़े भाग में मध्यवर्गीय सुधारों और जीवन में स्त्री-प्रश्न की केन्द्रीयता से अधिक था। घोर दुस्साहसी उपन्यासों का समापन भी अक्सर सामाजिक समझौतों पर हुआ। पर इसे भारत की उन सामाजिक वास्तविकताओं का स्वीकार मात्र मानने की आवश्यकता भी नहीं, जोकि प्रतिबन्धों से भरी हुई थीं। उस तेजी से बदल रही 'वास्तविकता' में जो टकराव मौजूद थे, वे टकराव जिन्होंने लेखकों के मन में और भी व्यापक और पेचीदा टकराव पैदा किए, वे हो सकता है ऐसे कुछ टकरावों से अधिक महत्त्वपूर्ण रहे हों, जिनको कथित पाश्चात्य 'मॉडल' ने जन्म दिया और जिनको फिर अनुपयुक्त समझा गया।

मुखर्जी ने एक तीनरुखे वर्गीकरण का सुझाव दिया है : सोद्‌देश्य उपन्यास, 'ऐतिहासिक' उपन्यास जो कभी-कभी फंतासी से घुले-मिले होते थे। (कविराज ने इनको काल्पनिक इतिहास नाम दिया है) और समकालीन समाज में स्थापित उपन्यास जो एक यथार्थवादी भावना के साथ लिखे गए। अधिकांश वर्गीकरणों की तरह यह भी एक तरह की शुरुआती मचानबंदी के लिए ही उपयोगी है। इससे भी अधिक दिलचस्प यह है कि श्रेणियाँ किस-किस तरह से एक-दूसरे में घुलती-मिलती रहती हैं, जबकि यह बात स्पष्ट है कि स्वयं उन लेखकों ने वर्गीकरण की ऐसी मजबूरियों का एहसास नहीं किया, जिनको आज पीछे जाकर उन पर लादा जा रहा है। एक तरफ प्रभावशाली और ओजस्वी स्त्रियों तथा दूसरी तरफ बेरीढ़ के पुरुषों की विपरीति हो सकता है काफी पहले के काल में रही हो तथा इन तीनों प्रकार के उपन्यासों में सामाजिक जीवन-मूल्यों और उनसे जुड़ी अस्पष्टताओं के दर्शन होते हैं।

ऐतिहासिक और सामाजिक दोनों विधाओं में बंकिमचन्द्र की असंदिग्ध प्रमुखता के बावजूद मैं बंगला से इतर भाषाओं के उपन्यासों से अपनी बात शुरू करूँगा।[1]

---

1. इससे बंगाली केन्द्रीयता का खतरा कम हो जाता है जबकि वे साहित्य भी सामने आएँगे जिनके बारे में मुखर्जी का वर्गीकरण अधिक प्रासंगिक लगता है।

सोद्देश्य उपन्यासों में ईसाई मिशनरियों या उनके हाथों धर्म-परिवर्तन करनेवालों के लिखे हुए उपन्यास भी शामिल हैं, हालाँकि इनमें भी अक्सर केन्द्रीय सरोकार धर्म-परिवर्तन उतना नहीं है जितना कि ईसाई समुदायों के जीवन और उनकी दशाओं का चित्रण है। हान्ना कैथरीन मुलेन कृत 'फूलमणि व करुणा बिबरण' (1852 : बाद में अंग्रेजी, मराठी, तेलुगू और असमिया में अनूदित), जिसे कभी-कभी बंगला का पहला उपन्यास माना जाता है, जो धर्म बदलनेवाली ग्रामीण स्त्रियों के अन्तर पर आधारित है। उनमें से एक तो धर्मप्राण और मेहनती है तो दूसरी कामचोर और लापरवाह है। दूसरे धार्मिक समुदायों में भी नई स्त्री, आमतौर पर एक गृहिणी, का आदर्श रूप प्रचारित करने के लिए दूसरे स्थानों पर भी ऐसे ही भेदों का उपयोग किया गया है। उर्दू में एक उल्लेखनीय उदाहरण नजीर अहमद कृत 'मिरअतुल-उरूस' (वधू का दर्पण, 1869) है जिसमें बिगड़ी हुई अकबरी और नेकी की पुतली—शिक्षित और एक प्रबुद्ध गृह-प्रबंधिका—असगरी जो मुस्लिम स्त्रीत्व के दो छोरों की प्रतीक हैं।[1] ईसाई उपन्यासों का एक दिलचस्प सिलसिला वहाँ से आया जो आज का केरल है। उन दिनों जो काम एकदम असामान्य था वह इन्होंने किया, यानी कि जमींदारों के हाथों उत्पीड़ित अछूत स्त्रियों और श्रमिकों के जीवन और कष्टों को उभारा; उल्लेखनीय बात यह है कि ये मलयालम के आरम्भिक उपन्यासों में से हैं। श्रीमती कोलिंस का उपन्यास 'The Slayer slain' अंग्रेजी में लिखा गया था पर 1877 में 'घातकवधम' के शीर्षक से मलयालम में अनूदित हुआ; इसका मकसद सीरियाई ईसाइयत पर प्रोटेस्टेंटवाद की श्रेष्ठता साबित करना था। इसमें एक उत्पीड़क सीरियाई ईसाई जमींदार को दिखाया गया है, जिसका हृदय-परिवर्तन अपने पुलया दास की दानवृत्ति देखकर होता है। मलयालम के दो अन्य आरम्भिक उपन्यास निचली जाति के तिय्या धर्म-परिवर्तन करनेवालों या हमदर्दों के लिखे हुए हैं : पोटेरी कुनहाम्बू कृत 'सरस्वतीविजयम' (1893) और जोसेफ मुलयिल कृत 'सुकुमारी' (1897)। पहले में एक सवर्ण नम्बूदिरी जमींदार को दिखाया गया है जिसे एक पुलया दास के आगे मुकदमे के लिए पेश किया जाता है—उस दास के जो ईसाई बनकर न्यायाधीश बन गया था और नए अवसरों का उपयोग कर रहा था। जैसा कि हम अनुमान लगा सकते हैं, इस दास का उदार हृदय जमींदार हृदय परिवर्तन करा देता है। दूसरा उपन्यास हीनजन्मा ईसाइयतों के एक समुदाय का जीवन्त वृत्तान्त पेश करता है।[2]

'ऐतिहासिक' उपन्यासों का आरम्भ 1860+ से हुआ और उसके सूत्रधारों में एक बंकिमचन्द्र ने, लेकिन 1880+ से उनकी संख्या बहुत बढ़ गई। हिन्दू पुनरुत्थानवाद की मनोस्थितियों में रँगे हुए राष्ट्रवाद के विकास से इनके सुस्पष्ट सम्बन्ध थे। इनमें

1. इस उपन्यास से अंग्रेजी अनुवाद के लिए अहमद 2001 देखें।
2. मुखर्जी 1999 : अध्याय-2

बार-बार आनेवाला विषय मुस्लिम आक्रांताओं के खिलाफ राजपूतों और मराठों के सम्बन्ध थे, जिनको साहित्य, कविता और कथा-साहित्य, दोनों की अनेक रचनाओं में पेश किया गया है। ये देश के अनेक भागों में 'परिकल्पित इतिहासों' में नजर आते हैं, उन भागों में भी जो अभी हाल में मराठा हमलावरों के हाथों तबाह हुए थे। आर्थिक इतिहासकार और नरमपन्थी राष्ट्रवादी रोमेशचन्द्र दत्त ने, बस एक मिसाल लें तो, 'राजपूत-जीवनसंध्या' का प्रकाशन कराया जो, जैसा कि हम अनुमान लगा सकते हैं, टाड पर आधारित था, और 1878-79 में 'मराठा-जीवन प्रभात' का प्रकाशन कराया। स्वयं राजस्थान में ऐसी कोई किताब नहीं आई। लेकिन मराठी में उपन्यास का आरम्भ 'मोचनगढ़' (1870) से हुआ, जो कि एक गढ़ पर शिवाजी के कब्जे का वृत्तान्त है। पहले प्रमुख मराठी उपन्यासकार हरिनारायण आप्टे ने सदी के मोड़ के आसपास, शिवाजी का गुणगान करते हुए अनेक उपन्यास लिखे—तब जब तिलक के प्रोत्साहन के कारण शिवाजी का पन्थ चरम पर था। गुजराती उपन्यास का आरम्भ 'करन घेलो' (1866) से हुआ जो अलाउद्दीन के द्वारा उस क्षेत्र के आखिरी हिन्दू शासक को सत्ताच्युत किए जाने के बारे में था। 1880+ से आरम्भ हुए दशकों में प्रमुख ऐतिहासिक उपन्यासों में ये भी शामिल हैं : त्रावणकोर रियासत की स्थापना के बारे में सी.वी. रामन पिल्लई का 'मार्तंड वर्मा' (1891), मुगलों के खिलाफ सिखों के विद्रोह को महिमामंडित करते हुए भाई वीरसिंह कृत 'सुन्दरी' (1898) तथा रजनीकांत बोरदोलोई कृत 'मनोमती' (1900) जो अन्त-18वीं सदी में अहोम रियासत पर बर्मी हमले की पृष्ठभूमि पर आधारित है। मध्यकालीन इस्लाम का महिमामंडन अब्दुल-हलीम शरर कृत 'फ्लोरा फ्लोरिंडा' (1899) का अभिप्राय था। इसमें पृष्ठभूमि स्पेन की थी तथा जबरदस्त ईसाई-विरोधी भावना इसकी विशेषता थी।

मानवीय सम्बन्धों पर केन्द्रित सामाजिक उपन्यास उन विषयों पर आधारित थे जो उन दिनों बहस के केन्द्र में थे। हरिनारायण आप्टे के मराठी उपन्यास 'मन लक्ष्यत कोन घेटो!' (लेकिन ध्यान कौन देता है! 1893) में नायिका यमुना को, उसके विवाह के पहले और उसके बाद, संयुक्त परिवारों का जीवन दमघोंटू लगता है। जब वह पूना जैसे एक निर्जन और रूढ़िवादी छोटे नगर से निकलकर विश्वमुखी महानगर बम्बई में आती है तो गोया एक नई दुनिया में कदम रखती है।[1] लेखिकाओं को नगरीय जीवन और आधुनिकता कभी-कभी मुक्तिदायी लगते थे जबकि ठीक उन्हीं

1. पिछले दशक में मराठी में कहानियों, संस्मरणों और आत्मकथाओं की लेखिकाओं पर काफी कुछ प्रकाशित हो चुका है और अनेकों के अंग्रेजी अनुवाद भी हुए हैं। खासकर मीरा कोसंबी के द्वारा। कोसंबी 2007, 2008 और 2012 देखें। इनमें से अन्तिम (कोसंबी 2012) में सामान्यत: मराठी के मुद्रित साहित्य पर और विशेषकर उपनिवेशी काल में प्रमुख स्त्री आवाजों पर एक उत्कृष्ट परिचयमूलक सिंहावलोकन प्रस्तुत किया गया है।

दशकों के उनके अनेक पुरुष समकक्ष देहात और देसी जीवन-मूल्यों को ललक के साथ याद कर रहे थे। कन्नड़ के पहले उपन्यास, जी.वी. राव कृत 'इन्दिरा बाई' (1899) ने इस व्यापक प्रवृत्ति को अपनाया और परम्परागत रीति-रिवाजों को दमनमूलक दिखाया। गुजराती में चार जिल्दों में गोवर्धनराम का उपन्यास 'सरस्वती चन्द्र' (1887-1901) ऐसी विधवा के प्रति नायक का प्रेम दिखलाता है, जिसकी उसके साथ कभी मँगनी हुई थी। एक चालबाज सौतेली माँ की साजिशें नायक को घर से निकलवा देती हैं और वह घुमक्कड़-जीवन अपना लेता है। आखिरकार वह अपने प्रेम को उदात्त रूप देकर उसे मानवजाति की सेवा में ढाल देता है। अवैध भावों का व्यवस्थित चित्रण—उन दिनों विधवा विवाह तो कानूनन मान्य था पर अभी भी उसकी निन्दा होती थी—और वे अलंकार जिनके द्वारा मूलगामी निहितार्थों को व्यक्त और नियंत्रित, दोनों किया जाता था (बचपन में मँगनी, परिष्कार) उन दिनों के साहित्य में काफी व्याप्त थे। घुमक्कड़ नायक एक और साझा विषय था, जो आधुनिक यातायात के कारण भौगोलिक सम्भावना के विस्तार को प्रतिबिम्बित करता है।

ऐसे उपन्यासों में 'सामाजिक' से अभिप्राय लगभग पूरी तरह मध्यवर्ग के स्त्री-पुरुष हैं। लेकिन कुछ उपन्यासकार तो थे ही जिन्होंने दूसरे सामाजिक स्तरों और सम्बन्धों को प्रस्तुत करने के प्रयास किए। फकीरमोहन सेनापति का उड़िया उपन्यास 'छयान अथ गुंठा' (छह और एक तिहाई एकड़, 1902) एक जालिम जमींदार के बारे में है जो एक गरीब बुनकर और उसकी पत्नी को उनके जमीन के नन्हे से टुकड़े से भी वंचित कर देता है। यह उपन्यास शोषण, पुलिस के भ्रष्टाचार और न्याय की हृदयहीनता का जबरदस्त चित्रण है और इसका मुख 1930+ और 1940+ के यशस्वी सामाजिक उपन्यासकारों—प्रेमचन्द, ताराशंकर, बंद्योपाध्याय, गोपीनाथ मोहन्ती, तकझी शिवशंकर पिल्लई की पीढ़ी—की ओर है। एक और असाधारण उपन्यास अन्त-19वीं सदी में मिर्जा मुहम्मद हादी 'रुसवा' की 'उमरावजान अदा' है; यह एक आरम्भिक और प्रमुख उर्दू उपन्यास (1899) लखनऊ की एक गणिका के बारे में है। आप्टे कृत 'पन लक्ष्यत' की तरह यह भी नायिका के एक आत्मकथात्मक विवरण के रूप में लिखा गया है।

मलयालम इस अर्थ में एक अपवाद है कि उसने अपने रास्ते में निचली जातियों के लेखकों को समेट लिया था तथा जातिगत दमन और ईसाइयत के मूलगामी प्रभावों को बढ़ा-चढ़ाकर पेश किया जाने लगा था। इसके उपन्यासों को त्रावणकोर और मलाबार के कुछ समुदायों की विवाह-प्रथाओं की खास विशेषताओं से भी दो-चार होना पड़ा : 'सम्बन्धम' और मातृसत्ता से। उपमहाद्वीप के बाकी भागों में परिवार का प्रधान रूप पुरुष सत्तावादी था, चाहे विस्तारित परिवार हो या नाभिकीय, और स्त्री विवाह के बाद अपने पति के घर चली जाती है। फलस्वरूप

सामाजिक उपन्यासों के विषय ऐसे परिवारों की समस्याओं और तनावों पर केन्द्रित होते थे, और इस पर भी विवाहेतर यौन-वासना किस तरह उनको हानि पहुँचाती है। नए रोमानी जीवन-मूल्यों के अनुरूप इनको अधिकतर सहानुभूति के साथ प्रस्तुत किया गया, पर अन्त में उन्हें उदात्त और सम्मानजनक बना दिया गया। इसके विपरीत आधुनिक पढ़े-लिखे वर्ग में जोरदार उपस्थितिवाले कैराली नायरों में परिवार अक्सर मातृसत्तावादी होता था और विवाह के बाद स्त्री अपने पुराने संयुक्त तारावाड़ में ही रहती थी। अक्सर ऐसा कहा जाता था, और अक्सर किसी खास वास्तविक आधार के बिना कहा जाता था कि नम्बूदिरी ब्राह्मणों की सम्बन्धम की परम्परा में—ये केरल की सबसे ऊँची जाति थी जिसके बाद नायरों का स्थान आता है—कभी-कभार एक या एक से अधिक नायर स्त्रियों से उनके घर जाकर यौन-सम्बन्ध बनाए जाते थे। कुछ व्याख्याकारों का मत है कि नायर स्त्रियों को किसी समय बहुपति विवाह की स्वतंत्रता थी जिससे एक से अधिक पुरुषों से उनका सम्बन्ध रहता था। लेकिन स्त्री-स्वतंत्रता की सीमा की अतिशयोक्ति नहीं की जानी चाहिए। तारावाड़ में और उसकी सम्पत्ति पर वास्तव में किसी बुजुर्ग पुरुष का नियंत्रण होता था तथा मध्य-19वीं सदी से आंग्ल-हिन्दू कानून और पुरुष प्रधान आधुनिक जीवन-मूल्यों के प्रसार के कारण स्त्री-मुखियावाले मातृसत्तावादी घरानों का महत्त्व अधिकाधिक कम होने लगा था। फिर भी इस व्यवस्था ने नायर स्त्रियों को कुछ स्वतंत्रता जरूर दी जो बाकी देश की तुलना में असाधारण थी। लेकिन अन्त-19वीं सदी से मातृसत्तावादी संयुक्त स्वामित्ववाले तारावाड़ पर पश्चिमी शिक्षा-प्राप्त नौजवान पुरुष सदस्यों का दबाव पड़ने लगा था जो यह समझते थे कि मातृसत्ता एक बर्बर संस्था है और जो उसके पुरुष बुजुर्गों की सत्ता को तोड़ना, संयुक्त सम्पत्ति को विभाजित करना तथा खुद की पुरुष प्रधानता नाभिकीय इकाइयों का आरम्भ करना चाहते थे।

मलयाली के पहले प्रमुख उपन्यास, चन्दू मेनन कृत 'इन्दुलेखा' (1889) का ठीक-ठीक सन्दर्भ यही था। उसका नायक माधवन नाम का नायर स्नातक है जो अपने ही तारावाड़ में रहनेवाली बाँधवी (कजिन) इन्दुलेखा से विवाह करना चाहता है। लेकिन लड़की का नाना, यानी कि घर का मुखिया, उसे घर से बाहर फेंक देता है। फिर माधवन देश के दूसरे भागों में भटकता है, नए नगरों में जाता है, पर अन्त में इन्दुलेखा से उसका मिलन होता है और वह मद्रास में उसके साथ एक नाभिकीय परिवार कायम करता है। स्वयं लड़की को मेनन ने अपनी आदर्श आधुनिक महिला के रूप में पेश किया है : अंग्रेजी शिक्षा-प्राप्त, आधुनिक गुणों से सम्पन्न, प्यानो बजाने में कुशल, सिलाई-बुनाई में दक्ष, और एक सच्ची विक्टोरियाई महिला की तर्ज पर दूसरी 'स्त्रैण' कलाओं में रत। साथ ही वह हिन्दू संस्कृति में भी पारंगत है, जातिगत और धार्मिक अनुष्ठानों का पालन करती है और अपने बुजुर्गों का समुचित

सम्मान करती है। जैसा कि उस काल के दूसरे अनेक उपन्यासों में दिखाई देता है, एक सैलानी नायक की यह तरकीब समकालीन सामाजिक विकासक्रमों और राजनीति पर एक लम्बी बहस सम्भव बनाती है, जिसमें माधवन एक नरमपन्थी कांग्रेस-समर्थक दृष्टिकोण से अपनी बात कहता है, पोंगापन्थी तौर-तरीकों की आलोचना करता है और एक सुधारमुखी हिन्दू धर्म की पैरवी करता है।[1]

अपनी मृत्यु के एक सदी से अधिक समय बाद भी बंकिम स्थायी साहित्यिक, ऐतिहासिक और असाधारण राजनीतिक रुचि के विषय बने हुए हैं। 1860 से लेकर अपनी मृत्यु तक वे ऐतिहासिक और सामाजिक दोनों प्रकार के उपन्यासों के महाकाय लेखकों में एक थे। वे बड़ी संख्या में प्रतिभापूर्ण निबन्धों के लेखक भी थे, जिनमें से अनेक में तीखी बुद्धि, हास्य और व्यंग्य के दर्शन होते हैं, और उन्होंने अनेक विश्लेषणमूलक लेख भी लिखे। अन्त-1870+ तक लिंग, जाति और कभी-कभी वर्ग जैसे बुनियादी प्रश्नों पर घोर मूलगामी भाव से रचनाएँ कीं और समानता के ऐसे विचार सामने रखे जो उस काल के समाजसुधारकों से आगे जाते थे। उनके उपन्यासों में भी अपारम्परिक, सक्रिय और कभी-कभी अतिक्रामक स्त्रियों की प्रधानता थी; ये वे अविस्मरणीय चरित्र हैं जो कथानक और वृत्तान्त पर छाए हुए हैं, और अधिकांश पुस्तकें उन्हीं के नाम पर हैं। इसके विपरीत पुरुष अपेक्षाकृत बेरंग और थोड़े-बहुत निष्क्रिय हैं, जोकि प्रचलित मानदंडों और प्रत्याशाओं का स्पष्ट विपर्यय था।

1880+ के आसपास एक महत्त्वपूर्ण नयापन आया। मूलगामी विचारों, सामाजिक प्रथाओं की बुद्धिवादी समालोचनाओं तथा वाकपटुता और व्यंग्य के उपयोग तक की जगह अब रूढ़िवादी हिन्दू धर्म के एक संस्करण के तथा साथ में मुसलमानों के खिलाफ परिकल्पित भावी युद्धों के कट्टरतावादी उपदेशों ने ले ली।[2] आधुनिक काल के इतिहास में एक बहुत खास मगर बेहद अस्पष्ट स्थान 'आनन्दमठ' (1882) को मिला; इसका आंशिक कारण खास तौर पर इसमें शामिल वन्दे मातरम् गीत था। यह स्वदेशी के युग के बाद उपनिवेशविरोधी राष्ट्रवाद का एक केन्द्रीय पाठ और प्रतीक बन गया और सिर्फ वन्दे मातरम् गाने के कारण या प्रतीक रूप में या लामबन्दी के लिए इसका उपयोग करने पर, अनेक राष्ट्रवादी स्कूलों से निकाले, कोड़ों के पात्र बनाए और कैद में डाले गए। लेकिन अगर पहले न सही तो 1920+ से तो अवश्य ही यह साम्प्रदायिक दंगे भड़कानेवाले हिन्दुओं का गीत और युद्धघोष भी बन गया।

लेकिन यह सम्बन्ध विच्छेद मुकम्मल भी नहीं था और अनेक परस्पर व्याप्तियों के कारण आरम्भिक से परवर्ती बंकिम को अलग करना कठिन हो जाता है।

1. 'इंदुलेखा' के बारे में खासकर अरुणिमा 1997 : 271-90 देखें।
2. हिन्दू धर्म से जुड़े इन निबन्धों में से अनेक उद्धरणों के अंग्रेजी अनुवाद सेन 2011 में मिलेंगे।

आरम्भिक ऐतिहासिक उपन्यासों का सन्दर्भ अधिकतर मध्यकालीन हिन्दू-मुस्लिम राजनीतिक टकरावों का था, जिसमें मुसलमानों का एक निजी, मानव चरित्र था : 'राजसिंहा' में तो औरंगजेब का भी था। लेकिन 'आनन्दमठ' और 1880+ की विभिन्न दूसरी रचनाओं में मुसलमानों को इसकी बजाय राक्षस-गिरोह बना दिया गया है। कार्रवाई आरम्भ करनेवालों के रूप में स्त्रियाँ इस बादवाले चरण में भी बनी रहीं। उनका पहला ही उपन्यास 'दुर्गेशनन्दिनी' (1865) घोर अतिक्रामी है तथा एक राजपूत राजा से प्रेम कर रही मुस्लिम स्त्री आयशा का सहानुभूति के साथ वर्णन करता है। 'कपालकुंडला' (1866) एक बहुत भिन्न ढंग से अपरम्परागत है। इसकी नायिका मिरांडा जैसी पात्र है जो सुनसान जगहों पर पली-बढ़ी है तथा आगे चलकर घरेलू जीवन को दमघोंटू पाती है, तब भी जबकि उसका पति उसे दिल से प्यार करता है। इस उपन्यास में बंकिम सहमति पर आधारित साहचर्य-विवाह के चरम सुधारवादी आदर्श से भी काफी आगे निकल जाते हैं। वह तमाम बोझों से, प्रेम और यौन-आकर्षण तक से पूरी तरह मुक्त एक स्त्री की कल्पना करते हैं : 'अगर मैं जानती कि शादी का मतलब गुलामी है तो कभी शादी करती ही नहीं।' बंकिम के उपन्यास दो 'अपरिहार्यताओं' के इर्द-गिर्द घूमते हैं जिनको आपस में मिलाना कभी सम्भव नहीं है, यानी कि एक तरफ तो समाज में एक नैतिक व्यवस्था की आवश्यकता है तो दूसरी तरफ मूल मानवीय प्रेरणाएँ—सबसे बढ़कर यौन-आकर्षण और प्रेम—है जो अक्सर उस व्यवस्था के खिलाफ दबाव पैदा करते और उसे भंग करते हैं। मानव की दशा के दो घटकों के रूप में यह नैतिकता और अतिक्रमण अपरिहार्य ही बने रहते हैं।[1]

1870+ में बंकिम ने बड़ी संख्या में निबन्ध लिखे। कुछ तो जमींदारों, सूदखोरों और भ्रष्ट अदालती हाकिमों के परस्पर जुड़े शोषण के उल्लेखनीय पर्दाफाश हैं, जैसे कि 'बंगदेशेर कृषक' में। इस निबन्ध का आरम्भ एक प्रश्न से होता है जो सौ साल से अधिक समय बाद भी प्रासंगिकता से खाली नहीं हुआ है। कहते हैं कि आजकल देश में समृद्धि की बहुत सारी बातें की जा रही हैं, 'पर समृद्धि किसके लिए?' उनका उत्तर एक जोरदार नहीं है जो कि एक मुस्लिम और एक निचली जाति के हिन्दू अर्थात् 'हाशिम शेख और रामा कैवर्त' के दृष्टिकोण से दिया गया है। 'कमलकांतेर दर्पण' (1873-75) ब्रिटिश न्याय और भद्रलोक के 'मूलगामी' चरित्र की बेवकूफियों का एक प्रतिभापूर्ण और हास्यजनक पर्दाफाश है; इसमें बंकिम का विध्वंसक सन्देश एक पात्र के जरिए सामने आता है जो स्वयं उनका एक प्रकार का परिकल्पित 'अन्य' है, जो एक बदनाम अफीमची है जो कर्म और वचन के अनुशासन से वंचित है। अफीम से पैदा बुद्धिमत्ता यहाँ कमलकांत को एक लेख में एक बिल्ली के मुँह से समतावादी, समाजवादी विचारों का उपदेश

1. यह नुक्ता कविराज 1981 ने पेश किया है।

सुनते दिखाती है। ऐसे ही मूल्य 'साम्य' (1879) में व्यक्त हुए हैं, जो बंकिम के सामाजिक मूलगामी सन्देश का चरम है और 19वीं सदी के भारतीय ग्रन्थों में उसकी तुलना शायद केवल ज्योतिबा फुले की रचनाओं से की जा सकती है। यहाँ जाति, सम्पत्ति, लिंग और राजनीतिक शक्ति की आपस में गुँथी असमानताओं की सुव्यवस्थित आलोचना की गई है। (वैसे राजनीतिक सत्ता का जिक्र महज चलताऊ है।) यहाँ समतावाद के महान पैगम्बरों में बुद्ध, ईसा, रूसो तथा कुछ आरम्भिक समाजवादियों का (सेंट-साइमन, फूरिये, यहाँ तक कि चलताऊ ढंग से 'द इंटरनेशनल' का भी) जिक्र किया गया है—उल्लेखनीय बात यह है कि हिन्दू परम्पराओं के बारे में कुछ भी नहीं किया गया है। इस समालोचना का आधार अपरिहार्य प्राकृतिक असमानताओं (जैसे अलग-अलग योग्यताओं) तथा अप्राकृतिक, सामाजिक असमानताओं का भेद है। इनमें से बंकिम ने विस्तृत आलोचना के लिए जिनको चुना है वे ब्राह्मणों और निचली जातियों, जमींदारों और किसानों, पुरुषों और स्त्रियों के अन्यायपूर्ण अन्तर हैं।[1]

बंकिम के घोर मूलगामी काल में भी उनका विरोधाभास यह है कि उन्होंने बेपनाह विध्वंसक विचारों के साथ-साथ सभी मौजूदा संस्थाओं और परिवर्तन की पेशकदमियों की, चाहे वे कितनी ही आंशिक हों, नीचे से काट करते हैं। मसलन, ब्रह्मसमाजी धार्मिक और सामाजिक सुधारों का हर हवाला हद दर्जा अपमानजनक है; आरम्भिक मध्यवर्गीय राष्ट्रवादियों का भी वे ऐसे ही मखौल उड़ाते हैं।[2] लेकिन 1870+ के दौरान इस समन्वय की एक उदार व्याख्या भी सम्भव थी : कहा गया है कि बंकिम सुधार की नहीं उसके पैरोकारों की घोर अपर्याप्तता की आलोचना करते हैं।[3]

सुर में एक साफ-साफ परिवर्तन आरम्भ-1880+ से आने लगा जब 1882 में ईसाई मिशनरी रेवरेंड हेस्टी द्वारा हिन्दू धर्म को मात्र अंधविश्वासी मूर्ति-पूजा कहे जाने पर बंकिम ने क्रोध के साथ उसका खंडन किया। इसमें सम्भवतः दूसरे और अधिक व्यापक तत्त्वों की भी भूमिका रही, मसलन इलबर्ट बिल सम्बन्धी हंगामे के दौरान अनेक गैर-सरकारी यूरोपवासियों द्वारा प्रदर्शित घोर नस्लवाद की। 1880+ के संवाद—कृष्णचरित्र (1886, 1892); धर्मतत्त्व/अनुशीलन (1888)

1. इस तरह उन्होंने अधिकार-भेद (कामचलाऊ अर्थ : सोपान) के उस सिद्धान्त को सीधी चुनौती दी जो, धार्मिक प्रस्तुति की तार्किकता के आधार पर, प्राकृतिक और सामाजिक भेदों के ठीक इसी तरह के मेल पर आधारित था। 19वीं और 20वीं सदी में हिन्दू रूढ़िवाद की इस धारणा की केन्द्रीयता पर चर्चा अगली पुस्तक में की जाएगी।
2. हनुमान और एक बाबू की बातचीत पर एक प्रतिभापूर्ण छोटी-सी कथा मिलती है जिसमें सीमित प्रकार के स्थानीय स्वशासन की ब्रिटिश योजनाओं के प्रति बाबू के राजनीतिक दिखावों और उत्साह का बेरहमी से मखौल उड़ाया गया है।
3. कविराज 1988

जो 'गीता' का एक भाष्य था—शैली और अन्तः तत्त्व में एकदम भिन्न थे। वाकपटुता, हास्य और व्यंग्य की जगह अब हिन्दू धर्म सम्बन्धी गम्भीर टीकाओं ने ले ली जो धर्म-ग्रन्थों के उद्धरणों से भरी हुई थीं। पर बंकिम ने अभी भी हिन्दू परम्पराओं पर बहुत ही विशिष्ट परिप्रेक्ष्य बनाए रखा जो कि पुनरुत्थानवादी पोंगापन्थ की उभरती लहर से और वैष्णव भक्ति के पुनरोदय से भी काफी दूर था। उनके कृष्ण पक्के तौर पर तो नटखट शरारती थे और न ही वृन्दावन की राधा और दूसरी गोपियों के गैर-जिम्मेदार प्रेमी थे जो कि 'भागवत पुराण' का, मध्यकालीन भक्ति आन्दोलन के एक बड़े भाग का, और खासकर बंगाल में उस वैष्णव भक्ति के केन्द्रीय पात्र थे, जिसके प्रतीक चैतन्य थे। इसके विपरीत बंकिम ने 'महाभारत' और 'गीता' के कृष्ण पर—योद्धा, राजनीतिज्ञ, चाणक्य नीति के विचारक पर—जोर दिया। बंकिम की रचना 'अनुशीलन' भी एकदम नई धारणा थी। उसने एक नए दैवी रूप के, यानी कि मातृभूमि या राष्ट्र के समर्थकों के लिए प्रशिक्षण की एक योजना सामने रखी। इस नए दैवी रूप को उपासना के सभी पात्रों से अब ऊपर करार दिया गया।

एक नए प्रकार के हिन्दू धर्म के साथ देशभक्ति के इस सुस्पष्ट एकाकार को बंकिम के अन्तिम उपन्यासों में—'आनन्दमठ' (1882), 'देवी चौधुरानी' (1884) और 'सीताराम' (1887) में—भारी भावात्मक आकर्षण प्राप्त हुआ। 'आनन्दमठ' मुख्यतः 1770+ के कम्पनी विरोधी संन्यासी विद्रोह पर है, और फिर भी बंकिम जान-बूझकर इसे मुर्शिदाबाद के नबाब के दुष्कर्मों पर केन्द्रित करते हैं, जो अंग्रेजों के चमचे से अधिक शायद ही कुछ और रहा होगा। यहाँ वे फकीरों के उसी से जुड़े विद्रोह को अनदेखा करते हैं जिससे वे निश्चित ही परिचित रहे होंगे।

कविराज और चटर्जी ने इस परिवर्तन का कारण उपनिवेशी सेंसरशिप को ठहराया है। 'अंग्रेज का और जिस दुनिया पर उसका वर्चस्व था उसका जानलेवा खौफ कलकत्ता के मध्यवर्ग की चेतना का एक घटक तत्त्व था'—और माना जा सकता है कि 19वीं सदी में हर जगह भारतीय शिक्षित वर्ग की चेतना का भी।[1] मध्यवर्ग पर हावी उपनिवेशी ज्ञान-शक्ति और सेंसरशिप की इस प्रस्थापना को स्वीकार करना मुझे थोड़ा मुश्किल ही लगता है, क्योंकि इस वर्ग को शासकगण 1857 के अनुभव के बाद भी बुनियादी तौर पर अपना वफादार समझते थे। भारत में अंग्रेजों के बारे में बंकिम ने अपने शुरुआती हवालों में निश्चित ही काफी तल्खी से काम लिया है। कथा-साहित्य की तो नहीं पर सार्वजनिक मंचों की और समाचारपत्रों की सेंसरशिप तो 1870+ से ही शुरू हो चुकी थी, पर उसकी सही-सही मार एक पीढ़ी आगे चलकर 1905 के बाद ही महसूस की गई। फिर वहाँ आरम्भ-20वीं सदी

1. चटर्जी 1994 : 57; कविराज 1986 : अध्याय 3 भी देखें।

से वन्दे मातरम् का गायन अक्सर दंड का आधार बन गया, पर स्वयं 'आनन्दमठ' को कभी प्रतिबंधित नहीं किया गया।[1]

एक और भी 'आन्तरिक' प्रकार की व्याख्या का सुझाव तनिका सरकार ने दिया है जो उपनिवेशी बन्धनों से ध्यान थोड़ा हटाकर दूसरी तरफ ले जाती हैं। 1860+ और 1870+ के दौरान बंकिम तत्कालीन उदारवादी सामाजिक और राजनीतिक सुधार के अनेक सरोकारों में भागीदार दिखाई देते हैं, बल्कि कभी-कभी तो उनकी सीमाओं को भी पार कर जाते हैं। पर उन्हें ऐसा कोई संगठन नजर नहीं आया जो ऐसी परियोजनाओं को लागू करने के बारे में कृतसंकल्प या सुसंगत हो, क्योंकि उनके मन में ही अपने ही सामाजिक वर्ग के बारे में कम ही सम्मान था या नहीं ही था—वास्तव में वे उसकी अनेक कमजोरियों की कठोर आलोचना करते हैं। उन्होंने उन दिनों खुद को किसानों के कष्टों से एकाकार किया मगर कभी उनको अपने ही भाग्य के सम्भावित निर्माता नहीं माना; वास्तव में वे उनकी राय में मानवतावादी या प्रशासनिक सुधारों के लक्ष्य ही माना और 1880+ तक तो वे उनको ऐसी भीड़ मानने लगे थे जिसको हिंसक कार्वाइयों के लिए भड़काया जा सकता था बशर्ते समर्पित राजनीतिक संन्यासियों का एक अभिजात दल उनको नेतृत्व देने के लिए उपलब्ध हो। न ही भक्ति-सम्प्रदायों, हिन्दू रूढ़िवाद और पुनरुत्थानवादी राष्ट्रवाद में उनकी कोई खास आस्था थी जिसे वे अपने जीवन के अन्तिम दशक में शक्ति बटोरते देख रहे थे।[2] बंकिम की राय में ऐसी बार-बार की नाकामियों की जड़ें बंगाली पुरुष की बार-बार साबित हो चुके नाकारापन, कायरता और शरीर-बल के अभाव में थीं; उनके नजदीक इसका सबसे बड़ा प्रमाण बख्तियार खिलजी और उसके अट्ठारह घुड़सवारों के हाथों बंगाल की आखिरी हिन्दू रियासत के विध्वंस की कथा थी। उनको लगता था कि मुसलमानों में जान है और फौजी सूरमाई है—उनकी दूसरी कमजोरियों के बावजूद या कभी-कभी उनके ही कारण। इस तरह बंकिम के सामने वह चीज थी जिसे तनिका सरकार ने 'एक राजनीतिक कार्यभार की असम्भाव्यता' कहा है। फिर भी मुसलमानों के खिलाफ भविष्य में एक युद्ध चलाकर हिन्दू उनकी जंगजू खूबियों को ग्रहण कर सकते हैं। उनका अन्तिम उपन्यास 'सीताराम' एक अजीब-गरीब प्रतिचरम पर समाप्त होता है : जो कुछ हुआ है उस पर सड़क किनारे

1. अन्त-1870+ से लिटन के काल में पारित ड्रामेटिक परफार्मेंसेज एक्ट और वर्नाक्यूलर प्रेस एक्ट के अन्तर्गत अनेक नाटकों पर प्रतिबन्ध लगे और कुछ समाचार-पत्रों को दंडित किया गया। 'आनन्दमठ' के उलट यह दिलचस्प बात हुई कि भारत में गांधी की 'हिन्द स्वराज' (1909) पर 1910 से लेकर एक दशक तक प्रतिबन्ध लगा रहा।
2. मिसाल के लिए उनकी रामकृष्ण परमहंस से अकेली मुलाकात को लें; रामकृष्ण उस समय (आरम्भ-1880 तक) एक गँवार देहाती ब्राह्मण थे, जिसने भक्ति पर अपनी सीधी-सादी बातचीत से कलकत्ता के शिक्षित भद्रलोक का मन मोह लिया था। भोजन, निद्रा और यौन-सुख को जीवन के ध्येय बतलाकर बंकिम ने साफ तौर पर उन्हें धक्का पहुँचाने की कोशिश की। सरकार 1997 : 304 देखें।

तमाशाई बनकर खड़े दो किसान दूर से ही सनकभरी टिप्पणी करते हैं : 'खैर, हम तो ठहरे मामूली लोग; इन सबका हमसे काम ही कुछ नहीं।'[1] यह एक भिन्न स्तर पर एक राजनीतिक कार्यभार की असम्भाव्यता ही है।

जैसा कि पूरी दुनिया की मौखिक और लिखित संस्कृतियों में हुआ है, दक्षिण एशिया की भाषाएँ भी किस्से-कहानियों से भरी पड़ी थीं। एक आधुनिक कहानी (अफसाना) को जो चीज अलग करती है वह वृत्तान्त का एक अधिक स्पष्ट और सुगठित ढाँचा है और उसका किसी विशेष घटना, स्थिति या गहरे भावात्मक पल का केन्द्र होता है। परस्पर-व्याप्तियाँ स्वाभाविक रूप से आम रही हैं : मुद्रण ने पुराने किस्सों के संग्रह और पुनरुत्पादन को बल पहुँचाया; ये मिसाल के लिए संस्कृत में 'पंचतंत्र' या 'हितोपदेश' से और फारसी-अरबी की परम्पराओं में 'अलिफ-लैला' से लिये गए थे। आधुनिक कहानी की तरह इनको भी मासिक और त्रैमासिक पत्रों के तीव्र विकास से बढ़ावा मिला जिनको उपन्यासों का धारावाहिक प्रकाशन करने की आवश्यकता पड़ती थी। इसलिए वे अक्सर कहानियों को वरीयता देते थे, जो स्वयं में पूर्ण होती थीं और इसलिए अधिक पाठकों को खींच सकती थीं। उदीयमान राष्ट्रवाद ने भी ऐसे संग्रहों को खासकर लोककथाओं के संग्रहों को, बढ़ावा दिया कि यह मध्यवर्ग के लिए अपनी देसी सांस्कृतिक जड़ों की ओर लौटने का एक ढंग था। मिसाल के लिए 1907 में रवीन्द्र नाथ ने दक्षिणारंजन मित्र मजुमदार द्वारा बच्चों के लिए लोककथाओं के संग्रह 'ठाकुमार झूली' (दादी माँ की कहानियाँ) के प्रकाशन की प्रशंसा की कि यह एक शुद्ध स्वदेशी पैदावार था।

आधुनिक कहानी अनेक भाषाओं में से मोटे तौर पर 1890+ में अपने यौवन पर पहुँची, हालाँकि उससे पहले भी इसके कुछ दावेदार हो गुजरे हैं, मसलन उड़िया लेखक फकीर मोहन सेनापति की एक खो चुकी कहानी 1868 के आसपास प्रकाशित हुई थी। मलयालम में कहानी-कला का आरम्भ 1891 में हुआ; मराठी में हरिनारायण आप्टे द्वारा सम्पादित एक पत्रिका में 1890 में (वैसे वहाँ उसे लम्बे समय तक उपन्यास से हीन एक रूप समझा जाता रहा); उड़िया में अन्त-1890+ में; गुजराती और हिन्दी में 1900 के आसपास तथा कन्नड़, तमिल और तेलुगू में अगले कुछ दशकों में इनका प्रकाशन आरम्भ हुआ। एक रूप, जो पक्के तौर पर मनोरंजन और व्यावसायिक सफलता के लिए था और काफी पहले विकसित हुआ, जासूसी कहानी का था।[2] इसका आरम्भ कानन डायल और दूसरे अंगेज लेखकों के बंगला अनुवादों से हुआ और फिर अनेक दूसरी भाषाओं में जल्द ही उनके पुनरानुवाद हुए। लगता है हिन्दी

1. सरकार 2001 : अध्याय 4, 5
2. ओर्सिनी 2004

में गल्प साहित्य के विकास में जासूसी कहानी की महत्त्वपूर्ण भूमिका रही। 19वीं सदी के एक काफी बड़े भाग में फारसी-उर्दू मुद्रण संस्कृति का उत्तर भारत के एक बड़े भाग में जो वर्चस्व रहा उसके कारण हिन्दी में इसका आरम्भ देरी से हुआ।[1]

1891 में आरम्भ करके टैगोर ने बड़ी संख्या में जो कहानियाँ लिखीं और अगले 4 वर्षों में उन्होंने जो लगभग 42 तथा अगले 5 वर्षों में जो 21 कहानियाँ लिखीं उनके कारण बंगला में गम्भीर साहित्य के रूप में इसे भारी प्रेरणा प्राप्त हुई। 1890+ की कहानियाँ अधिकतर मध्य और पूर्वी बंगाल के देहातों पर केन्द्रित थीं क्योंकि टैगोर तब वहाँ पारिवारिक जागीरों की देखभाल कर रहे थे और इसके कारण ग्रामीण जीवन से उनकी निकटता बढ़ी क्योंकि वे नावों से सफर करते थे। धान और पटसन के अन्तहीन खेतों की, नदियों के चौड़े पाटों की और बदलते मौसमों (खासकर वर्षा के आगमन) की स्तब्ध करनेवाली सुन्दरता इस काल में उनकी लिखी कविताओं में, और कहानियों में भी, गहराई तक पैठी। लेकिन गाँवों के लोगों के—सिर्फ किसानों नहीं बल्कि देहात की जनता के—जीवन, उनके छोटे-छोटे सुख-दुख के जीवन्त चित्रण के कारण उनकी कहानियाँ और भी स्मरणीय हैं। मिसाल के लिए शहर में पला-बढ़ा एक नौजवान पोस्टमास्टर बनकर एक गाँव में आता है और अपने यहाँ काम करनेवाली एक छोटी-सी लड़की से स्नेह का एक मोहक सम्बन्ध बना लेता है, जो फिर उसकी अकेली साथी बन जाती है; उसके बाद उसका तबादला कहीं और हो जाता है और वह लड़की अकेली और उदास रह जाती है। बाद की कहानियों की पृष्ठभूमि नगर-जीवन की ओर मुड़ने लगी तथा वे परिवारों के अन्दर घरेलू और व्यक्तिगत सम्बन्धों को काफी गहराई से छानबीन करने लगीं। ऐसी सबसे मशहूर कहानियों में एक है—'नष्ट नीड़' जो सम्भवतः लेखक के आरम्भिक यौवन की एक त्रासदी पर अंशतः आधारित है।[2]

भारतीय कहानी-कला ने साधारणजन के रोजाना के जीवन को ऐतिहासिक या सामाजिक उपन्यासों के मुकाबले कहीं बहुत अधिक महत्त्व दिया जिनमें 19वीं सदी में नाटकीय व्यक्तित्वों, टकरावों और बुनियादी नैतिक प्रश्नों को अधिक उठाया गया। उपनिवेशी और देसी वर्गीय उत्पीड़न का यथार्थवादी चित्रण भी काफी पहले से ही इनका विषय रहा, हालाँकि कहानियों और उपन्यासों में 1920+ और 1930+ से, गांधीवाद और फिर वामपन्थी झुकाववाले 'प्रगतिशील' प्रकार के साहित्य के उदय के कारण, ऐसे विचारों को एकसमान प्रधानता प्राप्त हुई। मिसाल के लिए फकीर मोहन सेनापति की उड़िया कहानी 'रेवती' (1898) एक ऐसी देहाती लड़की

1. उपरोक्त।
2. अनेकों में से इन दो का जिक्र मैंने अंशतः इसलिए किया है कि सत्यजित रे ने उन पर जो फिल्में बनाईं ('तीन कन्या' संग्रह में 'पोस्टमास्टर' और 'चारुलता') उनके कारण बंगला के अलावा दूसरे पाठकों तक भी उनकी ख्याति फैली।

के बारे में थी, जो अपनी इच्छाओं और हावी अंधविश्वासी मूल्यों के बोझ के बीच पिस रही है। उल्लेखनीय बात यह है कि पहली गुजराती कहानी आयातित वस्तुओं की बाढ़ के कारण तबाही से दो–चार ग्रामीण दस्तकारों के बारे में थी; यह लगभग 1905 से पहले, सीधे–सीधे उपनिवेश विरोधी राष्ट्रवादी विषय की थोड़ी–सी मिसालों में एक है। माधवराव सप्रे की आरम्भिक हिन्दी कहानी 'एक टोकरी भर मिट्टी' (1901) एक अमीर जमींदार और एक गरीब विधवा के टकराव को दर्शाती है।

भारतीय मध्यवर्ग के साहित्य–कर्म की एक उल्लेखनीय विशेषता यह है कि बहुत–से प्रमुख लेखकों ने बच्चों के लिए भी लिखा। मसलन बंगला में बंकिमचन्द्र को छोड़कर लगभग मशहूर लेखकों ने यह किया है। पिछड़ेपन और खासकर कम साक्षरता की चेतना ने बच्चों के लिए प्राइमर और सम्बन्धित सामग्री लिखने के आरम्भिक प्रयासों को जन्म दिया। बाद में विभिन्न रूपों में राष्ट्रवाद के उदय ने जिनको देशभक्ति के सच्चे मूल्य समझा जाता था उनमें अगली पीढ़ी को पारंगत करने की परियोजनाओं में योगदान दिया। लेकिन मुझे लगता है, और कभी–कभी सुझाया भी गया है, कि बाल–साहित्य के लेखक को पूरी तरह 'राष्ट्रपुत्रों' के, विक्टोरियाई नैतिकता से व्युत्पन्न माने जानेवाले मूल्यों से लैस कर्तव्यनिष्ठ और आज्ञाकारी परिवारजन के जन्म को बढ़ावा देने के लिए समर्पित बतलाना अतिशयोक्ति से भरा हुआ होगा। इस विक्टोरियाई नैतिकता को भी अक्सर बेहद सरल ढंग से समरस और अपरिवर्तनशील मान लिया गया।[1]

यह सही है कि आरम्भिक बाल–साहित्य अत्यधिक उपदेशवाद से और जानकारियाँ ठूँसने की इच्छा से आरम्भ हुआ, जैसा कि आनन्दीराम ढेकियाल फूकन की रचना 'असमिया लौरार मित्र' (1841) से, जो कि विभिन्न विषयों का एक संकलन और एक अंग्रेजी शब्दकोश पर आधारित है, या बच्चों के लिए विद्यासागर के प्राइमरों और कहानियों से जाहिर है। विद्यासागर की इन रचनाओं की विशेषता बेहतरी की एक विचारधारा थी, जिसमें गरीब लड़का अध्यवसाय, कड़ी मेहनत, ज्ञान प्राप्ति की एकनिष्ठ कामना तथा घर व विद्यालय में अनुशासित व्यवहार के सहारे ऊपर उठता है। एक मिसाली कहानी में अध्यवसायी गोपाल को काहिल और नटखट राखाल के मुकाबले में रखा गया है। लेकिन यह मशहूर सुधारक परम्परागत धार्मिक विषयों से पूरी तरह अलग रहकर और एक बुनियादी तौर पर उपयोगितावादी दृष्टिकोण अपनाकर अपने आधुनिकतावादी मूल्यों के प्रति सच्चा बना रहा। ग्रामीण भद्रलोक के अधिक गरीब बच्चों पर अप्रत्यक्ष रूप से जोर दिया गया; उनके लिए विद्यासागर का कठोर अनुशासन और अध्ययन का कार्यक्रम खास तौर पर उपयुक्त होता। कालक्रम

1. ऐसी मान्यताओं के एक अपेक्षाकृत अतिवादी संस्करण के बारे में बोस 1995 देखें।

में उनके परिप्रेक्ष्यों के सामाजिक दायरे को विस्तार भी दिया जा सकता था। सदी के मोड़ के आसपास से बंगाल के निम्नजातीय आन्दोलनों ने अपने खास किस्म के बेहतरी के साहित्य में उन शुद्धतावादी गुणों और मूल्यों को भी शामिल किया जिनकी पैरवी विद्यासागर ने कुलीनों के कमतर भागों के लिए की थी।[1]

फिर भी हमें औपचारिक अध्यापन की विधियों और बाल-साहित्य के बीच एक अन्तर करना होगा। कम-से-कम देश के कुछ भागों में यह साहित्य जल्द ही शुद्ध उपदेशवाद और सूचना प्रवाह की सीमाओं से आगे निकल गया तथा बच्चों की कल्पनाओं को एड़ लगाने और मनोरंजन प्रदान करने के रास्ते तलाश करने लगा। मसलन गुजरात में बाल-साहित्य का आरम्भ एक मादा खस्सी के विवाह के बारे में नवलराम के हास्य-व्यंग्यमय वृत्तान्त से हुआ। बंगला में उपदेश से इतर आवेग वास्तव में सदी के मोड़ के आसपास चरम पर पहुँचा, ठीक उस समय जब राष्ट्रवाद उभार की ओर बढ़ रहा था और जब इसके विपरीत की आशा की जा सकती थी। यहाँ बच्चों के लिए उल्लेखनीय लेखकों की एक श्रृंखला सामने आई, मसलन उपेन्द्रकिशोर रायचौधुरी, उनके बेटे सुकुमार रे, जोगेन्द्रनाथ सरकार और बहुत से दूसरे लोग। एक महत्त्वपूर्ण भूमिका अनेक बाल-पत्रिकाओं ने निभाई, जैसे कि ब्रह्मसमाज से जुड़ी 'सखा' (1883), टैगोर परिवार के सदस्यों द्वारा प्रकाशित 'बालक' (1885) तथा 1910+ और आरम्भ-1920+ के दौरान सुकुमार रे के 'सन्देश' ने। विकसित हो रही थी तो बच्चे को वयस्क से भिन्न समझने की योग्यता हो रही थी, सिर्फ ऐसा व्यक्ति नहीं कि उसे परिपक्वता के लिए प्रशिक्षित करना आवश्यक हो, बल्कि ऐसा प्राणी जिसकी अपनी कल्पाओं की दुनिया थी जिसे हास्य और कल्पना के सहारे और प्रखर बनाने की आवश्यकता हो। ऐसे प्रयास कभी-कभी—कभी-कभार एक आनन्ददायक अवमानना के द्वारा—ऐसी दुनिया रचते थे, जिससे वयस्कों का भी मनोरंजन होता था। मसलन गोपाल-राखाल भेद के ठीक उलटे कुछ किताबों में आज्ञाकारी नहीं, बल्कि शैतान और नटखट बच्चा केन्द्रीय पात्र नजर आने लगा। सुकुमार रे ने (मसलन 'अबोल-तबोल' में) अद्‌भुत बकवादी बालगीत लिखे।

दृश्य और मंचीय कलाएँ

मिश्रण और प्रौद्योगिक परिवर्तन : फोटोग्राफी, नाटक, चित्रकला और आरम्भिक सिनेमा

आधुनिक भारत ने अध्ययनों में एक स्पष्ट 'दृश्य परिवर्तन' आरम्भ-1990+ से आना शुरू हुआ जब देर से सही, इतिहासकार ऐसे क्षेत्रों में कदम रखने लगे जो पहले

1. सरकार 1997 : 254-58 में Vidyasagar and Brahmanical Society देखें। हैचर 1996 भी देखें।

विशेषज्ञों और कलेक्टरों के लिए छोड़ा हुआ था। यह नया रुझान दोतरफा एहसास पर आधारित है। पहला, छवियाँ सिर्फ यथार्थ के प्रतिबिम्ब या वर्णन नहीं हैं और 'वास्तविक स्रोतों' को मात्र पुष्ट करनेवाले साक्ष्य तो शायद ही कभी रहीं; आत्मछवियों और सामुदायिक पहचानों को साँचे में ढालते हुए वे 'यथार्थ' के निर्माण में सक्रिय सहायता देती हैं। दूसरे, दक्षिण एशिया में आरम्भ-19वीं सदी से ही छवियों के निर्माण और प्रसार में भारी बढ़ोत्तरी हुई थी तथा ये ऐतिहासिक वृत्तान्तों में उपलब्ध और अपेक्षाकृत अप्रयुक्त दोनों थीं। दृश्य की यह नई सार्वभौमिकता वास्तव में अब आधुनिकता की, उसे चाहे जैसे परिभाषित किया जाए, एक अहम विशेषता थी।

दृश्य और मंचीय कलाओं ने एक और कारण से भी इतिहासकारों का ध्यान खींचा। वे उस संवृत्ति के अनेक उल्लेखनीय उदाहरण सामने रखती हैं जिसे होमी भाभा ने मिश्रण, 'बीच की दुनियाएँ' कहा है जो वैश्लेषिक विभाजनों को बार-बार उत्तर और पार करती हैं और उन अति-स्पष्ट ध्रुवों को अव्यावहारिक बनाती हैं जो दुर्भाग्य से भारतीय संस्कृति के अध्ययनों में लम्बे समय तक अपेक्षाकृत आम रहीं।[1] मिश्रण के विचारों को उपनिवेशक-उपनिवेशित सम्बन्धों से परे ले जाने की आवश्यकता है, जो भाभा की रुचि के प्रमुख क्षेत्र रहे हैं, ताकि कालों, विधाओं, सामाजिक समूहों और संस्कृतियों के बीच की अनेक दूसरे प्रकार की आसान सीमाओं की पड़ताल की जा सके। ये सामान्यत: आधुनिकता की बल्कि कुछ अर्थों में सभी सभ्यताओं की निशानी बनकर सामने आती हैं जिनमें से कोई भी शुद्ध देसी, प्रामाणिक या अदूषित नहीं रही है।

दृश्य और मंचीय कलाएँ हमेशा ही, और खास तौर पर हाल के कालों में, लिखित या मुद्रित कथानकों, संवाद, अभिनय, गीत, संगीत और नृत्य को साथ लाती रही हैं। यह बात थिएटर में और परम आधुनिक कला-रूप यानी सिनेमा में सबसे अधिक स्पष्ट है। सिनेमा को आज वास्तव में समकालीन जीवन की संवृत्तियों, अन्तर्विरोधों और गतियों के सिलसिले में खास तौर पर महत्त्वपूर्ण प्रवेशबिन्दु माना जाता है। यह आधुनिक नगर के जीवन की तरह अस्थायी पलों को अनुभव के प्रवाह के मुकाबले रखता है—मसलन एक सड़क पर एक चेहरे की उड़ती हुई झलक दिखलाता है—जिसके कारण नगर-जीवन पर जार्ज सिमेल्स के विश्लेषण को ज्यों का त्यों सिनेमा का वर्णन बनाया जा सकता है : 'बदलती हुई छवियों की तेजी से

1. भाभा 1994 देखें। विरोधाभास यह है कि Subalternn Studies के, खासकर उसके परवर्ती संस्कृतिवादी चरण में उसके तथा पार्थ चटर्जी के रचनाओं के व्यापक प्रभाव के कारण ये दो-भागी विपरीतियाँ खास तौर पर प्रभावी बन गईं। यहाँ मैंने 'विरोधाभास' की बात की है, क्योंकि यह सम्प्रदाय अक्सर जिन विश्वव्यापी बौद्धिक प्रवृत्तियों से—उत्तर-उपनिवेशवाद और उत्तर-आधुनिकता से—जोड़ा जाता है, वे अक्सर ऐसी दो-भागी विपरीतियों की तीखी आलोचना करती रही हैं। भाभा और वास्तव में देरीदा जैसे विचारकों के सिलसिले में यह बात स्पष्ट है। गिलराय 1994 भी देखें।

लगती भीड़, एक ही नजर की पकड़ में मौजूद स्पष्ट अनिरन्तरता या दौड़ते-भागते भावों का अप्रत्याशित रूप।'[1] दृश्य कलाएँ दो अन्य और अधिक स्पष्ट तरीकों से भी सीमाओं को लाँघती हैं। दक्षिण एशिया के सांस्कृतिक अध्ययनों में अक्सर (हालाँकि दूसरी ऐतिहासिक परम्पराओं में अधिकाधिक कम सीमा तक) अभिजात और लोक के जिन अलगावों को पेश किया गया है, वे बार-बार और भी पेचीदगी का तकाजा करते हैं। ऐसे ही तकाजे परम्परागत और आधुनिक, पश्चिमी और देसी की अति-स्पष्ट सीमाएँ करती हैं। यहाँ तक कि उपनिवेशक और उपनिवेशित की सबसे अटूट दीवार को भी एक सीमा तक 'स्वांग' और 'धूर्त सभ्याचार' के जरिए बार-बार ध्वस्त किया जा सकता है।[2]

दृश्यकलाओं में अनेक निरन्तरताओं के बावजूद आधुनिक काल में बहुत सारे मूलगामी रूपान्तरण विवादों से परे हैं। कलाकृति में हमेशा नए रूपों के यांत्रिक पुनरुत्पादन के विकास इनके महत्त्वपूर्ण नए निर्धारक तत्त्व रहे हैं। इसलिए हमें ऐसे कुछ प्रौद्योगिक प्रवर्तनों पर संक्षिप्त दृष्टि डालकर अपनी बात का आरम्भ करना होगा। इनका आरम्भ यांत्रिक मुद्रण के आगमन के साथ पश्चिमी यूरोप में—और उससे भी पहले चीन और फिर जापान में—हुआ। लेकिन प्रवर्तनों की भारी भीड़ 19वीं और 20वीं सदी में पश्चिम में देखने को मिली। छापाखाना के ठीक विपरीत ये बाद के आविष्कार आश्चर्यजनक सीमा तक संक्षिप्त अन्तराल के बाद ही भारत में पहुँचे : उपनिवेशी शासन की कोई एक सदी के दौरान। प्रौद्योगिक प्रवर्तनों पर हमारी विवेचना के बाद चार चुनिन्दा क्षेत्रों पर और गहराई से विचार किया जाएगा : फोटोग्राफी, नाटक और थिएटर, चित्रकला और सिनेमा के आगमन पर।[3]

कला के यांत्रिक पुनरुत्पादन, 'वास्तविक जीवन' और ध्वनि

अन्त-15वीं और आरम्भ-16वीं सदी में पश्चिमी यूरोप में यांत्रिक मुद्रण के आरम्भ के साथ-साथ बड़े पैमाने पर छवियों के ऐसे ही पुनरुत्पादन के प्रयास किए गए। चित्र, जो अक्सर आज के कार्टूनों जैसे होते थे, अनेक आरम्भिक पुस्तकों के अंग रहे हैं; साक्षरता के कम स्तर के कारण पाठ और चित्र का समन्वय आवश्यक हो

1. चार्नी और श्वाट्र्ज 1995 : प्रस्तावना।
2. ये शब्दसमूह होमी भाभा के हैं; भाभा 1994, विशेषकर अध्याय 4 : 5 'Of Mimicry and Man : The Ambivalence of Colonial Discourse' और अध्याय 5 : 'Sly Civility' देखें।
3. इस अध्याय में संगीत और नृत्य का जिक्र न होना आश्चर्यजनक लग सकता है। मैंने उन्हें इस पुस्तक के पीछे-पीछे आनेवाली रचना के एक संगत भाग में उन्हें उठाने का निश्चय किया है, जिसका सम्बन्ध मुख्यतः 1914 के बाद के काल से है। कारण कि इन कला-रूपों में अनेकों प्रमुख परिवर्तन लगभग उसी समय के आसपास आए; इनमें कभी-कभी 'शास्त्रीय' की लगभग नई खोजें भी शामिल रही हैं।

जाता था। प्रिंट रन की वृद्धियों और फलस्वरूप इकाई लागतों में गिरावट के कारण किताबें काफी सस्ती हो गईं और बाजार के प्रसार के कारण लाभदायक बनी रहीं। ऐसे 'प्रिंट' प्रमुख धार्मिक और/या राजनीतिक उथल-पुथल के कालों में खास तौर पर बढ़ जाते थे, मसलन आरम्भ-16वीं सदी में जर्मनी के सुधारवाद और 17वीं सदी में अंग्रेजी क्रान्ति के कालों में।

दस्तकारी की सुस्थापित तकनीकों और खासकर लकड़ी के साँचों और ठप्पों के उपयोग के द्वारा विशेष कलाकृतियों की प्रतियाँ लम्बे समय से तैयार की जाती रही हैं। भारत में, जहाँ मुद्रण का आरम्भ कोई दो सदी बाद हुआ, 'पिछड़ेपन के लाभ' से लाभान्वित होता रहा। किताबों के साथ चित्र लगभग शुरू से ही जुड़े रहे और ब्लाक मुद्रण विधि से पुनरुत्पादित होते रहे। बंगला की एक साहित्य-रचना, भरतचन्द्र कृत 'आनन्दमंगल' (1816) के एकदम पहले मुद्रित संस्करण में भी चित्र मौजूद थे। कुछ बाद की तब्दीलियों के साथ दस्तकारी की परम्परागत तकनीकों का उपयोग अन्त-19वीं सदी तक व्यापक रूप से होता रहा। मसलन अन्त-1870+ या 1880+ तक कालीघाट के सस्ते चित्रों की अनेक हस्तनिर्मित प्रतियाँ और ब्लाकों के जरिये पुनरुत्पादित बटाला के लकड़ी के छापे कलकत्ता में धार्मिक और पौराणिक चित्रों के बाजार में सक्रिय प्रतियोगी बने रहे। छवियों के पुनरुत्पादन की एक और भी उन्नत तकनीक लिथोग्राफी की थी जिसका आविष्कार म्यूनिख में 1798 में हुआ था। इसमें पत्थर की एक ग्रीज लगी नर्म सिल पर रंगीन छवियों और डिजाइनों को दबाकर उनकी अनेक प्रतियाँ तैयार की जा सकती थीं। आगे चलकर अन्त-19वीं सदी में हुए विकासक्रमों, यानी कि क्रोमोलिथोग्राफी और तैल-मुद्रण के कारण अधिकाधिक जीवन्त, जीती-जागती रंगीन छवियों का बड़े पैमाने पर पुनरुत्पादन सम्भव हुआ। अन्त-19वीं सदी तक इन तीन परस्पर-जुड़ी नई तकनीकों ने कालीघाट के 'पटों' और बटाला के ठप्पों से बने चित्रों को कारोबार से लगभग पूरी तरह खदेड़ दिया था तथा धार्मिक और पौराणिक छापों के सबसे बड़े बाजार पर कब्जा कर लिया था। लिथोग्राफी की तकनीकें विनिर्मित वस्तुओं के ब्रांड नामों और विज्ञापनों के लिए भी बहुत मूल्यवान साबित हुईं, और उन्होंने व्यावसायिक कला का भारी विकास किया। 1880+ के आसपास से बेहद विविध प्रकार की दृश्य सामग्रियों का घोर विस्फोट हुआ जिनको अब रेलों के द्वारा पूरे देश में फैलाया जा सकता था। क्रोमोलिथोग्राफी और तैलमुद्रण के अब तीन प्रमुख केन्द्र सामने आए। कलकत्ता आर्ट स्टूडियो की स्थापना 1878 में गवर्नमेंट आर्ट स्कूल के भूतपूर्व छात्रों ने की थी। 1880+ में वी.के. चिपकोलंकार का पूना चित्रशाला प्रेस स्थापित हुआ। इसका खास जोर पवित्र हिन्दू बिम्बों और ऐतिहासिक-पौराणिक विषयों के क्रोमोलिथोग्राफ पर था और इसका उस क्षेत्र में हिन्दू गरमपन्थी राष्ट्रवाद के उदय में भारी योगदान रहा। फिर 1894 में अग्रणी भारतीय चित्रकार रवि वर्मा ने सोचे-समझे ढंग से रचनात्मक

और व्यावसायिक कला के बीच पहले से सुस्थापित अभिजात-लोक भेद को पार किया; यूरोपीय पुनर्जागरण के काल से ही ये श्रेणियाँ आम हो चुकी थीं। वर्मा ने बम्बई के पास जर्मन तकनीकी सहायता से एक तैलचित्र प्रेस स्थापित किया जिसका मकसद उनके मशहूर धार्मिक और पौराणिक चित्रों का बड़े पैमाने पर पुनरुत्पादन करना था; इसके लिए उन्होंने सोचे-समझे ढंग से उस चीज का एक हिस्सा कुरबान कर दिया, जिसे बेंजामिन ने रचनात्मक कलाकार और उसकी कलाकृति का 'प्रभामंडल' कहा है। लिथोग्राफी और खासकर उसकी रंग और यथार्थ को प्रश्रय देनेवाली शाखों के कारण पूरे उपमहाद्वीप में हिन्दू धर्म के प्रमुख देवी-देवताओं की एक जैसी छवियों की स्थापना हुई। 'यथार्थवादी' विशेषताओं का समावेश करके ऐसी छवियों ने परम्परागत बिम्ब रचना को बहुत-कुछ बदल डाला, और इनसे उसी विक्टोरियाई कला पर आधारित चित्रों की समकालीन प्रकृतिवादी शैलियों का प्रभाव झलकता था, जिसके रवि वर्मा अग्रणी उदाहरण थे। छायाचित्रों का भी कुछ प्रभाव पड़ा। इनके साथ पुराण और फंतासी के तत्त्वों का मिश्रण भी हुआ था जिससे छाया 'देवताओं के फोटुओं' में मिश्रण हुआ; ये शब्द पिन्नी को मध्य प्रदेश में अपने क्षेत्रकार्य के दौरान सुनने को मिले।[1] ऐसा फैलता हुआ बिम्ब-विधान, जिसका प्रसार कैलेंडर-कला के जरिए भी हुआ, 20वीं सदी में भारतीय राष्ट्रवादों के अनेक रूपों के लिए महत्त्वपूर्ण साबित हुआ—जैसा कि हम देखेंगे, विशेष रूप से उनके धार्मिक और साम्प्रदायिक रूपों के लिए।[2]

इस बीच कैमरा जैसे महान प्रवर्तन से, देखने में सही, प्राकृतिक और मानवीय दोनों प्रकार के जीवन की सटीक छवियों का बड़े पैमाने पर कागज पर पुनरुत्पादन सम्भव हुआ। इसका आरम्भ 1839 में, फ्रांस और इंग्लैंड में एक साथ हुआ—ताँबे की चाँदी के लेपवाली प्लेट पर दाग्यूर की 'दाग्यूर फोटो पद्धति' के द्वारा और टाल्बट की कागज पर निगेटिव/पाजिटिव प्रक्रिया के द्वारा। फिर फोटोग्राफ को डेवलप करने की तकनीक में तेजी से अनेक सुधार हुए, जबकि 1888 में जार्ज ईस्टमैन ने आसानी से लाने, ले जाने योग्य दस्ती बॉक्स कैमरे का आविष्कार किया। (इसे कोडक का ब्रांड नाम दिया गया था।) इसके कारण फोटोग्राफी का वैयक्तिकरण हुआ और वह स्टूडियो और भारी तिपायों, दोनों से स्वतंत्र हो गई। इस नई प्रौद्योगिकी का भारत में आगमन काफी तेजी से हुआ; यह पहले कलकत्ता में आई और फिर दो दूसरे महानगरों में पहुँची। थैंकर-स्पिंक ने जनवरी 1840 में दाग्यूर कैमरा के आयात का विज्ञापन दिया। 1850 तक कलकत्ता में कोई 14 यूरोपीय स्टूडियो स्थापित हो चुके थे (उनमें सबसे मशहूर नाम बोर्न एंड शेफर्ड का था), जबकि

1. पिन्नी 2004
2. रामास्वामी 2003 : प्रस्तावना; मित्र 2002 : 1-32; गुहा-ठाकुरता 1992; मित्र 1994; पिन्नी 2004

भारतीय स्वामित्ववाले स्टूडियो जल्द ही स्थापित होने लगे। 1857 तक फोटोग्राफिक सोसायटी ऑफ बंगाल के सौ-एक सदस्यों में कोई 30 बंगाली थे। ब्रिटिश भारतीय राज्य, गैर-सरकारी यूरोपीय लोगों तथा अनेक भारतीय सामाजिक समूहों के हाथों फोटोग्राफी के अलग-अलग उपयोग अब गहन अध्ययन के विषय हैं।[1]

ध्वनि का जो यांत्रिक पुनरुत्पादन, ग्रामोफोन के साथ शुरू हुआ उसके भारत-आगमन पर अभी तक ऐतिहासिक अध्ययन कम हुए हैं।[2] 1840+ के आसपास बिजली के तार के द्वारा ध्वनि तरंगों को विद्युत तरंगों में बदलकर दूर तक सन्देशों के प्रेषण शुरू हो चुके थे, पर इनमें अभी सिर्फ मोर्स के बिन्दुओं और घातों का सम्प्रेषण हो रहा था। ध्वनि का वास्तविक सम्प्रेषण ध्वनि-तरंगों में पुनर्रूपान्तरण के द्वारा ही सम्भव हुआ, जिसका आरम्भ टेलीफोन के साथ हुआ। इसका आविष्कार 1870+ के आस-पास ऐलिशा ग्रे और ग्राहम बेल ने लगभग एक समय में किया था, हालाँकि बेल ने इसे पहले पेटेंट कराया। 1877 में एडीसन ने पहला 'फोनोग्राफ' बनाया जिसमें ध्वनि को गोल सिलिंडरों पर दर्ज किया जाता था। इसमें ग्राहम बेल के 'ग्रामोफोन' ने जल्द ही जो सुधार पैदा किए उनके बाद भी ऐसे सिलिंडरों के कारण बड़े पैमाने पर पुनरुत्पादन आसान नहीं था, और गुणवत्ता भी खराब थी। बड़ी प्रगति 1887 में आई जब वाशिंगटन डी.सी. में जर्मन प्रवासी एमिल बर्लिनेर ने ग्रामोफोन का आविष्कार किया। इसमें चपटे तवों का इस्तेमाल किया जाता था जो रिकॉर्ड कहलाते थे; इन तवों के खाँचों में ध्वनि भरी होती थी और एक मशीन में लगी सुई के सहारे इन ध्वनियों को सुना जा सकता था—आगे चलकर जिसे स्टाइल्स कहा गया, यह उसी का एक आदिम रूप था। 1970+ में कैसेटों के आगमन तक यही रूप हावी रहा। एडीसन और बेल के आविष्कारों पर बर्लिनेर के आविष्कार का भारी लाभ यह था कि सचमुच बड़े पैमाने पर इनका उत्पादन सम्भव था; एक ही मास्टर रिकॉर्डिंग से तवों की अनेक प्रतियाँ तैयार की जा सकती थीं।

कैमरे की तरह इनका भी भारत-आगमन तेजी से हुआ। सदी के मोड़ तक दोनों रूप खासे आम हो चुके थे—सिलिंडर (जिनको यहाँ लोकभाषा में 'चूड़ियाँ' कहा जाता था, जिनसे वे मेल खाते थे) और तवे भी। बर्लिनेर ने लन्दन में जो ग्रामोफोन कम्पनी कायम की थी उसके एजेन्ट के रूप में देहली की फर्म महेन्द्रलाल 1895 से तवों का आयात करने लगी थी। इस कम्पनी ने लन्दन में भारतीय आवाजों का

1. कार्लेकर 2005 : अध्याय एक में कैमरा के विकास का एक उपयोग संक्षिप्त विवरण मिलता है। पिन्नी 2004 भी देखें।
2. भारत में ग्रामोफोन के आरम्भिक इतिहास पर जो अकेला विस्तृत अध्ययन मौजूद है (माइकेल कीनियर, The Gramophone Company's First Indian Recordings, बम्बई : पापुलर प्रकाशन, 1994), उसकी कोई प्रति मेरे हाथ नहीं लगी। दासगुप्ता 2005 : 254-84 तथा सामान्यत: ग्रामोफोन के इतिहास पर गूगल के माध्यम से उपलब्ध बहुत ही उपयोगी वेब प्रस्तुतियाँ देखें।

पहला रिकॉर्ड 1899 में बनाया। खास पूर्वी ढंग से रिकॉर्ड 'रामायण' पढ़ रहे एक हिन्दू और 'कुरआन' पढ़ रहे एक मुस्लिम की आवाजों के थे। रिकॉर्ड बनाने के लिए आयातित सिलिंडरों या तवों का इस्तेमाल करनेवाली भारतीय फर्में भी कायम हुईं, खासकर स्वदेशी के दिनों में कलकत्ता में एच. बोस फर्म। दुर्भाग्य से यह फर्म कम कारगर सिलिंडर से ही चिपकी रही और 1910 के आसपास तक इसने सैकड़ों रिकॉर्ड तैयार किए; इनमें कुछ तो टैगोर के थे और एक में उन्हें वन्दे मातरम् गाते हुए सुनाया गया है। लेकिन 20वीं सदी की दूसरी दहाई तक ब्रिटिश ग्रामोफोन कम्पनी के तवों का भारतीय बाजार पर लगभग पूरा एकाधिकार हो चुका था।

भारत में आरम्भिक ग्रामोफोन रिकॉर्डिंग की दो उल्लेखनीय विशेषताएँ थीं। एक से तो उन्होंने कुछ हद तक संगीत की दुनिया का लोकतांत्रिकरण किया जो कि अभी तक, तरह-तरह के लोक-प्रचलित और स्थानीय रूपों को छोड़ दें तो, राजाओं और कुलीनों के दरबारों और जमींदारों की महफिलों से प्राप्त संरक्षण और श्रोताओं पर निर्भर थी। ब्रिटिश काल में ऐसे अनेक केन्द्रों के पतन के कारण वाद्य और गेय संगीत, दोनों के उस्ताद संरक्षण के नए स्रोतों की तलाश में दूर-दूर चले गए; उपमहाद्वीप में संगीत के इन दोनों रूपों की बहुत लम्बी, समृद्ध और अक्सर अत्यधिक समन्वयवादी परम्पराएँ रही हैं। मसलन देहली के और 1857 के बाद एक हद तक लखनऊ के पतन के कारण बनारस में या फिर ग्वालियर और भोपाल जैसे शेष बचे दरबारों में, या फिर नए महानगरों में, नए संरक्षकों की तलाश की जाने लगी। ग्रामोफोन के रिकॉर्ड ने संगीत के अधिक प्रतिष्ठित रूपों को पहली बार आम आदमी के घरों में पहुँचाया और ये जल्द ही बेपनाह लोकप्रिय हो गए। दूसरे, संगीत के लैंगिक आयाम में भी एक महत्त्वपूर्ण परिवर्तन आया।[1] 'उच्च' या 'शास्त्रीय' रूपों पर लम्बे समय से पूरी तरह घरानों का नियंत्रण चला आ रहा था जो विशेष गुरु-शिष्य परम्पराओं के सहारे जुड़े हुए थे; ये उन उस्तादों के घराने थे जो उस दुनिया में जो अब तक प्रमुखता के साथ पुरुषों की दुनिया के रूप में चली आ रही थी, अपनी विशेषज्ञता अपने शिष्यों को सौंपा करते थे। संगीत की शिष्याएँ भी अच्छी-खासी संख्या में मौजूद थीं, मगर मुख्य रूप से 19वीं सदी में उन 'विक्टोरियाई' मानदंडों के लादे हुए सामाजिक संकोचों और प्रतिबन्धों के बीच उनको नायिकाओं और नर्तकियों के रूप में थोड़ी-बहुत अप्रतिष्ठित समझा जा रहा था या उन्हें पेशेवर तवायफें या बाई जी कहकर निन्दित किया जा रहा था।[2] ऐसे पुश्तैनी पेशे पहले मोटे

---

1. इस अनुच्छेद में जो कुछ आया है वह बड़ी सीमा तक दासगुप्ता 2005 पर आधारित है।
2. इस काल की गायिकाओं की लिखी रचनाओं और उनकी विवेचनाओं के बारे में पुखराज 2009; धर 2005 देखें। राव 2011 ने नीलिना सेन (नैना देवी) की विवेचना की है, जिनका प्रशिक्षण आजादी से पहले हुआ। ये कलकत्ता के एक अभिजात परिवार में जन्मीं और ब्रह्मसमाजी सुधारक केशवचन्द्र सेन की पोती थीं।

तौर पर यूरोपीय गणिकाओं के पेशे के समकक्ष समझे जा रहे थे मगर अब उनको पीछे धकेलकर वेश्यावृत्ति का दर्जा दे दिया गया था। फिर भी लन्दन की ग्रामोफोन कम्पनी के लिए कलकत्ता में गेसबर्ग ने ग्रामोफोन के जो आरम्भिक रिकॉर्डिंग किए उनमें गायिकाओं की ही प्रधानता थी। उन्होंने कलकत्ता के क्लासिक थिएटर से जुड़ी दो 'नर्तकी बालाओं' को लेकर अपना काम शुरू किया और 11 नवम्बर, 1902 को उन्होंने रिकॉर्ड करने का काम शुरू किया जो कालान्तर में गौहर जान के गाए हुए गीतों का एक बहुत बड़ा संग्रह बन गया; ये ग्रामोफोन की शुरुआती कलाकारों में सबसे लोकप्रिय थीं जिन्होंने अखिल-भारतीय प्रतिष्ठा पाई। गौहर का वास्तव में एक चित्ताकर्षक व्यक्तित्व था; उनके पिता आर्मेनियाई यहूदी और माता भारतीय यहूदी थीं, और आगे चलकर एक मुसलमान के साथ अपने प्रेम के चलते उन्होंने अपना धर्म और अपना नाम, दोनों बदल दिया; इस तरह वे उस मिश्रण की एक मिसाल बन गईं जो आमतौर पर मंचीय कलाकार की दुनिया की विशेषता रहा है। जैसा कि दूसरों के अलावा मुकुल केशवन ने भी कहा है, यह बात आगे चलकर बम्बई के फिल्म उद्योग के लिए भी सही साबित हुई, जिसमें आज भी मुसलमानों की प्रधानता है और इस सीमा तक है जो आज के भारत के अधिकांश अभिजातों के लिए दुर्लभ है।[1]

...खैर हम आरम्भिक रिकॉर्डों की ओर पलटते हैं। स्त्रियों की प्रधानता का स्पष्ट सम्बन्ध ग्रामोफोन की लोकतांत्रिक प्रवृत्तियों के प्रति पुरुष-घरानों की आरम्भिक हिचक से था, क्योंकि अपने पुश्त-दर-पुश्त के सुरक्षित भेदों के बारे में ईर्ष्यालु हुआ करते थे। (इसमें आगे चलकर परिवर्तन आया, और इसका आरम्भ अब्दुल-करीम खान से हुआ जो बड़ोदरा के गायकवाड़ दरबार की सेवा में थे।) गेसबर्ग ने 1902 में 553 रिकॉर्ड बनाए, जिनमें 230 स्त्रियों में थे; 1906-7 तक कुल संख्या 1402 तक पहुँच चुकी थी।[2]

1. केशवन 2008
2. दासगुप्त 2005 देखें। गौहर जान के वृत्तान्त उनकी जीवन-वृत्ति की भारी विविधताओं पर जोर देते हैं। और उनकी भारी व्यापसायिक सफलता को दिखाते हैं। कहा जाता है कि पहली रिकॉर्डिंग के लिए उन्होंने 3000 रुपए लिये थे; यह उन दिनों एक बहुत-बड़ी रकम थी। एक हीन और बदनाम परिवार में जन्मे होने के बावजूद गौहर में स्पष्ट रूप से गरिमा और स्वतंत्रता की भारी भावना थी। गांधी के स्वराज कोष में उन्होंने जितनी रकम देने का वादा किया था उसे उन्होंने इस कारण से कम कर दिया कि उनके कोष जुटाने सम्बन्धी कार्यक्रम में स्वयं आने का जो वादा गांधी ने किया था उसे उन्होंने पूरा नहीं किया। अगली पुस्तक में मेरा इरादा भारतीय संगीत और नृत्य के विकासमान संसार पर और भी गहराई से विचार करने का है, क्योंकि दोनों ही क्षेत्रों में 'शास्त्रीय' की आज की धारणाओं का जन्म वास्तव में सुस्थापित सांस्कृतिक राष्ट्रवाद और पहचान की राजनीति के विभिन्न रूपोंवाले युग में हुआ।

फोटोग्राफी : ब्रिटिश और भारतीय

फोटोग्राफी की पूरी तरह नई प्रौद्योगिकी जिस असाधारण तेजी के साथ ब्रिटेन और फ्रांस से भारत में पहुँची वह भारी रुचि और भागीदारी का पता देती है : पहले अंग्रेजों और फिर जल्द ही उच्च और मध्यवर्ग के भारतवासियों में इन दो समूहों के उत्साह के स्रोतों और अभिव्यक्तियों से सीधे-सीधे विपर्यय और सम्बद्धता के प्रतिमानों का पता चलता है। जैसा कि दूसरे बहुत से क्षेत्रों के साथ है, पूरी-पूरी असम्बद्धताएँ वास्तव में काम नहीं आतीं।

एक तेजी से फैल रहे और अपेक्षाकृत अज्ञात साम्राज्य के थोड़े-बहुत अप्रत्याशित शासकों के रूप में अंग्रेज शुरू से ही विश्वसनीय जानकारियाँ जमा करने के इच्छुक थे और इस ज्ञान-संग्रह में भी दृश्य-सामग्री को स्वाभाविक रूप से खास मूल्यवान माना जाता था। जिन स्थानों और जनगणों का पहले कम ही ज्ञान था उनकी निगरानी और नियंत्रण इसकी प्रमुख प्रेरणा थी। लेकिन इसके साथ सच्ची जिज्ञासा और रुचि भी पाई जाती थी, लगभग पूरी तरह अज्ञात के प्रति एक आकर्षण पाया जाता था—ये ऐसी आकांक्षाएँ हैं, जिनको भोंडे ढंग से शक्ति-ज्ञान-समष्टि में ठूँसा नहीं जा सकता था; ज्ञान बहरहाल एक असंदिग्ध मगर अलग आयाम था। कैमरे के आगमन तक ये दोनों ही रुचियाँ सिर्फ रेखाचित्रों, तैलचित्रों, लकड़ी के ठप्पों और लिथोग्राफी से ही सन्तुष्ट की जा रही थीं—अंग्रेजों के द्वारा भी और उन तथाकथित बाजारी कलाकारों के समूहों द्वारा जिनको कम्पनी दृश्य-प्रस्तुतियों के लिए काम पर रखती थी। कैमरा सटीक पुनरुत्पादन की दिशा में इन सब रूपों के मुकाबले भारी प्रगति का सूचक था; यह एक ऐसा 'सूचक' गुण था, जो दूसरे रूपों में अप्राप्य था।[1] मसलन टोडा आदिवासी समुदाय पर लिखी गई एक किताब (1832) में एक टोडा परिवार को जिस तरह लकड़ी के ठप्पे की छाप से दर्शाया गया था वह यहूदी पुरुष मुखियों की बाइबिलवाली छवियों से संदिग्ध समानता का पता देता था और बाद की फोटोग्राफिक प्रस्तुतियों से एकदम भिन्न था। 1857 में फोटोग्राफिक सोसाइटी ऑफ बंगाल में अपने भाषण में जोसेफ मलिस ने ऐसी 'कठोर निष्ठा' की माँग की जो फोटोग्राफिक प्रस्तुतियों के कारण सम्भव मालूम होती थी। दूसरे अंग्रेजों ने चिकित्सा और पुलिस के कामों में कैमरे के महत्त्व का पता दिया—मसलन अपराधस्थल के फोटोग्राफों का जिनसे जासूसी कहानियों के पाठक परिचित हैं। अपराधियों की पहचान और विविधतापूर्ण और गतिशील श्रमबलों सम्बन्धी ज्ञान जमा नियंत्रण बड़ी हद तक कैमरा पर निर्भर हो गया। यही वह 'जासूसी का खाँचा'

1. पिन्नी द्वारा अपनी रचना Camera Indica में प्रयुक्त इस शब्द का सम्बन्ध मनमाने 'प्रतीक' (जैसे भाषाई चिह्नों) 'प्रतिमा' (जो प्रस्तुत की जा रही वस्तु से थोडा मेल खाती है) और 'सूचक', जो सटीक पुनरुत्पादन होने का दावा करता है के बीच सी.एस. पायर्स के प्रभावशाली भेद से है।

है जिसकी बात पिन्नी ने की है और मिसाल के लिए विद्रोह के बाद कैनिंग ने जिस भारतीय जन शृंखला की तैयारी का आदेश दिया था उसमें यह बात प्रतिबिम्बित होती है। तब तैयारी श्रेणीवार डोजियरों की चल रही थी। अन्त-19वीं सदी तक प्रजा के सदस्यों पर कारगर निगरानी रखने के लिए दूसरी तकनीकें भी सामने आ चुकी थीं। इनमें सबसे प्रमुख तकनीक उँगलियों की छाप की थी; इस विधि का आविष्कार बंगाल में हुआ।[1]

जैसा कि कहा गया, विदेशी के प्रति आकर्षण अक्सर उपनिवेशी फोटोग्राफी के रिकॉर्डों की तैयारी का कारण रहा। इसी के कारण वह चीज सामने आई जिसे पिन्नी ने 'उद्धार' की समष्टि कहा; इनमें उद्धार का काम उन कबीलों के सिलसिले में किया गया, जिनको विनाश प्राय माना जाता था और इसलिए उनकी शुद्धता को दर्ज करना जरूरी था।

इसके कारण सुस्पष्ट विकृतियाँ आईं। अंडमान द्वीपसमूह की एक आदिवासी लड़की की नंगी तस्वीर ली गई; जिन लोगों को आदिम कहा जा रहा था उनके ऐसे रिकॉर्ड को उपयुक्त समझा जा रहा था। वैसे वह लड़की नौ-ईसाई थी और स्कूल या चर्च जाते समय उसे सामान्यत: सफेद कपड़े पहनने पड़ते थे। लेकिन 'सूचक' और 'उद्धारक' इन दोनों समष्टियों से परे थीं शुद्ध जिज्ञासा, हैरानी और सुख की मुद्रा—जो साफ तौर पर विजातीय के भय से जुड़ी हुई थी। महाविद्रोह के दौरान जो स्थान भारतीयों के अत्याचारों और उनकी अपनी सूरमाई से जुड़े थे उनको अंग्रेजों ने बार-बार रिकॉर्ड दिया, जैसे कानपुर के कुएँ, लखनऊ की रेजीडेंसी और कश्मीरी दरवाजे का; मध्य-19वीं सदी के मशहूर फोटोग्राफरों, जैसे बोर्न, के दूसरे प्रिय विषयों में पर्वत, पर्वतीय स्थान और नए-पुराने दोनों तरह के शहर शामिल थे। चित्रमय पोस्टकार्डों का आविष्कार उन व्यक्तियों और परिवारों के लिए एक भारी महत्त्व की वस्तु था जो ब्रिटेन में और प्रसारमान साम्राज्य के दूसरे भागों में अपने रिश्तेदारों से सम्पर्क बनाए रखना चाहते थे।

भारतीयों की पसन्द-नापसन्द अलग थी—और अक्सर इतनी अलग भी नहीं थी। सबसे मशहूर आरम्भिक भारतीय फोटोग्राफर लाला दीनदयाल (1844-1910) थे, जिनकी जीवन-वृत्ति से परस्पर-व्याप्ति का एक अच्छा उदाहरण देखने को मिल सकता है। एक ब्रिटिश सिविल सर्वेंट ने उनसे 1876 में नार्थब्रुक का फोटो लेने और प्रिंस ऑफ वेल्स के दौरे को रिकॉर्ड करने के लिए कहा था। आगे चलकर वे निजाम हैदराबाद के दरबारी फोटोग्राफर बने और अपने जीवन के अन्तिम बरसों में वे मामूली यूरोपीय लोगों के साथ मिलकर बम्बई में एक लकदक स्टूडियो चला रहे

1. हुगली जिले के एक ब्रिटिश प्रशासक हर्शेल ने निरक्षर लोगों के हस्ताक्षर स्वरूप अँगूठा लगवाने की भारतीयों की आदत को देखा था। 1880 तक वे व्यक्तियों का रिकॉर्ड रखने की एक सरकारी व्यवस्था के रूप में इसे ढाल चुके थे। गिंत्जबर्ग 1990 : 96-127 देखें।

थे। यह ऊँचे दर्जे के अंग्रेजों की एक भारी संख्या का और साथ ही भारतीय राजाओं, कुलीनों और दूसरे गण्यमान्य व्यक्तियों का पसन्दीदा फोटो स्टूडियो बन गया। लेकिन भारतवाले 'टाइप' पर नहीं, बल्कि व्यक्तियों और परिवारों पर अधिक ध्यान केन्द्रित करते थे और उन राजाओं और जमींदारों के विपरीत जो लम्बे समय तक तैलचित्रों को अधिक शान की चीजें समझते थे, मध्य वर्ग की साफ-साफ प्राथमिकता फोटोग्राफों के लिए थी जो काफी सस्ते पड़ते थे। घोर अंग्रेजी रंगवाले लोग यूरोपीय स्टूडियो में जाते थे, जैसे कलकत्ता में बोर्न और शेफर्ड में या मद्रास में हिगिनबोथम में; कम हैसियत वाले लोग कलकत्ता आर्ट स्टूडियो जैसे तेजी से फैल रहे और अधिक सस्ते प्रतिष्ठानों को वरीयता देते थे।

1880+ से बॉक्स कैमरा के कारण फोटोग्राफी का वैयक्तीकरण सम्भव हुआ, वैसे विशेष अवसरों पर अभी भी स्टूडियो ही जाना पड़ता था, जैसे किसी नई-नई शादी के बाद, बच्चे के जन्म पर, इम्तहान पास करने पर, एक प्रतिष्ठित नौकरी पा लेने पर। (दीक्षांत समारोहों के बाद फोटो लेने का अभी भी आम रिवाज है।) 19वीं सदी की आखिरी दहाइयों से परिवार-समूहों के फोटो आज भी बड़ी संख्या में मिलते हैं और ये सामाजिक-ऐतिहासिक अध्ययन के लिए काफी सामग्री प्रदान करते हैं। मिसाल के लिए वस्त्रों सम्बन्धी बदलती आदतों (जैसे कि साड़ी पहनने की आधुनिक तरीकों के आगमन) तथा बदलते तौर-तरीकों और मान्यताओं सम्बन्धी मूल्यवान संकेत आज फोटोग्राफों पर बस एक नजर डालकर ही प्राप्त किए जा सकते हैं। बंगाल ने मशहूर फोटोग्राफरों की एक पूरी शृंखला ही पैदा की : पुरातात्त्विक स्थलों की दृश्य और सटीक रिकॉर्डिंग के अग्रदूत राजेन्द्रलाल मित्र, त्रिपुरा के महाराजा वीरचन्द्र, उपेन्द्रकिशोर रायचौधुरी जिन्होंने हाफ-टोन मुद्रण की एक सुधरी हुई विधि की खोज की, जिससे बंगला में बाल-साहित्य की गुणवत्ता में भारी सुधार आया।

फोटोग्राफी की प्रस्तुतियों का कालक्रम में प्रसार हुआ और राष्ट्रवाद के चरमकाल में यह खास तौर पर समृद्ध बना जब भारतीय, अंग्रेज और दूसरे विदेशी कैमरामैन फोटो खींचने लगे। एक अविस्मरणीय शृंखला नमक सत्याग्रहियों पर ब्रिटिश पुलिस के कोड़े बरसते दर्शाती है; गांधी जैसे अग्रणी व्यक्तियों का बहुत अधिक प्रलेखन हुआ; सुनील जाना ने 1943 के बंगाल के अकाल के हृदयविदारक चित्र पेश किए; दूसरे विश्वयुद्ध के आरम्भ की खबर पाकर दुखी बुजुर्ग टैगोर को शम्भू साहा ने अमर बना दिया; कार्टियर-ब्रेसन ने अँधेरे में घूरकर गांधी के स्वर्गवास का ऐलान कर रहे नेहरू को प्रस्तुत किया। दूसरी तरह के तौर-तरीके और विषय भी उठाए गए; यहाँ दो लगभग विस्मृत फोटो-पत्रकारों की ओर ध्यान जाता है। सबीना गाड़ीहोक ने अग्रगामी महिला फोटो-पत्रकार होमई व्यारवाला (1913-2012) को पेश किया है जबकि आदित्य आर्य और इंदीवर कामटेकर की परियोजना ने कुलवंत राय का वृत्तान्त सामने रखा है।[1]

1. गडीहोके 2006; आर्य और कम्टेकर 2010

पिन्नी ने अपने कार्यक्षेत्र यानी कि मध्यप्रदेश के छोटे से नगर नागदा में ऐसे स्टूडियो देखे जो कैमरा के उपयोग, मोंताज की और छवियों को एक के ऊपर एक चढ़ाने की सारी अधुनातन तकनीकों का प्रयोग कर रहे थे जिससे एकदम अलग-अलग लिबासों में और गढ़े हुए परिवेशों में एक ही चेहरे को पेश किया जा सकता था। स्टूडियो अब ऐसे 'सपनों के महल' बन चुके हैं जिनमें एक नौजवान ग्रामीण अपने को ऐसी जगहों पर भी देख सकता है जहाँ वह शायद कभी जा भी नहीं सकेगा या फिर खुद अपने प्रिय फिल्मी सितारे से गले मिलते या उसके पास बैठे देख सकता है। पिन्नी ने बताया है कि किस तरह वे माधुरी दीक्षित के साथ विवाह की तसवीरें खींचकर अपना मन बहलाया करते थे; चाँदनी चौक के एक कोने में लकड़ी के एक तिपाए पर बस कैमरा लगाकर वे यह सब किया करते थे।[1]

अभिनय : नाटक और फिल्में

थिएटर किसी न किसी प्रकार के स्थल या मंच पर पटकथा—चाहे हस्तलिखित हो या मुद्रित—और अभिनय का संगम कराता है। साथ में अक्सर संगीत, गीत और नृत्य भी होते हैं। लेकिन अभिनय के लिए सुविधाओं या संसाधनों का अभाव अक्सर साहित्य-रूप और अभिनय के सम्बन्ध को तोड़ सकता है, और लगता है उपनिवेशी और सम-सामायिक कालों में अक्सर ऐसा हुआ है। कारण कि आधुनिक रंगमंच के विकास कुल मिलाकर नाटकों के लेखन और प्रकाशन से पीछे ही रहे। मिसाल के लिए पहला उड़िया रंगमंच 1910+ में ही जाकर बना। अनुसन्धानों ने अन्त-19वीं सदी के बंगाल में 1858 और 1899 के बीज जिन 505 प्रहसनों का पता लगाया है, उनके किसी अच्छे-खासे भाग का उन दशकों में नाटककारों के लिए उपलब्ध मुट्ठी-भर थिएटरों में मंचन हुआ हो इसकी कुछ खास सम्भावना नहीं लगती। कुछ का मंचन सम्भवतः लोगों के घरों में हुआ और जात्रा जैसा परम्परागत मगर अभी भी फल-फूल रहे नाट्यरूप ने एक विकल्प पेश किया।[2]

दक्षिण एशिया में थिएटर का एक लम्बा और यशस्वी इतिहास रहा है। पुराने और नए के ध्रुव तब मिट जाते हैं जब हम 'परम्परागत' रूपों पर विचार करते हैं, जैसा कि कपिला वात्स्यायन ने एक उपयोगी सर्वेक्षण में स्पष्ट किया है।[3] परम्परागत या देसी अब पाश्चात्य या आधुनिक से बहुत अलग नहीं लगता तथा अभिजात-शास्त्रीय और लोक की सीमाएँ भी सूराखदार बन जाती हैं। कालिदास और दरबारों

---

1. फोटोग्राफी का उपरोक्त विवरण पिन्नी 1907; पिन्नी 2004 और कार्लेकर 2005 पर आधारित है।
2. गोस्वामी 1974
3. वात्स्यायन 1980

का संस्कृत नाटक काफी पहले ही एक जीवन्त परम्परा नहीं रहा, लेकिन कमोबेश संस्कृतनिष्ठ देसी भाषाओं में नाटक की पुरानी परम्पराओं को मध्यकालीन सदियों के दौरान अनेक क्षेत्रीय दरबारों में ठिकाना मिला; ये कभी-कभी उपनिवेश काल में भी जारी रहीं और कुछ क्षेत्रों में इन्होंने नए नाट्य-रूपों पर रोक भी लगाई। फलती-फूलती विधाएँ अनेक अलग-अलग क्षेत्रीय और स्थानीय रूपों में और स्तरों पर अनेक सदियों से 'लोकप्रचलित' रहीं। पटकथा, अभिनय, संगीत, गीत और नृत्य का मिश्रण स्पष्ट दिखाई देता है, हालाँकि दरबारी लेखकों के यहाँ पटकथा के सीमित प्रचार के कारण हो सकता है उपनिवेश-पूर्व कालों में दूसरे तत्त्व अपेक्षाकृत अधिक प्रधान रहे हों। वात्स्यायन आदिम 'लोकप्रचलित' के किसी रोमानीकरण के खिलाफ चेतावनी देते हैं। मसलन भारत में, बल्कि कहीं भी, सदियों तक अपरिवर्तित और एक अविभेदीकृत समुदाय या 'लोक' से, किसी तरह अव्यवस्थित ढंग से लोकनाटक, नृत्य, गीत और संगीत को उपजा हुआ मानना खतरनाक हो सकता है। अधिकतर इनका मंचन विशेषज्ञ और अक्सर घुमन्तू समूहों द्वारा किया जाता था, जो स्थानीय जमींदारों और ग्रामीण अभिजातों का संरक्षण पाने के प्रयास करते रहते थे। ऐसे विशेषज्ञ समूह लाजिमी तौर पर हमेशा साधारणजन या निम्न जातियों की उपज भी नहीं होते थे। मसलन मयूरगंज के 'चाऊ' के भागीदारों में आदिवासियों या हीनजातियों के लोगों से लेकर सरायखेला के राजकुमार तक शामिल होते थे। लोक संस्कृति के घुमक्कड़, प्रशिक्षित, पेशेवर समूहों में आमतौर पर स्त्रियाँ नहीं होती थीं और स्त्री-पात्रों की भूमिकाएँ भी लड़के ही करते थे : जैसा कि, मिसाल के लिए, बंगाल की जात्रा में देखा जा सकता है। इसके प्रमुख अपवाद कबीलाई या आदिवासी समुदाय थे, और कभी-कभी जातिगत सोपान में सबसे नीचे के लोग होते थे। आदिवासी समुदायों और खासकर संथालों के नृत्यों और गीतों ने, जिनमें स्त्रियाँ भी भाग लेती थीं आधुनिक बंगला के नगरजन्मा लेखकों और कलाकारों की अनेक पीढ़ियों की रोमानी कल्पनाओं को एड़ लगाई।[1]

अनेक 'लोक' रूप वास्तव में शास्त्रीय महाकाव्यों से निकले : मसलन मथुरा क्षेत्र की कृष्णलीला और बनारस के पास रामनगर की मशहूर सालाना रामलीला। उपनिवेशी आधुनिकता के तहत मरना तो दूर रहा, ये परम्पराएँ न सिर्फ जारी रहीं, बल्कि फलीं-फूलीं और उनका प्रसार भी हुआ; इसके लिए मुद्रण और आधुनिक संचार ने साधन प्रदान किए। मसलन साल में अनेक दिनों तक चलनेवाली रामलीला प्रस्तुतियों की ऐसी श्रृंखला होती थी जिनमें अभिनेता और दर्शक छोटे पैमाने पर राम, लक्ष्मण और सीता की यात्राओं और कष्टों को पुनर्प्रस्तुत करने के लिए शब्दशः एक से दूसरे स्थान तक जाते रहते थे। यह साफ तौर पर अन्त-18वीं सदी

1. रे की फिल्म 'आरण्येर दिन रात्रि' में एक आदिवासी क्षेत्र में सप्ताहांत गुजारने पहुँचे कुछ नौजवानों के दुस्साहसों के जरिए ऐसी रोमानियत पर एक सूक्ष्म प्रश्नचिह्न लगाया भी गया है।

की एक आविष्कृत परम्परा है। इसका आरम्भ बनारस के राजा ने किया था और यह उन्हीं के संरक्षण पर निर्भर रही; ये सज्जन अपनी राजनीतिक शक्तियों को अंग्रेजों के आगे समर्पित करने के बाद थिएटर में उसकी क्षतिपूर्ति की इच्छा किया करते थे। इसके ढंग ऐसे थे जो जवा और पुडुकोट्टई पर क्रमश: क्लिफर्ड गीर्त्ज और निकोलस डिर्क के विश्लेषण की याद दिलाते थे।[1] मुद्रण के आरम्भ के बाद बनारस के दरबार ने तुलसीदास के 16वीं सदी के ग्रन्थ 'रामचरितमानस' के प्रसार में भी नाजुक भूमिका निभाई। सामूहिक रूप से ये विकासक्रम उत्तर और मध्य भारत के पूरे हिन्दी-भाषी क्षेत्र में गाँवों और कस्बों की संस्कृति के विकास, राष्ट्रवाद और हिन्दू साम्प्रदायिकता जैसे परिणामों से भरे हैं।[2]

अधिक प्लेबियन रूप दूसरे सामाजिक स्तरों की पैदावारों से घुले-मिले हुए हैं। आधुनिकता के कारण उनका पतन न होकर उन्हें लाभ मिला और बार-बार हाल की राजनीतिक संरचनाओं के लिए उनसे संसाधन मिले। मसलन हिन्दीभाषी क्षेत्र में मनोरंजन का सबसे व्यापक रूप नौटंकी है जिसे मुद्रण संस्कृति के प्रसार से भारी बल मिला। 1860+ के आसपास से नौटंकी 'संगीत' की सस्ती किताबें खूब फैलीं। हाथरस और उसके बाद पूरी तरह उपनिवेशी नगर कानपुर इनकी छपाई और दस्तों की भरती और प्रशिक्षण, दोनों के प्रमुख केन्द्र थे।[3] हैंसन ने नौटंकी के प्रमुख विषयों, उनको खेले जाने के तरीकों का एक विश्लेषण पेश किया है तथा राजनीतिक शक्ति और नैतिकता, प्रेम और सामुदायिक मूल्यों, स्त्रियों के सौन्दर्य और उनसे जुड़े यौन सम्बन्धी खतरों के बीच बार-बार पैदा होनेवाले तनावों की छानबीन की है। नौटंकी उस गुण के अनेक उदाहरण भी पेश करती है जिसका मंचीय विधाओं ने बार-बार प्रदर्शन किया है : वह गुण है अनेक भिन्न-भिन्न सांस्कृतिक स्तरों से विषयों को ग्रहण करने की क्षमता। अवध में 1853 में वाजिद अली शाह के दरबार में जन्म लेनेवाले 'इन्दरसभा' का अपव्ययी रूप और राजा हरिश्चन्द्र की कथा, दोनों ही कलात्मक स्तरों और रूपों के एक बहुत व्यापक दायरे के लिए खास तौर पर ढाले जाने योग्य थे। नौटंकी में और आधुनिक स्थावर रंगमंच में ये बार-बार सामने आ चुके हैं तथा भारत की पहली भरी-पूरी मूक फिल्म का आरम्भ वास्तव में दादासाहब फालके कृत 'राजा हरिश्चन्द्र' (1913) से हुआ। दूसरे अनेक लोकरूपों ने भी विभिन्न प्रकार के उपयोगों के सिलसिले में ऐसे ही लोच और खुलेपन का परिचय दिया है। इसकी मिसालों में ये भी शामिल हैं : मराठी का तमाशा जिसका उपयोग

---

1. गीर्त्ज 1976; डिर्क्स 1993
2. रामनगर की रामलीला के बारे में लुट्गेनडोर्फ 1989 : 34-61 तथा अनुराधा कपूर (कपूर 2006) का भरा-पूरा अध्ययन देखें। फ्राइटाग 1989 भी देखें।
3. कैथरीन हैंसेन (हैंसेन 1992) ने ब्रिटिश लाइब्रेरी में नौटंकी की ऐसी कम-से-कम 470 पुस्तिकाएँ देखी हैं।

अलग-अलग वक्तों में ज्योतिबा फुले, राष्ट्रवादियों और वामपन्थ ने किया; तथा बंगाल और पूर्वी भारत के दूसरे भागों की जात्रा। कालक्रम की दृष्टि से और भी करीब वह कल्पनाशील उपयोग है जो अनेक लोक-रूपों का इंडियन पीपुल्स थिएटर एसोसिएशन (इप्टा) ने किया; इसका गठन कम्युनिस्टों ने 1940+ के दौरान फासीवाद विरोधी जनयुद्ध, वर्ग संघर्ष और क्रान्ति के सन्देशों के प्रचार के लिए किया था।

लेकिन निरन्तरताओं और परस्पर व्याप्तियों पर जोर देने का मतलब यह भी नहीं कि 19वीं सदी तक नाटक और थिएटर में जो नए तत्त्व आ चुके थे उनको कम करके पेश किया जाए। ऐसा दो क्षेत्रों में हुआ : मंचीय जिसका सम्बन्ध स्थावर रंगमंच के बुनियादी प्रवर्तन से था तथा नए प्रकार के नाटकों की रचना में। अभी हाल तक इतिहास-लेखन में आमतौर पर प्रतिनिधान के दूसरे रूपों पर साहित्यिक रूपों को जो प्राथमिकता दी जाती थी उसके कारण अनेक ऐतिहासिक वृत्तान्तों में थिएटर के मुकाबले नाटकों को अधिक प्रमुखता दी गई है। पर जाहिर है कि उनको एक साथ रखकर देखने की आवश्यकता है, जिनमें कभी-कभी मंचीय को जरा-सी अधिक प्रमुखता तब देना पड़ सकता है जब उसके साक्ष्य सामने आएँ या कम-से-कम जब उन स्थानों का पता चले जहाँ इनका मंचन किया गया। यह काम थिएटर के रूप की कलात्मक विशिष्टताओं के अनुरूप होगा और ऐसी व्यवस्था के संकेत देगा जिसका आरम्भ स्थावर रंगमंच के आगमन के साथ हुआ।

यह पश्चिम से आया एक प्रवर्तन था और 20वीं सदी में काफी आगे तक भी यह आधुनिक थिएटर का प्रमुख रूप रहा, जब दूसरे प्रकार की प्रस्तुतियों को भी आजमाया जाने लगा। स्थावर रंगमंच, जो एक बन्द मकान में होता था और गैस से या आगे चलकर बिजली से रोशन होता था, साफ तौर पर सामने अँधेरे में बैठे दर्शकों से अलग होता था, क्योंकि किसी दृश्य के अन्त पर एक पर्दा गिर जाता था। मंच पर तरह-तरह के तामझाम आम होते थे, खासकर यथार्थवादी या प्रकृतिवादी थिएटर में जिसे यूरोप में 19वीं सदी में प्रमुखता प्राप्त हुई और जिसने भारतवासियों के लिए आरम्भिक मॉडल का काम किया। परम्परागत या लोक नाटक एकदम अलग था; इसका प्रतीक जात्रा है। यहाँ प्रस्तुति एक खुले स्थान में या अस्थायी रूप से जरा से ऊँचे बनाए गए एक चबूतरे पर होती थी, अभिनेताओं के चारों ओर दर्शक बैठे हुए या खड़े होते थे; उसमें वस्त्र तो होते थे पर मंच का कोई तामझाम नहीं होता था तथा दर्शकों से अभिनेताओं का कोई पक्का अलगाव नहीं होता था। जो दर्शक केन्द्र से दूर बैठे होते थे वे कभी-कभी प्रस्तुति को अधिक स्पष्ट देख या सुन नहीं पाते थे।

भारत में स्थावर रंगमंच का आरम्भ यूरोपवालों ने बहुत पहले ही किया, मुख्य रूप से दो उपनिवेशी महानगरों में—कलकत्ता में 1753-56 में तथा बम्बई में 1776 में। (इनमें बॉम्बे एमेटियर थिएटर लन्दन की मशहूर ड्री लेन की तर्ज पर बना था।) कलकत्ता में भी एक अजीब खेल यह हुआ कि 1790+ के दौरान गेरासिम लेबदेव

नाम के एक रूसी ने थोड़े समय के लिए एक 'बंगाली थिएटर' चलाया जिसमें एक अंग्रेजी नाटक का देसी अनुवाद पेश किया गया और जिसमें स्त्री-पुरुष दोनों ने अभिनय किया। लगता है इन दोनों नगरों के अंग्रेजी थिएटर में शेक्सपियर पसन्दीदा नाटकनिगार था, साथ में गोल्डस्मिथ और शेरिडन जैसे 18वीं सदी के नाटकनिगार भी पेश किए गए। शेक्सपियर का यह आकर्षण अंग्रेजी शिक्षा पा रहे छात्रों में भी पहुँचा जो कॉलेजों और स्कूलों में उसके नाटकों के अंशों का मंचन करने लगे। लेकिन बड़ी समस्या पैसे की थी; पुराने ढंग के थिएटर के मुकाबले स्थावर रंगमंचों के लिए कहीं बहुत अधिक वित्तीय समर्थन की आवश्यकता होती थी। इस समस्या को बम्बई और कलकत्ता में थोड़े अलग-अलग तरीकों से हल किया गया।

बम्बई में यूरोपीय और भारतीय (खासकर पारसी) व्यावसायिक समूहों के बीच काफी सहयोग जारी रहा और पारसी व्यावसायिक समूहों का विकास भी काफी ऊँचे स्तर तक हुआ। उसके कारण थिएटर नाटकों में भारतीय पूँजी का तेजी से प्रवेश हुआ। जमशेदजी जीजीभाई ने अग्रणी अंग्रेज थिएटर को जब 1835 में नीलामी पर चढ़ाया गया तो उसे खरीद लिया तथा 1846 में उन्होंने और जगन्नाथ शंकर सेठ ने ग्रान्ट रोड थिएटर शुरू किया जो 'ब्लैक टाउन' में स्थित था और जिसके टिकट फोर्ट इलाके के आरम्भिक यूरोपीय थिएटरों के टिकटों से कम थे। इसके परिणामस्वरूप पारसी थिएटर का उदय हुआ, जिसे यह नाम इसलिए मिला कि इसका स्वामित्व अधिकतर इसी व्यावसायिक समूह के लोगों के हाथ में था। यह सार्वजनिक थिएटर का पहला भारतीय रूप इस अर्थ में था कि यह नियमित और दीर्घकालिक आधार पर चल रहा था और चुनिन्दा व्यक्तियों को निमंत्रण भेजकर नहीं बल्कि टिकटों की खुली बिक्री के जरिए चल रहा था। ऐसी पहली संस्था 1853 की पारसी थिएट्रिकल कम्पनी थी और उसके बोर्ड में अग्रणी पारसी व्यवसायी और बुद्धिजीवी दादाभाई नौरोजी भी थे, जो तीस साल बाद कांग्रेस के संस्थापकों में से एक रहे। आरम्भ में इनमें प्रयुक्त भाषाएँ दिलचस्प खिचड़ी थीं : आरम्भ में अंग्रेजी का वर्चस्व रहा पर फिर उसका महत्त्व कम होता गया, क्योंकि अंग्रेजी-भाषी दर्शक कभी-कभार ही ग्रान्ट रोड आते थे; फिर गुजराती और उससे काफी कम सीमा तक मराठी आई, और फिर वह भाषा-समूह भी जिसे हिन्दुस्तानी कहा गया और जिससे फारसीनिष्ठ उर्दू और संस्कृतनिष्ठ हिन्दी दोनों का विकास हुआ। हिन्दुस्तानी का वर्चस्व अनेक दशकों तक चला क्योंकि कुछ कम्पनियों की यात्राओं के कारण पारसी थिएटर बम्बई से बाहर भी काफी आम हो गया और खासकर उत्तरी और मध्य भारत के नगरों और कस्बों में बड़ी संख्या में दर्शकों को खींचने लगा।[1]

1. पारसी थिएटर पर हैंसन की रचना अग्रगामी है और इसमें सबसे हाल का योगदान (हैंसेन 2011) इन थिएटर ग्रुपों और कम्पनियों के अलग-अलग अभिनेताओं की भारत-यात्राओं पर समृद्ध जीवन-चरितमूलक ब्योरे पेश करता है।

व्यवसायियों के समर्थन और कामयाबी के कारण स्थावर मंचवाले नाटकों में साज-सज्जा और तामझाम का बेपनाह सहारा लिया जाने लगा और उसकी पहुँच भी इतनी बढ़ी कि आखिरकार वे बाहर रह रहे या बस चुके भारतीय लोगों की रुचि को सन्तुष्ट करने के लिए समन्दर-पार भी गए। नगरीय भारत के काफी बड़े भाग में स्थावर रंगमंच को फैलाने और भारतीय अभिनेताओं को विदेश ले जाने, इन दोनों में पारसी थिएटर की केन्द्रीय भूमिका रही : सदी के मोड़ तक पारसी थिएटर कम्पनियाँ श्रीलंका, मलाया, दक्षिण-पूर्व एशिया के दूसरे भागों, नेपाल, यहाँ तक कि गुयाना और इंग्लैंड तक भी जाने लगी थीं।

लेकिन इस प्रसार और व्यंवसायियों से मिल रहे धन ने अपनी ही लागत वसूल की। नाटकों के लेखक थोड़ी-बहुत गौण स्थिति में पहुँच गए। प्रवर्तन पारसी थिएटर की पहचान नहीं रहा, न विवादों का ऐसा कोई आधुनिकतावादी आवेग रहा जिसे अनुराधा कपूर ने पुराने रूपों का पुनर्विचार नाम दिया है। इसलिए 'इन्दरसभा' यहाँ भी सबका चहेता बन गया, क्योंकि उसने बेपनाह रोमान, संगीत और नृत्य जैसे परम्परागत घटकों का नया इस्तेमाल किया—यह ओपेरा में वह भानुमती का पिटारा था जो अधिकतर जाने-पहचाने होने के कारण बेपनाह लोकप्रिय हुआ। इसके गीत स्वतंत्र रूप से भी गाए-गुनगुनाए जाने लगे, क्योंकि ग्रामोफोन आ चुका था और गेसबर्ग ने थिएटर के कम-से-कम 550 गीत रिकॉर्ड किए। अब तक यह बात भी स्पष्ट हो चुकी होगी कि पारसी थिएटर अनेक अर्थों में बम्बई के फिल्म उद्योग का वास्तविक पूर्वगामी साबित हुआ, जिसके आगे उसे 1930+ से, बोलती फिल्मों के आरम्भ के बाद, दबकर रह जाना पड़ा। कुछ अग्रणी पारसी प्रबन्धक इसके प्रारम्भिक निर्माता और सिनेमाघरों के मालिक रहे, जैसे कि बड़े व्यावसायी जमशेदजी फरामजी मदान, जिनकी शृंखला 1930+ में 170 थिएटरों और सिनेमाघरों पर आधारित थी।

लेकिन जिन बम्बइया फिल्मों में हिन्दुस्तानी ही पसन्दीदा माध्यम थी उनकी ही तरह पारसी थिएटर भी संकीर्णतर भाषायी राष्ट्रवादों के दबावों और खिंचावों से अन्ततः अप्रभावित नहीं रहा। राधेश्याम कथावाचक (1890-1963) के साथ एक तरह का पारसी थिएटर कहीं बहुत अधिक संस्कृतनिष्ठ हिन्दी की तरफ मुड़ गया और हिन्दू पौराणिक नाटकों को प्रधानता देने लगा।[1] लगभग उन्हीं दिनों, नाटककारों का एक और समूह, जो अधिकतर संयुक्त प्रान्त में आधारित था और इस्लामी संस्कृति का परवर्दा था, मिली-जुली हिन्दुस्तानी को फारसीनिष्ठ उर्दू से विस्थापित करने लगा। इस तरह पारसी थिएटर ने उस संक्रमण का मूल आरम्भिक रूप दिखाया जो बम्बइया फिल्मों में अधिकतर उपनिवेश-काल के बाद आया, जिसमें मिली-जुली हिन्दुस्तानी संस्कृतनिष्ठ हिन्दी से अधिकाधिक विस्थापित होने लगी। फिर भी महत्त्वपूर्ण अन्तर यह था कि उस समय के स्वतंत्र और आक्रामक इस्लामी फिल्म

1. हैंसेन 2011 में अनूदित चार रचनाओं में राधेश्याम कथावाचक की आत्मकथा भी शामिल है।

निर्माता और निर्देशक विभाजित भारत में यदा-कदा ही रह गए। पुराने 'समन्वयवाद' का जो कुछ बचा है यह है कि बम्बइया फिल्मों में मुस्लिम नामोंवाले सितारे और निर्देशक अच्छी-खासी संख्या में मौजूद हैं। यह बात भारतीय अभिजातों की लगभग हर दूसरी श्रेणी के विपरीत है।[1]

बम्बई के विपरीत आरम्भ-19वीं सदी के कलकत्ता में द्वारकानाथ ठाकुर अग्रणी अंग्रेज नाटकघरों से जुड़े अकेले भारतीय थे। यह बात देसी व्यवसायों में वृद्धि के एक आरम्भिक आशाजनक चरण के बाद बंगाल में पूँजीवादी विकास की बहुत ही भिन्न प्रकृति को दर्शाती है। यूनियन बैंक के पतन के बाद अन्त-1850+ से बंगला में जो नाटक लिखे गए वे स्थावर प्रकार के उन थानदार निजी थिएटरों में ही खेले जा सकते थे, जो उत्तरी कलकत्ता में रह रहे कुछ बड़े जमींदारों ने अपनी सांस्कृतिक रुचियों और/या दिखावा भरे उपभोग के प्रतीकों के तौर पर शुरू किए थे। ये इस अर्थ में निजी थे कि प्रवेश सिर्फ निमंत्रण से मिलता था। पारसी थिएटर के विपरीत बंगाली नाटकों ने, खास तौर पर आरम्भिक वर्षों में विधवा विवाह, बहुपत्नी विवाह, जैसे समकालीन मुद्दे, यहाँ तक कि वर्गीय और नस्ली दमन के प्रश्न भी उठाए और कभी-कभी तो उल्लेखनीय दिलेरी से उठाए। अभिजात-नियंत्रित निजी थिएटरों के काल में, और भी सटीक कहें तो 1860 के दौरान, अनेक यशस्वी नाटक लिखे गए। माइकेल मधुसूदन दत्त के ऊपर दर्ज नाटकों और प्रहसनों के अलावा इनमें दीनबन्धु मित्र द्वारा यूरोपीय निलहों के निर्मम शोषण का उल्लेखनीय पर्दाफाश (नील दर्पण, 1860) भी शामिल था और उनका नाटक 'सधवार एकादशी' (1866) भी शामिल था जो समकालीन भद्रलोक समाज पर प्रतिभापूर्ण व्यंग्य था। माइकेल मधुसूदन दत्त के नाटक शोभा बाजार के महल में खेले गए जबकि जोड़ासाँकों के ठाकुरों (द्वारकानाथ, देवेन्द्रनाथ, आगे चलकर रवीन्द्रनाथ और 19वीं सदी के दूसरे यशस्वी व्यक्तियों) के परिवार 'हिन्दू स्त्रियों' और 'गाँवों के जमींदारों' जैसे विषयों पर पुरस्कारों के ऐलान किया करते थे। लेकिन इन सब बातों का दारोमदार जमींदारों की कृपा या रुचियों पर था; आमतौर पर एक या दो से अधिक प्रस्तुतियाँ नहीं होती थीं, और दर्शक निमंत्रित सज्जनों की आकर्षक मंडली के लोग ही होते थे। इसलिए 1872 में बंगला सार्वजनिक थिएटर के उदय से पहले तक इनका प्रभाव सीमित ही रहा।

निजी थिएटर की पाबन्दियों से सबसे बढ़कर उन शिक्षित युवकों को खीज हुई जो आमतौर पर थोड़े, निचले स्तर के भद्रलोक से निकले और जिनके लिए उन नाटकों के लिए निमंत्रण-पत्र पाने की कोई सम्भावना नहीं थी जो बड़े लोगों द्वारा आयोजित किए जाते थे। सार्वजनिक थिएटर का उदय वास्तव में भद्रलोक के अन्दर वर्ग संघर्ष के उदय का एक आरम्भिक उदाहरण था—एक अधिक रूढ़िवादी और

1. पारसी थिएटर पर मेरा उपरोक्त वृत्तान्त कपूर 1995 ; हैंसेन 2001 : 76-114; हैंसेन 2003 : 381-405; हैंसेन 2011 पर आधारित है।

वफादार जमींदार अभिजातों के तथा ऐसे कम हैसियतवाले लोगों के बीच जो 1870+ तक देशभक्ति की आकांक्षा लिये हुए मध्यवित्त की स्थिति के दावे करने लगे थे।[1] इन नौजवानों ने उत्तरी कलकत्ता के बागबाजार इलाके में एक शौकिया समूह कायम किया और फिर 1872 में एक सार्थक नाम और नाटक के साथ सार्वजनिक थिएटर का आरम्भ किया : नेशनल थिएटर और 'नीलदर्पण' के साथ। टिकटों के दाम जान-बूझकर काफी कम रखे गए : एक रुपया और आठ आने। कारण कि कम-से-कम आरम्भ में मुनाफा कमाने का कोई इरादा नहीं था। उन दिनों की आमदनियों को देखते हुए यह एकदम सस्ता भी नहीं था, पर फिर भी निम्न-मध्यवर्ग के खरीदारों की पहुँच के अन्दर था : बम्बई के ग्रान्ट रोड थिएटर ने भी आसान प्रवेश का मकसद अपनाया था; पर फिर भी वहाँ सबसे सस्ता टिकट 1846 में दो रुपए था। इसलिए बंगाल का स्थावर रंगमंचवाला सार्वजनिक थिएटर, पारसी मंच की अपेक्षा काफी अधिक सीमा तक, कुछ लोकतांत्रिक सम्भावनाओं की छानबीन कर सकता था और इसके दो कारण थे। न सिर्फ दाम काफी कम थे, बल्कि यह बात भी थी कि अनेक नाटकों ने बहुत ही जीवन्त समकालीन मुद्दों को खँगाला—नई प्रौद्योगिकी के दम पर उन जाने-पहचाने विषयों की भड़कदार पुनर्प्रस्तुतियों के विपरीत जिन पर व्यावसायिक लाभ के लिए बम्बई के नाटक केन्द्रित थे। ऐसी पुनर्प्रस्तुतियों ने जनसमूहों को आकर्षित तो किया लेकिन नई तर्जों पर सम्भवत: बहुत अधिक चिन्तन को प्रतिबिम्बित या प्रेरित नहीं किया।

अनेक इतिहासकारों ने पारसी थिएटरों में 'अग्रीयता' (Frontality) के उपयोग को काफी उछाला है, जिसने लगता है रोशनियों के आर-पार आपसी संवाद को काफी प्रेरित किया; यह पहले की 'लोक' तकनीकों का नए स्थावर रंगमंच में प्रवेश था। अन्त-19वीं सदी में प्रकृतिवादी थिएटर के चरमकाल में कोई चीज बड़ी सीमा तक गायब रही तो एक ऐसी अदृश्य दीवार की पश्चिमी मान्यता गायब रही, जिसके अन्दर अदाकार अलग-थलग मंचवाली दुनिया में देखने में सिर्फ एक-दूसरे से बातें करते थे। इसके विपरीत, जात्रा और तमाशा जैसे रूपों की ही तरह पारसी मंच पर भी अभिनेता अक्सर स्पष्ट रूप से दर्शकों को सम्बोधित करते थे, जिसका परिणाम एक तरह का जाहिरा आदान-प्रदान था जो समकालीन पश्चिम में नहीं था। कहा गया है कि अभिनय की यह शैली आगे चलकर भारतीय फिल्मों में भी आ गई और हमारे अपने काल तक एक स्पष्ट नजर आनेवाली विशेषता रही है।

बंगाल में अग्रीयता की तकनीक का कितना उपयोग किया गया, लगता है इसकी कुछ अधिक छानबीन नहीं की गई है, लेकिन विचारों और भावनाओं के आदान-प्रदान तथा परस्पर-व्याप्ति के दिलचस्प ढर्रे निश्चित ही रहे हैं। लेकिन

1. यही वह व्यापक परिवेश था, जिसमें इंडियन एसोसिएशन का जन्म हुआ और उसने ब्रिटिश इंडियन एसोसिएशन को चुनौती दी, और उसे संकीर्ण जमींदार कहकर उस पर हमले किए।

कलकत्ता में इसका जन्म विषयों की तात्कालिकता तथा अभिनेताओं और दर्शकों की एकसमान साझी मिश्रता से हुआ होगा। आरम्भिक आयोजक अपनी दरिद्रता के कारण बेहद विविध परिवेशों में सहायता और प्रतिभा की खोज में भटकते रहते थे; इनमें यदा-कदा ठुकराए हुए अंग्रेज और बेरोजगार नौजवान भी शामिल हुआ करते थे। स्त्रियों के मान-सम्मान सम्बन्धी प्रचलित और कठोर मानदंडों के कारण आरम्भिक नाटकघरों में से एक यानी कि बंगाल थिएटर ने जब नारी भूमिकाओं के लिए लड़कों की बजाय लड़कियों को लेना चाहा तो उसको बस नगर के लालबत्ती इलाकों की वेश्याएँ ही मिलीं। (संयोगवश ये इलाके नए थिएटरों से तथा अधिकांश महाविद्यालयों और छात्रावासों से भी मिले हुए थे।) अंशतः नेशनल थिएटर और उससे उपजे नाटकघरों के विपरीत इसी नाटकघर ने दर्शकमंडल में स्त्रियों को भी प्रोत्साहित किया; इसके लिए उसने घरेलू नाटकों पर ध्यान केन्द्रित किया, जिनमें स्कैंडलवाली कहानियों का मिर्च-मसाला काफी होता था और उनमें से अनेक नाटक व्यापक रूप से ज्ञात तथ्यों या अफवाहों पर आधारित होते थे। इनमें सबसे उल्लेखनीय 1873 का एलोकेशी स्कैंडल था, जिसके बारे में नाटकों और प्रहसनों की एक बाढ़ ने नए और संघर्ष कर रहे बंगाल थिएटर का मसीहा ही बदलकर रख दिया। एलोकेशी कलकत्ता प्रेस के कर्मचारी नवीन की पत्नी थी और उसे तारकेश्वर के प्रमुख शैव मन्दिर के महन्त की देखभाल में छोड़ दिया गया था। सहमति के साथ या सहमति के बिना महन्त ने उसके साथ बलात्कार किया। उसके क्रुद्ध पति ने पत्नी की हत्या कर दी और फिर पुलिस के आगे समर्पण कर दिया। उसके बाद एक बदनामी भरा मुकदमा शुरू हुआ और नाटकों में या दूसरी तरह की प्रस्तुतियों की एक बाढ़-सी आ गई।[1] कहा गया है कि ऐसे विषयों के फलस्वरूप निगाहों का एक पेचीदा और दोअर्थी आदान-प्रदान शुरू हुआ तथा मान-सम्मानवाली घरेलू स्त्रियाँ पतित पत्नियों या रखैलों की भूमिका निभा रहीं, चमक-दमक से भरी वेश्याओं को घूरकर देखने लगीं। फिर तो विभिन्न सामाजिक प्रवर्गों—पत्नी, रखैल, वेश्या—के बीच की परम्परागत सीमाएँ टूट भी सकती थीं और नजरों के आदान-प्रदान में खतरनाक आकर्षण के ढर्रे भी शामिल हो सकते थे, जैसे कि मंच पर वेश्याओं को देख रहे दर्शकों में शामिल पुरुषों की निगाहों में हो सकते थे।

जहाँ माइकेल मधुसूदन दत्त अभिनेत्रियों के आगमन को लेकर उत्साहित थे, जिसका आरम्भ 1873 में उनके नाटक 'शरमिष्ठा' के मंचन से हुआ, वहीं अधिक शुद्धतावादी रुझानवाले दूसरे प्रमुख भद्रलोक को और सबसे बढ़कर ब्रह्मसमाजियों को वेश्याओं का यह उपयोग पसन्द नहीं आया और वे थिएटर से दूर ही रहने लगे। अभिनेत्रियाँ, उनमें जो सबसे सफल रहीं वे भी, सज्जन संरक्षकों पर निर्भर रहीं जो बिना शक उनसे बदले में अक्सर शरीर-सुख प्राप्त किया करते थे। पर उनमें से कुछ

1. एलोकेशी मुकदमे पर और पूरे उपरोक्त अनुच्छेद पर सरकार 2001 : 53-94 देखें।

तो काफी मशहूर हुईं और उनको एक सीमा तक सम्मान भी मिला, खास तौर पर तब जबकि सन्त समान रामकृष्ण परमहंस 1884 में चैतन्य के बारे में एक भक्ति-नाटक देखने के लिए आए और उन्होंने उसकी अग्रणी अभिनेत्री विनोदिनी दासी को आशीर्वाद दिया। जैसा कि कहा गया, आगे चलकर विनोदनी ने अपनी आत्मकथा लिखी और एक अभिनेत्री के रूप में अपने जीवन का एक वृत्तान्त भी लिखा जो अधूरा रहा।[1]

अपने आरम्भिक दिनों में कलकत्ता के सार्वजनिक थिएटर ने जिस उत्साहवर्धक ढंग से बिना किसी भेदभाव के दमन का सवाल प्रमुखता से उठाया, वह उसकी एक उल्लेखनीय विशेषता थी—अंग्रेज बागान-मालिकों, अलग-अलग अंग्रेजों के, हिन्दू और मुस्लिम जमींदारों के, तारकेश्वर के महन्त जैसे धर्मगुरुओं के दमन को। शक्ति सम्पन्न पुरुषों द्वारा किया गया बलात्कार शोषण का एक जबरदस्त और गतिमान प्रतीक बन गया : जैसे कि 'नील दर्पण' में, दत्त के 'बूड़ो सालिकेर घरे रो' में जिसमें एक हिन्दू जमींदार को दिखाया गया है कि किस तरह वह एक मुस्लिम किसान को धोखा देने और उसकी पत्नी को फुसलाने की कोशिशों के द्वारा अपनी धार्मिकता को उछाल रहा है; मीर मुशर्रफ हुसैन कृत 'जमींदार दर्पण' (1873) में जिसमें दुष्ट एक मुस्लिम जमींदार है; एलोकेशी से सम्बन्धित नाटकों और प्रहसनों में; और ब्रिटिश दृष्टिकोण से शायद सबसे खतरनाक ढंग से 'चाकर दर्पण' (1875) में जो असम के चाय बागान के मालिकों पर है।[2] उसी साल दो और नाटकों ने यूरोपवालों के दुर्व्यवहार और भारतवासियों पर उनके दमन को निशाना बनाया : 'सुरेन्द्र-विनोदिनी' और 'शरत-सरोजिनी' ने। 'चाकर दर्पण' और इन दो नाटकों के कारण 1876 में ड्रैमेटिक परफार्मेंसेज एक्ट बनाया गया, जिसने सार्वजनिक मंचों की प्रस्तुतियों पर कठोर राजकीय नियंत्रण लादे। दमन के निशानों का यह सावधानी से भरा और सीमित चयन महत्त्वपूर्ण है : पाठ नहीं, बल्कि मंच पर उनकी प्रस्तुतियाँ, निजी नहीं बल्कि सार्वजनिक थिएटर।[3] जाहिर है कि अधिकारियों को सार्वजनिक थिएटरों की लोकमूलवाली और लोकमुखी क्षमता ही परेशान कर रही थी—यह

1. भट्टाचार्य 1998
2. अन्त-1860+ तक नील की खेती कम होने लगी थी और निलहे अनेक अंग्रेजों की, खासकर लांग जैसे मिशनरियों की, भी आलोचनाओं के निशाने बन चुके थे। इसके विपरीत जूट के साथ चाय भारत में पूरे समय ब्रिटिश पूँजी के लिए अहम रही।
3. स्वयं 'नील दर्पण' पर प्रतिबन्ध नहीं लगा और उसके लेखक राजकीय डाक सेवा के अधिकारी बने रहे। मानहानि के आरोपों के जरिये हमला बल्कि अंग्रेजी अनुवाद पर हुआ जो कि निलहों को डर था कि भारत में और पीछे इंग्लैंड में भी अंग्रेज जनमत को उनके खिलाफ एकजुट कर देगा। मध्य-1870+ तक तेजी से बढ़ रहे देसी पाठकों से उन्हें डर महसूस होने लगा था और 1878 में लिटन ने (अल्पजीवी) वर्नाक्यूलर प्रेस एक्ट के जरिए उन्हें नियंत्रित करने की कोशिश की। पुस्तकों और पत्रिकाओं पर अधिक व्यवस्थित दमन 1905 के आसपास, जुझारू-राष्ट्रवाद के उदय के साथ आरम्भ हुआ।

प्रसंगवश एक ऐसा सरोकार था, जिसे स्वतंत्रता के बाद उत्तर-उपनिवेशी सरकारों ने अनेक दशकों तक जारी रखा।[1]

इस दमन ने स्पष्ट रूप से धार्मिक और पौराणिक नाटकों को अपना निशाना बनाया, हालाँकि धार्मिक सन्देशों में गुप्त ढंग से राजनीतिक अर्थ भरे जा सकते थे। यह एक स्थायी ढर्रा बन गया। राष्ट्रवाद के युग में 'लोकप्रिय' मुद्रित छवियों पर पिन्नी का अध्ययन धार्मिक (अधिकतर हिन्दू) से राजनीतिक दिशा में ऐसे कमोबेश इरादी फिसलन के पर्याप्त संकेत प्रदान करता है।[2] सरकारी सहनशीलता का औपचारिक कारण नीतियों का वह ढाँचा था, जो 1770+ में वारेन हेस्टिंग्ज के काल में तैयार किया गया था जिसने, जहाँ तक धर्म, वैयक्तिक और पारिवारिक कानूनों और सामाजिक रीति-रिवाजों का सवाल है, व्यवहार में अहस्तक्षेप के क्षेत्र तय किए—हिन्दुओं और मुसलमानों, दोनों के सिलसिले में। कभी-कभी इसके अपवाद सामने आए तो तब आए जब हिन्दुओं और मुसलमानों की तरफ से, और धर्मग्रन्थों का सहारा लेकर, कानूनों में बदलाव की माँगें उठीं, जैसे कि सती-प्रथा और विधवा-विवाह के बारे में हुआ। पर सवाल तो यह है कि नए राजनीतिक खतरों से निबटने के लिए उस नीति में संशोधन क्यों नहीं किए गए : इतने मनोयोग से सभी उपनिवेशी वादे तो वफा नहीं किए गए।[3] सम्भवतः उपनिवेशवादियों की समझ यह थी कि अगर धार्मिक सन्देशों के कुछ उपनिवेशविरोधी निहितार्थ हुए भी तो वे कहीं बहुत अधिक निर्णायक सीमा तक हिन्दुओं और मुसलमानों के बीच फूट डालेंगे। पाठक और दर्शक की ग्रहण-प्राप्ति बहरहाल लेखक की सम्भावित अभिप्रेरणा से कहीं अधिक महत्त्वपूर्ण होती है। 'मुस्लिम जुल्म' की समष्टि में कभी-कभी एक सरोगेट राष्ट्रवाद के तत्त्व भी रहे होंगे पर कम ही मुस्लिम होंगे जो इसे इस रूप में देखेंगे।

अन्त-1870+ से बंगाल के सार्वजनिक थिएटर की प्रकृति में जो परिवर्तन आया, वह जिसके कारण कुछ अर्थों में पारसी थिएटर के जरा से और करीब आया, उसके अनेक कारणों में दमन भी एक कारण था। पारसी थिएटर कलकत्ता में पहली बार 1874 में पहुँचा लेकिन तब तक बंगाल में थिएटर काफी विकसित हो चुका था और किसी सीधे प्रभाव का साक्ष्य कम ही मिलता है। समुचित हालों और साज-सज्जा को लेकर सार्वजनिक थिएटर की महत्त्वाकांक्षा बढ़ी तो उसके समर्थकों के घुले-मिले समूह का उत्साह साफ तौर पर वित्तीय दृष्टि से अपर्याप्त साबित हुआ; इस समूह में अधिकतर नौजवान और निम्न मध्यवर्ग के लोग शामिल थे। अब

1. बंगाल के लोकनाटक सम्बन्धी अनुच्छेद मुखर्जी 1982; बंद्योपाध्याय 1933/1991; भट्टाचार्य 1998 और सरकार : प्रकाश्य पर आधारित हैं।
2. पिन्नी 2004
3. महाविद्रोह के बाद 1858 में विक्टोरिया की घोषणा में—सरकारी नौकरियों में भेदभाव न करने का—जो वादा किया गया था उसे पक्के तौर पर पूरा नहीं किया गया जिसकी शिकायत आरम्भिक राष्ट्रवादियों ने बार-बार की।

जबकि सार्वजनिक थिएटर का बने रहना तय था, व्यवसायीगण थिएटरों के स्वामी बनने में रुचि लेने लगे। 1877 में कलकत्ता में प्रतापचन्द्र जौहरी ने उस पुनर्जीवित नेशनल थिएटर का अधिग्रहण कर लिया जो अनेक उतार-चढ़ावों से और गुटों के विवादों से गुजर चुका था, और उन्होंने मशहूर बंगला नाटककार और अभिनेता गिरीशचन्द्र घोष को उसका प्रबन्धक बना दिया। घोष पहले एक व्यवसायी के कार्यालय में वरिष्ठ लिपिक रह चुके थे और थिएटर से उनका सम्बन्ध बस अंशकालिक ही था। ऐसे उद्यमी स्वामी सबसे अधिक बॉक्स ऑफिस की सफलता में दिलचस्पी रखते थे और राजनीतिक जोखिम उठाने को तैयार न थे।

गिरीशचन्द्र के साथ पौराणिक और हिन्दू धार्मिक विषयों की ओर एक निर्णायक मोड़ आया और साथ में घरेलू सुखान्त नाटक सार्वजनिक मंच पर छाए जिनका आमतौर पर रूढ़िवादी सुर होता था; इनमें कभी-कभी कोई ऐतिहासिक प्रेम-प्रसंग भी होता था और हमेशा इन्हें सुरक्षा के लिए उपनिवेश-पूर्व काल में रखा जाता था।[1] मध्य वर्ग की मानसिकताओं में कोई 20 साल के दौरान कुल मिलाकर जो परिवर्तन आया उससे ये परिवर्तन मेल खाते थे। प्रमुख मनोस्थिति अब एक पुनरुत्थानवादी सांस्कृतिक राष्ट्रवाद की, समाज सुधार के विरोध की और आमतौर पर ब्रिटिश विरोधी राजनीति से स्वयं की एक दूरी बनाए रखने की थी।[2] वैसे राष्ट्रवादी राजनीति स्वदेशी आन्दोलन के साथ, खासकर 1905 से, और भी प्रखर होकर सामने आई।

स्वदेशी की हवा के साथ गिरीशचन्द्र ने भी अपना रास्ता बदल लिया। लेकिन जो सामाजिक रूढ़िवाद पौराणिक या सन्तचरित सम्बन्धी कथाओं के माध्यम से प्रेषित किया जाता था उसके पीछेवाले युग के अपने ही लाभ हुए। प्रस्तुतियों और मंच-सज्जा में सुधार आया। आवश्यक तत्त्वों के अधिक उपयोग और साथ में सुपरिचित पौराणिक और धार्मिक विषयों की वृद्धि ने थिएटर को स्त्रियों में और भी लोकप्रिय बना दिया, जो अब और भी बड़ी संख्या में नाटक देखने आने लगीं। न ही हमें शुद्ध रूढ़िवाद की अतिशयोक्ति करनी चाहिए, क्योंकि कुछ पेचीदगियाँ उन अनेक नाटकों तक में भी जाहिर थीं जो नेकदिल परम्परागत गृहिणी का गुणगान करते थे तथा शिक्षित, पश्चिमी रंगवाले स्त्री-पुरुषों का मखौल उड़ाते थे। एक सूक्ष्म उतार-चढ़ाव गिरीशचन्द्र के नाटक 'प्रफुल्ल' (1889) में देखा जा सकता है, जिन्होंने अनेक कमनाम नाटकों

1. बहुत पहले, 1968 में, चेक विद्वान दूशान ज्बावितेल ने विषयों में इन सुस्पष्ट परिवर्तनों के बारे में कुछ दिलचस्प आँकड़े पेश किए थे। 1875 में 46 प्रतिशत बंगाली नाटक समकालीन विषयों पर केन्द्रित थे और सिर्फ 25 प्रतिशत पौराणिक थे। 1879 तक समकालीन विषय गिरकर 16 प्रतिशत रह गए, जबकि पौराणिक विषय 70 प्रतिशत हो गए। ज्बावितेल 1968, डालमिया 1997/2010 : 312 में उद्धृत।
2. उन (अत्यन्त दुर्लभ) अवसरों को छोड़कर जब लोगों को लगा कि अंग्रेज सुधार कानूनों के द्वारा धार्मिक प्रथाओं में हस्तक्षेप कर रहे थे; खासकर 1891 में विवाह की आयु सम्बन्धी कानून को लेकर काफी हंगामा हुआ।

का सुर तय किया; इनमें से अनेक कलियुग के विषय पर आधारित थे। नेक स्त्रियाँ उस मिसाली और जानबूझकर कष्ट उठानेवाली स्त्री के मॉडल से थोड़ा निकल गईं जिसका साकार रूप 'रामायण' की सीता थी। अब वे आगे बढ़कर बराबर दारू में डूबे रहनेवाले और रंडियों के यहाँ जानेवाले पतियों पर इस तरह से रोक लगाने लगीं, जिसमें पति के जाहिरा सम्मान के साथ-साथ अपने व्यक्तित्व का एक सूक्ष्म दावा भी शामिल था : इस तरह उन्होंने अपने रास्ते से भटके पतियों का हृदय-परिवर्तन कराया। कभी-कभी पुरानी तर्ज का कोई नौकर उनकी मदद करता है और एक उपकथानक का आरम्भ होता है तथा सरल-हृदय किसानों के गुणों का और उनकी स्वामिभक्ति का गुणगान किया जाता है। स्त्रियों और जाति-वर्ग से हीन व्यक्तियों को इस तरह खतरों में घिरे मानदंडों की व्यवस्था की पुनर्स्थापना में एक सकारात्मक भूमिका दे दी गई। हमारे अपने समय की बम्बइया फिल्मों के एक बड़े भाग तक यह ढर्रा कल्पनाशील साहित्य और सिनेमा के अनेक रूपों में उल्लेखनीय सीमा तक जारी है। स्त्रियों और किसानों को पूर्ण सत्याग्रही के रूप में जिस तरह महिमामंडित किया गया उसमें दमन के सामने क्लासिक गांधीयाई अप्रतिरोध की विधियों का यहाँ मूल रूप देखना कोई बहुत बड़ी बात नहीं है।[1]

अन्त-19वीं सदी में 'आधुनिक' थिएटर पर हमारा सर्वेक्षण पूरी तरह इसके पारसी और बंगाली रूपों पर केन्द्रित है। अधिकांश दूसरे प्रान्तों में सार्वजनिक मंच का आगमन काफी देरी से और परेशानियों के साथ हुआ। बम्बई और कलकत्ता ऐसे नगर थे, जहाँ पश्चिम के सांस्कृतिक और नाटक सम्बन्धी प्रभाव पहले आए; इनके माध्यम अंग्रेज स्त्री-पुरुषों द्वारा प्रस्तुत नाटक थे। इस समयान्तर का सम्बन्ध पहले की दरबारी और कभी-कभी 'लोक' परम्पराओं की निरन्तरता और शक्ति से भी था। मसलन संस्कृत नाटक 19वीं सदी के अन्त तक मलयालम नाटकों का मॉडल बना रहा और दक्षिण में दूसरे स्थानों पर थिएटर लम्बे समय तक परम्परागत रूपों में कायम किया जाता रहा। मलयालम में आधुनिक नाटक में वास्तविक मोड़ सी.वी. रामन पिल्लई के नाटकों के साथ 1900 के आसपास ही आया।

स्थावर मंच के नए प्रस्तुतिमूलक रूप का और दर्शकों के लिए टिकटों की खुली बिक्री का आरम्भ—बंगाल को छोड़—घुमन्तू पारसी थिएटर कम्पनियों ने किया। उनमें से एक कम्पनी 1882 में मैसूर दरबार में, जबरदस्त कामयाब रही, लेकिन उनकी सफलता ने स्वतंत्र क्षेत्रीय संरचनाओं के, मसलन कर्नाटक में थिएटर के, विकास में बाधा भी डाली। गुजराती थिएटर के साथ भी ऐसा ही हुआ। बम्बई से सम्बन्ध के कारण गुजरात में थिएटर का आरम्भ जल्द ही हुआ; इसे रणछोड़भाई उदयराम (1837-1923) ने आरम्भ किया जिन्होंने 1864 में अपना पहला नाटक

1. यह एक ऐसा तर्क है जिसे मैंने अनेक लेखों में सामने रखा है : सरकार 1997 : अध्याय 6, 8, विशेषकर 206-7, 312 देखें।

प्रकाशित किया। अपने अन्य नाटकों के अलावा बेपनाह लोकप्रिय 'ललिता दुख दर्शक' (1866) में रणछोड़भाई ने संस्कृत-शास्त्रीय और पौराणिक विषयों का समन्वय समाजसुधार के त्रिषयों के साथ किया। उन्होंने एक बेमेल, माँ-बाप के तय किए हुए विवाह में एक पत्नी के दुखों का चित्रण किया। हालाँकि आरम्भ में पारसी थिएटर से भी मदद मिली, जिसने अपने आरम्भिक वर्षों में गुजराती का प्रयोग किया, पर बाद में वह उर्दू/हिन्दुस्तानी की तरफ मुड़ गया, जो एक अखिल-भारतीय संवृत्ति बन चुकी थी। स्वतंत्र गुजराती थिएटर बाद में अनेक दशकों तक लड़खड़ाता रहा। लेकिन मराठी थिएटर को एक मजबूत आधार अन्ना साहब किर्लोस्कर (1843-1885) के कारण मिला। जिन्होंने 1880 में एक स्वतंत्र नाटक दल स्थापित किया। उनके विषय प्राचीन संस्कृत ग्रन्थों पर आधारित थे, जिसका समन्वय उन्होंने शास्त्रीय कर्नाटक और हिन्दुस्तानी संगीत के साथ किया जो कि एक प्रकार के देसी कार्यकारी रूप में लोकधुनों से मिला हुआ था। आरम्भ में अधिकतर ऐतिहासिक और पौराणिक विषयों पर आधारित और पुरानी परम्पराओं को जारी रखनेवाले तेलुगू नाटक वीरेशलिंगम के प्रभाव के कारण 1880+ से समाजसुधार के मुद्दों की तरफ मुड़ गए और 1897 में गुरजादा अप्पाराव के ऐसे ही एक नाटक ने, जिसने वधू-मूल्य की प्रथा के अवशेषों पर हमले किए थे, बेपनाह कामयाबी हासिल की। गुरजादा के यहाँ समकालीन विषयों के इस उपयोग के साथ जन-प्रचलित तेलुगू का अग्रगामी उपयोग दिखाई देता है; यह एक ऐसा संक्रमण था जिसने परम्परावादियों और आधुनिकतावादियों के बीच एक कड़वे विवाद को जन्म दिया और उसे परिष्कृत होने में बीस साल लग गए। असम और उड़ीसा जैसे क्षेत्रों में समकालीन, अधिकतर सुधारवादी, विषयों पर नाटक लिखने के कुछ दिलचस्प प्रयासों को सार्वजनिक मंच के अभाव ने बाधित किया : असमी में विधवा-विवाह पर एक नाटक 'रामनवमी' बहुत पहले, 1857 में और अफीम की बुराइयों पर एक नाटक 1861 में लिखा गया था। वास्तव में आरम्भिक असमी नाट्य-रचनाओं में सामाजिक विषयों की प्रधानता रही; इनमें चाय के एक बाग के एक क्लर्क के दुखों पर 1893 में लिखा गया एक नाटक भी शामिल था। लेकिन स्थायी मंचों और पेशेवर दलों का विकास एक लम्बे समय तक नहीं हुआ। उड़िया नाटक राजमहलों में चुनिन्दा दर्शकों के सामने खेले जाते थे लेकिन उस प्रान्त में 1910 तक कोई स्थायी सार्वजनिक मंच नहीं रहा।

हिन्दीभाषी क्षेत्रों में थिएटर की 'लोक' परम्पराओं—जैसे बनारस क्षेत्र में स्वांग या नौटंकी—की शक्ति, और साथ में एक सार्वजनिक मंच की स्थापना में देरी और पारसी थिएटर मंडलियों के अक्सर आने-जाने के कारण नए थिएटर के आने में बाधा पड़ी : बावजूद इसके कि बनारस के अनन्त बहुमुखी प्रतिभा के धनी भारतेन्दु हरिश्चन्द्र के रूप में 1870+ तक हिन्दी नाटकों का एक उम्दा लेखक सामने आ चुका था। भारतेन्दु ने कोई 18 नाटक लिखे जिनमें दो प्रतिभाशाली व्यंग्य-रचनाएँ भी शामिल थीं। ये थीं

समकालीन बनारस के जीवन पर 'प्रेम जोगिनी' (1874-75) और 'अंधेर नगरी', और इस जीवन को अंशतः नीचे से देखा गया था तथा मामूली पृष्ठभूमिवाले लफंगे और बातूनी लोग नगर के भ्रष्ट ब्राह्मणों और दूसरे अभिजात समूहों के व्यवहार को बेनकाब करते हैं। डालमिया का कहना है कि ये नाटक कभी-कभी जान ग्रे के 18वीं सदी के नाटक 'द बैगर्स ऑपेरा' की, यहाँ तक की ब्रेख्त की भी, याद दिलाते हैं। मध्य-20वीं सदी में इंडियन पीपुल्स थिएटर एसोसिएशन और उसके उत्तराधिकारियों के मूलगामी थिएटर में 'अंधेर नगरी' को बड़े पैमाने पर दोहराया गया। इससे हैंसेन का यह कथन थोड़ा संदिग्ध लगने लगता है कि हरिश्चन्द्र उस अभिजातवर्गीय या मध्यवर्गीय थिएटर के प्रतिनिधि थे जो पहले की 'लोक' परम्पराओं के दमन पर आमादा था। भारतेन्दु के एक आद्य-राष्ट्रवादी नाटक 'भारत दुर्दशा' (1880) की रचना भी की जिसमें बिगड़ते हालात व विदेशी शासन से जुड़े अनेक अत्याचारों की आलोचना की गई थी, जबकि साथ-ही-साथ निष्ठा का एक आभास पेश किया गया था। हरिश्चन्द्र के नाटकों के मंचन पर बहुत ही कम जानकारी है, हालाँकि एक स्रोत में कहा गया है कि उनमें से पाँच का मंचन किया गया था—वैसे ये प्रस्तुतियाँ हमेशा ही निजी थिएटरों में की गई थीं जो केवल चुनिन्दा दर्शकों के लिए होती थीं और जिनको महाराजा बनारस ने आयोजित किया, या कभी-कभी ये भारतेन्दु के अपने घर में पेश किए गए। हिन्दी क्षेत्र में आधुनिक थिएटर के एक अविच्छन्न इतिहास का आरम्भ-20वीं सदी में राधेश्याम कथावाचक के साथ हुआ जिसने, जैसा कि हमने देखा, अपने नाटकों के मंचन के लिए पारसी थिएटर का सहारा लिया।[1]

संगीत, नृत्य और नृत्य-नाटिका : देवदासियाँ, भातखंडे पलुस्कर

मुझे भारतीय संगीत और नृत्य की दुनिया में कदम रखते हुए काफी घबड़ाहट हो रही है। यह चीज न सिर्फ ज्ञान के बल्कि सौन्दर्यशास्त्र की ग्रहणशीलता के काफी ऊँचे स्तर का तकाजा करती है, और मैं इनमें से किसी पर भी कुछ अधिक दावा नहीं कर सकता। फिर भी इससे कतराकर निकलना कठिन होगा। संगीत और नृत्य की समृद्ध धरोहर 19वीं सदी के अन्तिम दशकों से अनेक अर्थों में मूलगामी परिवर्तन से गुजरी और आज जिन विधाओं को 'शास्त्रीय' समझा जाता है, वे भी वास्तव में एक बड़ी हद तक उसी काल की पैदावार थीं।[2]

---

1. पारसी रंगमंच और बंगाल से बाहर के थिएटर पर उपरोक्त अनुच्छेद दास 1981 : अध्याय 9, 13; हैंसेन 1989 : 62-92, और डालमिया 1997/2010 : 300-14 पर आधारित हैं।
2. एक उल्लेखनीय उदाहरण लें। अक्सर यह माना जाता है कि भरतनाट्यम लगभग शाश्वत है या कम-से-कम प्राचीन काल से चला आ रहा है, पर लगता है यह शब्द बहुत बाद में, 1930+ में ही जाकर गढ़ा गया हालाँकि अनेक विशेषताओं के पहलेवाले रूप काफी पहले के हैं। गैस्टन 1996 देखें।

अनेक सदियों और दक्षिण एशिया के अनेक क्षेत्रों पर फैली हुई परम्पराओं की निहित समृद्धि को दोहराने की शायद ही कोई आवश्यकता हो। इसके अलावा इस उपमहाद्वीप की मंचीय कलाओं की दुनिया के अन्दर विधाओं के एक बेपनाह दायरे में जो असाधारण सीमा तक परस्पर व्याप्ति रही उसके कारण उनमें से किसी एक को भी अनदेखा करना कठिन हो जाता है। संगीत और नृत्य अक्सर लोकमंचन की विधाओं, आधुनिक नाटक (मसलन पारसी थिएटर के पूरे काल में और लगभग 1880+ से बंगला मंच) और सबसे उल्लेखनीय यह है कि सिनेमा के प्रमुख घटक रहे हैं। ऐसे मेलजोल को और खासकर गीत-नृत्य दृश्यों की बहुलता को भारतीय फिल्मों की खासुल-खास विशेषता समझा जाता है, खासकर धाँसू बम्बइया और तमिल फिल्मों की। इसलिए यहाँ संगीतप्रधान फिल्मों की एक अलग विधा वास्तव में कभी पनपी ही नहीं। कुछ अधिक सामान्य पाश्चात्य रूपों की विशेषता तीखे भेदों की एक शृंखला रही है, खासकर पुनर्जागरण के काल से। लोक और शास्त्रीय : एक अकेले कलाकार की रचनाशीलता पर दिए जानेवाले जोर से भिन्न सामूहिक भागीदारी जैसी सरगर्मी : संगीतमय ओपेरा के मुकाबले प्रधानत: बोले जानेवाले शब्दों का थिएटर; सिम्फनी आर्केस्ट्रा, चैम्बर संगीत और बालरूप नृत्यों की एक अलग उच्चवर्गीय दुनिया और उसके मुकाबले गीत, संगीत और नृत्य के अधिक जनजात या लोकप्रिय रूप-कालक्रम में इन सबके बीच स्पष्ट अन्तर विकसित हुए हैं। ऐसे भेद उपमहाद्वीप के मंचीय रूपों में कम स्पष्ट रहे हैं। ये पूरी तरह अनुपस्थित नहीं थे : इसको जानने के लिए हमें बस कर्नाटक और हिन्दुस्तानी शास्त्रीय संगीत के सुस्थापित घरानों की ओर देखना होगा जो गुरुओं या उस्तादों और शागिर्दों के क्रम पर आधारित होते थे और जो आमतौर पर अपनी-अपनी विशेषताओं को बड़ा ही गोपनीय रखते थे। एक सामान्य मार्ग-देसी भेद भी काफी मशहूर रहा है। लेकिन इस विषय पर मनन करते समय तीखे अभिजात/लोक भेदों की मान्यता लेकर चलने के मुकाबले विधाओं और स्तरों के बीच अनेक प्रकार के घालमेल का विचार कहीं अधिक मददगार होगा।[1]

1. यह वह विषय है जो कपिला वात्स्यायन के बहुत ही उपयोगी संक्षिप्त सर्वेक्षण में व्याप्त है : वात्स्यायन 1980 देखें। उनके समग्र दृष्टिकोण के ही अनुरूप इस रचना में संकीर्ण परिभाषावाले 'थिएटर' के अलावा भी बहुत कुछ है। मसलन आदिवासियों और निचली जातियों के कुछ गीतों और नृत्यों को सम्भवत: छोड़कर लोक विधाओं के वास्तविक प्रस्तोता पेशेवर गायकों, नर्तकों, संगीतकारों और अभिनेताओं के घुमक्कड़, विशेषीकृत समूह थे जो ग्राम समुदायों के करीब तो थे पर उनसे इस अर्थ में भिन्न भी थे कि उनके लिए प्रस्तुति उनकी जीविका का माध्यम थी। ऊपर और नीचे, दोनों दिशाओं में विषयों और रूपों की गतियाँ भी उतनी ही स्पष्ट हैं : 'चक्रीय' या 'चमत्कारी' नाटकों के सबसे मशहूर उदाहरण, यानी रामनगर की रामलीला और मथुरा की कृष्णलीला स्पष्ट रूप से दो महाकाव्यों की साझी सांस्कृतिक परम्परा पर आधारित हैं। अक्सर उतनी ही स्पष्ट अभिजातों के संरक्षण की भूमिका है, जैसे रामनगर के लिए महाराजा बनारस और पूर्वी भारत की जात्रा के लिए जमींदारों या कुलीनों के संरक्षण की। आधुनिक यूरोप में आरम्भिक लोक-संस्कृति पर पीटर बर्क की रचना भी लोक-परम्पराओं के प्रमुख उत्पादकों और वाहकों के रूप में ऐसे ही अकुलीन विशेषीकृत प्रस्तोताओं पर ध्यान केन्द्रित करती है।

यह घालमेल 'भरत नाट्यशास्त्र' की एक उल्लेखनीय विशेषता है, जिसे भरत मुनि की रचना कहा जाता है और जिसे विद्वानों ने दूसरी सदी ईसा-पूर्व और दूसरी सदी ईसवी के बीच की रचना करार दिया है। उसने नाटक की प्रस्तुति का विश्लेषण, शब्द, गेय और वाद्य संगीत, संकेतों, स्वांग, साज-सज्जा, वस्त्रों और आन्तरिक मनोदशाओं के मिश्रण के रूप में किया है, और इसने अपने कलेवर में संगीत, नृत्य, नाटक तथा सौन्दर्यशास्त्रीय समालोचना की नियमावली का समन्वय किया। इसमें जिस क्षेत्र को समेटा गया है, वह प्राचीन यूनान में अपने निकटतम समकक्ष, यानी कि अरस्तू के काव्यशास्त्र में समेटी गई जमीन से कहीं अधिक व्यापक और अधिक रंगारंग है। नाट्यशास्त्र को कभी-कभी चार वेदों के तत्त्वों पर आधारित पाँचवाँ वेद भी कहा गया। लेकिन वास्तविक रूपों तक ऊपर से नीचे की दिशा में ऐसी मिश्रता के किसी भी सरल सम्प्रेषण को अनदेखा किया जा सकता है, जिसका सीधा-सा कारण यह है कि यह ग्रन्थ अनेक सदियों तक खोया हुआ रहा और 1865 में जाकर ही इसका पता लगाया जा सका।[1] वैसे यह भी हो सकता है कि इस ग्रन्थ का एक महत्त्वपूर्ण अंश उपमहाद्वीप में सांस्कृतिक जीवन के अनेक स्तरों पर और अनेक क्षेत्रों में पहले से मौजूद रूपों और विशेषताओं का विश्लेषण रहा हो।

जो अन्तर पैदा हुआ वह उत्तर/दक्षिण का सुपरिचित अन्तर था जो संगीत और नृत्य, दोनों में साफ तौर पर कार्यरत था। यह अन्तर भी कालक्रम में ही सामने आया और स्पष्ट हुआ। आरम्भ-13वीं सदी के सारंगदेव—जो देवगिरि के यादवों के दरबार में शामिल एक कश्मीरी, ब्राह्मण थे और जिन्होंने रागों का व्यवस्थित विश्लेषण आरम्भ किया था—और थोड़े से समय बाद ही सामने आनेवाले अमीर खुसरो के बीच एक अच्छा-खासा सम्बन्ध पाया जाता है; यह अमीर खुसरो देहली सल्तनत के एक दरबारी थे, जिन्हें फारस, अरब और हिन्द के संगीत का गहरा ज्ञान था और जिनको कभी-कभी सितार और तबले का आविष्कारक ठहराया जाता है। पश्चिम एशिया और मध्य एशिया की परम्पराओं के साथ अधिक सहज सम्पर्क ने सम्भवतः दक्षिण भारत के संगीत की अपेक्षा हिन्दुस्तानी संगीत को अधिक गतिशील बनाया। 15वीं-16वीं सदियों तक कुछ बुनियादी नए रूप सामने आ चुके थे। इनमें ये भी शामिल थे : कीर्तन जो चैतन्य के वैष्णववाद का केन्द्रीय तत्त्व था; ध्रुपद जिसका प्रमुख केन्द्र ग्वालियर था; उसका अधिक लोचदार प्रतिद्वन्द्वी खयाल जिसे जौनपुर दरबार का संरक्षण प्राप्त था; और कव्वाली जिसका आविष्कारक अमीर खुसरो को ठहराया जाता है। संगीत हिन्दू-मुस्लिम समन्वय का सबसे प्रमुख क्षेत्र बन गया, क्योंकि मुस्लिम शासकों की एक पूरी कतार इसकी संरक्षक थी, कई तो बल्कि उसके पारखी थे;

1. पहला मुद्रित संस्करण बम्बई से 1894 में आया मगर काफी आगे चलकर अभिनवगुप्त की एक प्रमुख टीका के प्रकाशन से पहले इसके पाठ को ठीक से समझा नहीं जा सका था। वात्स्यायन 1989 : 333-70 देखें।

इनका सबसे अच्छा उदाहरण अकबर है जो अनेक मशहूर रागों के रचयिता तानसेन का संरक्षक था। संगीत के प्रति औरंगजेब की बदनामे-जमाना चिढ़ को भी बहुत बढ़ा-चढ़ाकर पेश नहीं किया जा सकता। ऐसा नहीं लगता कि यह मुकम्मल दुश्मनी रही होगी; जो भी हो, मुगल दरबार में संगीत जल्द ही फिर से फलने-फूलने लगा। 18वीं और आरम्भ-19वीं सदी संगीत के प्रमुख युग थे और इसकी प्रमुख पहचानें सदारंग जैसे व्यक्ति, शास्त्रीय भंडार में टप्पों का समावेश (जो मशहूर है कि पंजाब के ऊँटवानों के गीतों से पैदा हुए) और गजल व ठुमरी का विकास थे।

कर्नाटक संगीत के विकास के रास्ते अलग रहे, हालाँकि उतने ही समृद्ध रहे। इसकी जड़ें मन्दिरों और धार्मिक परम्पराओं में अधिक थीं और यह इस्लामी प्रभावों से कम प्रभावित हुआ। लेकिन मुस्लिम शासकों और खासकर दकन के सुलतानों से इसे भी बेपनाह संरक्षण मिला : उत्तर दक्षिण भेद कोई मुस्लिम/हिन्दू भेद नहीं था। कर्नाटक संगीत को 17वीं सदी में वेंकटमुखी जैसे व्यक्तियों ने सूत्रबद्ध किया और इसने महान, आज भी काफी सम्मानित गुरुओं को—सम्भवत: सबसे बढ़कर त्यागराज (1767-1847) को—जन्म दिया।[1]

जिन नृत्य-रूपों को आज शास्त्रीय माना जाता है वे दक्षिण के विशाल मन्दिर-प्रांगणों में केन्द्रित थे, खासकर तंजावुर और कर्नाटक में। नर्तकियाँ काफी हीन जातियों की देवदासियाँ थीं जिनको युवावस्था में ही प्रभु की पत्नियाँ मान लिया गया था; यह स्थिति ऐसी थी कि पुजारी और दूसरे लोग इसका शोषण करते थे और इसलिए अन्त-19वीं और आरम्भ-20वीं सदी में इसे 'मन्दिरवाली वेश्यावृत्ति' कहकर काफी हमलों का निशाना बनाया गया।[2] यह पेशा जाति-प्रथा पर आधारित और पुश्तैनी था; देवदासियों की बेटियाँ यही काम करती थीं और बेटे नृत्य के शिक्षक और संगीतकार बनते थे। जैसा कि शास्त्रीय संगीत के साथ हुआ, यह भी संरक्षण और कभी-कभी सार्थक विकास के लिए उपयुक्त था पर इसने नृत्य को कुछ जातियों का पेशा बनाकर रख दिया जबकि इसके संरक्षक मन्दिरों और दरबारों तक सीमित होते थे। कथकली और भरतनाट्यम दोनों का विकास मन्दिरों के परिवेश में हुआ, हालाँकि इनके कुछ 'लौकिक' रूप भी थे जो विवाह-समारोहों और दरबारों में प्रस्तुत किए जाते थे; ये ही आधुनिक भरतनाट्यम के तात्कालिक पूर्वज थे। मिशनरियों, विक्टोरियाई नैतिकता के विचारों और मध्यवर्गीय सुधारों के मिले-जुले हमलों ने 'मन्दिरोंवाली वेश्यावृत्ति' को अनैतिक करार दिया। शृंगार की मनोस्थितियों और मुद्राओं—कृष्ण के प्रति प्रेमी भक्त की भावनाओं—के कारण भरतनाट्यम पर खास तौर पर सन्देह किए जाने लगे थे।

---

1. उपरोक्त वृत्तान्त मुख्यत: मैसी और मैसी 1993 पर आधारित है।
2. सोनजी 2012 उपनिवेशी काल में देवदासियों का एक अहम हालिया नृजातीय व ऐतिहासिक अध्ययन है।

इसके विपरीत उत्तर में, जहाँ ऐसे मन्दिर-प्रांगण कम आम थे, दरबार और अभिजातों के महल नृत्य और उससे जुड़े संगीत के प्रमुख केन्द्र बन गए; ये नृत्य प्राय: तवायफें या बाइयाँ किया करती थीं। यहाँ सुस्पष्ट रूपों का खासकर कथक का, विकास हुआ। तवायफें अक्सर अत्यधिक सुसंस्कृत महिलाएँ होती थीं जो अपने प्रधान रूप से दरबारी और कुलीन संरक्षकों की निगाहों में शिष्टाचार, सामाजिक मानदंडों तथा सम्भोग-सुख से परे बहुत सी बातों के ज्ञान देती थीं, और ऐसे परिवारों के नौजवानों के लिए अक्सर प्रशिक्षण के केन्द्र का काम करती थीं। इन मामलों में वे क्रान्ति से पहले के फ्रांस की सुसंस्कृत गणिकाओं जैसी ही होती थीं और उनके साथ रखैल का जो निन्दा-शब्द जोड़ दिया गया है वह घोर अन्यायपूर्ण था। फिर भी, दक्षिण में ही या उत्तर में, बुनियादी परिवर्तनों से पहले, 19वीं सदी के एक भाग में उनको इसी रूप में पेश किया जा रहा था। इसके कारण संगीत और नृत्य की इन दुनियाओं की संरचना और इसके रूपों, दोनों में परिवर्तन आए।

सदी के मोड़ से जो कुछ सामने आया वह था गंधनाशक सुधारों, रूप के परिवर्तनों के माध्यम से प्रतिष्ठा की ओर अग्रगति तथा एक अलग दुनिया में शिक्षित मध्यवर्गीय स्त्री-पुरुषों के प्रवेश के अनेक प्रकार के समन्वय। यह दुनिया ऐसी थी कि जिसमें पुराने राजाओं और कुलीनों से नीचे और निचली जातियों से ऊपर के—इन सामाजिक समूहों की पहले कोई खास भूमिका नहीं थी। यहाँ कुछेक बुनियादी विकासक्रमों की संक्षिप्त चर्चा ही सम्भव है।

दक्षिण भारतीय नृत्यकला में आए परिवर्तनों का एक अधिक सुधारवादी—और दमनमूलक—आयाम ऐसे कानूनों की एक शृंखला का पारित होना था, जिन्होंने मन्दिरों से देवदासी प्रथा का सफाया कर दिया। वास्तव में पहल कुछ रजवाड़ों ने की और इस प्रथा का उन्मूलन मैसूर में 1910 और त्रावणकोर में 1930 में हुआ। मद्रास में, जहाँ 1927 तक में दो लाख देवदासियाँ थीं जिससे गांधी जी को गहरा धक्का लगा, यह कदम आजादी के फौरन बाद उठाया गया।[1] लेकिन इस परिवर्तन में अधिक रचनात्मक पहलू भी शामिल थे और इसमें केन्द्रीय स्थान आरम्भ-20वीं सदी में भरतनाट्यम के रूप सम्बन्धी आन्तरिक विवादों का था। इसके दो प्रमुख समर्थक टी. बालासरस्वती (1918-84) और रुकमिणी देवी (1904-86) थीं। रुकमिणी देवी उस दुनिया में प्रतिष्ठित नगरवासी मध्यवर्ग के निर्णायक प्रवेश की सूचक थीं जो अभी तक उनसे दूर ही दूर रही थी। देवदासियों के विपरीत ब्राह्मण मूलवाली इस महिला ने कलाक्षेत्र प्रशिक्षण केन्द्रों की स्थापना करके शास्त्रीय नृत्य की दुनिया में ऐसे तत्त्वों को खींचा। शृंगार के परम्परागत तत्त्वों को कम महत्त्व दिया गया, यौन सम्बन्धी सुस्पष्ट बिम्बोंवाले गीतों को उनसे पाक किया गया तथा हाथ

1. सोनजी 2012 के परिशिष्ट दो में 1947 के मद्रास देवदासीज (प्रिवेंशन ऑफ डेडिकेशन) एक्ट को पूरा का पूरा छापा गया है।

और मुख की मुद्राओं को कामुकता से खाली कराने के प्रयास किए गए। भरतनाट्यम में शामिल भक्ति की व्याख्या उन्होंने मूलत: आध्यात्मिक बताकर की जो दैव के प्रति भक्ति और आस्था को व्यक्त करती है, न कि कृष्ण के साथ गोपियों की प्रेम-क्रीड़ा को, सिर्फ रूपक के तौर पर छोड़कर। रुकमिणी की सुधार-शैली आरम्भ-20वीं सदी के पुनरुत्थानवादी सांस्कृतिक राष्ट्रवाद की ही विशेषता लिए हुए थी : हम बंगाल के कला-सम्प्रदाय में चित्रकला में इसके महत्त्वपूर्ण समानान्तर उदाहरण देखेंगे। चयन की प्रक्रियाओं के द्वारा एक शास्त्रीयता का आविष्कार किया जा रहा था और सार्थक परिवर्तन को भारतीय संस्कृति की 'प्रामाणिक' या 'सच्ची' परम्पराओं की निरन्तरता कहकर पेश किया जा रहा था। इसके विपरीत बालासरस्वती स्वयं कभी देवदासी रह चुकी थीं और सम्भवत: पिछली परम्परा के प्रति अधिक निष्ठावान थीं। उनकी राय में शृंगार रूप का प्रमुख तत्त्व रहा, हालाँकि बदलते समय ने उनको इस विवाद में थोड़ा बचाव की मुद्रा में डाल दिया। इस तरह इस बहस का सम्बन्ध नृत्य के परस्पर विरोधी रूपों से था और यह कुछ सीमा तक आज भी जारी है। कुल मिलाकर नतीजा यह निकला कि दक्षिण भारत के शास्त्रीय नृत्य के स्थल में, मन्दिरों (और कभी-कभी दरबारों) से थिएटर हाल की दिशा में, एक निर्णायक परिवर्तन आया; साथ में मध्यवर्गीय कलाकारों और श्रोताओं की संख्या में उभार आया। दक्षिण में शास्त्रीय संगीत के महत्त्व के कारण गीतों की भाषा के सापेक्ष महत्त्व तथा 'शुद्ध' संगीत के तत्त्वों के महत्त्व पर एक बड़ी बहस चली। इसकी भाषा आमतौर पर तेलुगू थी और इसलिए ब्राह्मण विरोधी द्रविड़ जमा तमिल राष्ट्रवादी आन्दोलन के चरमकाल में तमिलनाडु में उसे थोड़ा शक की नजरों से भी देखा गया।[1]

उपनिवेशी शासन के आरम्भिक दशकों में शास्त्रीय संगीत की परम्पराओं को कमोबेश परम्परागत तरीकों से सुरक्षित रखा गया : राजाओं और जमींदारों का संरक्षण, गुरुओं या उस्तादों और उनके शागिर्दों के घराने जो एक-दूसरे से कटे होते थे, जो अपनी कला के रहस्यों को मनोयोग से सुरक्षित रखते और आजीवन समर्पण की माँग करते थे। यह एक बेहद खंडित संसार भी था और ऐसा जगत भी था जो, कुल मिलाकर, नए और थोड़े-बहुत पश्चिमी रंगवाले मध्यवर्ग की दुनिया से अलग था। इसके अपने ही प्रेमी और पारखी थे, और शास्त्रीय या अर्ध-शास्त्रीय संगीत के जलसे कभी-कभी उनकी सांध्य-सभाओं के अंग हुआ करते थे।[2] लेकिन सदी के मोड़ से कुछ अहम परिवर्तन आने लगे जब प्रखर हो रही राष्ट्रवादी भावनाओं ने

1. उपरोक्त अनुच्छेद में मेरे प्रमुख स्रोत गैस्टन हैं लेकिन मैंने वात्स्यायन और मैसी-द्वय का सहारा भी लिया है। शास्त्रीय संगीत पर भाषा सम्बन्धी बहस पर वाइडमान 2005 : 485-511 देखें।
2. मसलन रे की फिल्म 'चारुलता' का वह दृश्य लें जिसमें भूपति और उसके मित्र इंग्लैंड में लिबरल पार्टी की विजय पर, पहले-पहल तो राममोहन राय द्वारा रचित एक गीत के साथ जश्न मना रहे हैं मगर फिर कोई एक हलके शास्त्रीय गीत का, यानी कि निधुबाबू के एक टप्पे का आग्रह करता है।

भारतीय संस्कृति के परिकल्पित या गढ़े हुए प्रामाणिक 'शास्त्रीय' रूपों की ओर वापस जाने की प्रेरणा दी। इसके दो बुनियादी और लगभग समकालीन प्रवक्ता विष्णु नारायण भातखंडे (1860-1936) और विष्णु दिगम्बर पलुस्कर (1872-1931) थे; ये दोनों महाराष्ट्र के थे। थोड़े अलग-अलग ढंग से सही, दोनों ने अलग-अलग घरानों की बन्द दुनियाओं के अलगाव को खत्म करने तथा शास्त्रीय संगीत को शिक्षित मध्यवर्गीय स्त्री-पुरुषों के लिए खोलने के प्रयास किए।[1]

आधुनिक भारत के सबसे बड़े संगीतशास्त्री भातखंडे ने देश-भर में घूमकर और विभिन्न घरानों का संगीत सुनकर उनके तौर-तरीकों का असाधारण ज्ञान प्राप्त किया। फिर उन्होंने इस विशेषज्ञता को प्रकाशनों की एक शृंखला में व्यवस्थित रूप दिया, मसलन छह जिल्दोंवाली क्रमिक पुस्तक शृंखला (1920-27) में, हिन्दुस्तानी संगीत पद्धति में तथा उत्तर भारत के संगीत पर अंग्रेजी में प्रकाशित एक सर्वेक्षण में। ग्वालियर और बड़ोदरा के परम्परागत संरक्षक राजाओं की सहायता से उन्होंने अनेक भातखंडे संगीत महाविद्यालय खोले, पर उन्हें बनारस हिन्दू विश्वविद्यालय का समर्थन भी मिला। उनकी एक और उपलब्धि यह थी कि धीरे-धीरे उन्होंने शास्त्रीय संगीत के उस्तादों को अपनी प्रस्तुतियों को नए उपकरण यानी ग्रामोफोन पर रिकॉर्ड कराने पर आमादा कर लिया; पहले इसका भारी विरोध हो चुका था।[2]

इससे अंशत: अलग ढंग से पलुस्कर का सम्बन्ध कुलीनों से कम और मध्यवर्ग से अधिक था। उन्होंने संगीत के प्रशिक्षण की एक प्रवर्तनकारी प्रणाली तैयार करने की कोशिश अपने गन्धर्व महाविद्यालयों के जरिए की जिनमें से पहले की स्थापना लाहौर में 1901 में हुई थी। कोशिश शास्त्रीय संगीत सीखने का एक अधिक आसान और अधिक त्वरित ढंग विकसित करने की की गई जिसमें लम्बे-लम्बे अभ्यासों पर आधारित लम्बी चलनेवाली परम्परागत शिक्षा प्रक्रिया को मौखिक स्पष्टीकरण के सहारे थोड़ा-सा कम किया जा सके। एक और प्रमुख प्रवर्तन यह था कि महाविद्यालयों ने प्रतिष्ठित मध्यवर्गीय परिवारों से गायिकाओं को ऐसे क्षेत्र के लिए भरती किया जिसमें पहले लगभग पूरी तरह गणिकाएँ ही हुआ करती थीं। लेकिन घरानों की प्रथा से पूरी तरह बचकर निकल जाना उनके महाविद्यालयों के छात्रों के लिए असम्भव साबित हुआ, क्योंकि जो छात्र संगीत की दुनिया में ऊपर उठना चाहते थे वे अक्सर और भी लम्बे प्रशिक्षण के लिए विशेष उस्तादों के पास जाया करते थे, जैसे कि आज भी जाते हैं। भातखंडे की सहायता से पलुस्कर ने अखिल भारतीय संगीत सम्मेलनों के आयोजन की आधुनिक प्रथा का आरम्भ किया; इनमें पहला सम्मेलन 1916 में वडोदरा में

1. लगभग पूरी तरह इसी जोड़े पर केन्द्रित, संगीत के इतिहास का सबसे विस्तृत अध्ययन बाखले 2006 है।
2. धर 2005 : "Fear of Recording : The Non-Westernness of Hindustani Music." में इस प्रतिरोध के कारण बताए गए हैं।

आयोजित हुआ था। यहाँ घरानों के बीच सम्पर्कों को बढ़ावा दिया जा सकता था, क्योंकि वाद्यकार और गायक अक्सर विभिन्न घरानों के होते थे। आरम्भिक सम्मेलनों के आयोजन में संरक्षक शासकों की अहम भूमिका रही, लेकिन पलुस्कर ने कांग्रेस से भी सम्पर्क विकसित किए, जिसके साथ भातखंडे का कुछ खास लेना-देना नहीं था। उन्होंने अनेक अधिवेशनों में देशभक्ति के गीत भी गाए।

एक और व्यक्तित्व का उल्लेख आवश्यक है, हालाँकि शास्त्रीय संगीत के ग्रन्थों में उनको शायद ही कभी शामिल किया गया। ये थे रवीन्द्रनाथ, जिनके गीतों को बंगाल के (मुख्यत:) मध्यवर्गीय हलकों में कालक्रम में अतुलनीय लोकप्रियता मिली। उन्होंने जो हजारों गीत तैयार किए उनके प्रयोग का पैमाना, पश्चिमी मगर उनसे भी अधिक लोक-संगीत के तत्त्वों (खासकर बाउल धुनों) का समावेश, संगीत-नृत्य नाटिकाओं में सहगान के रूप का प्रवेश तथा विभिन्न रागों के तत्त्वों का मुक्त-भाव से समन्वय—शास्त्रीय संगीत के अधिकांश विशेषज्ञों की राय में इन बातों ने उसके ढाँचों की सटीकता और शुद्धता को गम्भीर सीमा तक प्रभावित किया। यह कोई अजीब बात नहीं थी कि टैगोर ने वास्तव में कभी संगीत का गम्भीर प्रशिक्षण नहीं पाया, हालाँकि उनको इसका अच्छा-खासा ज्ञान था। लेकिन दिलचस्प बात यह भी है कि वे भातखंडे और पलुस्कर की ही पीढ़ी के व्यक्ति थे और कुछ मोटा-मोटी समानताएँ खासी स्पष्ट हैं : किस तरह से उन्होंने शुद्धतावादियों और खासकर अपने ब्रह्मसमाजी समुदाय के शुद्धतावादियों के पूर्वग्रहों को ठुकराकर शान्तिनिकेतन की छात्राओं को 1920 में और उसके बाद सार्वजनिक मंचों पर अभिनय करने, गाने और नृत्य करने के लिए प्रोत्साहित किया। लगभग यही समय था जब पलुस्कर ने अपने महाविद्यालयों के लिए ऐसे ही सामाजिक समूहों की स्त्रियों को भरती किया।[1]

बोलती फिल्मों और रेडियो सम्बन्धी प्रौद्योगिकी प्रवर्तनों ने 1930 से संगीत और नृत्य की दुनियाओं को अच्छा-खासा बदलकर रख दिया। 'लोक' का एक उल्लेखनीय पुनरुत्थान भी हुआ, जिसमें काफी भूमिका 1920 में वामपन्थ द्वारा गठित इप्टा के प्रयासों की रही। पर वह एक और कहानी है और इतनी लम्बी कि यहाँ कही नहीं जा सकती। अगली जिल्द, जिसमें वामपन्थी राजनीति की विवेचना की जाएगी, इसके लिए बेहतर जगह होगी।

मनोरम : चित्रकला और ललित कलाएँ

ललित कलाओं और खासकर चित्रकला की दुनिया में भारी परिवर्तनों की एक शृंखला उपनिवेशी काल की विशेषता थी। आज जिस वर्गीकरण को सबसे सामान्य

1. मैसी व मैसी 1993; भागवत 1987 : 109-15; राष्ट्रवादी भावनाओं के सन्दर्भ में भातखंडे औरं पलुस्कर पर और भी विस्तृत अध्ययन के लिए बाखले 2006 देखें।

समझा जाता है, वह जिसमें ललित कलाएँ—चित्रकला, मूर्तिकला, वास्तुकला—दस्तकारों के शिल्प से अलग हो गए, पुनरुत्थान काल के बाद का अलगाव है। उसका भरपूर विकास 19वीं सदी में पश्चिम के रोमानी कलाकार की छवि में हुआ तथा पश्चिम के सांस्कृतिक तामझाम के अंग रूप में ही यह भारत में आया। ऐसा नहीं कि दक्षिण एशिया में उपनिवेश काल से पहले की कला में विभिन्न स्तरों पर कुछेक भेदों की धारणा थी ही नहीं। ग्राम-स्तर की कलाओं और हस्तकलाओं का समृद्ध और रंगारंग संसार निश्चित ही राजाओं और जागीरदारों के 'कारखानों' से काफी भिन्न था, जिनमें कलाकार अपने मालिकों के वास्ते सामान तैयार करने के लिए भारी निगरानी में काम किया करते थे। लेकिन सुप्रलेक्षित मुगल कारखानों की तरह ऐसी संस्थाएँ उन्हें काम पर लगाती थीं जिनको आज दस्तकार या हस्तशिल्पी कहा जाता था, और साथ ही वे चित्रकारों को भी काम देती थीं, और यहाँ उस कलात्मक वैयक्तिकता का संकेत कम ही था जो पुनरुत्थान काल के बाद पाश्चात्य कला की एक बुनियादी विशेषता बन गया। कुछ कलाकार अपने हस्ताक्षर भी करने लगे थे और कुछेक के (मसलन अकबरी दौर में दसवन्त और बसावन के) जीवन ने दरबारी इतिहासकारों का ध्यान भी खींचा। न ही ग्रामीण या कबीलाई कलाकार हस्तशिल्पियों से या नाटक व गीत के विशेषज्ञों से पूरी तरह अलग थे। मिसाल के लिए पश्चिमी बंगाल के पटुवा के टुकड़ों पर चित्र बनानेवाले, जो 19वीं सदी में कलकत्ता में जाकर बसने के बाद रोचक कालीघाट चित्रों के रचयिताओं के रूप में मशहूर हुए, पहले एक घुमक्कड़ समूह थे जो गा-बजाकर अपने पटुवों का प्रदर्शन करते थे और जिनके कुम्हारों और बढ़इयों से घनिष्ठ सम्बन्ध होते थे।

जैसा कि हमने देखा, स्मारकों और घरों से जुड़ी वास्तुकला भारत में अंग्रेजों के कला सम्बन्धी निवेश का एक प्रमुख क्षेत्र थी; ये उनकी शक्ति और शान-शौकत की अभिव्यक्तियाँ थीं तथा एक अजनबी जलवायु में आराम से जीने के तरीकों को खोजने की कोशिशों की सूचक थीं। इसके ठीक उलटे, जिसे आसानी से समझा जा सकता था, भारतीय कलाकारों की रचनाशीलता ने चित्रकला को प्राथमिकता दी। भारतीय राजाओं और जमींदारों ने महलों और प्रासादों के निर्माण में अधिकतर अनुकरण का सहारा लिया, मसलन कलकत्ता का मरमर महल पुनरुत्थान काल की शास्त्रीय पैलेडियन शैली पर बनाया गया था। अपने शासकों की बदलती पसन्द-नापसन्द के अनुरूप अन्त-19वीं सदी में 'हिन्दू' और 'मुस्लिम' या सरासेनी रूपों की तरफ आंशिक झुकाव भी आया। मगर वास्तुकला में भारी निवेश मध्यवर्ग या निम्न-मध्यवर्ग के उन संस्तरों की क्षमता से काफी बाहर था जो उस शैली के प्रमुख रचनाकार बने जिसे आधुनिक भारतीय कला स्वीकार किया गया। उन्होंने चित्रकला और कुछ कम हद तक वास्तुकला में नई और बदलती शैलियों को वरीयता दी।

सामान्य शब्दों में कहें तो भारतीय चित्रकला के क्षेत्र में दो प्रमुख रूपान्तरण साफ नजर आते हैं। पहला, दरबारी हाकिमों की सख्त निगरानीवाले कारखानों से अपने खुद के स्टूडियोवाले और कला के खुले बाजार के लिए उत्पादन कर रहे स्वतंत्र 'सज्जन कलाकार' की दिशा में संक्रमण। फलस्वरूप कलाकार अब दस्तकार से शिल्पी कारीगर या मिस्त्री से अलग हो गया।[1] यह सब पुनरुत्थान काल में 19वीं सदी तक यूरोप में आए संक्रमण जैसा ही था; वैसे इसकी कुछ अपनी विशेषताएँ थीं। जैसा कि हमने दूसरे अनेक क्षेत्रों में देखा, विशेष रूप से चरणों का कुछ समेकन भी हुआ, मसलन तैलचित्र यहाँ लगभग उन्हीं दिनों आए जब यांत्रिक पुनरुत्पादन की लिथोग्राफी या क्रोमोलिथोग्राफी जैसी विकसित तकनीकों का प्रवेश हुआ। इसका एक दिलचस्प नतीजा यह हुआ कि अभिजात और लोक की दीवार बार-बार टूटी क्योंकि कम कामयाब और कभी-कभी बेहद मशहूर, दोनों तरह के स्टूडियो कलाकार बड़े पैमाने के पुनरुत्पादक की ओर झुक गए। रवि वर्मा इसके सबसे उल्लेखनीय उदाहरण हैं।

दूसरी नाजुक नवीनता यह स्थायी इच्छा थी कि कलात्मक शैलियों में 'आधुनिक' को किसी तरह 'भारतीय' परम्पराओं के प्रति वफादार रहकर, 'प्रामाणिक' से समन्वित किया जाए। ये दोनों ही बातें पहले मौजूद नहीं थीं, क्योंकि उस अन्य की कोई स्थायी उपस्थिति नहीं थी, जिसे 'आधुनिकता' से एकाकार माना जा सके : जो अनुकरण करने और जिसकी 'बराबरी' में आना आवश्यक हो, और फिर भी जिसकी एक भारी और दमनकारी उपस्थिति थी। यही वह अन्य भी था जिसके कला-रूप आकर्षक थे, खासकर फलकों पर और एक परिप्रेक्ष्य में तैलचित्र बनाने की नई तकनीकों के। अपने सीमित परिचय के बावजूद कुछ मुगल कलाकारों ने पहले भी पुनरुत्थान-पश्चात रूपों में दिलचस्पी दिखाई थी।

फिर भी उपनिवेश काल में, जब राष्ट्रवादी मनोस्थितियाँ प्रखर हुईं, तो असहजता और अपराध के बोध से बचना अधिकाधिक कठिन होता गया। इससे पैदा दो जरूरतों ने पिछले रूपों की अपेक्षा अधिक प्रामाणिक होने के दावों को बढ़ावा दिया। इस बात ने आज माना जाता है कि आधुनिक भारतीय कला के इतिहास को काफी विकृत किया। यहाँ हम एक नुक्ता रखना चाहेंगे जिसकी विवेचना आगे की गई है : स्वदेशी और गरमपन्थी राष्ट्रवाद के युग में अवनीन्द्रनाथ ठाकुर के नेतृत्व में जो 'बंगाल सम्प्रदाय' विकसित हुआ उसने प्रकृतिवादी ढंग के चित्र बना रहे रवि वर्मा और दूसरे कलाकारों की निन्दा की कि वे शुद्ध नक्काल और राष्ट्रविमुख हैं। फिर भी तब जिस चीज को सच्चा देसी समझा जा रहा था वह वास्तव में एक बहुत बड़ी हद तक एक हालिया आविष्कार था जो समकालीन पश्चिम की प्राच्यवादी विद्वत्ता और कलात्मक चिन्तन की एक धारा पर बहुत अधिक आधारित था। जब

1. चटर्जी 1990

स्वदेशी की मनोस्थितियाँ कम हुईं तो एक दिलचस्प नतीजा कला सम्बन्धी बहसों की एक शृंखला का आरम्भ था जो सांस्कृतिक राष्ट्रवाद के अर्थों और महत्त्व सम्बन्धी अहम बहसों के समानान्तर चला।[1]

18वीं सदी में मुगल और उसके उत्तराधिकारी दरबारों के पतन के साथ कारखानों का भी सम्पूर्ण विनाश हो गया। कम्पनी के अधिकार में आनेवाले पहले क्षेत्र, यानी कि बंगाल, में जो कलाकार पहले मुर्शिदाबाद और पटना के सरकारी उद्यमों में कार्यरत थे वे नीचे गिराकर उस स्तर पर उतार दिए गए जिसे यूरोपवाले बाजारी कलाकारों का स्तर कहते थे। उनमें से कुछ कम्पनी की नौकरी पाने में कामयाब रहे क्योंकि नए शासक नवविजित देश के वनस्पति जगत और प्राणी जगत, स्थलाकृतियों, वास्तुशास्त्रीय और ऐतिहासिक अवशेषों, सामाजिक प्रथाओं तथा जनता के रोजमर्रा के जीवन के चित्रमय वर्णन पाना चाहते थे; इसका मकसद कारगर ढंग से शासन चलाना और जिज्ञासा को शान्त करना, दोनों था। इसलिए मध्य-19वीं सदी में फोटोग्राफी के आरम्भ से पहले सटीक चित्रों की आवश्यकता होती थी और इसी से उन प्रकृतिवादी प्रस्तुतियों की आरम्भिक प्रेरणा मिली जो 19वीं सदी के एक बड़े भाग में भारतीय कला की विशेषता थीं। लेकिन उपनिवेशी काल में कला के पहले प्रमुख प्रकार का मूल और विकास का ढर्रा ऐसे 'कम्पनी कलाकारों' की रचनाओं से काफी भिन्न रहा और अधिक स्वायत्त रहा।

कालीघाट के चित्र

मध्य-19वीं सदी के आसपास हीन और निचली जातियों के पटुवे कलकत्ता पहुँचे और कालीघाट के मन्दिर-केन्द्र के आसपास बस गए। यहाँ उन्होंने चित्रकला की उल्लेखनीय विद्या का विकास किया। बेहद आसानी से लाने, ले जाने योग्य इन चित्रपटों के लिए मन्दिर आनेवाले तीर्थयात्रियों और भक्तों के रूप में एक बना-बनाया बाजार मिल गया। अनेक प्रकार के यूरोपवासी-मिशनरी, पूरब के अजूबों के खोजी, स्मरणचिह्नों की तलाश कर रहे पर्यटक और अन्ततः कला के विद्वान—आरम्भ-20वीं सदी में इस कला के लोप के बाद पश्चिम के अनेक संग्रहालयों में इसके अनेक नमूनों को सुरक्षित करने में योगदान देते रहे। व्यापारी और यात्री भी अपने साथ कालीघाट के 'पट' ले जाते रहे और इससे समृद्ध संग्रह विकसित हुए—मसलन शेखावटी में जो कलकत्ता के अनेक मारवाड़ी व्यवसायियों का गृहक्षेत्र था।

कालों और रूपों की जिस परस्पर व्याप्ति के कारण परम्परागत ध्रुव बेकार हो जाते हैं, कालीघाट उसका एक खास तौर पर उल्लेखनीय उदाहरण है—इस पूरी विधा पर अभी तक के सर्वोत्तम अध्ययन में ज्योतीन्द्र जैन ने इस नुक्ते पर जोर

1. गुहा-ठाकुरता 2005 : 71-107 इस विषय पर एक उपयोगी परिचय प्रस्तुत करता है।

दिया है।[1] दक्षिण-पश्चिम बंगाल के गाँवों से बाहर निकलकर कलाकार अब नए तरीकों और नए सन्दर्भों में अपने परम्परागत जातिगत व्यवसायों को आगे बढ़ाने लगे। उनके कुछ चित्रों में नगरों की 'बाबू' संस्कृति की जो व्यंग्यमय आलोचना पाई जाती है उसे कभी-कभी पश्चिमी रंग में रँगे अभिजातों की नई संस्कृति का लोकमुखी, देसी या परम्परावादी अस्वीकार करार दिया गया है। लेकिन थोड़ा और करीब से देखें तो कालीघाट के चित्रों को शायद ही 'परम्परावादी' या 'ग्राममुखी' कहा जा सके; अनेक प्रकार से वे स्पष्ट रूप से आधुनिक हैं और भारतीय कला का शायद पहला आधुनिक सम्प्रदाय हैं। जो पटुआ नगरों में आकर बस गए (बाकी गाँवों के ही घुमक्कड़ कलाकार-गायक बने रहे जहाँ वे आज भी कभी-कभी देखे जा सकते हैं) उन्होंने वाचन और गायन के साथ वृत्तान्तमूलक पटचित्रों की पुरानी प्रथा को छोड़ दिया जिनको सिर्फ बेचे जाने की बजाय पेश किया और दिखाया जाता था। वे अब अपने मालों के विक्रेता बन गए और उन्होंने सस्ते, कारखानों के बने कागज जैसे नए माध्यम में एक रेखाचित्र खींचने या चित्र रँगने का तरीका अपना लिया; इसी के साथ टेंपरा से जलीय रंगों की ओर भी एक परिवर्तन आया। टेंपरा को गाँवों के कलाकार स्वयं तैयार करते थे; इसके लिए वे मिट्टी को दूसरी वस्तुओं से मिलाकर अपारदर्शी रंग तैयार करते थे जबकि जलीय रंग एक अधिक महँगा, आयातित माल होता था, जिससे चमक काफी बढ़ जाती थी। सड़क के किनारे बैठकर और आने-जानेवालों को देखते हुए उनको अपने माल बेचनेवाले कालीघाट कलाकार उन भारतीय कलाकारों में पहला होने का भी कुछ दावा कर सकते हैं, जिन्होंने पूरी तरह एक खुले बाजार के लिए अपना उत्पादन-कार्य किया, न कि संरक्षकों की इच्छा या उपदेश के अनुसार—यह आधुनिकता की एक और पहचान था।

जैन का अध्ययन कला-रूप की खास तफसीलों से आगे बढ़कर उतनी ही खास सामाजिक परिस्थितियों से उनके सम्भावित सम्बन्धों तक पहुँचता है। मिसाल के लिए कालीघाट की एक उल्लेखनीय विशेषता वह तीन आयामोंवाली भ्रान्ति थी जो कलाकार अपने चित्रों में पैदा कर देते थे, हालाँकि पूरे चित्र में एक परिप्रेक्ष्य लाने का कोई प्रयास नहीं किया गया था। आयतन की यह भ्रान्ति पश्चिमी तकनीकों को किसी खास तौर पर ग्रहण करके नहीं बल्कि मूर्तियों की रूपरेखा की तैयारी से मिलती-जुलती दृष्टि और विधि से पैदा की गई थी। कालीघाट कला के मूल पर दो वैकल्पिक विचार सामने रखे गए हैं। 1880+ में टी.एन. मुखर्जी ने ग्रामीण पटुआ कला से उसकी निरन्तरताओं पर जोर दिया था; 1950+ में विलियम आर्चर ने अंग्रेजी चित्रों और छापों के आयातों के जरिए आनेवाले पश्चिमी प्रभावों पर जोर दिया था। जैन की राय दोनों से अलग है। पटुआ—चित्रकार—अक्सर साथ-ही-साथ देवी-देवताओं की मूर्तियाँ बनाते थे; अपने भूतपूर्व ग्रामीण घरों में हो या नगर

1. जैन 1999; मेरा विवरण बड़ी सीमा तक इस रचना पर आधारित है।

में, वे कुम्हारों और काष्ठ-कलाकारों (सूत्रधारों) के काफी पास ही रहते थे। ऐसे समूह संगतराशों (भास्करों) के भी काफी करीब होते थे। कालीघाट के कलाकारों को खरीदारों की माँग पूरी करने के लिए काफी गति से काम करना पड़ता था। जैन का सुझाव है कि यह वास्तव में एक परिसम्पत्ति बन गया और यह बात इस कला की एक और विशेषता को स्पष्ट करने में सहायक है। गति के सहारे विश्वास से रेखाओं और रूपों को खींचना आया, और गतिहीन व मेहनततलब की बजाय दिलेरी से बनाए गए गतिमान चित्र सामने आए।

कालीघाट के 'पट' कलकत्ता के नगर-जीवन के तेजी से बदलते ढर्रों का बखूबी एक अंग थे और इस जीवन के बहुत सारे तत्त्व उसके विषयों में शामिल हुए। यह तरह-तरह के मुद्रित चित्रों और उत्कीर्णन से लेकर फोटोग्राफी और पश्चिमी शैली के स्थावर थिएटरों तक नई दृश्य-छवियों के भारी प्रसार का युग था। ऐसी नवीनताओं के पारखी प्रेक्षकों के रूप में पटुओं ने अपने अनेक चित्रों के ऊपरी छोर को लहरदार पर्दों जैसा बना दिया ताकि दिखाया जानेवाला दृश्य एक चित्रपट जैसा लगे और पर्दोंवाले स्थावर मंच पर स्थापित मालूम हो, या फिर वह किसी स्टूडियो के फोटोग्राफ से मेल खाए। शास्त्रीय कला के नियम-कायदों से अनजान ये कालीघाट के कलाकार बाजारों में बैठते थे, 'पान, सब्जियाँ और मिठाई बेचनेवालों को, नौदौलतिया बाबुओं, फैशनेबुल बीबियों, गणिकाओं या मछवादिनों को देखते रहते थे', और उन्होंने सड़क के दृश्यों के जीवन्त गलियारे रचे।[1] पवित्र और लौकिक व्यक्तित्व बार-बार एक-दूसरे को काटते रहते थे : शिव, पार्वती और गणेश का एक चित्र घूमने निकले एक मध्यवर्गीय परिवार जैसा लगता है तथा दैवी विवाह-समारोह शादी के फोटुओं जैसे लगते हैं। यहाँ भी दूसरे सांस्कृतिक रूपों के समानान्तर कुछ बातें नजर आती हैं, क्योंकि घरबार-प्रेमी शिव 18वीं सदी की बंगला कविता में ही एक आम बिम्ब बन चुका था।

जिन समकालीन प्रहसनों से उनकी काफी समानताएँ हैं, उनकी ही तरह इनके विषय भी अक्सर व्यंग्यमय होते थे पर मखौल के निशानों में घोर विविधता थी। पत्नी या उपपत्नी के आगे दबा हुआ कुक्कड़ पति एक आम विषय था, और यह आधुनिक काल में आए पतन सम्बन्धी काफी-कुछ समकालीन साहित्य में रूढ़ हो चुका है। भ्रष्ट और तोंददार ब्राह्मण या साधु भी एक निशाना होता था। वैसे जो बात गायब मालूम होती है वह शिक्षित, सुधारवादी भद्रलोक का या शिक्षित स्त्री का बिम्ब है। इनकी बजाय मखौल का प्रमुख विषय शिक्षित सुधारवादी मध्यवर्गीय बुद्धिजीवी की दुनिया नहीं बल्कि सुधारहीन बाबू संस्कृति है। जैसी कि आशा थी तथा समकालीन नाटकों और प्रहसनों के ही समानान्तर, 1873 का एलोकेशी स्कैंडल 'पटों' की एक पूरी जमात का प्रिय विषय बन गया। यह भ्रष्ट साधु, कुलटा

1. उपरोक्त : 19

का पति और भ्रष्ट हो चुकी पत्नी को एक जगह लाता है, और समकालीन नाटकों से समानता यहाँ स्पष्ट है। मिसाल के लिए दोनों ही अदालतों के दृश्यों को दिखाना पसन्द करते हैं, जिनमें अपने आप में थिएटर के अनेक तत्त्व शामिल हैं।

अन्त–1850+ और 1870+ के बीच कालीघाट की चित्रकला अपने चरम पर थी जब रेलवे के नए तंत्रों का लाभ उठाने के लिए तीर्थयात्री और सैलानी अभूतपूर्व संख्या में कलकत्ता पहुँचने लगे। उसके बाद उत्पादन की सख्ती और अधिकाधिक यांत्रिक विधियों के दूसरे रूपों के एक प्रसारमान दायरे का मुकाबला होने पर इसका धीरे–धीरे मगर न पलटा जानेवाला पतन होने लगा। आरम्भिक प्रतियोगिता लकड़ी और धातु के टुकड़ों पर होनेवाले उत्कीर्णन के साथ करनी पड़ी, जिसका केन्द्र बटाला था; कलकत्ता के मुद्रण जगत से और इसलिए पुस्तकों और पत्रिकाओं के चित्रांकन के बढ़ते उद्यम से भी उन्हें प्रतियोगिता करनी पड़ी। 1880 के आसपास से बटाला के उत्कीर्ण भी लिथोग्राफों, तैलचित्रों और क्रोमोलिथों के कारण बाजारी कला के बाजार पर अपना नियंत्रण खोने लगे; ये उद्यम इतने निवेश की माँग करते थे कि वे या कालीघाट के चित्रकार प्रायः उतना निवेश नहीं कर सकते थे। अब जमाना भद्र चित्रकार का आया और कालीघाट का जमाना जाता रहा, जिसके अन्तिम चित्रकार 1920 और 1930 के दौरान संसार छोड़े जा रहे थे। विरोधाभास यह है कि भारत में और पश्चिम में अभिजातों की दुनिया तभी जाकर उनके गुणों का बखान करने लगी। मिसाल के लिए जामिनी रे ने जो कलकत्ता में बसे हुए थे और मध्यवर्गीय कलाप्रेमियों के प्रिय कलाकार थे, कभी–कभी इसी फिर से खोजी गई धरोहर को अपना आधार बनाया।

भद्र कलाकार, यथार्थवाद और रवि वर्मा

1850+ से अंग्रेजों ने कला–शिक्षा के रूपों का आरम्भ किया। 1854 में कलकत्ता स्कूल ऑफ आर्ट स्थापित हुआ, और जल्द ही बम्बई और मद्रास में उसके समकक्ष स्कूल पैदा हुए। 1855 में इनको जनशिक्षा निर्देशक के तहत ला दिया गया। लगता है इसके दो मकसद थे, हालाँकि समय के साथ जोर बदलता रहा। कला की शिक्षा से—जिसमें प्रतियों के माध्यम से यूरोपीय शाहकारों और विधियों से थोड़ा–बहुत परिचित कराया जाता था और इससे भी अहम बात यह है कि रेखांकन और नक्शानवीसी की बुनियादी कुशलताएँ प्रदान की जाती थीं—आशा की गई कि सरकारी विभागों में कम स्तर के तकनीकी कामों में शिक्षित युवकों के लिए रोजगार के वैकल्पिक अवसर पैदा होंगे; ऐसा एक विभाग सर्वेक्षण का था जिसमें ऐसी तकनीकों की माँग थी। दूसरा मकसद, जिसका महत्त्व समय के साथ बढ़ता गया, उन परम्परागत भारतीय कलाकारों सम्बन्धी सरोकार था जो ब्रिटेन में मशीनों से बनी

वस्तुओं की प्रतियोगिता तले पिसे जा रहे थे। 1851 में क्रिस्टल पैलेस की प्रदर्शनी के लिए जो संग्रह लन्दन लाए गए उनके कारण भारत की मिट रही दस्तकारियों की वस्तुओं में दिलचस्पी जागी। सौन्दर्यशास्त्रीय दृष्टि से औद्योगिक सभ्यता की भोंडी पैदावारों से मोहभंग की तथा रोजमर्रा की दस्तकरियों से 'उच्च' कला के सम्बन्ध विच्छेद की परवर्ती विक्टोरियाई मनोस्थितियों से यह सरोकार बखूबी मेल खाता था। इस प्रवृत्ति के सबसे यशस्वी प्रवक्ता थे विलियम मारिस जिन्होंने अन्ततः एक सौन्दर्यशास्त्रीय मध्यकालवाद का विकास एक सुस्पष्ट प्रकार के समाजवाद में किया। इसका एक आरम्भिक परिणाम ब्रिटेन में कला-शिक्षा की दो प्रकार की विधियों और सिद्धान्तों का उदय था—रायल एकेडेमी (और साथ में ब्रिटिश म्यूजियम और नेशनल गैलरी) तो 'उच्च' या 'ललित' कला के केन्द्र थे, और एक सेन्ट्रल स्कूल ऑफ इंडस्ट्रियल आर्ट दक्षिणी केंसिंगटन के वैकल्पिक थोड़े-से अधिक लोकमुखी सांस्कृतिक केन्द्र पर आधारित था। यह विरोध आज तक जारी है, क्योंकि दक्षिणी केंसिंगटन आज विक्टोरिया एंड अल्बर्ट म्यूजियम का इलाका है जिसमें भारतीय और दूसरी दस्तकारियों की पैदावारों और रोजमर्रा की वस्तुओं का एक समृद्ध भंडार है; यह विज्ञान के अनेक संग्रहालयों का केन्द्र भी है। अहम बात यह है कि भारत में सरकारी कला विद्यालयों के बहुत-सारे अध्यापक दक्षिणी केंसिंगटन के भूतपूर्व छात्रों में से ही लिए गए : जैसे हेनरी लाक, जान लाकवुड किप्लिंग (रडयार्ड के पिता) और ई.बी. हेवेल। तब एक प्रकार का प्राच्यवाद जन्म ले रहा था जो निन्दा की बजाय प्रशंसा पर आधारित था जिसमें संरक्षण का एक अंश भी शामिल था, और आरम्भ-20वीं सदी में हेवेल जैसे केन्द्रीय व्यक्तित्व के माध्यम से भारतीय कला के विकास पर बहुत भारी प्रभाव डाला।

नए सरकारी विद्यालयों में कुशल दस्तकारों के प्रशिक्षण का उद्देश्य पूरा नहीं हुआ। दस्तकारों के पास भौतिक संसाधनों का भारी अभाव था और ये विदेशी प्रतियोगिता के कारण तेजी से कम होते जा रहे थे। उनके लिए नए प्रकार के प्रशिक्षण में निवेश की अपेक्षा परिवार केन्द्रित शागिर्दी के सुस्थापित रूपों को जारी रखना कहीं बहुत अधिक मुनासिब था। जहाँ मुफ्त दाखिले का वादा किया गया, जैसे कि आरम्भ में बम्बई में, वहाँ भी प्रारम्भिक अंकगणित और ज्यामिती का ज्ञान होने की शर्त ने व्यवहार में इन दस्तकारों को बाहर ही रखा। इसलिए ये विद्यालय अभिजात या मध्यवर्गीय परिवारों में कम शिक्षाप्रेमी बेटों के लिए ऊर्ध्व गतिशीलता का एक वैकल्पिक माध्यम बन गए। 1872-73 में कलकत्ता आर्ट स्कूल के 94 छात्रों में से 81 छात्र मध्यवर्गीय परिवारों के थे। कुछेक मिसालों में वे सफल कलाकार बनकर निकले और ये ही भद्र चित्रकारों की पहली पीढ़ी के लोग थे, जिन्होंने शिमला और कलकत्ता की सैलून प्रदर्शनियों में कदम रखने की जगह बनाई जो कि लम्बे समय से यूरोपवालों के इजारे थीं। इनमें बम्बई के एम.वी.

धुरन्धर और कलकत्ता के अन्नदा प्रसाद बागची, शशि हेथ और बामपद बनर्जी शामिल थे। ऐसे लोगों ने परिप्रेक्ष्य और यथार्थवादी प्रतिनिधान का उपयोग करते हुए तैलचित्रों का माध्यम अपनाया। सामाजिक दृष्टि से ये एक नई श्रेणी के प्रतिनिधि थे। वे पुराने दरबारी चित्रकारों से बहुत भिन्न थे क्योंकि ये शाही या कुलीन संरक्षकों के लिए नहीं बल्कि एक कला-बाजार के लिए काम करते थे, जिसके लिए समय-समय पर प्रदर्शनियाँ लगाई जाती थीं जिनमें पारखी लोगों के आने की आशा की जाती थी। लेकिन उन्होंने जिन यथार्थवादी विधियों को अपनाया उनका उपयोग सामान्यतः खासे परम्परागत विषयों और सबसे बढ़कर पौराणिक दृश्यों के चित्रण के लिए किया गया। कुछ ब्रिटिश अधिकारियों को आशा थी कि सटीक रेखांकन और यथार्थवादी चित्रण के कारण भारतवासियों के मन से वे चीजें छँट जाएँगी जिनको वे मिथक के बादल समझते थे। अन्त-19वीं सदी में भारतीय चित्रकारों ने जिस प्रकार के 'सरोगेट यथार्थवाद' को अपनाया उसका वास्तव में उलटा प्रभाव हुआ, क्योंकि देवतागण, जो पहले रूपकों के द्वारा पेश किए जाते थे, अब एक तरह के फोटोग्राफिक यथार्थवाद के विषय बन गए। वर्तमान के साथ मिथकोंवाले अतीत का काल-समन्वय करते हुए पिन्नी 'देवताओं के फोटोग्राफों' को रेखांकित करते हैं। मूर्तियों पर लागू यथार्थवाद के कारण पुराण-व्यक्ति और आसानी से समझ में आने लगे और लोकप्रिय बने, और इसने कालक्रम में, धीरे-धीरे अनेक क्षेत्रीय और स्थानीय विशिष्टताओं को दूर करते हुए, एकरूपता में अपना योगदान दिया।

पश्चिम में यथार्थवाद के सुन्दरतम रूपों का प्रयोग सतह को भेदने और यथार्थ के छिपे हुए आयामों को सामने लाने के लिए किया गया। अन्त-19वीं सदी के भारत में (रवि वर्मा के बेहतरीन कला के सम्भावित अपवाद को छोड़ दिया जाए तो) यह परम्परागत विषयों के बेहतर चित्रण की एक प्रौद्योगिकी थी। यह मिसाल के लिए यूरोपीय यथार्थवादी चित्रकार गुस्ताव कोर्बे की कृतियों से बहुत भिन्न थी जोकि कालक्रम की दृष्टि से इन भारतीय कलाकारों की कृतियों के सबसे करीब थे। पश्चिमी तरीकों से चित्र बनाने के प्रयास करनेवाले भारतीय कलाकारों के साथ एक और समस्या यह थी कि पश्चिमी विधियों का ज्ञान पूरी तरह अकादमिक कला की ब्रिटिश मिसालों के द्वारा सामने आया। 19वीं सदी के उत्तरार्ध से प्रभाववादियों और उनके उत्तराधिकारियों के माध्यम से जो दुनियाएँ सामने आईं उन्होंने 20वीं सदी में भी काफी आगे तक भारतीय कला को अनदेखा किया।

भद्र कलाकार कालीघाट और बटाला के बाजारी चित्रकारों पर अपनी श्रेष्ठता की छवि स्थापित करना चाहते थे। लेकिन व्यवहार में यांत्रिक पुनरुत्पादन की नई तकनीकों के तीव्र विकास और उनकी लाभदायकता ने बार-बार ऐसे भेदों को तोड़ा। कला विद्यालयों के कम सफल छात्रों को, और जल्द ही उनमें से अनेक बेहद

उदात्त कलाकारों को प्रतियों की बहुलता से आसानी से मिल सकनेवाले लाभों का लोभ ठुकरा पाना असम्भव लगा। परिणामस्वरूप ऐसे भारतीय स्टूडियोज की एक शृंखला का महत्त्वपूर्ण विकास सामने आया जो बड़े पैमाने पर कलाकृतियों के मुद्रण में लगे थे। अन्नदा प्रसाद बागची और आर्ट स्कूल के तीन अन्य स्नातकों ने 1878 में कलकत्ता आर्ट स्टूडियो की स्थापना की, जिसने जिनको वह 'हिन्दू पुराण-चित्रों' का नाम देता था उनकी एक आरम्भिक शृंखला शुरू की जो बहुत सफल रही; इनकी बहुत सारी लिथोग्राफिक प्रतियाँ बिकती रहीं। उसने एक बहुस्तरीय बाजार कायम किया और 1-2 रुपए में हाथ से ब्रश लगाए गए लिथो चित्र बेचकर कालीघाट और बटाला की माँग का एक बड़ा भाग अपने लिए झटक लिया। साथ ही उसने अधिक कीमती फोटोग्राफ और तैलीय व्यक्तिचित्र भी बेचे। उसी साल पूना चित्रशाला प्रेस की स्थापना हुई। अपने कलकत्तवी समकालीन के विपरीत इस पूना प्रेस ने जल्द ही एक स्पष्ट हिन्दू-राष्ट्रवादी सुर का विकास किया और अनेक तरीकों से महाराष्ट्र में गरमपन्थ का रास्ता तैयार किया। इसे तिलक के एक मार्गदर्शक विष्णुकृष्ण चिपलुंकर ने स्थापित किया था, जिन्होंने 1874 में 'निबन्ध माला' पत्रिका की शुरुआत की थी। 1880+ में उन्होंने तिलक द्वारा सम्पादित मशहूर पत्रिकाओं 'केसरी' और 'महरट्टा' के लिए भी मुद्रण की सुविधाएँ उपलब्ध कराईं। चित्रशाला ने मराठों के गौरवमय इतिहास के आह्वान के साथ हिन्दू पुराणचित्रों का समन्वय किया; इस तरह उसने अतीत की खुली मुस्लिम विरोधी प्रस्तुतियों के साथ प्रच्छन्न ब्रिटिश विरोधी सन्देशों को जोड़ा।

बड़े पैमाने पर कला के पुनरुत्पादन का तीसरा प्रमुख केन्द्र रवि वर्मा का फाइन आर्ट लिथोग्राफिक प्रेस जो बम्बई नगर के मुहल्ला गिरगाम में 1894 में स्थापित किया गया; बाद में यह थोड़ी ही दूरी पर स्थित लोनावला में चला गया। इस तरह उस काल के सबसे अच्छे और सबसे मशहूर चित्रकार ने भी बड़े पैमाने के व्यावसायिक उत्पादन का सहारा लिया; इसमें जर्मनी से आयातित क्रोमोलिथोग्राफ और तैलचित्रों की श्रेष्ठतर प्रौद्योगिकी का इस्तेमाल किया गया था। उन्होंने जो तैलचित्र बनाए थे उनकी सटीक और चिकनी चमकती प्रतियाँ तैयार कीं, या कम-से-कम उनको अपने नाम का उपयोग करने की अनुमति दी। जैसा कि एक पीढ़ी बाद जामिनी राय के या फिर रेम्ब्रैंट के साथ हुआ, कभी-कभी कलाकार का सटीक निश्चय कठिन होता है : जिन बहुत सारे चित्रों पर उनका नाम लिखा मिलता है उनमें से लगभग 90 को ही कुछ लोग रवि वर्मा से जोड़ने के इच्छुक हैं।

रवि वर्मा (1848-1906) विभिन्न संसारों के एक और प्रकार के मेल के साकार रूप हैं। उनका जन्म केरल के एक कुलीन—न कि नगरीय मध्यवर्गीय—परिवार में हुआ, जिसके कुछ सम्बन्ध तंजावुर और त्रिवेन्द्रम दोनों के राजदरबारों

से थे। अपनी आरम्भिक और उल्लेखनीय सफलता के बाद रवि वर्मा ने अपनी छवि एक ऐसे रोमानी स्वनिर्मित कलाकार की बनाई जिसे कला का कोई औपचारिक प्रशिक्षण नहीं मिला और जिसने तैलचित्र की नई तकनीकों पर चमत्कारिक अधिकार प्राप्त किया। यह आत्मछवि यथार्थ से शायद पूरी तरह मेल नहीं खाती। वर्मा के चाचा तंजावुर की दरबारी चित्रकला की परम्परा से जुड़े हुए थे; उनके भाई भी जिनके साथ अक्सर उन्होंने सहयोग किया, एक कलाकार थे, और लगता है कि कलाकार तो उनकी बहन भी थीं जिनको, जैसा कि समझा जा सकता है, अपनी प्रतिभा दिखाने का कोई अवसर नहीं मिला। रवि वर्मा को शायद यहाँ आए एक यूरोपीय कलाकार से भी कुछ प्रशिक्षण मिला था। उन्होंने शोहरत की ओर छलाँग 1873 में लगाई जब उन्हें सरकार के मद्रास आर्ट स्कूल द्वारा आयोजित एक प्रदर्शनी में स्वर्ण पदक मिला। बंगाल में बामपद बनर्जी जैसे समकालीन भद्र चित्रकारों की तरह वर्मा ने भी आरम्भ यशस्वी व्यक्तियों के व्यक्ति-चित्रों से किया जो फोटोग्राफों से मेल खाते थे और फिर उन्होंने कैराली और अन्ततः भारतीय श्रेणियों के कुछ अधिक प्रभाववादी और यथार्थवादी चित्रण की ओर रुख किया—जैसे 'नायर महिला' में जिसने उनको 1873वाला पुरस्कार दिलवाया, या 1893 में शिकागो की प्रदर्शनी के लिए भेजे गए दस तैलचित्रों में जिनकी प्रशंसा उनके 'नृजातिशास्त्रीय मूल्य' के कारण की गई। अनेक राजाओं से मिले भारी संरक्षण के साथ-साथ उनको वास्तविक प्रसिद्धि पौराणिक और कथात्मक विषयों के साथ 'ऐतिहासिक' के समन्वय से मिली जो उन दिनों की मिसाली प्रवृत्ति थी, मसलन उस शृंखला में जिसे उन्होंने वडोदरा के गायकवाड़ महल के लिए तैयार किया था। लेकिन इस विधा के दूसरे अधिकांश चित्रों के विपरीत वर्मा ने अपने पौराणिक पात्रों और खासकर नायिकाओं का चित्रण जड़ प्रतिभाओं नहीं बल्कि 'जीते-जागते, वांछित मानव-प्राणियों' के रूप में किया।[1] जिन विषयभोगी पात्रों को चित्रित करना उनको काफी पसन्द था, जैसे कि दुष्यन्त से शकुन्तला का प्रेम-निवेदन में, या फिर अर्जुन और सुभद्रा में (जिसमें यह जोड़ा साफ तौर पर आलिंगन-चुम्बन की ओर बढ़ रहा है) उनको सांस्कृतिक राष्ट्रवाद के और बंगाल सम्प्रदाय के चरमकाल में अनैतिक और अराष्ट्रीय दोनों बतलाकर निन्दा का पात्र बनाया गया। वास्तव में ये चित्र बाद के श्रान्त-क्लान्त और यौनहीन चित्रों के मुकाबले हिन्दू कला की शास्त्रीय परम्परा के अधिक निकट थे क्योंकि प्राचीन हिन्दू पुराण-साहित्य और कला ने यौन सम्बन्धी और शरीर सम्बन्धी खुलेपन से शायद ही कभी गुरेज किया हो। इन बातों ने अनेक ईसाई मिशनरियों और विक्टोरियाई नैतिकता के ठेकेदारों को काफी चोट पहुँचाई थी जिनकी छद्म लज्जा को, विरोधाभास यह है कि, 20वीं सदी में हिन्दू सांस्कृतिक राष्ट्रवाद ने आत्मसात किया।

1. मित्र 1994 : 202

सदी के मोड़ के बाद वर्मा के खिलाफ पश्चिमी कला की अराष्ट्रीय नकल का जो आम इलजाम लगाया गया उसमें यह मान लिया गया था कि समस्त प्रभाव लाजिमी तौर पर नकल होता है और उपनिवेशी दशाओं में वह शक्ति के आगे समर्पण का सूचक था। यह दृष्टिकोण नए के सच्चे आकर्षण को अनदेखा करता है : जैसे तैलचित्रों और परिप्रेक्ष्य की नई कलात्मक तकनीकों को।[1] वास्तव में वर्मा के ऐतिहासिक जमा पौराणिक चित्रों के विषयों में सांस्कृतिक राष्ट्रवाद के तत्त्व अक्सर स्पष्ट रहे हैं। वास्तव में इस बारे में तथा हिन्दू बिम्बों और मिथकों की भारी प्रधानता में, कला की शैली सम्बन्धी भारी परिवर्तन के बावजूद, रवि वर्मा और उनके बंगाल सम्प्रदायवाले उत्तराधिकारियों के बीच अनेक निरन्तरताएँ हैं। वर्मा के देशभक्तिमय सांस्कृतिक रुझानों का शासकों के प्रति निष्ठा और उनसे निकटता के साथ आसानी से समन्वय होता रहा। 1903 में कांग्रेस के मद्रास अधिवेशन में वर्मा के चित्रों की एक प्रदर्शनी लगभग उन्हीं दिनों लगाई गई जब अंग्रेजों ने उनको 'कैसरे-हिन्द' (1904) की उपाधि दी। यह सम्मान पानेवाले वे अकेले भारतीय थे।

लगभग आरम्भ से ही वर्मा ने कलाकार की एक सफल उद्यमीवाली छवि बनाई—1890+ के दौरान उन्होंने अपने चित्रों का बड़े पैमाने पर जब यांत्रिक पुनरुत्पादन आरम्भ किया उससे भी पहले। अपने छोटे भाई राजा राज वर्मा के साथ मिलकर जो खुद एक गुणी चित्रकार थे, वे 1880+ तक पूरे आकार के व्यक्तिचित्रों के लिए 1500 रुपए जैसी भारी रकम वसूल करने लगे थे; तब भारत में कार्यरत कोई अंग्रेज कलाकार जितनी रकम की आशा कर सकता था, यह उससे भी अधिक थी। उन्होंने जिस प्रेस की स्थापना की थी उसके द्वारा होनेवाले यांत्रिक पुनरुत्पादन ने, अभिजात और लोक स्तरों को फिर एक बार साथ लाकर, उनके छापों को अद्वितीय सीमा तक व्यापक लोकप्रियता दिलाई, या कम-से-कम उन छापों को दिलाई जिन पर उनका नाम जाता था। इसके कारण अभिजात हलकों में उनका प्रभामंडल थोड़ा धूमिल तो हुआ, और कुछ साल बाद उन पर जो तीखे हमले हुए उनमें इसका भी योगदान हो सकता है। व्यावसायिक स्तर पर रवि वर्मा के चित्र हर जगह फैले—जर्मनी में बनी पोर्सलीन की चीजों की सज्जा में, माचिस की डिब्बियों पर और इंग्लैंड के बेबी फूड में; ये तो अनगिनत मिसालों में बस तीन

1. अशोक मित्र ने 1961 के एक लेख में, जिसे कला-समालोचक गीता कपूर ने अनुमोदन के साथ उद्धृत किया है, कहा कि 19वीं सदी के साहित्य पर अगर ऐसे ही मानदंड अपनाए गए होते तो पश्चिमी प्रभाव से पूरी तरह मुक्त ईश्वर गुप्त जैसे लेखक बंकिमचन्द्र से ऊपर रखे जाते। मित्र का तर्क है कि वर्मा की तकनीक यूरोपीय तकनीक की 'कोई घटिया या निरर्थक नक्काली' नहीं थी, बल्कि 'अपनी दृष्टि के अनुरूप ढाले गए अपने यूरोपीय उपकरण के सहारे अपने ही इर्द-गिर्द देखने' का संघर्ष था। मित्र 1961, कपूर 1989 : 59-80 द्वारा उद्धृत।

हैं। वर्मा ने हिन्दू देवी-देवताओं की जिन छवियों को प्रामाणिक रूप दिया और फैलाया उनका आज की कैलेंडर कला से भी सम्बन्ध है।[1]

अन्तिम बात, रवि वर्मा की कला का गहरा सम्बन्ध उनके जमाने में दृश्य प्रस्तुति के दूसरे रूपों से भी था। वे और उनके भाई थिएटर के खूब शौकीन थे और वर्मा के चित्रों में जोरदार थिएटरी तत्त्व नजर आते हैं। भारतीय सिनेमा से भी, जो जल्द ही पैदा हुआ, उसका सम्बन्ध स्पष्ट है। ये सम्बन्ध कलात्मक और संस्थागत, दोनों थे क्योंकि फीचर फिल्मों के पहले भारतीय निर्माता डी.जी. फाल्के (जो वर्मा के बहुत सारे चित्रों की ही तरह पौराणिक विषयों पर आधारित था) 1901 से कुछ वर्षों तक लोनावला प्रेस से जुड़े रहे जिसकी स्थापना वर्मा ने की थी।

स्वदेशी-गरमपन्थ के काल तक देसी विषयों के साथ पश्चिमी काल के मॉडलों और रूपों के समन्वय को एक पूँजी माना जाता था, न कि इसका उलटा। भारत के पहले प्रमुख अकादमिक मूर्तिकार गणपतराव म्हात्रे ने 1890+ के दौरान शोहरत की ओर जो छलाँग लगाई, उससे भी यह बात स्पष्ट थी। म्हात्रे पूना के एक फौजी क्लर्क के बेटे थे और शोहरत में कुछ साल तक वर्मा तक को टक्कर देते रहे। उनकी रचना 'मन्दिर की ओर' (1896) को प्रशंसा ठीक इसी समन्वय के कारण मिली, क्योंकि म्हात्रे ने एक स्पष्ट रूप से देसी और परम्परागत विषय के लिए एक यूनानी-रोमी रूप को चुना।

बंगाल सम्प्रदाय—और उसके बाद

भारत के कुछ क्षेत्रों और साफ तौर पर बंगाल और महाराष्ट्र में सदी के मोड़ से ही एक नई किस्म का राष्ट्रवाद जन्म ले रहा था। फिर 1905 में कर्जन के हाथों बंगाल का विभाजन हुआ और उसने बड़े पैमाने पर मध्यवर्ग का जो गुस्सा भड़काया उसने नई मनोस्थितियों और नई विधियों की तलाश को भारी बल पहुँचाया। जिस चीज को 'गरमपन्थ' कहा गया उसने स्वदेशी के इस काल में पहले के 'नरमपन्थियों' की निन्दा उनको नाकारा, भिखारी, कच्चे देशभक्त, राष्ट्रविमुख और संस्कृति के मामले में अधकचरे हिन्दू कहकर की। कला की दुनिया में इसका नतीजा यह निकला कि रवि वर्मा की और पूरी यथार्थवादी या प्रकृतिवादी विधा की प्रतिष्ठा एकाएक गिर गई और अवनीन्द्रनाथ ठाकुर के नेतृत्व में चित्रकारों का एक समूह पैदा हुआ, जिनको बंगाल या कलकत्ता सम्प्रदाय कहा गया। यह इस दौर के हिन्दू राष्ट्रवाद का

1. वैसे पिन्नी को लगता है कि इसे बढ़ाकर पेश किया गया है। कैलेंडरों पर छपे देवी-देवताओं का कहीं अधिक सम्बन्ध वास्तव में राजस्थान के नाथवाड़ा क्षेत्र में 1920+ और 1930+ में विकसित धार्मिक सौन्दर्यशास्त्र से है। यहाँ रवि वर्मा से जुड़े यथार्थवाद व परिप्रेक्ष्य काफी कमजोर पड़े। पिन्नी 2004 : अध्याय 5 देखें।

कलात्मक समकक्ष बन गया। अक्सर थोड़ी-बहुत अतिशयोक्ति के साथ उसने ऐलान किया कि उसने अन्त-19वीं सदी की कला के पुराने रूपों से पूरा-पूरा सम्बन्ध विच्छेद कर लिया है, जो कि सच्चे राष्ट्रवाद और सांस्कृतिक प्रामाणिकता के लिए आवश्यक था। रवि वर्मा के युग ने अपने अनेक विषय हिन्दू धार्मिक परम्पराओं और साहित्य से ही उठाए थे। लेकिन पश्चिम से आयातित जो यथार्थवादी तकनीकें 'देवताओं के फोटुओं' के समान थीं, परम्परागत हिन्दू धार्मिक देवी-देवताओं और वृत्तान्तों के चित्रण के लिए अब पर्याप्त नहीं समझी गईं, जबकि कुछ ही समय उन्होंने रवि वर्मा को लोकप्रियता दिलाई और उनकी एक देशभक्तवाली छवि बनाई थी। अब माँग की जा रही थी एक और भी वैध 'भारतीयता' की जिसे पहले की ही तरह मुख्य रूप से हिन्दू (वास्तव में मुख्यतः उच्चवर्गीय या संस्कृतमुखी) विषयों और मूल्यों से एकाकार माना गया। केन्द्रीय पद अब प्रामाणिक भाव बन गया—मोटे तौर पर वे सच्ची देशी अनुभूतियाँ और भावनाएँ जो कि पश्चिम की निर्लज्ज भौतिकवादी सभ्यता और संस्कृति पर तथाकथित 'अध्यात्ममुखी' पूर्व के गुणगान से जुड़ी थीं।

व्यवहार में छद्म-श्रेष्ठता के तत्त्वों ने चित्रकला की इस नई शैली पर हमला किया तथा रवि वर्मा की स्त्रियों की अक्सर निन्दा की गई कि ये कामुक और वासनारत हैं। कला की बदलती हुई धारणाओं का एक उम्दा सूचक समकालीन भारतीय कला के उन उम्दा पुनरुत्पादनों से मिलता है जो रामानन्द चटर्जी द्वारा सम्पादित दो प्रभावशाली मासिक पत्रिकाओं—1901 से 'प्रवासी' और 1907 से 'मॉडर्न रिव्यू'—की एक अहम विशेषता बन गए। 'प्रवासी' ने अपने आरम्भिक वर्षों में रवि वर्मा, एम.वी. धुरन्धर और दूसरे यथार्थवादी कलाकारों के चित्रों को प्रमुखता से छापा और उन्हें अवनीन्द्रनाथ के कुछ चित्रों या पाश्चात्य कला के पुनरुत्पादनों से बेमेल नहीं समझा जाता था। काफी आगे चलकर, जनवरी 1907 में, 'मॉडर्न रिव्यू' के पहले अंक ने रवि वर्मा का गुणगान उन्हें 'आधुनिक भारत का महानतम चित्रकार' कहकर किया था। लेकिन इसी अंक में (विवेकानन्द की घनिष्ठ सहयोगिनी) सिस्टर निवेदिता का एक लेख भी छपा था जो उस नई मनोस्थिति का सूचक था जो निकट भविष्य में कला-जगत पर छा जानेवाली थी। उन्होंने अवनीन्द्रनाथ के चित्र 'भारतमाता' से तुलना करके रवि वर्मा के चित्र 'अर्जुन और सुभद्रा' की जमकर निन्दा की कि यह अभारतीय और घिनावना है। 'भारतमाता' में बस एक नारी की अस्पष्ट रूपरेखा दी गई थी जिसे मातृभूमि के प्रतीक रूप में पेश किया गया था और इस तरह इसे यौनवृत्ति के किसी भी संकेत से पूरी तरह मुक्त रखा गया था।

कला सम्बन्धी बहसों में अब एक स्पष्ट साहित्यिक गुण का समावेश हुआ। भाव जैसे एक प्रवर्ग का या धार्मिक विषयों सम्बन्धी ध्यानचर्या से ली गई एक

उपयुक्त मनोस्थिति का सम्बन्ध मुख्य रूप से कला की दुनिया से था तथा पेशेवर कलाकारों के कार्य के अधिक तकनीकी पक्षों से अक्सर इसका कम ही सम्बन्ध होता था। इस तरह रामानन्द की पत्रिकाओं में कला सम्बन्धी लेखों का प्रकाशन एक व्यवसाय के रूप में कला के अध्यापन और प्रशिक्षण पर दिए गए उस जोर से काफी भिन्न था जो पहले की 'शिल्प-पुष्पांजलि' (1885) में दिया जाता था; यह बंगाल में शुद्ध रूप से कला सम्बन्धी पहली पत्रिका थी। इसी से जुड़ा परिवर्तन 'सच्चे' कलाकार को लोकमुखी या व्यावसायिक कला के संसार से पूरी तरह ऊपर उठाने का एक प्रयास था। बंगाल सम्प्रदाय तक के युग में हर शख्स निश्चित ही इस आदर्श पर खरा नहीं उतरता था, लेकिन नया रोल मॉडल अवनीन्द्रनाथ जैसा एक कुलीन था।

1900 के बाद की कला से जुड़ी मनोस्थितियाँ कभी-कभी पहले भी देखी गई थीं, जिस तरह गरमपन्थ और हिन्दू राष्ट्रवाद के पूर्ववर्ती रूप 1870+ में ही देखे जा चुके थे। मसलन 1874 में ही श्यामाचरण श्रीमणि मातृभूमि की सेवा के लिए कला की प्राचीन धरोहर को सामने लाने का आह्वान कर चुके थे और सतीत्वमय हिन्दू नारी को उस धरोहर का सच्चा प्रतीक ठहरा चुके थे। वे गवर्नमेंट स्कूल ऑफ आर्ट में अध्यापक थे पर उसे छोड़कर नबगोपाल मित्र के नेशनल स्कूल में आ गए थे जो हिन्दू मेला के पीछे-पीछे स्थापित हुआ था। इस बीच यूरोप और भारत, दोनों के प्राच्यवादी विद्वानों और पुरातत्त्वविदों के कार्यों के फलस्वरूप इस प्राचीन धरोहर के बारे में बहुत कुछ जाना जा चुका था। रुचियों और खोजों के मामलों में आरम्भिक प्राच्यवादी ज्ञान मुख्य रूप से भाषाशास्त्र और साहित्य तक सीमित था, लेकिन मध्य-19वीं सदी के आसपास से पुरातत्त्वविद और कला के इतिहासकारों को प्रमुखता प्राप्त हो चुकी थीं। इसके साकार रूप जेम्स प्रिंसेप, अलेक्जेंडर कनिंघम, जेम्स फर्ग्यूसन और (अजन्ता के भित्तिचित्रों के पहले अन्वेषक) जान ग्रिफिथ्स थे। एक भारतीय समकक्ष ने भी आने में देर नहीं लगाई। बहुत पहले, 1834 में ही, वास्तुकला सम्बन्धी आरम्भिक भारतीय ग्रन्थों पर रामरोज एक लेख लिख चुके थे। 1860+ के आसपास से राजेन्द्रलाल मित्र एशियाटिक सोसाइटी ऑफ बंगाल की एक प्रमुख हस्ती बन चुके थे। 1875 और 1880 के बीच उन्होंने गवर्नमेंट स्कूल ऑफ आर्ट के छात्रों का एक दल उड़ीसा के स्मारकों के चित्रांकन के लिए तैयार किया। यह उस क्षेत्र में उनके प्रमुख अध्ययन का एक भाग बन गया। राजेन्द्रलाल मित्र की निगाह में उड़ीसा 'हिन्दू' वास्तुकला के अध्ययन के लिए एक आदर्श क्षेत्र था क्योंकि यह 'मुस्लिम' हमलों से अधिकतर अप्रभावित ही रहा। उनकी रचना 'इंडो-आर्यन्स' (1881) भी उस आर्य जाति की कलात्मक उपलब्धियों पर गर्व करती है जिससे कथित रूप से हिन्दू समुदाय का जन्म हुआ था। प्रसंगवश उनके अध्ययनों के चलते उन पर फर्ग्यूसन ने अपनी रचना 'Archaeology of India with Special Reference to the works of Baby Rajendralal Mitra' (1886) में

एक सख्त हमला किया जो कहीं-कहीं खुले तौर पर नस्लवादी भी था।[1] फर्ग्यूसन ने राजेन्द्रलाल पर घोर अयोग्यता का आरोप लगाया। इस विवाद का सम्बन्ध अंशतः प्राचीन भारतीय कला पर यूनानी प्रभाव की सीमा के प्रश्न से था। फर्ग्यूसन ने इस प्रभाव पर जोर दिया था; मित्र और आगे चलकर अनेक दूसरे भारतीय विद्वानों ने मूलतः देसी जड़ों पर जोर दिया। एक अग्रणी भारतीय बुद्धिजीवी की क्षमता पर इस निर्मम आक्रामक और इलबर्ट बिल सम्बन्धी हंगामे के बीच काल सम्बन्धी जो संयोग था वह कोई संयोग नहीं था। फर्ग्यूसन के कुछ उद्धरण इस बात को स्पष्ट कर देते हैं कि यूरोपीय जजों से समानता के जो दावे बाबू लोग कर रहे थे उस पर फर्ग्यूसन ने अपना कुछ क्रोध इस भारतीय विद्वान पर निकाला।[2]

पश्चिम के प्राच्यवाद की जो धारा—मिशनरियों और दूसरे लोगों की घोर भर्त्सना के विपरीत—भारत की कलात्मक धरोहर की प्रशंसक थी वह दो चरणों से गुजरी। एक को तो हम पहले ही देख चुके हैं : उपमहाद्वीप की पतनशील सज्जात्मक कलाओं में उनकी रुचि को। इसका उदय पश्चिम की उद्योग विरोधी मनोस्थितियों का एक गौण परिणाम था तथा इसे अभिव्यक्ति कलकत्ता व अन्यत्र के विभिन्न कला विद्यालयों के लिए पाठ्यक्रम की तैयारी में मिली, इसे रायल एकेडेमी के दक्षिणी केंसिंगटनवाले विकल्प की तर्ज पर तैयार किया गया था। लेकिन बंगाल सम्प्रदाय के उदय को प्रेरित और प्रभावित किया दक्षिण एशियाई कला की कुछेक 'उच्च' परम्पराओं के प्रति एक चुनिन्दा प्रशंसा के भाव ने, और इसके साथ उस आध्यात्मिक और दार्शनिक अन्तः तत्त्व की प्रशंसा ने जिसको इस धरोहर में देखा गया और जिसे पश्चिमी संस्कृति के भौतिकवाद से बहुत ही श्रेष्ठ कहकर उसका गुणगान किया गया। यह आध्यात्मिक/भौतिक और पूर्व/पश्चिम का विरोध प्राच्यवादी चिन्तन का हमेशा एक केन्द्रीय तत्त्व रहा है; वास्तव में पूर्व की निन्दा उसको परलोकमुखी कहकर की जाती रही और इसी कारण उसका गुणगान भी किया जाता रहा।

इस दृष्टिकोण से बंगाल सम्प्रदाय की स्थापना में खास हस्ती ई.बी. हेवेल (1864-1937) की थी जो पहले मद्रास और फिर कलकत्ता के कला विद्यालय के प्रधानाचार्य (1896-1906) बनकर भारत आए। पहले के अध्यापकों की तरह वे भी भारतीय दस्तकारों की कुशलताओं के प्रशंसक थे,[3] और उसके बाद हेवेल मुगल लघुचित्रों के, फिर अवनीन्द्रनाथ के प्रशंसक बने। (उनसे हेवेल की मुलाकात 1902-03 के आसपास हुई थी और पश्चिमी श्रोताओं के सामने वे उन्हें अपना पालक-बालक कहा

1. उपनिवेशी वास्तुकला के इतिहास के लिए प्रस्थान बिन्दु के रूप में उपेन्दर सिंह ने मित्र-फर्ग्यूसन विवाद का इस्तेमाल किया है। सिंह 2004 देखें।
2. इस टकराव की कुछ तफसील गुहा-ठाकुरता 2004 और सिंह 2004 : अध्याय 9 में देखें।
3. मिसाल के लिए हैवेल ने आरम्भ में फ्लाई-शटिल के इस्तेमाल से भारतीय हथकरघों के सुधार में दिलचस्पी ली, जो कि स्वदेशी आन्दोलन का कुछ गैर-अहम घटक नहीं था।

करते थे।) आखिर में वे विशिष्ट रूप से 'हिन्दू' धरोहर के अधिकाधिक प्रशंसक बनते गए। उन्होंने आगरा और ताजमहल के बारे में 1904 में जो 'Hand-book' प्रकाशित किया था, उसमें भी उन्होंने मुगल कला में हिन्दू विशेषताओं के 'सच्चे भारतीय' केन्द्रीय तत्त्व से विदेशी 'फारसी' प्रभावों को अलग करने की कोशिश की थी। प्रामाणिक 'हिन्दू' तत्त्वों के कथित आध्यात्मिक गुणों के प्रति उनका प्रशंसा-भाव उनकी रचना 'बनारस, द सेक्रेड सिटी' और उनकी 'द आइडियल्स ऑफ इंडियन आर्ट' (1911) जैसी परवर्ती पुस्तकों में और गहराया। हेवेल ने मात्र तकनीकी या पुरातात्विक व्याख्या की बजाय कला में भारतीय आध्यात्मिकता पर जोर दिया। उनकी सोच थी कि अवनीन्द्रनाथ में यही आध्यात्मिकता उन्हें सबसे प्रखर रूप में नजर आई थी, भले ही स्वयं यह कलाकार पहले चित्रकला की अनेक अलग-अलग शैलियों के प्रयोग कर चुका था और भले ही उसने अपनी वृद्धावस्था में, नव-प्राच्यवाद की लहर के उतरने के बाद कुछ और प्रयोग किए। वैसे फिलहाल तो यह भी सम्भव है कि एक प्रभावशाली अंग्रेज से मिली अतिशयोक्ति भरी प्रशंसा से अवनीन्द्रनाथ और उनके गिर्द जमा शिष्यों के सर थोड़े फिर गए हों। हेवेल उनको तो गवर्नमेंट स्कूल ऑफ आर्ट का उप-प्रधानाचार्य बनाने पर भी आमादा थे। प्रशंसा के इस सहगान में तीन और विदेशियों ने अपने सुर मिलाए। 1907 में अवनीन्द्रनाथ पर निवेदिता के मूल्यांकन का हम पहले ही हवाला दे चुके हैं। जो सुर भारतीय कला का अनेक दशकों तक प्रमुख सुर बना रहा उससे स्वदेशी के वर्षों में हिन्दू पुनरुत्थानवाद और राष्ट्रवाद को जोड़ने में विवेकानन्द की इस सहयोगिनी का महत्त्वपूर्ण योगदान रहा। एक प्रमुख योगदान जापान से आया जो तब उदीयमान राष्ट्रवाद की राह पर आगे बढ़ रहा था और 1905 में एक यूरोपीय शक्ति, अर्थात् रूस पर जापान की अप्रत्याशित विजय के कारण भारत के देशभक्तों में उसे बेपनाह प्रशंसा मिली। यह सम्बन्ध ओकाकुरा की यात्राओं ने स्थापित किया, जिनका आरम्भ 1902 में हुआ। अवनीन्द्रनाथ और उनके भाई गगनेन्द्रनाथ से उनका परिचय निवेदिता ने कराया। ओकाकुरा जापान के उस निहोंग कला-आन्दोलन के एक विराट पुरुष थे, जिसने जापान की सांस्कृतिक पहचान पर जोर दिया और जिसने कुरोदा जैसे पश्चिमी रंग-ढंगवाले कलाकार के वर्चस्व के खिलाफ विद्रोह किया। ओकाकुरा की रचना 'आइडियल्स ऑफ ईस्ट' (1903) ने पश्चिम के खिलाफ एशिया की एकता का एक परिप्रेक्ष्य सामने रखा जिसमें भारत और उसकी प्राचीन संस्कृति का एक महत्त्वपूर्ण स्थान होने की बात कही गई थी। ओकाकुरा की पहली यात्रा से पहले भी ताइकान और शुंसो नाम के दो जापानी कलाकार कलकत्ता की यात्रा कर चुके थे और अवनीन्द्रनाथ को प्रेरित कर चुके थे कि वे धोवल रंगकला (Wash Painting) की तकनीक अपनाकर धूम्रमय परछाइयाँ तथा व्यक्तियों की धुँधली और गट्ठरनुमा रेखाएँ तैयार करें; यह तकनीक कुछ समय तक अवनीन्द्रनाथ और उनके शिष्यों की विशेषता बनी रही। इन विरल

बिम्बों को आन्तरिक अर्थवत्ता की अभिव्यक्ति कहकर उछाला गया; इसका एक अग्रणी उदाहरण 'भारतमाता' है। आखिर में आता है आनन्द कुमार स्वामी का व्यक्तित्व जो बंगाल सम्प्रदाय के इन प्रशंसकों के बीच कालक्रम में सबसे महत्त्वपूर्ण कला-समीक्षक बनकर उभरे। सिंहल-अंग्रेज माता-पिता की सन्तान और जवानी में इंग्लैंड में रह चुके कुमारस्वामी श्रीलंका में अपने संक्षिप्त निवास (1904-07) के दौरान ऐसा राष्ट्रवादी विचारक बनकर उभरे जो भारत के स्वदेशी आन्दोलन के प्रति अधिकाधिक उत्साही था। यह भी दो चरणों में हुआ और उनका आरम्भिक उत्साह परम्परागत सिंहली और भारतीय दस्तकारियों को लेकर था। बाद में हिन्दू भारत की ललित कलाओं और आध्यात्मिक मूल्यों के उदात्त महत्त्व का गुणगान भी इसमें आन जुड़ा। कुमारस्वामी के ग्रन्थ, खासकर 'Essays in National Idealism' (1909) और 'Art and Swadeshi' (1912) बेहद प्रभावशाली रहे और इनसे थोड़ा पहले, 1907 में, प्रकाशित पुस्तिका 'The Deeper Meaning of the Struggle' ने स्वदेशी राष्ट्रवाद के वास्तविक अर्थ की तलाश किसी भौतिक लाभ में नहीं, बल्कि 'भारतीय संस्कृति के महान आदर्शों' के प्रचार में की।

बंगाल सम्प्रदाय की नव-प्राच्यवादी कला ने भारतीय मूल्यों की, भाव की, सच्ची संरक्षिका अक्सर आदर्श भारतीय नारी को माना, जिसका सबसे प्रसिद्ध चित्रण 'भारतमाता' में हुआ और जिसे निवेदिता ने 'भारतीय कला का पहला शाहकार' करार दिया। इस काल में अवनीन्द्रनाथ की दूसरी मशहूर कृतियों में 'लंका में बंदिनी सीता' भी शामिल थी; इसी मिजाज का एक और प्रसिद्ध चित्र उनके शिष्य नन्दलाल बोस की 'सती' था, जिसमें विधवा-दहन कष्ट के सहन, आत्मबलिदान और समर्पण-भाव का प्रतीक था। इस तरह स्वदेशी के काल में आदर्श भारतीय नारी सम्बन्धी हिन्दू पुनरुत्थानवादी चिन्तन की प्रमुख धाराएँ कला में शामिल हुईं। वैसे यह बात भी कही जानी चाहिए कि कला का यह चरण भले ही समकालीन राजनीतिक उभार के साथ-साथ आगे बढ़ा हो और उसमें योगदान भी देता रहा हो, पर राजनीतिक राष्ट्रवाद से भिन्न एक सांस्कृतिक राष्ट्रवाद भी उसमें व्याप्त था। अवनीन्द्रनाथ जैसे कलाकार सक्रिय राजनीतिक भागीदारी से दूर ही रहे,[1] और इसलिए बंगाल सम्प्रदाय की कृतियों में शासकों को भय की कोई बात नहीं दिखी, बल्कि बहुत-कुछ प्रोत्साहन देने योग्य लगा। गरमपन्थी राजनीति के बदनाम आलोचक 'Englishman' ने (30 जुलाई, 1907)[2] ने 'भारतमाता' की प्रशंसा उसके 'अराजनीतिक

1. अपने मजेदार संस्मरण ग्रन्थों 'घरवा' (विश्वभारती, 1941) और जोड़ाशंकर धारे (विश्वभारती, 1944) में अवनीन्द्रनाथ लिखते हैं कि तब उन्हें कितनी घबराहट हुई थी, जब उनके चाचा रवीन्द्रनाथ ने जोर देकर कहा था कि वे विभाजन दिवस पर, यानी कि 16 अक्तूबर, 1905 को, उनके साथ चलकर हिन्दू-मुस्लिम एकता के प्रतीक रूप में नाखुदा मस्जिद में मुसलमानों की कलाइयों पर राखी बाँधें, जिसका प्रत्युत्तर अनिश्चित ही था।
2. गुहा-ठाकुरता 2004 : 279

गुण' के कारण की और इसलिए भी कि उसने राष्ट्रवादी अतियों को 'कला और धर्म, दोनों के नियंत्रक प्रभावों' के अधीन किया था। बंगाल सम्प्रदाय के प्रमुख संस्थागत केन्द्र यानी कि इंडियन स्कूल ऑफ ओरिएंटल आर्ट (1907) को सरकार और बड़े जमींदारों, दोनों का संरक्षण प्राप्त हुआ। इसके प्रमुख समर्थकों में किचनर, वुडरफ तथा एक के बाद एक करके बंगाल के दो लेफ्टिनेंट गवर्नन कार्माइकेल और रोनल्डशे भी शामिल थे। बंगाल सम्प्रदाय को एक अपरिवर्तनशील इकाई समझना अनुचित होगा। न ही यह कभी भारतीय चित्रकला की पूरी दुनिया पर पूरी तरह हावी रहा, तब भी नहीं जब उसका प्रभाव सबसे अधिक था।

जे.जे. (जमशेदजी जीजीभाई) स्कूल ऑफ आर्ट के गिर्द जमा बम्बई के कलाकार, कुछ दुर्लभ अपवादों को छोड़ दें तो, अकादमिक यथार्थवाद की परम्पराओं से जुड़े रहे और अभी भी सबसे अधिक प्रभाव धुरन्धर का था। गुजरात के नौजवान चित्रकार रविशंकर रावत इसके एक अपवाद थे, जो गांधी के भक्त बन गए, जिन्होंने अपने कुछ छात्रों को शान्तिनिकेतन भेजा और जिन्होंने नन्दलाल बोस के साथ मिलकर हरिपुरा कांग्रेस के पैनलों के चित्र तैयार किए। अब्दुर्रहमान चुगताई आरम्भ के आधुनिक मुस्लिम चित्रकारों में एक थे। वे कुछ समय तक अवनीन्द्रनाथ से प्रभावित रहे, पर उन्होंने मुस्लिम विषयों के चित्रण के लिए ऐसी ही मनोस्थितियों को दर्शाने की कोशिश की। वे अजन्ता के भित्तिचित्रों से भी प्रभावित थे।

बंगाल सम्प्रदाय के आन्तरिक परिवर्तन स्वयं में काफी उल्लेखनीय हैं। अवनीन्द्रनाथ की पंथिक छवि ने उनको पूरी तरह उनके स्वदेशी काल की कृतियों से एकाकार कर दिया है। मगर इसके विपरीत वे साफ तौर पर एक यदृच्छवादी और रचनात्मक चित्रकार थे। उनको आरम्भिक प्रेरणा मुगल कला से मिली और खासकर बाद के दिनों में वे कभी-कभी अपने गिर्द जमा हो चुके पन्थ की लादी हुई बाधाओं पर झल्लाए हुए भी नजर आते थे। 1909 तक ही वे लोक परम्पराओं में दिलचस्पी लेने लगे थे, और तरह-तरह के भद्र चित्रकारों, प्रकृतिवादियों और प्राच्यवादियों की अनेक दशकों तक निन्दा झेलनेवाले कालीघाट के बाजारी कलाकारों के पुनर्वास का सबसे पहले प्रयास करनेवालों में भी एक थे। बुढ़ापे में उनकी इस झल्लाहट ने ऐसे एकान्तवास का रूप ले लिया जिसमें हिन्दू राष्ट्रवादी मॉडलों से असम्बद्ध और पूरी तरह स्वतंत्र रचनाशीलता के द्वारा चित्रकारी नाटक से एकरूप हो गई। वे लकड़ी के खिलौने तैयार करने में अपना समय गुजारने लगे। उनके भाई गगेन्द्रनाथ और भी प्रयोगवादी निकले तथा उन्होंने प्रतिभापूर्ण राजनीतिक और सामाजिक मखौलों का चित्रण किया। आरम्भ-1920+ में वे साफ तौर पर समकालीन नव-यथार्थवादी पश्चिमी कला की और खासकर क्यूबवाद की ओर आकर्षित थे। अवनीन्द्रनाथ के कुछ शिष्य भी स्वदेशी राष्ट्रवाद की विचारधारा के लादे हुए रूपों के बन्धन को तोड़कर बाहर निकल गए। 1910 के आसपास आसित हलदर के नेतृत्व में अजन्ता

के अध्ययन-भ्रमण आँख-खोल साबित हुए, क्योंकि बंगाल के कलाकारों का सामना वहाँ पर एक ऐसी असंदिग्ध प्राचीन भारतीय परम्परा से हुआ, जिसकी विशेषता उसकी स्पष्ट आकृतियाँ और रंग थे और ये सब बंगाल सम्प्रदाय के चरमकालवाले धुँधले रेखाचित्रों से बहुत ही भिन्न थे। नन्दलाल बोस, जो अवनीन्द्रनाथ के छात्रों में सबसे यशस्वी थे, अधिकाधिक रवीन्द्रनाथ की तरफ बढ़ते गए, जिनके कला सम्बन्धी विचार, जो कि महाकवि के अन्तिम काल में विकसित हुए, एकदम भिन्न थे। नन्दलाल ने बंगाल के देहातों का दौरा किया और फिर 1915-16 में टैगोर के सहयात्री बनकर जापान गए। लगता है इन सबके कारण उनकी रचनाओं में एक महिमामंडित अतीत की पूजा के उन तत्त्वों का ह्रास हुआ जो उनके एक आरम्भिक चित्र सती में नजर आते हैं। अब पौराणिक पात्रों के चित्र भी किसान और आदिवासी जीवन सम्बन्धी रोजमर्रा के दृश्य तथ्यों के आधार पर बनाए जाने लगे : गाँव का एक तीरंदाज अर्जुन नजर आता है, कृष्ण फिर चरवाहे बन गए, शबरी फिर आदिवासी स्त्री बन गई। हरिपुरा कांग्रेस के पैनलों के जो चित्र नन्दलाल बोस और रावत ने तैयार किए थे उनमें मध्यकालीन भक्ति के विषयों पर जोर दिया गया था जो अक्सर हिन्दू-मुस्लिम भेदों की ऐसी-तैसी करते थे। इन विषयों को उन्होंने, 1930 के गांधीवादी राष्ट्रीय आन्दोलन के केन्द्रीय लोकाचार के अनुरूप ही, ग्रामीण जीवन से लिए गए रूपों में पेश किया है। आरम्भ-1920 से लेकर एक पीढ़ी तक नन्दलाल बोस शान्तिनिकेतन कला भवन के प्रमुख रहे जो मशहूर भी हुआ और अवनीन्द्रनाथ के बंगाल सम्प्रदाय से सार्थक सीमा तक भिन्न भी था।

बंगाल सम्प्रदाय को एक नव-प्राच्यवादी साँचे में ढालने में जिन अभारतीय प्रशसंकों का काफी योगदान रहा, वे भी कालक्रम में बदले। खासकर कुमारस्वामी की बाद की रचनाओं में कहीं अधिक ठोस विद्वत्ता का समावेश हुआ; यह 1916 के बाद की बात है जब वे बोस्टन म्यूजियम ऑफ फाइन आर्ट्स के भारतीय कला सम्बन्धी नए प्रभाग के प्रमुख बने। उन्होंने राजपूत चित्रकारी पर दो जिल्दों में एक प्रभावशाली ग्रन्थ भी पेश किया जिसमें कांगड़ा कला पर भी काफी ध्यान दिया गया था। अन्ततः उनका महाग्रन्थ 'History of Indian and Indonesian Art' (1916) सामने आया। फिर भी कुमारस्वामी के यहाँ 'मुस्लिम' और अधिक 'प्रामाणिक रूप वाली' भारतीय कला का द्विभाजन कायम ही रहा; यह कला बौद्ध या हिन्दू संस्कृति से एकाकार थी और इसके साकार रूप अजन्ता, राजपूत कला और पंजाब की पर्वतीय कला के चित्र हैं। इसके विपरीत नन्दलाल बोस के परवर्ती चित्र, और रवीन्द्रनाथ के चित्र भी, एक बहुत ही भिन्न दिशा में बढ़े। टैगोर के चित्रों का काल उस प्रतिभाशाली चित्रकार युवती के चित्रों का काल भी है, जिसको पेरिस में प्रशिक्षण मिला पर जो कम आयु में ही चल बसी। यह युवती अमृता शेरगिल थीं।

इस बात पर भी जोर दिया जाना चाहिए कि अपने प्रभाव के चरम काल में भी बंगाल सम्प्रदाय कभी आलोचकों से मुक्त नहीं रहा। यहाँ भी 1907-08 के आसपास से गरमपन्थी हिन्दू राष्ट्रवाद की समालोचना और कला सम्बन्धी बहसों के बीच एक महत्त्वपूर्ण वैचारिक और राजनीतिक सम्बन्ध दिखाई देता है। जब पुनरुत्थानवादी हिन्दुत्व की दुहाइयों के जरिए देश विभाजन के खिलाफ एक जन-आन्दोलन विकसित करने की कोशिशें पूर्वी बंगाल के कुछ भागों में हुए हिन्दू-मुस्लिम फसादों के कारण नाकाम होकर रह गईं तो मोहभंग के शिकार रवीन्द्रनाथ ने पहला हमला किया, जो एक तरह से कहीं-कहीं समालोचना जैसा नजर आता है। समकालीन बंगाली पत्रिकाओं के पन्नों में कला सम्बन्धी बहसों पर गहराई से विचार करने के बाद हाल में ताप्ती गुहा ठाकुरता और पार्थ मित्र ने कला के एक ऐसे सिद्धान्त का पता लगाया है जो राष्ट्रवाद के गरमपन्थी रूपों से इस विमुखता का समकक्ष था।[1] यह अनेक रूपों में सामने आया। अगस्त 1910 में रवि वर्मा के एक गुमनाम शिष्य ने कहा था कि वर्मा के खिलाफ राष्ट्रविमुख कामुकता का आरोप विजातीय विक्टोरियाई मानदंडों के व्यवहार से अधिक कुछ भी नहीं था। इस तरह देसी जीवन-मूल्यों के समकालीन पैरोकार 'एक यूरोपीय मानदंड' से लिखे जा रहे थे।[2] कला सम्बन्धी यह विवाद पत्रकारिता की प्रतिद्वन्द्विता से एकाकार भी हुआ और अनेक बंगला मासिक पत्र, सबसे बढ़कर सुरेशचन्द्र समाजपति की पत्रिका 'साहित्य' (और साथ में 'भारतवर्ष') उस अकादमिक यथार्थवाद के मूल्यों का पक्ष ले रहे थे जिनके साकार रूप रवि वर्मा थे। उससे पहले भी गवर्नमेंट आर्ट कॉलेज के छात्रों का एक भाग हेवेल द्वारा अपने यूरोपीय कला के संग्रह की बिक्री की निन्दा कर चुका था कि यह प्राच्यवाद उत्साह का हानिकारक अतिवादी रूप था, और उसने एक वैकल्पिक संगठन भी शुरू किया। आरम्भ-20वीं सदी में अनेक सफल कलाकारों ने प्रकृतिवाद की विधियों का उपयोग जारी रखा; उनमें हितेन्द्रनाथ ठाकुर, हेमेन्द्रनाथ मजुमदार और अतुल बोस जैसी हस्तियाँ शामिल थीं। इनमें से कुछ लोगों ने अन्त-19वीं सदी के भद्र कलाकारों का अनुकरण भी किया तथा मुद्रित प्रतियों के व्यावसायिक विक्रय के साथ अभिजातों के व्यक्तिचित्रों और तैलचित्रों का समन्वय भी किया; इस तरह उन्होंने वामपद बनर्जी और रवि वर्मा की तर्ज पर अभिजातों और जनता के बाजारों की खाई को पाटा। जैसा कि हमने देखा, बम्बई में जे.जे. स्कूल ऑफ आर्ट ने जो कलाकार पैदा किए, उनमें से अधिकांश पहले की कला-परम्पराओं के वफादार बने रहे।

---

1. उस काल पर मेरे भरे-पूरे अध्ययन (सरकार 1973/2010) में यह आयाम छूट गया है।
2. Modern Review, अगस्त, 1910 देखें। 'प्रवासी' के सम्पादक रामानन्द चट्टोपाध्याय द्वारा 1907 में शुरू की गई यह मशहूर मासिक पत्रिका अपने बंगाली समकक्ष की तरह ही लेखों और मुद्रण के द्वारा हैवेल और अवनीन्द्रनाथ द्वारा लाए गए मोड़ की जोरदार पैरवी करती थी। पर यह इतने खुले जेहनवाली तो थी ही कि विरोधी विचारों को भी प्रकाशित करती थी।

स्वदेशी के बाद की बहसों ने कभी-कभी उन आधुनिकतावादी मूल्यों को उजागर किया, जिन्होंने 1920+ के आसपास से भारतीय कला में विराट परिवर्तन लाने में योगदान दिया। जून 1907 में हाफटोन पुनरुत्पादन की सुधरी हुई विधियों के आविष्कारक उपेन्द्र किशोर रायचौधुरी ने 'मॉडर्न रिव्यू' के पन्नों में यह तर्क दिया कि देशभक्ति के तथा बाहरी मूल्यों और विधियों के आलोचनात्मक ग्रहण के बीच कोई लाजिमी अन्तर्विरोध नहीं था। देशभक्ति का तकाजा है कि 'हमारे राष्ट्रीय जीवन और हमारी परम्पराओं में जो कुछ भी श्रेयस्कर है उस पर वैध और हार्दिक गर्व' का समन्वय 'अपनी कमियों पर हार्दिक दुख और उनको दूर करने की तत्परता...' के साथ किया जाए। बंगाल के एक अग्रणी वकील और बंगाल सम्प्रदाय के एक संरक्षक ओ.सी. गांगुली ने उपेन्द्र किशोर के खिलाफ अवैध 'विश्वमुखीपन' का जो आरोप लगाया था उसका खंडन उपेन्द्र किशोर के बेटे सुकुमार रे ने किया। अपने एक प्रतिभापूर्ण व्यंग्यमय शास्त्रार्थ में रे ने उन स्वप्निल ईथरी चेहरों, बेरीढ़ के भावों का और सचमुच कलात्मक की जगह साहित्यिक मानदंडों पर निर्भरता का मखौल उड़ाया था जो कि बंगाल सम्प्रदाय की विशेषता थे। श्रेष्ठतर देसी आध्यात्मिकता के खोखले दावों से उन्हें चिढ़ थी : उनका तर्क था कि ये दावे 'रहस्यवाद के धुएँ के आवरण' समान थे। अपने 1907 के बाद के निबन्धों, 'गोरा' के अन्तिम पृष्ठों और 'घरे बाइरे' में रवीन्द्रनाथ ने गरमपन्थ की विधियों और मूल्यों की जो भर्त्सना की थी, रे की आलोचनाएँ उससे मेल खाती थीं।

यूरोप की समकालीन आधुनिक कला से भारतवालों का पहला वास्तविक परिचय 1922 में हुआ जब कलकत्ता में बोहाज की प्रदर्शनी ने क्ली, कैंडिंस्की और मुंच जैसे चोटी के कलाकारों के और विभिन्न जर्मन अभिव्यक्तिवादियों के मूल चित्र कलकत्ता में सामने रखे। इस बीच विनय सरकार ने, जिनको स्वदेशी के दिनों में काफी प्रसिद्धि मिली थी, विदेशों से निबन्ध लिखकर भेजे जिनमें तर्क दिया गया था कि प्राचीन भारतीय संस्कृति (जिसे वे 'हिन्दू समाज शास्त्र की सकारात्मक पृष्ठभूमि' कहना पसन्द करते थे) अक्सर परलोकमुखी की बजाय भौतिकवादी रहस्यवाद से ओत-प्रोत रही है, और उन्होंने 'समकालीन यूरोप की सौन्दर्यशास्त्रीय क्रान्ति' से 'युवा भारत' को अंधश्रेष्ठतावादी ढंग से दूर रखने की प्रवृत्ति की निन्दा की। बोहाज की प्रदर्शनी ने, जिसके सम्भावित सम्बन्ध सूत्र अभी तक खोजे नहीं जा सके हैं, 1920+ के दौरान गगनेन्द्रनाथ के क्यूबवादी प्रयोगों को भी, हो सकता है, प्रेरित किया हो। कला की दुनिया तेजी से बदल रही थी और 1930 तक मध्यवर्गीय बंगालियों की आवाँगार्द रुचि में नन्दलाल और नए उभरते हुए सितारे जामिनी राय पुराने ढंग के प्राच्यवादी बंगाल सम्प्रदाय को लगभग विस्थापित कर चुके थे।

भारतीय कला में आधुनिकता की लकीर अमृता शेरगिल के साथ रवीन्द्रनाथ

ने खींची। पर यहीं पर यह कह देना भी आवश्यक है कि तब के और आज तक के अधिकांश कलाकारों और कला-समालोचकों की नजरों में 'राष्ट्रीय' परम्पराओं के प्रति निष्ठा की किसी न किसी धारणा के साथ, लगातार बदलते रूपों में, आधुनिकता का समन्वय अनिवार्य रहा है। 'आधुनिकता' और 'परम्परा' दोनों के ठीक-ठीक अर्थ तो लाजिमी तौर पर बदलते ही रहेंगे, लेकिन बंगाल सम्प्रदाय ने कला के जो रूप विकसित किए वे इन सबके एक महत्त्वपूर्ण घटक बने ही रहेंगे।

भारतीय सिनेमा का आरम्भ

भारतीय सिनेमा के विकास की अनेक उल्लेखनीय विशेषताएँ रही हैं। बहुत शीघ्र शुरुआत, बेपनाह उत्पादन (1912-13 के बाद के दो दशकों में 1313 दर्जशुदा मूक फीचर फिल्में, और ध्वनि के युग के आरम्भ होने के बाद 2000 तक लगभग 28,000 फिल्में), विश्वस्तर के निर्देशकों की एक अच्छी-खासी संख्या और सबसे बढ़कर अनेक अलग-अलग कला-रूपों और विधाओं का समन्वय इन विशेषताओं में शामिल हैं। भारतीय सिनेमा के 'जनक' दादासाहब फाल्के (1870-1944) की पौराणिक फीचर फिल्मों में आशीष राज्याध्यक्ष को 'चित्रकला, संगीत और नाटक में खुदबुद कर रहीं प्रवृत्तियों' का एक समन्वय नजर आता है—और कोई इनमें दूसरी विधाओं और परम्पराओं को भी शामिल कर सकता है। जिस फीचर फिल्म को आमतौर पर अहम शुरुआत माना जाता है, यानी कि फाल्के की 'राजा हरिश्चन्द्र' (1913) को, उसने एक ऐसी प्रवृत्ति का आरम्भ किया जो भारतीय फिल्मों की एक अच्छी-खासी संख्या में आज भी जारी है। पश्चिम से नवीनतम प्रौद्योगिकी लाई जाती है और उसका उपयोग परम्परावादी या पुनरुत्थानवादी हिन्दू वृत्तान्तों और मूल्यों की प्रस्तुति के लिए किया जाता है जिनको इस तरह नए-नए तरीकों से लोकप्रियता मिलती है। इस तरह दक्षिण एशिया की आधुनिकता की विशिष्टताओं की समझ के लिए सिनेमा के महत्त्व में शायद ही कोई शक होगा। वैसे यह भी बहुत हाल की, पिछले 15-20 वर्ष की बात है जब विद्वानों और इतिहासकारों का ध्यान इस विषय की ओर जाने लगा। दृश्य-माध्यमों के अध्ययन की दिशा में इतिहास लेखन में आए इस मोड़ ने अधिकाधिक बढ़ते अनुसन्धानों और अन्तः दृष्टियों को जन्म दिया है, जिनके आनेवाले दिनों में हम और भी तेजी से बढ़ने की आशा कर सकते हैं।[1]

---

1. मैंने ये आँकड़े बार्नोव और कृष्णास्वामी 1963 से लिए हैं। थोरामल 2000; राजाध्यक्ष 1987 : 44-47; वसुदेवन 2010; मजुमदार 2007 भी देखें। दास (2014) फिल्म के पर्दों के इर्द-गिर्द पैदा नए अवसरों की और लोकक्षेत्र को नया रूप देने में सिनेमा की भूमिका की छानबीन करते हैं।

28 दिसम्बर, 1895 के रोज पेरिस में अपने 'सिनेमातोग्राफ' के पहले प्रदर्शन के बाद लुईस और आगस्ते लूमियार ने दुनिया के अनेक बड़े नगरों में अपने 'विचारों'—'Arrival of a Train' और 'Leaving the Lumiere Factory' के प्रदर्शन के लिए अपने एजेन्ट भेजे। लन्दन के पाँच माह बाद, सेंट पीटर्सबर्ग के दो माह से कम समय बाद और वास्तव में न्यूयार्क से पहले बम्बई में 7 जुलाई, 1896 को वाटसन होटल में इसका शो हुआ। कहा जाता है कि पश्चिम में हुए कुछ आरम्भिक प्रदर्शनों में एक रेलगाड़ी को जाहिरा तौर पर अपनी तरफ बढ़ते देखकर दर्शक बौखला उठे थे। भारत में ऐसी कोई प्रतिक्रिया नहीं देखी गई, सम्भवतः इसलिए कि यहाँ दर्शक एक तरह से हिलते-डुलते बिम्बों को देखने के अधिक आदी थे, मसलन कठपुतलियों के खेल में। लेकिन बम्बई में कुछ खास विशेषताओं का समावेश भी हुआ जो आँखें खोलनेवाली थीं : 4 आने से लेकर 2 रुपए तक टिकटों के दामों का एक बड़ा दायरा और 'पर्दानशीन महिलाओं और उनके परिवारों के लिए आरक्षित बॉक्सों' की व्यवस्था का। ऐसे प्रोत्साहनों के बावजूद लगता है कि आरम्भ में मुख्यतः यूरोपीय और शिक्षित भारतीय ही इसके दर्शक थे। लेकिन फिल्मों के भारी आकर्षण ने वर्ग और लिंग की सीमाओं को तोड़ते हुए अपने-आपको व्यक्त करने में अधिक समय नहीं लगाया। 'राजा हरिश्चन्द्र' की स्तब्ध करनेवाली लोकप्रियता से पहले भी खामोश दृश्यों और उनको पेश करने के तरीकों पर एक नजर डालने से ही यह बात स्पष्ट हो जाती है।

अनेक भारतवासियों ने इस नई प्रौद्योगिकी को बहुत जल्द अपनाया। आधी सदी पहले जिस फोटोग्राफी का आरम्भ हुआ था उसकी विकसित तकनीकों ने इसका आधार पहले ही तैयार कर रखा था। भारतवासियों के हाथों न्यूजरील किस्म की छोटी-छोटी खामोश फिल्मों का निर्माण, 1898 में ही, सखाराम भातवडेकर के हाथों शुरू हो चुका था जिन्होंने 1880 के आस-पास बम्बई में एक फोटो स्टूडियो कायम किया था। कलकत्ता में उसी साल हीरालाल सेन ने लघु फिल्मों का निर्माण आरम्भ किया; इनमें उन्होंने नगर के लोकप्रिय सार्वजनिक मंचों पर दिखाए गए दृश्यों का पुनरुत्पादन किया और कभी-कभी उनके गीतों के ग्रामोफोन रिकॉर्डों का भी उपयोग किया। आरम्भिक लघु फिल्मों में सार्वजनिक घटनाओं या नाटकीय कार्रवाई को विषय बनाया गया : जैसे कैम्ब्रिज के एक सफल स्नातक का स्वागत, 1903 के शाही दरबार के अंश, कुश्ती या सर्कस के दृश्यों को। 1905 के बाद कुछ बरस तक स्वदेशी के उभार से जुड़े प्रमुख राजनीतिक प्रदर्शनों को भी फिल्माया गया। दुख की बात यह है कि इनमें से कोई भी आरम्भिक लघु फिल्म अब शेष नहीं बची।

निश्चित ही कुछ समय तक कोई सिनेमाघर नहीं था, पर आरम्भिक निर्माताओं ने कम लागत की फिल्में बनाकर और बड़ी-बड़ी संख्याओं तक पहुँचाने के लिए

प्रदर्शन के सचल तरीकों का सहारा लेकर इसे एक लाभ की वस्तु बना लिया। सार्वजनिक थिएटरों की प्रस्तुतियों में बीच-बीच में, खेमों में और खुले आसमान तले लघु फिल्मों का प्रदर्शन किया जाता था, और कम लागतवाले आरम्भिक प्रोजेक्टरों के कारण उनको यहाँ-वहाँ ले जाना तथा कस्बों के, बल्कि गाँवों तक के दर्शकों को दिखाना सम्भव हुआ। आरम्भिक वितरकों में सबसे मशहूर और सफल वितरक जमशेदजी फरामजी मदान (1856-1923) थे जो एक कलकत्तावासी पारसी व्यवसायी थे, और उन्होंने 1902 में खेमों में तथा कलकत्ता के मैदान में खुले आसमान तले 'बाइस्कोप' दिखाया। थोड़े ही समय बाद सामने आनेवाले अब्दुल अली आसफ अली की तरह वे भी खेमों से आगे बढ़कर 'पैलेसों' तक पहुँचे। उन्होंने कलकत्ता में 1907 में एलफिंस्टन पिक्चर पैलेस की स्थापना की और वे उसी साल पूरे देश में 37 थिएटरों के स्वामी थे। आरम्भ-1920 में भारतीय फिल्मों के 50 प्रतिशत वितरण पर उनका नियंत्रण था और भारत के 265 सिनेमाघरों में 172 उनकी मिल्कियत थे। आसफ अली ने कभी-कभी और भी दुस्साहस से काम लिया और एक बड़ा-सा खेमा साथ लेकर वे दक्षिण-पूर्व एशिया के कुछ भागों में भी घूम आए। इस तरह विश्व में भारतीय फिल्मों का आरम्भ जल्द ही हुआ और अक्सर वे पारसी थिएटर कम्पनियों के साथ-साथ चलती थीं जिनका हम पहले ही वर्णन कर चुके हैं।

मूक फिल्मों के कुछ लाभ भी थे। भाषा की कोई बाधा नहीं थी जो कि बोलती फिल्मों के साथ पैदा हुई, और फौरी संचार के लिए अनेक अलग-अलग भाषाओं में छोटे-छोटे सब-टाइटिल जोड़े जा सकते थे। इस तरह भारत के सभी भाषाई समुदाय किसी भी फिल्म के लिए लगभग अबाध खुले हुए थे। इसलिए कुछ भाषाओं और खासकर हिन्दी में बनी फिल्मों की अग्रणी स्थिति अभी भविष्य की बात थी। भारतीय फिल्म-निर्माताओं और वितरकों के लिए नुकसान का पहलू यह था कि पश्चिम में बनी फिल्मों के लिए भी भाषा की कोई बाधा नहीं थी। इस तरह खामोश फिल्मों तथा लघु फिल्मों और उनके बाद जल्द ही भरी-पूरी फीचर फिल्मों का युग एक बहुत ही अन्तर्राष्ट्रीय परिदृश्य पेश कर रहा था। आरम्भिक वर्षों में फ्रेंच पाथ कम्पनी पेश-पेश रही मगर पहले विश्वयुद्ध से पहले के बरसों में बड़े पैमाने पर अमरीकी, ब्रिटिश, इतालवी और जर्मन फिल्मों के आयात भी किए गए; लन्दन की कम्पनियाँ इनकी प्रमुख वितरक थीं। युद्ध के कुछ समय तक आयातों को कम किया और 1920+ में ही हालीवुड के लगभग मुकम्मल वर्चस्व में उसका योगदान रहा। 1927 में दिखाई गई फिल्मों में सिर्फ 15 प्रतिशत ही भारत की थीं जबकि शेष में 90 प्रतिशत भाग अमरीकी फिल्मों का था।[1]

1. बार्नोव और कृष्णास्वामी के आँकड़े जिन्होंने इंडियन सिनेमैटोग्राफ कमेटी द्वारा 1927 में जमा किए गए आँकड़ों का उपयोग किया है। इस कमेटी ने पाया कि बम्बई में 20, कलकत्ता में 13, मद्रास में 9 तथा पूना और देहली में 6-6 थिएटर फिल्में दिखा रहे थे।

फाल्के और उनकी पौराणिक फिल्मों के अभूतपूर्व जन-आकर्षण ने भारतीय बाजार पर आयातित फिल्मों के लगभग मुकम्मल कब्जे की सम्भावना मिटा दी—ऐसा आरम्भ-1930+ में ध्वनि के कारण जन्मी भाषाई बाधाओं से पहले ही हो चुका था। विदेशी फिल्मों के दर्शक अब सिमटकर अंग्रेजी के जानकार अभिजातों की छोटी-सी (मगर बढ़ती) संख्या तक सीमित रह गए। अपने जीवन क्रम में भी और अन्ततः अपनी बनाई फिल्मों में भी फाल्के विभिन्न धाराओं के उस मेल के साकार रूप थे जो भारतीय (और कुछ अर्थों में सभी) फिल्मों का खास तत्त्व है, और जिन्होंने सम्भवतः उनकी फिल्मों को सामान्यतः आधुनिकता का पर्याय बना दिया। नासिक (महाराष्ट्र) के एक गाँव में एक ब्राह्मण परिवार में जन्मे ढुंढीराज गोविन्द (दादासाहब) फाल्के का आरम्भिक प्रशिक्षण पिता की ही तरह, संस्कृत के एक विद्वान के रूप में हुआ, लेकिन जल्द ही चित्रकला, नाटक-अभिनय और जादू जैसी अब्राह्मण कलाओं में उनकी अधिक दिलचस्पी हो गई। वे अपने पिता के साथ तब बम्बई आए जब पिता एलफिंस्टन कालेज में एक अध्यापक नियुक्त हुए। वहाँ उन्होंने जे.जे. स्कूल ऑफ आर्ट्स में फोटोग्राफी और चित्रकला सीखी और फिर कुछ समय बड़ौदा कलाभवन में भी बिताया। उन्होंने जो पेशे अपनाए उनमें भी उतनी ही विविधता थी : बड़ोदरा में नाटकों के साज-सामान की रँगाई, पूना के पुरातत्त्व विभाग में नक्शानवीसी और फोटोग्राफरी, गोधरा में फोटो स्टूडियो की स्थापना, और एक जर्मन पर्यटक से थोड़ा-सा सीखकर जादू के खेल दिखाना भी। शायद इनसे भी अधिक महत्त्वपूर्ण 1890+ के दौरान रवि वर्मा के साथ उनके लिथोग्राफी और तैलचित्रों के प्रेस में फाल्के का सम्बन्ध था। कारण कि वर्मा फाल्के के और भारतीय फिल्मों की पूरी पौराणिक श्रेणी के 'प्रत्यक्ष सांस्कृतिक अग्रगामी' थे, जिस तरह वे औद्योगिक कलाओं की एक पूरी श्रेणी—कैलेंडरों, पोस्टरों, छोटी-छोटी उपभोक्ता वस्तुओं के पैकेटों, फिल्मी विज्ञापनों आदि—के पूर्वगामी थे।

भरी-पूरी फीचर फिल्मों में फाल्के का प्रवेश—अभी तक भारतीय सिनेमा नाटकीय या महत्त्वपूर्ण घटनाओं के मात्र रिकॉर्डिंग की विधि का काम कर रहा था—उस जोरदार पुनरुत्थानवादी-राष्ट्रवादी भावना से प्रेरित था जो कि 1900+ के दौरान महाराष्ट्र के सवर्ण अभिजातों की प्रमुख मनोस्थिति के ही अनुरूप थी। उन्होंने 1917 में लिखे गए एक निबन्ध में ईसा के जीवन पर एक पश्चिमी फिल्म पर अपनी प्रतिक्रिया को याद किया था। तब उन्होंने एक भारतीय (हिन्दू) देवता पर एक फीचर फिल्म बनाने का फैसला किया। 'Life of Christ' के दृश्यों को देखकर फाल्के ने कहा था : 'मैं मानसिक स्तर पर देवतागण श्रीकृष्ण, श्रीरामचन्द्र, उनके गोकुल और अयोध्या के चित्र बना रहा था...क्या हम भारत के सपूत कभी पर्दे पर भारतीय बिम्बों को देख सकेंगे?' उनकी पहली पसन्द थे कृष्ण जो पहले

उद्यम के लिए काफी दुरूह साबित हुए; और इसलिए फाल्के ने पौराणिक राजा हरिश्चन्द्र को चुना, जिन्होंने कठोर परीक्षाएँ देकर आखिर में यह भरोसा पाया कि जो कुछ हुआ वह सब उनकी सत्यवादिता की गवाही देता था। जैसा कि हमने देखा, पचास साल या इससे भी अधिक समय तक यह विषय पारसी थिएटर का केन्द्रीय विषय बना हुआ था। अपने उतार-चढ़ाव और दुस्साहस से भरे आरम्भिक जीवन में फाल्के के पास वित्तीय संसाधनों के नाम पर कुछ खास नहीं था तथा उन्हें उनके परिवार को 'राजा हरश्चिन्द्र' बनाने के लिए काफी कुरबानियाँ देनी पड़ीं; उनकी पत्नी ने तो अपने जेवर तक गिरवी रख दिए। लेकिन फाल्के की राय में फिल्म को पूरा करने की असफलता 'स्वदेशी आन्दोलन के लिए स्थायी बदनामी का कारण' होती...। यह उनका सौभाग्य था कि 21 अप्रैल, 1913 को जब फिल्म का प्रदर्शन हुआ तो यह बेपनाह कामयाब साबित हुई। इसके सबटाइटिल हिन्दी, उर्दू और अंग्रेजी में और अन्ततः आठ भाषाओं में जोड़े गए। जो पौराणिक खामोश फिल्मों के युग के लिए काफी उपयुक्त साबित हुईं, उनका आकर्षण टेलीप्रसारण के रूपों में हमारे अपने समय तक जारी है। ये कहानियाँ और उनके पात्र काफी जाने-पहचाने थे और किसी परिचय के मुहताज नहीं थे। भक्ति व फंतासी के माहौल में उन्होंने भारी भीड़ को खींचा जिसमें पहली बार स्त्रियाँ भी नजर आईं। राम और कृष्ण को चलते-फिरते देखकर बहुत-से स्त्री-पुरुष पर्दे के सामने दंडवत लेट जाते थे। अंग्रेजी शिक्षा से मुक्त लोग अधिकतर दूर ही रहे, लेकिन संख्या और व्यावसायिक सफलता की दृष्टि से देखें तो उनकी नामौजूदगी की सीमा से अधिक भरपाई नगरों, कस्बों और आखिरकार गाँवों तक में साधारण दर्शकों की भीड़ सी हो गई—फाल्के कभी-कभी एक बैलगाड़ी पर प्रोजेक्टर लदवाकर फिल्म को वहाँ तक भी ले जाते थे। हर जगह पर परम्परागत का समन्वय आधुनिक और अधुनातन के साथ ही रहा था क्योंकि फाल्के ने इंग्लैंड की एक यात्रा के दौरान अपने इस नए व्यवसाय को सीखा था जहाँ से वे अपनी फिल्म के लिए जरूरी उपकरण भी साथ लेकर लौटे थे।

उसके बाद उन्होंने सौ फिल्में बनाईं जो सभी पौराणिक की श्रेणी में आती थीं; इनमें 'लंका दहन' (1917), 'श्रीकृष्ण जन्म' (1918) और 'कालिय मर्दन' (1919) भी शामिल थीं; यह आखिरी फिल्म सबसे अधिक चली क्योंकि, 'राजा हरिश्चन्द्र' का आज एक छोटा-सा हिस्सा ही झेला जा सकता है। स्त्रियों से अभिनय कराना शुरू में एक समस्या रहा, जैसा कि सार्वजनिक थिएटर के आरम्भिक दिनों में था। आरम्भिक फिल्मों में से एक में फाल्के की बेटी को बाल कृष्ण की भूमिका करनी पड़ी। कुल मिलाकर यह उद्यम बड़ी हद तक एक संयुक्त परिवार का उद्यम था जिस पर फाल्के का सख्त पुरुषवादी नियंत्रण था; कम वैयक्तिक स्टूडियोज का युग तो 1920+ और 1930+ से ही शुरू हुआ। 1930+ में भी वे

फिल्में बनाते रहे; इनमें एक बोलती फिल्म भी थी जो नाकाम साबित हुई। फाल्के के लिए और पौराणिक विषयों के पूर्ण वर्चस्व का काल तो वास्तव में 1910+ ही था। उसके बाद एक बदले हुए युग में, जिसका सम्बन्ध सम्भवतः राष्ट्रवाद के दूसरे रूपों के उदय से था जिनका हिन्दू-पुनरुत्थानवादी मूल्यों से कम ही सम्बन्ध था, 'सामाजिक' और 'ऐतिहासिक' जैसी दूसरी विधाओं का युग आरम्भ हुआ, जब देश के विभिन्न भागों से फिल्म-निर्माताओं की एक नई पीढ़ी सामने आई—भारत में फिल्म 'आलमआरा' (1931) के साथ बोलती फिल्मों का जो दौर शुरू हुआ उससे भी पहले।

1920+ के दौरान चन्दूलाल शाह ने काले धन की उस बाढ़ से फायदा उठाया जो युद्ध के काल में पैदा हुआ था, और उन्होंने सामाजिक हास्य की विधा में कदम रखा जो पुराण-भक्तिवाली फिल्मों से बहुत भिन्न थे। इनमें अधिक जोखिम-भरी भूमिकाओं में अक्सर एंग्लो-इंडियन या पश्चिममुखी अभिनेत्रियों से काम लिया जाता था। मसलन उनकी 'गुणसुन्दरी' ने एक अतिपतिव्रता और परम्परागत पत्नी की समस्याओं को उजागर किया जिसका पति एक नर्तकी से फँस जाता है। फिर तो पत्नी स्वयं ही आधुनिक बनकर अपना खोया हुआ रत्न वापस पा लेती है, हालाँकि उसका पति जब उससे पूछता है तो वह चुस्ती से वही जवाब देती है जो उसका पति उसके पूछने पर हमेशा दिया करता था : 'आजकल तो ऐसे सवाल पूछना भी नहीं चाहिए।' बंगाल में कलकत्ता विश्वविद्यालय और शान्ति निकेतन में अध्ययन कर चुके धीरेन्द्रनाथ गांगुली ने भी 'England Returned' में हास्य के आधुनिक परिवेश की छानबीन की तथा अंग्रेजीमुखी और अति-पोंगापन्थी लोगों की अतियों का एक समान मजाक उड़ाया। ध्वनि के काल की महान हस्ती देवकी बोस ने भी 1920+ में खामोश फिल्मों के जरिए ही अपने लम्बे अभिनय-जीवन की शुरुआत की थी। ये उन अनेक लोगों में मात्र तीन नाम हैं, जिन्होंने भारतीय फिल्मों की विधा को फाल्के की लगाई हुई सीमाओं से परे पहुँचाया।

फाल्के का निधन 1944 में, लगभग गुमनाम व्यक्ति के रूप में हुआ। सत्यजीत रे की 'पथेर पांचाली' (1955) से यथार्थवादी विधा का आरम्भ हुआ, और यह फिल्म और इसके निर्देशक अन्तर्राष्ट्रीय स्तर पर धूमकेतु की तरह ऊपर उठकर चमके। इसके साथ रे और रित्विक घटक के पीछे-पीछे जिस गम्भीर फिल्मी समालोचना का विकास हुआ उसमें खागोश फिल्मों के पूरे युग को और कभी-कभी बम्बइया फिल्मों की पूरी दुनिया को थोड़ा-बहुत उपेक्षित और अपमान-भाव से देखा जाने लगा। फिर भी भारतीय फिल्मों के ऐतिहासिक अध्ययन के साथ हाल के वर्षों में दिलचस्पी का भारी उभार हुआ है और खासकर दादासाहब फाल्के पर महत्त्वपूर्ण काम हुए हैं। उनकी फिल्मी तकनीकों और रवि वर्मा के चित्रों पर खास तौर से ध्यान दिया गया है, और साथ में समकालीन सार्वजनिक, पारसी और मराठी

थिएटर भी, क्योंकि इन विधाओं में फाल्के की गहरी दिलचस्पी थी और उनसे कुछ सीखने के उनको अनेक अवसर मिले। थिएटर की नजदीकी 'राजा हरिश्चन्द्र' में खास तौर पर उल्लेखनीय है। न सिर्फ यह विषय पारसी मंच पर काफी आम था : फिल्म राजा-रानी और उनके पुत्र के एक दृश्यपटल से आरम्भ होती है; पारिवारिक दृश्य और 'बाहरी' दृश्यों को अलग-अलग स्थान दिए गए हैं, और आखिरी दृश्य में तो देवतागण क्षितिज पर प्रकट होकर दर्शकों को भरोसा दिलाते हैं कि राजा को सारे कष्ट वास्तव में उनके गुणों की परीक्षा लेने के लिए दिए गए थे।

यही महत्त्वपूर्ण विषय, जिसे खास तौर पर आशीष राज्याध्यक्ष और अनुराधा कपूर ने विकसित किया है, सार्वजनिक मंच की और रवि वर्मा के चित्रों की प्रतिध्वनियाँ भी लिये हुए हैं। यह विधि है 'अग्रीयता' (फ्रंटेलिटी) की जो बीच-बीच में प्रतिभावाली गतिहीनता के रैखिक वृत्तान्तों को भंग करती है और नायक दर्शकगण को इस तरह से देखता है जोकि अभी हाल तक बड़े बॉक्स ऑफिसवाले नायकों के सिलसिले में आम रहा है। यथार्थवाद की पद्धति में जो काल्पनिक चौथी दीवार मंच पर या फिल्म में की गई क्रिया को अलग करती है, इस तरह अनेक भारतीय फिल्मों में तोड़ी गई है; इस विधि में अभिनेता ऐसे व्यवहार करते हैं जैसे वे दर्शकों की मौजूदगी से अनजान हों। सुझाव दिया गया है कि यह बात व्यवहार में आधुनिक फिल्म तकनीक का व्यवहार दर्शन की उन परम्परागत विशेषताओं को बनाए रखने और प्रखर बनाने के लिए करती है, जिनमें देवतागण/नायकगण आस्थावान लोगों को दर्शन और आशीर्वाद देते हैं। इस तरह यथार्थवादी चित्रण परलोक के प्रति आस्था को मजबूत बनाता है। यह जादू एक तरह से जारी रहा तथा दूरदर्शन के बेपनाह सफल धारावाहिक 'रामायण' में नजर आया जिसका रामजन्मभूमि आन्दोलन को बढ़ावा देने में सीधा योगदान रहा है। यह जाहिर तौर पर एक ही समय में परम्परावादी और हाई-टेक दोनों है।

1998 में माधवप्रसाद ने अग्रीयता/गति, परम्परागत/आधुनिक को, जो कि अक्सर लोक प्रचलित भारतीय सिनेमा की विशेषताएँ हैं, उनके सामाजिक आधारों से जोड़ने की एक दिलचस्प (वैसे कहीं-कहीं थोड़ी-सी अपचायक) कोशिश की। पूँजी के आगे श्रम की 'औपचारिक' और 'वास्तविक' अधीनता के भेद को—जिसे जैरस बानाजी ने कृषि-सम्बन्धों के अध्ययन में लागू किया है—संस्कृति पर लागू करते हुए प्रसाद ने तर्क दिया कि यह समन्वय अभी हाल तक भारत के पूँजीवादी विकास की प्रकृति को प्रतिबिम्बित करता है। इसने पूँजीवाद-पूर्व उत्पादक सम्बन्धों से पूरी तरह नाता तोड़ने की बजाय उन्हीं का सहारा लिया। इससे पैदा मिश्रण को उत्पादन की उन तकनीकों और स्टूडियो के उस संगठन से जोड़ने का प्रयास किया है जो भारतीय फिल्म उद्योग पर हावी रहे हैं। इस विश्लेषण में चाहे जो भी समस्या हो, यह एक अहम विषय की छानबीन का एक महत्त्वपूर्ण अग्रगामी प्रयास अवश्य

है : औद्योगिक प्रौद्योगिकी के एक रूप के तौर पर फिल्मों के उत्पादन की पद्धति की छानबीन का।

सन्दर्भ सूची

Ahmad, Aijaz, Jameson's Rhetoric of Otherness and the "National Allegory"', *Social Text,* 17, 1987

Ahmad, Nazir, *The Brides Mirror (The First Urdu Bestseller: Mirat ul-Arus),* translated by G.E. Ward, with an Afterward by Frances W Prirchett (Delhi: Permanent Black, 2001)

Ahuja, Ravi, 'The Bridge-Builders: Some Notes on Railways, Pilgrimage and the British "Civilizing Mission" in Colonial India', in Harald Fisher- Tine and Michael Mann, eds, *Colonialism as Civilizing Mission: Cultural Ideology in British India* (London: Anthem, 2004)

Anantha Murthy, U.R., *Samskara: A Rite for a Dead Man,* trans. from the Kannada by A.K. Ramanujan (Delhi: Oxford University Press, 1979) Arnold, David and Stuart Blackburn, eds, *Telling Lives in India* (Ranikhet: Permanent Black, 2004)

Arunima, G., 'Writing Culture: Of Modernity and the Malayalam Novel', *Studies in History,* 13 (2), 1997

Arya, Aditya, and Indivar Karntekar, *History in the Making: The Visual Archives of Kulwant Roy* (New Delhi: Harper Collins, 2010)

Asher, R.E., 'The Tamil Renaissance and the Beginnings of the Tamil Novel', in T'V Clark, ed., *The Novel in India: Its Birth and Development* (Berkeley: University of California Press, 1970)

Bakhle, Janaki, *Two Men and Music: Nationalism in the Making of an Indian Classical Tradition* (Delhi: Permanent Black, 2006)

Bandyopadhyay, Brojendronath, *Bangiya Natyashalar Itihas 1795-1876* (Calcutta: Bangiya Sahitya Parishad, 1933; rpntd 1991)

Banerjee, Sumanta, *The Parlour and the Streets: Elite and Popular Culture in Nineteenth Century Calcutta* (Seagull Books: Calcutta, 1989)

Barnouw, Erik, and S. Krishnaswamy, *Indian Film* (New York: Columbia University Press, 1963)

Baruah, Sanjib, *India Against Itself Assam and the Politics of Nationality* (Delhi: Oxford University Press, 1999)

—, 'Clash of Resource Uses in Colonial Assam: A Nineteenth Century Puzzle *Revisited' Journal of Peasant Studies,* 23 (3), 2001

Bayly, CA., *Rulers, Townsmen, and Bazaars: North Indian Society in the Age of British Expansion, 1770-1870* (Cambridge: Cambridge University Press, 1983)

Bhabha, Homi, *The Location of Culture* (London: Routledge, 1994) Bhagwat, Neela, 'Vishnu Digamber Paluskar', *Journal of Arts and Ideas,* 14-15, 1987

Bhattacharya, Rimli, ed. and trans., *Binodini Dasi: My Story and My Life as an*

Actress (New Delhi: Kali for Women, 1998)

Bhattacharya, Tithi, *The Sentinels of Culture: Class, Education and the Colonial Intellectual in Bengal* (New Delhi: Oxford University Press, 2005)

Blackburn, Stuart, *Print, Folklore, and Nationalism in Colonial South India* (Delhi: Permanent Black, 2003)

Bose, Pradip Kumar, 'Sons of the Nation: Child Rearing in the New Family', in Partha Charterjee, ed., *Texts of Power: Emerging Disciplines in Colonial Bengal* (Minnesota: University of Minnesota Press, 1995)

Breman, Jan, *The Making and Unmaking of an Industrial Working Class* (New Delhi: Oxford University Press, 2004)

Cavallo, Guglielmo, 'Between *Volumen* and Codex: Reading in the Roman World', in Guglielmo Cavallo and Roger Chartier, eds, *A History of Reading in the West* (Cambridge: Polity Press, 1999)

Chakrabarty, Dipesh, *'Adda:* A History of Sociality', in Dipesh Chakrabarty, *Provincializing Europe* (Princeton: Princeton University Press, 2000) Chandavarkar, Rajnarayan, *The Origins of Industrial Capitalism in India: Business Strategies and the Working Class in Bombay, 1900-1940* (Cambridge: Cambridge University Press, 1994)

Charney, Leo, and Vanessa R. Schwartz, 'Introduction', in Leo Charney and Vanessa R. Schwartz, eds, *Cinema and the Invention of Modern Life* (California: University of California Press, 1995)

Chatterjee, Partha, *Nationalist Thought and the Colonial World: A Derivative Discourse* (New Delhi: Oxford University Press, 1986)

—, 'The Nationalist Resolution of the Women's Question', in Kukum Sangari and Sudesh Vaid, eds, *Recasting Women* (New Delhi: Kali for Women, 1989)

—, *The Nation and its Fragments* (Princeton: Princeton University Press, 1994)

Chatterjee, Ratnabali, *From the Karkhana to the Studio: Changing Social Roles of Patron and Artist in Bengal* (New Delhi: Books and Books, 1990)

Chaudhuri, Sukanta, ed., *Calcutta: The Living City,* 2 vols (Calcutta: Oxford University Press, 1990)

Dalmia, Vasudha, *The Nationalization of Hindu Traditions: Bharatendu Harishchandra and Nineteenth-century Banaras* (1997; rpnt Ranikhet: Permanent Black, 2010)

Dalrymple, William, *White Mughals* (Delhi: Viking/ Penguin, 2002)

—, 'White Mughals: The Case of James Achilles Kirkpatrick and Khair un-Nissa', in Indrani Chatterjee, ed., *Unfamiliar Relations: Family and History in South Asia* (Delhi: Permanent Black, 2004)

Das, Samarendranath, ed., *Kolkatar Adda* (Calcutta: Mahajati Prakashan, 1990)

Das, Sisir Kumar, *A History of Indian Literature, Volume VIII 1800-1910: Western Impact: Indian Response* (New Delhi: Sahitya Akademi, 1991)

Dasgupta, Amlan, 'Women and Music: The Case of North India', in Bharati Ray, ed., *Women of India: Colonial and Post-Colonial Periods, History of Science,*

Philosophy, and Culture in Indian Civilization, vol. IX, pt 3 (New Delhi: Sage, 2005)

Dass, Manishita, *Outside the Lettered City: Cinema, Modernity, and the Mass Public in Late Colonial India* (New York: Oxford University Press, 2014)

Datta, Partho, *Planning the City-Urbanization and Reform in Calcutta c.1800-c.1940* (New Delhi: Tulika, 2012)

Deshpande, Prachi, *Creative Pasts: Historical Memory and Identity in Western India 1700-1960* (Ranikhet: Permanent Black, 2007)

Dhar, Sheila, *Raga'n Josh: Stories from a Musical Life* (Ranikhet: Permanent Black, 2005)

Dirks, Nicholas B., *The Hollow Crown: Ethnohistory of an Indian Kingdom* (Wisconsin: University of Michigan Press, 1993)

Dossal, Mariam, *Imperial Designs and Indian Realities: The Planning of Bombay City,* 1845-1875 (Delhi: Oxford University 1991)

—, 'Signatures in Space: Land Use in Colonial Bombay', in Sujata Patel and Alice Thorner, eds, *Bombay: Metaphor for Modern India* (Bombay: Oxford University Press, 1996)

Dutt, Michael Madhusudan, *Ekei Bale Sabhayata* (Is This Civilization?, Calcutta, 1860)

Evenson, Norma, *The Indian Metropolis: A View Towards the West* (Delhi: Oxford University Press, 1989)

Freitag, Sandria B., ed., *Culture and Power in Banaras: Community, Performance and Environment 1800-1980* (Delhi: Oxford University Press, 1989)

Gadihoke, Sabeena, *Camera Chronicles of Homai Vyarawalla* (Ahmedabad: Mapin, 2006)

Gaston, Anne-Marie, *Bharata Natyam: From Temple to Theatre* (Delhi: Manohar, 1996)

Geertz, Clifford, *The Religion of Java* (Chicago: University of Chicago Press, new edition, 1976)

Ghosh, Anindita, *Power in Print: Popular Publishing and the Politics of Language and Culture in a Colonial* Society (New Delhi: Oxford University Press, 2006)

Ghosh, Siddharta, *Koler Sahar Kolkata* (Calcutta: Ananda Publishers, 1991)

Gillion, Kenneth, *Ahmedabad: A Study in Indian Urban History* (Berkeley: University of California, 1968)

Gilroy, Paul, *The Black Atlantic* (Cambridge, Mass.: Harvard University Press, 1994)

Ginzburg, Carlo, 'Clues: Roots of an Evidential Paradigm', in Carlo Ginzburg, *Myths, Emblems, Clues* (London: Hutchinson Radius, 1990)

Goswami, Jayanta, *Samajcitre Unabingsha Satabdir Bangla Prakasan* (Calcutta, 1974)

Guha, Amalendu, *Medieval and Early Colonial Assam: Society, Polity, Economy* (Calcutta: K.P. Bagchi & Co., 1991)

Guha, Ramachandra, *An Anthropologist among the Marxists and Other Essays* (Delhi: Permanent Black, 2001)

—, *A Corner of a Foreign Field: The Indian History of a British Sport* (London: Picador, 2002)

Guha, Thakurta, Tapati, *The Making of a New 'Indian' Art: Artists, Aesthetics and Nationalism in Bengal, c.1850-1920* (Cambridge: Cambridge University Press, 1992)

—, *Monuments, Objects, Histories: Institutions of Art in Colonial and Postcolonial India* (Delhi: Permanent Black, 2004)

—, 'Lineages of the Modern in Indian Art: The Making of a National History', in Kamala Ganesh and Usha Thakkar, eds, *Culture and the Making of Identity in Contemporary India* (New Delhi: Sage, 2005)

Gupta, Narayani, 'Military Security and Urban Development: A Case-study of Delhi, 1857-1912', *Modern Asian Studies,* 5 (1),1971

—, *Delhi Between Two Empires, 1803-1931* (Delhi: Oxford University Press, 1981)

—, 'Urbanism in South India, 18th-19th century', in Indu Banga, ed., *The City in Indian History* (Delhi: Manohar, 1987)

Habermas, Jurgen, *The Structural Transformation of the Public Sphere* (1962; English translation, Cambridge: Polity Press, 1989)

Habib, Irfan, *The Agrarian System of Mughal India 1556-1707 (1963;* 3rd edn Delhi: Oxford University Press, 2013)

Hall, B., *Fragments of Voyages and Travels* (Edinburgh: Robert Cadell, 1832)

Hansen, Kathryn, 'The Birth of Hindi Drama in Banaras, 1868-1885', in Sandria Freitag, ed., *Culture and Power in Banaras: Community, Performance, and Environment, 1800-1980* (Delhi: Oxford University Press, 1989)

—, *Grounds for Play: The Nautanki Theatre of North India* (Berkeley: University of California Press, 1992)

—, 'The Inder Sabha Phenomenon: Public Theatre and Consumption in Greater India', in Rachel Dwyer and Christopher Pinney, eds, *Pleasure and the Nation: The History, Politics and Consumption of Public Culture in India* (Delhi: Oxford University Press, 2001)

—, 'Languages on Stage: Linguistic Pluralism and Community Formation in the Nineteenth-Century Parsi Theatre', *Modern Asian Studies,* 37 (2), 2003

—, *Stages of Life: Indian Theatre Autobiographies* (Ranikhet: Permanent Black, 2011)

Hatcher, Brian, *Idioms of Improvement: Vidyasagar and Cultural Encounter in Bengal* (Calcutta: Oxford University Press, 1996)

Jain, Jyotindra, *Kalighat Painting: Images from a Changing World* (Ahmedabad: Mapin Publishing Pvt. Ltd, 1999)

Jameson, Frederic, 'Third-World Literature in the Era of Multinational Capitalism', *Social Text,* 15, 1986

Joshi, Chitra, *Lost Worlds: Indian Labour and its Forgotten Histories* (Delhi: Permanent Black, 2003)

Joshi, Sanjay, ed., *The Middle Class in Colonial India* (Delhi: Oxford University

Press, 2010)
Kanwar, Pamela, *Imperial Simla: The Political Culture of the Raj* (Delhi: Oxford University Press, 1990)
Kapur, Anuradha, The Representation of Gods and Heroes in the Parsi Mythological Drama of the Early Twentieth Century', in Vasudha Dalmia and Heinrich Stietencron, eds, *Representing Hinduism: The Construction of Religious Traditions and National Identity* (New Delhi: Sage, 1995)
—, *Actors, Pilgrims, Kings and Gods: The Ramlila of Ramnagar* (Calcutta: Seagull, 2006)
Kapur, Geeta, 'Ravi Varma: Representational Dilemmas of a Nineteenth- Century Indian Painter', *Journal of Arts and Ideas*, 17-18, 1989.
Karlekar, Malavika, *Revisioning the Past: Early Photography in Bengal*, 1875-1915 (New Delhi: Oxford University Press, 2005)
Kaviraj, Sudipta, *A Taste for Transgression: Liminality in the Novels of Bankim Chandra Chattopadhyay*, Occasional Paper XLVI (New Delhi: Nehru Memorial Museum and Library, 1981)
—, 'Humour and the Prison of Reality: *Kamalakanta* as the Secret Autobiography of Bankimchandra Chattopadhyay', Occasional Paper, Second Series, IV (New Delhi: Nehru Memorial Museum and Library, 1988)
—, *The Unhappy Consciousness: Bankimchandra Chattopadhyay and the Formation of Nationalist Discourse in India* (New Delhi: Oxford University Press, 1995)
—, 'The Invention of Private Life: A Reading of Sibnath Sastri's Auto- biography', in David Arnold and Stuart Blackburn, eds, *Telling Lives in India* (Ranikhet: Permanent Black, 2004)
—, 'The Sudden Death of Sanskrit Knowledge', *Journal of Indian Philosophy, 2005*
Kennedy, Dane, *The Magic Mountains: Hill Stations and the British Raj* (Berkeley: University of California Press, 1996)
Kesavan, Mukul, 'Urdu, Awadh, and the *Tawaif*. The Islamicate Roots of Hindi Cinema', in Mukul Kesavan, *The Ugliness of the Indian Male and Other Propositions* (Ranikhet: Permanent Black, 2008)
Pukhraj, Malika, *Song Sung True*, ed. and trans. Salim Kidwai (Delhi: Zubaan 2009)
King, Antony D., *Colonial Urban Development: Culture, Social Power, and Environment* (London: Routledge and Kegan Paul, 1976)
King, Christopher R., 'Forging a New Linguistic Identity: The Hindi Movement in Benaras, 1868-1914', in Sandria B. Freitag, ed., *Culture and Power in Banaras: Community, Performance, and Environment, 1800-1980*, (Delhi: Oxford University Press, 1989)
—, *One Language, Two Scripts: The Hindi Movement in Nineteenth Century North India* (Delhi: Oxford University Press, 1994)
Kinnear, Michael, *The Gramophone Company's First Indian Recordings, 1899-1908* (Bombay: Popular Prakashan, 1994)
Kosambi, Meera, *Bombay and Poona: A Socio-Economic Study of Two Indian'*

Cities, 1650-1900 (Stockholm: University of Stockholm, 1980)

—, *Crossing Thresholds: Feminist Essays in Social History* (Ranikhet: Permanent Black, 2007)

—, *Feminist Vision or Treason Against Men: Kashibai Kanitkar and the Engendering of Marathi Literature* (Ranikhet: Permanent Black, 2008)

—, *Women Writing Gender: Marathi Fiction Before Independence* (Ranikhet: Permanent Black, 2012)

Kumar, Nita, *The Artisans of Banaras: Popular Culture and Identity, 1880*-1986 (Princeton: Princeton University Press, 1988)

Kumar, Udaya, 'Self, Body, and Inner Sense: Some Reflections on Sree Narayana Guru and Kumaran Asan', *Studies in History,* 13 (2), 1997 Lewandowski, Susan J., 'Urban Growth and Municipal Development in the Colonial City of Madras, 1860-1900', *Journal of Asian Studies,* 34 (2), 1975

Llewellyn-Jones, Rosie, *A Fatal Friendship: The Nawabs, the British, and the City of Luck now* (Delhi: Oxford University Press, 1983)

Losty, Jeremiah P., *The Art of the Book in India* (London: British Library, 1982)

Lutgendorf, Philip, 'Ram's Story in Shiva's City: Public Arenas and Private Patronage', in Sandria B Freitag, ed., *Culture and Power in Banaras: Community, Performance and Environment 1800-1980* (Delhi: Oxford University Press, 1989)

Maclean, K, 'Making the Colonial State Work for You: The Modern Beginnings of the Ancient Kumbh Mela in Allahabad', *The Journal of Asian Studies,* 62 (3), 2003

Majumdar, Boria, *Twenty Two Yards to Freedom: A Social History of Indian Cricket* (Delhi: Penguin Viking, 2004)

Malhotra, Anshu, *Gender, Caste, and Religious Identities: Restructuring Class in Colonial Punjab* (Delhi: Oxford University Press, 2002)

Mantena, Rama Sundari, 'Vernacular Futures: Colonial Philology and the Idea of History in Nineteenth Century South India', *Indian Economic and Social History Review,* 42 (4), 2005

Massey, Reginald, and Jamila Massey, *The Music of India* (New Delhi: Abhinav Publications, 1993)

Mazumdar, Ranjani, *Bombay Cinema: An Archive of the City* (Ranikhet: . Permanent Black, 2007)

McDonald, Ellen E., 'English Education and Social Reform in Late 19th Century Bombay: A Case-study in the Study of a Cultural Ideal', *Journal of Asian Studies,* 25, 1966

McLane, J., *Indian Nationalism and the Early Congress* (Princeton: Princeton. University Press, 1977)

Meston Committee Report (1908), Oriental and India Office Collections (British Library), file *no.VI 261210/25, 1908*

Metcalf, Thomas, *An Imperial Vision: Indian Architecture and Britain's Raj* (London: Faber and Faber, 1989)

Mir, Farhana, *The Social Space of Language: Vernacular Culture in British*

Colonial Punjab (Ranikhet: Permanent Black, 2010)

Mishra, P.K., 'Language Agitation in the 19th Century', in J.K Sarnal, ed., *Comprehensive History and Culture of Orissa,* vol. II (New Delhi: Kaveri Books, 1997)

Mitchell, Lisa, 'Parallel Languages, Parallel Cultures: Language as a New Foundation for the Reorganization of Knowledge and Practice in Southern India', *Indian Economic and Social History Review,* 42 (4), 2005

—, *Language, Emotion, and Politics in South India: The Making of a Mother Tongue* (Ranikhet: Permanent Black, 2009)

Mitra, Asok, 'Forces behind the Modern Movement', *Lalit Kala Contemporary,* 1, 1961

Mitter, Partha, *Art and Nationalism in Colonial India 1850-1922: accidental Orientation* (Cambridge: Cambridge University Press, 1994)

—, 'Mechanical Reproduction and the World of the Colonial Artist', *Contributions to Indian Sociology,* 36 0-2), 2002

Mukherjee, Meenakshi, *Realism and Reality: The Novel and Society in India* (New Delhi: Oxford University Press, 1985)

Mukherjee, Soumen, *Calcutta: Essays in Urban History* (Calcutta: Subarna-rekha, 1993)

Mukherjee, Sujit, *Forster and Further: The Tradition of Anglo-Indian Fiction* (Hyderabad: Orient Longman, 1994)

Mukherjee, Sushil Kumar, *The Story of the Calcutta Theatre, 1753-1988* (Calcutta: K.P. Bagchi, 1982)

Nandy, Ashis, *The Tao of Cricket: On Games of Destiny and the Destiny of Games* (New Delhi: Penguin, 1989)

Narayana Rao, Velcheru, 'Print and Prose: Pandits, *Karanams,* and the East India Company in the Making of Modern Telugu', in Stuart Blackburn and Vasudha Dalmia, eds, *India's Literary History: Essays on the Nineteenth Century* (Delhi: Permanent Black, 2004)

Naregal, Veena, *Language Politics, Elites, and the Public Sphere: western India under Colonialism* (New Delhi: Permanenf Black, 2001)

O'Hanlon, Rosalind, *At the Edges of Empire: Essays in the Social and Intellectual History of India* (Ranikhet: Permanent Black, 2014)

Oldenburg, Veena Talwar, *The Making of Colonial Lucknow, 1856-1877* (Princeton, N.}.: Princeton University Press, 1984)

—, 'Life-style as Resistance: The Case of the Courtesans of Lucknow', in Douglas Haynes and Gyan Prakash, eds, *Contesting Power. Resistance and Everyday Social Relations in South Asia* (Delhi: Oxford University Press, 1991)

Orsini, Francesca, *The Hindi Public Sphere: 1920-40* (New Delhi: Oxford University Press, 2002)

—, 'Detective Novels: A Commercial Genre in Nineteenth Century North India', in Stuart Blackburn and Vasudha Dalmia, eds, *India's Literary History: Essays on the Nineteenth Century* (Delhi: Permanent Black, 2004)

Osaka, Riho, 'Language and Dominance: The Debates over the Gujarati Language in the Late Nineteenth Century', *South Asia,* 25 (1),2002 Pandian, M.S.S., *Brahmin and Non-Brahmin: Genealogies of the Tamil Political Present* (Ranikhet: Permanent Black, 2007)

Patel, Sujata and Alice Thorner, eds, *Bombay: Mosaic of Modern Culture* (Delhi: Oxford University Press, 1995)

Pinney, Christopher, *Camera Indica: The Social Life of Indian Photographs* (Chicago: University of Chicago Press, 1997)

—, *'Photos of the Gods: ' The Printed Image and Political Struggle in India* (London: Reaktion Books, 2004)

Pollock, Sheldon, 'The Cosmopolitan Vernacular', *Journal of Asian Studies,* 57 (1), 1998

—, 'The Death of Sanskrit', *Comparative Studies in Society and History,* 43 (2),2001

Rai, Alok, *Hindi Nationalism* (New Delhi: Orient Longman, 2000)

Rai, Amrit, *A House Divided: The Origin and Development of Hindi/ Hindavi* (Delhi: Oxford University Press, 1984)

Rajadhyaksha, Ashish, 'The Phalke Era: Conflict of Traditional Form and Modern Technology', *Journal of Arts and Ideas,* 14-15, 1987 Ramaswamy, Sumathi, *Passions of the Tongue: Language Devotion in Tamil India, 1891-1970* (Berkeley: University of California Press, 1997)

—, 'Language of the People in the World of Gods: Ideologies of Tamil before the *Nation' Journal of Asian Studies* 57 (1), 1998

—, ed., *Beyond Appearances: Visual Practices and Ideologies in Modern India* (New York: Sage, 2003)

Rao, Vidya (2011). *Heart to Heart: Remembering Naina Devi* (New Delhi: Harper Collins, 2011) .

Raychaudhuri, Siddharta, 'Colonialism, Indigenous Elites, and the Transformation of Cities in the Non-Western World: Ahmedabad (Western India), 1890-1947', *Modern Asian Studies,* 35 (3),2001

Risley, H.H., *Tribes and Castes of Bengal, Volume I* (Calcutta: Bengal Secretariat Press, 1891)

Robertson, Bruce, *Raja Rammohan Ray: The Father of Modern India* (Delhi: Oxford University Press, 1995)

Robinson, Francis, Technology and Religious Change: Islam and the Impact of Print', *Modern Asian Studies,* 27 (1),1993

—, 'Islam and the Impact of Print in South Asia', in Nigel Crook, ed., *The Transmission of Knowledge in South Asia* (Delhi: Oxford University Press, 1996)

Roy, A.K., *A Short History of Calcutta: Town and Suburbs* (Calcutta: Rddhi India, 1902)

Roy, Tapti, 'Disciplining the Printed Text: Colonial and Nationalist Surveillance', in Partha Chatterjee, ed., *Texts of Power: Emerging Disciplines in Colonial Bengal* (Minnesota: Minnesota University Press, 1995)

Saikia, Yasmin, *Assam and India: Fragmented Memories, Cultural Identity, and the Tai-Ahom Struggle* (Ranikhet: Permanent Black, 2005)

Sarkar, Sumit, *The Swadeshi Movement in Bengal 1903-1908* (1973; 2nd edn.

Ranikhet: Permanent Black 2010)
—, *Writing Social History* (Delhi: Oxford University Press, 1997) Sarkar, Tanika, *Words to Win* (Delhi: Kali for Women, 1999)
—, *Hindu Wife, Hindu Nation: Community, Religion, and Cultural Nationalism* (Delhi: Permanent Black, 2001)
—, 'Performing Power: Political Imaginaries in the Early Bengali Public Theatre' in *Rebels, Wives, Saints: Designing Selves and Nations in Colonial Times* (Ranikhet: Permanent Black, 2009)
Sarma, Rani Siva Sankara, *The Last Brahmin: Life and Reflections of a Modern-day Sanskrit Pandit,* trans. from the Telugu by D. Venkat Rao (Ranikhet: Permanent Black, 2007)
Sartori, Andrew, *Bengal in Global History: Colonialism in the Age of Capital* (Chicago: The University of Chicago Press, 2008)
Sen, Amiya, *Bankims Hinduism: An Anthology of Writings by Bankim Chandra Chattopadhyay* (Ranikhet: Permanent Black, 2011)
Shackle, Christopher, and Javed Majeed, ed. and trans., *Halis Musaddas: The Flow and Ebb of Islam* (Delhi: Oxford University Press, 1997) Shahidullah, Kazi, *Pathshalas into Schools: The Development of Indigenous Elementary Education in Bengal* (Calcutta: Firma KLM, 1987)
Singh, Brijraj, *The First Protestant Missionary in India: Bartholomaeus Ziegenbalg* 1687-1719 (New Delhi: Oxford University Press, 1999).
Singh, Upinder, *The Discovery of Ancient India: Early Archaeologists and the Beginnings of Archaeology* (Delhi: Permanent Black, 2004)
Sinha, Kaliprasanna, *The Observant Owl: Hootums Vignettes of Nineteenth-century Calcutta-Hootum Pyanchar Naksha,* trans. from the Bengali by Swarup Roy, foreword by Partha Chatterjee (Ranikhet: Permanent Black/ Black Kite, 2008)
Sinha, Pradip, *Calcutta in Urban History* (Calcutta: Firma KLM, 1978) Soneji, Davesh, *Unfinished Gestures: Devadasis, Memory, and Modernity in South India* (Ranikhet: Permanent Black, 2012)
Spodek, Howard, 'The Manchesterization of Ahmedabad', *Economic Weekly,* 17, 1965
—, *Ahmedabad: Shock City of Twentieth Century India* (Bloomington: Indiana University Press, 2011)
Srinivas, S.V, *Politics as Performance: A Social History of the Telugu Cinema* (Ranikhet: Permanent Black, 2013)
Stark, Ulrike, *An Empire of Books: The Naval Kishore Press and the Diffusion of the Printed Word in Colonial India* (Ranikhet: Permanent Black, 2007)
Thompson, Edward, *An Indian Day* (London: Ernest Benn, 1927)
Thoramal, Yves, *The Cinemas of India* (Delhi: Macmillan, 2000)
Vasudevan, Ravi, *The Melodramatic Public: Film Form and Spectatorship in Indian Cinema* (Ranikhet: Permanent Black, 2010)
Vatsyayana, Kapila, *Traditional Indian Theatre: Multiple Streams* (New Delhi: National Book Trust, 1980)

—, 'The *Natyashastra-A* History of Criticism', in Anna Dalla-piccola, Christine Walter-Mendy, and Stephanie Zingel-Ave Lallemant, eds, *Shastric Traditions in Indian Art,* vol. I (Stuttgart: Steiner, 1989)
Venkatachalapathy, A.R., '"Era Prayacanarn": Constructing the Canon in Colonial Tamilnadu', *Indian Economic and Social History Review,* 42 (4), 2005
—, *The Province of the Book: Scholars, Scribes, and Scribblers in Colonial Tamilnadu* (Ranikhet: Permanent Black, 2012)
Vernede, R.V, *British Life in India: An Anthology of Humorous and Other Writings Perpetrated by the British in India 1750-1947* (Delhi: Oxford University Press, 1995)
Weidman, Amanda, 'Can the Subaltern Sing? Music, Language and the Politics of Voice in Early 20th Century South India', *Indian Economic and Social History Review,* 42 (4), 2005
Williams, Raymond, *The Country and the City* (Oxford: Oxford University Press, 1973)
Yagnik, Achyut, and Suchitra Seth, *The Shaping of Modern Gujarat: Plurality, Hindutua and Beyond* (New Delhi: Penguin, 2005)
Yalland, Zoe, *Boxwallahs: The British in Caumpore* (Norwich, 1994)
Yashaschandra, Sitangshu, 'From Hemchandra to *Hind Swaraj:* Region and Power in Gujarati Literary Culture', in Sheldon Pollock, ed., *Literary Cultures in History: Reconstructions from South Asia* (Delhi: Oxford University Press, 2003)
Zbavitel, Dushan, The Beginnings of Modern Bengali Drama, 1852-80', *Archiv Orientalni,* 36, 1968